Anke Zechner · *Die Sinne im Kino*

nexus 93

Anke Zechner

Die Sinne im Kino

Eine Theorie der Filmwahrnehmung

Stroemfeld

Cover-Photo aus dem Film MEIN LEBEN TEIL 2 von Angelika Levi (2003).
Abdruck mit freundlicher Genehmigung der Filmemacherin.

Bibliografische Information der Deutschen Nationalbibliothek
Die Deutsche Nationalbibliothek verzeichnet diese Publikation in der Deutschen
Nationalbibliografie; detaillierte bibliografische Daten sind im Internet über
http://dnb.ddb.de abrufbar.

ISBN 978-3-86109-193-6

D. 30

Copyright © 2013 Stroemfeld Verlag
Frankfurt am Main und Basel
Alle Rechte vorbehalten. All Rights Reserved.

Druck: fgb freiburger graphische betriebe GmbH, Freiburg
Gedruckt auf säurefreiem, alterungsbeständigem Papier
entsprechend ISO 9706.
Printed in the Federal Republic of Germany.

Bitte fordern Sie unsere kostenlose Programminformation an:
Stroemfeld Verlag
D-60322 Frankfurt am Main, Holzhausenstraße 4
CH-4054 Basel, Altkircherstrasse 17
e-mail: info@stroemfeld.de
www.stroemfeld.com

Inhalt

I. Einleitung 9

Die ›andere‹ Zeit im Kino 9
Wahrnehmung statt Rezeption 12
Stillstand der Narration in L'ECLISSE 15
Die Wahrnehmung der Dinge 21
Gang der Untersuchung 28

II. Maurice Merleau-Ponty und das Kino 33

Das Kino und die Wahrnehmung von Welt 34
Sobchacks und Singers Übertragung der Phänomenologie 43

Das Fleisch und die Kreuzstellung der Wahrnehmung 55
Die Sichtbarkeit der Dinge 62
Das Fleisch der Malerei 71
Wahrnehmung von innen? 80

Die Rolle des Blicks und des Tastsinns 88
Haptisches Kino 96

Interobjektivität 107

Filmwahrnehmung mit allen Sinnen – vom Zusammenspiel des Visuellen mit den Nahsinnen im Kino 116
Programmierung der Zuschauerinnen durch Gerüche 118
Eigenheiten des Geruchssinnes 120
Gerüche von Kino / Film / Programmen 123
Synästhesie und Kino: cinesthetische Wahrnehmung 127
Haptische Visualität 130
Gerüche und Gedächtnis 132
Kulturelles Gedächtnis / fossile Bilder 135

III. Wahrnehmung bei Gilles Deleuze 139

Haptische Bilder in BEAU TRAVAIL 139
Männerkörper und blickende Frauen 139
Nichtgreifbares Flirren 142
Bilder nach dem Verschwinden des Menschen 145
Der haptische Raum 147

Haptisches Sehen bei Deleuze 150
Haptische Qualitäten der Malerei Francis Bacons 153
Sensationen 157   Das Diagramm 162   Diagramm und Affekt 168

Affektbild und Affektraum 171
Das Affektbild als Bewegungs-Bild 173
Das Affektbild als Potential 176
Das Affektbild als Stillstand der Narration 180
Die Schlussszene von VIVE L'AMOUR als Affektbild 183

Das ›Fleisch‹ bei Deleuze 189
Farbe und Fleisch 189
Das Fleisch und der ›organlose Körper‹ 194
Das ›Unmenschliche‹ als Überschreitung 201

Die Deleuze'sche ›Phänomenologie‹ 208
Das Paradox der Sinnlichkeit – Denken und Glauben 215

Gegen die Vorstellung einer ›natürlichen‹ Filmwahrnehmung 223
Sensationen im Kino 227
Organloser oder leiblicher Zuschauerkörper? 239

IV. Mimetische Filmwahrnehmung und Materialität bei Siegfried Kracauer 253

Kracauers Entwurf der Filmzuschauerin 253
Eine Ästhetik des Films? 257
Die Zuschauerin 267
Das Kino als Ort der mimetischen Rezeption 275
Körperliche Wahrnehmung als ›Rettung‹ der Erfahrung 284

Materialität als Möglichkeit der Subjektkritik 292
Der »Marseiller Entwurf« zu einer Theorie des Films 292
Von Subjektkritik zur Errettung der physischen Wirklichkeit 301
Unmenschliche Wahrnehmung: Photographie 308
Produktive Negativität 318
Der Blick auf das Unmenschliche – Das Haupt der Medusa 324

Moderne / rationale Zeit / Reste 333
Mimetisches Schreiben als Ethik der Vermittlung 336
Subversiver Journalismus 345
Oberfläche und Zerstreuung – die Utopie der Masse 351
Eine andere Utopie des Kinopublikums: Langeweile statt Zerstreuung 360

Geschichte – aktive Passivität der Rezeption 371
Photographie und Geschichte 373
Strukturelle Ähnlichkeiten: Makro- und Mikrogeschichte 373   Die Vorläufigkeit des historischen Universums als Kritik der Philosophie 378
Exterritorialität als Zugang zum Objekt 385
Exil als Erkenntnismöglichkeit 385   Aktive Passivität als produktive Rezeptivität 394   Exterritorialität im Verhältnis zur Mitweltlichkeit 398
Die Utopie des Vorraums 402
Bedeutung des Übersehenen und des Wartesaals – Diskussion des Messianischen 402   Vorraum-Denken und Errettung der Rezeption 409

Film als andere Geschichtsschreibung 413
MEIN LEBEN TEIL 2 – Zur Verdichtung eines vergangenen Lebens ins Material 415
Der Umgang mit dem Material 417   Auseinanderklaffen von Bild und Ton 420   Geschichte als Utopie des Überlebens 425

Filme 429
Literatur 430
Abbildungsverzeichnis 449

I. Einleitung

Die ›andere‹ Zeit im Kino

Ich möchte in meinen Überlegungen zu einer ›anderen‹ Wahrnehmung im Kino von einem einzelnen Film, einer einzelnen Szene ausgehen. In Michelangelo Antonionis L'Eclisse (F/I), einem Film von 1962, geschieht wenig – so wenig, dass sich der narrative Inhalt dieses Films auf so unpassende und gleichzeitig treffend reduzierte Weise wie im Rowohlt Filmlexikon von 1978 zusammenfassen lässt:

> »Die Affäre zwischen Vittoria und Riccardo ist vorbei, und sie trennen sich im Morgengrauen. Riccardo versucht die Beziehung wiederaufzunehmen, aber Vittoria erkennt, dass es aus ist. Sie begegnet Piero und beginnt eine Affäre mit ihm; Piero will sie heiraten, aber Vittoria lehnt ab.«[1]

Gerade weil die Handlung zurücktritt und scheinbar so wenig geschieht in diesem Film, möchte ich ihn zum Ausgangspunkt meiner Überlegungen machen. Dabei werde ich nicht über den Aufbau der Handlung und die Symbolik der Bilder sprechen, nur wenig über den Bildaufbau, die Kadrierung und die im Falle von L'Eclisse vielleicht auffälligere Dekadrierung. Ich werde nicht auf die Unmöglichkeit von Liebe angesichts der entfremdeten Moderne oder der drohenden Apokalypse eingehen – Interpretationen, die der Film nahe legt.

Ich werde also keine Filmanalyse im klassischen Sinn zugrunde legen und auch nicht die narrative Verkettung des Films untersuchen. Worum es mir geht, ist ein zentrales Moment, das von diesem Film in Erinnerung bleibt – eine spezifische körperliche Erfahrung von Oberflächen, von Material – in seiner Dauer.

---

[1] L'Eclisse (Liebe 1962). In: rororo Filmlexikon, Hamburg 1978, S. 169.

L'Eclisse, Michelangelo Antonioni, F/I 1962

Mehrere Male spaziert das zentrale Paar (Alain Delon und Monica Vitty) eine scheinbar endlose Zeit durch ein unvollendetes Neubauviertel in Rom. Die Kamera verweilt lange auf der durchschrittenen Gegend, dem Boden, den herumliegenden, zurückgelassenen Gegenständen. Am Ende des Films wird die Sequenz wiederholt – diesmal ohne das Paar. Menschenleer wird die Gegend zur reinen Oberfläche, keine Kommunikation findet mehr statt. Das Haptische der Dinge und ihre Zeitlichkeit treten in den Vordergrund. In seiner Monographie zu Antonioni beschreibt Bernhard Kock die Präsenz der Dinge in dieser Schlussszene wie folgt:

> »L'Eclisse braucht in der fünfminütigen Schlusssequenz die Protagonisten nicht mehr, der Bild-Raum wird genutzt zu einer fast geophysikalischen Beschreibung von Oberflächen. Die *Temps-mort*-Bilder und Nahaufnahmen von Objekten verlassen den Protagonisten, die reine Präsenz der Dinge, ihre Schönheit und Funktionalität, wird zum Gegenstand der Bildsprache. Die Dinge sprechen für sich, sind unberührt, unschuldig, schön – Entitäten.«[2]

In diesem Hervortreten und Für-sich-Stehen lassen die Dinge die Narration verschwinden. Es findet keine Handlung mehr statt. Aber es ist dieser

---

2 Bernhard Kock: Michelangelo Antonionis Bilderwelt. München 1994, S. 42. Ich entlehne im Folgenden den kunsthistorischen Begriff des *Temps-mort*-Bildes, den Kock auf die Stilleben und leeren Räume Antonionis anwendet, für die rein optischen Situationen bei Deleuze, obwohl dieser allgemeiner von toter Zeit spricht.

L'Eclisse, Michelangelo Antonioni, F/I 1962

Moment, der sich einprägt. Was von Antonionis Film in Erinnerung bleibt, ist keine Geschichte, sondern sind Bilder, beziehungsweise Dinge: eine mit Wasser gefüllte Blechtonne, in der ein Stück Holz schwimmt, ein grobes Holzgerüst, ein merkwürdig archaisch wirkendes, mit Stroh bedecktes Haus, wie Hochhäuser wirkendes Baumaterial, Wasser, das über eine Straße läuft, glitzerndes Gras, zitternde Bäume, ein irritierender pilzartiger Wasserturm und ein Zebrastreifen.

Es ist die körperliche Erinnerung an diese Bilder, über welche ich mir das Ereignis der Filmwahrnehmung von L'Eclisse ins Gedächtnis rufen kann und es sind diese Oberflächen der Dinge, durch die ich einer spezifischen Kinoerfahrung nachspüren zu können meine.[3] Doch wie kann ich mich dieser subjektiven Wahrnehmung in solchen Momenten des Stillstands annähern, wie von ihr erzählen?

---

3 Die Erinnerung an diesen Film ist verbunden mit meinem Körpergedächtnis, welches die Oberflächen der wahrgenommenen Dinge erneut erspürt. Bekanntestes Beispiel für Erinnerung über das Körpergedächtnis ist die Auslösung der Kindheitserinnerungen durch den Geschmack einer in Jasmintee getauchten Madeleine in: Marcel Prousts *Auf der Suche nach der verlorenen Zeit*. Band 1: In Swanns Welt. Ausgabe in zehn Bänden, Frankfurt am Main 1979, S. 64. [OA 1913-1927]

Wahrnehmung statt Rezeption

Die vorherrschenden Filmtheorien scheinen zu solchen Momenten der Wahrnehmung des Stillstands keinen Zugang zu ermöglichen, sind sie doch meist auf narrative oder zumindest sprachliche Strukturen gerichtet. Obwohl die filmische Erzählung natürlich nicht gleichzusetzen ist mit dem Hollywoodrealismus,[4] gelten dessen Mechanismen der Einbindung der Zuschauerin dennoch weitestgehend als allgemeingültige, filmische Regeln. Die klassische Montage Hollywoods, das *continuity editing*, gilt als grundlegend, ebenso wie die ihre Gemachtheit verschleiernde Realismusillusion des Kinodispositivs. Die Suture-Theorie und der Neoformalismus beschreiben, wie eine wissende lesende Zuschauerin über Blickstrukturen in die teleologisch ausgerichtete Narration eingegliedert und dadurch Schau- und Erzähllust vereint werden.[5] In solchen Modellen der filmischen Narration wird die Wahrnehmung gegenüber der Rezeption vernachlässigt. Wahrnehmung, die als Rezeption nicht der Narration folgt, ist weder in der klassischen Montage noch in den sich mit dieser beschäftigenden Theorien vorgesehen. Es gibt zwar auch Versuche der Beschreibung des anderen, materiellen Moments[6] innerhalb der formalistischen Filmtheorie und der den Film als Signifikantenkette begreifenden Semiotik, die aber immer in ihren Ansätzen stecken bleiben, da es sich letztendlich um ein Phänomen handelt, das sich nicht analysieren, nur indizieren lässt. Definieren lässt sich innerhalb dieser Theorien das ›Filmische‹[7] nur als Abweichung,

---

4 D. Bordwell, J. Staiger, K. Thompson: The Classical Hollywood Cinema. Film Style and Mode of Production to 1960. London 1988.
5 Während die Suture-Theorie eher psychoanalytisch ausgerichtet ist und die Zuschauerin über das Begehren in die filmische Montage einwebt, geschieht die Einbindung im Neoformalismus bei Bordwell/Staiger/Thompson kognitiv über das Wissen der Zuschauerin. In beiden Theorien wird jedoch die Zuschauerin in das narrative Fortschreiten des Films miteinbezogen. Innerhalb der feministischen Filmtheorie hat Theresa de Lauretis aufgezeigt, inwiefern die Narration als Ökonomie gesehen werden kann, die durch die Bindung an das psychische Begehren des (männlichen) Zuschauers verführt. Da dieses Begehren ödipal strukturiert ist, läuft die Handlung letztendlich auf eine Durchquerung des weiblich mythischen Raums durch das männliche mythische Subjekt hinaus. Vgl. Theresa de Lauretis: Ödipus interruptus. In: Frauen und Film, Heft 48, 1990, S. 5-25. Zur Suture-Theorie vgl. Stephen Heath: Notes on Suture. In: Screen, 18, 4, 1977/78, S. 48-79.
6 Ich verwende den Begriff der Materie heuristisch. Zunächst geht es mir um die vorfilmische Materialität der Dinge, die ›Physische Realität‹ im Sinne Kracauers, weitergehend auch um das Material des Kunstwerks im Sinne Adornos.
7 Ich verwende den Begriff des ›Filmischen‹ für eine besondere Form der Wahrnehmung der Dinge, die nur durch den Film möglich wird.

als ein Durchbrechen der Erzählzeit, als Exzess. So stehen zum Beispiel der dritte Sinn bei Roland Barthes[8] und der Exzess bei Kristin Thompson[9] für ein Fehlen des Signifikats oder der handlungsorientierten Motivation, für die plötzlich in den Vordergrund tretende Materie, welche Narration und Einheit des Films aufbricht.[10] Dieses materielle Moment des entgegenkommenden Sinns oder des exzessiven Überschreitens der narrativen Abfolge der Erzählung lässt sich nicht semiotisch oder formal beschreiben, denn es wird nicht kognitiv, sondern körperlich, sinnlich erfahren.

Andererseits sind die materiellen Elemente immer vorhanden, Filmwahrnehmung an Materie gebunden und eine geschulte Zuschauerin kann sie fortwährend wahrnehmen. Die Bipolarität, der Konflikt von Materie und Struktur, ist konstitutiv. Struktur wird nie die Eliminierung der Materie erreichen, ebenso wird diese nie so exzessiv werden, dass keine formale Beziehung mehr besteht. Allerdings unterdrückt das klassische Hollywoodkino die materiellen Momente, da deren Bewusstwerdung bedeutungsverändernd ist, stören oder langweilen könnte.[11] In anderen Formen des Kinos und anderen Zugängen zu diesem dagegen verdeckt eine »luftdicht abgeschlossene Spielhandlung«[12] gerade das ›Filmische‹. Es kann also nicht nur um die Untersuchung der Wahrnehmung der Dinge – des ›Filmischen‹ – gehen, sondern muss auch die Formen einbeziehen, welche diese Wahrnehmung ermöglichen, beziehungsweise verhindern.

---

8   Roland Barthes: Der dritte Sinn. In: Ders.: Der entgegenkommende und der stumpfe Sinn. Frankfurt am Main 1990, S. 47-66. [OA 1982]
9   Kristin Thompson erweitert mit dem Begriff des Exzesses die von ihr selbst gemeinsam mit David Bordwell und Janet Steiger analysierte formale Struktur des klassischen Hollywoodkinos. Der Exzess ist das, was aus dieser Struktur ausbricht, sich nicht darin fassen lässt. Kristin Thompson: The Concept of Cinematic Excess. In: Narrative, Apparatus, Ideology. A Film Theory Reader, hrsg. von Philip Rosen, New York 1986, S. 130-142.
10 Auch verstärkt die Vorstellung des Exzesses als Ausbruch aus der Handlung nur die Behauptung des Systems. Nach Rick Altman ist aber der Exzess nicht bloßer Exzess von Narration, sondern eine eigenständige Ordnung, die er deshalb als Spektakel bezeichnet. Der für das Actionkino treffendere Begriff ›Spektakel‹ ist andererseits problematisch, wenn er auch den Stillstand umfassen soll. Vgl. Thomas Morsch: Die Macht der Bilder: Spektakularität und die Somatisierung des Blicks im Actionkino. In: Film und Kritik, Heft 4, Action, Action, Oktober 1999, S. 21-44, hier S. 22f.
11 Vgl. Thompson, The Concept. Die teleologische Narration gehört zur Realismusillusion des Dispositivs, das die Apparatusdebatte als eines analysiert hat, welches das bürgerliche, zielgerichtete Subjekt verstärkt. Vgl. Jean-Louis Baudry: Das Dispositiv: Metapsychologische Betrachtungen des Realitätseindrucks. In: Psyche, 48, Heft 11, Stuttgart 1994, S. 1047-1074. [OA 1975]
12 Siegfried Kracauer: Theorie des Films. Die Errettung der äußeren Wirklichkeit. Frankfurt am Main 1985, S. 77. Im Original: *Theory of Film. The Redemption of Physical Reality*, New York: 1960. Im Folgenden zitiert als »Theorie«.

Die Wahrnehmung im Kino ist nicht nur subjektiv und körperlich. Es gilt sie auch in ihrer spezifischen Zeitlichkeit herauszuarbeiten, spielt doch Zeit im Kino auf den unterschiedlichsten Ebenen eine Rolle. Zum einen findet Filmwahrnehmung immer in der Zeit statt, denn Film muss gesehen werden. Dabei ist der Film lediglich in seinem mechanischen Ablauf linear – eine lineare Abfolge von Einzelbildern, die erst durch die Wahrnehmung der Zuschauerin im Zusammenspiel mit dem Projektionsapparat zu Bewegung werden. Henri Bergson nimmt wider Erwarten gerade aus diesem Grund den Film als Beispiel für das menschliche, handlungsorientierte Denken der chronologischen Zeit und nennt es das kinematographische Bewusstsein, welches die Zeit verräumlicht und sie messbar macht. Dieses setzt er der eigentlichen Zeit, der Dauer, entgegen, der subjektiven cinematischen Illusion keine Existenz zugestehend und nur die technische Anordnung des Films vor Augen.[13]

Neben dieser mechanischen Vorführzeit ist vor allem die teleologische Zeit der Narration vorherrschend, deren Rezeption ich der im engeren Sinn ›filmischen‹ Wahrnehmung gegenüberstellen möchte, welche eher wie im Moment des Aufbrechens der transzendentalen Kategorien von Zeit und Raum durch das Erhabene, oder der Raster der alltäglichen Wahrnehmung, zu denken ist. Es geht mir um einen Vorgang der Anschmiegung, des mimetischen sich Verlierens,[14] der nicht in der linearen, teleologischen Zeit des zweckrational einordnenden Subjekts stattfindet. Der Kinobesuch als gemeinschaftliche Erfahrung innerhalb eines Raums, der als angstfrei beschrieben werden kann, ermöglicht eine Auszeit vom Zweckrationalismus.[15] Befreit vom Zwang zur Selbstbehauptung kann sich die Zuschauerin gefahrlos ihrer Wahrnehmung und den Dingen in ihr überlassen.

Durch die Bindung der verräumlichenden Mechanik an die innere Zeit der Zuschauerin in der subjektiven Kinoillusion wird vor allem in Momenten des Stillstandes der Narration Dauer erfahren und aus der quantitativ messbaren Zeit eine qualitative Empfindung.[16] Dieser Stillstand, der schon

---

13 Vgl. Heike Klippel: Bergson und das Kino. In: Frauen und Film, Heft 56/57, 1995, S. 79-98.
14 Mimesis ist in diesem Zusammenhang nicht als Mimesis von Handlung oder Repräsentation von Welt gedacht. Mimesis als körperliche Anschmiegung werde ich weiter unten mit Siegfried Kracauer als Eigenschaft der Filmwahrnehmung untersuchen.
15 Vgl. Heide Schlüpmann: Abendröthe der Subjektphilosophie. Eine Ästhetik des Kinos. Frankfurt am Main, Basel 1998; Stephan May: Rainer Werner Fassbinders LILI MARLEEN und Gilles Deleuze' Theorie der kinematographischen Zeit. Alfeld 2000.
16 Die erfahrbare Dauer im Kino kann der reinen Dauer im Traum ähneln, in dem das auf Abfolgen in der Gegenwart fixierte Körpergedächtnis ausgeschaltet ist. Dort liegt aber

während des Sehens ein Gefühl für das Vergehen der Zeit und deren Dehnung erzeugt, lässt die Objektwelt gegenüber der Narration in den Vordergrund treten. Statt der Aktion der Figuren werden nun die Materialität der Dinge und deren Eigenschaften präsentiert, nicht Realität repräsentiert.[17] Die Wahrnehmung richtet sich auf die Strukturen der Oberflächen und wird über die subjektive innere Zeit an das Gedächtnis geknüpft.[18] Assoziationen tauchen unmittelbar aus dem Gedächtnis empor. Befremdung, aber auch Ähnlichkeit ›blitzt auf‹.[19]

Dieser Stillstand ist aber keine tatsächliche Stillstellung, kein Gerinnen zu sprachähnlichen Strukturen, sondern Bewegung ist immer noch vorhanden – die mechanische des Films sowieso, aber auch die der Kamera und der Gegenstände. Lediglich die Narration scheint in diesen Momenten stillzustehen.[20]

Stillstand der Narration in L'Eclisse

In L'Eclisse wird der Stillstand bis zu einem Punkt getrieben, an dem die unbeweglichen Dinge schließlich zu den einzigen Trägern der Narration werden.[21] Dort liegt die Eigenständigkeit der Bilder durch das Zurücktreten der Handlung fast in Reinform vor. Das zentrale Handlungssubjekt fehlt, beziehungsweise entzieht sich immer wieder. Geht es wirklich um Liebe im Jahre 1962, den Befreiungsschritt von Vittoria oder vielleicht um ein kritisches Bild kapitalistischer Strukturen? Sam Rohdie beschreibt das Zurücktreten der Handlung als Abwesenheit und Entzug:

die Betonung auf der reinen Öffnung nach innen. Die Kommunikation mit Dingen wird gerade ausgeschaltet, während im Kino eine Verwebung stattfindet. Vgl. Henri Bergson: Zeit und Freiheit. Eine Abhandlung über die unmittelbaren Bewusstseinstatsachen. Hamburg 1994, S. 95f. [OA 1889]
17 Man könnte evtl. auch von einer bildlichen Präsentation der Narration, welche deren Repräsentation ersetzt, sprechen.
18 Durch den Zugang zum reinen (nicht körperlichen) Gedächtnis wird der Gegensatz von Materie und Geist gewissermaßen aufgelöst.
19 Vgl. zum Begriff der Ähnlichkeit Walter Benjamin: Lehre vom Ähnlichen (1933). In: Gesammelte Schriften II.1, hrsg. von Rolf Tiedemann und Hermann Schweppenhäuser, Frankfurt am Main 1977, S. 204-210 und ders.: Über das mimetische Vermögen (1933). Ebd., S. 210-213.
20 Interessant ist allerdings, dass selbst sehr narrative Filme nicht als solche, sondern eher als traumartige Bilderreihen erinnert zu werden scheinen.
21 Vgl. auch Rolf Schüler (Hrsg.): Antonioni: Die Kunst der Veränderung. Berlin 1993, S. 8.

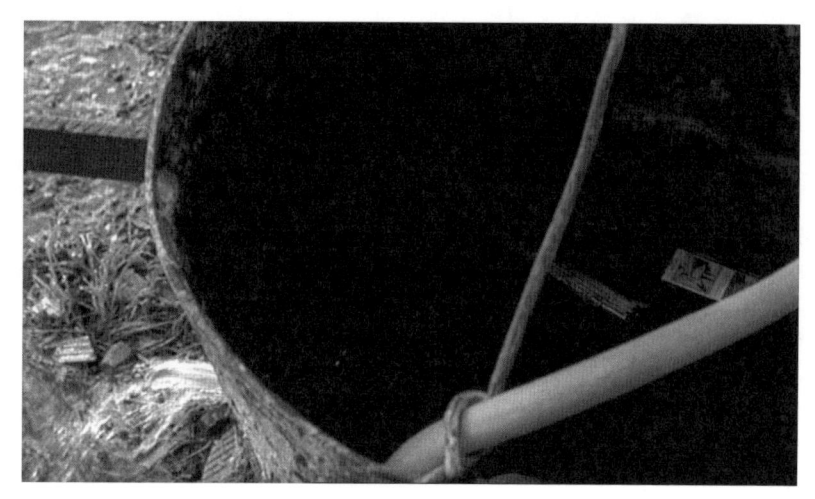

L'Eclisse, Michelangelo Antonioni, F/I 1962

> »In L'Eclisse the subject of the film is always just out of reach; when you arrive at it, either it becomes something else, or rather than being what you sought, only creates another to find.«[22]

Statt einer kontinuierlichen Handlung sehen wir unverbundene insignifikante Ereignisse. Die Abwesenheit der Personen lässt die Dinge in den Vordergrund treten. Sie werden zum informellen Subjekt, weil das Subjekt als Handlungssubjekt[23] verschwunden ist, und blicken zurück. »The look of things becomes the centre of the drama; the subject of the fiction is not an event, but the feel of a wall, the sense of the air, a movement.«[24] Diesem Zurückblicken der Dinge im Film werde ich im Folgenden vor allem mit Merleau-Pontys Gedanken zur Malerei nachgehen, um die Frage zu beantworten, ob es sich einfach um eine anthropomorphe Betrachtungsweise der Dinge im Film handelt oder ob die Wahrnehmung der Dinge im Film über den Menschen hinausgeht.[25]

---

22 Sam Rohdie: Antonioni. London 1990, S. 114.
23 Vgl. ebd., S. 127.
24 Ebd., S. 40.
25 Das Zurückblicken der Dinge im Film ist ein oft angesprochenes Phänomen, das meist innerhalb der Untersuchungen wieder aus den Augen verloren wird, zum Beispiel bei Béla Balázs zugunsten der Gesichter der Schauspieler. Vgl. Béla Balázs: Der sichtbare Mensch oder die Kultur des Films. Budapest 1982, S. 92f.

Während die klassische Montage durch Kontinuität Zeit zum Verschwinden bringt, gibt es bei Antonioni einen Zeit-Raum zwischen den Erscheinungen, welcher unabhängig von narrativer Fülle und zunächst auch ohne Bedeutung ist – Bilder in denen nichts passiert. Diese Bilder, die vor aller (narrativen) Bedeutung faszinieren, werden zu Subjekten mit eigenem Raum und eigener Zeit. Sie wirken in ihrer Konkretheit für sich selbst und nicht als Illustrationen von etwas anderem.[26] Sie sind präsent.[27]

> »One of the functions of the reintroduction by Antonioni of space not caught up in events and of time rescued from their continuity is to provide a time and space to look, and hence, since looks constitute things, to establish in that space-time between events a place for the image to make its appearance, or perhaps more exactly, to exist at all.«[28]

Das Auf- und Abtauchen dieser Bilder aus der Narration kann Narration und Zeichenhaftigkeit verweigern. Die Fixierung vertrauter Objekte lässt die Dinge ihren Kontext verlieren und zu fremden Bildern werden.[29] Selbst Detailaufnahmen von Personen wirken befremdlich, wenn die Kamera keinen Unterschied mehr zwischen Menschen und Architektur macht. Eine plötzliche spontane visuelle Faszination, ohne klare narrative Bedeutung, entsteht, die sich als Partikulares Generalität und Interpretation entzieht.[30]

Die Bedeutung der Details, welche für die Handlung keine Rolle spielt, spiegelt sich auch in Antonionis Arbeitsweise, die vom Schauplatz ausgeht und offen bleibt für den Moment des Drehens:

> »Mir ist dieses Verfahren am liebsten, völlig unvorbereitet, sozusagen unberührt zu den Aufnahmen zu kommen. Ich bitte oft, dass man mich eine Viertelstunde, eine halbe Stunde an Ort und Stelle allein lässt, und lasse meine Gedanken schweifen. Ich blicke nur um mich. Mir helfen die Dinge, die mich umgeben: sie bringen mich stets auf Ideen. Ich habe große Sympathie für Gegenstände, vielleicht mehr noch als für Personen, aber letztere interessieren mich mehr. Jedenfalls halte ich es für

---

26 Vgl. ebd., S. 4 und 65f.
27 Präsenz kann hier nicht im Sinne von Deleuze als unbewegter Schnitt in der linearen Zeit, als Zeitpunkt gesehen werden, der dann ohne Dauer wäre, unabhängig von zeitgleicher Vergangenheit und Differenzierungsprozessen beziehungsweise dem Werden. Vgl. Friedrich Balke: Gilles Deleuze. Frankfurt am Main, New York 1998, S. 71.
28 Rohdie, Antonioni, S. 66.
29 Vgl. ebd., S. 127.
30 Vgl. ebd., S. 77. Trotz der strengen Form von L'ECLISSE gibt es keine Dominanz der Form über die Dinge, beziehungsweise sprengen diese dieselbe wie die Materie die Form in der Ästhetik Adornos.

sehr nützlich, den Ort zu betrachten und seine Atmosphäre, während man auf die Personen wartet, eine Zeitlang aufzunehmen.«[31]

Absichtslosigkeit lässt neue Dinge entstehen und Aufmerksamkeit für die Veränderung der Dinge in der Zeit. Diese Aufmerksamkeit verdoppelt sich in der Konzentration auf Bilder der Vergänglichkeit – sind doch die Bilder des Unfertigen und des Zerfallenden in L'Eclisse sehr auffällig. Der generellen Affinität des Films zu Vorläufigkeit und Endlosigkeit sowie zu Übersehenem, zu Resten werde ich in meinem letzten Kapitel mit Siegfried Kracauer nachgehen.

Nimmt man die klassische Hollywoodnarration als grundlegend an, besteht Antonionis Kino nur aus Regelbrüchen, welche die ›andere‹ Wahrnehmung, das Sehen der Dinge ›wie zum ersten Mal‹, ermöglichen, indem sie den Blick nicht, oder ungewohnt, lenken.[32] Es benutzt kein Schuß/Gegenschußprinzip, keinen *mastershot* oder *establishing shot*. Die Anschlüsse sind falsch, die *linking shots*, welche den Zuschauerinnen das Sehen komfortabel machen, indem sie diese von Raum zu Raum führen, werden weggelassen. Übrig bleiben nur essentielle Bilder.[33] Andererseits schweift die Kamera ab und konzentriert sich auf unvermittelte Details und Formen, lenkt ihre Aufmerksamkeit auf Peripheres.

Am ungewöhnlichsten sind aber die Bilder der toten Zeit, in denen die handelnde Person den Raum verlassen hat und das Bild dennoch stehen bleibt. *Temps-mort*-Bilder, in denen sich nichts bewegt, meist Antizipation und Nachklang eines *action shots*, vor Betreten oder nach Verlassen der Szene, oder nach Blicken, ziehen sich durch Antonionis Filme. Tote Zeit, das heißt hier: nicht narrativ funktionale, handlungsmotivierte Zeit, denn normalerweise wird direkt nach dem Klimax einer Einstellung geschnitten.

31 Antonioni über seine Regie in: Pierre Leprohon: Michelangelo Antonioni. Der Regisseur und seine Filme. Frankfurt am Main, Hamburg 1961, S. 82.
32 Vgl. Rohdie, Antonioni, S. 77. Dieses die alltägliche Wahrnehmung übersteigende Sehen ›wie zum ersten Mal‹, ist nicht leicht zu ertragen. Ich werde es mit allen drei von mir untersuchten Autoren, Maurice Merleau-Ponty, Gilles Deleuze, Siegfried Kracauer, als ›Unmenschliches‹ entwerfen. Bei allen drei Autoren ist dieses im Zusammenhang der Kritik der alltäglichen Wahrnehmung zu sehen. So heißt es bei Deleuze:»Das Kino wird zum Medium des Erkennens, nicht mehr des Wiedererkennens [...]. Die rein optische und akustische Situation evoziert eine Funktion der Hellsicht, die zugleich Phantasie und Konstativum, Kritik und Anteilnahme ist, während die sensomotorischen Situationen, wie gewalttätig sie auch sein mögen, sich an eine pragmatische visuelle Funktion richten, die nahezu alles ›toleriert‹ oder ›erträgt‹, solange es im Rahmen eines Aktions-Reaktions-Systems geschieht.« Gilles Deleuze: Das Zeit-Bild. Kino 2. Frankfurt am Main 1991, S. 33. [OA 1985] Im Folgenden zitiert als »Zeit-Bild«.
33 Vgl. Ian Cameron, Robin Wood: Antonioni. London, New York 1971, S. 8.

»Die Kamera zeigt den leeren Schauplatz, erst nach einiger Zeit tritt der Protagonist ins Bild und verlässt es wieder, während die Kamera weiter den verlassenen Schauplatz zeigt. Je länger der Schauplatz am Anfang und Ende einer Szene ohne die Anwesenheit der Figuren gezeigt wird, um so stärker saugt sich das Bild mit dem Gefühl der Leere und Isolation auf. Jede noch so dramatische Szene, jeder Dialog wird im Moment des leeren Bild-Raumes wieder zurückgenommen, anti-dramatisch kommt jede Bewegung zum Stillstand, senkt sich die emotionale Beschäftigung des Zuschauers mit den Protagonisten gegen Null.«[34]

Auch nach dem Beenden einer Handlung dreht die Kamera nicht einfach weg, fixiert noch eine Weile die Darsteller – den Moment der Intentionslosigkeit.[35] Die leeren Blicke der Menschen jenseits des intentionalen Handelns sind in L'ECLISSE auch in einer einminütigen Schweigeminute, die sich von der Hektik in der Börsenszene abhebt, besonders auffällig.

Temps-mort-Bilder sind entleerte Räume, entleerte Bilder – »places in which the narrative is no longer«.[36] Die Abwesenheit von Narration beunruhigt die Kamera, sie wird unsicher, fördert ein Erstaunen des Blicks. In den meisten Filmen Antonionis hat diese Auflösung, das Verschwinden der Narration, eine Parallele auf der Handlungsebene, zum Beispiel in L'AVVENTURA (I/F, 1960), wenn die Hauptperson verschwindet, aber das Geschehen lenkt.

Nicht nur innerhalb der Narrationszeit, auch innerhalb der einzelnen Bilder wird der Raum aufgelöst, wenn ihre Flächigkeit, die Oberflächenstrukturen der Dinge in den Vordergrund treten. Es bilden sich Muster, wie der in L'ECLISSE zentrale Zebrastreifen oder das glitzernde Blätterfeld gegen Ende. Diese Betonung der Oberflächen lässt keine Perspektive mit Fluchtpunkt zu, keine Tiefenschärfe, in der sich ein alles überblickendes Subjekt den Raum aneignet. Der Raum ermöglicht keine Orientierung für die Zuschauerin oder die Handlung der Protagonistinnen mehr. Das Bild wird zweidimensional, das Haptische der Oberflächen gewinnt dementsprechend an Bedeutung – die Protagonistinnen bewegen sich oft tastend, streichen über Oberflächen oder verharren blickend. In L'ECLISSE fällt Vittorias Spiel mit dem Holzstück in der Wassertonne auf, ihr Streicheln des Elefantenfußes und der Tür, hinter der sie Piero vermutet. Es ist aber

---

34 »Das *Temps-mort*-Bild stemmt sich gegen die vorausgegangene Bilderflut.« Kock, Antonionis Bilderwelt, S. 205.
35 Oder das Geschehen wird aufgeschoben, indem zuerst die Reaktion im blickenden Gesicht gezeigt wird. Vgl. ebd., S. 222.
36 Rohdie, Antonioni, S. 51.

auch der Blick selbst, der hier haptisch wird und beginnt, die Oberflächen abzutasten. Dieses Haptischwerden des Blicks hat Merleau-Ponty an der Malerei Cézannes festgemacht. Ich werde die Möglichkeit dieses tastenden Sehens anhand der Gedanken Merleau-Pontys auch im Film untersuchen. Nicht nur der Raum, auch die Gegenstände können sich auflösen, wenn zum Beispiel in einer Flughafenszene nur noch der Blick in eine gleißende weiße Fläche bleibt, deren Helligkeit alles überstrahlt.[37] Oft bleiben die Bilder abstrakt und undefinierbar bis zum Eintreten einer Person, die erst den Raum und die Gegenstände identifizierbar macht. Der normale Code ›Figur vor Bild‹ wird irritiert. Die *Temps-mort*-Bilder suspendieren also nicht nur die Narration, wie zum Beispiel die Stillleben bei Ozu, sondern auch die Figuration, weil nichts mehr erkennbar bleibt.[38] Das Oszillieren zwischen Figuration und Dekomposition, die Irritation der Zuschauerin durch Verrätselung und Täuschung, verhindern die aneignende Identifikation.[39] Die Objekte, ihre nichtsignifikanten Eigenschaften, ihre Qualitäten, werden gefunden.

Diese Formen des Stillstandes brauchen andererseits die Narration, um sich dagegen abzusetzen. In L'ECLISSE gibt es eine ständige Gegenbewegung zueinander und voneinander weg – die menschenleeren Gegenden sind auch daher als Bilder des Stillstands so einprägsam, weil sie vorher mit der Bewegung der beiden Liebenden durchquert wurden und Erinnerungsspuren aufgegriffen werden. Wie um mit dem Prinzip der Memorierung zu arbeiten, wird vieles dreimal gezeigt. Lange Einstellungen und Wiederholungen sensibilisieren die Zuschauerin für die Tiefenstruktur des Filmischen und machen sie aufmerksam für Veränderungen.[40] Im Gegensatz zur Avantgarde, zum *cinéma* sind die

> »[...] Augenblicke [des Stillstands, A.Z.] bei Antonioni [...] eng mit der Handlung der Filme verknüpft. Gerade das Innehalten der Bewegung wird stärker als im reinen, kontemplativen Film als Antipode zu der Bewegung der Protagonisten [...] erlebt. Würden sie ausschließlich die gesamte Bild-Struktur ausmachen, würden die Bilder nur auf eine allgemeine Leere des Daseins hinweisen.«[41]

---

37 In anderen Filmen Antonionis übernimmt der immer wiederkehrende Nebel diese auflösende Funktion.
38 Vgl. Rohdie, Antonioni, S. 175.
39 Auch die Bildauflösung führt bei Antonioni nicht zur befriedigenden Wiederherstellung von Raum und Zeit.
40 Vgl. Peter Wuss: Die Tiefenstruktur des Filmkunstwerks. Zur Analyse von Spielfilmen mit offener Komposition. Berlin 1986, S. 297f.
41 Kock, Antonionis Bilderwelt, S. 329f.

Zwischen *cinéma pur* und klassischem Kino sich bewegend, sind beide Pole der Filme Antonionis aufeinander angewiesen.[42] Es gibt keine kausale Vorwärtsbewegung von Ereignis zu Ereignis, keine finale Determinierung, sondern eine Wechselbewegung von Narration und deren Abwesenheit – von Fülle, Aktivität und Leere des Bildes.[43] Dieser Wechselbewegung entspricht auch die Entgegensetzung von Hektik und Stille – der lauten Börse, an der Piero als Makler tätig ist, und dem fast verlassen wirkenden EUR-Viertel[44]; lauten Straßenszenen und den ruhigen Spaziergängen. Eine angeheiterte Jagd nach einem freilaufenden Pudel durch Vittoria und ihre Freundinnen endet mit im Wind schwingenden Fahnenmasten, dem Staunen von Vittoria und dem der Zuschauerin über die leisen seltsamen Klänge.

Eine andere Szene bringt die Spannung, die zwischen den beiden Ebenen herrschen kann, direkt und schmerzhaft zum Ausdruck. Der erzwungene Stillstand, die Schweigeminute an der Börse, die übrigens wirklich eine Minute lang ist, wird aggressiv von klingelnden Telefonen angegangen und von Piero mit seiner Bemerkung über die Kosten dieser Minute aufgebrochen. Das in L'ECLISSE vorherrschende Beobachten der Dauer eines Moments der Veränderung im Raum,[45] welches gegen die Ökonomie der Narration verstößt und die lineare Zeit auflöst, wird hier zum Verstoß gegen die Ökonomie der kapitalistischen Gesellschaft.

Die Wahrnehmung der Dinge

Zunächst nehme ich eine alte Tonne wahr, in der ein Holzstück schwimmt. Das aus ihr laufende Wasser mag für etwas stehen, aber erst einmal fließt es über die Straße, verändert deren Oberfläche, macht sie durchscheinend und weich. Bevor der Rasensprenger symbolisch abgedreht wird, hat er noch das Feld in einen glitzernden Teppich verwandelt.

Die Schlussszene von L'ECLISSE verläuft auf zwei Ebenen – ich sehe und staune über das, was ich sehe, erfahre und fühle Oberflächen und die Veränderungen von Dingen in der Zeit – ich lese, das, was ich sehe und erhalte Symbole der Apokalypse beziehungsweise der Sonnenfinsternis, in die ich die Geschichte um die Unmöglichkeit von Beziehungen im nachhinein

---

42 In den meisten Filmen Antonionis dient die Reise, in L'ECLISSE das Flanieren und Suchen Vittorias, als Erzählung für die offene Form.
43 Vgl. Rohdie, Antonioni, S. 176.
44 Esposizione Universale di Roma.
45 Vgl. Rohdie, Antonioni, S. 103.

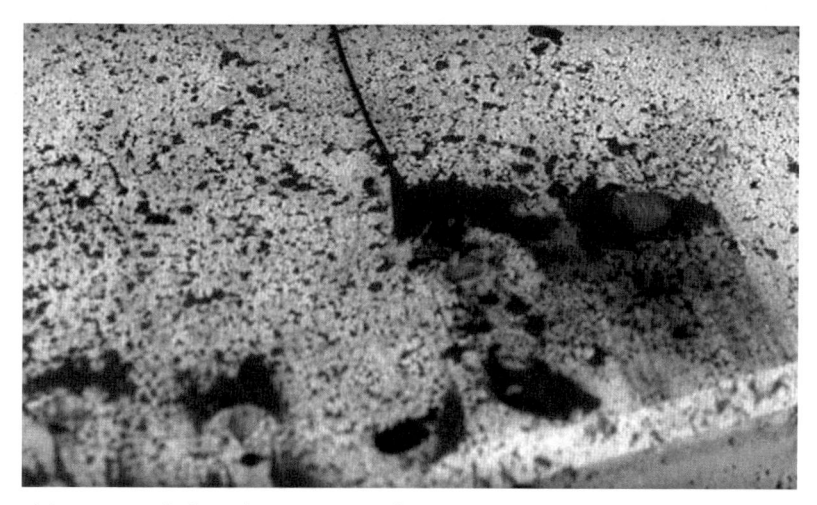

L'ECLISSE, Michelangelo Antonioni, F/I 1962

einordne. Jede Sichtung des Films verläuft anders – je nachdem, ob Perzeption oder Rezeption die Oberhand behält, bin ich fasziniert und erregt durch die Erfahrung dieser Oberflächen, oder eher deprimiert durch die Trostlosigkeit der durch den Film vermittelten Botschaft.

Aber wie die erste, subjektive Wahrnehmung der Dinge als Erfahrung fruchtbar machen? Wie diese nicht greifbaren Momente festhalten, welche die Signifikantenreihen verzögern, die Identifikation aufschieben oder unterbrechen? Geht es wirklich um Dauer, oder eher um Augenblicke des Aufbrechens? Die von mir untersuchte Literatur über Antonioni führte nach anfänglicher Bestätigung meiner Suche nach den Dingen immer in Sackgassen – die Rolle der Objekte wird immer wieder betont, aber nie wird in der begrifflichen Analyse weiter auf sie eingegangen. Entweder die Analyse bleibt als rein inhaltliche (Arrosmith[46]) und als Analyse der Symbolik und der Brechung von Bildkonventionen innerhalb der Vorstellung des Films als Text (Rifkin[47]), oder sie wiederholt die Behauptung der Präsenz der Dinge (Rohdie) als formalen Bruch der Narration, die aber nicht wirklich positiv gefüllt wurde. Eine Definition scheint wie in Thompsons strukturellen Analysen nach wie vor nur als Bruch mit der klassischen Narration möglich, positive Annäherung nur über Beschreibung. Am ehesten kommt die phänomenologische Darstellung von Kock, der als Einziger die

---

46 William Arrosmith: Antonioni. The Poet of Images. New York, Oxford 1995.
47 Ned Rifkin: Antonioni's visual language. Michigan 1982.

Zuschauerin mit einbezieht, an das Phänomen der Erfahrung der Dinge und deren Zeitlichkeit heran.

Am weitesten konnte ich mich schließlich der Erfahrung von Dingen in Momenten des Stillstands, in Bildern toter Zeit, mit Gilles Deleuze annähern – in seinem Entwurf rein optischer Bilder oder Situationen. Diese spezifischen Bilder entwickelt der Philosoph in seinen auf Bergson aufbauenden Kinobüchern als Übergangsphänomene zwischen den beiden für ihn grundlegenden Bildarten – Bewegungs-Bild und Zeit-Bild. Rein optische Situationen sind Bilder, welche das Bewegungs-Bild zusammenbrechen lassen, indem die zentralen Figuren nicht mehr handeln können, sondern nur noch wahrnehmen.

> »Die rein optischen und akustischen Bilder, die unbewegliche Einstellung und die Schnittmontage bestimmen und implizieren durchaus ein Jenseits der Bewegung. Doch halten sie weder die Bewegung der Figuren noch die der Kamera wirklich an. Sie sorgen dafür, dass die Bewegung nicht mehr in einem sensomotorischen Bild wahrgenommen wird, sondern in einem anderen Bildtypus erfasst und gedacht wird. Das Bewegungs-Bild ist nicht verschwunden, aber es existiert nur noch als die erste Dimension eines Bildes, das unaufhörlich in seinen Dimensionen wächst.«[48]

Für Deleuze ist Handlung nicht grundlegend, sondern erst Folge von bestimmten Bildern, Ausdruck des Bewegungs-Bildes.[49] Dieses unterscheidet er vom Zeit-Bild, in welchem die Handlung und damit die Bewegung gegenüber der Zeit zurücktritt, eine Unterscheidung, die der von Klassik und Moderne des Films entspricht. Das Zeit-Bild löst stilistisch und filmhistorisch das auf Handlung konzentrierte Bewegungs-Bild ab, zu einer Zeit, in der dieses nur noch aus Klischees zu bestehen scheint und in der das handelnde Subjekt fragwürdig geworden ist. Die das klassische Hollywoodkino bestimmende Handlung des Aktionsbildes bricht auf in Filmen, in denen rein optische und akustische Bilder bestimmend werden:

> »Die Situationen finden hier keine Fortsetzung mehr in Aktion oder Reaktion, wie es den Erfordernissen des Bewegungs-Bildes entspräche. Wir haben es nun mit reinen optischen und akustischen Situationen zu tun, in denen die Personen nicht mehr zu reagieren wissen, mit affek-

---

48 Zeit-Bild, S. 37.
49 Gilles Deleuze: Das Bewegungs-Bild. Kino 1. Frankfurt am Main 1989. [OA 1983] Im Folgenden zitiert als »Bewegungs-Bild«.

tionslosen Räumen, in denen sie nichts mehr verspüren und nicht mehr handeln – und diese Situationen und Räume treiben sie schließlich zur Flucht, zum Bummeln, zum Kommen und Gehen, zur Gleichgültigkeit gegenüber dem, was mit ihnen geschieht, zur Unentschlossenheit gegenüber dem, was sie tun sollen. Doch was ihnen an Aktion und Reaktion verlorengegangen ist, haben sie an Hellsicht gewonnen: sie SEHEN, und das Problem des Zuschauers wird nun heißen ›Was ist auf dem Bild zu sehen?‹ (und nicht mehr: ›Was ist auf dem nächsten Bild zu sehen?‹).«

Diese Frage nach der Folge der Bilder aufeinander wäre eine Frage der organischen Montage, welche nach Deleuze die einzelnen Bilder einem übergeordneten Ganzen, einer repräsentierten Welt und damit einer Wahrheit unterordnet. Diese organische Ordnung der Repräsentation bestimmt das Bewegungs-Bild, während das Zeit-Bild hingegen von falschen Fährten und Erinnerungsspuren gelenkt wird.[50]

Ich möchte hier vorwegnehmen, dass ich die Ausführungen von Deleuze über das Zeit-Bild und das Bewegungs-Bild nur als Tendenzen und nicht als historische Einschnitte sehe. (Deleuze macht den Bruch am Zweiten Weltkrieg fest.) Auch das Bewegungs-Bild wird nicht nur sensomotorisch wahrgenommen[51] – Kino lässt sich nie vollständig kanalisieren und durch sensomotorische Raster filtern, dafür ist es zu vielschichtig. Dennoch ermöglicht die Unterscheidung für die von mir untersuchte Erfahrung in Momenten des Stillstand einen anderen Zugang als über Erzählstrukturen. Der Stillstand kann mit Deleuze als spezielles Bild der Zeit gesehen werden. Im Zeit-Bild, dem direkten Bild der Zeit, dem von Deleuze so genannten Kristall,[52] spaltet sich die Zeit in aktuell und virtuell. Die Gegenwart wird aufgehoben, die sonst dem Film generell, von Deleuze aber nur dem

---

50 Beide Bild-Arten bestehen aus Bewegung und Zeit, die als reale Bewegung und konkrete Dauer unabhängig von Raum und abstrakter Zeit sind. Die Dauer des Films äußert sich als beweglicher Schnitt des Ganzen, welches allerdings im Bewegungs-Bild um einen handelnden Körper gekrümmt wird. Ich werde vor allem im Kapitel zum Affektbild auf den Zusammenhang von Bild, Bewegung und Materie eingehen, welche Deleuze von Bergson herleitet.
51 Deleuze's generelle Kritik an der Wahrnehmung bezieht sich eher auf die ›normale‹, an das körperliche Gedächtnis geknüpfte Wahrnehmung im Gegensatz zur reinen Wahrnehmung. Später werde ich im Zusammenhang der phänomenologischen Vorstellung der ›natürlichen Wahrnehmung‹ diese der Genese der Wahrnehmung gegenüberstellen, welche für Deleuze eine große Rolle spielt, die aber auch schon in Maurice Merlau-Pontys Gedanken zur Malerei von Bedeutung ist.
52 Ich kann leider an dieser Stelle nicht weiter auf das Kristallbild eingehen und beschränke mich auf die für die Beschreibung von L'ECLISSE zutreffenden Sono- und Optozeichen.

Bewegungs-Bild zugeschrieben wird. In diesem Zeit-Bild findet die Ablösung vom Reiz-Reaktionsschema des Bewegungs-Bildes statt.

Normalerweise – im Alltag und im Bewegungs-Bild, vor allem im Aktionsbild Hollywoods – wird die Wahrnehmung in Schach gehalten durch Identifikation. Das intentionale Sehen verhindert das Sehen der Dinge.[53]

> »Nach Bergson nehmen wir die Sache oder das Bild nie vollständig wahr; wir nehmen immer weniger wahr, nämlich nur das, was wir – aus wirtschaftlichen Interessen, ideologischen Glaubenshaltungen und psychologischen Bedürfnissen – wahrzunehmen bereit sind. Wir nehmen also normalerweise nur Klischees wahr. Wenn unsere sensomotorischen Schemata blockiert sind oder zerbrechen, kann jedoch ein anderer Bildtypus auftauchen: das rein optisch-akustische Bild«.[54]

Erst die Blockierung der alltäglichen Schemata macht also ein ›anderes‹ Sehen möglich – ein Sehen, welches über die zweckrationale Wahrnehmung des Alltags hinaus geht. Im Bewegungs-Bild ermöglicht laut May ein bestimmter Umgang mit Raum und Zeit die Aneignung der Bilder,

> »[D]ie auf die Tätigkeit gerichteten Reiz-Reaktionsmuster [benötigen, A.Z.] die Vorstellung eines homogenen Raums und einer chronologischen Zeit für die Erfüllung ihrer Zielorientierung. Diese Vorstellung legt sich wie ein Raster auf die wahrnehmbare Welt«.[55]

Die zweckrationale Rasterung des Wahrgenommenen verhindert eine Erfahrung desselben, die unabhängig von Tätigkeit ist. Das klassische Kino kanalisiert die Bewegung und bildet daher ein indirektes Bild der Zeit, während in der Moderne das Zeit-Bild direkt wird, sich durch falsche Anschlüsse und abweichende Bewegungen die Bewegung der Zeit unterordnet.[56] Das intentionale Sehen, das die Wahrnehmung der Dinge bezie-

---

53 Vgl. Gregory Flaxman: Introduction. In: The Brain is the Screen. Deleuze and the Philosophy of Cinema, hrsg. von Gregory Flaxman, Minnesota 2000, S. 1-60, hier S. 35f.
54 Zeit-Bild, S. 35.
55 May, Fassbinders Lili Marleen, S. 38.
56 Nach Oliver Fahle ist auch im Frühen Kino die Bewegung der Zeit untergeordnet. Ein Umstand, den Deleuze eher als Unreife abtut, zugunsten eines höchst einseitigen und problematischen Propagierens einer Moderne des Kinos. Allerdings spricht Deleuze dann im Zeit-Bild ebenfalls vom »Drang eines wiedererstehenden Kinos, das seine Voraussetzungen neu erschafft.« (S. 348) Vgl. Oliver Fahle: Deleuze und die Geschichte des Films. In: Der Film bei Deleuze. Le cinéma selon Deleuze, hrsg. von Lorenz Engell, Oliver Fahle, Weimar 1997, S. 114-126. Dennoch ist bei ihm ein Unterschied in der Art der Zersetzung der normalen Wahrnehmung von Bedeutung: Die physische Ermöglichung des Sehens der Dinge vor der Wahrnehmung durch den nichtzentrierten Reinzustand der

hungsweise Bilder verhindert, wird aufgelöst und die Wahrnehmung nicht mehr durch zweckrationale Rasterung eingeschränkt.[57] Dieses direkte Bild der Zeit steht nach Elisabeth Büttner in einem direkten Zusammenhang zur Eigenständigkeit der Materialität der Objekte.

»Die Zeit als das selbstverständliche Plateau, auf dem sich die Ereignisse niederlassen, beginnt aufzuscheinen, sobald die Objekte oder Milieus eine materielle Autonomie einnehmen. Diese Situationen, die über die Handlungsabläufe definiert sind, beginnen an Stabilität zu verlieren, sobald die Orte des Geschehens nicht mehr über ihre Objekte oder bereits vermittelte Kenntnisse vollständig ergänzt werden können.«[58]

Die Krise des Aktionsbildes ermöglicht, wie gesagt, ein neues Sehen. Die Handelnden werden mit dem Bruch des Reiz-Reaktionsschemas zu Zuschauerinnen. Sie nehmen wahr und wir mit ihnen. In diesem Zeit-Bild, das Deleuze auch anhand der Filme Antonionis reflektiert, sprengt die ›unmittelbare‹ Präsenz der Materie die zu Klischees geronnenen symbolischen Zeichen des Bewegungs-Bildes. In der Art eines Rätsels dringt sie – wie nach Adorno das Nichtsagbare, Inkommensurable in der Kunst[59] – durch die Form und die Zeichen hindurch. Das Zeichen verweist nicht mehr sprachlich, sondern öffnet sich in seiner singulären Materialität auf die Zeit beziehungsweise das Gedächtnis hin. Im Gegensatz zum automatischen, sensomotorischen Wiedererkennen, welches das Gedächtnis aktualisiert, hält das attentative Wiedererkennen die Bewegung an. Es führt nicht von einem Gegenstand zum nächsten, sondern verbleibt bei einem und stellt von ihm eine Beschreibung her, die sich in Kreisläufen im virtuellen reinen Gedächtnis mit immer neuen Erinnerungsbildern verknüpft.[60] In den rein optischen Bildern findet keine Verkettung der Bilder mehr statt,

Bewegung der Materie im Bewegungs-Bild wird nun im Zeit-Bild durch die Dezentrierung des Indeterminationszentrums des Körpers von innen, durch die Kopplung an das Gedächtnis erreicht. Vgl. Balke, Gilles Deleuze, S. 69.
57 Natürlich kann diese Intentionslosigkeit wie bei Adorno nur ein Grenzbegriff sein. Andererseits bricht hier das Nichtidentische nicht erst durch, wenn Form ins Extrem getrieben wird, sondern wenn sie gewissen Regeln sich entzieht.
58 »Den Raum als ein eigenständiges Gebilde gegenüber der Erzählung wahrzunehmen, ihn als leer und neu zu besetzend zu erkennen, heißt die Zeit als Thema in den Film einzuführen.« Elisabeth Büttner: Die versteckte Zeit – die wiederentdeckte Zeit. In: Kinoschriften 3: Jahrbuch der Gesellschaft für Filmtheorie, hrsg. von Georg Haberl, Michael Omasta, Gottfried Schlemmer, Wien 1992, S. 151-179, hier S. 170.
59 Vgl. Theodor W. Adorno: Ästhetische Theorie. Frankfurt am Main 1973.
60 Zeit-Bild, S. 64. Das immer in der Gegenwart verbleibende aktualisierende Körpergedächtnis wird durch das, Zugang zu den parallelen Vergangenheitsschichten verschaffende, im Virtuellen kreisende, reine Gedächtnis abgelöst.

keine einer Totalität untergeordnete kontinuierliche aktualisierende Montage, sondern eine Vielfalt der Verknüpfungsmöglichkeiten entsteht.[61]

Die virtuell unendlichen Informationswerte werden nicht mehr reduziert und gefiltert, das Sehen nicht mehr gelenkt.[62] Im Zeit-Bild herrschen irrationale Schnitte vor, die nicht mehr ein zugrunde liegendes Geschehen verketten. Diese Schnitte und die durch Aufbrechen des Reiz-Reaktionsschemas freigesetzte Zeit werden wie die Dinge körperlich erfahren. Die entstehenden Sono- und Optozeichen (rein akustische und optische Bilder), werden vom ›Körper‹ gelesen, setzen sich aber nicht in Bewegung fort.[63] Das Visuelle wird haptisch – körperlich gefühlt.[64] Es ist diese körperliche Erfahrung von Bildern, die sich der Einordnung in die Narration entzieht, welche meine Untersuchung leiten soll und welche mich so verschiedene Denker wie Merleau-Ponty, Deleuze und Kracauer zusammenführen lässt. Überhaupt zeigen sich in der Beschreibung des Zeit-Bildes auch Ähnlichkeiten mit der Filmtheorie Kracauers. So schreibt zum Beispiel der Medienwissenschaftler Eike Wenzel:

> »Daß Deleuze in dem Bruch des Individuums mit der Welt zugleich auch eine ›Errettung der äußeren Wirklichkeit‹ (Kracauer) abgezeichnet sieht, bekundet sich in seinem Eintreten für das Zeit-Bild. Denn mit dem Zeit-Bild [...] erscheint für ihn eine Ordnung der Bilder & Töne hintergehbar, die sich längst in Klischees aufgelöst hat.«[65]

Jedes wahrnehmbare Bild steht einzeln für sich und die Lücke dazwischen kommt zu eigener Bedeutung. Die Objekte sind nicht mehr dem Anschluss, sondern der inneren Ordnung des Bildes untergeordnet.

---

61 Im Alltag ist die körperliche Aktualisierung des Gedächtnisses notwendig, im Kino nicht – der verdunkelte, schützende Kinoraum ermöglicht eine Situation der Öffnung und der Anschmiegung an das Bild, welche dem freien Kreisen des Gedächtnisses zugrunde liegt. Vgl. May, Fassbinders Lili Marleen, S. 42f.
62 Beziehungsweise nicht mehr auf bestimmte Weise (ideologisch, männlich) gelenkt – innerhalb des für sich stehenden Bildes kann der Blick frei wandern. Die Lenkung besteht nun eher in einer Art Stimulation oder Verführung, keiner Aneignung von Raum, in der sich die Kamera zielsicherer bewegt oder einer zielgerichteten Montage.
63 Vgl. Laura Marks: Signs of the Time: Deleuze, Peirce, and the Documentary Image. In: Flaxman, The Brain is the Screen, a.a.O., S. 193-214.
64 Als Haptische wird die Filmwahrnehmung visuell und taktil zugleich. Die Zuschauerin reagiert körperlich auf die Kräfte innerhalb des Bildes. Vgl. auch Barbara M. Kennedy: Deleuze and the Cinema. The Aesthetics of Sensation. Edinburgh 2000, S. 117.
65 Eike Wenzel: Gedächtnisraum Film. Die Arbeit an der deutschen Geschichte in Filmen seit den sechziger Jahren. Stuttgart, Weimar 2000, S. 150.

»Das Bild und die Situation, die es darstellt, zählen nur für sich selbst. Diese reine Beschreibung verdoppelt die Bilder nicht mehr, verweist nicht auf eine Bedeutung, die hinter ihnen, im Fluss der Erzählung, zu entdecken ist.«[66] Es findet keine Repräsentation mehr statt, welche die Bilder einbinden würde.[67]

Gang der Untersuchung

Die anhand von L'ECLISSE beschriebenen *Temps-mort*-Bilder lassen mich wahrnehmen ›wie zum ersten Mal‹. In den Momenten des Stillstands der Narration erfahre ich die Beschaffenheit von Oberflächen, von Dingen. Aber was kann ich über diese Wahrnehmung sagen, außer dass sie außerhalb des sensomotorischen Schemas stattfinden muss und Beziehungen zum virtuellen Gedächtnis eröffnet? Was passiert im Akt der Wahrnehmung dieser Strukturen, das nicht einfach Teil des Verstehens der Narration wäre, sondern dieser zugrunde liegt?

Deleuzes Zeit-Bild ermöglicht einerseits eine Annäherung an dieses Phänomen des Sehens der Dinge jenseits der alltäglichen Wahrnehmung in seiner Darstellung von rein optischen Situationen. Nur tritt bei ihm die Autonomie der materiellen Realität innerhalb des Konzepts des Zeit-Bildes wieder in den Hintergrund zugunsten der Virtualität dieses Bildes, der Auslösung von Erinnerungsbildern und dem Anstoß des Denkens durch die Wahrnehmung, statt bei der Annäherung an die Dinge und ihrer Dauer, die das Aufbrechen des Bewegungs-Bildes ermöglicht, zu verweilen.[68] Die

---

66 Büttner, Die versteckte Zeit, S. 172. Die Bilder unterliegen keiner Linearität mehr, allerdings den Gesetzen des Denkens – das heißt aber nicht, dass die Objekte der Subjektivität untergeordnet werden (zum Beispiel, dass die Zentralperspektive deren Eigenständigkeit unterdrückt), sondern dass die Grenze zwischen Subjekt und Objekt aufgelöst wird.
67 Kino an sich ist für Deleuze materielle Realität – das Universum besteht aus Bildern. Diese Bilder sind also die Welt und keine Repräsentation einer ontologischen Realität, wie im Aktionsbild der Fall, welches Gegenwart behauptet. Das Zeit-Bild dagegen präsentiert und kreiert verschiedene Zeiten, also Dauer. Gerade durch das reine Gedächtnis im Zeit-Bild findet andererseits ein Sprung in die Ontologie statt. Vgl. Pascal Bonitzer, Jean Narboni u.a.: The Brain is the Screen. An Interview with Gilles Deleuze. In: Flaxman, The Brain is the Screen, a.a.O., S. 365-374, hier S. 371.
68 Die Intuition von Dauer führt doch gerade die reine Wahrnehmung und die normale Wahrnehmung zusammen zu subjektiver Zeit, das heißt, es findet eine Verknüpfung der aktuellen Wahrnehmung mit dem virtuellen Gedächtnis statt. Deleuze scheint aber am Zeit-Bild eher nur Letzteres zu interessieren.

einzelnen von Deleuze entworfenen Zeit-Bilder, die Zeitkristalle, wirken auf mich wie zu schnell von Wahrnehmung befreite Reproduktionen von Gedächtnismodellen. Diese sind in der Beschreibung reduzierbar auf die Montage, das heißt auf die Erzählstrukturen einzelner Filmautoren wie Resnais oder Welles, bei denen verschiedene Erzählstränge als Simultanität verschiedener Gegenwarten[69] und Koexistenz von Vergangenheitsschichten nebeneinander existieren.

Bleibe ich mit diesen Fragen allein bei Deleuzes Kinobüchern, zeigt sich das Problem, dass dieser keine Vorstellung von der Kinozuschauerin und deren Wahrnehmung ausarbeitet. Sein Kinouniversum besteht aus Bildern, auf der Leinwand und im Zuschauerraum, die aufeinander in unterschiedlicher Weise reagieren und Neues entstehen lassen. Insgesamt sehe ich aber die Notwendigkeit des stärkeren Eingehens auf die Zuschauerin. Die Präsentation der Dinge, statt der Repräsentation von ›Realität‹, ist ohne Bezug auf jemanden, der diese erfährt, nur schwer vorstellbar. In welchem Verhältnis stehen diese Bilder zum realen Zuschauerkörper? Wie nehme ich normalerweise wahr, wie sehen diese zweckrationalen Raster aus und sind sie nicht durch meinen Leib, der als Körper auch Teil der Welt ist, von dieser untrennbar? Wie wird diese Wahrnehmung vor der Einordnung in Filmsprache noch anders als durch den Stillstand ermöglicht? Welche Bedeutung kann dieser besonderen Erfahrung zugeschrieben werden?

Mein Ziel ist, mich weiter an die Erfahrung von Dingen, an deren Materialität und an die Zuschauerinnen im Kino heranzutasten. Dabei werde ich mich mit Maurice Merleau-Ponty, Gilles Deleuze und Siegfried Kracauer auf Autoren konzentrieren, welche die Frage der Wahrnehmung im Kino jenseits von einzelnen Filmbetrachtungen auf eine grundlegende Weise stellen. Ich werde zunächst von der phänomenologischen Vorstellung eines realen Zuschauerkörpers und dessen Kinoerfahrung ausgehen, die ich weitestgehend anhand des Leib-Begriffs des Phänomenologen Maurice Merleau-Ponty untersuchen werde. Inwiefern liegt die Leibhaftigkeit eines solchen Zuschauerkörpers der Erfahrung der Dinge im Kino zugrunde? Wie kann ein solcher Körper an dem im Kino Wahrgenommenen teilhaben? Wie kann diese Wahrnehmung die alltägliche Wahrnehmung überschreiten und tut sie das überhaupt?

Zwar konnte ich mich mit Deleuze und seiner Kritik an festgefahrenen Wahrnehmungsstrukturen des Bewegungs-Bildes (und vor allem am Akti-

---

69 Deleuze spricht von Gegenwartsspitzen als Punkten der Ununterscheidbarkeit von aktuell und virtuell.

onsbild Hollywoods) der von mir untersuchten Filmwahrnehmung annähern, in seiner Konstruktion von Zeit-Bildern will ich ihm aber nicht weiter folgen. Bei meiner Suche nach dem Begriff einer spezifischen Wahrnehmung werde ich mich stattdessen im Rückgriff auf die Phänomenologie der Körperlichkeit der Kinoerfahrung zuwenden. Die Wahrnehmung dieser Bilder, so werde ich im Anschluss mit und teilweise auch gegen Maurice Merleau-Ponty argumentieren, ist körperlich, entzieht sich aber der intentionalen Ordnung der körperlichen Normalwahrnehmung. Während nun Filmwahrnehmung für Merleau-Ponty im Wesentlichen der alltäglichen Wahrnehmung und deren Intentionalität entspricht, sieht er in der Malerei eine Möglichkeit, gerade über den eigenen Leib dieser intentionalen Wahrnehmung zu entkommen. Ich werde mich daher, abgesehen von der Darstellung Merleau-Ponty folgender filmwissenschaftlicher Ansätze, im ersten Teil meiner Untersuchung mehr mit Malerei beschäftigen und weniger mit den Gedanken Merleau-Pontys zum Film. Die Wahrnehmung in bestimmten Formen der Malerei ermöglicht ein Austauschverhältnis von Körper und Welt und nähert sich den wahrgenommenen Dingen haptisch an, eignet sich diese aber nicht als Objekte des Blicks an, sondern sieht sie ›wie zum ersten Mal‹.

Von der leibhaftigen Wahrnehmung im Kino und von der Vorstellung eines chiastischen Austauschs mit dem Wahrgenommenen komme ich zurück zu Deleuze, um weitere Momente zu finden, die sich bei Deleuze für die Beschreibung der Erfahrung der Dinge im Kino fruchtbar machen lassen, selbst wenn sie sich von der Vorstellung eines konkreten Zuschauerkörpers ablösen. Diese Ablösung vom Körper verbindet sich bei ihm mit einer Kritik an der alltäglichen körperlichen Wahrnehmung, die zu einer Ethik eines neuen, ›anderen‹ Sehens führt.

Dennoch arbeitet er an anderer Stelle das Haptische der Wahrnehmung, die Taktilität des Sehens heraus – die körperliche Erfahrung von Oberflächen durch den Blick, welcher in den Filmen Antonionis die haptische Berührung derselben entspricht. Diese Berührung lässt sich auch als mimetische Anschmiegung beschreiben und ist dem aneignenden, allmächtigen Blick des Realismusdispositivs und der Tiefenschärfe entgegengesetzt. Identifikation mit Personen oder der Kamera folgt erst sekundär durch Narrationsstrukturen. Hierzu lässt sich ein anderer interessanter Punkt bei Deleuze schon im *Bewegungs-Bild* finden: die dort beschriebenen Affektbilder und deren Qualizeichen. Diese reinen Eigenschaften beziehungsweise

Qualitäten, wie das Harte, das Weiche, das Glänzende, das Matte, lassen sich vielleicht eher für ein Verweilen bei den Dingen fruchtbar machen.[70] Schließlich werde ich mit Siegfried Kracauer der Körperlichkeit dieser Erfahrung einen weiteren Schritt nachgehen und nach ihrer ›Bedeutung‹ fragen. Auch Kracauer verbindet nämlich die körperliche Wahrnehmung im Kino mit einer Ethik der anderen Wahrnehmung, wenn er fragt: »Welchen Wert hat die Erfahrung, die der Film vermittelt?«[71] Dieser Wert zeigt sich als ein historischer, aber auch als erkenntniskritischer, weshalb die Frage einerseits zum historischen Zusammenhang des Kinos führen wird. Stillstand wird hier eine über Film hinausweisende kritische Bedeutung bekommen. Andererseits weist die Frage nach dem Wert der Filmerfahrung aber auch zurück zu der spezifischen Zeitlichkeit der Filmerfahrung. Diese werde ich mit Kracauer dann nicht nur als eine körperliche, sondern auch als eine der Geschichte betrachten.

---

70 Vgl. auch die Ausführungen zum Affektbild bei May, Fassbinders Lili Marleen. Ich werde mich diesen Qualitäten, bevor ich zu Deleuze zurückkomme, ebenfalls phänomenologisch annähern.
71 Theorie, S. 371.

II. Maurice Merleau-Ponty und das Kino

Ich werde mich diesen Fragen also zunächst mit Maurice Merleau-Ponty zuwenden, auf dessen Phänomenologie Deleuze mit seiner Beschreibungsweise des Kinos als präverbale Zeichenmaterie gewissermaßen aufbaut und die er mit seinen Kinobüchern zu erweitern versucht, auch wenn er dessen Vorstellung eines fundierenden Leibes und der Normalwahrnehmung ablehnt.[1] Für Merleau-Ponty dagegen wird gerade das Kino zum Beleg einer ganzheitlichen Normalwahrnehmung. Film kann als intentionales Gebilde im Sinne der *Phänomenologie der Wahrnehmung* gesehen werden. In diesem Zusammenhang ist die Übertragung der Phänomenologie Merleau-Pontys auf die Filmtheorie zu besprechen, die Vivian Sobchack vornimmt. Ich gehe in der Folge auch auf Linda Singer ein, die sich in ihrer Phänomenologie des Films eher der Kinosituation zuwendet.

In den späten Schriften Merleau-Pontys über Kunst, Sprache und Sinn verliert sich die Vorstellung der Eindeutigkeit des Sichtbaren und der Intentionalität der Wahrnehmung in der Normalwahrnehmung. Der Bezug zu den Dingen verändert sich über das gemeinsame ›Fleisch‹, dem – die Verflechtung von Sehen und Gesehenwerden zugrunde liegt. Diesen späten Merleau-Ponty möchte ich im zweiten Abschnitt dieses Kapitels für die Wahrnehmung von Dingen im Kino fruchtbar machen, bevor ich die Ergebnisse auf die Vorstellung einer haptischen Wahrnehmung im Kino übertrage. Abschließend komme ich zu der auf der Vorstellung des ›Fleisches‹ aufbauenden grundlegenden Ambiguität der Beziehung zwischen Existenz und Welt und der darin begründeten Unabschließbarkeit von Sinn und Körper.

---

1 Im Zusammenhang des Affektbildes und des organlosen Körpers, den Deleuze der Vorstellung des Leibes bei Merleau-Pontys und dem realen Körper entgegensetzt, werde ich auf diese Problematik eingehen. In diesem Teil der Arbeit kann ich seine Kritik, vor allem die an der Normalwahrnehmung, nur andeuten.

Das Kino und die Wahrnehmung von Welt

»Wie wir [...] gesehen haben, bedeutet ein Film, so wie ein Ding bedeutet: Beide sprechen nicht mit einem abgetrennten Verstand, sondern wenden sich an unsere Fähigkeit, die Welt oder die Menschen stillschweigend zu entziffern und mit ihnen zu koexistieren.«[2]

1945 beschreibt Merleau-Ponty in einem kurzen Text das Kino als der phänomenologischen Existenzphilosophie verwandt. Dabei stellt er die Phänomenologie und mit ihr die neuere Psychologie der alten empirischen Psychologie gegenüber, welche Wahrnehmung als eine Reaktion auf Einzelreize auffasst. Das Kino spiegelt die dieser empirischen Auffassung entgegengesetzte natürliche Wahrnehmung, die »keine Summe aus visuellen, taktilen, auditiven Gegebenheiten«[3] sein kann. Hier wird im filmischen Bewegungsfluss besonders deutlich, dass in der Wahrnehmung keine Einzelelemente registriert und in einer Gedankenoperation addiert werden, sondern wir in Konstellationen wahrnehmen, in Gestalten beziehungsweise Ganzheiten, die vorliegen und nicht erst durch Denkprozesse erstellt werden. Die Wahrnehmung ist keine Reaktion auf einzelne Reize, sondern eine Auseinandersetzung mit Ganzheiten, die selbst Teil des Wahrnehmungsaktes sind.[4]

»Die Permanenz der Farben und der Dinge ist also nicht durch die Intelligenz konstruiert, sondern durch den Blick erfaßt, insoweit er sich die Organisation des Gesichtsfeldes zu eigen macht und sie annimmt. [...] Wenn ich wahrnehme, denke ich nicht die Welt, sie organisiert sich vor mir.«[5]

So kann die Konstanz eines Gegenstandes in unterschiedlichen Beleuchtungen, Perspektiven und Abständen nicht über Denken erst hergestellt werden. Eine Verrechnung von Daten würde viel zu lange dauern, um angemessen zu reagieren. Wir wissen um die Konstanz von Gegenständen,

---

2 Maurice Merleau-Ponty: Das Kino und die neue Psychologie (1947). In: Ders.: Das Auge und der Geist. Philosophische Essays, Neuausgabe, Hamburg 2003, S. 36-46, hier S. 44. (Ältere Übersetzung in Filmkritik, 11/69, S. 695-702).
3 Merleau-Ponty, Das Kino, S. 31.
4 Vgl. Christian Bermes: Maurice Merleau-Ponty zur Einführung. Hamburg 1998, S. 28.
5 Merleau-Ponty, Das Kino, S. 34.

selbst wenn zum Beispiel durch unterschiedliche Beleuchtungen wechselnde Daten bei uns ankommen. Wir nehmen ganzheitlich wahr, da wir mit dem Gegenstand die gleiche Welt teilen.

Auch die Welten der fünf Sinne sind nicht voneinander zu trennen, sondern alle zusammen ergeben erst die Wahrnehmung. Jeder Sinn hat zwar gewissermaßen seine eigene Welt, die nicht in die der anderen Sinne übersetzbar ist.[6] Doch ergänzen sich die Sinne gegenseitig, haben aufeinander Einfluss und können sich entsprechen. Als Teil der Welt erfasse ich die Dinge mit allen meinen Sinnen. Synästhetische Wahrnehmungen, wie das Schmecken von Farben, sind Phänomene, welche dieses Zusammenspiel bestätigen.

> »Meine Wahrnehmung ist […] keine Summe von visuellen, taktiven, auditiven Gegebenheiten; ich nehme vielmehr auf eine ungeteilte Weise mit meinem ganzen Sein wahr, ich erfasse eine einzigartige Struktur des Dings, eine einzigartige Weise des Existierens, die alle meine Sinne auf einmal anspricht«.[7]

Die ganzheitliche Wahrnehmung zeugt von einem »Umgang mit der Welt und eine[r] Gegenwärtigkeit zur Welt […], die älter ist als die Intelligenz.«[8] Nicht nur gegen die empirische Psychologie schreibt Merleau-Ponty hier an, sondern auch gegen die idealistische Trennung des Bewusstseins von der Welt. Das Bewusstsein ist in der Welt anzusiedeln, es gibt kein unabhängiges Bewusstsein von Welt. Die cartesianische Trennung von Innen und Außen wird aufgehoben, ein psychisches Innen ohne Außen wäre leer.

Die durch das analytische Denken verloren gegangene Gegenwärtigkeit finde ich wieder im Kino, denn dieses neue ganzheitliche Sehen des Menschen wird vom Film aufgezeigt: die Einheit von Geist und Körper und die damit zusammenhängende Einheit von Mensch und Welt.[9] Der Film zeigt die alltägliche Wahrnehmung als ein schweigendes Dechiffrieren und Leben in der Welt.[10] Als wahrnehmbarer Gegenstand zeigt Film nicht nur die Wahrnehmung im Allgemeinen, sondern grundlegende Eigenschaften derselben, so zum Beispiel die Abhängigkeit der Wahrnehmung von Zeit

---

6   Dies zeigt sich zum Beispiel im Sehen-Lernen von Blindgeborenen, für die sich die Welt vollständig verändert.
7   Ebd., S. 31f.
8   Ebd., S. 35.
9   Kracauer kritisiert das analytische Denken ganz ähnlich. Nur betont er nicht den Verlust der Ganzheit der Wahrnehmung, sondern des Zugangs zur wahrgenommenen Welt durch dieses Denken.
10 Ebd., S. 43f.

und Bewegung. Wahrnehmung ist gebunden an ihre Entwicklung in der Zeit. So ist auch der Film nur als Signifikation in der Zeit zu verstehen. Er ist keine Summe von Bildern, sondern bildet ein Ganzes, schafft eine neue Realität über seinen Rhythmus.[11] Sein Sinn ist erst durch die Wahrnehmung in der Zeit zugänglich. Seine Idee »taucht auf aus der zeitlichen Struktur des Films«[12] – ihr wird im Entstehen zugesehen und nicht eine präexistente Idee abgebildet. Diese entstehende Idee ist nicht grundsätzlich unterschieden von den Bedeutungen, die uns im Alltag begegnen, mit denen wir immer schon in unserem Zur-Welt-sein umgehen. Sie drückt sich nur klarer aus.

»Es ist wahr, im alltäglichen Leben verlieren wir diesen ästhetischen Wert geringfügiger Wahrnehmungsgegenstände aus den Augen. Und ebenso wahr ist, daß die wahrgenommene Form in Wirklichkeit niemals vollkommen ist, es gibt immer *Unruhe*, unsaubere Stellen und gleichsam ein Übermaß an Stoff. Das kinematographische Drama hat gewissermaßen einen dichteren Kern als die Dramen des wirklichen Lebens, es ereignet sich in einer exakteren als der wirklichen Welt. Es ist, kurz gesagt, die Wahrnehmung, die uns die Bedeutung des Kinos verstehen läßt: Der Film läßt sich nicht denken, er läßt sich wahrnehmen.«[13]

Der Film drückt nicht eine Geschichte aus, sondern sich selbst – als wahrnehmbarer Gegenstand, der Verhalten zeigt.[14] Jeder Film begegnet der Welt in einem bestimmten Stil, der aber nicht als Stilisierung seinem fundamentalen Realismus entgegensteht – seiner Präsentation der Wahrnehmung als Wahrnehmung. Diese wird trotz ihres Realitätseindrucks nicht als die eigene wahrgenommen, die präsentierte Geschichte nicht als die eigene erlebt, denn die Funktion des Films ist nicht dessen reale Handlung, sondern sein Stil, sein Rhythmus.

In seiner Parallele zur Wahrnehmung hat der Film, Merleau-Ponty zufolge, die Möglichkeit, das Verhalten des Menschen unmittelbarer als zum Beispiel der Roman als eine Form des Zur-Welt-seins zu zeigen – in seiner Abhängigkeit von eben dieser Welt und den Anderen.[15] Dieses Verhalten drücke sich in seinem Stil, seinem Rhythmus aus und sei als solcher zu-

---

11 Auch in der *Phänomenologie der Wahrnehmung* taucht das Kino im Zusammenhang des Rhythmus und der Synästhesien auf. Dort stellt der Ton synästhetisch einen Rhythmus der heterogenen Bilder her. Vgl. Merleau-Ponty, Maurice: Phänomenologie der Wahrnehmung. Berlin 1966, S. 266. [OA 1945] Im Folgenden zitiert als »Phänomenologie«.
12 Merleau-Ponty, Das Kino, S. 44.
13 Ebd.
14 Vgl. ebd., S. 38, 44.
15 Vgl. ebd., S. 44.

gänglich. In gewisser Weise ist daher der filmische Stil ebenfalls als eine Form des Verhaltens zu verstehen. In der Darstellung von menschlichem Verhalten, aber auch in der Wahrnehmung selbst, drückt er die Entstehung des Bewusstseins in der Welt, das kein unabhängiges Bewusstsein von Welt ist, aus. »Das Kino ist [...] auf bemerkenswerte Weise fähig, die Verbindung von Geist und Körper, von Geist und Welt und den Ausdruck des einen im anderen hervortreten zu lassen.«[16] Durch die Darstellung von Verhalten als Verhältnis von Welt und »in die Welt geworfene[m] Bewußtsein« zeugt der Film von Einverständnis mit dieser Welt.[17]

Dabei liegt die Nähe des Films zur Phänomenologie im Glauben an diese ganzheitliche Wahrnehmung begründet, den Glauben an eine weder vom Subjekt durch Denken konstruierte, noch, wie in der klassischen Psychologie angenommen, aus einer Summe von Einzelreizen bestehende Welt. Wie die neue Psychologie lehrt er

> »[...] uns wieder, diese Welt, mit der wir in Kontakt sind, mit der ganzen Oberfläche unseres Seins zu sehen, während die klassische Psychologie die erlebte Welt preisgab zugunsten dessen, was die wissenschaftliche Intelligenz zu konstruieren vermochte.«[18]

An der Parallele zwischen Kino und neuer Psychologie betont Merleau-Ponty in seinem Kinotext vor allem die Einheit von Geist und Körper als Form des Zur-Welt-seins. Die Grundlage dieses Seins – der Leib – wird dort nicht angesprochen. Wie ist Wahrnehmung, außer als schweigendes Dechiffrieren, zu verstehen? In welchem Verhältnis steht sie zum Wahrgenommenen? Der Versuch der Aufhebung der Trennung von Wahrnehmender und Wahrgenommenem, von Wahrnehmung und Bewusstsein, den Merleau-Ponty später in Bezug auf die Wahrnehmung in der Kunst machen wird, bleibt hier nur angedeutet.

Ebenfalls 1945 erscheint Merleau-Pontys umfassende Dissertation *Phänomenologie der Wahrnehmung*. In Anlehnung an Husserl beschreibt er darin die phänomenologische Grundhaltung als ein ›zu den Sachen selbst‹-Gehen. Dieses ›zu den Sachen selbst‹-Gehen der Phänomenologie heißt aber zunächst, zum Bewusstsein des Seins in der Welt zu gehen, denn weder zum reinen Bewusstsein noch wirklich zu den Dingen ›an sich‹ kann gelangt werden.[19]

16 Ebd., S. 45.
17 Ebd.
18 Ebd., S. 38.
19 Phänomenologie, S. 5.

Die Wahrnehmung ist intentional. Ich nehme die Dinge immer nur ›für mich‹ wahr, in ihrer existentiellen Bedeutung im Bezug zu meinem Körper. Diese Intentionalität ist allerdings nicht mehr die des transzendentalen Subjekts, dessen Bewusstsein klar vom wahrgenommenen Gegenstand getrennt ist. Mit Husserl unterscheidet Merleau-Ponty zwei Arten von Intentionalität. Der urteilenden Aktintentionalität wird die fungierende Intentionalität gegenübergestellt, der eine vorprädikative, leibhaftige Einheit von Wahrnehmender und Wahrgenommenem zugrunde liegt. Diese Intention ist an das Körperschema geknüpft, an den Leib als Welt vermittelnden. Sie gibt unserer Wahrnehmung elementaren Sinn, versteht die Welt in der Bewegung.[20]

Diese Intention ist eine Art Totalintention, welche uns die Dinge anhand ihrer Qualitäten als Form des Zur-Welt-seins wahrnehmen lässt – »die einzigartige Weise des Seins, die je sich ausdrückt in den Beschaffenheiten des Kiesels, des Glases oder des Wachsstücks.«[21] Diese Beschaffenheiten oder Qualitäten erfahren wir als Art der Dinge in uns einzudringen, beziehungsweise zeichnen sich die Dinge für uns durch unsere Art sie aufzunehmen aus. In diesen Qualitäten erhalten sie existentielle Bedeutung – grundlegenden, nicht übersetzbaren Sinn, der nicht vorgängig ist, sondern sich in der leibhaftigen Erfahrung gründet. Die Dingwahrnehmung kann also als eine Art Symbiose oder Kommunikation gesehen werden.

> »Das Harte und das Weiche, das Körnige und das Glatte, das Licht des Mondes und das der Sonne geben sich in unserer Erinnerung nicht so als sinnliche Inhalte, sondern allem voran als ein je bestimmter Typ einer Symbiose, als je eigene Weise des Äußeren, auf uns einzudringen, als je eigene Weise unsererseits, es aufzunehmen«.[22]

Aber auch die Sinne kommunizieren miteinander in der Dingwahrnehmung. Aus einzelnen Qualitäten, Sinnesreizen werden Dinge, aus deren Eigenschaften Bedeutung.

> »Die Sinne kommunizieren untereinander, indem sie sich der Struktur eines Dinges eröffnen. […] Als unvergleichbare Qualitäten genommen, gehören die Gegebenheiten der verschiedenen Sinne ebensovielen verschiedenen und getrennten Welten zu; insofern aber eine jede ihrem

---

20 Wir verstehen also die Welt im körperlichen Vollzug. Vgl. ebd., S. 171f.
21 Ebd., S. 15.
22 Ebd., S. 367.

eigensten Wesen nach eine Weise der Modulation der Dinge ist, kommunizieren sie sämtlich miteinander durch ihren Bedeutungskern.«[23]

Der intentionale Sinn tritt nicht an die Stelle der Welt, wird nicht von einem konstruktiven Bewusstsein durch eine statische Intentionalität entworfen, sondern die Welt tritt uns im Vollzug als Strukturierte entgegen.[24] Dadurch wird die Wahrnehmung zweideutig: Die wahrgenommenen Dinge sind in gewisser Weise vorentworfen, werden aber nicht vom Bewusstsein konstituiert, sondern existieren als Entwurf des Leibes, der in seinem Doppelcharakter als sehender und gesehener Leib auch zur Seite der wahrgenommenen Dinge gehört.[25]

Es ist diese Doppelstruktur des Leibes, welche die menschliche Existenz ausmacht, denn als Leib bin ich selbst Teil dieser Welt und nehme diese wahr. Der sehende und gesehene Leib ist Objekt und Subjekt zugleich.

»Unser Leib, ein System von Bewegungs- und Wahrnehmungsvermögen, ist kein Gegenstand für ein ›Ich denke‹: er ist ein sein Gleichgewicht suchendes Ganzes erlebt-gelebter Bedeutungen.«[26]

Über diesen Leib nehme ich Dinge wahr und verstehe sie, weil sie Teil eines Ganzen sind, zu dem ich auch gehöre. Die Wahrnehmung der Dinge richtet sich an meinem Leib aus: ihre Größe im Verhältnis zur Körpergröße, ihre Richtungen in Beziehung zu meinem Gleichgewicht, ihre Bewegungen zu meiner Eigenbewegung. Umgekehrt erzeugt sich der Raum erst durch den Umgang meines Körpers mit den Dingen. Es gibt keinen abstrakten leeren Raum, der erst mit Dingen gefüllt würde.

In der *Phänomenologie der Wahrnehmung* wird damit der grundlegende Bruch zwischen Bewusstsein und Wahrnehmung über den Leib gekittet, bleibt andererseits aber vorhanden in der leibhaftigen Organisation der Wahrnehmung, denn die Rolle des Leibes ist hier gewissermaßen normierend. Die Wahrnehmung der Phänomene der Realität richtet sich an Schemata aus, die sich vom Körper her bilden. Wahrnehmungskonstanten wie Größe und Gestalt richten sich nach dem Bezugsystem des Körpers, der

---

23 Ebd., S. 268f. Merleau-Ponty bezieht sich hier auf Wilhelm Schapp, einen Schüler Husserls.
24 Vgl. Bermes, Merleau-Ponty, S. 55f.
25 Dieser Doppelcharakter unterscheidet den Leib vom rein materiellen Körper. Vgl. auch Paul Good: Maurice Merleau-Ponty. Einführung. Düsseldorf, Bonn 1998, S. 114.
26 Phänomenologie, S. 184.

die Wahrnehmungswelt erst strukturiert. Meine Wahrnehmung ist abhängig von »leiblicher Teleologie«.[27]

Andererseits konstituieren sich unser Leib und das von ihm ausgehende Wahrnehmungsfeld[28] erst in der Wahrnehmung von Dingen. Erst im intentionalen Umgang mit ihnen können wir ihn als Sein wahrnehmen, im Ruhezustand bleibt er eine »dunkle Masse«.[29] Die Doppelstruktur des Leibes garantiert die Existenz der Welt und damit die eigene Wahrnehmung. Wahrnehmung und Sache sind untrennbar.[30]

> »Um die Phänomene zu beschreiben, müssen wir sagen: Meine Erfahrung mündet in die Dinge ein und transzendiert sich in ihnen selbst, weil sie sich je schon im Rahmen eines bestimmten Gefüges der Welt vollzieht, welches das Wesen des Leibes selbst definiert.«[31]

Als Körper bin ich Teil dieses Gefüges und verstehe es grundlegend vor allem objektiven Wissen. Was ich sehe, ist wahr und gleichzeitig abhängig von der Perspektive meiner Existenz. Dabei hat das Wahrnehmungsfeld die Logik eines Systems, das alles Unpassende ausstreicht, mir dabei aber die Gewissheit von Welt verschafft. Christian Bermes fasst das folgendermaßen zusammen:

> »Wir erleben, erfahren und verstehen die Welt als eine Welt, in der wir verankert sind, die uns gleichzeitig aber übersteigt und transzendiert [...]. Aus der Analyse des Leibes ergibt sich, daß die äußere Wahrnehmung dem Leib in gewisser Weise synonym ist, daß der Leib *seine* Welt hat. (PhdW, 170) Gleichzeitig konstruiert der Leib nicht die Welt, die Welt ist immer schon vorgängig, es kann sich nur um eine Rekonstitution von bereits Konstituiertem handeln, wobei aber zugleich die eine und einheitliche Welt intakt bleibt.«[32]

In seiner Situiertheit rekonstruiert der Körper die Objekte, gibt den Sinneseindrücken als Ding »Konstanz-für-meinen-Leib«[33]. So gibt es zum

---

27 Ebd., S. 373.
28 Der Begriff des Wahrnehmungsfeldes ist umfassender als das Gesichtsfeld oder das Sehfeld, erscheint aber nur selten in der *Phänomenologie*. Er meint die der Wahrnehmungssynthese zugrundeliegende Wahrnehmung. Vgl. ebd., S. 282. Diese entspricht letztlich der Umweltintentionalität, denn »Wahrgenommen ist alles, was zu meiner Umwelt gehört«. Ebd., S. 371.
29 Vgl. ebd., S. 370ff.
30 Bermes, Merleau-Ponty, S. 108.
31 Phänomenologie, S. 351.
32 Bermes, Merleau-Ponty, S. 88f.
33 Phänomenologie, S. 367.

Beispiel einen bestimmten Abstand zu jedem Ding, in dem es gesehen werden will, in dem es sich mir zeigt – eine »um eine Norm oszillierende Spannung«.[34] Diese Normen kommen wiederum durch die kinästhetische Situation, die Ausrichtung der Wahrnehmung am Leib und dessen Basisintention der Motilität zustande. Der Leib sucht nach auf ihn ausgerichteten Optimaleinstellungen, die, wenn sie über- oder unterschritten werden, irritierende Verfremdungseffekte nach sich ziehen.[35]

In den vom Leib gesuchten Optimaleinstellungen geben sich die Dinge selbst als Ausdruck. In diesem sind sie abhängig von meiner Wahrnehmung. Ein Ding konstituiert sich im »Zugang meines Leibes zu ihm«[36] als Intentionalität. Das Ding an sich jenseits von jeglicher Tätigkeit des Leibes bleibt verschlossen und schweigt. Die natürliche Einstellung reduziert die Dinge in ihrer Materie auf Dinge für mich, für meinen leiblichen Umgang, auf Sinn. Als »totale Erscheinung« in ihrer »unübersteigliche[n] Fülle«[37] sind sie für mich nicht wahrnehmbar, sind »unmenschlicher Natur«.[38]

Dennoch erfahre ich gleichzeitig ihre Evidenz und weiß, dass ich zwar nur ein subjektives Abbild wahrnehme, ich aber doch etwas aus einer gemeinsamen Welt wahrnehme. Es kann daher nicht nur von mir ausgehen, nicht nur von mir konstruiert sein, genauso wenig, wie es völlig unabhängig von mir mit mir koinzidiert:

> »Wahrnehmend muß das Subjekt, ohne seinen Ort und seinen Gesichtspunkt zu verlassen, sich in der Verschlossenheit des Empfindens Dingen zuwenden, zu denen es nicht im voraus den Schlüssel besitzt, deren Entwurf es aber gleichwohl in sich trägt; [...] Einen Leib haben, heißt über ein umfassendes Gefüge verfügen, das die Typik sämtlicher perzeptiver Entfaltungen und sämtlicher intersensorischer Entsprechungen über das wirklich je wahrgenommene Weltstück hinaus umfasst und ausmacht. Ein Ding ist also in der Wahrnehmung nicht wirklich *gegeben*, sondern von uns innerlich übernommen, rekonstruiert und erlebt, insofern es einer Welt zugehört, deren Grundstrukturen wir in uns selbst tragen und von der es nur eine der möglichen Konkretionen darstellt.«[39]

---

34 Ebd., S. 351.
35 Ebd. Gerade diese Verfremdung kann aber in der anderen Wahrnehmung im Kino stattfinden – ein Potential des anderen Sehens auf das sich Kracauer und Deleuze beziehen und durch das die Vorstellung der Normalwahrnehmung im Kino problematisch wird.
36 Ebd., S. 370.
37 Ebd., S. 373.
38 Ebd., S. 374. Auf die Wahrnehmung dieses Unmenschlichen komme ich im Zusammenhang der Malerei Cézannes zu sprechen.
39 Ebd., S. 376, 377.

Was ich sehe, wird durch das Wissen meines Leibes zum Teil einer gemeinsamen Welt. Ich verstehe die Welt über meine Wahrnehmung, sehe sie aber nicht aus einer neutralen Distanz heraus. In dieses Sehen ist immer mein gesamter Leib mit allen seinen Sinnen involviert. Die Welt des Sehsinnes vereint sich mit der des Tastsinnes und allen anderen Sinnen über meinen Leib im Erleben. »Um Dinge wahrnehmen zu können, müssen wir sie erleben.«[40]

In seinem Ausdruck verkörpert das Ding Sinn, den ich erfahre. So befinde ich mich im Dialog mit etwas, das mehr ist, das meine subjektiven Konstruktionen übersteigt, mit mir aber Teil der grundlegenden Einheit der Welt als »Typik der intersensorischen Verhältnisse« ist.[41] Diese Einheit kann ich nicht denkend erfassen, sondern erfahre sie in ihren Wechseln wie einen Stil, der sich durchzieht. Diesen Stil verstehe ich eher über körperliches Nachempfinden – ich werde später von mimetischem Anschmiegen sprechen – nicht aber über Denken.[42] Weder räumlich, noch zeitlich lässt sich diese Einheit als eine Summe denken – weder besteht sie aus einzelnen Dingen noch aus einer Aneinanderreihung von Gegenwarten, die ich abschließend erkennen könnte. Meine Perspektiven auf die Welt sind nie abgeschlossen oder von anderen trennbar. Sie gehen ineinander über und sind in ständiger Veränderung begriffen, deren jede die Vorherigen enthält. Meine Kenntnis der Welt, meine Perspektive auf sie ändert sich beständig, aber ihre Einheit in meinem »Glauben an Ding und Welt«[43] ist nicht abhängig von dieser Kenntnis. Meine Perspektive bildet erst die Zeitlichkeit des Zur-Welt-seins. Durch diesen grundlegenden Zeitcharakter wird jede Synthese von Welt zur vorläufigen.

»Ding und Welt existieren nur als von mir oder mir gleichen Subjekten erlebte, denn sie sind die Verkettung unserer Perspektiven, doch sie

---

40 Ebd., S. 376.
41 Ebd., S. 378.
42 Ich verwende Mimesis nicht als Begriff der realistischen Repräsentation, sondern im Sinne von Theodor W. Adorno als eine Rezeptionskategorie der Annäherung an das Wahrgenommene. Vgl. Theodor W. Adorno: Ästhetische Theorie. Frankfurt am Main 1973; vgl. auch Stefanie Hüttinger: Der Tod der Mimesis als Ontologie und ihre Verlagerung zur mimetischen Rezeption. Eine mimetische Rezeptionsästhetik als postmoderner Ariadnefaden. Frankfurt am Main u.a. 1994.
43 Vgl. Phänomenologie, S. 381. In diesem Glauben an ein ›es gibt‹ trifft sich Merleau-Ponty mit Deleuze. Bei diesem ist es der Film, der uns den Glauben an eine Welt zurückgeben kann, nachdem das senso-motorische Band gerissen ist. Vgl. Zeit-Bild, S. 224.

transzendieren alle Perspektiven, da diese Verkettung eine zeitliche und unvollendete ist.«[44]

Die »Unvollkommenheit des intentionalen Seins« erzeugt aber gerade die uneinholbare Fülle der Dinge. Es ist der nie ganz zu kittende Riss zwischen Bewusstsein und Leib, der die sinnstiftende Rolle des Zugangs zu Welt trägt, denn diese Offenheit ist grundlegend im Wechselverhältnis von Subjekt und Objekt.[45] Die Dinge übersteigen immer eine vom Subjekt objektivierbare Bedeutung. In den Rissen des Bestimmbaren, im Spalt zwischen Bewusstsein und Welt, in der grundlegenden Ambiguität der menschlichen Existenz finden sich der Platz der Subjektivität und dessen Zugang zur Welt als unendliche Generierung von Bedeutung.

Sobchacks und Singers Übertragung der Phänomenologie

Wie sieht nun aber die Wahrnehmung von Welt im Kino aus? Nehme ich überhaupt Welt wahr – Dinge jenseits des intentionalen Umgangs mit ihnen? Oder nehme ich nur narrative Zeichensysteme wahr, wie in der semiotischen Filmtheorie teilweise behauptet? Vivian Sobchack stellt sich die Frage nach der grundlegenden Filmwahrnehmung. Für sie gibt es einen eigentlichen Akt des Sehens im Kino vor aller Zeichenhaftigkeit und psychischen Codierung. Diesem versucht sie sich mit Merleau-Pontys phänomenologischer Beschreibungen der Wahrnehmung anzunähern.[46]

Nach Sobchack ist der Film ein auf körperlicher Erfahrung als Mittel des bewussten Ausdrucks beruhendes Kommunikationssystem. Durch diese Grundlage repräsentiert er nicht eine gemachte Erfahrung, sondern er präsentiert sie in der direkten Erfahrung seiner wahrnehmbaren und ausgedrückten Existenz.[47] Die Zuschauerin nimmt im Kino Wahrnehmung wahr. Damit die Filmwahrnehmung nun zur Begegnung mit einer Wahr-

---

44 Ebd., S. 385.
45 Vgl. dazu das spätere Kapitel Interobjektivität und die Ambivalenz von Bedeutung.
46 Ich gehe hier nur auf die Wiederaufnahme der Phänomenologie Merleau-Pontys in der aktuellen Filmtheorie ein. Zur allgemeinen Entwicklung phänomenologischer Ansätze in der Filmtheorie vgl. auch Vivian Sobchack in ihrem Artikel: Film. In: Encyclopedia of Phenomenology, hrsg. von Lester Embree u.a., Dordrecht, London, Boston 1997, S. 226-232. Vgl. dazu auch: Dudley Andrew: The Neglected Tradition of Phenomenology in Film Theory. (1978) In: Movies and Methods Vol. II, hrsg. von Bill Nichols, Berkeley, Los Angeles, London 1985, S. 625-632.
47 Vgl. Vivian Sobchack: The Address of the Eye. A Phenomenology of Film Experience. Princeton 1992, S. 9f.

nehmung werden kann, die nicht die meine ist, muss man Sobchack zufolge dem Film selbst bewusste Subjektivität und einen Leib (Filmkörper) zugestehen. Handelte es sich bei der Filmwahrnehmung nicht um eine leibhaftige, die meiner gleicht, könnte ich diese nicht als Wahrnehmung teilen. Auch der Film hat als körperliche Erfahrung deshalb die Doppelstruktur von Sehen und Gesehenwerden. Es bildet sich eine umkehrbare Beziehung zwischen Film und Zuschauerin – »a transitive relationship between two or more objective body-subjects, each materially embodied and distinctly situated yet each mutually enworlded.«[48]

Die Wahrnehmung des Films nehme ich nicht als meine eigene wahr, da sich mein Körper vom Filmkörper unterscheidet. Diese Wahrnehmung ist eine andere, ausgeweitete in den technischen Möglichkeiten des Films, die ich über den Dialog mit meiner eigenen Wahrnehmung erfahren kann. Das Sehen des Films steht in keiner rivalisierenden Beziehung zu meinem subjektiven Sehen. Ich gehe mit ihm eine Verbindung ein, die das Sehen zum intersubjektiven macht.[49]

Ich sehe den Filmkörper nicht, wie in der vorherrschenden Filmtheorie angenommen, als solchen. Der Film als Fluss materieller Prozesse kann nicht als Objekt außerhalb seines Sehens fixiert werden. Ich nehme ihn stattdessen als sichtbares Verhalten wahr, als Art des Zur-Welt-seins, das ich für die Zeit der Filmwahrnehmung in mein Sehen integriere.[50] Als Form des Zur-Welt-seins kann ich Filme nur in ihrer existentiellen Zeitlichkeit erfahren, denn der Film ist keine einfache Aneinanderreihung von gegenwärtigen Augenblicken.

> »It is a presence inserted in the world and our experience not as a series of discrete, transcendental, and atemporal moments, but as a temporal movement – as a presenting felt as presence and its passing, as a presence that can then be said to have a past, a present and a future.«[51]

Die Filmwahrnehmung wird damit zum dynamischen Austausch zweier sehender Subjekte in der Zeit – zwischen mir und dem Film. Gerade in seiner Zeitlichkeit kann der Film kein Objekt sein, sondern wird zum Subjekt, dessen Akt des Sehens in den Akt der Signifikation eingreift. Diese doppel-

---

48 Ebd., S. 25.
49 Vgl. ebd., S. 141.
50 Vgl. ebd., S. 193.
51 Ebd., S. 61.

te Struktur des Sehens wird im Kino sichtbar.[52] Wie unsere Erfahrung von Welt bildet die Filmerfahrung eine Ganzheit im mehrfachen Sinne. Darüber hinaus ist Filmwahrnehmung eine dynamische und transitive Korrelation vom Objekt des Sehens, dem Akt des Sehens und dem Subjekt des Sehens.[53] Sie hat also drei Seiten. Diese verschiedenen Seiten des Sehens entsprechen dem Sehen von Welt, dem Ausdruck des Sehens und der passiven Synthese des Sehens als Erfahrung. Daher betont Sobchack die Intentionalität der Filmwahrnehmung. Wie Merleau-Ponty in der *Phänomenologie der Wahrnehmung* sieht sie diese als intentionale Gestaltung.[54]

»Because perception not only engages consciousness with the world in a gestalt structure but also expresses through that gestalt the structure-structuring activity of consciousness in existence, perception is that primary action of the lived-body and consciousness that originates language as action and gesture.«[55]

Das Wahrnehmungsfeld wird in seiner operativen Auswahl zum Ausdruck von Intentionalität. Der Wiener Filmwissenschaftler Drehli Robnik sieht in dieser Betonung des Verhältnisses von Wahrnehmung und Ausdruck in der Filmwahrnehmung eine Vermischung von Bewusstsein und Welt.[56] Für Sobchack ist das Bewusstsein, das in der existentiellen Wahrnehmung integriert ist, tatsächlich auf allen Ebenen der Filmwahrnehmung ausschlaggebend:

»The perception (act of consciousness) of (mediation) expression (object of consciousness) and/as the expression (act of consciousness) of (mediation) perception (object of consciousness).«[57]

Alle drei Ebenen der Filmwahrnehmung stehen in einer vermittelten transitiven Funktion zueinander. Alle drei sind Teil einer Einheit, welche die

---

52 Vgl. ebd., S. 56.
53 Vgl. ebd., S. 49.
54 Auch Helmut Audick versucht mit Merleau-Ponty die Filmerfahrung als die Wahrnehmung eines fremden intentionalen Entwurfs zu beschreiben. Die existentielle Zeitlichkeit, die Zeitstruktur des Zur-Welt-seins dieser Wahrnehmung stellt er der Vorstellung einer ›Welt an sich‹, die er Kracauer zuschreibt, gegenüber. Vgl. Helmut Audick: Zeit im Film. Film als eine Repräsentationsmöglichkeit des Wahrnehmungbewußtseins. Philosophische Erörterung im Anschluß an Maurice Merleau-Pontys Phänomenologie der Wahrnehmung. Würzburg 1978.
55 Sobchack, The Address of the Eye, S. 72.
56 Vgl. Drehli Robnik, Körper-Erfahrung und Film-Phänomenologie. In: Moderne Filmtheorie, hrsg. von Jürgen Felix, Mainz 2002, S. 246-286, hier S. 248.
57 Sobchack, The Address of the Eye, S. 18.

einzelnen Teile als solche transzendiert, sie in eine Beziehung der Wechselseitigkeit setzt.[58] Diese Einheit der Filmwahrnehmung zeichnet sich durch dreifache Intentionalität aus: der Wahrnehmung von Welt, der Wahrnehmung als filmischem Ausdruck und der Wahrnehmung dieses Ausdrucks durch mich als Wahrnehmende – »Perceiving Perception«, »Expressing Perception« und »Perceiving Expression«.[59] Die Intentionalität hat auf allen drei Ebenen eine körperliche Perspektive: »We recognize the moving picture as the work of an anonymous and sign-producing body-subject intentionally making visible choices with the very behaviour of its bodily being.«[60] Dieses körperliche Sein ist an die Maschinerie des Films gekoppelt. Sobchack geht soweit, dem filmischen Körper Organe zuzuschreiben. So werden die Kamera zum Wahrnehmungsorgan, der Projektor zum Ausdrucksorgan und die Leinwand zur materiellen Einheit der beiden. Die kinematographische Technologie ermöglicht als Sehende und als Ausdruck des Sehens die filmische Wahrnehmung:

> »The mechanisms of cinematic technology [...] provide perception the grounds of its being in the ›flesh‹, the substanciality necessary to the existential encounter between the *immaterial and subjective activity* of intending consciousness and the *material objectivity* of the world.«[61]

So können sich über die Technik im Sehen des Films medial vermittelter Ausdruck und unvermittelte, materielle Welt verbinden. Die Technik des Films wird zu seiner Physiognomie.[62] Sein Körper ist in sein Sehen integriert. Dieser technische Körper, wird durch seinen Ausdruck transzendiert. Aber das, was dieser Körper sieht und was der Körper der Zuschauerin sieht, steht im Verhältnis der materiellen Äquivalenz zueinander.[63] Beide Körper sind für die Filmwahrnehmung notwendig unsichtbar, um nicht durch die Heraushebung eines Teils die dreifache Einheit aufzubrechen.[64]

---

58 In gewissem Sinne wird die Filmwahrnehmung durch diese dreifache Struktur letztendlich zum Austausch dreier Subjekte – Film, Filmemacherin und Zuschauerin.
59 Ebd., S. 279.
60 Ebd., S. 278.
61 Ebd., S.211. Auf das ›Fleisch‹ als Grundlage der Wahrnehmung werde ich im nächsten Kapitel eingehen.
62 Vgl. ebd., S. 166. Wir können diese technische Wahrnehmung als Wahrnehmung annehmen, da Technik generell ein Teil unseres Zur-Welt-seins geworden ist.
63 Vgl. ebd., S. 129ff.
64 Diese Notwendigkeit der Unsichtbarkeit der Körperteile ähnelt dem Apparatus Baudrys.

Sobchack macht den Körper auf so vielen Ebenen stark, um ihn der Totalität von Narration und Semiotik in der vorherrschenden Filmtheorie entgegenzusetzen. Die »wilde Bedeutung«[65] des Ausdrucks liegt für sie vor der Filmsprache. Vor aller Struktur macht für sie der Film Sinn durch seine ontologische Verkörperung und seine Materialität.[66] Die filmische Präsenz von Materie bildet Sinn, der jenseits der Kommunikation von Information liegt. Das Sehen selbst erfasst diese Bedeutung vor allen sprachlichen Codes, indem es zum Beispiel in Gestalten wahrnimmt.[67] Filmische Wahrnehmung, der Akt des Sehens, ist grundlegend, erst dann findet cinematische Kommunikation statt, die auf unterschiedlichen semiotischen Codes gründet:

> »The film's body originally perceives and expresses perception as the very process and progress of the viewing-view as it constitutes the viewed-view as visible for itself and for us.«[68]

Um diesen originären Sinn zu verstehen, muss ich als Zuschauerin körperlich involviert sein in die Filmwahrnehmung. Ich kann über den Film nur etwas wissen, wenn ich seinen Körper nicht nur von außen betrachte, sondern ihn über meinen eigenen Körper verstehe. Ein distanziertes, körperloses ›Lesen‹ des Films ist nicht möglich, beziehungsweise reduziert es den Film auf ein statisches Objekt.

Sobchack geht noch weiter, wenn sie dieses Konzept des körperlichen Verstehens um die Rolle des Unsichtbaren erweitert, das sie aus Merleau-Pontys späteren Werken übernimmt.[69] Der Film-Körper enthält in seinen Möglichkeiten auch das Nicht-Sichtbare – die Auswahl des Sichtbaren ist Ausdruck.[70] Das Sehen ist generell ein Akt des Sichtbarmachens, eine Auswahl aus dem Nicht-Sichtbarem – ein aktives Sehen, das aber immer

---

65 Der Begriff der ›Wilden Bedeutung‹ wird im Zusammenhang des ›Fleisches‹ erläutert. Die ›wilde Bedeutung‹ ist für unseren Zugang zur Welt grundlegend. Hier sei nur erwähnt, dass unser leiblicher Zugang zur Welt selbst in der Motorik immer sinnstiftend ist. Vgl. Phänomenologie, S. 171.
66 Vgl. ebd., S. 12. Gerade in der technischen Struktur des filmischen Apparates verankert Sobchack nach Stephan Günzel nun aber den chiastischen Austausch mit der Welt und die damit zusammenhängende ontologische Beschaffenheit des Leibes phänomenologisch. »Die Verflechtung zwischen Betrachter und Film kommt hier durch Kamerablick und Filmschnitt zustande.« Vgl. Stephan Günzel: Maurice Merleau-Ponty. Werke und Wirkung. Wien 2007, S. 153.
67 Vgl. ebd., S. 41.
68 Ebd., S. 206.
69 Dieses Unsichtbare werde ich im Zusammenhang des ›Fleisches‹ genauer erläutern.
70 Vgl. ebd., S. 308.

auf dem Unsichtbaren gründet.⁷¹ Dieses Unsichtbare wird miterfahren als Konnotation, obwohl es keine Information ist, die kommuniziert wird. Gerade die Überschreitung des Sichtbaren ist nur körperlich verstehbar. Die Zuschauerin muss, damit sie nicht nur das objektiv Sichtbare sieht, »[...] die ›unsichtbaren‹ Aspekte ihrer [oder seiner] perzeptiven Erfahrung subjektiv durchleben, um die Bilder zu sehen«.⁷²

Auf mehrfache Weise macht Film das Unsichtbare sichtbar.⁷³ Er blickt gewissermaßen auch zurück, denn indem er nicht *gesehenes* Objekt bleibt, sondern sich als Wahrnehmung eines *sehenden* Subjekts mit der Zuschauerin austauscht, vermittelt er dieser den Doppelcharakter ihres eigenen Sehens.

»Cinema is a sensuous object, but it also comes – and becomes – before us a sensing and sensual subject and, in this address of its eye, allows us to see what it seems a visual impossibility: that we are at once subject and object, the seer and the seen.«⁷⁴

Nicht nur, dass wir dem Film einen Subjektcharakter zuschreiben müssen, wenn wir ihn einerseits zwar als Objekt wahrnehmen, aber der präsentierten Wahrnehmung den Status einer subjektiven Intentionalität geben. Der Film spiegelt uns selbst auch unseren eigenen Objektcharakter, das Angesehenwerden unserer Existenz, wider. Diese Spiegelung, die Gegenseitigkeit des Sehens und Gesehenwerdens, begründet eine andere Vorstellung der Identifikation. Nicht mehr mit dem eigenen Blick oder der Narration identifiziert sich die Zuschauerin, sondern aufgrund der Wechselseitigkeit des Sehens empfindet sie körperliche Empathie mit dem Wahrgenommenen.⁷⁵

In einem kürzeren Aufsatz arbeitet Sobchack medienvergleichend die Aspekte der Intentionalität des Films konzentrierter heraus, indem sie diese der Intentionalität von Photographie und digitalen Medien gegenüberstellt.⁷⁶ Diese Unterschiede macht sie vor allem an der Zeitlichkeit und

---

71 Vgl. ebd., S. 87ff. und S. 130.
72 Sobchack, The Address of the Eye, S. 296f. [Übersetzung A. Z.]
73 Vgl. ebd., S. 258.
74 Ebd., S. 309.
75 »Was Sobchack und die Phänomenologie dagegensetzen, ist eine doppelte und simultane Empathie-Position gegenüber den Anderen, in der die Selbsterfahrung der eigenen Verkörpertheit radikal unhintergehbar als Vorbedingung für die Einfühlung in einen anderen oder eine andere Situation fungiert.« Thomas Elsaesser, Malte Hagener: Filmtheorie zur Einführung. Hamburg 2007, S. 150.
76 Vivian Sobchack: The Scene of the Screen. Beitrag zu einer Phänomenologie der ›Gegenwärtigkeit‹ im Film und in den elektronischen Medien. In: Materialität der Kom-

Räumlichkeit der Wahrnehmung dieser Medien fest. Im Gegensatz zum fixierten, repräsentierenden Bild der Photographie, das ich als stillgestelltes Objekt besitzen kann, nehme ich Film nicht als Objekt wahr, sondern als die Erfahrung von Welt durch ein anonymes intentionales Subjekt, das »eine *Darstellung* der objektiven Welt *vorstellt*.« Es ist gerade die Beweglichkeit des Films, welche auf die körperliche Beweglichkeit verweist und damit macht er »die *Existenzform* des Sehens sichtbar in einem *Strom* sich bewegender Bilder«.[77] Der Film ist kein Objekt, kein Ding, das gesehen wird, sondern verkörperte Erfahrung, an der ich teilhaben kann.

> »Weil er zugleich ein Subjekt des Sehens ist und ein Objekt, das gesehen wird, erleben wir einen Film nicht (wie eine Photographie) als ein *Ding*, das wir ohne weiteres beherrschen, festhalten oder im materiellen Sinn besitzen können.«[78]

Durch das Sehen dieses subjektiven Sehens wird die Umkehrstruktur von Subjekt und Objekt offen gelegt. Der Film erhält den Doppelcharakter des menschlichen Leibes, denn auch das Sehen des Films ist das eines Körpers, der sieht und gesehen wird. Dieser Körper entzieht sich der Aneignung zweifach: sowohl in der Kollektivität der Kinosituation als auch in den grundlegenden Metamorphosen der Filmbewegung, der Heterogenität seiner Raum- und Zeitgestaltung. Aber gerade dieser Entzug, die Simultanität von subjektiver und objektiver Zeit, erzeugt ein beständiges Werden von Sinn. Dadurch entsteht der Eindruck von Gegenwärtigkeit, welcher die Dynamik der intentionalen Zeit, die Vergangenheit und Zukunft enthält, erzeugt.

> »Die für das Kino charakteristischen Doppel-Strukturen – zugleich Vorstellung und Darstellung zu sein, sehendes Subjekt und sichtbares Objekt, von Vergangenheit und Zukunft erfüllte ›Gegenwärtigkeit‹, beständiges ›Werden‹, welches zeitliche Heterogenität in verkörperter Erfahrung synthetisiert – all das macht aus dem isolierten und unerfüllten Raum der Photographie eine erfüllte, konkrete *Welt*.«[79]

munikation, hrsg. von H.U. Gumbrecht, K. Ludwig Pfeiffer, Frankfurt am Main 1988, S. 416-428. Die historische und semiologische Zuordnung der Entwicklung der Medien von Realismus (Photographie), Moderne (Film) und Postmoderne (elektronische Medien), die Sobchack an Frederic Jameson anlehnt, kann ich in diesem Rahmen leider nicht diskutieren. Vgl. Frederic Jameson: Postmodernism, or The cultural Logic of Late Capitalism. In: New Left Review, 146, 1984, S. 53-94.
77 Sobchack, The Scene, S. 421.
78 Ebd.
79 Ebd., S. 423.

Die Dynamik der Zeit, die Tiefe des Raums, der nicht zentralperspektivisch organisiert, sondern eher ein Geflecht, ein Blickfeld ist, lässt Situationen entstehen, die körperlich erlebt, die bewohnt werden. Der Filmkörper vereint in seinem Erleben die heterogenen Zeit- und Raumstrukturen im Gegensatz zu den digitalen Medien, die sich in ihrer simulierten Simultanität von Körper und Raum verabschieden.[80]

Diese Herstellung von Einheit vom und durch den Körper kritisiert Drehli Robnik in seiner Darstellung von Sobchacks Phänomenologie der Filmwahrnehmung.[81] Im Gegensatz zum Beispiel zum ›organlosen Körper‹ Deleuze/Guattaris wird hier Nach Robnik der Körper der Zuschauerin und mit ihm das Subjekt in seiner Einheit mit der Welt über die Filmwahrnehmung konservativ rekonstruiert. Ist diese Einheit des intentionalen Körpers und der Wahrnehmung notwendig grundlegend für die Filmwahrnehmung? Wird nicht über die Zuschreibung des Subjektcharakters auf den Film dessen Intentionalität zur normativen Festschreibung?[82]

Zu dieser Festschreibung passt, dass Sobchacks Beschreibung des filmischen Subjekts den Experimentalfilm kaum berücksichtigt und die subjektive Kamera ausschließt. Das Bewusstwerden zum Beispiel der Kamera in diesen Filmen stört nach Sobchack den intersubjektiven Austausch. Denn statt der Wahrnehmung von Wahrnehmung, nehme ich einen Teil ihrer Apparatur, die Grundlage ihrer Wahrnehmung wahr, was nach Ansicht Sobchacks die Intentionalität und die Ganzheit der filmischen Wahrnehmung verschließt. Gerade durch die dominante (subjektive) Konstruktion werde der Film zum Objekt und könne nicht mehr empfunden, beziehungsweise gelebt werden. Die Einschränkung der Filmwahrnehmung auf Filme, die das Realismus-Dispositiv nicht aufbrechen, zeigt, wie problematisch der Ansatz von Sobchack ist und wie sehr dieser auf der Merleau-Ponty'schen Vorstellung der Normalwahrnehmung verharrt. So ist gerade die extreme subjektive Kamera für den beschriebenen Austausch der Wahrnehmung hinderlich, denn die direkte Zuschreibung zu einem anderen Körper verhindert ein Eintauchen in die fremde Wahrnehmung.[83] Vor allem Experimentalfilm kann aber in der oben beschriebenen dreifachen Struktur als

---

80 Das System der elektronischen Medien bildet nach Sobchack eine geschlossene Welt der Allgegenwart. Zeitlichkeit und Räumlichkeit der subjektiven Wahrnehmung spielen keine Rolle mehr und somit auch nicht das körperliche Zur-Welt-sein. Vgl. ebd., S. 425f.
81 Vgl. Robnik, Körper-Erfahrung, S. 258.
82 Vgl. ebd., S. 213, 222.
83 Sobchack macht das Scheitern der subjektiven Kamera vor allem an dem Extrembeispiel LADY IN THE LAKE (Robert Montgomery, USA 1947) fest. Vgl. Sobchack, The Address of the Eye, S. 230ff.

intersubjektiver, körperlicher Austausch verstanden werden und nicht nur wahrnehmen, sondern auch zurückblicken. Diese Aspekte werden in meiner Auseinandersetzung mit den Texten Merleau-Pontys zur Malerei eine Rolle spielen, denn gerade dort geht die Wahrnehmung über die intentionale Normalwahrnehmung hinaus.[84]

Auf andere Weise als die umfassende Übertragung der Theorie Merleau-Pontys auf den Film durch Sobchack beschreibt ein Text von Linda Singer die Filmwahrnehmung im Anschlus an dessen Phänomenologie. Sie sieht Filmwahrnehmung ebenfalls vor jeder semiotischen Codierung liegend. Singer macht aber statt der dreifachen Intentionalität des Filmes bei Sobchack die grundlegende Lust an der Kinosituation stark. Sie nimmt eine Kinolust an, die mehr mit der körperlichen Situation der Zuschauerin im Kino zu tun hat, als mit der körperlichen, intentionalen Struktur des Films. Diese Lust ist gerade nicht zielgerichtet. Oft zieht der Wunsch, sich von sich selbst wegzubewegen, nicht aber die Intention einen bestimmten Film zu sehen, ins Kino. Diese Lust am Kino setzt sich aus Faszination für die Wahrnehmung, Hingabe an die Wahrnehmung und Ansteckung mit der Wahrnehmung anderer zusammen.

Phänomenologisch wird sie begründet durch die bestimmte Positionierung des Körpers in der kinematographischen Situation – stillgestellt, mit anderen Menschen in einem dunklen Raum auf die Leinwand gerichtet – eine Situation, die das eigene Sehen in Lust transzendieren kann.[85] Die Faszination für das eigene Sehen wird ermöglicht durch eine Situation, in der nichts mehr möglich ist außer Sehen, aber auch nichts anderes nötig ist, weil wir von der alltäglichen Wahrnehmung, die unser Überleben sichert, entbunden sind.

> »Because the presentational format has been pre-arranged, the spectator is relieved of the project of primary world constitution and organization, and is thus released for surplus attention and abandon. [...] There is pleasure in this situation because we are given a situation in which vision is apparently justified in its own engagement. Seeing is the doing we are there to do, and it is really all we can do under the circumstances.«[86]

---

84 Sobchack selbst vergleicht die Gedanken von Stan Brakhage über Film mit denen Merleau-Pontys zur Malerei. »The painter's medium, the filmmaker's medium, is less paint or film than it is *sight*. Indeed, at their most rigorous, both painter and filmmaker practice a phenomenology of vision.« Ebd., 90f. Vgl. auch Stan Brakhage: Metaphors on Vision. New York 1963, S. 1.
85 Vgl. Linda Singer: Eye/Mind/Screen: Toward a Phenomenology of Cinematic Scopophilia. In: Quarterly review of film and video, 12/3, 1990. S. 51-67, hier S. 57.
86 Ebd., S. 53, 54.

In der Kinosituation kann ich mich diesem Surplus des Sehens hingeben. Hingabe bedeutet hier, dass ich für die Zeit des Kinobesuchs meine eigene Intentionalität abgebe, mich einem fremden Sehen überlasse, mein eigenes Sehen ohne Telos bleibt. Nach Robnik wird hier, im Kino, gerade Passivität zum Potential, das ein anderes Sehen ermöglicht.[87]

Diese Passivität macht Singer stark gegenüber der vorherrschenden Annahme eines aktiven, solipsistischen Voyeurismus der Kinozuschauerin. Dieser Annahme widerspricht auch der dritte Aspekt der Kinolust, die kollektive Ansteckung. Diese hängt vom Kino als sozialem Ort ab. Kinolust ist auch eine Lust an der Gemeinschaft – »a pleasure of sociality«[88], denn die Anwesenheit der anderen Zuschauerinnen verstärkt meine Affekte und damit die Lust an meiner Wahrnehmung. Die kollektive Präsenz der Leiber hat die Realisierung und die Affirmation der Verbindung des gemeinsamen ›Fleisches‹ zur Folge (ein Begriff des späten Merleau-Ponty, den ich im nächsten Kapitel untersuchen werde). »[T]he cinematic situation transforms that desire from a solitary obsession into an activity which reconnects our flesh with others in an affirmative mode.«[89] Neben der Passivität der Hingabe an das Sehen wird hier also auch Aktivität starkgemacht. Aber nicht die Aktivität eines gestaltenden, intentionalen Sehens ist gemeint, sondern die aktive Verstärkung der eigenen Lust durch das Teilen mit anderen.

Für die Lust an der Kinosituation spielt nach Singer allerdings auch die Lust an der kinematographischen Präsentation eine Rolle. Hierbei handelt es sich um das visuelle Surplus des Films, eine Intensivierung des Sehens durch die Kamera, die zum Beispiel alles viel größer oder in anderen Zusammenhängen zeigen kann. Diese Intensivierung basiert auf der Rolle der rein technischen Reproduktion von Welt, welche die Wahrnehmung so strukturiert und prädeterminiert, dass ich mich, im Gegensatz zu anderen Künsten, meiner Wahrnehmung ganz passiv überlassen kann. Der in der Wahrnehmung angestrebte Austausch mit dem Wahrgenommenen, den Merleau-Ponty als unerreichbares Ziel beschreibt, der Wunsch nach einem Verlust des Selbst im Feld der Empfindung,[90] wird Singer zufolge im Kino

---

87 Vgl. Robnik, Körper-Erfahrung, S. 256. .
88 Singer, Eye/Mind/Screen, S. 55.
89 Ebd., S. 57.
90 »Ich, der ich das Blau des Himmels betrachte, stehe ihm nicht gegenüber als ein weltloses Subjekt, ich bin nicht gedanklich in seinem Besitz, entfalte nicht ihm zuvor eine Idee von Blau, die sein Geheimnis in mir entschlüsselte; ich überlasse mich ihm, versenke mich in dieses Geheimnis, es ›denkt sich in mir‹, ich bin der Himmel selbst, der sich versammelt, zusammennimmt und für sich zu sein sich anschickt, mein Bewußtsein

eingelöst, gerade durch die Distanz zum Gesehenen: »This decentering constitutes a change in the system of exchange between seer and what is seen, through the imposition of the camera as a third term.«[91] Ähnlich wie Sobchack beschreibt Singer hier eine Wechselwirkung von Sehen und Gesehenwerden. Aber im Gegensatz zu dieser entwirft sie keine Dreierkonstellation aus autonomen Subjekten. Das wahrgenommene Objekt bekommt eine eigenständigere Rolle, ich tausche mich mit ihm aus, nicht mit dem Akt der Wahrnehmung eines Kamerasubjekts. Die Zuschauerin gibt sich bei Singer seiner Wahrnehmung hin und erfährt dadurch ein Gegenüber, statt an der Wahrnehmung einer Anderen teilzuhaben. Die Kamera wird aber auch hier zum Inkarnat – zu einer Veräußerung einer Technik des Körpers, der wahrnimmt und gleichzeitig ausdrückt – zu einem »reflexiven Phänomen zwischen Geist und Körper«.[92]

Auch Leinwand und Projektion werden zur grundlegenden Stütze einer Situation, welche die Lust an einer Wahrnehmung ermöglicht, die außerhalb des Kinos nicht möglich ist, indem sie meine Wahrnehmung einrahmen.

»Cinematic pleasure happens in a space of difference which decenters my sense of agency and opens me to the possibility of wonder and fascination in the face of things that emerge and relate themselves to one another and to me in ways that I could not have anticipated because they are only now being made. The cinematic spectator does not function as voyeur since he lacks the voyeur's source of control – the power to constitute an object as thing to be looked at.«[93]

Gerade die Hingabe, die Aufgabe der visuellen Aneignung wird hier zur Möglichkeit der anderen Wahrnehmung des Objekts – eine Art mimetischer Austausch mit dem Wahrgenommenen steht der voyeuristischen Kontrolle gegenüber.[94] Im Gegensatz zu Sobchacks Entwurf der Kino-

---

ist verschlungen von diesem grenzenlosen Blau.« Phänomenologie, S. 252. »Suche ich mich ganz in einen meiner Sinne einzuschließen, etwa mich gänzlich in meine Augen zu verlegen und mich dem Blau des Himmels hinzugeben, so habe ich bald schon nicht mehr das Bewußtsein, zu blicken, und im gleichen Augenblick, in dem ich ganz Sehen sein wollte, hört der Himmel auf, eine ›visuelle Wahrnehmung‹ zu sein, und wird zu meiner Welt dieses Augenblicks.« Ebd., S. 264.
91 Singer, Eye/Mind/Screen, S. 58.
92 Ebd., S. 59. Übersetzung A. Z.
93 Ebd., S. 62.
94 Nicht nur in diesem Aufbrechen der Geist-Körper-Trennung bezeichnet Singer Kinolust als subversiv. Für sie verdoppelt das ›Surplus‹ dieser Lust auch den Körper in dessen Wahrnehmung und seine imaginativen Möglichkeiten. Vgl. ebd., S. 63.

situation in *The Address of the Eye* oder auch zu Merleau-Pontys eigenem Text zum Kino zeigt Singer hier das Kino also nicht nur als Existenzweise des Sehens, sondern als eine Form der Wahrnehmung, welche die alltägliche Wahrnehmung übersteigt und sich dem Wahrgenommenen annähert, sich sogar darin auflöst, indem sie sich hingibt.

Der Kamerablick als Form des Zur-Welt-seins liegt hier aber nicht jenseits kinematographischer Codes. Als Stil drückt er eine bestimmte Art des Wunsches schon in der Einstellung aus. So zeugt zum Beispiel die Großaufnahme von einer gewissen magischen Haltung der Welt gegenüber, die sich von der eher neutralen Totale unterscheidet. Jeder Wahl liegt also eine Haltung zugrunde, welche die visuelle Präsenz des nicht Sichtbaren mit einschließt – dies zeigt sich vor allem in der Montage. Auch in der Lust an der kinematographischen Signifikation, in der narrativen Verkettung, spielt die Intentionalität der Zuschauerin im Gegensatz zur passiven Hingabe eine stärkere Rolle. Ist Wahrnehmung nach Merleau-Ponty immer auch intentionale Signifikation in der Zeit im Sinne der Stiftung von Bedeutung, zeigt sich diese für Singer in der Synthese der Einheit des Films, ohne die der Film in einzelne Fragmente zerfallen würde.

Gerade in ihrem nicht zielgerichteten, aber doch intentionalen Verhalten verdeutlicht die Kinozuschauerin durch diese Synthese den Unterschied zwischen ›vision‹[95] und Sehen, ohne den sich das ›Surplus‹ der Kinolust nicht bilden könnte. Damit zeigt und lehrt uns der Film die eigene Wahrnehmung. Er teilt mit dieser den magischen Glauben an die Bedeutung der Dinge, die sie sich nicht, wie in der vorherrschenden Filmtheorie behauptet, voyeuristisch aneignet. Gleichzeitig zeigt der Film uns, dass es kein unvermitteltes, ungestaltetes Sehen, keine direkte, abgeschlossene Wahrnehmung der Dinge gibt.

> »For an eye capable of multiple incarnate, expressive, and imaginative possibilities, cinema is not so much a perversion of the visible enterprise as an exercise of its potentiality. Cinema does not signify by deceiving vision into believing it reproduces unmediated seeing. Its value rests precisely in its distance and difference from natural vision.«[96]

Die Annäherung an die Dinge über Hingabe geschieht im Kino nach Singer nicht anhand der Teilnahme an der natürlichen Wahrnehmung eines

---

95 Meines Erachtens existiert keine entsprechende Vokabel im Deutschen. Man könnte höchstens von Sehvermögen sprechen. Wichtig sind dabei die Syntheseleistung und die Einschließung des Unsichtbaren.
96 Ebd., S.65.

anderen Subjekts. Das Sehen im Kino übersteigt die natürliche Wahrnehmung und bildet damit einen Ort des Erlernens und der Lust – der Lust an der Wahrnehmung und an deren Eigenschaft der Unabgeschlossenheit, den Möglichkeiten des Sehens und an unserem Zugang zur Welt.[97]

Das Fleisch und die Kreuzstellung der Wahrnehmung

»Die gesamte Erkenntnis, das ganze objektive Denken leben von dieser ursprünglichen Tatsache: daß ich empfunden habe, daß ich, mit jener Farbe oder irgendeinem anderen Sinnlichen, eine sonderbare Existenz teile, die mit einem Mal meinen Blick in Beschlag nahm und ihm dennoch eine unbegrenzte Reihe von Erfahrungen versprach, als eine Konkretion von schon jetzt wirklichen Möglichkeiten in den verborgenen Seiten der Sache, als Zeitraum, der mir auf einmal gegeben ist.«[98]

Die Zuschauerin hat ein körperliches Wissen um die Filmerfahrung. Nach Marc Ries tauscht sich der Zuschauerkörper mit den wahrgenommen Körpern auf der Leinwand aus und empfindet deren Bewegungen nach: »[M]eine Wahrnehmung zeichnet in das Ensemble der kinematographischen Objekte auf der Leinwand die virtuellen Aktionen meines Körpers auf sie ein.«[99] Den Sinn des Films nimmt die Zuschauerin durch ihren Körper, über den Rhythmus und die Bewegung des Films auf. In diesem Rhythmus und der Bewegung erfährt sie die Einheit ihres Körpers mit der Welt ebenso wie die Abhängigkeit ihres Sehens von der Bewegung. Diese Abhängigkeiten werden im Kino erfahren und verdoppelt in der Abhängigkeit der filmischen Wahrnehmung von der Bewegung des Films.

Leider untersucht Merleau-Ponty das Verhältnis von Filmwahrnehmung, Körper und Bewegung nach seiner frühen Schrift zum Kino nicht oder kaum mehr weiter. Sein Schwerpunkt wechselt hin zur Malerei. Grundlegende Aspekte der Beschreibung der Malerei durch Merleau-Ponty lassen sich jedoch auf den Film übertragen. Teilweise scheinen seine

---

97 Auch Sobchack untersucht den doppelten Charakter des Sehens, sie unterscheidet allerdings eher zwischen der passiven, unbewussten natürlichen Wahrnehmung und dem aktiven, bewussten Sehen des Künstlers. Vgl. Sobchack, The Address of the Eye, S. 91f.
98 Maurice Merleau-Ponty: Der Philosoph und sein Schatten (1959). In: Ders.: Das Auge und der Geist. Philosophische Essays, Neuausgabe, Hamburg 2003, S. 243-274, hier S. 254.
99 Marc Ries: Encore. En Corps. Die wiedergefundene Doxa im Feld der kinematographischen Körper. In: UND² Texte zu Film und Kino, hrsg. von Karl Sierek, Gernot Heiß, Wien 1992, S. 13-21, hier S. 20.

Aussagen zur Malerei und zur Wahrnehmung im Allgemeinen der Kinoerfahrung zu entspringen. So verdeutlicht er die Abhängigkeit der Wahrnehmung von Körper und Bewegung in einem späten Text von 1960 *Das Auge und der Geist* anhand des Sehens des Malers,[100] der seinen beweglichen Körper einbringt, um Welt zu sehen:

>»Dieses erstaunliche Ineinandergreifen von Sehen und Bewegung, an das man nicht genug denkt, verbietet es, das Sehen als Denkoperation aufzufassen, die vor dem Geist ein Bild oder eine Darstellung der Welt aufbauen würde, eine Welt der Immanenz und der Ideen. Durch seinen Körper, der selbst sichtbar ist, in das Sichtbare eingetaucht, eignet sich der Sehende das, was er sieht, nicht an: Er nähert sich ihm lediglich durch den Blick, er öffnet sich auf die Welt hin. Und auf der anderen Seite ist diese Welt, von der er ein Teil ist, nicht an sich oder Materie.«[101]

Anhand der Ganzheitlichkeit der Wahrnehmung des Malers und ihrem Eingebundensein in die Welt kritisiert Merleau-Ponty hier, wie in seinem Kinotext, sowohl die analytische Wissenschaft als auch die These eines distanzierten, unabhängigen Sehens. Die Wahrnehmung des Malers führt zurück zum ›Es gibt‹, zum Boden des tatsächlichen Körpers in der Welt. Sie ist grundlegend gebunden an den eigenen Körper und gekoppelt an dessen Bewegung.[102] Selbst das Bewusstsein des eigenen Körpers entsteht in Bewegung. Erst in Bewegung kann ich den doppelten Charakter des Körpers als zugleich sehend und als sichtbaren Teil von Welt erfahren.

In der alltäglichen, ›natürlichen Wahrnehmung‹ bleiben andererseits, wie wir oben gesehen haben, Welt und Blick getrennt. Die Bewegung des Sehens erreicht die Welt nicht wirklich. Gerade die körperliche Wahrnehmung erfolgt in Körperschemata und Klischees – kann sich dem Äußeren,

---

100   Im Unterschied zur Zuschauerin und zur Historikerin behalte ich beim Maler im Folgenden die Schreibweise für das männliche Geschlecht bei. Auch wenn die Malerin mitgemeint ist, sperren sich die Formulierungen Merleau-Pontys, die von der Auseinandersetzung mit der Malerei Paul Cézannes ausgehen, und die Deleuzes, dessen Gedanken sich entlang der Malerei Francis Bacons entwickeln, gegen die Verwendung einer weiblichen Endung.
101   Maurice Merleau-Ponty: Das Auge und der Geist (1961). In: Ders.: Das Auge und der Geist. Philosophische Essays, Hamburg 1984, S. 13-43, hier S. 16. Ich zitiere diesen Text durchgehend nach der Übersetzung in der Ausgabe von 1984 und nicht die neue Übersetzung aus der Neuausgabe von 2003.
102   »Meine Bewegung ist kein geistiger Entschluß, kein absolutes Tun, das aus der subjektiven Zurückgezogenheit heraus irgendeine Ortsveränderung dekretierte, die sich auf wunderliche Weise in der Ausdehnung vollzöge. Sie ist die natürliche Folge und das Zur-Reife-gelangen eines Sehens.« Ebd.

den Dingen, dadurch nicht wirklich annähern. In gewissem Sinne wird die Wahrnehmung als Filterung und Hinzufügung, als willkürliche Setzung der Dinge durch Abschluss der Erfahrungsentfaltung gewalttätig: »Um diesen Preis nur gibt es für uns Dinge und Andere, nicht aufgrund einer Illusion, sondern auf Grund eines gewaltsamen Aktes, der eben die Wahrnehmung selbst ist.«[103]

Die ›natürliche Wahrnehmung‹ gestaltet das Wahrgenommene intentional. Nach Sobchack ist Filmwahrnehmung auf ihren drei Ebenen ein Austausch von intentionalen Subjekten. Ist Filmwahrnehmung aber wirklich auf der Seite der ›natürlichen Wahrnehmung‹ anzusiedeln und damit gewaltsam? Sobchack verneint dies zum Teil, wenn sie dem Film aufgrund seiner Heterogenität, Fragmentarisierung und Diskontinuität ein anderes ›Fleisch‹ zuschreibt.[104] Wir können, wie wir gesehen haben, im Kino die Identifizierung der Dinge offen und Brüche in der Wahrnehmung zulassen. Aber was meint Sobchack mit ›Fleisch‹? Waren wir nicht eben mit dem Begriff des Leibes schon weit genug ›ins Organische vorgestoßen‹?

Der Begriff des ›Fleisches‹ bestimmt das Spätwerk Merleau-Pontys ab 1959 und ist vor allem in seiner unvollendet gebliebenen Schrift *Das Sichtbare und das Unsichtbare* zentral.[105] Das verbindende, strukturelle Element des ›Fleisches‹ führt Merleau-Ponty in seinem Spätwerk ein, um die Gegenüberstellung von Bewusstsein und Welt, die in seinem Frühwerk erhalten bleibt, aufzulösen.[106] Zwar waren Leib und Bewusstsein in der *Phänomenologie der Wahrnehmung* Momente einer Struktur, deren Trennung sich in der Wahrnehmung aufhob.[107] Aber, so kritisiert Merleau-Ponty in das *Sichtbare*

103 Phänomenologie, S. 414.
104 Vgl. Sobchack, The Address of the Eye, S. 212.
105 Maurice Merleau-Ponty: Das Sichtbare und das Unsichtbare. München 1986. [OA 1964] Im Folgenden zitiert als »Das Sichtbare«.
106 Die Übersetzung des Begriffs »chair« mit ›Fleisch‹ ist wegen seiner religiösen Konnotation hoch problematisch. Sie verdeckt die strukturelle Komponente des Begriffs. Einzelne Interpreten behalten daher den französischen Begriff bei. So schreibt Lara Huber: »Chair ist, weil es ›Prototyp des Seins‹ ist, dessen Muster, Modell oder Schnittfläche, und bringt [...] als Sichtbarkeit [la Visibilité] und allgemeine Sinnlichkeit [der Sensible généraux] die Seinsidee bzw. das Sein zum Vorschein.« Lara Huber: Der Philosoph und der Künstler. Das ästhetische Fundament der ontologischen Neuorientierung Maurice Merleau-Pontys. Tübingen 2003, S. 99. Allerdings zieht sich der Begriff des ›Fleisches‹ sowohl durch die Übersetzungen der Schriften Merleau-Pontys als auch durch den überwiegenden Teil der Sekundärliteratur. Ich behalte den Ausdruck ›Fleisch‹ daher bei.
107 Vgl. Gary B. Madison: Merleau-Ponty und die Postmodernität. In: Leibhaftige Vernunft. Spuren von Merleau-Pontys Denken, hrsg. von Alexandre Métraux, Bernhard Waldenfels, München 1986, S. 162-193, hier S. 169ff. Merleau-Ponty kritisiert in seiner Kandidatursschrift zur *Phänomenologie der Wahrnehmung* diese Opposition als schlechte

und das Unsichtbare seine *Phänomenologie der Wahrnehmung* selbst, die einmal aufgestellte Opposition von Bewusstsein und Objekt lässt sich nicht überwinden und die Subjekt-Objekt-Trennung sich damit nicht wirklich aufheben.[108] Diese Kluft wird nun durch einen Seinsbereich des ›wilden Seins‹ jenseits der Trennung von Wesen und Tatsache aufgehoben.[109] Dieser unzugängliche, ontologische Seinsbereich hat keinen Namen, keine Substanz, ist keine Summe von Tatsachen. Als ›Fleisch‹ ist er weder atomare Materie noch Geist, sondern die »Urpräsentierbarkeit« (deutsch im original).[110] Weder Objekt noch Subjekt ist dieses ›Fleisch‹ die anonyme »Generalität des Empfindbaren an sich«.[111] In seiner Generalität liegt es den Wahrnehmenden, wie dem Wahrgenommenen zugrunde, lässt sich nicht einem wahrnehmenden Subjekt oder einem wahrgenommenen Objekt zuordnen.

»[D]as Fleisch, von dem wir sprechen, ist nicht die Materie. Es ist das Einrollen des Sichtbaren in den sehenden Leib, des Berührbaren in den berührenden Leib, das sich vor allem dann bezeugt, wenn der Leib sich selbst sieht und sich berührt, während er gerade dabei ist, die Dinge zu sehen und zu berühren, sodaß er gleichzeitig als berührbarer zu ihnen hinabsteigt und sie als berührender alle beherrscht und diesen Bezug wie auch jenen Doppelbezug durch Aufklaffen oder Spaltung seiner eigenen Masse aus sich selbst hervorholt.«[112]

Durch die Eigenschaft der Umkehrbarkeit als ›Fleisch‹ stehen Wahrnehmen und Wahrgenommenwerden im Verhältnis des Chiasmus, der Kreuzstellung, zueinander.[113] Als diese Kreuzstellung wird das ›Fleisch‹ nach Miriam Schaub zum »›strukturale[n]‹ Ort Merleau-Pontys, wo sich das Chiasma, das Sichüberkreuzen von Eigenem und anderem, von Ich und Mitwelt ereignet«.[114] Dieses Sichüberkreuzen ist nicht mehr einfach nur

Ambiguität, in der sich Subjekt und Objekt vermischen. Das ›Fleisch‹ dagegen liegt jenseits dieser Trennung. Vgl. Silvia Stoller: Wahrnehmung bei Merleau-Ponty. Studie zur *Phänomenologie der Wahrnehmung*. Frankfurt am Main, Berlin, Bern 1995, S. 160.
108 Auch bliebe deshalb die geistige Seite der Wahrnehmung unklar. Wie komme ich vom schweigendem Cogito der Wahrnehmung zum Denken des intentionalen Bewusstseins? Und wie von rein phänomenologischer Beschreibung der Wahrnehmung zu deren Befragung? Vgl. Das Sichtbare, S. 257. Vgl. auch Good, Maurice Merleau-Ponty, S. 230ff.
109 Vgl. Das Sichtbare, S. 161f.
110 Vgl. ebd., S. 178.
111 Ebd., S. 183.
112 Das Sichtbare, S. 191.
113 Ebd., S. 189.
114 Mirjam Schaub: Gilles Deleuze im Kino: Das Sichtbare und das Sagbare. München

über den subjektiven Leib als Teil der Welt begründet. Die strukturelle Eigenschaft des ›Fleisches‹ ist nun *zwischen* Subjekt und Objekt angesiedelt und liegt nicht mehr wie die Leibhaftigkeit diesen zugrunde.[115] Das ›Fleisch‹ als Strukturelles macht das Sehen zum Einrollen in das Gesehene und umgekehrt rollt sich das Gesehene in meinen Leib ein.

Die sich überkreuzende, verflechtende Wahrnehmung ist nicht mehr subjektiv, es ist auch nicht mehr das Subjekt als Leib, das wahrnimmt, sondern mit dem ›Fleisch‹ wird eine anonyme Wahrnehmung des ›man‹[116] eingeführt. Es ist nicht mehr der Leib, der wahrnimmt, sondern dieser »ist gleichsam um die Wahrnehmung herum gebaut, die durch ihn ans Licht kommt.«[117] Als Begründung alles Sichtbaren wird das ›Fleisch‹ zur Bedingung der Wirklichkeit.[118] ›Intentionalität‹ ist nun nicht länger die eines Subjekts, das ein Objekt intentional wahrnimmt. Der Philosoph Paul Good schreibt zu diesem Wandel in der Vorstellung Merleau-Pontys von der Wahrnehmung beziehungsweise zu der Ablösung der Intentionalität vom einzelnen Subjekt: »Der Leib ist nie bloß eine andere Subjektstelle, er ist qua Fleisch immer ein generalisierter, einer, den ich mit den Dingen und dem Anderen teile.«[119] Die Wahrnehmung ist damit nicht mehr die eines isolierten Leibes, der in seiner Umweltintentionalität die passive Synthese der Wahrnehmung vollbringt.[120] Für die Phänomenologin Silvia Stoller bewegt sich damit die Wahrnehmung vom wahrnehmenden, vorentscheidenden Leib hin zum Sehen und zum Sein.[121] Schon zu Beginn von *Das Sichtbare und das Unsichtbare* wird die Wahrnehmung eines Subjekts auf Wahrnehmungsglauben reduziert. Das Sehen ist nun selbst innerhalb

---

2003, S. 53. Für Schaub ist der Chiasmus ein Ort des Ereignisses.
115 Vgl. Huber, Der Philosoph, S. 100.
116 Vgl. auch Stoller, Wahrnehmung bei Merleau-Ponty, S. 70. Genaugenommen führt Merleau-Ponty diese anonyme Wahrnehmung selbst schon in der Phänomenologie des Geistes ein. Dort heißt es: »Jede Wahrnehmung findet in einer Atmosphäre von Allgemeinheit statt und gibt sich als anonyme. […] Wollte ich infolgedessen die Wahrnehmungserfahrung in aller Strenge zum Ausdruck bringen, so müsste ich sagen, daß *man* in mir wahrnimmt, nicht, daß ich wahrnehme.« Merleau-Ponty, Phänomenologie, S. 253 Zwar lenkt mein Leib die Wahrnehmung, doch unbewusst am Rande meines Seins als Teil einer allgemeineren Existenz, die mir vorausgeht. Zum Automatismus wird diese Allgemeinheit der Empfindung nur dadurch nicht, dass ich um ihre Partialität weiß. Vgl. ebd., S. 254.
117 Das Sichtbare, S. 24.
118 Ebd., S. 253.
119 Good, Maurice Merleau-Ponty, S. 246.
120 Vgl. Good, Maurice Merleau-Ponty, S. 94.
121 Vgl. Stoller, Wahrnehmung bei Merleau-Ponty, S. 158.

des Seins angesiedelt,[122] worin Stoller eine Dezentrierung des leiblichen Subjekts und der Wahrnehmung durch das Sein sieht.[123] Das ›Fleisch‹ lässt sich weder als Subjekt noch als Objekt begreifen, noch ist es vor Leib und Welt anzusiedeln. Es liegt dazwischen, ist nicht präsent, immer auch unsichtbar.[124]

Auch für den kanadischen Philosophen Gary B. Madison überschreitet das anonyme unbenennbare Sein des ›Fleisches‹ die Subjekt-Objekt-Intentionalität der *Phänomenologie der Wahrnehmung*.[125] Der Begriff des ›Fleisches‹ führt für ihn damit zu einer Art Monismus, der dem Dualismus von Subjekt und Objekt, von Leib und Seele vorausgeht. Die Vernunft wird erweitert um ihre Grundlage, »das Sinnliche selbst [...]. Das Fleisch ist das Milieu, in dem sich beides, das Körperliche und das Seelische, Objekt und Subjekt bilden; es ist das ungeteilte Sein, das vor der Spaltung in Bewußtsein und Objekt existiert.«[126]

Doch dieser scheinbare Monismus ist »kein Schlüsselbegriff einer Philosophie der Identität jenseits aller Differenz«.[127] Die Trennung von Körper und Geist beziehungsweise Bewusstsein wird durch den Begriff des ›Fleisches‹ nicht vollständig aufgehoben. Sie sind Teilganze des ›Fleisches‹, »zwei irreduzible Dimensionen des Seins, das selber als Dimensionalität gedacht ist«[128] und als solche miteinander verflochten.

> »In seiner Spätphilosophie sucht Merleau-Ponty daher nicht die Dualität von Subjekt und Objekt zu *unterdrücken*. Vielmehr sucht er sie zu *überwinden*, indem er die intentionale Beziehung, die Beziehung zwischen Bewußtsein und Objekt als etwas betrachtet, was innerhalb des Seins stattfindet, eines Seins, das von sich selbst her die Unterscheidung von Bewußtsein und Objekt überschreitet.«[129]

Die Reversibilität von Bewusstsein und Objekt führt auch nach der Einführung des ›Fleisches‹ nie zur Identität und lässt damit weiterhin das Verhältnis von Subjekt und Welt als unendliche Transformation von Bedeutung offen. Als ›Fleisch‹ übersteigt selbst Sprache so wie der Leib das

---

122 Vgl. ebd., S. 161.
123 Vgl. ebd., S. 158f.
124 Vgl. ebd., S. 161f.
125 Vgl. Madison, Merleau-Ponty und die Postmodernität, S. 173f.
126 Ebd., S. 172.
127 Ebd., S. 176.
128 Ebd., S. 177.
129 Ebd.

Individuum, bildet Risse in seiner Wahrnehmung.¹³⁰ Das Verstehen wie das Sprechen der Sprache wird schöpferisch und metaphorisch gedacht.¹³¹ Sprache entsteht im begehrenden Umschlingen des anderen Leibes und zeigt als Sprechen eine »neuartige Reversibilität und das Auftauchen des Fleisches als Ausdruck«.¹³² Für Good ähnelt das ›Fleisch‹ als eine Art »Ausdrucksgeschehen [...] als Differentiationstätigkeit eines Materials« damit der ›différance‹ Derridas. Ausgehend von seiner Beschäftigung mit der Theorie Saussures sieht Merleau-Ponty in seinem Spätwerk »Bedeutung als Abweichung«.¹³³ Im Unterschied zur ›différance‹ liege zwar dem grund-

---

130 Es sind Gedanken und nicht Wörter, die sich mit der Sprache durch körperliche Ausdrucksbewegung mitteilen. Diese werden in uns durch leibliche Sinnbezüge hervorgebracht, »auf Grund des Lebens, das sie in uns führen und das wir in ihnen führen.« Maurice Merleau-Ponty: Der Mensch und die Widersetzlichkeit der Dinge (1951). In: Ders.: Das Auge und der Geist, Neuausgabe, Hamburg 2003, S. 71-98, hier S. 86.
131 Vgl. auch Madison, Merleau-Ponty und die Postmodernität, S. 186f. Nach Madison versucht Merleau-Ponty mit dem Begriff des ›Fleisches‹ in Bezug auf die Sprache nicht nur Dualismen wie Subjekt und Objekt, Körper und Geist hinter sich zu lassen, sondern auch die Opposition von Begriffen wie Materie und Form zu umgehen. Dadurch ergibt sich für ihn die Notwendigkeit einer neuen Sprache, die kein Schirm vor den Dingen ist – eine nicht organisierte Sprache, die Dinge zum Sprechen bringt. Diese indirekte, mimetische Sprache bildet sich über Ähnlichkeiten – eine ›wilde Sprache‹ vor dem Bewusstsein, die ermöglicht, dass die Dinge uns wahrnehmen und uns haben. Vgl. Madison, Merleau-Ponty und die Postmodernität, S. 173ff. Madison ist an dieser Stelle wichtig, dass es Merleau-Ponty in dieser neuen Sprache keineswegs um die Aufgabe der Rationalität der Sprache durch die Befreiung derselben »von der Einschnürung durch das kalkulierende und manipulierende Bewußtsein« geht, sondern um die Erweiterung der Rationalität. Ebd. S. 173, vgl. S. 186. Diese Ähnlichkeiten können nach Merleau-Ponty aber nicht zu einer reinen Sprache der Dinge führen. Sie bleiben unsinnlich. Eine Sprache der Dinge würde keinen Freiraum des Sprechens oder des Stils lassen. Dennoch wollen die Dinge ausgedrückt werden, ihre Sprache muss gefunden werden und findet sich sublimiert in der universellen Sprache. »Es geht darum, diesen im Vorhimmel der Sprache schon vorhandenen Satz anzutreffen, die stummen Worte einzufangen, die das Sein vor sich hin murmelt.« Maurice Merleau-Ponty: Das Hirngespinst einer reinen Sprache. In: Ders.: Die Prosa der Welt. München 1993, S. 27-31, hier S. 30. [OA 1969]
132 Das Sichtbare, S. 189. In dieser sublimierten Form des Ausdrucks, in ihren Hohlräumen, behält die Sprache durchaus einen direkten Bezug zu den Dingen, auch wenn sie ansonsten negativ referentiell funktioniert. Nur durch den Hintergrund des Schweigens ist Sprache für Merleau-Ponty erfahrbar, durch ihre Zwischenräume. Indem sie Hohlräume lässt für synergetische Empfindungen, sagt sie mehr als ihre einzelnen Worte. Vgl. Maurice Merlau-Ponty: Die Wissenschaft und die Erfahrung des Ausdrucks. In: Die Prosa der Welt, a.a.O., S. 33-68, hier S. 67. »Die Sprache führt uns zu den Sachen selbst, genauso wie sie, bevor sie eine Bedeutung hat, selbst schon Bedeutung ist.« Merleau-Ponty, Die Wissenschaft, S. 38. Vor allem literarische Sprache zeigt diese Dichte der Bedeutung, »das der Sprache eigene Vermögen, als Gebärde, Akzent, Stimme, Modulation der Existenz über das hinaus zu bedeuten, was sie im einzelnen nach den geltenden Konventionen bedeutet.« Maurice Merleau-Ponty, Der Mensch und die Widersetzlichkeit der Dinge, S. 86.
133 Good, Maurice Merleau-Ponty, S. 240. Nach Bermes begründen dessen »Dispositionen [...] das Sehen, das Sprechen und das Ansprechen, wie auch das Berühren.« Bermes,

legenden Differenzierungsprozess des ›Fleisches‹, die Einheit desselben zugrunde. Diese umfasse allerdings auch das Immaterielle. Der Differenzierungsprozess schreibt sich ein ins Nicht-Sein – das Sehen wird immer nur möglich durch das Unsichtbare, hat das schweigende Sehen als Grundlage.[134] Das System von Differenzen wird zum Stil des Sichtbaren, zu einer Textur, an die ich glaube, die ich aber nicht beherrschen und kennen kann. Da sie auf Welt bezogen ist, ergreife ich sie nie vollständig.

Die Sichtbarkeit der Dinge

Das ›Fleisch‹ ist nicht materiell, aber als Ausdrucksgeschehen ist es im Sinnlichen anzusiedeln.[135] »Der Ausdruck ›la chair‹ meint also durchaus ein Empirisches, das ein Ontologisches ist.«[136] Nicht um die Materialität des Gesehenen geht es also an dieser Stelle, sondern um die Beziehung der Wahrnehmenden zum Wahrgenommenen über das Ausdrucksgeschehen, welches allerdings in einer geteilten Materialität begründet liegt. In einem Fragment gebliebenen Teil von *Das Sichtbare und das Unsichtbare* scheint das ›Fleisch‹ das Sehen aber gerade mit grundlegender Materialität auszufüllen. Das ›Fleisch‹ füllt die Beziehung des Leibes zur Welt. Die Gestaltwahrnehmung des Leibes als »das System, das er konstituiert, ist angeordnet um ein zentrales Scharnier«[137] – das ›Fleisch‹. Als Eingelassensein des Leibes in der Welt trifft der Leib eine »Vorentscheidung bezüglich des Feldes«[138] in der Gestaltwahrnehmung. Diese unterliegt einer Trägheit, der

Merleau-Ponty, S. 148. Good sieht hier auch eine Ähnlichkeit zum Begriff der Wiederholung bei Deleuze.
134 Vgl. ebd., S. 264.
135 Vgl. ebd., S. 239.
136 Ebd. Good verweist auf den Zusammenhang des transzendentalen Empirismus von Deleuze und der indirekten Ontologie des späten Merleau-Ponty. Er sieht dessen ›Fleisch‹ in Deleuzes ›organlosem Körper‹ weiter ausgearbeitet. Ich werde diesem Gedanken in meiner Untersuchung des Begriffs des Fleischs bei Deleuze folgen. Drehli Robnik berücksichtigt meines Erachtens in seiner Kritik an einem phänomenologischen Zuschauerentwurf den späten Merleau-Ponty nicht, wenn er diesen Zusammenhang zwischen Deleuze und Merleau-Ponty herunterspielt. Die von ihm kritisierte Vorstellung der Wiederherstellung eines identischen existentiellen Leibes im Kino, der sich austauscht, lässt sich nicht auf den späten Merleau-Ponty beziehen. Für diesen ist der Leib immer im Werden und steht als ›Fleisch‹ des Chiasmus im Verhältnis zum Unsichtbaren. Ich komme darauf im Kapitel über die Malerei Bacons zurück. Vgl. Robnik, Körper-Erfahrung, S. 258.
137 Das Sichtbare, S. 263.
138 Ebd.

oben angedeuteten Gewalt, die aber durch das Sinnliche, zum Beispiel die Körnigkeit der Farbe, beseelt wird. Das ›Fleisch‹ ist daher auch sinnlich zu sehen – als das, was die Gestalten in die Welt einlässt, sie von der Distanz einer Idee abhebt.

Wie genau sieht nun aber das Verhältnis des körperlichen Sehens zum Gesehenen aus? Was kann die Vorstellung des geteilten ›Fleisches‹ zu einem phänomenologischen Entwurf der Filmwahrnehmung beisteuern? In welches Verhältnis tritt die Zuschauerin zum Wahrgenommenen, wenn ich davon ausgehe, dass ich im Kino tatsächlich an der Wahrnehmung einer Anderen teilhabe (Sobchack) oder mich dem über Film Wahrgenommenen hingebe (Singer)? Was nehme ich letztlich im Kino wahr? Bewegliche Oberflächen, die Materialität der Farbe oder doch die Dinge?

Für Merleau-Ponty findet im Sehen eine Art Subjekt-Objekt-Tausch statt. Durch das ›Fleisch‹ wird die Ordnung des distanzierenden Blicks verändert, denn Subjekt und Objekt sind nun miteinander verschränkt. »Dinge [ziehen] meinen Blick an, und mein Blick liebkost die Dinge.«[139] Eine »Vermählung mit den Dingen« ereignet sich, die die Dinge für uns erst entstehen lässt.[140]

> »Gegeben sind also nicht etwa mit sich selbst identische Dinge, die sich dem Sehenden im nachhinein darbieten würden, und ebensowenig gibt es einen zunächst leeren Sehenden, der sich ihnen im nachhinein öffnen würde, sondern gegeben ist etwas, dem wir uns nur nähern können, indem wir es mit dem Blick abtasten, Dinge, die wir niemals ›ganz nackt‹ zu sehen vermöchten, weil der Blick selbst sie umhüllt und sie mit seinem Fleisch bekleidet.«[141]

Sichtbare Dinge werden einerseits zu ›Falten‹ unseres ›Fleisches‹,[142] andererseits bekommen sie selbst eine gewisse Intentionalität und die Kraft zurückzublicken, den Sehenden anzugehen.

> »Diese Konzentration von Sichtbarem um ein einzelnes Sichtbares herum oder dieses Versprühen der Körpermasse unter die Dinge, was dazu führt, daß eine bestimmte Vibration meiner Haut zum Glatten oder Rauhen wird, daß ich *mit den Augen* den Bewegungen und den Umrissen der Dinge selbst *folge*, diese magische Beziehung, dieses Bündnis zwischen den Dingen und mir, das darin besteht, daß ich ihnen meinen

---

139 Ebd., S. 107.
140 Ebd., S. 185.
141 Ebd., S. 173.
142 Ebd., S. 158.

Leib leihe, damit sie sich in ihn einschreiben und mir ihre Ähnlichkeit vermitteln, diese Falte, diese zentrale Höhlung im Sichtbaren, die mein Sehen ausmacht, diese beiden spiegelbildlichen Reihen von Sehendem und Sichtbarem, von Berührendem und Berührtem bilden ein wohlverbundenes System, mit dem ich rechne, sie definieren ein Sehen im allgemeinen und einen beständigen Stil der Sichtbarkeit, dessen ich mich nicht entledigen kann, selbst wenn sich eine bestimmte Sicht als illusorisch erweist«.[143]

Das Sehen geht nicht von einem autonomen Subjekt aus, das die Dinge aus der Distanz identifiziert und einordnet, sondern es geht mit den Dingen ein Bündnis ein. Die generelle Sichtbarkeit, das geteilte ›Fleisch‹ macht, dass »Sehender und Sichtbares sich wechselseitig vertauschen und man nicht mehr weiß, wer sieht und wer gesehen wird.«[144] Die Dinge blicken jetzt zurück, wenn sich das anonyme Sehen aus der Sichtbarkeit heraus ereignet.[145] Nach dem Phänomenologen Bernhard Waldenfels gerät hier »die Konzeption intentionaler Akte ins Schwanken; das Sehen wird zu einem Geschehen, das nicht mehr von mir ausgeht als ein ›Blickstrahl‹, sondern zu einem ›Weltstrahl‹ wird, der mehr enthält, als mein Blick fassen kann.«[146]

In diesem Zurückblicken werden die Dinge in gewisser Weise beseelt – ein anthropomorpher Blick, der letztendlich doch kein anderes zulässt? Waldenfels sieht in dieser Beseelung der Dinge zwar das Problem einer animistisch anthropomorphen Sichtweise bei Merleau-Ponty. Seiner Meinung nach gibt es aber für eine Phänomenologie der Wahrnehmung der Dinge[147] keine Alternative, soll die Wahrnehmung nicht entweder nur die Summe mechanistischer Reize sein oder eine Folge teleologischer Filter, wie zum Beispiel der Triebe. In diesen Fällen wäre die Wahrnehmung niemals frei genug, um auch das Verborgene zugänglich zu machen und das heißt, Dinge als solche wahrzunehmen. Merleau-Pontys Phänomenologie zeuge von einer verantwortlichen »Parteinahme für die Dinge«, deren Wahrnehmung über das Sichtbare hinaus geht:

---

143 Ebd., S. 191.
144 Ebd., S. 183.
145 Ebd.
146 Bernhard Waldenfels: Das Zerspringen des Seins. In: Leibhaftige Vernunft. Spuren von Merleau-Pontys Denken, hrsg. von Alexandre Métraux, Bernhard Waldenfels, München 1986, S. 144-161, hier S. 154f.
147 Genaugenommen geht das *Das Sichtbare und das Unsichtbare* hier über die Phänomenologie hinaus, wird ontologisch.

»Der Ansprechbarkeit auf Seiten des Sehenden entspricht der *Anspruch* des Sichtbaren, nicht nur der Andern, sondern auch der Dinge, die [...] auf absolute, ungebrochene Gegenwart dringen.«[148]
Das Gegebene bleibt dadurch nicht nur Stoff für die Sinngebung, sondern wird zur Aufforderung an die Wahrnehmenden. Die Überfülle des Sinnlichen wird nicht mehr zum Problem der innermenschlichen Zeitstruktur, wie in der *Phänomenologie der Wahrnehmung* angenommen, sondern zur »Überforderung, [die darin liegt, A. Z.] daß mehr ist, als dasein kann«.[149] Die Überforderung wird hier zur Aufforderung.
Der Blick lässt die Dinge an ihrem Ort, er kommt von den Dingen. Er sucht nach sich selbst im Sichtbaren – im gemeinsamen Bindegewebe des ›Fleisches‹.

»Die Dinge hier, dort, jetzt und später sind nicht mehr Dinge an sich, an ihrem Ort und zu ihrer Zeit, sondern sie existieren nur am Ende dieser Raum- und Zeitstrahlen, die aus der geheimen Tiefe meines Fleisches dringen, und ihre Beständigkeit ist nicht die eines reinen Objektes, das der Geist überschauen könnte, sondern ich erlebe sie von innen her, sofern ich unter den Dingen bin und sofern sie untereinander durch mich als empfindendes Ding hindurch kommunizieren.«[150]

Es ist nicht mehr ein leibliches Subjekt, das sieht. Ebenso gibt es kein reines Sehen des Sichtbaren aus dem Nichts, sondern das Sehen geschieht aus der Mitte des Sichtbaren selbst, »mitten aus den Dingen heraus«.[151] Es fordert den Sehenden, weil der Sehende selbst sichtbar ist.[152] Darin verdoppelt sich der Charakter des Sehens noch einmal, ist aktiv und passiv, entsprechend der »Idee des *Chiasmus*, das heißt: jede Beziehung zum Sein ist *gleichzeitig* Ergreifen und Ergriffenwerden.«[153]
In der Wahrnehmung bildet sich eine Art Kristall aus der Spiegelung von Sehen und Gesehenwerden. Dessen Gesehenwerden, die anthropomorphe Beseelung, ist andererseits eine Projektion des grundlegenden ›Narzissmus‹ des eigenen Körpers. Dieser sieht sich in seiner Doppeltheit

---

148 Waldenfels, Das Zerspringen des Seins, S. 158.
149 Ebd., S. 159.
150 Das Sichtbare, S. 153.
151 Merleau-Ponty, Das Auge und der Geist, S. 17.
152 Vgl. das Sichtbare, S. 152.
153 Das Sichtbare, S. 333.

sehend, wodurch die Dinge seine Verlängerung sind, aber er ihnen gleichzeitig verhaftet ist.[154]

»Deshalb sieht der Sehende, der vom Gesehenen eingenommen ist, immer noch sich selbst: es gibt einen grundlegenden Narzißmus für jedes Sehen; und aus demselben Grunde erleidet er das Sehen, das er praktiziert, auch vonseiten der Dinge.«[155]

Gerade in seinem Verhältnis zu den Dingen erfährt sich das sehende Subjekt als passiv und beobachtet. Von einem unabhängigen, aktiv entwerfenden Sehen kann keine Rede sein. Good fasst das folgendermaßen zusammen:

»Der Akt des Sehens ist so keine reine Spontanität, sondern Aktivität und Passivität ineins, Übernahme einer zwischen Sichtbarem (Ding) und Sichtbarem (Leib) bestehenden Fähigkeit der gegenseitigen Sichtigkeit.«[156]

In dieser gegenseitigen Sichtigkeit bilden Leib und Welt aber keine absolute Einheit. Die Reversibilität sehend und sichtbar wird nie vollständig verwirklicht, denn es gibt für Merleau-Ponty keine wirkliche Koinzidenz von Berühren und Berührtwerden, eben nur die verflechtende Annäherung.

»[W]enn ich diese Erfahrung zum Ausdruck bringe, indem ich sage, daß die Dinge an ihrem Ort sind und wir in ihnen aufgehen, so mache ich diese Erfahrung alsbald unmöglich: denn je mehr ich mich dem Ding nähere, desto mehr höre ich auf zu sein; je mehr ich bin, desto weniger gibt es Dinge […] Im Augenblick, wo meine Wahrnehmung reine Wahrnehmung, Ding oder Sein wird, erlöscht sie«.[157]

Die Reversibilität bleibt immer aufgeschoben, aber beides steht in einer Beziehung der Verflochtenheit zueinander.[158] Das Sehen bildet sich im

---

154 Vgl. Merleau-Ponty, Das Auge und der Geist, S. 16. Nehme ich die zurückblickenden Dinge auch als intentional wahr, wenn ich mich von ihnen beobachtet fühle? Oder wirkt die fremde Materialität in Film und Malerei vielleicht deshalb verstörend, weil sie keinem Subjekt angehört? Ich werde im nächsten Kapitel versuchen, mich dieser Frage anzunähern.
155 Das Sichtbare, S. 183.
156 Good, Maurice Merleau-Ponty, S. 252.
157 Das Sichtbare, S. 162.
158 Der Kristall ähnelt damit einem Deleuze'schen Kristallbild, in dem eine wechselseitige Spiegelung ins Unendliche entsteht – eine gegenseitige Annäherung und Umhüllung, ein Ineinanderfalten.

Sichtbaren, aber es geht nicht darin auf.[159] Für den Abstand steht gerade die Doppeltheit des Leibes, welche das verborgene Scharnier des Sehens bildet.[160] Der Leib, als »*exemplarisches* Empfindbares«,[161] hat als Teil des Gewebes der Dinge Zugang zu diesem. In seinen zwei Dimensionen des Fleisches kann die Welt sich denken und die Tiefe der Dinge sich öffnen. Erst durch diese Doppeltheit gibt es weder ein leeres Sehen noch identische Dinge, sondern gegenseitige Annäherung und Umhüllung. Bei diesem Erleben von innen geht es nicht um eine Rückkehr zum ›wilden Sein‹, in dem Tatsache und Wesen ungeteilt bleiben. Das Bewusstsein, Wahrnehmung und Ding bleiben notwendig getrennt. Aber sie überlappen sich durch die Kreuzstellung, das Aufklaffen von gesehenem und sehendem Leib.[162] In diesem Aufklaffen findet das Sehen Zugang zu den Dingen und zu mir selbst, gerade indem es sich von mir lösen kann.

»Das Sehen ist kein bestimmter Modus des Denkens oder eine Selbstgegenwart; es ist mein Mittel, von mir selbst abwesend zu sein, von innen her der Spaltung des Seins beizuwohnen, durch die allein ich meiner selbst innewerde.«[163]

Das Sehen lässt mich über meinen doppelten Charakter, als Sehende und Gesehene, als Subjekt und Objekt, als Bewusstsein und als Teil der Welt, mich mit dieser verbinden. Nur als diese Abwesenheit von mir ist nach Good das Sehen kein konstruierendes Denken. »Durch das Sehen haben wir Zugang zu den Dingen, zu dem, was nicht Ich ist.«[164] In meinem Sehen kommt die »Sichtigkeit der Dinge zu sich selber«.[165] Das Sehen verhilft dabei dem Unsichtbaren zum Ausdruck. Das Sichtbare wird zu gedoppelten Dispositionen, denen ›Fleisch‹ zugrunde liegt und die das Unsichtbare immer auch einschließen – »die Welt, das Fleisch nicht als Tatsache oder als Summe von Tatsachen, sondern als Ort einer Einschreibung von Wahrheit: das Falsche durchgestrichen, nicht annuliert.«[166]

Diese Einschreibung ist das ›Fleisch‹ der Sichtbarkeit. Die Theorie des Sehens entfernt sich beim späten Merleau-Ponty damit von einer Phänomenologie der Wahrnehmung hin zu einer Theorie des Ausdrucks. Die

159 Vgl. ebd., S. 177.
160 Vgl. ebd., S. 194.
161 Ebd., S. 178.
162 Vgl. ebd., S. 162f.
163 Merleau-Ponty, Das Auge und der Geist, S. 39.
164 Good, Maurice Merleau-Ponty, S. 190.
165 Ebd., S. 187.
166 Das Sichtbare, Fußnote S. 173.

Dinge sehen uns, werden befragt, drücken sich aus. Sie können gerade in ihrem Zurückblicken nicht mehr als Objekte identifiziert und angeeignet werden. Da die Wahrnehmung immer auch das Unsichtbare, nicht Wahrgenommene beinhaltet, gehorcht die Wahrnehmung der Dinge letztlich einem Glauben an diese. Gerade in der Beschreibung der Wahrnehmung aus dem Sein heraus, die damit vor den Wahrnehmungsrastern der natürlichen Wahrnehmung liegt, reduzieren sich die Dinge auf geglaubte.[167]

»Die Sinne sind Apparaturen zur Konkretisierung des Unerschöpflichen, zur Herstellung existenter Bedeutungen – Aber das Ding ist nicht wirklich *beobachtbar*: bei jedem Beobachten gibt es ein Überschreiten, man ist nie beim Ding selbst.«[168]

Der Glaube an die Dinge ist paradox. Einerseits komme ich über den Begriff des ›Fleisches‹ näher an die Dinge heran und tausche mich mit ihnen aus, andererseits lösen sie sich auf, können von meiner Wahrnehmung nicht ausreichend erschlossen werden.[169] Zu diesem Paradox der Wahrnehmung bei Merleau-Ponty schreibt Good:

»Wichtig ist, daß ich in der Wahrnehmung das Ding selber, nicht bloß die Vorstellung desselben habe. Das Wahrnehmen enthält eine Bindung, die nicht erst durchs Denken gesetzt wird. Im Gegenteil, das Denken besteht gerade in der Anerkennung, daß es schon in den Sinnen selber ist. Im Wahrnehmen besteht eine Verbindung zu den Dingen selber.«[170]

Paradox heißt hier: der Zugang zum Logos der Lebenswelt ist immer gleichzeitig ein Rückzug. Da es keine tatsächliche Koinzidenz von Berüh-

---

167 Die Wahrnehmung ist niemals abgeschlossen – beinhaltet immer sowohl das Unsichtbare als auch die jeweilige Situation – und lässt damit einen notwendigen Freiraum.
168 Das Sichtbare, S. 247. Gleichzeitig ist das Ding als Identitätsprinzip immer schon über die Erfahrung hinaus. Vgl. ebd., S. 211.
169 Für Merleau-Ponty liegt das Paradox der Wahrnehmung eher in der doppelten Stellung des Leibes als Subjekt und Objekt begründet. Nur durch sein ›Fleisch‹, durch das Paradox zugleich Ding und Sehender zu sein, weshalb dessen Sicht immer eine aufgeschobene ist, kann er der sichtbaren Oberfläche der Dinge ihre verborgene Tiefe zugestehen. »Das sogenannte Sichtbare ist, wie wir sagten eine Qualität, die einer Textur trächtig ist, die Oberfläche einer Tiefe, eine Abhebung von einem massiven Sein, ein Körnchen oder Körperchen, getragen von einer Welle des Seins. Da das totale Sichtbare sich immer hinter, nach oder zwischen seinen Aspekten aufhält, ist es nur einer Erfahrung zugänglich, die genauso wie dieses selbst ganz außer sich ist: auf diese Weise und nicht als Träger eines erkennenden Subjekts beherrscht unser Leib das Sichtbare, doch erklärt er es nicht und erhellt er es nicht, er verdichtet nur das Geheimnis der verstreuten Sichtbarkeit; dabei handelt es sich durchaus um ein Paradox des Seins und nicht um ein Paradox des Menschen.« Ebd., S. 179ff.
170 Good, Maurice Merleau-Ponty, S. 242f.

ren und Berührtwerden gibt, nimmt der Leib nicht selbst wahr. Auch wenn sich Berühren und Berührtwerden chiastisch immer weiter annähern, so sind sie doch niemals gleichzeitig.[171] Die Welt, die Dinge tauchen aus den Schlupfwinkeln des Leibes auf.

Den notwendigen und grundlegenden Wahrnehmungsglauben greift Merleau-Ponty noch einmal in einem Fragment im Anhang des unvollendeten *Das Sichtbare und das Unsichtbare* auf. In der einzigen Stelle des Buches, die den Film thematisiert, nimmt er diesen als Beispiel für die Wahrnehmung der Lebenswelt gegenüber der wahrgenommenen objektiven Welt. Es ist dies eine Stelle, welche die religiöse Konnotation des Glaubens relativiert, denn der Wahrnehmungsglauben entspricht hier einfach der Wahrnehmung kontinuierlicher Bewegungen im Film, obwohl nichts als diskontinuierliche Filmbilder gezeigt werden.[172] Gerade wegen der Grundlage der technischen Illusion taucht hier der Film als Beispiel für den Glauben an die Wahrnehmung, die Wahrnehmung als »Archetyp der originären Begegnung«[173] wieder auf. Ist es nicht vor allem der Film, der die grundlegende Begegnung in der Wahrnehmung, die chiastische Wechselseitigkeit des Sehens und vor allem das Zurückblicken der Dinge in der Großaufnahme erfahren lässt?

Die Zuschauerin teilt mit dem Wahrgenommenen das gemeinsame ›Fleisch‹, erfährt über dieses den Ausdruck des Films. Das ›Fleisch‹ als unbenennbare Dualität, als Verflechtung, liegt der Filmwahrnehmung zugrunde. Die Vorstellung des Chiasmus der Wahrnehmung, die »»Umkehrbarkeit von Materie und Sinn«« wird nach Drehli Robnik im Kino exemplarisch in der »Öffnung und Entgrenzung von Auge und Film«.[174] Diese Öffnung, die Vorstellung des intersubjektiven Austauschs mit der Wahrnehmung bei Sobchack, habe ich im letzten Kapitel dargestellt und mit Singer auch als eine Bewegung der Hingabe beschrieben. Um diese Öffnung und Entgrenzung möglich zu machen – die Zuschauerin in ihrer

---

171 Berühre ich mich zum Beispiel selbst, empfinde ich immer nur entweder die Berührung oder das Berührtwerden. »Berührt eine meiner Hände die andere, so fungiert die bewegte als Subjekt, die ruhende als Objekt« schreibt Merleau-Ponty zu diesem Spalt schon in der *Phänomenologie der Wahrnehmung*, S. 365.
172 Das heißt aber, dass Wahrnehmungsglauben letztlich nur für den Glauben an die eigene Wahrnehmung steht, beziehungsweise für das Vertrauen oder die Hingabe an diese, jenseits des Wissens um die Fragmentierung durch Einzelbilder: »Die diskontinuierlichen Bilder des Filmes beweisen nichts im Hinblick auf die phänomenale Wahrheit der Bewegung, durch die diese in den Augen des Zuschauers verbunden werden«. Ebd., S. 205.
173 Ebd., S. 207.
174 Robnik, Körper-Erfahrung, S. 258.

Wahrnehmung sich von sich selbst entfernen und bei den Dingen sein zu lassen – ist nach Sobchack die realistische Illusion der Filmwahrnehmung nötig, die die Apparatustheoretiker so scharf kritisieren. Der Film verdeckt seine Materialität nicht, anders als diese ihm laut Sobchack vorwerfen. Die Unsichtbarkeit seiner Apparatur bildet die Grundlage seiner Wahrnehmungssituation, die das notwendige Aus-sich-Herausgehen der Zuschauerin möglich macht[175] – eben deren Wahrnehmungsglauben.

Zum ›Fleisch‹ der Filmwahrnehmung, das diesen Glauben ermöglicht, wird für Sobchack in diesem Zusammenhang die Leinwand als begrenzte Fläche. Als ›Fleisch‹ des Films zeigt sich die Projektionsfläche, deren Begrenzung notwendig ist, um in die andere Wahrnehmung eintreten zu können: »[...] necessary to the existential encounter between *the immaterial and subjective activity* of the intending consciousness and the *material objectivity of the world*«.[176] Die Technik des Films, die Kamera als sein Wahrnehmungsorgan und der Projektor als sein Ausdrucksorgan ermöglichen sein ›Fleisch‹, das sich auf der begrenzten Fläche der Leinwand als Stil der Wahrnehmung, als deren Synthese zeigt.

Die Leinwand als ›Fleisch‹ erlaubt erst die Perzeption des Films – »perceptive activity of the film *situated* presence and *finite* articulation«.[177] Erst diese ermöglicht die Vermischung von Bewusstsein und Welt, die nach Sobchack die dreifache intentionale Struktur der Filmwahrnehmung ausmacht. Durch diese Fläche, das verbindende Element der Leinwand, kann die Wahrnehmung als einer gemeinsamen Welt entstammend geteilt werden und sowohl der Austausch von Subjektivitäten als auch von Ausdruck und Wahrnehmung stattfinden. Die Begrenzung dieser Fläche lässt es zu, von der Gewalt meiner natürlichen Wahrnehmung abzusehen, mich der Wahrnehmung ohne Identifikation zu überlassen.

---

175 Vgl. Sobchack, The Address of the Eye, S. 246.
176 Ebd., S. 211. Auch hier ist eine chiastische Struktur vorhanden. Eine vollständige Auflösung in der fremden Wahrnehmung, welche zum Beispiel durch das Überschreiten der Leinwand gegeben wäre, würde das Austauschverhältnis zur Simulation und damit zur scheinbaren absoluten Wahrnehmung werden lassen.
177 Ebd.

Das Fleisch der Malerei

»Wir sind so sehr in der klassischen Vorstellung der Verstandesadäquatheit befangen, daß dieses stumme ›Denken‹ der Malerei uns bisweilen den Eindruck eines nichtigen Strudels von Bedeutungen, einer paralysierten oder fehlgeschlagenen Sprache hinterläßt.«[178]

Doch kann allein diese formale Begrenzung der Leinwand das ›Fleisch‹ des Kinos ausmachen? Geht es nicht eher um die Art und Weise einer Wahrnehmung, die ein Erfahren der Dinge und ein Zurückblicken derselben möglich macht? Kann ich überhaupt von einer Erfahrung der Dinge im Kino, vermittelt über die Wahrnehmung des Films, sprechen? Merleau-Ponty hat die Möglichkeit anderer Wahrnehmung als der ›natürlichen‹, intentionalen Wahrnehmung leider nicht anhand des Films untersucht. Eine andere Wahrnehmung, die der chiastischen Verwobenheit mit dem Wahrgenommenen näher kommt, hat er vor allem anhand der Malerei ausgearbeitet, weshalb ich mich im Folgenden von Film und Kino wegbewegen muss, um mich über Merleau-Pontys Gedanken zur Malerei der Filmwahrnehmung auf Umwegen wieder annähern zu können.

Gerade die Malerei ermöglicht den Zugang zu unverarbeiteten, nicht gewaltsamen Sinneserfahrungen. Die Potentiale der Kunst liegen in ihrem ›unschuldigen‹ Blick.[179] Der Blick des Malers befragt die Elemente des Sichtbaren, die für das alltägliche Sehen nicht sichtbar sind. Er macht die sichtbar machenden Voraussetzungen, die in der natürlichen Wahrnehmung für die Entstehung der Dinge zurücktreten, zugänglich und nähert sich der zugrunde liegenden Erfahrung vor »Intention, Empfindung, Subjekt«[180] an – der primordialen Wahrnehmung.

»Das im alltäglichen Sinne Sichtbare vergisst seine Voraussetzungen, es beruht auf einer umfassenden Sichtbarkeit, die nachgeschaffen werden muß […] das Fragen der Malerei zielt in jedem Falle auf dieses verborgene und fieberhafte Entstehen der Gegenstände in unserem Körper.«[181]

Der Maler kann diese Voraussetzungen sichtbar machen und die sichtbare Welt verwandeln, indem er dem Bild seinen Körper leiht, der Bewegung

---

178 Merleau-Ponty, Das Auge und der Geist, S. 42.
179 Vgl. Merleau-Ponty, Das Auge und der Geist, S. 14f.
180 Good, Maurice Merleau-Ponty, S. 97.
181 Merleau-Ponty, Das Auge und der Geist, S. 20.

und Wahrnehmung verbindet.[182] Dadurch verändert sich die traditionelle Rolle des Bildes. Keine repräsentative Darstellung von Welt wird in der modernen Malerei beabsichtigt, sondern eine Annäherung und Herstellung von Ähnlichkeit über das körperliche Verstehen derselben.[183] Die Malerei bildet kein reines Sehen ab, das von einem außenliegenden Sichtpunkt eine Welt verdoppeln beziehungsweise darstellen könnte – ein reiner Geist ohne Körper könnte nicht malen – sondern die Malerei bietet ein körperliches Sehen auf eine geteilte Welt.[184] So zeigt vor allem abstrakte Kunst nicht mehr die Dinge, sondern das Generelle unter dem Partikulären – das ›Fleisch‹ des Sinnlichen.[185] Die körperliche, begriffslose Darbietung in der Malerei durch Farbe, Form, Linie zeigt in ihrem »System von Äquivalenzen« die geheime ›Präexistenz‹, den Logos des Sichtbaren, das die Welt bewohnt und sich in ihr materialisiert. »Diese innere Belebtheit ist es, dieses Ausstrahlen des Sichtbaren, die der Maler unter den Namen ›Tiefe‹, ›Raum‹, ›Farbe‹ sucht.«[186]

Rein visuelle Existenzen, wie Farbe, Licht, Linien werden normalerweise nicht wahrgenommen. Aber sie lassen uns die Dinge wahrnehmen, kommen für den Maler aus den Dingen.[187] Die Malerei ist sozusagen ein Trick: gleichzeitig ein »Sich-Öffnen zu den Dingen« und die Darbietung unserer Projektion der Dinge,[188] die zum Beispiel durch die Farbe möglich wird. »Das unbestimmte Raunen der Farbe [kann uns, A.Z.] Dinge, Wäl-

---

182 Vgl. ebd., S. 15.
183 Auch wenn Merlau-Pontys Gedanken vor allem um moderne Malerei und Maler kreisen, vor allem um Cézanne, aber auch um Giacometti, Rodin, Ernst, Klee oder Matisse, so spricht er doch ganz allgemein von *der* Malerei.
184 Merleau-Ponty, Das Auge und der Geist, S. 18.
185 Lambert Wiesing geht in Bezug auf den Akt des Bedeutens in der Malerei soweit zu behaupten, dass Merleau-Ponty kein Interesse am Bildgegenstand, auch nicht an dessen materieller Form hat, sondern nur an einem bestimmten Stil der Wahrnehmung, an der Art der Sichtbarkeit, der stilistischen Verformung durch Äquivalenzen. Die Malerei wird damit zum »Zeichen für Sichtweisen des Sehens«. Für Wiesing opfert Merleau-Ponty sogar den Gegenstand der Malerei für die Sichtbarkeit einer Sichtweise und erhält dadurch eine doppelte Sichtbarkeit: »Das Bild macht die unsichtbare stilistische Struktur der Wahrnehmung sichtbar – für den Wahrnehmenden selbst wie für den Anderen.« Diese Sichtbarkeit wird für Wiesing zur Befreiung der Malerei vom semiotischen Zweck, weil es mehr Arten des Darstellens als des Sehens gibt. Der Stil übersteigt die Wahrnehmung wie die Sprache als Ausdruck die Bedeutung der Wörter. Lambert Wiesing: Maurice Merleau-Pontys Phänomenologie des Bildes. In: Ders.: Phänomene im Bild. München 2000, S. 61-77, hier S. 70, 72f.
186 Merleau-Ponty, Das Auge und der Geist, S. 35.
187 Weshalb diese den Maler betrachten. Vgl. ebd., S. 20f.
188 Vgl. Ebd., S. 25.

der, Stürme, schließlich die Welt vergegenwärtigen«,[189] denn die körperliche Wahrnehmung der Kunst ermöglicht einen Zugang zur primordialen Wahrnehmung. Da in dieser die Sinne noch nicht getrennt sind, kann zum Beispiel die Farbe alle Sinne reizen und synästhetische Wahrnehmungen wie Gerüche und Tastempfindungen auslösen. Die körperliche Wahrnehmung der Malerei ist ganzheitlich und bleibt nicht auf den Sehsinn beschränkt. Vor allem die Auslösung von Tastempfindungen durch Farben werden bei meiner Übertragung der Gedanken Merleau-Pontys auf die Filmwahrnehmung noch öfter eine Rolle spielen. Zunächst möchte ich mich aber mit dem Verhältnis von Dingen und Qualitäten im allgemeinen beschäftigen. Nach Wilhelm Schapp, auf den sich Merleau-Ponty in der *Phänomenologie der Wahrnehmung* bezieht, nehme ich über meine Sinne Qualitäten wahr, nicht die Dinge selbst und eigentlich noch nicht einmal deren Eigenschaften als solche, sondern nur Intensitätsunterschiede.[190] Diese sind zwar für alle Sinne verschieden – jeder stellt seine eigene Welt dar. Einen vermittelnden, übergeordneten Sinn gibt es nicht.[191] Die Wahrnehmung dieser Intensitätsunterschiede ist aber an den Dingen ausgerichtet, will sie anpacken und kommt erst zur Ruhe, wenn sie ihr gegeben sind und sich die einzelnen Qualitäten in ihr verbunden haben.[192] Dabei strebt jede Materie zu einer bestimmten Gestalt, zu bestimmten Dingen. Jede Materie hat eine Empfänglichkeit für eine bestimmte Form.[193] Deren Eigenschaften, wie Konsistenz, Schwere, Verhalten, zeigen sich wiederum in ihrer Bewegung. Ich erhalte »unmittelbare[n] Einblick in ein Inneres des Dinges«[194] durch seine Farbe, seine Bewegung und seine Gestalt. Qualitäten, Materie und Form sind nach Schapp nicht trennbar, allerdings gibt es den Gegenständen anhaftende Qualitäten, die auf die Eigenschaften ihrer Materie schließen lassen, und von den Dingen unabhängige, sich verändernde Qualitäten, die ich in meiner Wahrnehmung wegstreiche. Durch die ihnen anhaftenden Qualitäten erhalten die Dinge eine je eigene Physiognomie, sie bekommen einen Charakter. Die-

---

189 Ebd.
190 Vgl. Wilhelm Schapp: Beiträge zur Phänomenologie der Wahrnehmung. Wiesbaden 1976, S. 36. Es handelt sich bei diesem Text um eine Dissertation von 1909 bei Husserl, die Merleau-Pontys Werk lange vorausgeht, aber in einigen Punkten finde ich die Überschneidungen sehr einleuchtend.
191 Ebd., S. 38. Allerdings gibt es die schon erwähnten Synästhesien, welche nach Merleau-Ponty den Leib als eine Art Urschicht der Wahrnehmung verdeutlichen. Vgl. Phänomenologie, S. 266.
192 Schapp, Beiträge, S. 68, 74.
193 Ebd., S. 111.
194 Ebd., S. 20.

ser Charakter wird durch Eigenschaften dargestellt, die sich im Umgang mit ihm zeigen. Er weist Spuren dieses Umgangs auf und bekommt eine Geschichte.[195] Dadurch relativiert sich der Unterschied zwischen Dingwelt und bildlicher Darstellung. Kunst wird für Schapp zu einem Schatten, eher zu einem Stück der Welt als zu deren Abbild, denn auch die Natur ›malt‹ sich in der ›Wirklichkeit‹ selbst, wenn sie sich in Qualitäten ›darstellt‹.[196] Die ästhetische Anschauung sucht nach Schapp daher nicht nach Dingen und Deutlichkeit. Kunst bringt Empfindungen von Qualitäten ohne konkrete Ähnlichkeit zur Vorstellung. Als dieser Schatten bekommen Bilder eine eigene, unabhängige Seinsweise, die zurückblickt und uns zeigt, dass die alltägliche Wirklichkeit selbst nur eine dünne Haut ist.[197]

Mit Schapps ›Schattenspiel‹ lässt sich eine Beziehung zwischen Film und den Dingen über die Präsentation von Qualitäten ziehen, denn Film präsentiert bestimmte Qualitäten der Dinge wie diese selbst. Merleau-Ponty verbindet nun in seiner Darstellung der Malerei die Darstellung der Eigenschaften der Dinge stärker mit einem körperlichen Austausch zwischen dem Maler und dem Ding. Für ihn ›keimt‹ der Maler in den Dingen, wird in ihnen ›geboren‹[198] – er sieht sie von innen. Es ist diese Innensicht über den eigenen Körper, die eigene Materialität, welche ich für eine andere Wahrnehmung im Kino im Weiteren entwickeln möchte.

Malerei ist für Merleau-Ponty eine Sprengung der »›Haut der Dinge‹ [...] um zu zeigen, wie Dinge zu Dingen und Welt zu Welt wird«.[199] Diese Innensicht der Malerei findet Merleau-Ponty vor allem in der Malerei Cézannes wieder. Stoller weist drauf hin, dass Merleau-Ponty seine Vorstellung der primordialen Wahrnehmung in der Malerei Cézannes ausgedrückt findet:

---

195 Ebd. S. 117f. Alles, nicht nur der Mensch, ist nach Schapp in unserer Wahrnehmung in Geschichten verstrickt – auch Natur und Dinge in ihrer ›Wozudinglichkeit‹. Diese existieren nur in ihrer Darstellung durch Qualitäten. »Damit wird die Welt erst recht zum Rätsel, weil das, was im Leben für das Wirkliche gilt, die Dingwelt, nur durch das Unwirkliche sich darstellen kann.« Ebd., S. 126.
196 Vgl. Wilhelm Schapp: Philosophie der Geschichten. Frankfurt am Main 1981, S. 118ff.
197 Diese dünne Haut bildet sich für Schapp aus Geschichten. Alles erzählt Geschichten in der Wahrnehmung des Menschen. Vgl. ebd., S. 128.
198 Merleau-Ponty, Das Auge und der Geist, S. 34.
199 Ebd., S. 34f. Die Bezeichnung »Haut der Dinge« beschreibt an dieser Stelle die Malerei Paul Klees und stammt von Henri Michaux.

»In dessen Auffassung, daß die Sinne nicht nur Stofflieferanten des Denkens sind, sondern die Sinnlichkeit selbst die Wirklichkeit ausbildet, findet sich Merleau-Ponty in Cézanne bestätigt.«[200]

Schon in einem früheren Text über Cézannes Zweifel an der eigenen Wahrnehmung geht Merleau-Ponty weiter als der intentionale (subjektorientierte) Ansatz von Schapp. Die Wahrnehmung der Malerei ist nicht nur primordial – und damit vor der alltäglichen Wahrnehmung anzusiedeln – sondern sie übersteigt auch das intentionale Subjekt. Es geht ihm um das »Unmenschliche« in der Malerei Cézannes.[201] Hier stehen die sinnlichen Qualitäten, Farbe, Linien, Bewegung, welche die Haut der Dinge sprengen, als Qualitäten der Materie vor menschlicher Intentionalität. Dabei gehe es Cézanne, im Gegensatz zu den Impressionisten, sehr wohl um die Dinge und ihre Schwere, Festigkeit und Materialität.[202] Er wolle den Gegenstand hinter der Atmosphäre wiederfinden, dabei aber bei der entstehenden Erscheinung verweilen.

»Er will die festen Dinge, die in unserem Sehfeld erscheinen, nicht von der flüchtigen Weise ihres Erscheinens trennen, er will die Materie malen, wie sie im Begriff ist, sich eine Form zu geben, will die durch eine spontane Organisation entstehende Ordnung malen.«[203]

Bei der Malerei Cézannes wird für Merleau-Ponty also dessen Annäherung an die primordiale Wahrnehmung der Welt wichtig, die eine Art ›Natur im Urzustand‹ erfasst, deren Existenz er selbst in der *Phänomenologie der Wahrnehmung* als Unzugänglichkeit des Dings an sich eher problematisiert hatte. Cézanne kehrt zurück zu einer flüssigen Wahrnehmung, die sonst im Alltag zu identifizierten Dingen verfestigt wird.[204] Eine »Vibration der

---

200   Stoller, Wahrnehmung bei Merleau-Ponty, S. 155.
201   Maurice Merleau-Ponty: Der Zweifel Cézannes (1945). In: Ders.: Das Auge und der Geist. Philosophische Essays, Neuausgabe, Hamburg 2003, S. 3-27, hier S. 5.
202   Ebd., S. 7, 8. So verzichtet Cézanne auf äußeres Licht, das den Dingen Konturen geben würde. Das Licht geht in seiner Malerei von den Dingen und deren Farbe aus. Im Gegensatz zu den Impressionisten zerlegt Cézanne Farben nicht in die einzelnen Bestandteile des Lichts, sondern führt sie mit flächigen, fast haptischen Strichen über die Konturen der Gegenstände hinaus. Seine schichtende Farbmodulation folgt den Farben und dem Licht der Gegenstände.
203   Ebd., S. 9f.
204   Ebd., S. 16. Für Deleuze ist die flüssige Wahrnehmung des Films das Affektbild. Ich komme später auf diesen Zusammenhang zurück. Auch bei John Berger ist die Sichtbarkeit eine Energieform – eine qualitative Ganzheit, die erfahren wird bei ungezieltem Anschauen – eine »Energieform, die sich ständig wandelt«. John Berger: Über Sichtbarkeit. In: Ders.: Das Sichtbare und das Verborgene, München, Wien 1990, S. 235-238, hier S. 236.

Erscheinungen, die die Wiege der Dinge ist« versucht er in seiner Malerei einzufangen, die »stets neu beginnende Existenz« von Dingen und Formen der wahrgenommenen Welt.[205] Dadurch wird das Gesehene fremd. Nichts Bekanntes wird in der Darstellung reproduziert, das ich durch meinen Blick identifizieren könnte. Stattdessen nähert sich die Darstellung den inneren Prozessen des Dargestellten an.

Nicht nur die Dinge und Landschaften wirken in der Malerei Cézannes unmenschlich, auch seine Portraits. Es ist Cézannes a-humane Anstrengung der Nicht-Teilhabe am strukturierenden Sehen, sein Versuch, eine Welt ohne Subjektivität zu erfassen, »den Blick des Malers aus dem Bild verschwinden zu lassen«, die seine Bilder ›unmenschlich‹ werden lässt.[206] Es handelt sich nach Sergio Benvenuto um die Rekonstruktion einer Welt ohne Wiedererkennen – um ein Sehen ohne Blick.

Benvenuto kritisiert an Merleau-Pontys Beschreibung der Malweise Cézannes die scheinbare Suche nach der Unmittelbarkeit der Wahrnehmung.[207] Doch Merleau-Ponty geht es bei dieser Sichtweise nicht um ein einfaches Zurück – es gibt auch für ihn keine unmittelbare Rückkehr zu einer unschuldigen ›primordialen‹ Wahrnehmung. Diese Wahrnehmung schreibt er höchstens der Malerei von Kindern zu. Er begreift das Sehen ohne unmittelbares Erkennen, dessen Nähe zum ›Primordialen‹, selbst bei Cézanne als die Folge eines ungeheuren Kraftaufwandes, durch welchen es diesem gelingt, das Wahrgenommene wie unter völliger Ausschaltung seiner selbst zu rekonstruieren.[208]

---

205 Die so allerdings nur ein Mensch wahrnehmen kann. Merleau-Ponty, Der Zweifel, S. 16.
206 Seine sehr treffende Darstellung der Malweise und der a-humanen Sichtweise Cézannes bringt der Psychoanalytiker Benvenuto leider pathologisierend in den Zusammenhang einer psychischen Störung – der Agnosie, dem Unvermögen des Erkennens des Wahrgenommenen. Sergio Benvenuto: Der Blick des Blinden. Cézanne, der Kubismus und das Abenteuer der Moderne. In: lettre international, Heft 53, II, 2001, S. 96-102, hier S. 97.
207 Vgl. auch ebd., S. 100. Durch die Einklammerung des subjektiven Erkennens begebe sich Cézanne auf die Seite des Realen der sichtbaren Dinge. Doch die Rekonstruktion der Realität auf seine ganz eigene Weise sei in gewisser Weise wieder subjektiv, und gewissermaßen metaphysisch, denn konstruiert werde durch den Verzicht auf die alltägliche Synthese ein Reales an und für sich. Benvenuto wendet sich gegen die Vorstellung der Ursprünglichkeit dieser Sichtweise, betont dagegen deren Verschiedenartigkeit: »In diesem Sinne fasziniert uns Cézanne, anders als Merleau-Ponty dies sah und dachte, nicht, weil er uns eine ursprünglichere Beziehung zu den Dingen enthüllt, [...], sondern weil uns eine Beziehung zur Welt offenbart, die auch unsere hätte sein können.[...] eine mögliche Vielfalt menschlicher Weisen, mit den Dingen in Beziehung zu treten.« Ebd., S. 102.
208 Merleau-Ponty beschreibt diese Anstrengung auch als eine Art Selbstmord Cézannes, ein Selbstmord, der in der totalen Zurücknahme seiner selbst und der gestalteri-

Montagne Sainte Victoire, vom Bibémus-Steinbruch aus gesehen, 1898-1900

Um die Landschaft »in sich aufkeimen« zu lassen, leugnet Cézanne nicht das Wissen um ihre Beschaffenheit. Im Gegenteil: Beim Malen einer Landschaft versucht er, ihre materiellen Schichten, die »geologische Struktur der Landschaft«, in seiner Wahrnehmung aufgehen zu lassen.[209] Cézanne beschäftigt sich mit wissenschaftlichen Untersuchungen und versucht, alles Wissen über die Schichten der Landschaft in seinen Blick eingehen zu lassen, bevor er sich vollständig zurücknimmt und erstarrt.[210] Vermittelt über seinen Leib sieht er die Landschaft von innen: »Die Landschaft [...] denkt sich in mir.«[211] Die Langsamkeit der Annäherung und die Passivität des Blicks werden hier der Schlüssel zur Wahrnehmung. Durch diese passive Annäherung, argumentiert Benvenuto, erlangt der Betrachter einen

---

schen Möglichkeiten der Malerei liegt. »Er zielt auf die Realität und versagt sich die Mittel, sie zu erreichen.« Merleau-Ponty, Der Zweifel, S. 8.
209 Ebd., S. 15.
210 Vgl. ebd. Vgl. dazu auch die geologischen Schichten der Zeit-Bilder Straub/Huillets. Zeit-Bild, S. 316, 421.
211 Merleau-Ponty, Der Zweifel, S. 15.

besonderen Zugang zum Dargestellten. Es ist »die Natur, die das Bild dem schenkt, der sich den eigenen gewinnenden Blick auf sie versagt.«[212]

Die Form ist für Cézanne in diesem Prozess sekundär. In seiner Malerei gibt er seinen Dingen, seinen Landschaften keine oder kaum Konturen und lässt eine Vielzahl von Blickwinkeln in sie eingehen. Seine Malerei geht von Qualitäten, wie den Farbdimensionen aus, welche die Physiognomie aus der Farbe emporsteigen lassen. Die Farben dominieren die Gestalt und ermöglichen eine leibhafte Innensicht der Dinge und Landschaften. Seine modulierende Malweise, das Überlappen der Farbstrukturen, lässt Tiefe und Flächigkeit gleichzeitig entstehen.[213] Cézanne suggeriert daher in seiner Malerei keine taktilen Empfindungen, sondern er erzeugt sie über die Farbe. Farbe birgt die ganzheitliche Dichte der Sichtbarkeit.

»Wenn der Maler die Welt ausdrücken will, muß die Anordnung der Farben dieses unteilbare Ganze in sich bergen; sonst bleibt seine Malerei eine bloße Anspielung auf die Dinge und gibt sie uns nie in der gebieterischen Einheit, in der Präsenz und unüberbietbaren Fülle, die für uns alle das Reale definiert.«[214]

Die durch die Farbe erzeugte Präsenz ermöglicht das »Aufblitzen des Seins«.[215] Dadurch bekommt Farbe eine ontologische Funktion. Das Sinnliche wird zum transzendenten Überschreiten.[216] Schon in der *Phänomenologie der Wahrnehmung* wurde der Farbe eine besondere Rolle zugeschrieben,[217] doch wird sie später zu einer »souveränen Existenz«, die das Sehen selbst aufdrängt. Sie taucht empor und geht als eine »Konkretisierung der Sichtbarkeit«[218] mit ihrer Umgebung Konstellationen ein. Als »Knoten im Gefädel des Simultanen und Sukzessiven« wird sie zum »Vermögen des Sichtbaren«.[219] In ihrer Allgemeinheit ist sie auch Teil des unsichtbaren Seins – eine Engführung von außen und innen. Sie ist weder materiell noch subjektive Qualität, sondern eine Möglichkeit des Seins.[220] Als Kristallisation von Qualitäten im System der Differenzen, als »augenblickliche

---

212 Benvenuto, Der Blick des Blinden, S. 99.
213 Vgl. auch Huber, Der Philosoph, S. 74.
214 Merleau-Ponty, Der Zweifel, S. 12.
215 Merleau-Ponty, Das Auge und der Geist, S. 33.
216 »Beides zusammen macht das Sinnliche aus, sowohl ein bestimmtes Sein als auch Dimension und Ausdruck jedes möglichen Seins zu sein.« Good, Maurice Merleau-Ponty, S. 249.
217 Phänomenologie, S. 352ff.
218 Das Sichtbare, S. 174.
219 Ebd., S. 173f.
220 Ebd., S. 175. Farben sind für Merleau-Ponty im Gegensatz zu Schapp jedoch nicht

Stillleben mit Kirschen und Pfirsichen, 1883-1887

Kristallisation des Farbigseins oder der Sichtbarkeit«[221] ist sie ein »Fossil, hervorgeholt aus dem Untergrund imaginärer Welten.«[222]

Diese überschreitende Funktion der Farbe, die Qualität als Möglichkeit des ›Fleisches‹, löst sich von den wahrgenommenen Dingen und von der grundlegenden Repräsentation. Die Dinge lösen sich gewissermaßen durch die Farbe auf, werden von innen wahrgenommen. Kann die Farbe nun im Film eine ähnliche überschreitende Funktion annehmen? In welchem Verhältnis stehen Farbe und Darstellung im Film? Geht es bei der Filmwahrnehmung nur um die Ablösung von Repräsentation durch die Verselbstständigung von Qualitäten? Für die Filmwahrnehmung ist es umgekehrt auch von Wichtigkeit, dass ich durch die Präsentation von Qualitäten im Kino die Dinge in ihren Eigenschaften tatsächlich wahrnehmen kann. Obwohl sie in keiner Weise tatsächlich anwesend sind, sind es doch

als reine ›Quale‹, als qualitativer Eindruck ohne Dichte wahrnehmbar, als Information, die sich sofort erschließt und unabhängig von ihrer Textur ist. Vgl. ebd.
221   Ebd.
222   Ebd.

ihre Qualitäten, zum Beispiel die der Farbe und der Form, die ich erfahren kann. Diese qualitative Präsenz ist unabhängig von der authentischen Repräsentation von Dingen in der Welt. Die Qualitäten stehen für sich, sind als Möglichkeiten unabhängig von ihren Trägern.[223]

Und dennoch stehen sie in einem bestimmten Verhältnis zu deren Material und zu unserer Wahrnehmung. Sie machen die Erscheinung möglich, die wir in unserer Wahrnehmung dann zu bestimmten Dingen und Qualitäten verfestigen. Sie lassen uns Dinge erfahren, geben ihnen die Eigenschaften unserer Wahrnehmung. Dabei hat, wie gesagt, jede Qualität auch einen Sinn, der mir etwas über das wahrgenommene Material vermittelt. »Und streng genommen bleibt sich die Röte [eines, A.Z.] Kleides nicht gleich, sondern verändert sich je nachdem, ob sie in dieser oder in einer anderen Konstellation auftritt«.[224] Zwischen der Farbe und dem sichtbaren Ding stößt man auf das Gewebe des ›Fleisches‹.

Wahrnehmung von innen?

Die Wahrnehmung der Eigenschaften von Dingen beziehungsweise Material geht über die bloße Registrierung isolierter Qualitäten hinaus.[225] Für den Kunsthistoriker Georges Didi-Huberman zeichnet sich jedes Material durch eine eigene Ordnung aus. Anhand der Eigenschaften des Materials des Wachses untersucht er die Qualität des Klebrigen. Durch seine Qualitäten habe das Klebrige einen Charakter, eine spezifische Art des Lebens und Nachlebens. Die Vorstellung eines passiven Stoffes, der auf seine Unterwerfung unter die Form wartet, ist für ihn zu verallgemeinernd. Denn gerade

---

223   Hier ähnelt die Beschreibung von Farben als unabängige Qualitäten, als reine Quale, den Qualizeichen von Deleuze. Ich komme im Kapitel über das Affektbild darauf zu sprechen.
224   Das Sichtbare. In der *Phänomenologie der Wahrnehmung* ging es dagegen um die Differenz der konstanten Farbe, die als Quale der Wahrnehmung zugrunde liegt und ein »Zugang zur Sache ist«, zur tatsächlichen Wahrnehmung derselben. Phänomenologie, S. 353f.
225   Hier an dieser Stelle geht es mir in Bezug auf den Unterschied von Malerei zu Film und Photographie weniger um die Materialität des Filmmaterials selbst, die in ihrer Körnigkeit natürlich für die Wahrnehmung ausschlaggebend ist und die ich im Zusammenhang mit der haptischen Wahrnehmung thematisieren werde. Film und Photographie haben durch ihre hohe Auflösung die Möglichkeit, die Materialität der abgebildeten Dinge selbst zu zeigen und zu filmischem Ausdruck werden zu lassen. Es mag gewagt scheinen, Bildmaterialien und das Material des Abgebildeten zu vermischen. Sieht man allerdings beim Film vom Abbildcharakter ab, wird die Materialität der Dinge indirekt zum Bildmaterial.

in der großen Formbarkeit des Wachses, in seiner unklaren Konsistenz, liege ein Paradox.[226] »Die Gefügigkeit des Materials ist so umfassend, daß sie sich an einem Punkt umkehrt und zu einer *Macht des Materials* wird.«[227] Diese Macht erhalte das Wachs in seiner Widerständigkeit gegen die Unterscheidung von Stoff und Form, in seiner Klebrigkeit. Jean-Paul Sartre schreibt der Materialität der Dinge bestimmte Bedeutungen zu, die ›seinsenthüllend‹ seien.[228] So erzeugt das Klebrige, und damit auch das Wachs, für ihn Ekel, weil es mit uns in einer Berührung verschmilzt und darin »die Angst vor einer *Metamorphose*« auslöst.[229] Der Gegenstand dränge uns seine Eigenschaften auf, biete sich damit an und schmiege sich uns an, ohne dass wir uns dieser Berührung erwehren könnten. Als ekelhaft wird dieser Kontakt empfunden durch die Auflösungsprozesse des ›Ekelhaften‹, mit denen sich unsere subjektiven Strukturen zu vermischen drohen. Gleichzeitig liegt in dieser Auflösung eine Verlockung, welche die Ambivalenz des Ekels ausmacht. Ekel verdeutlicht damit eine grundlegende Beziehung der Sinne zu den Oberflächen der Dinge, zum Ausdruck ihrer Materialität in ihren Qualitäten. Wir haben ein körperliches Wissen um die Materialität der Dinge und deren Qualitäten, die uns unsere Sinne vermitteln.[230]

226 Vgl. Georges Didi-Huberman: Die Ordnung des Materials. Plastizität, Unbehagen, Nachleben. In: Vorträge aus dem Warburg-Haus, Band 3, hrsg. von Wolfgang Kemp, Gert Mattenklott u.a., Berlin 1999, S. 1-29, hier S. 11.
227 Ebd., S. 13.
228 Vgl. ebd., S. 14. Didi-Hubermann bezieht sich hier auf Sartres Entwurf einer Psychoanalyse der Dinge. Jean-Paul Sartre: Das Sein und das Nichts. Versuch einer phänomenologischen Ontologie. Reinbek bei Hamburg 1991, S. 1037-1045. [OA 1943] Gertrud Koch regt in einem kurzen Text die Übertragung dieser Psychoanalyse der Dinge auf die Wahrnehmung unterschiedlicher Materialien im Film an. So zeichnet sich nach Koch das Werk bestimmter Autoren durch die durchgehende Rolle bestimmter Materialien aus. Als Beispiel nennt sie das tropfende Wasser bei Tarkowskij. Vgl. Gertrud Koch: Psychoanalyse des Vorsprachlichen. Das anthropologische Konzept der Psychoanalyse in der *Kritischen Theorie*. In: Frauen und Film, Heft 36, 1984, S. 5-9.
229 Sarte, Das Sein und das Nichts, S. 1043, zitiert bei Didi-Huberman, Die Ordnung des Materials, S. 15. Sartre bezieht sich darin auf die Gegenstandsphänomenologie Aurel Kolnais, die dieser anhand des Ekels entwickelt. Im Gegensatz zur Angst haftet der Ekel nach Kolnai an den Dingen. Er wird vom ›Sosein‹ der Gegenstände ausgelöst, sich aufdrängt, von deren »Beschaffenheit an sich«, von welcher der Ekel »unmittelbar eine Teilerkenntnis« ermöglicht. Der Gegenstand in seiner ›Bildfülle‹ steht nicht einem wahrnehmenden Subjekt gegenüber, sondern seine Nähe ist ›Mit-Objekt‹ des Ekels. »Das Ekelhafte grinst, starrt, stinkt uns an.« Aurel Kolnai: Der Ekel. In: Jahrbuch für Philosophie und phänomenologische Forschung, hg. von Edmund Husserl, Band 10, Halle 1929, S. 515-569, hier S. 523ff.
230 Descartes nimmt gerade wegen dieses Paradoxes das Wachs als Beispiel dafür, dass wir über die Eigenschaft der Dinge anhand ihrer Oberfläche nichts aussagen können – Wachs kann alle Aggregatzustände annehmen. Vgl. René Descartes: Meditationen über die Grundlagen der Philosophie, 2. Meditation. 2. Aufl. Hamburg 1977, S. 53ff.

Inwiefern findet diese Vermischung, die ich beim Ekel vor allem am Geruchssinn und am Tastsinn festmachen kann, aber auch in Bezug auf den Blick statt, der ja Distanz hält?[231] Sind Empfindungen für materielle Eigenschaften wie Ekel nicht anerzogen und damit kulturell bedingt? Handelt es sich hierbei um Animismus, wie Schapps Vorstellung der Physiognomie der Dinge vermuten lässt? Ich denke, trotz dieser nicht unberechtigten Vorbehalte ändert der Charakter der kulturellen Erziehung nichts an der generellen Struktur des Austauschs mit den Dingen durch Empfindung aufgrund ihres Materials. Das Beispiel des Ekels macht den Vorgang der Vermischung mit dem Wahrgenommenen greifbar, der für die Wahrnehmung von Kunst und auch von Film von Bedeutung ist.

Zwar macht der Doppelcharakter des Leibes dadurch, dass die Dinge innen und außen sind, eine Art animistischer Magie möglich,[232] aber für Merleau-Ponty handelt es sich gerade bei der Malerei dabei nicht um Animismus. Die »Präexistenz des Sehens«[233] widerspricht der Vorstellung einer animistischen Spiegelung. Für Merleau-Ponty ist die Frage der Malerei »vielmehr [...] die Frage dessen, der nicht weiß, an ein Sehen, das alles weiß, das wir nicht bewirken, sondern das in uns wirkt.«[234] Das anonyme Sehen ist gerade keine Subjektivierung.[235] So stehen die Unmenschlichkeit der Malerei Cézannes, seine zurückblickenden Landschaften, gerade für einen Bruch »mit dieser Gewohnheit«, der »animistische[n] Verschmelzung« – zum Beispiel im Fehlen jeglicher Bewegung in der Landschaft.[236]

Die Vermählung von Ding, Bild und Blick findet über die prästabilierte Harmonie des Sehens statt – das geteilte ›Fleisch‹. Der Leib ist

---

231 Kolnai macht eine Intensitätsreihe des Ekels für die unterschiedlichen Sinne auf, die der abnehmenden Verschmelzung und Anschmiegung entspricht. Der Ursprung des Ekels ist der Geruchssinn, da der eklige Gegenstand wirklich in Partikeln in uns eindringt, dann kommt der Tastsinn und schließlich erst das Sehen. Synästhesie findet nicht statt, der Ekel des Sehens bleibt bei Kolnai auf Gewimmel eingeschränkt.
232 Das Sichtbare, S. 181.
233 Ebd., S. 35.
234 Merleau-Ponty, Das Auge und der Geist, S. 20.
235 Wenn wir dieses unmenschliche Sehen auf den Film übertragen, muss der Animismus der Kamera, den zum Beispiel Béla Bálazs oder Edgar Morin annehmen, anders betrachtet werden. Das Zurückblicken der Dinge bekommt auf diese Weise eine andere Konnotation als die der intentionalen Subjektivität. Ist die anthropomorphe Visualisierung durch die animistische Kamera, die Gertrud Koch unter Verweis auf die frühe Filmtheorie Béla Bálazs beschreibt, tatsächlich als Ausdruck des physiognomischen Charakters von Mensch und Ding im Film zu denken? Vgl. Koch, Gertrud: Die Physiognomie der Dinge. Zur frühen Filmtheorie von Béla Bálazs. In: Frauen und Film, Heft 40, 1986, S. 73-82.
236 Merleau-Ponty, Der Zweifel, S. 14.

»[…] ein *exemplarisches* Empfindbares, das dem, der es bewohnt und empfindet, die Mittel bietet, um all das zu empfinden, was ihm außerhalb seiner selbst gleicht, sodaß es, eingefangen ins Gewebe der Dinge, dieses ganz an sich heranzieht, es sich einverleibt und in derselben Bewegung den Dingen, über denen es sich zusammenschließt, diese Identität ohne Überlagerung, diese Differenz ohne Widerspruch, diese Abweichung von Innen und Außen mitteilt, die sein eingeborenes Geheimnis bilden.«[237]

Es gibt keinen herrschaftlichen Blick, der auf Chaos sieht, und Dinge konstruiert, oder sie beseelt, sondern Dinge, die ihn sehen, über die er keine Oberhand hat. Dieser nicht herrschaftliche Blick, der die Dinge an ihrem Ort lässt und sich ihnen anschmiegt, führt bei Merleau-Ponty zu einem Modell des Sehens als ›berührendes Abtasten‹, einem Sehen also, in dem sich wie beim Ekel, Subjekt und Objekt vermischen.

»Der Blick, so sagten wir, hüllt die sichtbaren Dinge ein, er tastet sie ab und vermählt sich mit ihnen. So als gäbe es zwischen ihnen und ihm eine Beziehung der prästabilierten Harmonie, so als wüßte er von ihnen, noch bevor er sie kennt, bewegt er sich auf seine Art in seinem hektischen und gebieterischen Stil, und dennoch sind die erfaßten Ansichten nicht beliebig, sodaß man schließlich nicht sagen kann, ob der Blick oder die Dinge die Oberhand haben.«[238]

Dieser haptische Blick, dieses Tasten des Auges steht der Vorstellung der mathematischen Zentralperspektive gegenüber und der damit zusammenhängenden Annahme eines körperlosen Beobachters.[239] Interessanterweise findet sich in *Der Zweifel Cézannes* eine Kritik der Photographie, die sich nicht, wie in Sobchacks Vergleich von Photographie und Film, allein auf die Stillstellung, Fragmentarisierung und Aneignung bezieht. Photographie, so Merleau-Ponty, bleibt in ihrer Außensicht immer anthropomorph, vom Blickwinkel der menschlichen Tätigkeit geprägt. Bei der Betrachtung einer Landschaft lässt sie »an den Menschen denken, […] der sich bald in ihr niederlassen und sie bearbeiten wird.«[240] Ihre ordnende Perspektive ermöglicht nach Merleau-Ponty keine Verbindung der Wahrnehmung mit dem, woraus sie hervorgegangen ist. Wie die objektivierende, positivistische Wissenschaft verdeckt die Photokamera die Grundlagen der Wahr-

---

237 Das Sichtbare, S. 178f.
238 Ebd., S. 175.
239 Merleau-Ponty zeigt in *Das Auge und der Geist* sehr genau, dass selbst Descartes dieser Annahme nicht anhing. Vgl. Merleau-Ponty, Das Auge und der Geist, S. 23-31.
240 Merleau-Ponty, Der Zweifel, S. 10.

nehmung, kann sich dem Entstehen der Dinge aus den Erscheinungen nicht annähern.

Dagegen steht Cézanne in seiner Malerei nicht generell der Wissenschaft gegenüber, sondern er versucht, diese wieder zu ihren Grundlagen zurückzuführen. Seine Sehstudien sind durchaus als eine eigene Wissenschaft zu sehen. ›Unmenschlich‹ bedeutet in Bezug auf die Malerei Cézannes in der Darstellung durch Merlau-Ponty also nicht technisch, apparaturhaft, sondern vor die alltägliche Wahrnehmung zurückgegangen.[241] Im Gegensatz zur technischen Apparatur der Photokamera bricht der »Boden einer unmenschlichen Natur« in der Malerei Cézannes den »Blickwinkel der menschlichen Tätigkeit«[242] auf. In seiner Malerei drückt nach Stoller »eine andere Erfahrung der Realität sich aus [...], die nicht durch gängige Ordnungsschemata (Alltagskonventionen, wissenschaftliche Schemata, Zentralperspektive) gemaßregelt wird.«[243]

Im Hinblick auf den Film stellt sich nun die Frage, ob auch dieser ›unmenschlich‹ wahrnehmen, beziehungsweise Objekte vor den Rastern der Tätigkeit erfassen kann, wie Cézannes Malerei, oder ob er als eine lebendige Form des Zur-Welt-seins, die Sobchack behauptet, an die natürliche Wahrnehmung gebunden ist. Kann Film dem Zweckrationalen, Schematischen der alltäglichen Wahrnehmung entkommen und sich den Dingen von innen annähern oder ist er zum Beispiel auch über die ›aneignende‹ Zentralperspektive der Kamera dieser verhaftet? Gerade anhand der Kritik an dem zentralperspektivisch erfassenden Blick der Kamera lassen sich nun aber Malerei und Film annähern und zwar wiederum in der Bewegung desselben im Unterschied zum stillgestellten Photo.

John Berger beschreibt in *Der gezeichnete Augenblick* einen Unterschied in der Sichtbarkeit und der internen Zeit von Zeichnung und Photo: Die Sichtbarkeit enthält für ihn nur Trümmer von Erscheinungen. »Jedes Bild zeichnet: – wie das Bild, das von der Netzhaut abgelesen wird – eine Erscheinung auf, die verschwinden wird.«[244] Photographie hält den Augenblick ihres Verschwindens fest. Die Zeichnung dagegen beinhaltet den Akt des Sehens einer Erscheinung, die nie präsent gewesen ist und schließt die

---

241 Hier unterscheidet sich die Darstellung der unmenschlichen Wahrnehmung in wesentlichen Punkten von der unmenschlichen Wahrnehmung der Photographie, zu der ich im Zusammenhang mit Siegfried Kracauer kommen werde.
242 Ebd., S. 14.
243 Stoller, Wahrnehmung bei Merleau-Ponty, S. 156.
244 John Berger: Der gezeichnete Augenblick (1976). In: Ders.: Das Sichtbare und das Verborgene, München, Wien 1990, S. 152-158, hier S. 155.

Zeit als »Gleichzeitigkeit einer Vielzahl von Augenblicken«[245] damit ein. Aus Verschwinden wird Ankunft in der Darstellung eines Augenblicks als Dichte von Augenblicken.

Ganz ähnlich beschreibt Merleau-Ponty die Malerei Cézannes als ein vibrierendes Entstehen der Dinge durch eine Vielzahl von Blicken.

»Überhaupt keine Kontur zu markieren, hieße den Gegenständen ihre Identität zu rauben. Eine einzige zu markieren, hieße die Tiefe zu opfern, d.h. die Dimension, die uns den Gegenstand gibt, und zwar nicht als einen restlos vor uns ausgebreiteten, sondern als eine unausschöpfliche Wirklichkeit, die sich nie völlig preisgibt. Deshalb folgt Cézanne dem sich wölbenden Rand des Gegenstands mit einer Farbmodulation und markiert mit blauen Strichen *mehrere* Konturen. Dem zwischen ihnen hin- und herpendelnden Blick bietet sich dann eine Kontur in statu nascendi dar, ganz so wie es in der Wahrnehmung geschieht.«[246]

Sieht man nun einen Film im ganzen als ein Zeitbild, so erhält er diese Dichte in der Zeit, denn er ist keine Aneinanderreihung von einzelnen festgehaltenen Augenblicken. Das Sehen aus der Distanz, welches das Gesehene zum Besitz des Visuellen fetischisiert, schreibt Sobchack nur der Photographie zu.[247] Der Film greift als leibhaftige intentionale Wahrnehmung synthetisierend vor und zurück. »Einen Blick*punkt* kann es im Kino nicht geben; was es gibt, das ist ein bewegliches Geflecht von Subjekten/Objekten, deren Sehen/Sichtbarkeit ein panoramaartiges Blick*feld* projiziert.«[248]

So ist der Film neben Malerei und Photographie als ein Drittes anzusehen, das die Struktur der subjektiven Intentionalität offenlegt, aber er kann sich durchaus, wie es Merleau-Ponty anhand der Malerei beschreibt, durch das Geflecht des ›Fleisches‹ der Welt von innen annähern. Kann er sich durch diese leibhaftigen Züge auch von der natürlichen Wahrnehmung lösen und ›unmenschlich‹ wahrnehmen, wie die Malerei Cézannes?

Jean-François Lyotard überträgt den fremden ›unmenschlichen‹ Blick, den Merlau-Ponty bei Cézanne beschreibt, ohne sich diese Fragen explizit zu stellen, auf Filme, die rein optische und akustische Szenen aufweisen. Solche Szenen habe ich in der Einleitung, anhand von Deleuze und Antonionis L'eclisse, dargestellt. Lyotard bezieht sich in seiner Ausführung

---

245 Ebd., S. 157.
246 Merleau-Ponty, Der Zweifel, S. 11f. Weshalb sich bei Cézanne auch die Zeichnung erst aus der Malerei ergibt und nicht wie gewöhnlich umgekehrt.
247 Vgl. Sobchack, The Scene, S. 419.
248 Sobchack, The Scene, S. 423.

ebenfalls auf Deleuze und beschreibt diese Szenen auch als Momente des Stillstands der Narration, in denen sich die Zeit zusammenzieht.[249] Ihm geht es dabei um souveräne Momente des Films, um Löcher in der narrativen Triebökonomie, in denen nichtökonomisches Sehen stattfindet, das nichtautorisierte Erfahrung aufscheinen lässt. Diese sieht er in Ereignissen materieller Präsenz, die sich als ›roher‹ Zeitraum von der narrativen Zeit abhebt.

»Was sich ändert oder verändern wird, ist der Zeitraum (*l'espace-temps*), in dem diese Situation, dieser Gegenstand oder diese Person, die gleichwohl zur Erzählung gehören, präsentiert werden.«[250]

Beispiele einer solchen Präsenz findet er im Neorealismus, in dem zum Beispiel ein schlichter Kessel plötzlich seine Funktion des Wasserkochens verlieren kann und zurückblickt.[251] Gerade als konkreter, wirklicher Gegenstand erzeugt der Kessel in seiner Materialität ein »Netz assoziierter Bilder, eine potentielle Konstellation von Situationen, Personen und Gegenständen«.[252] Das Bild des Kessels schafft »unvorhergesehene Verbindungen« jenseits der Narration und zeigt »Bruchstücke von vergangenen […], von möglichen, erhofften, unvorhergesehenen Wirklichkeiten.«[253]

Es ist ein fremder Blick, den dieses Bild hervorruft, welcher die alltägliche, zweckrationale Realität verschwinden lässt und das ›Reale‹ aufscheinen lässt.

»Die Intensität solcher Momente beruht auf der Zweideutigkeit der Realitäten, die sie präsentieren. Diese nämlich gehorchen der sensomotorischen und kulturellen Organisation unseres Körpers und Geistes und gehören doch zu einer anderen Wahrheit, für die diese Organisation

---

249 Diese Szenen beschreibt er vor allem mit Paul Schraders Begriff der Stasen. Jean-François Lyotard: Idee eines souveränen Films. In: Der zweite Atem des Kinos. Thomas Elsässer, Jean-Fr. Lyotard, Edgar Reitz, hrsg. von Andreas Rost, Frankfurt am Main 1996, S. 19-46.
250 Ebd., S. 28.
251 Auch wenn die Beschreibung des zurückblickenden Kessels wirkt, als wäre sie einem konkreten Film entnommen, so bezieht sich Lyotard nicht auf einen bestimmten Film, sondern ganz allgemein auf den italienischen Neorealismus.
252 Lyotard, Idee, S. 31. Lyotard sieht an anderer Stelle ein Problem darin, daß die Phänomenologie kein Materialismus ist. Die Trennung von Sein und Sinn bleibt grundlegend – Materie muss immer erst durch das Subjekt mit Bedeutung belegt werden, obwohl dieses von Welt abhängt. Vgl. Jean-François Lyotard: Die Phänomenologie. Hamburg 1993, S. 147f. [OA 1954]
253 Lyotard, Idee, S. 32.

ohne Belang ist. Es verhält sich mit ihnen ähnlich wie mit einer Landschaft oder einem Stillleben Cézannes.«[254]

Der fremde Blick, der über diese Materialität das Ontologisch-Reale unter der Realität des Kessels wahrnimmt, ist nach Lyotard der eines blinden Auges, das heißt eines Auges, das nichtintentional sieht. Es handelt sich also um eine Entsprechung zum ›unmenschlichen‹ Blick des Malers bei Merleau-Ponty.[255] Diesem wirft Lyotard allerdings die Vorstellung der Unschuld dieses Blickes vor. Sie kranke an ihrem Optimismus.[256] Merleau-Ponty projiziere in Cézannes Malweise seine Vorstellung eines ursprünglichen ›Primordialen‹. Die Welt ›im Entstehen‹ bei Cézanne kann aber genauso im Vergehen begriffen sein. Cézannes fremder Blick drückt für Lyotard nicht eine im Entstehen begriffene Wirklichkeit aus, sondern zeigt stattdessen in gewissem Sinne die Landschaft nach dem Menschen. Es geht um den Niedergang der Erscheinung, den »Niedergang der sichtbaren Welt«.[257] Das Gesehene ist für den Menschen nicht mehr erkennbar, nicht mehr zu identifizieren.

Das blinde Auge kann weder den Akteuren im Film noch dem Regisseur zugeschrieben werden, wie es in der filmischen Narration normalerweise der Fall ist. »Der Topf wird vielmehr von einem blinden und subtilen Auge gesehen, das der sichtbaren Realität und den menschlichen Blicken immanent ist«.[258] Den Zusammenhang zwischen dem blinden Auge, dem aufscheinenden Ontologisch-Realen und dem Begriff des ›Fleisches‹, der hier deutlich wird, verfolgt Lyotard in seinem Aufsatz leider nicht. Entspricht aber nicht das ›Fleisch‹ gerade den potentiellen Konstellationen, die an diesem Wasserkessel aufscheinen? Zeigt sich nicht hier gerade die Möglichkeit einer filmischen ›Innensicht‹? Die Beschreibung des ›Fleisches‹ durch Merleau-Ponty scheint den autonomen Momenten des Films zu entsprechen, wenn er es in direkten Bezug zur Farbe setzt. Sie ist für ihn

> [...] eine bestimmte Differenzierung, eine ephemere Modulation dieser Welt, weniger also Farbe oder Ding als Differenz zwischen Dingen und Farben, augenblickliche Kristallisation des Farbigseins oder der Sicht-

---

254 Ebd., S. 38.
255 Zum Zurückgehen auf ein unschuldiges Sehen, »das sieht, bevor es etwas sieht und bevor es versteht, was es sieht«, vgl. Bernhard Waldenfels: Sinnesschwellen. Studien zur Phänomenologie des Fremden 3, Frankfurt am Main 1999, S. 171.
256 Lyotard, Idee, S. 38. Dieser Vorwurf ähnelt dem Benvenutos, siehe Fußnote 207.
257 Ebd., S. 39.
258 Ebd., S. 40.

barkeit. Zwischen den vorgeblichen Farben und dem vorgeblich Sichtbaren würde man auf das Gewebe stoßen, das sie unterfüttert, sie trägt, sie nährt und das selbst nicht Ding ist, sondern Möglichkeit, Latenz und *Fleisch* der Dinge.«[259]

In dieser Beschreibung durch Merleau-Ponty geht es auch um eine Art Aufblitzen des ›Fleisches‹ als Gewebe aus Möglichkeiten, ähnlich den Konstellationen, die am Kessel aufscheinen. Ein Problem dieser Übertragung ist aber gerade die Augenblicksstruktur der von Lyotard beschriebenen Momente, die doch eher der Zeitstruktur des Punctums[260] der Photographie gleichkommt. Aufgrund der fixen Zentralperspektive würde Merleau-Ponty, wie wir gesehen haben, der Photographie das Aufbrechen der alltäglichen Wahrnehmung wie in den Bildern Cézannes absprechen. Ein solches wird für ihn eher in der Dichte der Malerei möglich. Das Verhältnis der Medien untereinander wäre also anhand ihrer Zeitstrukturen, anhand von Augenblick und Dauer, in Beziehung zu setzen.

Wie kann nun der distanzierte, identifizierende Blick jenseits der Momente des Stillstands im Kino aufbrechen? Gibt es diese Möglichkeit nur in Augenblicken, in Ereignissen der materiellen Präsenz, wie Lyotard sagt, oder kann ich im Kino auch in der Dauer einen anderen Blick annehmen, der dann eher als Chiasmus beschrieben werden kann? Ich fange bei diesem Problem mit der Untersuchung der Zentralperspektive an, bevor ich im nächsten Kapitel der Zentralperspektive im Film deren Auflösung entgegensetze.[261]

Die Rolle des Blicks und des Tastsinns

»Die Dinge sind da, nicht mehr nur wie in der Perspektive der Renaissance gemäß ihrer projektiven Erscheinung und nach den Erfordernissen des Panoramas, sondern im Gegenteil aufrecht, eindringlich, mit ihren Kanten den Blick verletzend, jedes eine absolute Gegenwart beanspruchend, die mit der der anderen unvereinbar ist und die sie

---

259 Das Sichtbare, S. 175.
260 Vgl. zum Begriff des Punctums: Roland Barthes: Helle Kammer. Bemerkung zur Photographie. Frankfurt 1989.
261 Auf das Verhältnis von Film und Zentralperspektive komme ich erst im nächsten Kapitel zurück. Hier ist vorerst nur zu erwähnen, dass der Film zwar einerseits durch seine photographische Grundlage an die Zentralperspektive gebunden ist, ihr andererseits durch seine Zeitstruktur und die haptische Wahrnehmung entkommt.

dennoch alle gemeinsam haben kraft eines Gestaltungssinnes, von dem der ›theoretische Sinn‹ uns keine Idee vermittelt.«[262]

Die photographischen Einzelbilder lassen vermuten, dass der Film eine Reihe von zentralperspektivischen Bildern in der Zeit sei. Die Apparatustheoretiker behaupten, dass er dadurch das allmächtige Sehen des Subjekts der Neuzeit reproduziere.[263] Dieser zentralperspektivische Blick scheint uns natürlich, gilt er doch in unserem alltäglichen Umgang als realistisch. Doch handelt es sich hierbei um eine kulturelle Erfindung, eine Ordnung, die erlernt wurde.[264] Die erlebte Perspektive der alltäglichen Wahrnehmung ist dagegen nie photographisch. So nehmen wir nach Merleau-Ponty nahe Gegenstände viel kleiner wahr, als wir in einer zentralperspektivischen Zeichnung oder Photographie annehmen.[265]

»Die erlebte Perspektive, diejenige unserer Wahrnehmung, ist nicht die geometrische oder photographische Perspektive: In der Wahrnehmung erscheinen die nahen Gegenstände kleiner, die fernen größer als auf einer Photographie, weshalb zum Beispiel ein heranbrausender Zug im Kino sehr viel schneller auf uns zuzufahren scheint als ein wirklicher Zug unter denselben Bedingungen.«[266]

Die spontane Wahrnehmung gibt uns keine Staffelung der Dinge in mathematischen Entfernungsrastern. Die Größe ist eine anhaftende Eigenschaft, um die ich weiß. Dagegen ist die Zentralperspektive eine einäugige Konstruktion, ohne Wahrnehmung und ohne Simultanität der Gegenstände. Sie ist die »Erfindung einer beherrschten Welt«[267] die meinen Körper außerhalb der gesehenen Welt ansiedelt und deren Objekte erst konstituiert.

»Während ich vorher die Erfahrung einer bestimmten Welt von wimmelnden, exklusiven Dingen gemacht hatte, die jede für sich den Blick ansprechen und die insgesamt nur in einem zeitlichen Durchlauf erfasst

---

262 Merleau-Ponty, Der Philosoph, S. 273f.
263 Vgl. Jean-Louis Baudry: Ideological Effects of the Basic Cinematographic Apparatus. Film Quarterly, 28, 2, 1974/1975, S. 39-47. [OA 1970]
264 Vgl. dazu vor allem: Erwin Panofsky: Perspektive als ›symbolische Form‹. In: Vorträge der Bibliothek Warburg 1924-25, Leipzig, Berlin 1927, S. 258–330.
265 In der einäugigen Zentralperspektive erhalten eine vor das Auge gehaltene Münze und der Mond die gleiche Größe.
266 Merleau-Ponty, Der Zweifel, S. 10.
267 Maurice Merleau-Ponty: Die indirekte Sprache. In: Ders.: Die Prosa der Welt. München 1993, S. 69-131, hier S. 75. [OA 1969]

> werden können – wobei jeder Gewinn zugleich ein Verlust ist –, kristallisiert sich jetzt dieselbe Welt zu einer geordneten Perspektive: die Fernen sind jetzt nurmehr Fernen, unzugänglich und vage, wie es ihnen zusteht, die nahen Gegenstände verlieren einen Teil ihrer Agressivität, sie ordnen ihre inneren Linien gemäß dem allgemeinen Gesetz des Schauspiels und bereiten sich schon darauf vor, in die Ferne zu treten, wenn es sein muß; der Blick bleibt zuletzt an nichts mehr hängen und nichts tritt mehr als Gegenwärtiges auf.«[268]

In der spontanen Wahrnehmung stehen die Dinge nach dem Prinzip der Gleichzeitigkeit zueinander, statt in einer Perspektive geordnet zu sein. Das geordnete Sich-Überdecken ist keine Eigenschaft der Dinge.[269] Die Dreidimensionalität des Cartesianischen Raums ist eine Projektion. Räumliche Tiefe ist so nicht sichtbar, sondern entsteht durch die Konkurrenz der Dinge um meinen Blick, welche Dichte erzeugt. Unter den Dingen herrscht eine Rivalität um mich, statt vor mir in der Tiefe des Raums.

Sehen bedeutet auch für Merlau-Ponty Distanz, aber diese ist nicht nach einem zentralperspektivischen System als das Gegenteil von Nähe zu sehen, denn die Dichte des ›Fleisches‹ umfasst Nähe und Ferne. Der Blick geht gleichzeitig auf die Dinge zu und lässt sie unabhängig koexistieren. Wir sehen

> »[...] die Dinge selbst an ihrem Ort und in ihrem Sein [...], das weit mehr ist als ihr Wahrgenommen-Sein, und [sind] zugleich durch die ganze Dichte des Blickes und des Leibes von ihnen entfernt [...]: denn diese Distanz ist nicht das Gegenteil dieser Nähe, sondern sie steht in tiefem Einklang mit ihr, sie ist ihr sinnverwandt. Denn die Dichte des Fleisches zwischen dem Sehenden und dem Ding ist konstitutiv für die Sichtbarkeit des einen wie für die Leiblichkeit des anderen; sie ist kein Hindernis zwischen den beiden, sondern ein Kommunikationsmittel.«[270]

Das Sichtbare ist vom Sehenden nur besitzbar, wenn es selbst von ihm besessen ist.[271] Ein reines Sehen, wie in der Vorstellung der Zentralperspektive angenommen, kann es nicht geben. Die idealistische Vorstellung des reinen Sehens entspricht »eine[r] Art Wahnsinn des Sehens«.[272] Das Sehen

---

268 Ebd., S. 74.
269 Vgl. Merleau-Ponty, Das Auge und der Geist, S. 26f.
270 Das Sichtbare, S. 178.
271 Vgl. ebd., S. 177.
272 Ebd., S. 105.

erfolgt nicht aus dem Nichts heraus, sondern aus der Mitte seiner selbst, aus der Dichte des sehenden Leibes. [273]

Ein zentralperspektivisches Sehen ohne Körper wäre keine Wahrnehmung. Als Begegnung des ›Empfindend-Empfundenen‹, als Überschneidung der Sehfelder, siedelt die leibliche Wahrnehmung das Sehen in den Dingen an. Weil die Dinge wie der Körper aus dem gleichen Stoff der ›geheimen Sichtbarkeit‹[274] stammen, steht das menschliche Sehen der Vorstellung eines herrschenden verdinglichenden Blicks und damit der Subjekt-Objekt-Trennung gegenüber.[275]

Nach Martin Jay spiegelt diese Kritik der cartesianischen Perspektive auch die Kritik der dieser zugrunde liegenden Subjekt-Objekt-Trennung.

»Cartesian perspectivalism has, in fact, been the target of a widespread philosophical critique, which has denounced its privileging of an ahistorical, disinterested, disembodied subject entirely outside of the world it claims to know only from afar. The questionable assumption of a transcendental subjectivity characteristic of universalist humanism, which ignores our embeddedness in what Maurice Merleau-Ponty liked to call the flesh of the world, is thus tied to the ›high altitude‹ thinking characteristic of this scopic regime.«[276]

Gegen dieses Regime des Blicks steht nun gerade die Innensicht, die Dichte der Malerei. Diese Innensicht verortet die Tiefe eines Bildes in den Dingen. Sie ist keineswegs die Identifikation von Objekten in der Illusion einer ordnenden Tiefenperspektive.

»Die so verstandene Tiefe ist vielmehr die Erfahrung der Umkehrbarkeit der Dimension, einer allgemeinen ›Örtlichkeit‹, wo alles zugleich ist, deren Höhe, Breite, und Entfernung abstrakt sind, einer Umfänglichkeit, die man mit einem Wort ausdrückt, in dem man sagt: ein Ding ist da.«[277]

---

273 Vgl. ebd., S. 152.
274 Vgl. Merleau-Ponty, Das Auge und der Geist, S. 17.
275 Diese Trennung wird allerdings nicht vollständig aufgehoben, sondern Subjekt und Objekt werden miteinander verflochten. Hierbei spielt vor allem auch der Blick des Anderen eine Rolle. Reines Sehen würde mich, als auch Gesehenen, vollständig verdinglichen. »Für eine Philosophie, die sich im reinen Sehen einrichtet, kann es beim Überfliegen des Panoramas zu keiner Begegnung mit dem Anderen kommen: denn der Blick herrscht, er kann aber nur Dinge beherrschen, und sobald er auf Menschen fällt, verwandelt er diese in Gliederpuppen, die sich nur mechanisch bewegen.« Das Sichtbare, S. 108.
276 Martin Jay: Scopic Regimes of Modernity. In: Vision and Visuality, hrsg. von Hal Foster, Seattle 1988, S. 3-28., hier S. 10.
277 Merleau-Ponty, Das Auge und der Geist, S. 33.

Nach Waldenfels kann die Malerei dadurch »barbarische Sehgebräuche« zugänglich machen, die vor der Einübung der »Zwänge der Bewußtseins-Philosophie« in der Zentralperspektive liegen.[278] Er sieht darin eine Sprengkraft in der Simultanität der ganzheitlichen Wahrnehmung, die sich im Umgang mit der Tiefe zeigt. »Der Durchblick, der mir jetzt von hier aus gewährt ist, geht auf das Ganze der Wirklichkeit, weil das Anwesende selber auf das Abwesende verweist«.[279] In der *Phänomenologie der Wahrnehmung* dachte Merleau-Ponty Tiefe noch als eine räumliche Dimension, welche die Dinge mit dem Leib verknüpft. Diese Festlegung auf die Normalwahrnehmung konnte Simultanität nur in Bezug auf den gegenwärtigen Augenblick als zeitlichen Ablauf erfahrbar werden lassen. In seinen Gedanken über Malerei nun, die hinter der vertrauten Welt der subjektiven Normalwahrnehmung eine nichtmenschliche Natur, die blickt, auftauchen lässt, ändert sich der Charakter der Simultanität und zeigt die Gewalt der ordnenden Normalwahrnehmung auf.[280]

> »Die Abgründe der Fremdheit, die sich hinter dem Wahrgenommenen, dem Wahrnehmenden und dem Mitwahrnehmenden auftun, nehmen der Wahrnehmung den Charakter der schlichten Gegenwärtigung, die vom reinen Einvernehmen mit den Dingen und den Anderen zehrt.«[281]

Eine Form der ordnenden und ausgrenzenden Gewalt ist die Zentralperspektive, die das »lebendige Getümmel der Dinge zur Ruhe bringt«[282] – eine scheinbar friedliche Ordnung, in der die Koexistenz verloren geht. In dieser kann die nicht überschaubare Gleichzeitigkeit nur als Problem der eigenen Endlichkeit gedacht werden. Mit der Dichte der Malerei kommt dagegen eine andere Art der Simultanität ins Spiel: ihre wilde Wahrnehmung, ihr roher Ausdruck der Koexistenz der Dinge, die sich nicht in For-

---

278 Vgl. Waldenfels, Das Zerspringen, S. 146.
279 Ebd., S. 144.
280 Vgl. ebd., S. 148.
281 Ebd., S. 148f. Man könnte auch mit Christoph Schmitt von einer aisthetischen Aushöhlung des Sichtbaren sprechen. Das allmächtige Ich, das sich der Welt okulozentrisch bemächtigt, muss aufgegeben werden durch das Andere. Diese »Enteignung des Sichtbaren« erfolgt aber über die Wahrnehmung. Diese Bemerkungen, die Christoph Schmitt hier über Levinas und Kapust macht, treffen genauso auf den späten Merleau-Ponty zu. Christoph Schmitt: Wahrnehmung und Erkenntnis. Zugänge zur sittlichen Subjektivität in der neueren Phänomenologie. Frankfurt am Main 2002, S. 275f.
282 Ebd., S. 150. Im Gegensatz zum künstlichen System der Zentralperspektive ist nach Merleau-Ponty unsere Wahrnehmung niemals abgeschlossen. Das gegebene Objekt wird nie vollständig erfasst, sondern immer von Neuem konstituiert, inauguriert. Vgl. Merleau-Ponty, Die indirekte Sprache, S. 77.

men pressen lässt. Die Simultanität wird zum Rätsel der Sichtbarkeit, nicht zum Problem der subjektiven Wahrnehmung. Sie zeigt sie als

»Auftritt und [...] Zusammenspiel des Seienden selbst in seiner ganzen Vielfalt. [...] Die ›Sachen selbst‹, die wir wahrnehmen, zeigen ein ›être éminent‹ ein Sein also, das nicht nur ihre jeweilige phänomenale Gegebenheit, sondern ihr Wahrgenommensein übersteigt, eben weil in der Wahrnehmung Nähe und Ferne sich vereinen.«[283]

Dadurch verliert das Sichtbare seinen objektiven Status, während sich das Sehen entsubjektiviert.[284] »Das Sichtbare [entzieht, A.Z.] sich dem beherrschenden Blick«,[285] während das Sehen seine Intentionalität verliert. Die Malerei gibt Zeugnis dieser Dichte statt Information über einordenbare Objekte. Vor allem die Zeichnungen von Kindern, welche die Zentralperspektive noch nicht beachten und deren Bilder häufig einer Zeitstruktur der Koexistenz unterliegen, zeigen die »geheime Substanz des Objektes [...] von dem wir zuvor nur die Hülle besaßen.«[286] Sie lassen wie die moderne Malerei die Dinge ›bluten‹, statt sie aus der Distanz zu repräsentieren.[287] Sie umgeben mich, statt vor mir zu stehen.[288]

Malerei erfasst in ihrer Dichte den Innenhorizont der Dinge, die Generalität der Sichtbarkeit, welche Unsichtbares umfasst. Als »*Habhaftwerden auf Entfernung*«, als »verschlingendes Sehen«, lässt diese die Dinge in meinem Körper entstehen und ertasten. Als Rausch des Sehens nähert sie sich den Dingen aus der Distanz an und lässt auf »magische« Weise das Auge das über das Sichtbare hinausgehende Gefüge des Seins bewohnen.[289] Zu diesem Gefüge der sinnlichen Effekte, die über das Visuelle hinausgehen, gehört die Gleichwertigkeit der Sinne, weshalb Malerei synästhetische Effekte auslösen kann. Als dieses Gefüge öffnet sich die Malerei dem, »was

---

283 Waldenfels, Das Zerspringen, S. 152.
284 Ebd., S. 154.
285 Ebd., S. 155.
286 Maurice Merleau-Ponty: Der Ausdruck und die Kinderzeichnung. In: Ders.: Die Prosa der Welt. München 1993, S. 163-168, hier S. 166. [OA 1969]
287 Vgl. ebd., S. 167.
288 Dieser Gegensatz der leiblichen Wahrnehmung gegenüber dem einordnenden distanzierten Blick wird auch in Bezug auf die niederländische Malerei als die Differenz von Auge und Blick diskutiert. Das körperliche Auge sieht dort nie von einem einzelnen distanzierten Blickpunkt aus, geht nicht auf Bildtiefe, sondern auf Weite aus. Der gesehene Raum setzt sich in ihm fort. Vgl. zur Geschichte des Verhältnisses von Auge und Blick in Philosophie und Kunst Ulrike Hass: Das Drama des Sehens. Auge, Blick und Bühnenform. München 2005, S. 27ff.
289 Merleau-Ponty, Das Auge und der Geist, S. 19.

das alltägliche Sehen für unsichtbar hält, sie bewirkt, daß wir keinen ›Muskelsinn‹ brauchen, um den Umfangreichtum dieser Welt zu erfassen.«[290] Obwohl Merleau-Ponty fast nur vom Sehen zu schreiben scheint, liegt diesem Sehen das Modell des Tastens zugrunde. Das von ihm beschriebene Sehen ist taktil. Es widerstrebt der Annahme eines autonomen Blicks, der aus der Distanz betrachtet und die Dinge in der Zentralperspektive zum Objekt werden lässt.[291] Stattdessen wird sich ihnen über den Blick angeschmiegt und ihnen die Kraft gegeben zurückzublicken.

Durch das Sehen vermitteln sich taktile Werte von Oberflächen. Dabei handelt es sich nicht um ein Bewusstmachen von Taktilität, sondern um die Öffnung des Sehens über das Sichtbare hinaus. Die taktile Empfindung der Oberflächen der Dinge im Bild wird nicht suggeriert, sondern sie ist da. Mein Sehen kann die Dinge ertasten, denn in der primordialen Empfindung, welche die Malerei vermittelt, sind die Sinne noch nicht getrennt.[292] Der Maler »praktiziert [...] eine magische Theorie des Sehens«[293], welche die Dinge selbst in seiner Malerei sichtbar und tastbar werden lässt. Das Tasten wiederum steht in einem magischen Bündnis zu den Dingen. Es ist Teil der Dinge, beziehungsweise gibt es eine offene Grenze zwischen Ding und Haut.[294] Der Tastsinn macht es unmöglich, die äußere Welt als Konstruktion unseres Bewusstseins aufzufassen, denn deren Erfahrung findet auf der Oberfläche meines Leibes statt, die mit der Welt verschmilzt. Diese Aufhebung der Subjekt-Objekt-Trennung schließt Distanz aus.[295]

In der *Phänomenologie der Wahrnehmung* beschreibt Merleau-Ponty taktile Qualitäten zwar als abhängig von Bewegung und damit von Zeit, aber am Ding selbst angesiedelt.

> »Nicht ich bin es, der berührt, sondern mein Leib; berührend denke ich nicht ein Mannigfaltiges, vielmehr finden sich meine Hände in einem bestimmten ihrem Bewegungsvermögen zugehörigen Stil. [...] Die Wirksamkeit der Berührung setzt voraus, daß das Phänomen in mir sein Echo findet, mit einer gewissen Natur meines Bewußtseins zusammenstimmt, daß das ihm begegnende Organ mit ihm synchronisiert ist.«[296]

290 Ebd.
291 Vgl. ebd., S. 371.
292 Vgl. Merleau-Ponty, Der Zweifel, S. 12.
293 Ebd.
294 Vgl. Das Sichtbare, S. 191.
295 Vgl. Phänomenologie, S. 366. Dieses Verschmelzen hat allerdings wie gesagt die chiastische Struktur der unendlichen Faltung, führt also niemals zur absoluten Gleichzeitigkeit von Tasten und Ertastetwerden.
296 Phänomenologie, S. 366.

Das Rauhe/Glatte verschwindet ohne Bewegung. In der tastenden Bewegung vollzieht sich die Formgebung. Dabei ist das Tasten wie das Sehen keine Impression von einzelnen Reizen, die zusammengefügt werden: »so liegt zwischen den Borsten und den Leinenfäden nicht etwa ein taktiles Nichts, sondern ein stoffloser Tastraum, ein taktiler Grund.«[297] Dieser liegt auch dem Sehen zugrunde.

Das chiastische Einrollen, die Falte zwischen Wahrnehmenden und Wahrgenommenen, wird beim Tastsinn besonders deutlich, wenn sich Haut und Oberfläche nicht mehr unterscheiden lassen. Die Umkehrbarkeit des ›Fleisches‹ findet sich vor allem auf der Ebene des Berührens. In *Das Sichtbare und das Unsichtbare* geht Merleau-Ponty dann soweit, zu sagen, dass »jedes Sichtbare aus dem Berührbaren geschnitzt«[298] sei. Umgekehrt unterliegt in seiner Argumentation nun das taktile Sein auch der Sichtbarkeit. Das Sehen als Tasten mit dem Blick muss sich in das Gesehene einschreiben.

Der Tastsinn wird damit vorgängig und grundlegend auch für das Sehen. Alles Sehen ist ursprünglich Tasten, der haptische Blick ein Tasten des Auges. Dabei geht es hier nicht um eine Hierarchie der Sinne, denn die Sinne durchdringen sich gegenseitig – jede Wahrnehmung ist multisensorisch. Im Leib als synergetischem Ganzen wird jede Wahrnehmungen auf alle Organe übertragen.

Didi-Huberman geht von diesen Überlegungen Merleau-Pontys über den tastenden Blick aus, wenn er die Taktilität von gemalter Haut untersucht. Diese mache den Prozess des Einrollens als Effekt der Wiederkehr und der Umkehrung, als Zurückblicken deutlich.[299] Gemalte Haut als Stück Fläche, als ein Bild, wird zum Inkarnat des ›Fleisches‹ und zu einem haptischen Ereignis. Farbe, Materie unterhalb jeglicher Form, stellt einen taktilen Kontakt her, der dem Sehen ein Hindernis in den Weg stellt.[300] Das Stück Fläche schockiert in seiner Präsenz, die Didi-Huberman als Nicht-Sinn bezeichnet. In diesem Zurückblicken, diesem Kontakt, werde das Lokale global wie im Einrollen des ›Fleisches‹. Diese Verbindung zwischen

---

297 Ebd., S. 365f.
298 Das Sichtbare, S. 177.
299 Auch für Didi-Huberman ist alles Sichtbare taktil. In seinen Untersuchungen zu Kunst als Abdruck muss man aus diesem Grund die Augen schließen, um zu sehen. Das Sehen erschließt sich über das Ertasten des Abdrucks. Der Akt des Sehens wird hier zur Leere, die zurückblickt. Vgl. Georges Didi-Huberman: Was wir sehen blickt uns an. München 1999, S. 13ff.
300 Nach Merleau-Ponty ist Nicht-Sinn allerdings unmöglich. Vgl. Das Sichtbare, S. 156.

optisch und taktil sieht Didi-Huberman in Alois Riegls haptischer Ebene[301] auf den Punkt gebracht, auf die ich im nächsten Kapitel eingehen werde. Die haptische Ebene erlaubt kein Sehen aus der Distanz, wie die optische Ebene, denn sie ist undurchdringlich, hat keine Tiefenwirkung wie etwa Schatten, ist nur ertastbare Oberfläche. Dadurch wird die haptische Ebene zur Enteignung des Auges. Der Raum stößt in das Auge vor. »Das Auge ›besitzt‹ nichts in diesem Raum; es ist wie enteignet durch einen Effekt des Blicks, der es entfremdet, es ist vielmehr wie ›besessen‹.«[302]

Sehen ist hier nur als Berührung möglich. Umgekehrt werden alle wahrnehmbaren Qualitäten taktil.[303] So kann die Farbe zur endlosen Annäherung an den sehenden Leib werden, zur haptischen ›Liebkosung.‹ Sie wird räumlich. Wie die Wahrnehmung unserer eigenen Haut »zwischen Taktilem und Optischem«[304] schwankt, ergibt sich ein Ineinander, ein Verwischen der Grenzen.[305] Gerade in dem scheinbar so zentralperspektivischen, distanzierten Medium Film kann nun die haptische Ebene eine große Rolle spielen.

Haptisches Kino

Die planimetrische Perspektive der Zentralperspektive ist die subjektive Sicht eines Gottes, die sich als ›Verformungsindex‹ durch Übersetzbarkeit und Stillstellung der Dinge auszeichnet.[306] Nach John Berger löst nun gerade die Photokamera diese gottgleiche Perspektive durch das Bloßstellen der Abhängigkeit des Sehens von Raum und Zeit wieder auf.[307]

> »Der in der Perspektive liegende Widerspruch war, daß sie alle Abbilder der Realität im Hinblick auf einen einzigen Betrachter ordnete, der – anders als Gott – jeweils nur an einem Platz zu einer Zeit sein konnte. Nach

---

301 Vgl. Alois Riegl: Spätrömische Kunstindustrie. Berlin 2000. Didi-Huberman zitiert die zweite Ausgabe, Wien 1927, die sich von der Ausgabe von 1901 durch den Wechsel von taktisch zu haptisch unterscheidet. Die Ausgabe von 2000 folgt der Schreibweise von 1901.
302 Didi-Huberman, Die leibhaftige Malerei, S. 58.
303 Auf die Taktilität der Farbe bei Deleuze werde ich beim Affektbild zurückkommen.
304 Didi-Huberman, Die leibhaftige Malerei, S. 59.
305 Ebd., S. 58.
306 Vgl. Merleau-Ponty, Der Ausdruck, S. 164.
307 Vgl. John Berger u.a.: Sehen. Das Bild der Welt in der Bilderwelt. Reinbek bei Hamburg 1974, S. 18. Diese Ansicht steht der Filmkritik der Apparatustheoretiker diametral gegenüber.

der Erfindung des Photoapparats wurde dieser Widerspruch allmählich sichtbar. Die Kamera isolierte die flüchtigen Erscheinungen und zerstörte so die Vorstellung, daß Bilder zeitlos seien. Anders gesagt: Die Kamera zeigte, daß die Vorstellung der verrinnenden Zeit nicht trennbar war von der Wahrnehmung des Sichtbaren«.[308]

Dieses Bloßstellen der Abhängigkeit von der Wahrnehmung entspricht allerdings nicht einfach der subjektiven Leibhaftigkeit der Wahrnehmung und ihrer Tiefe im Film.[309] Das Sehen des Filmkörpers ist in seiner Zeitlichkeit, seinem Wechsel von Nähe und Distanz, wie wir mit Sobchack gesehen haben, nicht notwendig Teil des optischen Herrschaftssystems der Zentralperspektive. Auch wenn die Einzelbilder zentralperpektivisch wahrnehmen, erzeugt dieser Wechsel einen Bildraum, der leibhaftig ist und in den ich als Zuschauerin eintauche, statt ihn von außen zu beherrschen. Dieser Raum entsteht über das Geflecht des Blickfeldes, welches auf der grundlegenden Synthese des Filmkörpers beruht. »In seinem Zusammenwirken mit der Film-Zeit ist der Film-Raum zugleich parzelliert und kompakt, wird er zugleich von innen und von außen erfahren.«[310] Der Film-Raum entspricht nicht der Zentralperspektive, da er keinem fixen Blickpunkt untergeordnet ist.

Generell ist die Blicktheorie, die der Filmzuschauerin einen distanzierten Voyeurismus zuschreibt und dabei weder den Körper des Films noch den der Betrachterin berücksichtigt, auf das Kino angewendet zu einseitig. Die Trennung von Körper und Blick lässt sich in Bezug auf das Kino nicht so klar zugunsten des Blicks ausmachen, wie meist angenommen und ist auch von der Art der Filme abhängig. Vor allem das haptische Sehen im Kino, insbesondere bei bestimmten Filmen, lässt sich gegen die Annahme eines vorherrschenden distanzierten Blicks starkmachen.[311] Aber in

308 Ebd.
309 Der Film hat einen anderen Körper, eine andere Intentionalität als die Zuschauerin – der Versuch der Herstellung einer illusorischen Identität mit dem menschlichen Körper scheitert. Vivian Sobchack hat diese Unmöglichkeit der Imitation eines menschlichen Körpers durch die Kamera, aus dessen Augen wir also sehen, wie oben bereits erwähnt, anhand des Scheiterns der subjektiven Kamera in LADY IN THE LAKE (Robert Montgomery, USA 1947) dargestellt. Vgl. Sobchack, The Address of the Eye, S. 230f.
310 Sobchack, The Scene, S. 423.
311 Das Verhältnis zwischen Tiefenschärfe der Kamera und Zentralperspektive des Bildaufbaus im Film entspricht auch nicht generell einem herrschaftlichen Überblick. Im Frühen Kino entzieht gerade die Tiefenschärfe dem Kamerablick die Dominanz der Zentralperspektive. Statt zur Kontrolle lädt die extreme Weite – gepaart mit der Dauer der Einstellungen – die Zuschauerin zum Flanieren ein. Vgl. auch Elisabeth Büttner: Orte, Nichtorte, Tauschpraktiken. Die Zeit des Abgebildeten und die Zeit des Gebrauchs in Filmfragmenten und Found-Footage-Filmen. In: Zeitsprünge. Wie Filme geschichte(n)

welcher Form kann auch im Kino von einer haptischen Wahrnehmung ausgegangen werden? Ist Filmwahrnehmung nicht stärker auf das Audiovisuelle reduziert als die Malerei, die ›ihren Körper leiht‹? Liegt auch der Filmwahrnehmung das Tasten des Blicks zugrunde?

Die Filmwissenschaftlerin Antonia Lant untersucht die Möglichkeit der haptischen Wahrnehmung im Kino anhand des Frühen Kinos. Sie sieht eine Beziehung zwischen dem Frühen Kino, das sehr stark mit dem Phänomen der Fläche der Leinwand spielte, und dem Entwurf der haptischen Ebene bei Alois Riegl. Das am Ende des 19. Jahrhunderts entstehende Interesse in der Kunsttheorie für die haptische Wahrnehmung bei Adolf Hildebrandt, Alfred Worringer und Riegl[312] zeigt Parallelen zur Entwicklung des neuen, noch fremden Raums des Kinos.

Das haptische Sehen entspricht nach Riegl einer bestimmten Stufe des Kunstwollens, die er anhand der taktischen Ebene in der ägyptischen Kunst beschrieben hat. Dieses Kunstwollen zeigt sich in einer bestimmten Stilentwicklung, die parallel zu einer bestimmten Entwicklung von Subjektivität verläuft: Da das Auge Außendinge zunächst nur als chaotische Vermengung, als Farbflächen wahrnehmen kann, besteht die Notwendigkeit einer rein objektiven Trennung. Der Tastsinn dagegen erfühlt generell die individuelle Einheit, die Grenzen der Dinge. Diese tastende Wahrnehmung benötigt allerdings die subjektive Ergänzung durch Denkprozesse, weshalb die taktischen Umrisse durch das Sehen von Farbflächen ergänzt werden.[313]

Für diese Zusammensetzung der Wahrnehmung ist die haptische Ebene grundlegend, eine »absolute Ebene [wird, A.Z.] eingehalten, die Ausdehnung auf die Dimension der Höhe und Breite beschränkt« und jegliche Tiefe verleugnet.[314] In der taktischen (der Missverständlichkeit des Begriffs wegen nennt Riegl diese später die haptische) Ebene wird äußerer Raum und innere Subjektivität vermieden, um die Dinge in ihren Unterschieden klar herauszustellen.[315] Die ägyptische Kunst zeigt zum Beispiel keine Schatten, keine Tiefe, nur von Linien begrenzte Oberflächen. So gibt es etwa in den Reliefs keine Überdeckungen und nur strenge Abgrenzungen.

---

erzählen, hrsg. von Christine Rüffert, Irmbert Schenk, Karl-Heinz Schmid, Alfred Tews, Bremer Symposium zum Film, Berlin 2004, S. 62-67.
312 Antonia Lant: Haptical Cinema. In: October, 74, 1995, S. 45-73.
313 Vgl. Riegl, Spätrömische Kunstindustrie, S. 27ff.
314 Ebd. S. 29.
315 Vgl. zur Verwendung der Ausdrücke haptisch/taktisch Fußnote 301.

Große polychrome Farbflächen haben taktische Umrisslinien.[316] Die Dinge zeigen ihre Feinheit erst aus der Nähe, die vor allem durch Tasten wahrnehmbar ist.

»Vom optischen Standpunkte betrachtet ist diese Ebene diejenige, die das Auge dann wahrnimmt, wenn es an die Oberfläche eines Dinges so nahe heranrückt, daß alle Umrisse und namentlich alle Schatten, durch welche sich eine Tiefenveränderung verraten könnte, verschwinden. Die Auffassung von den Dingen, die dieses erste Stadium des antiken Kunstwollens kennzeichnet, ist somit eine taktische und, soweit sie notgedrungen bis zu einem gewissen Grade auch eine optische sein muß, eine nahsichtige«.[317]

Diese Nahsicht verzichtet nicht auf die taktischen Erfahrungen der Dinge, sondern sie entspricht ihnen. Das Kunstwollen der Griechen dagegen entspricht der taktisch-optischen Sicht. Diese lässt zwar Raum in gewissem Maße zu, ordnet ihn aber den Dingen noch unter. Die Wahrnehmung einheitlicher Dinge ist noch immer vom Tastsinn abhängig, »der geschlossene und taktische Zusammenhang der Teilflächen untereinander darf daher noch keine Unterbrechung erleiden«.[318] Aber die subjektive Anerkennung des Raums gegenüber der rein sinnlichen Wahrnehmung der Oberflächen der Dinge beginnt mit der stärkeren Teilgliederung und Schraffierung der Grenzen der Figuren, die zu Schatten führt. Diese können nur vom Auge wahrgenommen werden, was einen Wechsel zwischen Nah- und Normalsicht entspricht.

Erst in der optischen Fernsicht der römischen Kunst wird die ›volle Dreidimensionalität‹ der Dinge und damit der eigenständige Raum möglich, wenn auch noch nicht die vollständig von den Dingen abgelöste Existenz des unendlichen Tiefenraumes der Renaissance. Die taktile Beziehung der Individuen zur Grundebene löst sich auf, sie lösen sich von ihr ab. Allerdings werden sie selbst dadurch flächiger, durch Farbflächen dargestellt, deren Unterscheidung nun durch den Raum trennende Tiefenschatten geschieht, nicht mehr durch die eigenen Qualitäten der Dinge. Die stoffliche Individualität der Dinge, ihre Geschlossenheit, wird zugunsten eines optischen Raums aufgegeben.[319]

316   Vgl. ebd., S. 96.
317   Ebd., S. 32.
318   Ebd., S. 33.
319   Vgl. ebd., S. 35.

Jede dieser drei Sichtweisen baut in der Theorie Riegls wie die Wahrnehmung bei Merleau-Ponty auf den Erfahrungen des Tastsinns auf. Je mehr die Sichtweise sich von diesem zugunsten des optischen Sinnes löst, desto mehr bedarf sie allerdings der Denkprozesse, die dessen Erfahrung rekonstruieren.[320] Die Entwicklung hin zum optischen Sinn ist damit einerseits eine Entwicklung hin zum abstrakten Denken, andererseits ist sie ein Umweg, eine Entstofflichung, die sich von der ursprünglichen Materialität entfernt.[321]

Eine weitere Stufe des Kunstwollens wäre nun der unendliche Raum der Moderne, die Zentralperspektive, der das photographische Einzelbild des Films unterliegt. Aber gerade im Film können durch Einstellungswechsel, vor allem in Nahaufnahmen haptische Ebenen erzeugt werden. Riesige farbige Flächen können taktil werden. Auch ist die ›Tiefe‹ des filmischen Raums nicht wirklich grundlegend, sondern eine spezifische ästhetische Form, die sich in der Filmgeschichte erst entwickelt.

Lant zeigt nun, dass im Frühen Kino, ähnlich wie in Riegls Kunsttheorie, die Fläche und nicht nur die Tiefe Faszination ausüben. Nahsicht und Fernsicht, taktile und optische Wahrnehmung bestehen nebeneinander. Die Nahsicht, welche die Dinge statt den Raum in den Vordergrund stellt, und Bilder, die den Raum hinter der Fläche betonen, wie Tiefenreliefs, spielen eine Rolle. Bei Méliès wurden zum Beispiel Tiefenillusion und Täuschungen durch Schichten von Malereien erzeugt, also von Flächen, die eine eigene Räumlichkeit herstellen – »impossible compressions and expansions of far and near, the unclear identities of figure and ground.«[322] Wie in den von Riegl beschriebenen Reliefs entsteht hier durch die fehlende Tiefe ein Spiel zwischen Figur und Grund. Dieser unklare Raum scheint in den Zuschauerraum überzugehen, Bewegungen finden innerhalb einer Fläche statt, führen in sie hinein, aber auch aus ihr heraus.

> »The illusion of moving photographic pictures on a plane, and the cutting of diverse spaces against one another in multi-shot films suggested, in its early reception, a pressing out into and back into space, a claiming of new space, a movement between haptical and optical, entailing specific interactions with a viewer.«[323]

---

320 Vgl. ebd., S. 123.
321 Riegl nennt sie, etwas problematisch, eine »Abweichung von den primitiven und natürlichen Aufgaben des Kunstschaffens«. Ebd.
322 Ebd., S. 46.
323 Ebd., S. 53. Auf der narrativen Ebene findet die Thematisierung der verschiedenen filmischen Möglichkeiten in der Entwicklung des Frühen Kinos ganz plakativ anhand

Die haptische Ebene bei Riegl, die Vermeidung der Tiefe und der subjektiven Einbindung, werden in der Übertragung auf die Taktilität des Frühen Kinos zur Möglichkeit der Zuschauerin, die noch nicht so stark gelenkt und in das subjektive Geschehen eingebunden wird.
In der Filmtheorie ist Riegl mehrfach aufgegriffen worden. Walter Benjamin bezieht sich auf ihn in seinem bekannten Kunstwerkaufsatz.[324] Dort wird die Zuschauerin durch den Schock der Montage taktil berührt. Die Nahsicht wechselt bei ihm aber auf die Seite der Produktion, wird zur vorfilmischen Penetration der Welt durch die Kamera.[325] Taktilität bezieht sich dort also auch auf das Medium selbst, berührt wird die Zuschauerin ebenso wie das Vorfilmische. Auf Benjamins Vorstellung des Taktilen im Kino aufbauend setzt der Filmtheoretiker Noël Burch die Entwicklung der Filmgeschichte mit der Entfernung von der Nahsicht gleich:

»Film constituted yet another arena of special articulation, and one might make the historical parallel between Riegl's argument for the increasing imbrication of subjectivity in optic art – that not cleanly set apart from the viewer – and the broad shift in filmmaking styles from a cinema of presentation, of attractions, to one of representation, in which a diegetic mooring for the viewer is increasingly offered.«[326]

Solange der Film noch nicht sprachlich strukturiert und narrativ kodiert ist und die Aneinanderreihung der Einstellungen noch nicht so stark den klassischen narrativen Regeln folgt, das heißt das spezifische Zuschauersubjekt des klassischen Kinos noch nicht gebildet ist, hat die Zuschauerin verschiedene Möglichkeiten der Wahrnehmung – sie kann sich dem Wahrgenommenen taktil annähern, es aber auch aus der Distanz betrachten. Burchs Vorstellung des Anfassens der Leinwand durch die Zuschauerin geht Lant wegen der grundlegenden optischen Distanz im Kino allerdings zu weit und vernachlässigt fundamentale Eigenschaften des Frühen Ki-

---

des Aufgreifens ägyptischer Motive statt – zum Beispiel in Mumiengeschichten. In den Zehner Jahren kommt dann neben Ornamenten und Tiefenreliefs auch die ebenenfreie Fernsicht anhand dieser Motive hinzu. Interessant wird nun die Massivität der ägyptischen Monumente, die der Großaufnahme entspricht.
324 Walter Benjamin: Das Kunstwerk im Zeitalter seiner technischen Reproduzierbarkeit. In: Gesammelte Schriften I. 2, hrsg. von Rolf Tiedemann und Hermann Schweppenhäuser, Frankfurt am Main 1980, S. 471-508.
325 Vgl. Lant, Haptical Cinema, S. 69.
326 Ebd., S.64. Lant bezieht sich hier auf Tom Gunnings berühmten Aufsatz: *The Cinema of Attractions: Early Film, Its Spectator and the Avant-Garde.* (1981) In: Early Cinema: Space, Frame, Narrative, hrsg. von Thomas Elsaesser, Adam Barker, London 2000, S. 55-67.

nos.³²⁷ Auch gegen Riegls teleologische Beschreibung des Kunstwollens wendet Lant sich, welche die Beziehung von Stil und Raum einem spezifischen Subjekt zuordne, das die taktische Ebene auf dem Wege der Subjektivierung notwendig hinter sich lasse. Lant stellt die Beschreibung der Ornamente bei Owen Jones dagegen, welcher die Nahsicht nicht als historische Stufe, sondern als eigenen Wert darstellt. Lant geht es um die von einer Fläche ausgehende Faszination, die der Beziehung von Auge und Leinwand entspricht und deren Betonung und ornamentaler Ausarbeitung im Frühen Kino viel mehr Raum gelassen wurde:

> »[...] in recalling commentators such as Riegl and Hildebrand we are sensitized to another of its facets, to the eye's pleasure flickering over a surface, perceiving layered space without being able to move closer to run fingers on a stone, or see the gouging of the eye.«³²⁸

Diese von Flächen ausgehende Faszination ist für die Lust am Kino grundlegend und wird also nicht mit der Entwicklung des Sehens in der Moderne überholt.

Die Filmwissenschaftlerin Laura Marks, die mit Merleau-Ponty, Deleuze und Benjamin die Strukturen der Bildproduktion und -wahrnehmung im interkulturellen Kino untersucht, arbeitet an der Beschreibung der Nahsicht von Riegl ganz andere Aspekte des Haptischen im Kino heraus. Sie sieht in der haptischen Ebene eine Möglichkeit für minoritäre Kulturen, sich auch im Kino außerhalb der vorherrschenden visuellen Codes auszudrücken. Das Potential des Haptischen liegt für Marks unterhalb der offiziellen Wahrnehmung, der allgemeinen Produktion von Bildern und vor allem im Umgehen narrativer Strukturen, die immer in der majoritären Sprache erzählen. Diese Unmöglichkeit des minoritären Sprechens in der

---

327 Burchs Vorstellung des haptischen Raums stammt nach Lant eher von Benjamin als von Riegl, denn dieser ist bei ihm an Dreidimensionalität, Kamerabewegung und Tiefenraum gebunden, welche die Zuschauerin in den Raum eintreten lassen. Er übergeht damit das grundlegende Paradox der Fernwahrnehmung, das Riegl aufzeigt: die Dematerialisierung durch räumliche Tiefe. »In cinema, in its perplexing combinations of far and near, and despite its optical immateriality, both the profilmic material and the viewer are haptically engaged, as Benjamin argues. But the early screen was so utterly haptic, a surface of clearly delimited heigth and width, with no visual suggestion of an inside, of any depth.« Lant, Haptical Cinema, S. 72. Das haptische Abtasten des Bildes aus der Ferne durch die Nahsicht unterscheidet sich von der Vorstellung der Nähe des taktilen Bildes bei Benjamin, das als Geschoss auf die Zuschauerin einwirkt. Es ist für Lant aber gerade das Frühe Kino, welches die grundlegende Immobilität der Filmzuschauerin, die sich durch die fehlende Großaufnahme eigentlich immer in der Position der Fernsicht befindet, jenseits der benötigen Motilität zur Nahsicht macht.
328 Ebd., S. 73.

majoritären Sprache, das Umgehen der Narration, drückt sich in Schweigen, in Rissen in der Narration und in Bildern aus, die Zugang zu verschütteten Formen der anderen Sinne ermöglichen. Alle diese Strukturen entziehen sich der Herrschaft des Optischen.[329] Sie sprechen auf sinnliche Weise das körperliche Gedächtnis an, welches viel von dem aufnimmt, was den offiziellen Diskursen entgeht. Durch diese andere Sinnlichkeit wird der Film für Marks zur fühlenden Haut eines tastenden Auges, statt zum allmächtigen Sehen.[330]

Marks zeigt nun, ebenfalls anhand des haptischen Sehens bei Riegl, wie das Visuelle im Kino durch andere Sinne unterlaufen werden kann. Dabei geht es ihr allerdings stets um die (Un-)Sichtbarkeit im Kino, die Art wie die anderen Sinne durch die Sichtbarkeit affiziert werden. »The switch between what will I term haptic and optical vision describes the movement between a relationship of touch and a visual one.«[331] Das Haptische, der Tastsinn, entzieht sich nicht nur den üblichen Bedeutungsregistern, sondern auch der Repräsentation. Der haptische Ausdruck ruft die sinnliche Wahrnehmung unmittelbar hervor, kann nicht für etwas anderes stehen. Die Riegl'sche Aufhebung der Trennung von Figur und Grund in der haptischen Ebene ist reiner Ausdruck von Materialität. »While optical perception privileges the representational power of the image, haptic perception privileges the material presence of the image.«[332] Diese materielle Präsenz geht im Übergang zum rein optischen Sehen in einem Prozess der Dematerialisierung, einer Entwicklung von konkret zu abstrakt, verloren. Während vorher die Unterscheidung der Dinge in ihrer Materialität möglich war, werden sie später im Raum identifiziert:

»Abstraction facilitated the creation of an illusionistic picture plane that would be necessary for the identification of, and identification *with*, figures in the sense that we use ›identification‹ now.«[333]

---

329 Vgl. Laura Marks: The Skin of the Film. Intercultural Cinema, Embodiment, and the Senses. Durham, London 2000, S. 129.
330 Im Gegensatz zu Burch und Lant untersucht Marks nicht die Einführung eines haptischen Raums in das Kino, also Motive, sondern spezielle Formen des Kinos, welche die Taktilität des Blicks bei der Zuschauerin erzeugen. »These observations are quite true, but are distinct from my point about how films appeal to the tactile quality of perception itself.« Laura Marks: Video haptics and erotics. In: Screen, 39, Winter 1998, S. 331-348, hier S. 337.
331 Marks, Skin, S. 129.
332 Ebd., S. 163.
333 Ebd., S. 166.

Die optische Sicht, die Identifikation im Raum möglich macht, entspricht einer Form von Herrschaft, die der gesellschaftlichen Herrschaft in ihren repäsentativen Formen gleichkommt. Dieser identifikatorischen, repräsentativen Herrschaft entkommt das haptische Sehen – »a vision that is not merely cognitive but acknowledges its location in the body, seems to escape the attribution of mastery.«[334] Indem das haptische Sehen mit seinem Objekt über Kontakt ›verschmilzt‹, sich die Subjekt-Objekt-Relation entscheidend verschiebt, kann von Herrschaft nicht mehr die Rede sein.[335]

> »By engaging with an object in a haptic way, I come to the surface of my self (like Riegl hunched over his Persian carpets), losing myself in the intensified relation with an other that cannot be possessed.«[336]

Diese haptische Wahrnehmung zeigt Marks einerseits an Filmen auf, die sich auf Oberflächen von Dingen konzentrieren – materielle Artefakte, Fossilien, Fetische, die Träger des körperlichen Gedächtnisses werden – Dinge, die neben Tastempfindungen, Gerüche und Geschmack vermitteln.[337] Haptisch bedeutet für Marks aber auch das Medium in seiner Materialität selbst, das Spuren des Gebrauchs trägt, oder Leerstellen lässt, durch ›schlechte‹ Qualität des filmischen Materials, Lücken durch Grobpixeligkeit. Video und Film werden damit haptischer mit ihrer Abnutzung. Auf jeden Fall lassen sich die erblickten Dinge nicht sofort identifizieren, müssen langsam ertastet werden:

> »Haptic images can give the impression of seeing for the first time, gradually discovering what is in the image rather than coming to the image already knowing what it is.«[338]

Diese Art der Wahrnehmung, das Ertasten von Oberflächen mit dem Blick, ist abhängig vom kulturellen Umfeld und ist daher nicht jedem zugänglich. Auch die Wahrnehmung eines unabhängigen Raumes musste ja nach Riegl oder auch Panofsky kulturell erlernt und das Sehen von der haptischen

---

334 Ebd., S. 132.
335 Marks beschreibt dieses andere Subjekt-Objekt-Verhältnis auch als mimetische Zärtlichkeit. Auf das Verhältnis von Mimesis und Zärtlichkeit in der Filmwahrnehmung werde ich im letzten Kapitel anhand von Siegfried Kracauer ausführlicher eingehen.
336 Ebd., S. 184.
337 Ich führe diesen Zusammenhang der synästhetischen Auslösung von Empfindungen im folgenden Exkurs zum Geruchssinn weiter aus.
338 Marks, Skin, S. 178.

Ebene langsam abgelöst werden. Die Zuschauerin kann auf haptische Reize reagieren oder auch nicht, kann sich auf eine tastende Verschmelzung einlassen oder in identifizierender Distanz verweilen, je nach der persönlichen Geschichte oder dem kulturellen Umfeld, aus dem sie kommt.[339]
Die verschiedenen Zuschaueraffinitäten werden in der feministischen Filmtheorie oft auch unterschiedlichen Geschlechtern zugeschrieben, eine Unterscheidung, die Marks eher von Tradition und kultureller Praxis als vom biologischen Geschlecht her denkt. Im Rahmen dieser Arbeit kann ich diesen Aspekt nicht umfassend ausführen, in Bezug auf den Stillstand der Narration interessiert mich aber, inwiefern das Geschlecht für die Darstellung unterschiedlicher Sichtweisen innerhalb einer Narration genutzt wird, wobei das haptische Sehen eher die Narration anhält oder verlangsamt.[340] Im Rückblick auf die Filme Antonionis steht auf der narrativen Ebene eine Zuordnung der Geschlechter zu unterschiedlichen Arten des Sehens und damit zu unterschiedlichen Zugängen zur Welt. Beide Geschlechter sind dort durch die verdinglichende Entwicklung der Moderne entfremdet von ihrer Umwelt. Die leibliche Einheit mit der Welt, die dem Sehen zugrunde liegt, scheint dadurch aufgebrochen. Die Frauen vergewissern sich nun in Antonionis Filmen ihrer selbst durch das Ertasten von Oberflächen, die wir selbst in Nahaufnahmen dann mit unseren Augen ertasten können, rein optischen Bildern, während die Männer quasi dem ›Wahnsinn des reinen Sehens‹ verfallen, sich von ihrer Umwelt immer mehr distanzieren und Sinnestäuschungen unterliegen, die ihre Handlungen fehl leiten.[341] So berührt Vittoria in L'ECLISSE die Gegenstände, die sie umgeben, tastet sie ab, streicht über sie, verschiebt sie aber auch, wie um sich anhand der Dinge körperlich orientieren zu können. Die Kamera dagegen behält eher einen distanzierten Überblick.

339   Vgl. ebd., S. 170.
340   Allerdings entspricht die Zuordnung des haptischen Raums zum weiblichen Geschlecht letztlich auch der Fetischisierung des weiblichen Körpers. Laura Mulvey hat den flächigen Raum und die Stillstellung der Narration durch den Anblick des weiblichen Körpers als Versuch beschrieben, die Dominanz des männlichen Blicks mit der gleichzeitigen Vermeidung der Kastrationsangst zu vereinen. Vgl. Laura Mulvey: Visual Pleasure and Narrative Cinema (1975). In: Dies.: Visual and other Pleasures, Bloomington 1989, S. 14-26.
341   Vgl. Kock, Antonionis Bilderwelt, S. 345f. Kock bezieht eine Art Auge-Blick-Differenz auf die Geschlechter bei Antonioni, wobei er den Frauen das tastende Auge und den Männern den distanzierten Blick zuordnet. Der Bruch des leibhaften Sehens und der Welt zeigt sich für Kock auf der bildlichen Ebene gerade in der Aufhebung der Klischees, die sonst das Sehen ermöglichen.

Bleiben die unterschiedlichen Sichtweisen von haptischer Nahsicht und optischer Fernsicht in den Filmen Antonionis an das Agieren der Protagonistinnen gebunden, werden sie in den Filmen des kanadischen Filmemachers Atom Egoyan auf unterschiedliche Medien verteilt und über deren ›Körperlichkeit‹ mit der Wahrnehmung der Zuschauerin vermittelt. Der Einsatz von Video innerhalb des 35mm-Films kann haptische Effekte erzeugen. Der haptischen Sichtweise liegt hier, so Marks, eine veränderte Wahrnehmung durch technische Effekte zugrunde:

> »Egoyan uses different processes, such as speeding up video footage in the film, enlarging the grain, and creating *mises-en-abîme* of video within film, to create a more or less optical or haptic sensation.«[342]

In Atom Egoyans CALENDAR (Armenien/Kanada/BRD 1993) wird dieser Unterschied durch das Medium, die haptischen Videobilder in ihrer Nähe zu den Oberflächen im Gegensatz zu den distanzierten Totalen der Filmbilder, auf der narrativen Ebene wiederum unterschiedlichen Geschlechtern zugeschrieben: Ein Photograph fährt begleitet von seiner Frau in sein Heimatland Armenien, um dort Aufnahmen alter Kirchen für einen Kalender zu machen. Die beiden werden begleitet von einem Reiseführer, der ihnen die Geschichte der jeweiligen Orte erzählt. Während nun der Photograph versucht, sich die Schönheit dieser Kirchen in klar strukturierten Totalen anzueignen, geht die Frau mit dem Reiseführer auf die Kirchen zu und tastet ihre Ornamente im Detail ab. Sie eignet sich diese Kirchen nicht über das Visuelle an, sondern sie erfährt sie berührend. Der Photograph begleitet diese Annäherung durch seine Videokamera, einen anderen Blick. Die haptische Erfahrung der Frau wird an die Zuschauerin in grobpixeligen, farblosen Bildern ohne Tiefe weitergegeben, die sie mit dem Blick ertasten muss, weil sie zunächst nichts erkennt. Der Mann will von diesen Ornamenten und ihrer Materialität nichts wissen und weigert sich, näher an die Kirchen heranzutreten, genauso wie er sich irgendwann weigert, dem Reiseführer zuzuhören. Während er für seine Auftragsarbeit nach schönen Bildern sucht, versucht die Frau sich ein körperliches Wissen zu erarbeiten. Indem sie die Oberflächen der Kirchen ertastet, erfährt sie Geschichte. Diese beiden Sichtweisen entfernen sich wie das Paar im Laufe des Films immer weiter voneinander und führen schließlich zum Bruch.[343]

---

342 Marks, Skin, S. 171. Marks bezieht sich hier auf einen Artikel von Jacinto Lejeira: Scenario of the Untouchable Body. In: Touch in Contemporary Art, Public, 13, hrsg. von David Tomas, Toronto 1996, S. 32-47.
343 Der Film ist eine Art Rückblende aus der Sicht des Photographen, der letztlich seine

Die Zuordnung der unterschiedlichen Sichtweisen ist in diesen Filmen narrativ verankert, dadurch gewissermaßen metaphorisch funktionalisiert und abgeschwächt. Darüber hinaus werden die beiden Sichtweisen auf problematisch konservative Weise den Geschlechtern zugeordnet – schreibt die Tradition der patriarchalen Gesellschaft doch Körperlichkeit, Taktilität generell dem weiblichen und Geistigkeit dem männlichen Geschlecht zu. Dennoch erfährt die Zuschauerin durch die beiden unterschiedlichen Medien – allerdings jenseits der Narration – zwei völlig unterschiedliche Wahrnehmungsweisen, oder, um mit Sobchack zu sprechen, zwei völlig unterschiedliche körperliche Intentionalitäten. Diese sind beide körperlich erfahrbar, schließen sich nicht aus, erweitern sich gegenseitig in der eigenen Wahrnehmung.

Dieser Vielschichtigkeit der Wahrnehmung liegt allerdings nicht nur der intersubjektive Austausch zwischen Film und Zuschauerin zugrunde, sondern ebenso die interobjektive Struktur des ›Fleisches‹, auf deren Ambivalenz im Bezug auf das kulturelle Phänomen Film ich im Folgenden eingehen möchte.

Interobjektivität

»Wir haben schon gesagt, niemals wird man verstehen, daß ein Anderer vor mir auftaucht; was vor uns ist, ist Objekt. Und wir müssen nun verstehen, daß nicht dies das Problem ist. Vielmehr müssen wir verstehen, wie ich mich verdopple, wie ich mich dezentriere. Die Erfahrung des Anderen ist immer die einer Entgegnung von mir und einer Entgegnung auf mich. Die Lösung ist zu suchen auf der Seite jener seltsamen Abstammung, die den Anderen für allezeit zu meinem Zweiten macht, selbst wenn ich ihn mir vorziehe und mich ihm opfere. In der innersten Verborgenheit meiner selbst geschieht diese seltsame Ineinanderfügung mit dem Anderen; das Geheimnis des Anderen ist kein anderes als das Geheimnis meiner selbst.«[344]

Das minoritäre, aber doch kollektive Gedächtnis, das sich in der haptischen Sichtweise im Kino erfahrbar macht, vermittelt sich über synergeti-

---

Frau an den Reiseleiter beziehungsweise Geschichtenerzähler verloren hat.
344 Maurice Merleau-Ponty: Die Wahrnehmung des Anderen und der Dialog. In: Ders., Die Prosa der Welt, a.a.O., S. 147-162, hier S. 150.

sche Effekte zwischen Leibern. Diese Synergie wird denkbar, wenn sie als Synergie zwischen Leibern nicht vom einzelnen Subjekt aus gedacht wird, sondern von der Zwischenleiblichkeit des ›Fleisches‹ her. Erst die geteilte Materialität des ›Fleisches‹ macht das von Marks untersuchte, kulturelle Körpergedächtnis möglich. Das ›Fleisch‹ als »Einrollen des Sichtbaren ins Sichtbare«[345] bezieht sich bei Merleau-Ponty auch auf andere Körper, die ebenso das gemeinsame ›Fleisch‹ miteinander teilen wie die Wahrnehmende mit dem Wahrgenommenen. Allerdings ist diese ›Zwischenleiblichkeit‹ keine Einheit in der Art der Synergie der Organe in meinem Körper, sondern besteht im Teilen der anonymen Sichtbarkeit als einer Art ›Vermählung‹ mit den Dingen.

Beim Teilen einer gemeinsamen Erfahrung, wie der Filmwahrnehmung untereinander, geht es daher nicht allein um das intersubjektive Verhältnis, das Sobchack in *The Addresss of the Eye* in den Vordergrund gestellt hat, sondern vor allem auch um die Interobjektivität der Beziehung zum Anderen, die geteilte Objekthaftigkeit. Als Interobjektivität beschreibt Sobchack die chiastische Beziehung der Wahrnehmenden mit dem Wahrgenommenen, die Aufhebung der Grenze von Leib und Welt.[346] Das wahrnehmende Körper-Subjekt weiß, »*was es materiell bedeutet, ›ein Objekt zu sein*‹«, ebenso wie es als ein sich an die Welt hingebendes Subjekt nach dem Sinn dessen sucht, »was es materiell heißt, ›ein Subjekt zu sein‹«.[347] Die gegenseitige Durchdringung der Interobjektivität ist zwar eine passive, liegt aber einem »gelebte[n] Engagement in der Welt« zugrunde.[348] Das ›Fleisch‹ als Verflochtenheit in der gemeinsamen Existenz in einer gemeinsamen Materialität, beinhaltet damit ein anderes Verhältnis von Aktivität und Passivität. Die »Passivität unserer eigenen Stofflichkeit«[349] bedeutet als gemeinsamer Ursprung der objektiven Materialität Entfremdung und Hingabe zugleich. Allein die Anerkennung dieses Ursprungs als Grundlage des eigenen Bewusstseins macht die Einfühlung in Welt und Andere möglich.

Erst durch Interobjektivität wird die Anerkennung der Anderen als

---

345 Das Sichtbare, S. 185.
346 Vivian Sobchack: Die Materie und ihre Passion. Prolegomena zu einer Phänomenologie der Interobjektivität. In: Ethik der Ästhetik, hrsg. von Chr. Wulf; Dietmar Kamper; H. U. Gumbrecht, Berlin 1994, S. 195-205. Merleau-Ponty betont, wie gesagt, an mehreren Stellen, dass es sich beim ›Fleisch‹ nicht um Materie handelt, dennoch zeigt es sich in dieser. Die von Sobchack beschriebene Objektivität als Materialität des ›Fleisches‹ darf daher nicht mit Materie verwechselt werden.
347 Ebd., S. 196.
348 Ebd., S. 197.
349 Ebd., S. 202.

Subjekt und damit Intersubjektivität denkbar.³⁵⁰ Aufgrund der Aufgabe der Autonomie unseres Selbst als Bewusstsein sind wir in der Lage, uns in die »Mannigfaltigkeit des Seins als Fleisch«³⁵¹ zu versetzen.

»Das heißt, daß Interobjektivität uns mit dem anfänglichen Fleisch oder der uranfänglichen Materialität verbände, an der nicht nur intentionale Subjekte, sondern ebenso *nicht-intentionale* Objekte wechselseitig und objektiv teilhaben. Als andere Seite der Intersubjektivität wird Interobjektivität zu einer Frage nicht von Anthropomorphismus, nicht zu einer Frage, wie das Objekt-für-mich jemals ein Subjekt-für-mich sein kann, sondern eher, wie ich, gesetzt, daß ich ein Objekt-Körper bin, der sein fleischgewordenes Sein als ›meines‹ lebt, einen anderen objektiven Körper als Nicht-Subjekt ›an-sich‹ erfassen kann.«³⁵²

Diese wechselseitige Subjekt-Objekt-Beziehung dreht die Funktionen von Aktivität und Passivität um. Nur durch die passive Hingabe an eine geteilte Materialität kann ich intersubjektiv handeln. Gleichzeitig liegt aber die Interobjektivität der Unabgeschlossenheit der Bedeutung von Welt und damit dem nicht einholbaren Riss zwischen Objektivität und Selbstbewusstsein zugrunde. Merleau-Ponty betont die Rolle der Passivität schon in der *Phänomenologie der Wahrnehmung*. Dort steht sie im Zusammenhang der zugrundeliegenden Zeitlichkeit der menschlichen Existenz. Der Leib vollbringt die Zeit in einer passiven Synthese, einem »Geflecht von Intentionalitäten«, das sich beständig wandelt und niemals abgeschlossen ist:

»Was hier Passivität heißt, ist nicht unser Hinnehmen einer fremden Realität oder kausale Einwirkung eines Äußeren auf uns; vielmehr eine Belehnung, ein Sein in Situationen, dem zuvor wir gar nicht existierten, das wir beständig aufs neue beginnen und das uns selbst erst konstituiert.«³⁵³

350 Die Anerkennung des chiastischen Wechselverhältnisses der Interobjektivität durch körperliche Empathie steht meiner Meinung nach auch der Verbindung des Angesehenwerdens mit dem Affekt der Angst und dem grundlegenden Gefühl der Scham gegenüber. Auch wenn Jacques Lacan seine Theorie des Angesehenwerdens, welches die Subjektbildung in Bezug auf das Sein in der Welt auf Scham begründet, auf Merleau-Ponty aufbaut, so ist es bei Merleau-Ponty doch eher die positiv konnotierte Anerkennung des ›Fleisches‹ und der Interobjektivität, welche die Beziehung zum Anderen ausmacht. Vgl. Jacques Lacan: Der Blick als Objekt klein a. In: Ders.: Die vier Grundbegriffe der Psychoanalyse. Berlin 1987, S. 71-126. [OA 1964]
351 Sobchack, Die Materie, S. 203.
352 Ebd.
353 Phänomenologie, S. 474, S. 486.

Die Passivität der Synthese der Zeit macht unser Durchdringen des Mannigfaltigen zur Erfahrung. Die Erfahrung wird zum »Fleisch der Zeit«, heißt es dann in *Das Sichtbare und das Unsichtbare*.[354] Das leibhaftige Verhältnis zur Welt ist in seiner Zeitlichkeit, als stets sich in Situationen befindendes wandelndes Sein, niemals abgeschlossen. Diese Unabgeschlossenheit der Synthese ist aber notwendig für unseren Zugang zur Welt.[355]

Die Medienphilosophin Barbara Becker fasst dieses ›Sein in Situationen‹ als das interkorporale Wechselverhältnis der ›Atmosphäre‹.[356] »Das körperleibliche Subjekt reagiert [...] immer schon auf die fragende Atmosphäre der jeweiligen Umwelt, mit der es in einem impliziten Dialog steht.«[357] Die ›Atmosphäre‹ als gleichzeitiger objektiver Ausdruck der Dinge und als subjektive Empfindung »entfaltet sich [...] im unaufhörlichen Kontakt zwischen Selbst und Anderem und bildet so den Hintergrund für Sinnstiftung und bewusste Wahrnehmungsprozesse«.[358] Doch dieser Kontakt, diese Berührung, führt nicht zum vollständigen Verschmelzen von Subjekt und Objekt. Der Chiasmus als »unaufhörliche Überkreuzung von Fremden und Eigenem«,[359] dem die Überschneidung von Aktivität und Passivität, von Ergreifen und Ergriffenwerden entspricht, tilgt nicht den Riss, der durch das Andere ausgelöst wird. Der eigene Leib ist als Objekt, als Nichtidentisches, in der Reflexion nicht einholbar.[360] Selbst in der Berührung gibt es daher keine grenzenlose Symbiose von Individuum und Umwelt, der chiastisch verflochtene Doppelcharakter der Wahrnehmung führt zu keiner symbiotischen neuen Einheit. Der Chiasmus von Bewusstsein und Welt ist für Becker durch die Sinnlichkeit der leibhaftigen Wahrnehmung ein unendlicher Aufschub einer Verschmelzung beziehungsweise eine unendliche Annäherung an das Andere in der Produktion von Bedeutung.

Damit ergibt sich gerade in der zugrunde liegenden Struktur der Interobjektivität ein ambivalentes Verhältnis von Welt, Leib und Bewusstsein. Auch wenn die passive Hingabe als Anerkennung der Interobjektivität

---

354 Das Sichtbare, S. 150.
355 Eine festliegende Bedeutung der Welt würde Erfahrungen unmöglich machen und diese durch automatisches Reagieren ersetzen.
356 Vgl. Barbara Becker: Atmosphäre. Über den Hintergrund unserer Wahrnehmung und seine mediale Substitution. In: Media Synaesthetics. Konturen einer physiologischen Medienästhetik, hrsg. von Christian Filk, Michael Lommel, Mike Sandbothe. Köln 2004, S. 43-58, hier S. 43. Mit dem Begriff der Atmosphäre bezieht sich Becker auf Gernot Böhme. Vgl. Gernot Böhme: Atmosphäre. Essays zur neuen Ästhetik. Frankfurt 1995.
357 Becker, Atmosphäre, S.154.
358 Ebd., S. 45.
359 Ebd., S. 49.
360 Ebd., S. 50.

einem leiblich-mimetischen Verhältnis zur Welt entspricht, wird die Annäherung an die Welt durch ihr Umfeld immer auch kulturell beeinflusst.

»Leibliche Existenz ist dabei gleichermaßen natürlich wie kulturell: Polarisierungen, die entweder der einen oder anderen Seite einen primordialen Status zuschreiben, verkennen diese ständig sich verschiebende Überkreuzung.«[361]

Sobchack sieht das körperliche Verhältnis zur Welt ebenfalls als ein kulturell erlerntes und erweitertes. Die kulturelle Beeinflussung der Leiblichkeit steht auch bei der Filmwahrnehmung nicht deren Körperlichkeit gegenüber, sondern macht das chiastische Wechselverhältnis zwischen Wahrnehmung und Wahrgenommenen zu einer unendlichen Annäherung. Für Marks dagegen zeigt die interobjektive Erfahrung der Filmwahrnehmung Grenzen der Wahrnehmung auf, die durch das kulturelle Umfeld bedingt sind, beziehungsweise zeigt sich umgekehrt die interobjektive Grundlage der Wahrnehmung teilweise gerade erst in diesen Grenzen.[362] So macht die haptische körperliche Sichtweise deutlich, dass der Gegenstand nicht ganz begriffen werden kann, sich gerade in seiner Nähe immer auch entzieht. Die haptische Sichtweise lässt ihn anders und absent sein, während die optische Sichtweise dagegen die Illusion einer erfassten Ganzheit herstellt, die sich vollständig im Raum einordnen lässt. Dazu schreibt Marks:

»At the same time that it acknowledges that it cannot know the other, haptic visuality attempts to bring it close, in a look that is so intensely involved with the presence or the other that it cannot take the step back to discern difference, say, to distinguish figure and ground.«[363]

Zu dieser ambivalenten Beziehung von Ferne und Nähe gehört für Marks, dass im Kino keine wirkliche Berührung, sondern eher die Erfahrung des Fehlens der Berührung in optischer Visualität stattfindet. Auch die haptische Sichtweise beruht im Kino auf Distanz. Eine wirkliche Verschmelzung mit dem Objekt – Ununterscheidbarkeit der Grenzen, wie sie beim Ertasten stattfindet – ist nicht möglich.[364] Die haptische Sichtweise ist

---

361 Ebd. S. 51. Vgl. auch Waldenfels, Sinnesschwellen.
362 Vgl. Marks, Skin, S. 145.
363 Ebd., S. 191.
364 Die spezielle Fernnähe der haptischen Wahrnehmung ist nicht identisch mit der generellen Ambivalenz des Sehens als ›Habhaftwerden auf Entfernung‹, die Merlau-Ponty meint, sondern eher mit der Fernnähe der chiastischen Struktur. Auch dort führt die Wahrnehmung nicht zu einer tatsächlichen symbiotischen Verschmelzung, insofern als

damit gleichzeitig eine der Nähe und der Grenzziehung – »one that offers its object to the viewer but only under the condition that its unknowability remain intact.«[365] Diese Unmöglichkeit schützt wiederum das Objekt vor einordnender Aneignung, wie sie in der Zentralperspektive angestrebt wird, und macht die Unabgeschlossenheit der menschlichen Wahrnehmung deutlich.

Marks kann Film so einerseits als eine Art kollektiver ›Haut‹ begreifen – gerade das haptische Erleben ist interobjektiv. Die mimetische Kopräsenz von Körpern ergänzt über das Gedächtnis die Leerstellen in der visuellen Repräsentation. Andererseits ist dieses körperliche Erleben nicht unmittelbar, sondern folgt einer kulturellen somatischen Codierung. Das körperliche, intersubjektive Gedächtnis ergänzt das haptische Sehen nicht über die Fülle der Taktilität, sondern über das Fehlen im Optischen.[366] Selbst wenn es eher um Abwesenheit im Bild und um Trauer statt um Fülle geht, zeigt sich darin aber auch, dass sinnliche Formen nicht verloren gehen. Das Ausgesparte wird sinnlich wahrgenommen und an körperliche Erinnerung gekoppelt.

Die Vielschichtigkeit der Wahrnehmung bleibt die Grundlage dieser Erhaltung des leiblichen Verhältnisses zur Welt ebenso im Visuellen wie auch in der Sprache.

> »Once that relationship is mediated through an image, multisensory experience is condensed into visual form. It does not vanish but is translated into the image. Thus it is not necessary to think that literate and audiovisual (as opposed to oral) cultures are fundamentally alienated from our material world.«[367]

Die ›indirekte Sprache‹ des Ausdrucks kann nun aber die Beziehung zwischen Welt und Körper wieder herstellen, auch wenn dieser Zugang ein kulturell erlernter ist. Das sensorische, mimetische Wissen um die Welt bleibt erhalten, auch wenn die Rückkehr zum ›rohen Sein‹, zu unmittelbarer Wahrnehmung unmöglich ist.[368] Das Bedeutung stiftende Wechselverhältnis mit der Welt bleibt an den Leib gebunden. Sogar die zunehmend

---

der wahrnehmende Leib nie gleichzusetzen ist mit dem wahrgenommenen Leib. Vgl. Becker, Atmosphäre, S. 50, vgl. Merleau-Ponty, Das Auge und der Geist, S. 19.
365 Marks, Skin, S. 193.
366 Statt visueller Wiederherstellung wird ein Gefühl der Trauer um die Unmöglichkeit des Taktilen erzeugt. Vgl. Robnik, Körper-Erfahrung, S. 259f.
367 Marks, Skin, S. 214.
368 Marks bezieht sich hier auf die Transformation des mimetischen Vermögens in die Sprache bei Benjamin und überträgt sie auf Bilder. Diese Entwicklung beschreibt Marks

zeichenhafte Abstraktion der Sprache ist immer noch eine körperliche Umwandlung der Welt beziehungsweise eine kontinuierliche Rekreation derselben im Körper.[369] Es geht damit gleichzeitig um sinnliches Erleben und um Bedeutung, die sich in einer ›indirekten Sprache‹ ausdrückt, die körperlich erfasst aber auch kulturell geschaffen wird und damit niemals abgeschossen ist.[370] In diesen Zusammenhang der Unabgeschlossenheit der Bedeutung gehört für Merleau-Ponty die Rolle des Stils sowohl der Wahrnehmung als auch des Ausdrucks.[371] Stil als ursprünglicher Weltbezug in einem System von Äquivalenzen wird gefunden. Er bildet Sinn durch die Anbringung von Hohlräumen in der ›Fülle der Dinge‹. Eher als Abweichung von der Norm denn als Normierung gibt er der Erfahrung Form.[372] Durch Stil und Ausdruck geht selbst Sprache für Merleau-Ponty über Konvention und Repräsentation hinaus, ist kein Instrument, sondern ein durchaus mit Malerei vergleichbarer körperlicher Akt des Bedeutens.[373] Der leibhaftige Zugang zur Welt ist auf allen Ebenen einer der Überschreitung, der Transgression.

auch anhand des Begriffs der »unsinnlichen Ähnlichkeit« aus Walter Benjamins Mimesistexten. Vgl. auch ebd., S. 138; vgl. Benjamin, Über das mimetische Vermögen.
369 Sprache löst sich nicht von der körperlichen Beziehung zur Welt, wird nicht zu deren Substitut beziehungsweise Repräsentation, sondern ist als ›Fleisch‹ eine Ausweitung des Körpers, wie es nach Sobchack den Film für den Körper der Zuschauerin ist. Wie die Wahrnehmung des Unsichtbaren im Film, des im Visuellen Fehlenden, wird Sprache körperlich erfahren und diese Erfahrung mit den anderen Wahrnehmenden und dem Wahrgenommenen geteilt. Vgl. auch Marks, Skin, S. 141f.
370 Schon in der *Phänomenologie der Wahrnehmung* heißt es, der Mensch sei durch seinen Leib zur Sinngebung gezwungen. Allerdings handelt es sich um einen ›anderen‹ Begriff des Sinns als den der sprachlichen Bedeutung. Vgl. Phänomenologie, S. 177. Sprache ist für Merleau-Ponty verkörperte Bedeutung, doch drückt sich diese nicht in den Wörtern selbst aus. Ihre Bedeutung ist keine Aussage der Wörter, sondern liegt in deren energetischen Öffnungen, die untrennbar vom Körper sind. Hier findet sich der Sinn in den Lücken, im Stil und der Geste des Ausdrucks. Vgl. Merleau-Ponty, Das Hirngespinst einer reinen Sprache, S. 63ff.; vgl. auch Merleau-Ponty, Die indirekte Sprache, S. 81.
371 »Das Wunder des Stils« ist für ihn eine unbewusste körperliche Ausdruckshandlung. Merleau-Ponty, Die indirekte Sprache, S. 96.
372 Die indirekte Sprache des Stils damit eine Art Verformung, die dem Wunsch des Gelebten nach Ausdruck folgt, Begegnung und Überschreitung des Logos der Welt. Der Stil »[...] ist das, was jede Bedeutung ermöglicht«. Ebd., S. 79, vgl. ebd., S. 89, 95.
373 Ich kann an dieser Stelle Merleau-Pontys Auffassung von Sprache, die sich im Wesentlichen an Saussures differentialer Semiotik orientiert, nicht wirklich ausführen. Wichtig wird im Zusammenhang der Wahrnehmung und des Ausdrucks von Welt aber, dass, wie die grundlegende Stiftung von Bedeutung durch den Körper, auch die Bedeutung der Wörter niemals abgeschlossen und das Schweigen notwendig ist. In Das indirekte Sprechen und die Stimmen des Schweigens, einer 1952 in *Les Temps Modernes* vorweggenommenen Fassung des Kapitels über die »indirekte Sprache« aus *Die Prosa der Welt*, geht Merleau-Ponty auf den Zusammenhang von negativer Referentialität bei

Die ›indirekte Sprache‹ des Stils, die als ursprüngliche Ausdruckshandlung sogar der semiotischen Sprache im eigentlichen Sinne zugrunde liegt, wird ermöglicht durch das von allen geteilte ›Fleisch‹. Die Körperlichkeit des Ausdrucks steht im Zusammenhang der unabgeschlossenen Überschreitung der Bedeutung von Welt und damit auch der permanenten Weiterentwicklung des Körpers. Gerade die Unabgeschlossenheit der Generierung der Wechselbeziehung von Körper und Welt macht den doppelten Charakter der menschlichen Existenz als leibliches und als kulturell geprägtes Wesen möglich.[374] Dieser Doppelcharakter ist für Becker grund-

Saussure und grundlegendem kreativem Sprachgebrauch ein. Die rückbezügliche Korrespondenz der Wörter auf die Sprache als ganze hat zur Folge, »daß jede Rede indirekt oder anspielend, und wenn man so will, Schweigen ist.« Erst als dieses Schweigen wird Sprechen möglich, denn wenn jedes Wort eine eindeutige Bedeutung hätte und einem festen Gedanken zugeschrieben wäre, könnten wir nicht »in der Sprache [...] leben, wir würden im Schweigen verharren, weil das Zeichen sofort vor einem Sinn verlöschen würde, der der seine wäre, und weil das Denken nur mit Gedanken befasst wäre – nämlich mit demjenigen, den es ausdrücken will, und mit demjenigen, den eine ganz eindeutige Sprache bilden würde.« Authentisches, kreatives Sprechen, das nicht nur festgelegte Gedanken wiederholt, bezieht das grundlegende Schweigen der Sprache mit ein und lässt diese selbst sich ausdrücken. Dadurch nähern sich Sprache und Malerei an. Maurice Merleau-Ponty: Das indirekte Sprechen und die Stimmen des Schweigens (1952). In: Ders.: Das Auge und der Geist. Philosophische Essays, Neuausgabe, Hamburg 2003, S. 111-175, hier S. 117f. Vgl. zu Merlau-Pontys von Poesie und Malerei geleiteten Interpretation Saussures Huber, Der Philosoph, S. 26ff.

374 Eine kritische Einschätzung des Körperbegriffs Merleau-Pontys als ›naiv‹ und ontologisch berücksichtigt meines Erachtens diese Wechselbeziehung sowie die unhintergehbare Ambiguität der Bedeutungsgenerierung von Welt nicht genügend. Die angeblich natürliche Körperlichkeit der Phänomenologie Merleau-Pontys wird häufig der Sprachlichkeit des Körpers im Zusammenhang mit Foucault gegenübergestellt. Dieser selbst hatte vor allem den Erfahrungsbegriff Merleau-Pontys als Bestätigung des Subjekts kritisiert. Doch unterscheidet sich die Vorstellung der unhintergehbaren Ambiguität tatsächlich so sehr von der Möglichkeit der Überschreitung des Subjekts, auf die Foucault abzielt? Der unendliche Aufschub der Annäherung an das Andere sowie die permanente Generierung von Bedeutung scheint der Vorstellung, die Phänomenologie konzipiere »Erfahrung als Erfassung feststehender Bedeutung durch das Transzendentalsubjekt« nicht zu entsprechen. Zielt der Erfahrungsbegriff Foucaults nach Christian Tedjasukmana auf die Überschreitung oder Transgression des Subjekts, so ist diese Bewegung in der Vorstellung des Chiasmus bereits enthalten. In der Struktur der unendlichen Überkreuzung ist die transgressive Erfahrung im Entstehen von Sinn und damit die Überschreitung des Subjekts bei Merleau-Ponty immer schon mitgedacht. Der von Tedjasukmana angestrebte Trick, die beiden Richtungen in einem existentialen Paradox zusammen zu denken, das »zugleich situativ ursprünglich und diskursiv produziert ist«, wird von der Vorstellung der zugrundeliegenden Ambiguität letztlich vorweggenommen. Christian Tedjasukmana: Unter die Haut gehen, zur Welt sein und anders werden. Die Politik der Körper bei Claire Denis, Maurice Merleau-Ponty und Michel Focault. www.nachdemfilm.de/content/unter-die-haut-gehen-zur-welt-sein-und-anders-werden, abgerufen am 21.7.2012. Vgl. auch Michel Foucault: Der Mensch ist ein Erfahrungstier. Gespräch mit Ducio Trombadori. Frankfurt am Main 1996, S. 27ff. [OA 1980]

legend ambivalent. Einerseits hat der Körperleib nämlich eine zugrunde liegende sinnstiftende Funktion und insofern einen ›ursprünglichen‹, vorreflexiven Charakter.

»Der Körperleib ist also jene Instanz, die auf implizite Weise Sinnstrukturen initiiert und Bewegungen produziert, ohne daß eine bewußte Steuerung durch ein reflexives Subjekt immer stattfinden müßte.«[375] Doch steht diese fundierende Rolle andererseits in einem zirkulären Verhältnis mit der reflexiv-sprachlichen Dimension, »die stets eine Verschiebung, einen Spalt in sich birgt.«[376] Es ist der grundlegende Spalt des Chiasmus, der dieses wechselseitige Verhältnis der Prozessualität der Entstehung von Sinn begründet. Das »[...] leibliche Subjekt als Agierendes und Sinnstiftendes [ist] immer schon von seiner jeweiligen Umgebung und von seiner Interaktion mit spezifischen Objekten geformt«. Es prägt »aber gleichzeitig als agierendes und sprechendes Subjekt diese Umwelt auch immer wieder durch seine Teilhabe«.[377] Den Austausch mit der Welt sieht Becker als unendliche, wechselseitige Generierung von Bedeutungsregistern.

Dieser ambivalente Doppelcharakter wird für Becker nun vor allem im Zusammenhang der Medien deutlich. Es sind gerade Medien wie Film oder Photographie, welche als Beobachter der eigenleiblichen Befindlichkeit diese Register und vor allem das Wahrnehmungsfeld immer wieder verschieben und die Risse in der Wahrnehmung aufzeigen. Diese Verschiebung wird vor allem dann möglich, wenn diese Medien eine passive Haltung zulassen, welche die Objekte sprechen lässt, und damit also der von Sobchack beschriebenen Interobjektivität gerecht werden.[378] Die Frage nach der Einschränkung der Wahrnehmung durch die Konstruiertheit des

---

375 Barbara Becker: Sinn und Sinnlichkeit. Anmerkungen zur Eigendynamik und Fremdheit des eigenen Leibes. In: Medialität und Mentalität. Theoretische und empirische Studien zum Verhältnis von Sprache, Subjektivität und Kognition, hrsg. von Ludwig Jäger, Erika Linz, München 2004, S. 147-159, hier S. 149.
376 Ebd., S. 150.
377 Ebd., S. 155.
378 Becker bezieht sich hier nur auf die Photographie, trifft aber genau die passive Haltung des Films, die vor allem in Zusammenhang der unmenschlichen Wahrnehmung eine Rolle spielt. Vgl. Becker, Atmosphäre, S. 52f. Dieses ambivalente Verhältnis von ursprünglicher Leibhaftigkeit und Konstruktion zeigt sich nach Christian Tedjasukmana nun gerade im Dispositiv des Kinos, welches dadurch eine aufdeckende Rolle bekommt: »In der Kinomaschinerie erfahren wir ein regelrechtes Körperwerden unserer selbst. Allerdings werden die Gefühle des Körpers im Kino zugleich als ursprünglich und durch die Maschinerie produziert erfahren.[...] Damit [...] wird im Kino materiell und somit wahrnehmbar, was sonst unsichtbar zu bleiben trachtet: dass der menschliche Körper

Körpers und dessen Überschreitung durch die Möglichkeit einer anderen Wahrnehmung im Kino werde ich im Kapitel zur Filmphilosophie von Gilles Deleuze erneut stellen. Zunächst möchte ich aber in einem Exkurs in der Darstellung der haptischen Wahrnehmung noch einen Schritt weiter gehen, indem ich sie zugleich körperlicher aber auch abstrakter werden lasse. Anhand der Verbindung der visuellen Wahrnehmung mit der Geruchsempfindung in der konkreten Kinosituation untersuche ich eine Form der Berührung, in welcher eine sinnliche ›Vermischung‹ tatsächlich stattfindet.

Filmwahrnehmung mit allen Sinnen – vom Zusammenspiel des Visuellen mit den Nahsinnen im Kino

In der abendländischen Hierarchie der Sinne werden die Nahsinne, wie der Geruchssinn, der Tastsinn und das Schmecken, als niedere Sinne aufgefasst. Vor allem der Geruchssinn wird gering geschätzt und steht an unterster Stelle. Dementsprechend spielen in der Filmtheorie die Nahsinne und vor allem der Geruchssinn kaum eine Rolle. Film wird zumeist als rein audiovisuelles Medium verstanden, das allein durch die Fernsinne, Auge und Ohr, zugänglich sei. Die Fernsinne ermöglichen eine distanzierte Wahrnehmung und stehen dadurch für einen analytischen Umgang mit dem wahrgenommenen Film. Die Annahme einer herrschaftlichen Distanz des Auges zieht sich durch die abendländische Philosophie, die Sehen und Erkenntnis gleichsetzt. Diese Annahme spiegelt sich in der Filmtheorie noch in der Konzeption einer Filmzuschauerin, die über die Identifikation mit der Kamera mit einem körperlosen Blick ausgestattet wird und die einen zu entziffernden symbolischen Filmtext erfasst.[379] Diese Auffassung einer entkörperlichten Zuschauerhaltung ist, wie ich anhand der Zentralperspektive gezeigt habe, problematisch und kann im Zusammenhang mit der konkreten Kinosituation, mit Filmprojektionen, die zu einer bestimmten Zeit an einem bestimmten Ort mit einem bestimmten Publikum stattfinden, nicht aufrecht erhalten werden. Die Theoretisierung von Filmwahrnehmung muss ihren Ort, das Kino, und damit den Körper der Zuschauerin und alle Sinne berücksichtigen.

ein authentisch fühlender und dispositiv produzierter Körper ist.« Tedjasukmana, Unter die Haut gehen.
379   Charakteristisch für diese Theoriepositition sind die Debatten der französischen Filmtheorie der siebziger Jahre und das Bemühen um eine Semiotik des Films.

Die konkrete sinnliche Erfahrung von Filmen in ihrer Vielschichtigkeit entzieht sich der fixierenden Benennung. Am unzugänglichsten für die Beschreibung der konkreten Erfahrung erweist sich die Geruchsempfindung. Der Geruchssinn als der ›niederste‹ Sinn, ist der ›mimetischste‹ unserer Sinne, denn er schmiegt sich an das Wahrgenommene direkt an. Geruch lässt sich von allen Sinnesreizen am wenigsten außerhalb von mir verorten. Das, was ich rieche, muss ich in mich aufnehmen, es wird ein Teil von mir.[380] Gerüche müssen körperlich erfahren werden, dringen in mich ein, lösen sich aber gleichzeitig dadurch auf. Die Wahrnehmung eines Geruchs setzt zugleich dessen materielle Zersetzung voraus.

Durch die Notwendigkeit der ›Vermischung‹ von Innen und Außen widerspricht der Geruchssinn einer Logik der Repräsentation. Eine Semiotik der Gerüche ist nicht möglich, denn sie entziehen sich in ihrer Flüchtigkeit der Differenzierung und Bezeichnung, welche grundlegend sind für die Möglichkeit der kognitiven Distanz.[381] Dadurch zeigen sie nach Becker die »Grenzen abstrakter Kategorialsysteme«[382] auf, erschließen uns aber gleichzeitig unser körperliches Wissen um das eigene Zur-Welt-sein. Über die Nahsinne, insbesondere den Geruchssinn, entsteht eine Form von Berührung und Austausch mit der Welt.[383] Der Geruch vermittelt uns ein »spezifisches Wechselverhältnis von Subjekt und Objekt«,[384] das sich der rationalen Herrschaft entzieht. Er ist Teil der uns umgebenden Atmosphäre, deren Erfahrung von unserer leiblichen Einbindung in die Welt zeugt.

Die Vermischung mit dem Wahrgenommenen im Akt des Riechens unterläuft die notwendige rationale Distanz und die Vorstellung eines autonomen Subjekts. Es ist die Nähe, die Berührung, die in der Wahrnehmung durch die Nahsinne stattfindet, die diese unserem rationalistischen westlichen Selbstverständnis suspekt macht. Wir ›verstehen‹ Gerüche und reagieren auf sie körperlich, noch bevor wir sie bewusst wahrnehmen. Gerade die Notwendigkeit des körperlichen Kontakts aber, die dem Geruch eigene flüchtige Materialität, macht nach Marks auch dessen widerständiges Potential aus. Indem sich Gerüche der Symbolisierung entziehen, entgehen sie nämlich auch der Instrumentalisierung.[385] Das körperliche Wissen, das

---

380 Vgl. Laura Marks: The Logic of Smell. In: Dies.: Touch. Sensuous Theory and Multisensory Media. Minneapolis, London 2002, S. 113-126, hier S. 115.
381 Vgl. Lyall Watson: Der Duft der Verführung. Das unbewusste Riechen und die Macht der Lockstoffe. Frankfurt am Main 2001, S. 15f.
382 Becker, Atmosphäre, S. 47.
383 Vgl. ebd., S. 44.
384 Ebd., S. 43.
385 Vgl. Marks, Logic of Smell, S. 114.

sich in diesem Austauschverhältnis mit der wahrgenommenen Welt über den Geruchssinn erschließt, ist gebunden an das individuelle Gedächtnis. Dieses Wissen lässt sich nicht reproduzieren und ist singulär. Jeder Geruch birgt für jede Zuschauerin eine eigene Narration, ist immer schon persönliche bewegte Erinnerung und erzwingt die Rückkehr zum körperlichen Verstehen.

Programmierung der Zuschauerinnen durch Gerüche

Es hat verschiedene Versuche gegeben, diese individuelle Qualität des Geruchs für eine Potenzierung des Filmerlebens, eine Steigerung seines realistischen Effekts oder für die Gestaltung eines Gesamtkunstwerks nutzbar zu machen. Dabei wurde zumeist versucht, den audiovisuellen Kapazitäten des Films eine dritte Dimension hinzuzufügen. Betrachtet man nun die Unmöglichkeit der Distanzierung von Geruchseindrücken, kommt der Einsatz von Gerüchen dem Versuch einer manipulativen Programmierung der Zuschauerinnen gleich. Die Versuche einer solchen ›Programmierung‹ reichen bis in die Frühgeschichte des Kinos zurück. In den kleinen Ladenkinos der frühen Filmära wurden generell Parfüms gegen den Gestank der verbrauchten Luft eingesetzt. Schon 1906 aber experimentierte der Schausteller S. L. Rothapfel zur Unterstützung eines Films über die Pasadena Rose Bowl-Spiele mit dem Einsatz von Rosenduft und bei der Eröffnung des Berliner Marmorhauses diente 1913 ein spezifisches Parfüm dazu, die traumartige Atmosphäre des Films DAS GOLDENE BETT (Walter Schmidthässler, D 1913) zu verstärken.[386] Die Versuche, eine realistische olfaktorische Dimension zu erreichen, führten schließlich zur Entwicklung verschiedener Formen von Geruchsorgeln. Als erste ausgereifte Apparatur zur synchronen Begleitung des Filmbildes mit Gerüchen gilt das O.T.P., das Odorated Talking Pictures Verfahren des Schweizers Hans E. Laube von 1940, das 1960 zur Smell-O-Vision weiterentwickelt wurde.

Doch alle bisher entwickelten Verfahren des Geruchskinos scheitern an Problemen, die mit der spezifischen Materialität von Gerüchen und deren Wahrnehmung in Zusammenhang zu bringen sind. Natürliche Gerüche lassen sich in ihrem singulären Charakter und in ihrer Bindung an das

---

386 Anne Paech: Das Aroma des Kinos. Filme mit der Nase gesehen: Vom Geruchsfilm und Düften und Lüften im Kino. (1999) http://www.uni-konstanz.de/FuF/Philo/LitWiss/Texte/duft.html, abgerufen am 20.4.2006.

persönliche Körpergedächtnis nicht repräsentieren. Die Effekte, die bestimmte Gerüche in der Zuschauerin auslösen, sind nicht soweit kalkulierbar, dass sie sich wirklich in die narrative Repräsentation einspinnen lassen. Im Kino eingesetzter Geruch vermischt sich zu stark mit den vorhandenen Gerüchen oder hält sich zu lange im Raum, weshalb zum Beispiel das mit der Klimaanlage arbeitende AromaRama (ebenfalls von 1960) scheiterte. Zumeist wird Geruch auch extradiegetisch wahrgenommen. Statt das Erleben des Films zu verstärken, trieb der Versuch der Untermalung eines Films von Marcel Pagnol (ANGÈLE, F 1934) durch Brandgeruch die Zuschauerinnen panisch aus dem Kino. Der Erfolg der berühmten Rubbel- und Riech-Karte, das Odorama von John Waters (1981), blieb ein Einzelfall und funktionierte vermutlich nur aufgrund des synthetischen Charakters der durch diese ausgelösten Gerüche – synthetische Gerüche, wie Haarspray oder Benzin, lassen sich wegen ihres künstlichen Charakters leichter reproduzieren. Bei der Vorführung von POLYESTER (John Waters, USA 1981) wurden empfindliche Zuschauerinnen allerdings abermals aus dem Kino getrieben, denn ihnen wurde aufgrund der Penetranz dieser Gerüche übel.[387] Auch die Neuauflage dieser Geruchskarte – eine Art Geruchswalkman, der Sniffman von 2001 – wurde in ihren Gerüchen als zu synthetisch wahrgenommen.[388]

Trotz zahlreicher Beispiele des Scheiterns dieser Versuche wird weiter am Einsatz synthetischer Gerüche gearbeitet. Schließlich enthält die Möglichkeit der Kontrollierung von Gerüchen und damit deren mögliche Globalisierung ein enormes Marktpotential. Sehr erfolgreich ist inzwischen das Prime Cinema 5D, das sich seit 2006 auch in Berlin befindet, doch scheint sich dessen bisheriger Erfolg – ähnlich dem der I-Max Kinos – auf die Attraktion des Neuen zu beschränken.[389] Im Jahre 2000 erhielt die Computerspielefirma Digiscent einen Entwicklerpreis für die Entwicklung des i-smell, einem Versuch, Computerspiele zu odorisieren. Aber auch dieses Projekt scheiterte schnell an der Schwierigkeit der Reproduktion der Gerüche.[390] Einer nahezu orwellschen Vorstellung ähnelt dagegen die von Sony zum Patent angemeldete Idee, filmbegleitende Sinneseindrücke

---

387 Vgl. Marks, Skin, S. 212.
388 Weniger problematisch scheint der Einsatz thematischer Gerüche, um die allgemeine Atmosphäre eines Films zu unterstreichen, wie zum Beispiel 1989 bei der Projektion von LE GRAND BLEU von Luc Besson (F/USA/I 1988) durch latenten Meeresgeruch geschehen. Vgl. Paech, Das Aroma des Kinos.
389 Hinzu kommt leichte Vermarktbarkeit des Prime Cinema 5D aufgrund seiner relativ kleinen, mobilen Größe.
390 Marks, Logic of Smell, S. 113.

durch Ultraschall zu übertragen, die Geruchswahrnehmungen also direkt im Gehirn auszulösen.[391]

Gerade in Bezug auf die virtuellen Realitäten von Computerspiel und Kino wird die Einbeziehung des Geruchssinns für besonders wichtig gehalten, um die virtuellen Bildlichkeiten aus ihrer vermeintlich defizitären Zweidimensionalität zu erlösen. Umgekehrt kann Geruch nach der Sozialwissenschaftlerin Barbara Sichtermann als Kriterium für ›Realität‹, »als Vergewisserungssinn, als Melder, ob etwas wirklich da ist«, verstanden werden.[392] Für die frühkindliche Entwicklung der Wahrnehmung spielt der Geruchssinn eine wichtige Rolle, denn er ist von Anfang an stark ausgebildet. Riechend vergewissert sich der Säugling der Nähe der Mutter und zeitlebens halten wir etwas erst für anwesend und real, wenn wir es riechen. Erst durch Geruch kann das Wissen um das eigene Zur-Welt-sein körperlich abgesichert werden. Als ein immer wacher Sinn, den ich nicht aktiv einsetzen kann, der mich aber immer begleitet, verbürgt mir der Geruchssinn die Wirklichkeit und meine Gegenwärtigkeit.[393]

Eigenheiten des Geruchssinnes

Die Möglichkeit der Bestätigung meiner Existenz durch die Wahrnehmung von Gerüchen bleibt individuell und ist mit persönlichen Erfahrungen verknüpft. Diese individuellen mit Gerüchen verknüpften Geschichten entziehen sich nach Marks, ebenso wie die Gerüche selbst, der Reproduktion, das heißt der Symbolisierung.[394] Gerüche müssten, um reproduzierbar zu sein, zu wiedererkennbaren Zeichen werden – Marks spricht von einem Versuch der ›Digitalisierung‹ von Gerüchen, die diese von ihrer konkreten Materialität ablöse. Diese Konventionalisierung und Uniformierung der Erfahrung schaltet wiederum das mit ihnen verknüpfte körperliche Wissen um die Eigenschaften des Gerochenen aus.

Die technische Reproduktion der Erfahrung von Gerüchen und deren Knüpfung ans Gedächtnis ist aber gerade aufgrund ihrer Individualität und

---

391 Jenny Hogan, Barry Fox: Sony patent takes first step towards real-life Matrix. New Scientist magazine, Issue 2494, 7. April 2005, S. 10.
392 Barbara Sichtermann: Riechen – Schmecken – Sehen: Der Mensch, das intelligente Schnüffeltier. In: Media Synaesthetics. Konturen einer physiologischen Medienästhetik, hrsg. von Christian Filk, Michael Lommel, Mike Sandbothe. Köln 2004, S. 123-139, hier S. 137.
393 Vgl. ebd., S. 138f.
394 Marks, Logic of Smell, S. 123.

Vielschichtigkeit kaum möglich. Gerüche sind von so vielen unterschiedlichen Zusammenhängen bestimmt, dass sie sich der Klassifizierung beziehungsweise Digitalisierung entziehen müssen. Die den Gerüchen zugeschriebene mangelnde Differenzierbarkeit ist für den Neurologen Konrad J. Burdach vor allem ein Problem fehlender Begriffe. Es gibt »keine spezifischen Empfindungskategorien« für Dufteindrücke.[395] So sind Gerüche unter anderem deswegen in der Geschichte der Sinne eher verdrängt worden, weil sie in keiner oder kaum einer Sprache wirklich benennbar sind. Um Gerüche überhaupt benennen zu können, leihen wir Namen vom Visuellen und knüpfen sie an die auslösenden Gegenstände, verbinden sie mit einer Duftquelle.[396] So ist jedem von uns der Duft von frisch gebackenem Brot oder einer angeschnittenen Tomate ein Begriff, wir könnten diese Gerüche aber kaum ohne Objektbezug beschreiben.

Neben der fehlenden Differenzierungsmöglichkeit und der nicht erreichbaren, nötigen kognitiven Distanz durch Benennung, gibt es, so Burdach, für Gerüche auch keine akzeptierten Messwerte, aber eine riesige Anzahl von unterschiedlichen Empfindungsqualitäten:

»Diese können derzeit weder von der Reizseite her (als physikalisch-chemische Merkmale von Duftstoffen) noch auf der Empfindungsebene (subjektive Duftqualitäten) befriedigend qualifiziert werden«.[397]

Eine Zuordnung, wie zum Beispiel des Visuellen zur Wellenlänge des Lichts, ist nicht möglich. Bisher geht man von etwa 10000 Grundduftnoten für die menschliche Wahrnehmung aus, die jeweils noch mischbar und abhängig von der Reizstärke und ihrer Intensität sind, denn jeder Geruch kann unangenehm werden, wenn er zu intensiv ist. Noch dazu kann die Riechschärfe sehr unterschiedlich ausgeprägt sein oder aber auch abstumpfen und variieren zum Beispiel aufgrund der Beeinflussung durch den Hormonspiegel.[398]

Eigentlich könnten die Ergebnisse der empirischen Psychologie Marks beruhigen, denn sie zeigen die Unmöglichkeit der synthetischen Reproduktion spezifischer Gerüche auf, aber tatsächlich ist vielerorts der zunehmende Versuch der Erschließung und Vermarktung von Gerüchen zu beobachten: Wir werden in unserer Umgebung zunehmend künstlichen

---

395 Konrad J. Burdach: Geschmack und Geruch. Gustatorische, olfaktorische und trigeminale Wahrnehmung. Bern, Stuttgart, Toronto 1987, S. 30.
396 Vgl. ebd., S. 32.
397 Ebd., S. 30.
398 Vgl. ebd., S. 38.

olfaktorischen Reizen ausgesetzt; bestimmte Düfte in Warenhäusern versuchen die Besucher zu konditionieren und zum Kauf anzuregen; kaum ein Restaurant, in dem nicht versucht wird, durch synthetische Gerüche eine bestimmte Atmosphäre zu verbreiten, die letztendlich alle diese Räume austauschbar macht.[399]

Diese Gerüche müssen, um vermarktbar zu werden, von individuellen oder kollektiven Erfahrungen abgetrennt werden. Nach Marks lösen die Versuche des Geruchsmanagements Gerüche damit von ihrem eigentlichen Potential des körperlichen Wissens und führen zu sinnlicher Verarmung. Reproduzierte und vereinheitlichte Gerüche werden zu Effekten:

»[…] these methods [of ›olfactory management‹, A.Z.] exploit smell as a symbol, rather than an experience. They play on people's cognitive, cultural associations with smell rather than with our rich, individual, memory-driven responses. This impoverishes the experience of smell«.[400]

Wenn nun nur noch die Geruchsinformation zählt, besteht nach Marks durch diese Vereinheitlichung die Gefahr, die Komplexität unseres sinnlichen Wissens zu verlieren.[401] Auch wird sich die Vereinheitlichung zum Beispiel auf unsere Fähigkeiten auswirken, unterschiedliche Geschmäcker wahrzunehmen, denn der Geruchssinn lässt sich nur schwer von anderen Sinnen trennen.[402] »If there ever comes a time when we all have the same associations with cinnamon, then the cinnamon as a physical object will cease to exist.«[403] Der synthetische Geruch ›grüner Apfel‹, den wir alle von diversen Shampoos, Kaugummis und sogar Apfelkuchen kennen, wird

---

399 Die Gefahr der tatsächlichen Konditionierung von Gerüchen ist wegen der individuellen Verknüpfung der Geruchserfahrungen mit dem Gedächtnis nicht sehr groß. Umgekehrt können aber Gerüche mit bestimmten Erfahrungen so verknüpft werden, dass die Gerüche die Erfahrung wieder aufrufen und das Verhalten beeinflussen. So wurde für eine Studie der Brown University ein Computerspiel mit einem bestimmten Geruch unterlegt und dadurch die persönliche Erfahrung dieses Geruchs mit einem frustrierenden Erlebnis konditioniert – das mit dem Geruch unterlegte Computerspiel war nicht zu gewinnen. Kamen die Protagonisten im Anschluss in einen Raum, der mit diesem Geruch unterlegt war, beeinflusste dessen Einsatz ihre Leistungsfähigkeit. Vgl. Sichtermann, Riechen – Schmecken – Sehen, S. 130.
400 Marks, Logic of Smell, S. 114.
401 Marks, Logic of Smell, S. 126.
402 Während die Reaktionen auf eindeutig negative Gerüche, wie Brandgerüche oder Fäulnis, angeboren zu sein scheinen und eine Warnfunktion haben, entwickelt sich die hedonistische Differenzierung der mittleren Gerüche und damit der Geschmack erst ab dem fünften Lebensjahr (Vgl. Burdach, Geschmack und Geruch, S. 125, 43), das heißt, eine Wertung dieser Gerüche ist nicht angeboren und wird unter anderem kulturell beziehungsweise durch Erziehung vermittelt.
403 Marks, Logic of Smell, S. 125.

zum bloßen Zeichen des Apfels und steht nur noch in abstrakter Beziehung zum realen Apfel. Was dabei verloren geht, ist der körperliche, mimetische Bezug, denn ich lese diesen Geruch direkt als Information, ohne ihn vorher gespürt zu haben, ohne ihn mit meinem Gedächtnis verbinden zu können. Geruch wird zum Simulakrum.

Gerüche von Kino / Film / Programmen

Auch ohne künstlichen Einfluss gibt es kein Kino ohne Gerüche. Das Kino als Ort, als sozialer Raum, beschränkt sich nicht auf die Leinwand, ebenso wenig wie meine Wahrnehmung im Kino auf die audiovisuellen Sinne beschränkt bleibt. Gerüche im Kino können meine Filmwahrnehmung verändern, diese stören oder aber auch verstärken. Manche Gerüche, wie den Duft von frischem Popcorn, suche ich im Kino, den Geruch der anderen Menschen meide ich vielleicht eher, ohne zu merken, dass oft auch diese sinnliche Information jenseits des Films mir auf körperliche Weise die Kinoerfahrung als sozialen Akt erschließt. Über den Film hinaus erfahre ich nach Marks im Kino über das Zusammenspiel der Sinne eine Art Austausch mit der Welt. »We take in many kinds of ›extradiegetic‹ sensory information, information from outside the film's world, when we ›watch‹ a film«.[404]

Die Wahrnehmung von Gerüchen verändert sich in der Zeit und ist situationsgebunden, auch nimmt sie mit der Gewöhnung ab. Das heißt, man riecht eher das Ungewohnte, Unbekannte. Marks schildert sehr anschaulich die unterschiedlichen Gerüche, die sich im Kino ausbreiten, wenn eine Familie – wie beispielsweise in Indien üblich – im Kino ihr Picknick ausbreitet, oder New Yorker Angestellte nach der Arbeit ihre Lunch-Boxes mit ins Kino nehmen. Kino kann nach Marks in seiner Multisensorik unterschiedliche Kulturen, unterschiedliche Zuschauerschaften, erfahrbar machen: »the wide range of ways spectatorship is ›embodied‹«.[405] Dieser interkulturelle Zugang entzieht sich, wie der Geruch selbst, der symbolischen Darstellung, ist nur körperlich erfahrbar.[406]

---

404 Marks, Skin, S. 211.
405 Ebd., S. 211.
406 Ebenso wie der Raum des Kinos die unterschiedlichsten Gerüche trägt, werden unterschiedliche Festivals durch ihren Geruch bestimmt. Auch wenn wir Festivals und Filmprogramme nicht unbedingt bewusst riechend wahrnehmen, so haben sie doch immer für uns eine gewisse Atmosphäre, deren Teil wir sind. Das Verhältnis zu diesen

Neben diesen ›realen‹ Gerüchen, die sich im Kino und bei bestimmten Programmen ausbreiten, untersucht Marks vor allem die Vermittlung von Geruch durch Film selbst.[407] Marks beschreibt drei Arten, auf welche Filme Geruchswahrnehmungen, beziehungsweise olfaktorische Assoziationen, in der Zuschauerin auslösen können: durch die Darstellung von duftenden Gegenständen und riechenden Personen, durch die synästhetische Erzeugung von Geruch mittels olfaktorischer Montage oder Farben und durch haptische Visualität.

Am geläufigsten, aber auch am problematischsten, ist wohl die Erzeugung von olfaktorischen Assoziationen über die Darstellung von Akten des Riechens und Schmeckens. Problematisch ist bei dieser Form der Evokation von Gerüchen die Bindung an die Narration. Die Anregung des Geruchssinns ist dann abhängig von der Einfühlung in Charaktere und damit auf die Identifikation mit der riechenden Person beschränkt.[408] Auch die Repräsentation angenehm riechender Dinge, Stillleben von duftendem Essen, kann Filme auf diese Weise nicht einfach zum ›riechen‹ bringen. DER KOCH, DER DIEB, SEINE FRAU UND IHR LIEBHABER (Peter Greenaway, F/NL/U.K. 1989) riecht trotz seiner ausgefeilten Arrangements nicht für jeden und zuletzt scheiterte die Hochglanzproduktion DAS PARFÜM (Tom Tykwer, D/F/E 2006) trotz seiner überaus duftenden Atmosphäre an der fehlenden Identifikation mit dem übertriebenen Akt des Riechens von Grenouille, der mit einer ungewöhnlichen olfaktorischen Fähigkeit ausgestatteten Hauptfigur. Während die Bilder eines feuchten, schmutzigen Fischmarktes und bis zum Horizont reichende blühende Lavendelfelder über die olfaktorische Imagination quasi Gerüche erzeugen, die aber diffus bleiben, ist es nur schwerlich möglich, sich mit dem Akt des Riechens einer in Großaufnahme abgebildeten Nase zu identifizieren. Die starke Betonung seiner olfaktorischen Aktivität, einer Aktivität, die sonst reguliert und verdeckt wird, die hyperrealistischen Großaufnahmen seiner Nase oder das

---

Festivals, die Erinnerung an sie, ist immer wesentlich durch diese spezifischen Gerüche geprägt, beziehungsweise an diese gebunden. Vgl. ebd.
407 Eine Schwierigkeit der Beschreibung dieser Gerüche ist natürlich, dass sie im Subjektiven verbleiben, da sie, wie gesagt, an die individuelle Erinnerung und an die jeweiligen Umstände des Kinoereignisses gebunden ist. Das Kinoerleben verläuft immer anders als geplant und ist nicht reproduzierbar. Ein Film wirkt nicht nur anders bei jeder Projektion, sondern löst abhängig vom Kontext, das heißt auch von der Programmierung, andere Geruchsassoziationen aus. Sprachlich fixieren lassen sich diese Geruchsassoziationen erst in der Verknüpfung mit Bildern in der Erinnerung.
408 Vgl. Marks, Logic of Smell, S. 117.

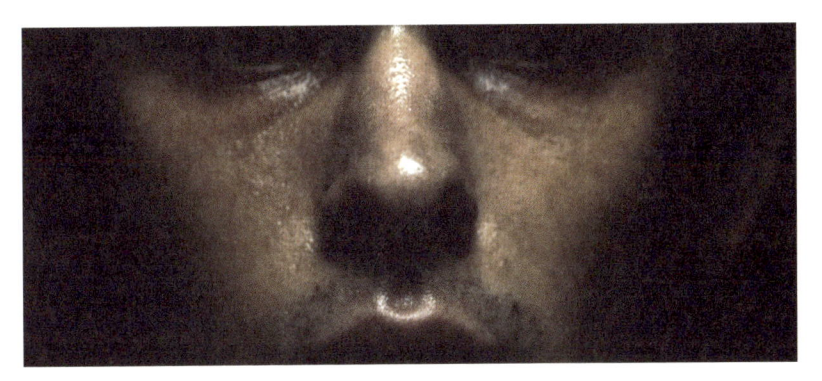

DAS PARFÜM. Tom Tykwer, D/F/E 2006

Verfolgen des Wegs der Geruchsmoleküle durch eine ungebundene Kamera, erzeugen hier eher Distanz.
Diese Distanz und das Fehlen von Gerüchen in solchen Filmen können allerdings umgekehrt auch als notwendig angesehen werden und werden durch die Erweiterung der Kapazitäten des Sehsinnes durch die Kamera kompensiert. Der Versuch der filmischen Produktion von Gerüchen über den Sehsinn und die Identifikation mit riechenden Protagonisten kann als ein Akt der Disziplinierung interpretiert werden, der in keiner Weise tatsächliche Gerüche hervorrufen soll. So ist für Vinzenz Hediger und Alexandra Schneider die Identifikation mit dem Riechen in Filmen ein Akt der Verschiebung und Teil der Durchsetzung der Hygiene in der Moderne. Die Möglichkeit der Kompensation des Geruchssinns im Kino sei im Zusammenhang der De-Odorisation der Städte zu sehen, die geruchslose Darstellung von Gerüchen ein »Instrument öffentlicher Hygiene und eine Technologie zur Erzeugung von kontrollierten olfaktorischen Umgebungen«.[409] Im Gegensatz zur synästhetischen Transgression in den Bildern, die Marks untersucht, in denen das Riechen durch die Einengung des Sehsinns ermöglicht wird, wird hier die Unterordnung des Riechens unter den Sehsinn in der Repräsentation des Riechens im Kino wiederholt. Der Geruch wird zur lesbaren Geste, bei gleichzeitiger Geruchslosigkeit des Kinos:

---

409 Vinzenz Hediger, Alexandra Schneider: The Deferral of Smell. Cinema, Modernity and the Reconfiguration of the olfactory Experience. In: I cinque sensi del cinema/The Five Senses of Cinema, hrsg. von Alice Autelitano, Veronica Innocenti, Valentina Re, XI International Film Studies Conference, Udine 2005, S. 243-252, hier S. 246.

»Rather than catalysts of transgressions, ›ordinary‹ images that represent smell are instruments of discipline, and in particular of a discipline of the body. Instead of inviting sensory perception to spill over from vision to other senses, they subordinate the other senses to the sense of vision (and of hearing) and channel perception into the audiovisual mode«.[410]

Auch hier wird durch die Kanalisierung der Sinne der Film aus dem Kontext der Kinosituation gerissen und tritt dem körperlichen Ereignis der Kinoerfahrung gegenüber in den Vordergrund. Die derzeitige Mode von aufwändigen Kochfilmreihen dagegen scheint das Fehlen von Gerüchen und Geschmackswahrnehmung in diesen Filmen über die Kombination mit anschließenden passenden Menüs zu kompensieren.[411]

Aber riechen diese Filme wirklich nicht oder nie? Wie wäre dann der Trend zu Kochsendungen im Fernsehen zu erklären, die neben diesen exklusiven Reihen, in denen vorwiegend teure Produktionen mit ungewöhnlichem Essen kombiniert werden, einen regelrechten Boom feiern? Wie können ausgerechnet diese sparsamen, unscheinbaren Fernsehbilder sensuelle Effekte in uns auslösen? Ausschlaggebend scheint nicht die photorealistische Repräsentation riechender Mahlzeiten, sondern der haptische Umgang mit den Dingen zu sein. Die Zubereitung spielt eine entscheidende Rolle, der selbst eine Art taktiler Aufmerksamkeit, Geduld und vor allem Großaufnahmen zugestanden werden. Das Nachempfinden dieses haptischen Vorganges macht es möglich, dass ich das zubereitete Essen körperlich und multisensorisch, das heißt, mit allen Sinnen, erfahre.[412] So können gerade dunkle grobpixelige Videobilder in ihrer Unscheinbarkeit dennoch Geruchsempfindungen evozieren, wenn die Kamera entsprechend agiert. Das unscheinbare Zubereiten eines Gurkensalats in JARMARK EUROPA (Minze Tummescheidt, BRD 2004) kann kühle Frische verbreiten, denn die Kamera der Regisseurin folgt der gesamten Verrichtung vom Schälen bis zum Verspeisen aus einer Position, die einer Teilnahme an der Tätigkeit der kochenden Frauen gleicht. Und die Unterscheidung der Köchin in DREAM CUISINE (Takayuki Nakamura, J 2003) von Speisen mit und

---

410   Ebd., S. 248.
411   Zuletzt fand sich ein groß angelegtes Kochfilmprogramm im Sonderprogramm der Berlinale 2007: Kulinarisches Kino: Eat, Drink, See Movies. In Zusammenarbeit mit slow food und Spitzenköchen wurde hier ein Zusammenhang zwischen dem Kochen und der Zusammenstellung von Programmen hergestellt, der in der Selbstdarstellung des Berlinale-Chefs Kosslick als Koch gipfelte.
412   Vivian Sobchack: What my Fingers Knew. The Cinesthetic Subject, or Vision in the Flesh. In: Dies.: *Carnal Thoughts. Embodiment and Moving Image Culture*, Berkeley u.a., S. 53-84, hier S. 70.

ohne Glutamat oder Zucker wird allein über das taktile Bild der Kamera sinnlich vermittelt, die den unterschiedlichen Umgang mit den Rohstoffen quasi abtastet.

Synästhesie und Kino: cinesthetische Wahrnehmung

In diesem Zusammenhang kommt die zweite Möglichkeit der Auslösung von Gerüchen zum Tragen, die Evokation von Gerüchen durch synästhetische Effekte von Ton und Bewegung beziehungsweise Berührung. Filme erreichen die Evokation von Gerüchen nicht nur durch die Darstellung der haptischen Zubereitung von Mahlzeiten, der unseren ganzen Körper anspricht, sondern auch durch olfaktorische Montage, eine Montage, die nicht der visuellen Repräsentation, das heißt der narrativen Identifikation, sondern der sinnlichen Intensität folgt. So kombiniert der überaus ›duftende‹ Film DER DUFT DER GRÜNEN PAPAYA (Tran Anh Hung, F/Vietnam 1994) extreme Close-Ups von Oberflächen, die kaum noch erkennbar sind, mit verstärktem offscreen Ton, die gemeinsam das Potential der sinnlichen Vielschichtigkeit der Wahrnehmung eines Bildes erschließen.[413]

Ebenso wie der Tastsinn können andere Sinne, wie der Geruchssinn, durch Bilder angeregt werden, denn die visuelle Wahrnehmung ist immer multisensorisch.[414] Nach Marks bringt uns dieser intensivierte Einsatz des Tons näher an das Bild beziehungsweise das Bild näher an unseren Körper und ist zusammen mit den Close-Ups in der Lage, Geruchsempfindungen zu erzeugen. Da die Wahrnehmung von Tönen generell näher an meinem Körper angesiedelt ist als das Visuelle, dringt der intensive Ton in diesem Film wie Geruch in mich ein.

Die multisensorischen Qualitäten des Visuellen werden nach Marks synästhetisch wahrgenommen. Synästhesie bedeutet, dass die Reizung eines Sinnes andere Sinne mitstimuliert. Marks lehnt sich damit in ihrer Auffassung von der filmischen Wahrnehmung an Merleau-Ponty an, welcher die ›reine‹ Wahrnehmung durch einzelne Sinne für eine künstliche Isolierung hält.[415] Für Merleau-Ponty ist Synästhesie, wie gesagt, eine grundlegende

---

413   Vgl. Marks, Logic of Smell, S. 117. »It is indeed a fragrant film, less because we identify with characters who taste and smell than because it makes sound and vision synesthetic«. Marks, Skin, S. 222.
414   Vgl. Marks, Skin, S. 148.
415   Vgl. Merleau-Ponty, Das Kino, S. 31. Raymond Bellour überträgt die dieser Vorstellung einer Urschicht sehr ähnliche Annahme einer amodalen Wahrnehmung, die durch den Säuglingsforscher Daniel Stern vertreten wird, auf das Kino. In der frühkindlichen

Fähigkeit, die wir in unserer analytischen wissenschaftlichen Welt leugnen und verlernen. Im Unterschied zur klinischen Diagnose der genuinen Synästhesie, in der die Reizung eines Sinnes unwillkürlich andere Sinne mitbeeinflusst, die identitätsstiftend ist, unter Umständen aber auch zur Belastung werden kann, geht Merlau-Ponty von einer grundlegenden Zusammenarbeit der Sinne aus. Er spricht von einer leibhaftigen Urschicht der Sinne, »die der Teilung der Sinne vorgängig ist« und die die unterschiedlichen Welten der einzelnen Sinne miteinander verbindet.[416] Wir nehmen vermittelt über unseren Leib immer mit allen Sinnen gleichzeitig wahr, ein reines Sehen oder Hören ist ein künstlich erzeugter Zustand und entspricht nicht der natürlichen Wahrnehmung.[417]

Diese leibhaftige, ganzheitliche Grundstruktur der Wahrnehmung beschreibt insbesondere auch die Filmwahrnehmung, die Sobchack daher generell als cinesthetic bezeichnet. In der Teilnahme der Zuschauerin an der verkörperten Wahrnehmung des Films ist immer ihr ganzer Körper mit allen Sinnen eingebunden. »We are, in fact, all synaesthetes – and thus seeing a movie can also be an experience of touching, tasting, and smelling it.«[418]

Besonders deutlich wird dieses ganzheitliche, leibhaftige Empfinden in Bezug auf die Farbwahrnehmung. Auch wenn wir nicht alle bestimmte Klänge bestimmten Farben und umgekehrt zuordnen, wie manche genuinen Synästhetiker (zum Beispiel Kandinsky), so erfahren wir bestimmte Farben als kalt oder warm, werden wir durch einen bestimmten, verstärkenden Umgang mit Farben befähigt zur synästhetischen Erfahrung.[419] Die ›leibhaftige‹ Malerei Cézannes, die uns durch ihre vibrierende Skalierung

---

amodalen Wahrnehmung lassen sich in der Art der Synästhesie alle Sinne ineinander übersetzen. Die Faszination des Kinos liegt ganz ähnlich darin begründet, so Bellour, dass es im Ansprechen der Distanzsinne Sehen und Hören durch seinen gleichzeitigen mimetischen Zugang zur Welt alle anderen Sinne voraussetze. Vgl. Raymond Bellour: Das Entfalten der Emotionen. In: Kinogefühle. Emotionalität und Film, hrsg. von M. Brütsch, V. Hediger, U. v. Keitz, A. Schneider, M. Tröhler, Marburg 2005, S. 51-101, hier S. 78. Vgl. auch Daniel Stern: The Interpersonal World of the Infant. New York 1985.
416 Phänomenologie, S. 266.
417 Merleau-Ponty geht, wie gesagt, soweit, die synästhetische Wahrnehmung auf die Wahrnehmung im Allgemeinen auszuweiten und damit auch auf die Filmwahrnehmung.
418 Sobchack, What my Fingers, S. 70.
419 In der Psychologie wird die unwillkürliche, genuine oder starke Synästhesie von der willkürlichen, metaphorischen oder schwachen Synästhesie unterschieden. Diese ist auch erlernbar und wird kulturell beeinflusst. Vgl. Richard E. Cytowic: Wahrnehmungs-Synästhesie. In: Synästhesie. Interferenz – Transfer – Synthese, hrsg. von Hans Adler, Ulrike Zeuch, Würzburg 2002, S. 7-23, hier S. 7. Ob es sich um eine Dichotomie oder ein Kontinuum handelt, ist bisher nicht eindeutig geklärt.

der Farben die Qualitäten der Dinge mit dem Blick ertasten lässt, kann uns diese auch riechen lassen. Ein bestimmter Umgang mit Farbe lässt uns, Cézannes eigener Aussage zufolge, auch den »Duft der Dinge« sehen.[420] Für Marks zeigt die Farbwahrnehmung die generelle synästhetische Struktur unserer Wahrnehmung auf: »Color is but one example of the ways our experience is always synesthetic, always a mingling of our senses with one another and of our selves with the world.« Gleichzeitig betont Marks anhand der synästhetischen Kapazitäten der Wahrnehmung von Farben auch ein kulturelles Moment der metaphorischen Synästhesie, denn jede Farbe löst in jeder Kultur andere Empfindungen aus, ist mit anderen Erinnerungen verknüpft. Dadurch wird Farbe wie Geruch zum Träger minoritärer Geschichten. Die Synästhesie ist hier eine kulturelle Leistung, die auf der angeborenen Vielschichtigkeit der Wahrnehmung aufbaut, aber vom Symptom der unwillkürlichen Synästhesie stark abweicht.[421]

Im Film wirken Farben synästhetisch über einen zeichenhaften Charakter der Bilder hinaus, sprechen jenseits der Narration direkt die körperliche Wahrnehmung an. Damit verdeutlicht sich für Sobchack unter anderem in der Farbwahrnehmung die cinesthetische Struktur der Filmwahrnehmung. Auch wenn man der Farbe im Film keine grundsätzliche synästhetische Wirkungsweise zuschreiben möchte, wirken Farben im Film doch über ihre Bedeutung hinaus direkt auf unseren Körper. Ganz deutlich wirken einige Filme über ihren spezifischen Umgang mit Farbe synästhetisch – wenn sich die Farbe so über das repräsentierte Bild legt, dass es zum Affektbild wird.[422]

So sind es die satten Farben, die gemeinsam mit der olfaktorischen Montage – den extremen Nahaufnahmen von Oberflächen und dem verstärkten Ton – Gerüche und Tastempfindungen in NÉNETTE ET BONI (Claire Denis, F 1996) evozieren. Die Kadrierung ist durchgehend angeschnitten, der Orientierung dienende Einstellungen fehlen beinahe vollständig. Es gibt im gesamten Film keine Totalen, die Überblick verschaffen würden. Die Bilder sind fast grundsätzlich in der Halbnahen bis hin zur extremen Großaufnahme gehalten. Fast wirken sie unscharf und quellen über vor lauter Sinnlichkeit. Nahezu obszön wirken diese Bilder allein durch die Nähe der Kamera und die extreme Farbigkeit. So können eine Kaffeemaschine, ein

---

420 Vgl. Merleau-Ponty, Das Kino, S. 31f.
421 Marks, Skin, S. 213f.
422 Ich werde auf das Affektbild bei Deleuze in einem späteren eigenständigen Kapitel ausführlich eingehen.

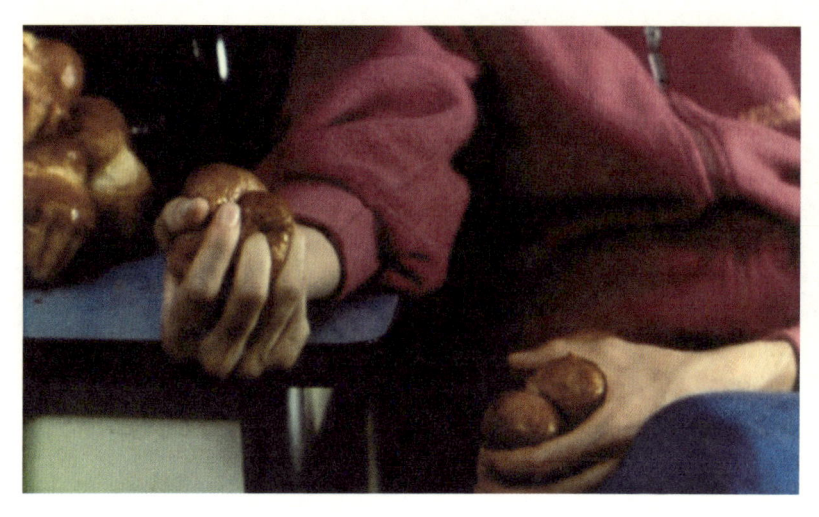

NÉNETTE ET BONI. Claire Denis, F 1996

Stück Stoff, ein Brioche und ein Hausschuh zu erotischen Objekten werden, die ich riechen und ertasten kann.

Die Dinge erreichen in NÉNETTE ET BONI eine Präsenz, die ich mit allen Sinnen erfahre. Gleichzeitig ist die taktile Nähe zu diesen Dingen ein Ersatz für die fehlende menschliche Nähe und vermittelt der Zuschauerin in ihrer Sinnlichkeit auch den Schmerz der beiden allein gelassenen Protagonisten.

Haptische Visualität

Die dritte, ebenfalls synästhetisch wirkende Möglichkeit der Auslösung von Geruchsempfindungen ist die oben im Zusammenhang der haptischen Ebene ausgeführte haptische Visualität – wenn der Blick, durch den Entzug von Sichtbarkeit und ein flächiges Bild ohne Tiefenschärfe, haptische Funktionen bekommt. Versteht man unter haptischer Wahrnehmung eine Kombination aus taktilen, kinästhetischen und propriozeptiven Funktionen, wird das Auge durch solche Bilder selbst zum Tastorgan. Tastempfindungen können nicht nur dem ertasteten Gegenstand zugeschrieben werden, sondern sind immer auch Teil des tastenden Körpers.

Die Grenze zwischen innen und außen löst sich in der Tastempfindung auf und ebenso in der haptischen Visualität.[423] Die Hierarchie der Sinne wird dadurch aufgehoben. Es ist für Marks vor allem die haptische Visualität, durch die die visuelle Ordnung der Darstellung unterlaufen werden kann, und durch welche die Nahsinne über das Visuelle angesprochen werden können. Sie sieht in der haptischen Visualität eine Möglichkeit, Gerüche zu evozieren, ohne deren Partikularität aufzugeben. Durch die in der visuellen Darstellung erreichte Nähe reagiert die Zuschauerin auf das Bild körperlich, statt aus der visuellen Distanz heraus das Dargestellte (und sich mit dem Dargestellten) zu identifizieren: »Haptic images encourage the ›viewer‹ to get close to the image and explore it through all of the senses, including touch, smell, and taste.«[424]

Diese haptische Wahrnehmung zeigt sie einerseits an Filmen auf, die sich auf Oberflächen von Dingen konzentrieren, Dinge, die durch diesen tastenden Blick neben Tastempfindungen, Gerüche und Geschmack vermitteln. ›Haptisch‹ bedeutet für Marks aber, wie oben anhand der haptischen Ebene ausgeführt, auch eine Eigenschaft des Mediums selbst, das in seiner Materialität Spuren des Gebrauchs trägt oder dessen Material in seiner Qualität die Maßstäbe transparenter Reproduktion nicht erfüllt und Leerstellen lässt. Da diese lückenhaften Bilder dem Auge nicht genügend Informationen geben, um sie identifizieren, verstehen und einordnen zu können, ist die Wahrnehmung dieser Bilder abhängig von allen Sinnen.[425]

Im Unterschied zu Sobchack und Hediger/Schneider wird demzufolge der Sehsinn bei Marks durch Synästhesie nicht erweitert und damit potenziert. Im Gegenteil wird dessen Transgression erst durch die Reduktion des Sehsinnes möglich. Die Lücken im Sichtbaren werden synästhetisch durch sinnliches Wissen, durch individuelle, körperliche, aber auch durch kulturelle Erfahrung ergänzt. Visualität hebt hier als reduzierte die Distanz zwischen Sehen und Gesehenem auf: Das Sehen kann nicht mehr von den anderen Sinnen getrennt werden, der ganze Körper wird im visuellen Medium Film angesprochen und nimmt mit allen Sinnen wahr, also auch dem Geruchssinn.

Die visuelle Wahrnehmung wird durch die körperliche Nähe zum haptischen Bild zur grenzüberschreitenden Wechselbeziehung oder Vermischung, ähnlich der Wahrnehmung durch die Nahsinne selbst. Während

---

423 Vgl. Marks, Video haptics, S. 332.
424 Marks, Logic of Smell, S. 118.
425 Vgl. Marks, Skin, S. 178.

die optische Sicht die Orientierung im Raum, und damit einordnende Identifikation möglich macht, und darin einer Form von visueller Herrschaft gleicht, entkommt das haptische Sehen diesem herrschaftlichen Charakter.[426] Statt sich mit einem allmächtigen Überblick das Gesehene anzueignen, versucht haptische Visualität das Objekt zu schützen. Die Wahrnehmung schmiegt sich dem wahrgenommenen Objekt zärtlich, mimetisch an, ohne es sich zu unterwerfen.[427]
In der Lückenhaftigkeit der haptischen Bilder sieht Marks nun die Möglichkeit, im visuellen Medium Film Erfahrungen auszudrücken, die in der herrschenden visuellen Ordnung nicht darstellbar sind. Film als Träger auch der ›niederen‹ Sinne kann durch deren Eigenständigkeit zum Träger anderer Sinnlichkeit, anderer Geschichte werden, die sich der offiziellen Kultur entzieht, beziehungsweise in deren Sprache nicht darstellbar ist.[428]

Gerüche und Gedächtnis

Marks untersucht in ihrer besonderen Aufwertung der Nahsinne nun einerseits den physiologischen Zusammenhang zwischen Gerüchen, Emotionen und Gedächtnis. »Smell has a privileged connection to emotion and memory, that the other senses do not«.[429] Andererseits beschreibt sie bestimmte Bilder von Dingen – materielle Artefakte, die für sie als Fetische oder Fossilien über die multisensorische Wahrnehmung zum Träger eines kulturellen Gedächtnisses werden. Gerüche als Erinnerungsspeicher garantieren uns nicht nur die körperliche Eingewobenheit in die Welt, sondern auch die »Wirklichkeit der Vergangenheit«.[430] Spätestens mit Proust ist dieser besondere Zugang zum Gedächtnis fast zum Allgemeinplatz geworden, kann inzwischen aber auch hirnphysiologisch nachgewiesen wer-

---

426 Vgl. Marks, Skin, S. 132, 184.
427 Vgl. Marks, Video haptics, S. 338, 347; vgl. auch Becker, Atmosphäre, S. 54f.; Sobchack, The Address of the Eye, S. 11ff.
428 Für Marks, die sich vor allem mit interkultureller, experimenteller Filmkunst beschäftigt, bewahrt diese Form von Visualität eine andere Sinnlichkeit. Migrantengruppen aus kulturellen Gemeinschaften, in denen das Taktile eine größere Rolle spielt und die Nahsinne wichtiger sind, nutzen im filmischen Bild die haptische Visualität. Sie umgehen damit die Einschränkungen der offiziellen Symbolisierung und der Darstellbarkeit, beziehungsweise die Herrschaft des Visuellen, und nutzen das sinnliche Potential der Bilder, um ihre eigene partikuläre Geschichte darstellen zu können. Vgl. Marks, Skin, S. 243.
429 Marks, Logic of Smell, S. 120.
430 Vgl. Sichtermann, Riechen – Schmecken – Sehen, S. 138f.

den, denn der Geruchssinn ist anders neuronal verschaltet als die anderen Sinne, hat direkten Kontakt zum limbischen System und damit ›unmittelbaren‹ Zugang zum Gedächtnis.[431] Das Nichtrationale der Gerüche wird so zum Erkenntnispotential, denn es sind diese, kognitiv eher unzugänglichen, nur unwillkürlich zu erweckenden Erinnerungen, die uns prägen.[432] Kognitiv nimmt man Gerüche oft erst wahr, wenn man emotional schon reagiert hat, nachdem man also die Situation körperlich schon verstanden hat. Dieses körperliche Verstehen umgeht die Register der Sprache und schließt die Erinnerung an Dinge ein, für die es keine Sprache gibt. Zwar sind Gerüche kaum als isolierte erinnerbar,[433] aber konkrete Erinnerungen sind über Gerüche weckbar, beziehungsweise an spezifische Gerüche gebunden.[434]

Ein und derselbe Geruch bedeutet für jeden Menschen etwas völlig Verschiedenes. Spezifische Gerüche können aber, obwohl die Erinnerungen, die an sie geknüpft sind, individuell bleiben, kulturelle Erinnerungsgemeinschaften bilden. In ihrem individuellen Charakter sind Geruchsempfindungen zwar nicht mitteilbar, über visuelle Evozierung werden sie jedoch kommunizierbar.[435] Vor allem innerhalb einer Erfahrungsgemeinschaft werden körperliche Erinnerungen, die in der offiziellen Geschichtsschreibung keine Rolle spielen oder nicht darstellbar sind, durch haptische Bilder vermittelbar. Auch gibt es bestimmte Gerüche, die ganz direkt verbunden sind mit dem kollektiven Gedächtnis gemeinsamer Geschichte, gemeinsamer Kultur oder gemeinsamer Traumata, wie zum Beispiel Kriegen.[436]

Gerüche als Träger dieses kollektiven Gedächtnisses tragen einerseits ein Wissen um das Verstehen von Welt und Geschichte mit sich, andererseits sind sie, gerade weil sie nicht reproduzierbar sind, auch nicht willkürlich erinnerbar. Eine eindeutige bildliche Vorstellung von Gerüchen ist nicht

431 Vgl. Marks, Logic of Smell, S. 119f.
432 »Dufteindrücke [bleiben, A.Z.] im Gedächtnis besonders gut haften [...], insbesondere dann, wenn sie mit emotionsträchtigen Erinnerungen gekoppelt sind«. Burdach, Geschmack und Geruch, S. 123f.
433 Es besteht ein Wechselverhältnis von Übung und Gedächtnis, das sowohl für die Entwicklung unserer sinnlichen Wahrnehmungsfähigkeit als auch für unser Gedächtnis ausschlaggebend ist. Vgl. ebd., S. 122ff.
434 Anne Paech hat Erinnerungen von Schriftstellern an das Kino zusammengetragen, die allesamt von spezifischen Gerüchen bestimmt werden. Ganz wesentlich für die Erinnerung an das ganz frühe Kino scheint dabei immer die dort herrschende schlechte Luft zu sein. Vgl. Paech, Das Aroma des Kinos.
435 Vgl. Marks, Logic of Smell, S. 119ff.
436 Vgl. ebd., S. 123; vgl. auch Sichtermann, Riechen – Schmecken – Sehen, S. 130f.

möglich und diese sind nicht direkt an das filmische Bild zu knüpfen.[437] Marks untersucht daher Strategien interkultureller Filme, das Gedächtnis aus den Limitationen des audiovisuellen Bildes zu extrahieren.[438] So kann olfaktorische Montage statt zeichenhafter audiovisueller Montage, die auf sofortige Erkennbarkeit, auf repräsentative Gestalten abzielt, um eine allgemeingültige Geschichte zu transportieren, individuelle Geschichten vermitteln. Gerüche als nicht kommunizierbare individuelle Geschichte werden in diesen Bildern durch die visuelle Evokation kommunizierbar. Kommunizierbar werden damit Erinnerungen, die keine Sprache haben.[439]

Es ist diese Fähigkeit der haptischen Visualität, körperliche Erinnerungen über das Visuelle zu transportieren, die verloren geht, wenn auch die Nahsinne als technisch reproduzierbare Effekte zum Visuellen hinzuaddiert werden.[440] Die addierten reproduzierten, uniformierten synthetischen Gerüche sind Gerüche, die keine individuelle Geschichte haben und auf ihren informativen symbolischen Gehalt reduziert sind. Die Abtrennung der Gerüche von ihrer konkreten Materialität reduziert Gerüche auf abstrakte Zeichen, die kommunizierbar, wie Waren weltweit tauschbar sind.[441] Das körperliche, mimetische Wissen geht verloren, wenn Gerüche auf diese Weise von ihrer Individualität abgetrennt und als universelle Effekte ›eingebrannt‹ werden.[442]

---

437 Filmtheorie, die versucht, die Gerüche des Films und des Kinos starkzumachen, setzt sich dem Verdacht der Irrationalität aus, denn sie muss gerade die subjektive, nicht (mit)teilbare Kinoerfahrung und damit den Kontext des Films wie auch die subjektive Projektion mit einbeziehen.
438 Gerade wenn die eigene Geschichte von Migranten sonst in der offiziellen Sprache nicht repräsentierbar ist und in der Geschichtsschreibung ausgelassen wird, können die ›niederen‹ Sinne helfen, das eigene kulturelle Gedächtnis zu vermitteln. Vgl. Marks, Skin, S. 243.
439 Vgl. Marks, Logic of Smell, S. 119. An anderer Stelle schränkt Marks klärend ein: »Film cannot stimulate the precise memories associated with a smell: only the presence of the smell can call them up. Yet a haptic image asks memory to draw on other associations by refusing the visual plenitude of the optical image.« Laura Marks: Institute Benjamenta. In: Dies.: Touch. Sensuous Theory and Multisensory Media. Minneapolis, London 2002, S. 127-139, hier S. 133.
440 Man stelle sich zum Beispiel den standardisierten Zederngeruch synthetischer Lufterfrischer begleitend zu jedem im Film auftauchenden Nadelgehölz vor. Die Evokation von individuellen Gerüchen und Kindheitserinnerungen an den Wald wäre nicht mehr möglich, der Geruch würde als ein abstraktes Zeichen für Wald gelesen.
441 Vgl. Marks, Skin, S. 245.
442 Dennoch setzt die Widerständigkeit der Köper und der Kulturen, nach Marks, der uniformierenden Globalisierung der Gerüche neue materielle hybride Mischformen entgegen und unterläuft subversiv die Tendenz zur Abstraktion. Der erstaunliche Erfolg der vielen Kochsendungen könnte ebenfalls eine unbewusste Strategie des Massenpubli-

Kulturelles Gedächtnis / fossile Bilder

Bilder im Kino lösen demnach nicht nur multisensorische Empfindungen, sondern Erinnerungen aus, die körperlich sind.

»These memories are embodied and multisensory, so that watching a movie can awaken memories of touch, smell, taste and other ›close‹ senses that cannot be reproduced as sound and visual images can. Because movies engage with our embodied memories, each of us experiences a movie in an absolutely singular way.«[443]

Neben der phänomenologischen und psychologischen Darstellung der synästhetischen Wahrnehmung der filmischen Bilder dient Marks der Bergson'sche beziehungsweise der Deleuze'sche Bildbegriff zur Untermauerung ihrer These der multisensorischen Wahrnehmung von Bildern. Nach Marks Lesart von Bergson ist unsere Wahrnehmung von Bildern auch durch ihr Verhältnis zum Gedächtnis im Kern immer schon multisensorisch.[444] Es ist das Körpergedächtnis, das die visuelle Wahrnehmung durch Empfindungen anderer Sinne erweitert.

In unserer Wahrnehmung eines Gegenstandes wird das ganze körperliche Wissen um den wahrgenommenen Gegenstand aufgerufen. Ein Bild spricht daher vor allem über das Gedächtnis alle Sinne an.

»[...] ›Image‹ is not simply the visual image, but the complex of all sense impressions that a perceived object conveys to a perceiver at a given moment. Thus images are always both multisensory and embodied. Pure memory does not exist in the body, but it is in the body that memo-

---

kums sein, sich angesichts der standardisierten Nahrungsmittelindustrie des individuellen Schmeckens positiv zu vergewissern.
443 Marks, Logic of Smell, S. 122.
444 Marks Lesart von Bergson wertet die Trennung von Körpergedächtnis und virtuellem Gedächtnis in ihrer Gewichtung etwas um, indem sie das Verhältnis der Nahsinne zum Gedächtnis betont. Bei Bergson führen die Nahsinne in der Einheit von Sensation und Perzeption zu direktem Kontakt und damit zu unmittelbarer Reaktion, während der Sehsinn durch den größeren Abstand eine Zone der Indeterminiertheit und damit möglichen Zugang zum virtuellen Gedächtnis schafft. »[...] these distinctions are quantitative, not qualitative. All sense perceptions allow for and indeed require, the mediation of memory. Consequently, even the ›mere contact‹ sensations engage with embodied memory. Memory teaches us to ignore an odor that constantly pervades our environment, for example. Culture teaches us which odors are to be avoided [...] However, as the œvre of Proust, who read Matter and Memory, demonstrates, any sense perception can call up seemingly infinite, widening circles of memory like concentric riples on a pond.« Marks, Skin, S. 147.

ry is activated, calling up sensations associated with the remembered event.«[445]

Ein Bild wird in unserer Wahrnehmung über unser Gedächtnis, dem Kreisen in den verschiedenen Ebenen des Gedächtnisses, mit allen Sinnen wahrgenommen.[446] Ein visuelles Bild regt über das Gedächtnis vor allem dann alle Sinne an, wenn es nicht leicht einzuordnen, das heißt nicht als Klischee lesbar ist. Das körperliche Verhältnis zum Bild generiert über das Gedächtnis dessen individuellen Sinn, der über das kognitive Verstehen von Ton und Bild hinausgeht. Filmwahrnehmung als Kommunikation von Körpern erzeugt singulären Sinn, der nicht in den von Ton und Bild vermittelten Informationen aufgeht. Der Sehsinn wird hier nicht über hyperrealistische Bilder um die synästhetische Fähigkeit des Riechens erweitert, sondern der Verlust der visuellen Fähigkeiten ruft die Erinnerung der Nahsinne auf. Das Ausgesparte wird über das Gedächtnis sinnlich wahrgenommen, die haptische Oberfläche an körperliche Erinnerung gekoppelt, gerade wenn die willkürliche Erinnerung nicht aufrufbar ist.[447]

Von Marks untersuchte Erinnerungsbilder sind vor allem Bilder, die eine materielle Spur der Vergangenheit in sich tragen, ohne die Ereignisse der Vergangenheit zu repräsentieren: aus dem Kontext gerissene Objekte, Erinnerungen, die nur über den Körper erweckbar sind, Bilder von Gegenständen, die sich nicht in das Handlungsschema der Gegenwart einpassen. Wenn diese Erinnerungsbilder nicht als konkrete Erinnerung aktivierbar sind, werden sie zu ›Fossilien‹, welche die Vergangenheit versteinert in sich tragen. Die konkrete, narrative Erinnerung scheitert an diesen ›Fossilien‹, die Objekte und Gerüche befremden. Da diese Erinnerungsbilder aber kein Abbild des Gedächtnisses, sondern die indexikalische Spur der Vergangenheit sind, tragen sie die Erinnerungen materiell mit sich, auch wenn diese in manchen Fällen nicht aktivierbar sind. Die nicht einbindbaren Erinnerungsbilder werden gerade für andere Kulturen zu ›radioaktiven‹ Bil-

---

445 Ebd., S. 73. Das Zitat bezieht sich auf die engl. Ausgabe von Materie und Gedächtnis: Henry Bergson: Matter and Memory. New York: Zone 1988, S. 36-38, S. 179.
446 Ebd., S. 212f.
447 Marks untersucht, mit Deleuze argumentierend, auch ganz bestimmte Bilder, die als affektive Erinnerungsbilder insbesondere zum Träger kulturellen Gedächtnisses werden können. Der Geruch selbst kann mit Deleuze als Erinnerungsbild verstanden werden, denn er trägt eine Erzählung in sich, die über meinen Körper aktiviert werden kann. Im Film ähneln dem Geruch am ehesten die Affektbilder, die durch die Beeinflussung von Körper und Gedächtnis Erinnerungen auslösen können, statt direkt in Handlungen weitergeführt zu werden. Das Affektbild wird individuell erfahren, bildet vor allem auch als Auslöser von Geruchsempfindungen über meinen Körper individuellen Sinn. Vgl. Marks, Logic of Smell, S. 123.

dern.[448] Sie starren uns an, sind wie Prousts ›mémoire involontaire‹ nicht kontrollierbar.[449] Fossilien sind befremdend, schockieren durch eine andere Geschichte, eine andere Sinnlichkeit.[450] Diese kinematographischen Bilder entfremden die eigene Wahrnehmung in der Konfrontation mit der anderen Kultur, zeigen uns die Grenzen unserer eigenen Wahrnehmung auf.[451] Filme können einen anderen Umgang mit den Sinnen erfahrbar machen, uns lehren, oder zumindest die Wahrnehmung sensibilisieren. Sie können die eigenen sinnlichen Fähigkeiten erweitern und ermöglichen nach Marks das Erstellen von sinnlichen Geographien.[452]

> »Although cinema is an audiovisual medium, synaesthesia, as well as haptic visuality, enables the viewer to experience cinema as multisensory. These sensory experiences are, of course, differentially available to viewers depending on their own sensoria, but [...] sense experience can be learned und cultivated [...] the meeting of cultures in the metropoli is generating new forms of sense experience and new ways of embodying our relation to the world.«[453]

Diese Erweiterung der eigenen sinnlichen Fähigkeiten beschränkt sich nicht auf das interkulturelle Kino. Nahsinne spielen eine Rolle in ästhetischen Formen und Filmprogrammen, die versuchen, sich der vorherrschenden visuellen Wahrnehmung zu entziehen und für andere Arten des Sehens zu sensibilisieren.[454]

---

448 Marks verbindet, in ihrer Beschreibung von Bildern als radioaktiven Fossilien, das Benjamin'sche dialektische Bild und dessen Begriff vom Fetisch mit dem Fossil bei Deleuze. Das Fossil oder der Fetisch, beide für sie in bestimmten Erinnerungsbildern vereint, springen den Betrachter an, denn die Vergangenheit ist in ihnen noch lebendig. »Benjamin's fetish and Deleuze's fossil have in common a disturbing light, an eerly beckoning luminosity. In the fetich it is called aura, in the fossil it is called radioactivity. Aura is what makes the fetish volatile, because it incites us to memory without ever bringing memory back completely. Similarly, when a fossil is ›radioactive‹ that is because it hints the past it represents is not over, it beckons the viewer to excavate the past, even at his or her peril.« Marks, Skin, S. 81.
449 Ebd., S. 51.
450 Vgl. ebd., S. 91.
451 Vgl. ebd., S. 124.
452 Vgl. ebd., S. 246.
453 Ebd., S. 22f.
454 Zum Zusammenhang dieser ästhetischen Versuche mit Filmen von Frauen vgl. Christine Noll Brinckmann: Die weibliche Sicht. In: Das Experimentalfilm-Handbuch. Hrsg. von Ingo Petzke. Frankfurt am Main: Schriftenreihe des dt. Filmmuseums 1989, S. 171-190, hier S. 187ff.

FAMILIENGRUFT – LIEBESGEDICHT AN MEINE MUTTER. Maria Lang, BRD 1982

Bilder ermöglichen in ihrer Vielschichtigkeit verschiedene Zugänge. Haptische Wahrnehmung, das Ertasten von Oberflächen mit dem Blick, ist, wie gesagt, nicht jeder auf gleiche Weise zugänglich und wird mitbestimmt durch kulturelle Praktiken und Geschichte. Durch ästhetische Mittel kann diese Art der Wahrnehmung ganz bewusst als Gegenposition eingesetzt werden. Die Verminderung der Sichtbarkeit, Flächigkeit, Lücken im Sichtbaren, die das Auge zum tastenden Organ werden lassen, ist häufig eine Taktik in Filmen, die sich der haptischen Visualität bedienen, um sich der offiziellen Repräsentation des Realismus und der Zentralperspektive zu entziehen und mit befremdenden Bildern die Grenzen der dominanten visuellen Kultur aufzuzeigen.

III. Wahrnehmung bei Gilles Deleuze

»Aber auch der Nomade ist nicht notwendig jemand, der sich bewegt: Es gibt Reisen auf der Stelle, Reisen an Intensität, und selbst geschichtlich sind die Nomaden nicht jene, die sich nach der Art von Wanderern bewegen, sondern im Gegenteil diejenigen, die sich nicht bewegen und sich nur nomadisieren, um am gleichen Platz zu bleiben, indem sie den Codes entgehen.«[1]

Haptische Bilder in BEAU TRAVAIL

Im Folgenden werden die bisher beschriebenen Momente der Wahrnehmung durch eine Analyse von BEAU TRAVAIL (Claire Denis, F 1999) plastischer werden. Ich beziehe mich im Unterschied zu meiner Beschreibung von L'ECLISSE auch auf die Narration, um zu zeigen, wie sehr durch die Suggestivkraft der Bilder die körperliche Wahrnehmung von Qualitäten, der tastende Blick, gegenüber der Narration in den Vordergrund treten und diese bestimmen kann. Die Narration, in ihrer assoziativen, nicht linearen Struktur, tritt hier auf eine Weise zurück, welche diese Wahrnehmung ermöglicht.

Männerkörper und blickende Frauen

Auf der narrativen Ebene geht es in BEAU TRAVAIL um die Erinnerung an die Fremdenlegion des unehrenhaft aus der Legion entlassenen Galoup (Denis Lavant), entlassen wegen des Versuchs, einen Konkurrenten um die Gunst seines Vorgesetzten auszuschalten. Der Konflikt zwischen den beiden unterschiedlichen Legionären hatte bis zur Entsendung des Konkurrenten in den sicheren Tod geführt – nur mit einem Kompass in die

---

1   Gilles Deleuze: Nomaden-Denken. In: Ders.: Short Cuts, hrsg. von Peter Gente, Heidi Paris, Martin Weinmann, Frankfurt am Main 2001, S. 80-99, hier S. 99. [OA 1973]

BEAU TRAVAIL. Claire Denis, Frankreich 1999

Magnetfelder einer Salzwüste. Es geht um die Zwischenexistenz der Legion, die ohne Funktion, eingezwängt zwischen afrikanischer Wüste und Meer, zum reinen Stil geworden ist. Und es geht um die latente und offene Homosexualität, die diese rein männliche Familie trägt.

Die Rückblicke des Entlassenen werden von den Bildern seines neuen Alltags begleitet, in dem er versucht, den alten nicht abreißen zu lassen – seinen Körper ähnlichen disziplinären Maßnahmen zu unterziehen, immer noch militärisch exakt seinen Haushalt zu bestreiten.

Angeregt wurde die Handlung von Hermann Melvilles letztem Roman *Billy Bud*, dessen Vertonung von Benjamin Britten zum Schlüsselthema wird, wenn die düsteren Chöre der Meuterei den harmonischen Gesängen der Legion gegenübergestellt werden. Diese Handlung tritt allerdings in den Hintergrund. Alles ist Erinnerung. Bevor die Erzählung anfängt, gibt es weder Sprache noch Aktion, nur eine Aneinanderreihung scheinbar zufälliger Beobachtungen der alltäglichen Hausarbeit der Legionäre. Erst mit dem Einsetzen des rückblickenden Monologs beginnen militärische Kampfübungen. Die Geschichte wird von da an durch Erinnerungen aus dem Off getragen, aber selbst diese sind nicht streng linear erzählt. Es gibt keine dominante Zeitstruktur.

Neben dieser Erzählung aus dem Off, welche die Legion zu einer Fiktion der Vergangenheit werden lässt, stehen die Bilder des Alltags afrikanischer

BEAU TRAVAIL. Claire Denis, Frankreich 1999

Frauen. Man könnte von zwei Erzählern sprechen: die Fiktion der Erinnerung aus dem Off und die dokumentarische, gegenwärtige Kamera.

Diese Spaltung der Erzählhaltung bestimmt das Geschlechterverhältnis in diesem Film. Die Aufteilung in die Fiktion der männlichen Legion und die Darstellung des Alltags der afrikanischen Frauen wird nicht von unterschiedlicher Identifikation getragen, sondern den zwei Kamerahaltungen. Insgesamt wird der Blick und damit die Identifikation nicht gelenkt. Das klassische, von Mulvey beschriebene Verhältnis von Objekt und Blick,[2] des die Narration tragenden Helden und der angeblickten Frau,[3] wird höchstens in seiner Umkehrung zitiert. Die Frauen sind hier nicht das Objekt des männlichen Blicks, sondern blicken auf die in sinnloser (Nicht)handlung verstrickten Fetisch-Männer – ein Blick, der zusammen mit dem Ton, dem Geflüster der Frauen, die teilweise überhöhende Betonung der Körper durch Untersicht aufbricht.

Einmal fahren Frauen in einem bunten Bus langsam an den marschierenden Legionären vorbei – die Legionäre blicken nicht auf, die vorbeifah-

---

[2] Mulvey, Visual Pleasure and Narrative Cinema.
[3] In dieser am klassischen Hollywoodkino beschriebenen Blickstruktur wurde die Frau zum angeblickten Objekt des männlichen Blicks und damit zur Kastrationsdrohung, mit der innerhalb der Narration durch Fetischisierung oder Bestrafung umgegangen wurde.

renden Frauen blicken sie um so direkter an.[4] Doch diese blickenden Frauen sind ebenfalls keine Träger der Handlung, vor allem die Nomadenfrauen stehen erst recht außerhalb der Geschichte. Ihr Blick ist oft nur scheinbar auf die Männer gerichtet. Durch die Montage wird eine Beziehung gebildet, die dann irritiert wird. Daneben gibt es den Umgang der städtischen Frauen mit der Kamera, provozierende, selbstbewusste Blicke, einen Kuss in die Kamera im filmartigen Discogeflacker, die Selbstbetrachtung der tanzenden Frauen im Discospiegel, in den die Legionäre von hinten eintreten, oder einen gegen die Kamera gerichteten Steinwurf. So scheinen sie zum Beispiel einmal über einen stilisierten Übungseinsatz der Legionäre in einem leerstehenden Haus zu lästern, blicken aber tatsächlich auf einen Mann, der einen Telefonmast repariert. Unvorbereitet wird zu einem im Dorf ankommenden Bus geschnitten, eine Frau steigt aus, geht in einen mit Coca Cola-Schildern bedeckten Laden. Innen handelt sie, es geht um fallende Preise für geknüpfte Teppiche – eine dokumentarische, dunkle Innenaufnahme. Erst in diesem Kontrast zu den alltäglichen Verrichtungen und Gesprächen der Frauen scheint die perfektionierte, stilisierte Hausarbeit der Legionäre zur militärischen Übung zu werden.

Nichtgreifbares Flirren

Dennoch ist dieser Inhalt des Films und die Umkehrung der Blickstrukturen nicht das, was seine Wirkung ausmacht. Der Film erreicht seine Suggestivkraft nicht dadurch, dass er das Geschlechterverhältnis umgekehrt behandelt oder einen Melville-Plot bearbeitet. Die Wirkung des Films beruht auf der Intensität seiner Bilder. Diese Intensität wird über die im Wechselverhältnis mit dem Material (35mm) stehende Form der nichtnarrativen, assoziativen Verknüpfung erzeugt. Diese ermöglicht, dass jedes Bild für sich stehen kann, sich nicht in der Handlung auflöst.[5] Selbst der Blick auf die Männer ist oft ein kontextfreies Abtasten ihrer Gesichter durch die Kamera, das diese in ihren Unterschieden für sich stehen lässt. Ihre physi-

---

4   Im Gegensatz zu dem oben beschriebenen Film CALENDAR von Atom Egoyan wird hier den Frauen ein fernsichtiger, beobachtender Blick zugeordnet, während das haptische Abtasten der Details durch den nahsichtigen Blick oft dem männlichen Alltag zugehört.
5   Manche Assoziationen reichen auch über den Film hinaus: So wird Bruno Forestier, der Chef der Compagnie, der eine dunkle Vergangenheit im Algerienkrieg haben soll, von Michel Subor gespielt, dem Schauspieler des ›petit soldat‹ von Godard. (LE PETIT SOLDAT, F 1963).

BEAU TRAVAIL. Claire Denis, Frankreich 1999

schen Körper werden zum Charakter durch die Dauer, welche die Kamera von Agnès Godard ihnen lässt – Zeit, in der Unterschiede und Spuren sich einprägen können. Ich kann diese Körper in nahen Einstellungen ansehen, ertasten, ihre Bewegungen nachvollziehen und ihre Narben spüren, ohne sie mir in zentralperspektivischen Totalen anzueignen. Zwar gibt es Totalen, in diesen wird der Blick aber immer auf irgendeine Weise gestört. Mal bedeckt aufgewirbelter Staub die Körper, mal verlieren sie sich durch zu große Distanz winzig klein in der Wüste. Daneben stehen zahlreiche Panoramen von Wüste und Meer, die aber dennoch flächig wirken, weil sie den Raum auflösen.

Zum Thema des Films wird vor allem das Licht – Licht und Materie in allen elementaren Formen, die in dieser Intensität nur durch Film erfahrbar werden. Den Film durchzieht dieses gleißende Licht der Wüste, dessen Spiegelungen, Brechungen im Wasser, Geflimmer und Reflexe, die es in den Kristallen der Salzwüste erzeugt. Demgegenüber steht die raue, abweisende Oberfläche der Steine, die das Licht zu schlucken scheint; die harten Kontraste und fast physischen, schwarzen Schatten, die dieses Licht erzeugt; die Farben, die es zum Leuchten bringt und die Dunkelheit, wenn es nicht mehr da ist. Auch extremer Dunkelheit wird Raum und Zeit gelassen, diese teilweise nur durch eine glühende Zigarette noch aufgebrochen. Oft ist das Bild in verschiedene Qualitäten des Lichts geschichtet. Der

Vordergrund befindet sich im Schatten des Hauses der Legionäre, durch einen Maschendrahtzaun vom gleißenden Licht abgetrennt – dahinter das leuchtende Blau des Meeres.

Die Sonne blendet und lässt Dinge verschwimmen. Sie steht im Verhältnis zum Meer, das sie in immer neuen Farben erscheinen lässt. Sehr oft entstehen Gegenlichtreflexe in der Kamera. Wie um dem zu entsprechen, werden immer wieder lange Überblendungen eingesetzt. Schwarzblenden trennen die Gegenwart von der Vergangenheit ab und die einzige Weißblende erfolgt auf die Rettung des jungen Soldaten, der die Intrige überlebt hat und in einem bunten afrikanischen Bus wieder erwacht. Er wird das sehen, was Galoup durch sein Eingewobensein in die Fiktion der Legion nie sehen konnte – diese Farben.

»Warum bin ich ein so bornierter Legionär gewesen?« fragt sich Galoup in der Marseiller S-Bahn sitzend. »Was habe ich gesehen von der Wüste, von den Karawanen, den Kamelen?« Die Aufnahmen von Marseille haben ein anderes Licht. Hier herrschen Grüntöne vor – die einzige in der Wüste fehlende Farbe. Kein Glanz, kein Flirren.

Dieser Lichtkontrast wird über Bildparallelen betont, den memorierenden Verknüpfungslinien über Ähnlichkeiten, den Schnitten zwischen Galoups fiktiven Versuchen, die militärischen Abläufe auch nach seiner Entlassung fortzusetzen. So wird zum Beispiel einmal eine Szene mit ihm beim Bügeln montiert mit dem Blick auf seine Männer, die sich zwischen zwei Seilen in der Luft fortbewegen. Die Bewegung der Kamera geht weiter über die olivfarbene Wäsche der Legionäre, die im Wind flattert, hin zur Legion beim Bügeln. Im Anschluss ist eine Frau zu sehen, die ihre vielfarbige Wäsche eher nachlässig aufhängt, und wieder die homoerotische Zärtlichkeit beim gemeinsamen Wäscheaufhängen zweier Männer der Legion.

Der Film lässt sich viel Zeit für diese Wäsche, fährt oft die langen Leinen ab, die über dem Meer flattern, und zeigt im Kontrast dazu die bunten Wäschestücke in einem Innenhof. Über ihre Farbe wird die Wäsche zum Bedeutungsträger, zunächst aber wird sie haptisch erfahren. Die Struktur der geriffelten oder glatten, getarnten oder leuchtenden Stoffe lese ich nicht – ich spüre ihren Unterschied.

Die Kamera geht vom Objekt und vom Ort aus. Statt diesen eine Form überzustülpen, nähert sie sich behutsam an. Ihr Blick ist nie wirklich zentriert, schweift neugierig ab. Oft wird Handkamera benutzt, die aber nicht naturalistisch einen bestimmten subjektiven Blick aufnimmt. Details, Fragmente, wie die Kartoffeln schneidenden Hände der Legionäre, werden begleitet von beiläufigen Gesprächen, in scheinbar dokumentarischem

Ton. Selbst die teilweise einsetzende Überhöhung⁶ der Legionärsfiktion löst die Kamera sogleich durch ihre Beharrlichkeit wieder auf.

Genauso wie mir diese haptischen Bilder ermöglichen, über die synästhetischen Eigenschaften meines Leibes die Oberflächen der Stoffe visuell zu ertasten, lässt mich mein Auge das Meer, die Wüste und den Schweiß riechen, das Salz, den Staub und das Essen schmecken.⁷

Bilder nach dem Verschwinden des Menschen

Dieses Hängenbleiben am Detail, das Abtasten mit der Kamera, vor allem auch der Männerkörper, macht diese physisch erfahrbar und identifizierende Aneignung unmöglich. Ich schmiege mich an Oberflächen, werde aber auch abgewiesen. Die Wüste wirkt nie klischeehaft pittoresk. Ihr Staub verschlingt die Legionäre, die ihr in einer sinnlosen Aktion versuchen, Raum abzutrotzen. Die Materialien der Legion können sich gegen eine solche Übermacht von Sonne, Wasser und Stein nicht behaupten, ihre Technik – Panzer und Flugzeuge – verrottet im Wind. Eine kristalline Kruste bildet sich auf dem langsam in der Salzwüste verdurstenden Legionär.

Claire Denis, die Tochter eines Kolonialbeamten, greift in BEAU TRAVAIL auf einige Bilder ihrer Kindheit in Afrika zurück – der in der Wüste verschwindende Zug, die sinnlos im Wind flatternden Flaggen der Legion:

> »Wenn man Dschibuti einmal gesehen hat, kann man es nicht mehr vergessen. Es ist ein Land, wo die Natur sehr primitiv ist: das Salz, das Meer und die Lava.«⁸

Diese Landschaft, die noch ständigen Veränderung unterworfen ist, wirkt auf sie »wie vor dem Auftauchen«, oder nach dem Verschwinden des Menschen. Denis zitiert hier in einem Interview zwar nur scheinbar Merleau-

---

6 Aufgrund dieser Überhöhung der männlichen Körper wurde dem Film Riefenstahl-Ästhetik vorgeworfen. Diesen Vorwurf kann ich in keiner Weise nachvollziehen, denn er löst diese Bilder aus ihrem Zusammenhang, folgt nicht dem weiteren Vorgehen der Kamera.
7 Ich habe oben mit Vivian Sobchack beschrieben, unter welchen Bedingungen ich Bilder schmecken kann. Auch dies wird in BEAU TRAVAIL evoziert. Dabei ist es wichtig, dass keine Stillleben Essen und damit Gerüche repräsentieren, sondern dass ich wie in diesem Film, der manuellen Zubereitung von Gerichten in ihrer ganzen Dauer folgen kann. Vgl. dazu vor allem Sobchack, What my Fingers.
8 Schöne Arbeit. Interview mit der Regisseurin Claire Denis (»Beau Travail«) über Afrika und die Fremdenlegion. Geführt von Michael Alten. Süddeutsche Zeitung, 10.5.2001.

BEAU TRAVAIL. Claire Denis, Frankreich 1999

Ponty, ihr Film ist allerdings wie eine Fortsetzung der Versuche von Cézanne, die Landschaft vor den zweckrationalen Ordnungen der Wahrnehmung des Menschen zu malen oder, wie Lyotard sagt, nach dem Verschwinden des Menschen, nach dem Niedergang der Erscheinung.

Ebenso wirkt die haptische Wahrnehmung dieser Elemente in Denis' Film wie vor dem Auftauchen oder nach dem Verschwinden narrativer Ordnungen. Oft treten die Legionäre in das Wüstenpanorama ein, durchqueren es und treten wieder aus. Das Bild der Wüste bleibt stehen – verlassen. Nur der Ton leitet weiter, aus diesen *Temps-mort* Bildern heraus – aus den rein optischen Situationen. Bilder, die wie bei Antonioni das Sehen der Dinge ›wie zum ersten Mal‹ ermöglichen, indem sie den Blick nicht, oder ungewohnt, lenken. Das Visuelle verweist hier nicht zeichenhaft, sondern wird in seiner Materialität gefühlt. Wie in L'ECLISSE, den ich in der Einleitung mit Deleuze als Zeit-Bild beschrieben habe, sprengt die ›unmittelbare‹ Präsenz der Materie die zu Klischees geronnenen symbolischen Zeichen des Bewegungs-Bildes.[9]

Da die Bilder alle ihren Wert behaupten, sind sie kaum hierarchisch geordnet. Die trotzdem im Film herrschende Spannung wird durch den Ton und die extremen Gegensätze erzeugt, die sich in plötzlichen Umbrüchen

---

9 Zeit-Bild, S. 15ff.

entladen. So wird ein Flugzeugabsturz nicht visuell eingeleitet, sondern ereignet sich über einbrechenden Lärm und einen Farbwechsel des Meeres, das sich plötzlich rot färbt – ein physischer, materieller Einbruch in die bis dahin fast meditative Erzählweise. Die sich von diesem Moment an häufenden Aggressionsentladungen zwischen den Legionären stehen im Spannungsverhältnis zu den naiven, friedlichen Szenen, in denen sie Haushalts-Tätigkeiten übernehmen, sehr feminin und vertraut scheinen.[10]

Dieser Kontrast zeigt sich in den unterschiedlichen materiellen Qualitäten der Oberflächen der Dinge in diesen Szenen: staubig, abweisend, dunkel die einen, hell und bunt die anderen. Aufgehoben wird die Spannung erst ganz am Ende, in einer aus allen anderen Bildern herausragenden Szene, die sich mit dem Abspann verknüpft. Galoup befindet sich plötzlich wieder in der afrikanischen Disco, betrachtet sich im Spiegel, wie vorher die Frauen. Zur Musik von Corona fängt er vorsichtig an, sich zu bewegen. »Rhythm of the Night«, ein Tastschritt, dann noch einer. Er fängt an zu tanzen und tanzt, alles hinter sich lassend, bis sein Körper zu zerspringen scheint und vielleicht einen neuen Blick ermöglicht.

Der haptische Raum

In BEAU TRAVAIL tritt die Handlung gegenüber den ausgedehnten Bildern zurück. Dadurch kann das Auge die Oberflächen ertasten und das haptische Sehen vorherrschen, das sonst dem der Handlung folgenden, nach Abgeschlossenheit strebenden optischen Blick Platz machen würde. Dennoch verwundert an dieser Stelle vielleicht die generelle Zuschreibung des haptischen Sehens, da ich dieses im Zusammenhang der haptischen Ebene Riegls eingeführt hatte. Die haptische Ebene im Film ist bei Antonia Lant und bei Laura Marks eine der Nahsicht, in BEAU TRAVAIL stehen Nahaufnahmen aber neben zahlreichen Panoramen von Wüste und Meer. Wüste und Meer werden jedoch selbst in einer zentralperspektivischen Aufnahme aus der Distanz zur Fläche, die mit dem Horizont verschmilzt und ihn zu überschreiten scheint. Durch diese Überschreitung und die fehlende Staffelung von Gegenständen in verschiedenen Größenverhältnissen ver-

---

10 In diesen Szenen sind sie dann auch von Farben umgeben, im Gegensatz zu den militärischeren Szenen, in denen die zuschauenden Nomaden die einzigen Farbflächen bilden.

lieren diese Aufnahmen ihre Tiefe – ihre Ferne löst sich auf. Dadurch erzeugen sie eine haptische Sehweise wie Nahaufnahmen von Oberflächen. Diese andere Art der haptischen[11] Ebene schildern Gilles Deleuze und Félix Guattari im Schlusskapitel von *Tausend Plateaus*. Dort werden Wüste und Meer zu glatten Räumen. »Anders als häufig gesagt wird, sieht man dort nicht vom Weiten, und man sieht diesen Raum auch nicht aus der Ferne«.[12] Es handelt sich bei Wüste und Meer um Räume ohne stabile Ausrichtung und Unterteilung, außer der sich entziehenden Linie des Horizonts.

Das optische, rationale Modell des Raums bedarf der starren Kategorien und eines unabhängigen, das heißt körperlosen Beobachters – ein Modell, das ich oben mit Merleau-Ponty in Bezug auf die Filmwahrnehmung kritisiert hatte. Haptisch wird der Raum der Wüste und des Meeres dagegen, weil er keine fixierbaren Punkte am Horizont, keinen Hintergrund und keine Richtung hat.[13] Für Deleuze und Guattari ist dieser Raum der glatte Raum der Nomaden.

> »Der haptische, glatte Raum mit naher Anschauung hat einen ersten Aspekt, nämlich die kontinuierliche Variation seiner Richtungen, seiner Anhaltspunkte und seiner Annäherungen; er operiert von nah zu nah.«[14]

Der optisch wahrgenommene, fernsichtige und – wir können inzwischen ergänzen – zentralperspektivische Raum orientiert sich am Himmel, an welchem man eine »Beständigkeit der Richtung«[15] festmachen kann.[16]

> »Das Glatte scheint uns Gegenstand einer nahsichtigen Anschauung par excellence und zugleich Element eines haptischen Raumes zu sein (der

---

11 Zum Begriff des Haptischen im Gegensatz zum Taktilen bemerken Deleuze/Guattari, dass das Haptische zwar dem Optischen gegenübersteht, sich aber nicht einfach einem anderen Sinnesorgan wie der Hand zuordnen lässt. »Das Auge [kann, A.Z.] selber diese nicht-optische Funktion haben...« Gilles Deleuze, Félix Guattari: Tausend Plateaus. Kapitalismus und Schizophrenie. Berlin 1992, S. 682. [OA 1980]
12 Ebd., S. 683.
13 Die Notwendigkeit der Herstellung einer Nahsicht für die Malerei Cézannes interpretieren Deleuze/Guattari ebenfalls als Entstehung eines glatten Raums – ein Sich-Verlieren an die Landschaft, das jeder kontrollierten Skizze vorausgeht. Vgl. ebd.
14 Ebd., S. 683.
15 Ebd., S. 684.
16 Es ist dies der durch Staatenbildung gekerbte Raum. In diesem Sinne ist für Deleuze/Guattari die haptische Ebene Riegls schon eine Art Vorstufe des gekerbten Raums. Er untersucht statt der haptischen nomadischen Kunst die ägyptische, die schon eine unterworfene Form ist. Die Ununterscheidbarkeit von Figur und Grund ist dort auf die Fläche reduziert, die begrenzt werden kann. Diese Einkerbung wird dann von der optischen Sichtweise nur verstärkt.

gleichermaßen visuell, auditiv und taktil sein kann). Das Gekerbte verweist dagegen auf eine eher fernsichtige Anschauung und auf einen eher optischen Raum – auch wenn das Auge nicht das einzige Organ ist, das diese Fähigkeit hat.«[17]

Der glatte Raum ist ein intensiver Raum. Die Materialien in diesem Raum weisen auf Kräfte hin, sind Symptome, statt als Materie durch Formen organisiert zu sein.[18] Dieser Raum wird nicht von Dingen, die besessen werden können, also von warenförmigen fixen Gegenständen bestimmt, sondern von sich entziehenden Ereignissen. Daher muss der glatte Raum vom Nahen wahrgenommen werden, denn seine Richtungen und Eigenschaften verändern sich. Dies führt zu einem Kontrollverlust des Visuellen.

»Die Anhaltspunkte haben kein visuelles Modell, durch das sie austauschbar und in einer starren Kategorie zusammengefasst würden, die einem unbeweglichen äußeren Beobachter zugeordnet werden könnte.«[19]

So lässt sich auch der glatte Raum in BEAU TRAVAIL trotz der Totalen nicht beherrschen – nicht durch den Blick, nicht durch die Legionäre. Der Himmel spielt keine maßgebende Rolle, hat keine Merkmale, an denen man sich orientieren kann; in der Salzwüste versagt der Kompass. Die Versuche der Soldaten, in der Wüste optische Markierungen zu hinterlassen, werden von den zuschauenden Frauen nur müde belächelt.[20] Die Unterwasseraufnahmen der Tauchszenen lassen die Zuschauerin dagegen einen fließenden Raum erspüren.

Der glatte Raum der Wüste, der über die haptische Erfahrung von Intensitäten wahrgenommen wird, ist ein ›Affekt-Raum‹. Dieser intensive ›Affekt-Raum‹ wird von Entfernungen bestimmt, die nicht gemessen werden können. Der ›eingekerbte‹ Raum wird dagegen durch die Qualitäten des Himmels wie die Himmelsrichtungen und die Position der Gestirne bestimmt. Diese Qualitäten sind messbar und ermöglichen eine visuelle Orientierung im Raum.[21] Die unterschiedlichen Verhältnisse zum Raum spiegeln sich in den künstlerischen Praktiken, die diesen Räumen zugeordnet

17   Ebd., S. 682.
18   Vgl. ebd., S. 664.
19   Ebd., S.683.
20   In BEAU TRAVAIL stehen die sinnlosen optischen Markierungen, mit denen die Soldaten versuchen, sich den Raum der Wüste visuell zu unterwerfen, den taktilen Szenen gegenüber, in denen die Frauen mit Teppichen handeln.
21   Vgl. Deleuze/Guattari, Tausend Plateaus, S. 664.

werden – der Kunst der Nomaden gegenüber der klassischen Kunst.[22] In der Kunst geht das Verhältnis von nah zu fern, von haptisch zu optisch, zum Raum über die Linie. In der haptischen Kunst der Nomaden sehen Deleuze/Guattari eine abstrakte Linie den Raum bestimmen. Es handelt sich um eine lebendige Linie, die nichts eingrenzt und nichts illustriert, sondern sich unendlich auf der glatten Ebene weiterentwickelt. Die organische Linie, zum Beispiel der klassischen Kunst, die den Raum unterteilt, ist dagegen eine der Fernsicht. Die Fernsicht kann auch als organischer Raum beschrieben werden, in dem die Empfindungen kanalisiert werden – als Gefühle.[23]

Haptisches Sehen bei Deleuze

»Das Faktum selbst aber, jenes der Hand entstammende pikturale Faktum, ist die Bildung eines dritten Auges, eines haptischen Auges, eines haptischen Sehens des Auges, jene neue Klarheit. Als ob die Dualität des Taktilen und des Optischen visuell überholt würde auf jene haptische Funktion hin, die aus dem Diagramm hervorgegangen ist.«[24]

Das Haptische spielt für Deleuze nicht nur in Bezug auf bestimmte Räume und Techniken nomadischer Kunst eine Rolle. Wie für Merleau-Ponty steht das Haptische in einem bestimmten Bezug zur Wahrnehmung. Qualitäten, vor allem Farben, können auch für Deleuze haptisch wahrgenommen werde, wenn sie auf eine bestimmte Art freigesetzt werden und sich zum Beispiel im Film von der narrativen Einbindung lösen. Diese Freisetzung beschreibt Deleuze allerdings weniger bezüglich der Filmwahrnehmung in seinen Kinobüchern, sondern vor allem in seinem Buch über die Malerei Francis Bacons. In keiner seiner Schriften kommt Deleuze der Phänomenologie Merleau-Pontys und deren Vorstellung der leiblichen Wahrnehmung sowie der Synästhesie so nahe, wie in seinem Buch über Bacon *Francis Bacon. Logik der Sensation.*

---

22 Diese Praxen ähneln den unterschiedlichen historischen Formen des Kunstwollens, die Riegl beschreibt. Ich denke aber, eine derartige Zuschreibung lässt die Entwicklung der Kunst hin zum optischen Paradigma teleologisch werden. Deleuze und wie oben dargestellt auch Antonia Lant sprechen sich für ein Nebeneinander dieser Formen aus.
23 »Die abstrakte Linie ist der Affekt eines glatten Raums, ebenso wie die organische Darstellung das Gefühl ist, das den gekerbten Raum beherrscht.«, ebd., S. 692.
24 Gilles Deleuze: Francis Bacon. Logik der Sensation. München 1995, S. 98. [OA 1981]

Was Deleuze an den Bildern Bacons beobachtet, sind Bewegungen – es handelt sich um die körperlichen Bewegungen der Sensation. Diese Sensationen befinden sich im Gemalten, in den Bewegungen, die sich innerhalb der Farbe, zwischen den Farben und den Konturen ereignen, den Bildungen und Auflösungserscheinungen der Formen. Es ist ein erweiterter Begriff von Bewegung, den Deleuze der Malerei Bacons zuschreibt, denn er bezieht sich sowohl auf die Bewegung innerhalb des Motivs als auch auf die an den Betrachter weitergegebene Bewegung.[25] Die Bewegungen der Sensationen sind keine motorischen, sondern eher energetische – Muskel- und Nervenanspannungen, Spasmen und Kommunikationen der Sinnesbereiche untereinander statt einfacher Bewegungsabläufe.[26]

Auch wenn es sich bei diesen Bewegungen hier um Bewegungen innerhalb gemalter Bilder handelt, lassen sich ähnliche Bewegungen im Kino finden. Der Deleuze-Schüler Éric Alliez sieht das Buch über Bacon daher auch als Vorbereitung der Kinobücher.[27] »Deleuze behandelt die Frage der kinematographischen ›Affektion‹, [...] ausgehend von der malerischen Wahrnehmung in der Traditionslinie Cézanne-Bacon.«[28] Im Gegensatz zu den abgeschlossenen Konstruktionen der Kinobücher aber beziehen diese Bewegungen deutlicher die Betrachterinnen der Bilder, das heißt den Zuschauerinnenkörper mit ein. Aus diesem Grund scheint mir die ausführliche Darstellung der Gedanken von Deleuze zur Malerei notwendig.

Gegenüber der abstrakten Malerei der Moderne bleiben Bacons Bilder gegenständlich, vermeiden aber in ihrer Deformation der Gegenständlichkeit die Repräsentation von Gegenständen. Sie brechen damit die Identifikation auf und entkommen der Narration. Deleuze sieht eine Vorherrschaft der Narration in der Malerei in Zusammenhang mit der optischen Distanz, dem organischen, hierarchischen Raum der Fernsicht. Dieser

---

25 Heike Sütter hat diesen erweiterten Bewegungsbegriff ihrer Analyse der Malerei Bacons zugrunde gelegt, welche die Deleuze'schen Beobachtungen sehr genau trifft: »Er bezieht sich zum einen auf das Motiv: Bewegung verstanden als die Darstellung physischer und psychischer Vorgänge. Zum anderen umfaßt der Begriff die Wirkung, die ein Bild beim Betrachter hervorruft«. Heike Sütter: Bewegung und Raum im Werk von Francis Bacon. Weimar 1999, S. 9.
26 Vgl. Sütter, S. 57f. Die spastische Kontraktion der Bewegung in der Gegenwart führt zu einer, die Signifikation sprengenden, Präsenz, welche Deleuze als hysterische Zeit beschreibt. Vgl. Deleuze, Bacon, S. 34.
27 *Logique de la sensation* erschien in der Edition de la Différence in Paris schon 1981 und nicht, wie in der deutschen Ausgabe bei Fink angegeben, erst 1984.
28 Auf den Begriff der ›Affektion‹ komme ich im Anschluss zu sprechen. Éric Alliez: Midday, Midnight: Die Entstehung des Kino-Denkens. In: Telenoia. Kritik der virtuellen Bilder, hrsg. von Éric Alliez, Elisabeth von Samsonow, Wien 2000, S. 146-157, hier S. 156, Fußnote 14.

narrative Raum wird durch das Haptische in den Bildern Bacons aufgelöst, welches Narration durch die Bewegung von Kräften ersetzt, die er als ›Diagramme‹ festhält. Freigesetzt werden diese Kräfte in den Bildern von Körpern, die nicht mehr andere Körper repräsentieren, sondern innerhalb des Bildes spezifischen Kräfteverhältnissen, den Sensationen unterliegen.

Diese Kräfteverhältnisse bezeichnet Deleuze unter anderem auch als Affekte. So wie die Körper in der Malerei Bacons, die diesen Kräfteverhältnissen ausgesetzt sind, die repräsentative Narration verhindern, können Affekte im Kino die Narration des Bewegungs-Bildes unterbrechen. Es bilden sich dann Affektbilder. Affektbilder sind einerseits ein notwendiger Bestandteil des Bewegungs-Bildes, welcher das Wahrnehmungsbild mit dem Aktionsbild verbindet. Andererseits können sie als reine Affekte zu Zeit-Bildern werden, welche die Narration aufheben und Zugang zu virtuellen Bildern ermöglichen.

In diesem Rahmen ist die Unterscheidung von Affektion und Affekt von Bedeutung. Ich werde daher nach der Darstellung der Bewegung der Sensation in der Malerei Bacons zu den Affektbildern in den Kinobüchern kommen. Ein exemplarisches Affektbild findet sich in einem Film von Tsai Ming-liang. Anschließend komme ich wieder zurück zur Malerei Bacons, denn Deleuze nähert sich hier in noch einem weiteren Aspekt an die Phänomenologie Merleau-Pontys an: Um die Bewegungen der Kräfte und deren Wahrnehmung in Bacons Bildern fassen zu können, verwendet er ebenfalls den Begriff des ›Fleisches‹. Allerdings ist dieser bei ihm gleichzeitig abstrakter und materieller als bei Merlau-Ponty zu sehen, denn er bildet die Grundlage seiner Vorstellung vom ›organlosen Körper‹. Dieser ›organlose Körper‹ kann einerseits dem organischen Körper der Phänomenologie gegenübergestellt werden, andererseits aber in seiner Lockerung der Funktionszusammenhänge der Organe wieder phänomenologisch begriffen werden. Ich werde also über den Begriff des ›Fleisches‹, Deleuze und Merleau-Ponty in ihren Vorstellungen der Empfindung einander annähern,[29] bevor ich gegen Ende dieses Kapitels Autoren zu Wort kommen lasse, die eine solche Annäherung für notwendig halten oder sich vehement gegen eine solche Annäherung wehren. Zu Letzteren ist vielleicht auch Deleuze selbst zu zählen.

---

29 Sensation lässt sich auch als Empfindung übersetzen.

Haptische Qualitäten der Malerei Francis Bacons

Um der Narration zu entkommen, umgibt Bacon die Figuren in seiner Malerei mit gleichwertigen Farbflächen. Figur und Grund liegen beide auf der gleichnahen, haptischen Ebene. Die Farbflächen, so Deleuze,

> »[...] liegen nicht unter der Figur, hinter oder jenseits von ihr. Sie liegen strikt daneben oder eher rundherum und werden – ebenso wie die Figur selbst – mit und in einem nahen, taktilen oder ›haptischen‹ Blick erfasst.«[30]

Die Farbflächen evozieren einen haptischen Blick, der die Figur abtastet, statt sie zu identifizieren. Die Identifizierung einer Figur würde diese einem Raum und damit einer Narration zuordnen. Als Narration ist hier die figurative Illustration eines Objekts zu verstehen. Diese Illustration ist eine Form der Repräsentation, die immer eine Geschichte erzählt, indem sie das Objekt im Raum positioniert und es dadurch in ein Verhältnis zu anderen Objekten setzt. Durch die Isolierung der Figur, die flächige, haptische Anordnung und Auflösung des Raums, wird der figurative Zusammenhang aufgebrochen, in dem ein Bild immer ein Objekt illustriert. Es geht Bacon darum, »den *figurativen, illustrativen, narrativen* Charakter zu bannen, den die Figur notwendig besäße, wäre sie nicht isoliert.«[31]

Die Figur löst sich nach Deleuze von der Figuration, das Figurale vom Figurativen – eine Unterscheidung, die Deleuze von Lyotard übernimmt.[32] Während das Figurative der repräsentativen Narration verhaftet bleibt, präsentiert die Figur Kräfteverhältnisse jenseits der Repräsentation als Ausdruck.[33] Die Ablösung der Figur von der narrativen Repräsentation ermöglicht es Bacon, dem Figurativen zu entkommen, ohne abstrakt werden zu müssen. Denn es gibt, so Deleuze, nur zwei Wege »dem Figurativen zu entkommen: auf die reine Form hin, durch Abstraktion; oder auf ein rein

---

30 Deleuze, Bacon, S. 11.
31 Ebd., S. 9.
32 Vgl. ebd. Deleuze bezieht sich auf: Jean-François Lyotard: Discours, Figure. Paris 1986. Dieser benutzt allerdings im Gegensatz zu Deleuze das Wort ›Figural‹ und nicht die Figur als das Substantiv, das dem Figurativen gegenübersteht.
33 Der Philosoph Richard Heinrich fasst diesen Unterschied in einer Vorlesung über die Malerei Bacons folgendermaßen: »Figurativ ist eine Malerei, die die Figur unter Voraussetzung eines Systems der Repräsentation anstrebt. Figural soll sie aber heißen, wenn sie die Figur direkt, ohne Stütze der oder sogar gegen die Repräsentation anstrebt.« Richard Heinrich: Ausdruck und Abbild. Francis Bacon. Wintersemester 2001/02. http://www.kovo.philo.at, abgerufen am 2.11.2003, S. 113.

Figurales hin, durch Extrahieren oder Isolierung.«[34] Wie Cézanne geht Bacon für Deleuze mit dem zweiten Weg über die reine Impression hinaus. Beide beharren auf dem Gegenständlichen, ohne repräsentativ und damit narrativ zu sein, lösen sich aber auch nicht zugunsten der Impression von der Schwere der Materie.[35] Cézanne hatte gegen die Auflösung der Materie durch das Licht im Impressionismus die Betonung der Farbe gesetzt, durch welche er sich an die Materie der Dinge annäherte. Auch bei Bacon kehrt diese Konzentration auf Farbe wieder. Seine Malerei wird durch den Umgang mit Farbe – wie die Malerei Cézannes in der Beschreibung durch Merleau-Ponty – haptisch.

Im Zusammenhang mit der Malerei Bacons sieht Deleuze das Haptische auf mehreren Ebenen. So greift er – wie Lant in Bezug auf das Frühe Kino – auf Riegls Darstellung der Nahsicht in der ägyptischen Kunst zurück, wenn er das Verhältnis von Figur und Grund bei Bacon, die Aufhebung ihrer hierarchischen Beziehung und ihr Nebeneinanderliegen, als ein haptisches beschreibt. Für Deleuze ähneln dessen Gemälde den ägyptischen Basreliefs und auch Bacon selbst begreift seine Gestaltungsweise als der Tradition der ägyptischen Kunst verhaftet.[36]

Die von Riegl beschriebene Gestaltung im Basrelief sieht Deleuze als eine Verbindung von Auge und Hand. Das Auge übernimmt beim Betrachten des Reliefs eine Möglichkeit der Hand, deren haptische Funktion. Es übernimmt diese Funktion der Berührung, da es die frontale Gestaltung nur ertastend nachvollziehen kann. Wie wir bereits oben gesehen haben, ist in der Reliefgestaltung die Kontur die gemeinsame Grenze von Form und Grund. Fehlende Schatten lassen keine Raumillusion zu.

Der optisch-taktile Raum der Griechen dagegen ordnet nach Deleuze die Taktilität einem organischen Prinzip der menschlichen Tätigkeit unter.[37] Die Ebenen werden hierarchisch gegliedert zugunsten einer »plastische[n], organische[n] und organisierte[n] Repräsentation«[38]. Damit werden sie der

---

34 Deleuze, Bacon, S. 9.
35 Nach Jäger vertritt Bacon damit eine Art Zwischenposition auf dem »Fluchtweg von dem Figurativen«. Das rein Figurale ist für ihn eine Art der gegenständlichen Darstellung, die die Repräsentation der Objekte umgeht, um materielle Wirklichkeit zu erreichen. Dieser Materialismus ist allerdings einer, der sich auf die Möglichkeiten der Malerei, auf den »Möglichkeitsgrund ihrer eigenen Materialität«, die zwei Sektoren Fläche und Figur, beschränkt. Zwischen diesen beiden Sektoren liegt immer die Linie als Grenze und Begegnung. Christian Jäger: Gilles Deleuze. Eine Einführung. München 1997, S. 209f.
36 Vgl. Deleuze, Bacon, S. 75. »Man könnte sagen, daß Bacon zunächst Ägypter ist.« Ebd., S. 83.
37 Vgl. ebd., S. 75ff.
38 Ebd., S. 77.

Narration unterworfen, die sich dadurch ergibt, dass zwei Figuren in einem geordneten Raum angesiedelt sind. Durch diese Zuordnung des Raumes entsteht eine Beziehung zwischen den beiden Figuren – sie befinden sich nicht mehr gemeinsam innerhalb einer Fläche, sondern sind unterschiedlich positioniert.

Die Unterordnung der Taktilität in der klassischen Kunst zugunsten des optisch-taktilen Raums der narrativen Repräsentation kann für Deleuze auf zwei Arten aufbrechen, die er von Wilhelm Worringers Unterscheidung der klassischen und der gotischen Kunst ableitet.[39] Entweder entsteht ein ›manueller Raum‹, der zum Beispiel in der Gotik vorherrscht. Dessen Deformation und Unbegrenztheit liegt eine anorganische Vitalität zugrunde, die eine Art gewaltsamer Taktilität zur Folge hat und jegliche narrative Hierarchie aufbricht.[40] Oder es entsteht ein rein ›optischer Raum‹, in dem der Blick selbst taktile Eigenschaften annimmt. Allerdings handelt es sich dabei um eine neue Taktilität, die unabhängig von Kontur und Form ist – eine Taktilität des Akzidentellen, wie des Auftrags der Farbe, die durch die Figuration hindurch geht.[41]

Der Taktilität der haptischen Ebene der ägyptischen Kunst liegt die Geometrie der Figuren und deren Abstrahierung zugrunde. In der Moderne kann sich nun ein haptischer Raum allein durch Farbe bilden. Die Farbe

---

39   Nach Worringer ist die gotische Kunst ein »mächtiges nicht-organisches Leben«, während die klassische Kunst, in ihrer optischen, organischen Repräsentation, immer auf etwas verweist. Ebd., S. 33. Vgl. auch ebd., S. 77ff. Deleuze bezieht sich hier auf Wilhelm Worringer: *Formprobleme der Gotik*. München 1927 [OA 1909] und *Abstraktion und Einfühlung*. München 1981 [OA 1907]. In der abstrakten Linie, beziehungsweise der gotisch, nordischen Linie wird gerade das Anorganische zum Lebendigen, denn in ihr vereint sich das Tierhafte mit der Abstraktion, während der Organismus der klassischen Kunst einer Umkehrung des Lebens gleichkommt. Diese Differenz werde ich weiter unten anhand des ›organlosen Körpers‹ weiter ausführen. Vgl. ebd., S. 691.
40   An anderer Stelle vergleicht Deleuze das Reich der klassischen organischen Kunst mit dem Bewegungs-Bild, während das kristalline anorganische Leben der gotischen Kunst mit dem Zeit-Bild gleichgesetzt wird. Vgl. Gilles Deleuze: Zweifel am Imaginären. In: Ders.: Unterhandlungen 1972-1990. Frankfurt am Main 1993, S. 92-100, hier S. 99. [OA 1990]
41   Deleuze macht vier verschiedene Verhältnisse, vier Ebenen unterschiedlicher Dominanz von Auge und Hand in der Malerei auf. Die ersten drei Verhältnisse beziehen sich auf unterschiedliche Freiheitsgrade der Hand, das vierte sich auf eine neue Qualität des Auges: digital (ein rein visuelles Verhältnis), taktil (lockere Unterordnung der Hand im rein optischen Raum in manuellen Werten), manuell (Umkehrung und Auflösung des optischen Raums) und haptisch (das Auge wird zum tastenden Organ). Vgl. Deleuze, Bacon, S. 94.

ordnet sich nicht mehr einem äußeren Raum unter, sondern bildet einen eigenen haptischen Raum ohne hierarchische narrative Ordnungen.[42]

»Die verräumlichende Energie der Farbe [bannt die] Figuration und die Erzählung gleichermaßen [...] um sich einem pikturalen ›Faktum‹ im Reinzustand anzunähern, bei dem es nichts mehr zu erzählen gibt. Dieses Faktum ist die Konstitution oder Rekonstitution einer haptischen Funktion des Blicks. Man könnte sagen, daß sich ein neues Ägypten des Akzidentellen erhebt, das einzig aus und durch Farbe besteht, ein Ägypten des Akzidentellen, wobei das Zufällige selbst dauerhaft geworden ist.«[43]

Das Zufällige des Farbauftrags wird haptisch wie die Figuren ägyptischer Reliefs. Es ist gerade das Zufällige, Akzidentelle, welches die Dauer einer ägyptischen Wesenheit bekommt.

Durch die haptische Funktion des Blicks wird eine äußere Rivalität in das Auge selbst getragen. Es verändert seine Funktion, genau wie die Farbe ihre Funktion der anhaftenden Eigenschaft verliert und haptisch wird. »Man könnte dann sagen, daß der Maler mit seinen Augen malt, allerdings nur sofern er mit seinen Augen berührt.«[44] Die Rivalität von ›taktil‹ und ›optisch‹ wird im haptischen Sehen aufgehoben. Die Dualität zweier Formen der ästhetischen Repräsentation hebt sich in einer anderen Form der Wahrnehmung auf.

Doch ist diese historische Entwicklung der Kunst in Bezug auf die haptische Ebene nur scheinbar eine teleologische. Ich habe oben anhand der Gegenüberstellung von glattem und gekerbtem Raum das Nebeneinander von Wahrnehmungsweisen dargestellt. Laura Marks arbeitet anhand der Beschreibung der haptischen Ebene in *Tausend Plateaus* einen wichtigen Unterschied zwischen Riegl und Deleuze/Guattari in der Beurteilung der haptischen Ebene heraus. Während bei Riegl die haptische Ebene in der Geschichte der Kunst notwendig abgelöst wird zugunsten eines abstrakteren, mehrdimensionalen Raums, handelt es sich bei Deleuze/Guattari um zwei Arten der Darstellung, die nebeneinander existieren.[45] So ist

---

42 Diese Gründung eines solchen haptischen Raums durch Farbe wird zum Beispiel möglich, wenn Tonalitätsverhältnisse gegenüber Valeurverhältnissen in den Vordergrund treten, das heißt, wenn die reine Farbigkeit unabhängig von hell und dunkel, von den Tiefenraum erzeugenden Werten wird.
43 Ebd., S. 82.
44 Ebd., S. 94.
45 Auch Lant hatte die teleologische Vorstellung der kunstgeschichtlichen Entwicklung

für Riegl die abstrakte Linie der gotischen Kunst eine letzte Hürde, die beim Übergang in ein anderes Repräsentationssystem genommen werden muss.[46] Die nomadische, haptische Kunst, der glatte Raum, besteht im Unterschied dazu für Deleuze/Guattari gleichzeitig mit der visuellen Kunst des gekerbten Raums. Die kunsthistorische Entwicklung der haptischen Ebene, die Riegl beschreibt, und die Deleuze in seiner Darstellung der Kunstgeschichte teilweise übernimmt, engt das eigenständige Potential ein, das sich beim glatten Raum gezeigt hatte.

Sensationen

Nicht nur das Haptisch-Werden des Blicks, auch die Vorstellung der Empfindung als körperliche ähnelt den Gedanken Merleau-Pontys zur Produktion und Wahrnehmung von Malerei. Deleuze kommt in seinem Bacon-Buch der Phänomenologie Merleau-Pontys und dessen Vorstellung der Synästhesie sehr nahe, denn es geht ihm bei den Sensationen nicht um Sensationelles, sondern um Empfindungen im Sinne von Merleau-Ponty. Er bezieht sich sogar direkt auf den Begriff der Empfindung aus der *Phänomenologie der Wahrnehmung*.[47] Genaugenommen bedeutet nämlich das französische Wort Sensation nichts anderes als Empfindung.[48]

Wie für Merleau-Ponty realisiert sich auch für Deleuze durch die Malerei »der Körper des Malers […] auf der Leinwand«.[49] Bacons Bilder zeigen Körper, die Empfindungen haben und diese an die Betrachterinnen dieser Körper weitergeben, indem sie deren Körper affizieren. Weder Abdruck, noch Abbildung, sondern die Empfindung selbst wird durch die Bilder Bacons weitergegeben. Dabei geschieht dieses Empfinden einer Sensation

---

kritisiert und ihr das Nebeneinander von Nahsicht und Fernsicht im Frühen Kino entgegengestellt.
46 »[…] where he saw this viral self-replication of the abstract line as the final gasp of a surface-oriented representational system before the rise of illusionistic space, Deleuze and Guattari take the power of the abstract line as a sign of the creative power of nonfigurative representation.[…] Thus where Riegl justifies the tactile image as a step on the way to modern representation, Deleuze and Guattari see it as an alternative representational tradition.« Laura Marks betont, dass die haptische und die optische Ebene in *Tausend Plateaus* keine hierarchische Ordnung bilden, sondern ein Wechselverhältnis von Kräften. Marks, Video haptics, S. 336.
47 Vgl. Deleuze, Bacon, S. 27, Fußnote 1. Deleuze verweist auf Phänomenologie, S. 244-283.
48 Empfindung umfasst bei Deleuze Affektion und Perzeption. Ein Empfindungskomplex beziehungsweise -block setzt sich dagegen aus Perzepten und Affekten zusammen. Ich erläutere diese Unterscheidungen weiter unten.
49 Heinrich, Ausdruck und Abbild, S. 144.

im Bild durch die Betrachter nicht in der Art der Hingabe an die Wahrnehmung eines Anderen. Eine solche Hingabe an die Wahrnehmung der Welt durch ein anderes Subjekts hatte ich oben mit Sobchack bezüglich der Filmwahrnehmung angenommen. Die Sensation, die die Betrachterinnen hier empfinden, spielt sich nur innerhalb der Bewegungen des Gemäldes ab und hat keinen Bezug auf eine wahrgenommene äußere Welt. Deleuze betont die Unabhängigkeit der Sensation der Malerei von der Repräsentation einer äußeren Welt:

»Die Farbe ist im Körper, die Sensation ist im Körper [...]. Die Sensation ist das Gemalte. Was im Gemälde gemalt ist, ist der Körper, und zwar nicht sofern er als Objekt wiedergegeben wird, sondern sofern er erlebt wird als einer, der diese Sensation erfährt«.[50]

Die Sensation hat in der Art, wie der gemalte Körper der narrativen Figuration entzogen wird, keine repräsentierenden Bezüge auf ein die Sensation auslösendes, figuratives sensationelles Außen – sie ist die Folge von unsichtbaren Kräften, die dem Gemalten zugrunde liegen.

Es geht Deleuze um das Kräfteverhältnis zwischen Raum beziehungsweise Fläche und Körper, um quantitative Schwingungen.[51] Die Folge dieser Kraftverhältnisse sind Deformierungen des Köpers, seine Selbstdeformierung.[52] Der Raum deformiert den Körper, der Körper flieht aus dem Raum oder er flieht sich selbst. Die Figur ist ein bestimmter Zustand des Körpers, ein »Ereignis von Körperlichkeit auf der Fläche«.[53] Der Philosoph Richard Heinrich beschreibt dies als einen Konflikt des Körpers mit seiner eigenen Abgeschlossenheit als Figur: »[...] im Körper ist eine Kraft, mit der er aus sich heraus will, in die Materialität, in die Fläche.«[54]

Über die Kontur / die Membran der Figur findet ein doppelter Austausch statt. Die Bewegung verläuft von der Farbfläche zur Figur und umgekehrt. Es bildet sich eine Fluchtlinie des Körpers, der eins werden will,

---

50 Deleuze, Bacon, S. 27.
51 Vgl. ebd., S. 32.
52 Christian Jäger sieht die Deformation der Körper bei Bacon als Widerstand gegen die Figuration: »Das Sichtbare widersetzt sich der unsichtbaren Kraft. Der Körper drängt in seiner Darstellung immer wieder auf seine Identifizierung, weswegen er deformiert werden, der identifikatorischen Elemente entkleidet werden muß. Ein Kampf zwischen den Sehgewohnheiten und den Kräften, die zur Sichtbarkeit erhoben werden sollen, findet statt, aus dem die Sensation als Drittes hervorgeht«. Jäger, Deleuze, S. 214.
53 Heinrich, Ausdruck und Abbild, S. 146.
54 Ebd., S. 27.

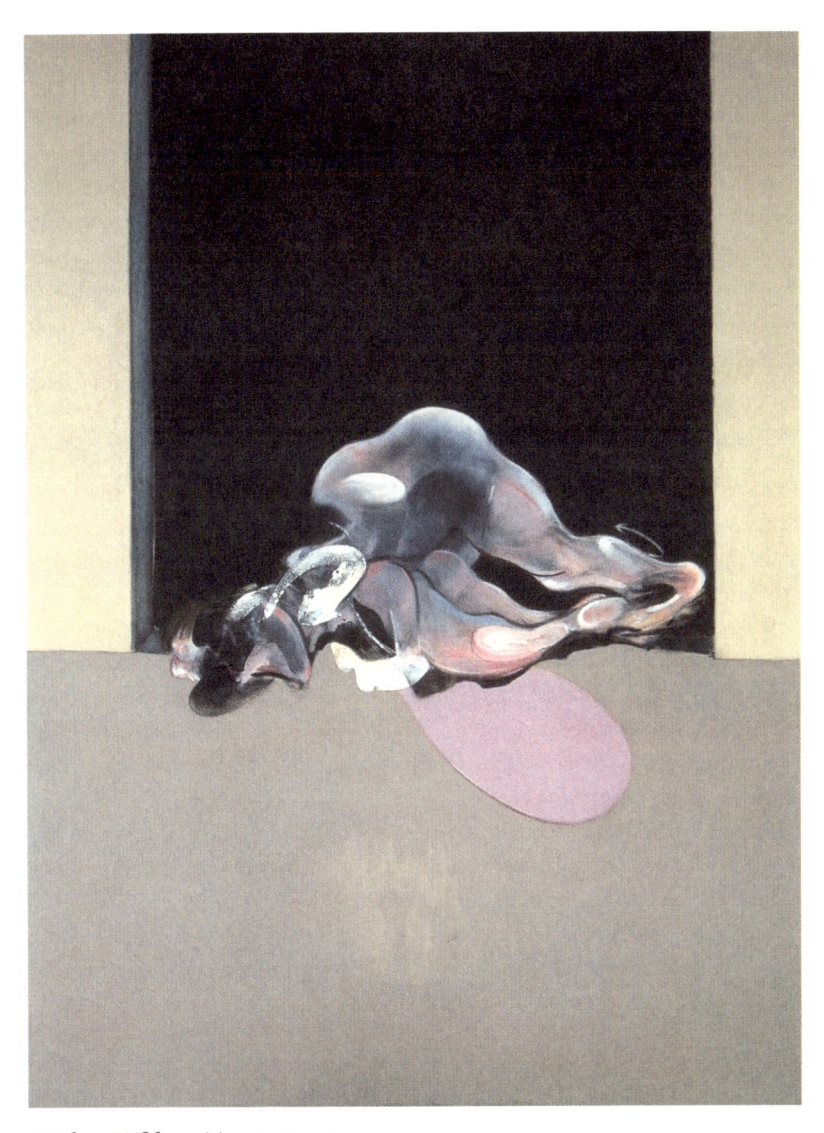

Mittlere Tafel aus TRIPTYCHON, 1972

mit der materiellen Struktur.⁵⁵ Diese verweist nicht auf eine Geschichte, ist ganz auf die Bewegungen innerhalb des Raums des Bildes beschränkt.

55 Vgl. Deleuze, Bacon, S. 17.

Das Figurative wird in der Malerei Bacons nicht nur durch die Isolierung der Figur, deren Deformierung und die Flächigkeit der Farben vermieden, sondern auch durch die Darstellung der Figuren in Triptychen.[56] In diesen Dreierkonstellationen entstehen Bewegungen durch die Figuren hindurch. Etwas geschieht zwischen ihnen, das nichts mit den Relationen zwischen repräsentierten Objekten zu tun hat. Genauso wie auch innerhalb der Figuren etwas geschieht – Kräfte freigesetzt werden, die sonst der Repräsentation untergeordnet wären. Es sind körpereigene unsichtbare Kräfte, die nach Deleuze in Bacons Malerei sichtbar werden:

»Die Kraft steht in einem engen Bezug zur Sensation: Eine Kraft muß sich auf einen Körper richten, d.h. auf einen bestimmten Ort der Wellenbewegung, damit es eine Sensation gibt.«[57]

Es geht in der Malerei nicht um die »Reproduktion oder Erfindung von Formen, sondern um das Einfangen von Kräften.«[58] Sie kann diese unsichtbaren Kräfte aber nur über Sensationen sichtbar machen – zum Beispiel über die Bewegung von Körpern.

Die Bewegungen sind die des Körpers, der Körper untereinander, zwischen Bild und Betrachter oder die zwischen Figur und Struktur. Die in den Bewegungen sichtbar gewordenen Kräfte geraten in Schwingungen (dies ist die einfachste Ebene der Sensation noch unterhalb der Figur, hervorgerufen durch Intensitätsdifferenzen zum Beispiel der Farbe), umfassen sich oder stoßen sich ab.[59]

In den Bildern entstehen durch diese Richtungen der Bewegungen Bewegungskomplexe. Insgesamt bildet sich zwischen ihnen der Rhythmus: »Die Koexistenz aller Bewegungen im Gemälde ist der Rhythmus.«[60] Und es ist dieser Rhythmus, der über das Figurative hinaus Synästhesien schafft, der die Ebenen der Sinne durchbricht.[61] Er ist das »vitale Vermögen […], das

---

56 Zur Form der Triptychen wurde Bacon nicht nur durch sakrale Malerei, sondern auch durch das Kino inspiriert. Das Archiv von Francis Bacons Studio gibt als Inspiration Abel Gances Napoléon (F 1927) an. Das kommentierte elektronische Archiv ist einzusehen in der permanenten Bacon-Ausstellung der Dublin City Gallery, The Hugh Lane.
57 Deleuze, Bacon, S. 39.
58 Ebd.
59 Vgl. dazu auch Gilles Deleuze/Félix Guattari: Was ist Philosophie? Frankfurt am Main 2000, S. 197. [OA 1991]
60 Deleuze, Bacon, S. 26.
61 In *Tausend Plateaus* führt diese Betonung des Rhythmus sogar zu einem Privileg des Ohres gegenüber dem Sehsinn. Die visuelle Dominanz wird nach Deleuze/Guattari durch den Rhythmus aufgehoben. Der Ton hat hier eine Steuerungsfunktion, denn im

alle Gebiete sprengt und sie durchquert«[62] und dadurch eine Aktivierung aller Sinnesorgane zugleich und eine Aufhebung ihrer Spezialisierung ermöglicht. Die Ablösung der Linien und Farben in der Malerei von der Repräsentation »befreit [...] gleichzeitig das Auge von seiner Zugehörigkeit zum Organismus, sie befreit es von seinem Charakter als festes und qualifiziertes Organ: Das Auge wird virtuell zum mehrwertigen unbestimmten Organ, das den organlosen Körper, das heißt die Figur, als reine Gegenwart sieht.«[63] In den Bildern Bacons bildet sich ein haptisches Auge.[64] Dieses Auge wird als Haptisches von seiner gewöhnlichen Funktion befreit, die es innerhalb des Organismus innehat. Ebenso werden durch diese Bewegung optische Qualitäten zu haptischen. Zu den verzerrten Portraits Bacons schreibt die Philosophin Mirjam Schaub :

> »Bacon scheint den zentrierten Blick seiner Figuren ausschalten zu wollen zugunsten eines ›haptischen Blicks‹. [...] Es scheint, als müssten die Sinnesorgane bei Bacon zu reinen Ausdrucksorganen werden, nicht länger auf Rezeption, sondern auf Aktion geeicht.«[65]

Das Auge ist außen beim und im Bild, tastet es ab und wird von ihm in Bewegung gesetzt. Diese unmittelbare Wirkung wird nicht durch den Ausdruck eines inneren seelischen Geschehens ausgelöst. Allerdings wirken die innerhalb des Bildes stattfinden Kraftkonflikte von außen auf den Körper der Betrachterin ein. Etwas stößt ihn von außen zu. Die Bildbetrachtung kann keine kontemplative sein, der die Innerlichkeit eines außenstehenden Subjekts zugrunde liegen würde.[66] Es ist nicht das Dargestellte, sondern es sind die Kräfte innerhalb des Bildes, die von außen auf das

---

Rhythmus liegt eine klangliche Bewegung, die selbst die Farben leitet und die »Korrespondenz von Klang und Farbe« übersteigt. Deleuze/Guattari, Tausend Plateaus, S. 474.
62   Ebd., S.31. Nach Balke lehnt Deleuze mit dieser Behauptung eines zugrundeliegenden Vermögens die phänomenologische Interpretation der Bilder Bacons ab – neben seiner Ablehnung der psychoanalytischen (Ambivalenz der Gefühle), der hermeneutischen (Repräsentation) und der kinetischen (Motorik) Interpretation. Eine ursprüngliche Einheit der Sinne kann nach der Maler nur aufgrund eines sprengenden, vitalen Vermögens erreichen – dem Rhythmus. Vgl. Friedrich Balke: Gilles Deleuze. Frankfurt, New York 1998, S. 55.
63   Deleuze, Bacon, S. 36.
64   Weshalb Deleuze dieses neue haptische Sehen des Auges auch als »Bildung eines dritten Auges« beschreibt, ist mir unklar. Diese Vorstellung eines zusätzlichen haptischen Auges bei Bacon irritiert, denn sie widerspricht dem Konzept des organlosen Körpers, in dem die Organe ihre Funktion verändern. Vgl. ebd., S. 98.
65   Mirjam Schaub: Gilles Deleuze im Kino: Das Sichtbare und das Sagbare. München 2003, S. 50.
66   Vgl. dazu auch Robnik, Körper-Erfahrung und Film-Phänomenologie, S. 257.

Auge einwirken und es in Vibration versetzen.⁶⁷ Ebenso ist die Gewalt, die von den Bildern Bacons ausgeht, nicht als eine Gewalt auf der narrativen Ebene zu verstehen.⁶⁸ »Der Gewalt des Dargestellten (dem Sensationellen, dem Klischee) steht die Gewalt der Sensation gegenüber.«⁶⁹
Im Gegenteil muss der Maler durch das Narrative der Klischees hindurch, um bei den Sensationen ankommen zu können. Die Leinwand ist nie leer, sondern voller fertiger Bilder, die wir immer schon mitsehen. Der Philosoph Ronald Bogue argumentiert, dass diese Klischees die Wahrnehmung verstellen, indem sie das Wahrgenommene lesbar machen:

> »The visible can become ›readable‹, however, in the sense that it can become so invested with cultural codes, clichéd forms and conventional interpretations that it is no longer truly seen.«⁷⁰

Die Leinwand ist immer schon voller Klischees, die der Maler übermalen muss – was er aber nur kann, wenn er sich selbst ›in die Leinwand begibt‹, um die figurativen Klischees (mit Merleau-Ponty die Normalwahrnehmung) aufzuspüren.⁷¹ Selbst der Versuch, diese Klischees einfach zu umgehen, gerinnt im Laufe der Zeit zu einem neuen Klischee.⁷²

---

67 Durch die Vielschichtigkeit der Kräfte der Sensationen reagiert der Körper nicht einfach nach dem Reiz-Reaktions-Schema. Die Kräfte durchlaufen die Ebenen des anorganischen Körpers nach ihrem Rhythmus. Es handelt sich um Schwingungen, die nur quantitativ erfasst werden können. Zu diesem Einwirken des Bildes als äußerliche Kraft schreibt Jäger: »Sensation meint nichts Sensationelles, bedeutet auch nicht einen bloßen Eindruck, sondern schildert einen Übergang, eine Bewegung zwischen dem Nervensystem und etwas, das ihm von außen zustößt, das sich ereignet und damit in das Nervensystem tritt.« Jäger, Deleuze, S. 213.
68 Sensationen sind daher auch nicht mit Attraktionen zu verwechseln, obwohl das zurückkehrende Kino der Attraktionen natürlich auch mit einer Befreiung der Sensationen von der Narration zu tun hat.
69 Deleuze, Bacon, S. 29.
70 Ronald Bogue: Gilles Deleuze: The Aesthetics of Force. In: Deleuze: A Critical Reader, hrsg. von Paul Patton, Cambridge Massachusetts 1996, S. 257-269, hier S. 259.
71 Vgl. Deleuze, Bacon, S. 55f. Auch Deleuze bezieht sich hier hauptsächlich auf die Versuche Cézannes, dem Klischee zu entkommen.
72 Weshalb Bacon durch die figurativste Form der Darstellung hindurchgeht, die Photographie. Das Figurative ist ein Mittel zum Sehen, ein vereinfachendes Raster: Analogie oder Code. Dadurch verdecken Photos die Realität – sind in dieser Hinsicht Fälschungen. Vgl. ebd., S. 57.

Das Diagramm

Die Klischees durchbricht Bacon durch manuelle Markierungen, die ihn ›aus der Leinwand wieder heraus‹ treten lassen. Manuelle Markierungen, das meint hier zufällige Striche, Farbflecken und Verwischungen auf der Leinwand als Arbeitsprinzip – manipulierter Zufall, statt ins Bild gebrachter Vorstellungen. Diese manuellen Empfindungsmarken entziehen sich der Repräsentation und der optischen Organisation. Sie verzerren die figurativen Gegebenheiten, die schon in der Leinwand existieren, und gehen gegen diese vor.

In gewissem Sinne sind diese zufälligen Markierungen blind, manuell von der Hand ausgeführt und nicht vom Auge gesehen. Wie in der Malerei Cézannes dringt eine andere ungesehene, unmenschliche Welt in das Bild:

> »Wie das Auftreten einer anderen Welt. Denn diese Marken sind irrational, unwillkürlich, zufällig, frei, planlos. Sie sind nicht-repräsentativ, nicht-illustrativ, nicht-narrativ. Sie sind aber ebenso wenig signifikativ oder signifikant: Sie sind asignifikante Striche. Sie sind Empfindungsmarken«.[73]

Dem Zufall wird eine grundlegende Rolle übergeben, um die Ebenen der Sensation, die Kräfte und Rhythmen freisetzen zu können. Das Manuelle dringt in die visuelle Welt der Figuration ein und macht sie unkenntlich. Über die figurative Welt, die lesbaren, wiedererkennbaren Klischees bricht eine Art ›Katastrophe‹ hinein – eine Katastrophe für das visuelle Ordnungssystem, die der Auflösung des Regimes der Sichtbarkeit in der Moderne entspricht. Die ›Katastrophe‹ ist also keineswegs inhaltlich auf der figurativen Ebene zu verstehen, sondern auf der formalen Ebene. Bacon fasst diese als ›Diagramm‹ oder vielmehr bilden für ihn ›Katastrophe‹ und ›Diagramm‹ in der Malerei eine Einheit.[74] Das Diagramm ist dementspre-

---

73 Ebd., S. 63.
74 Vgl. ebd., S. 65. Der abstrakte Begriff des Diagramms ist vielschichtig. Bacon benutzt ihn für die Darstellung seiner Malweise. In einem Interview mit David Sylvester sagt er: »[S]ehr oft sind die unabsichtlichen Markierungen viel anregender als andere, und in solchen Augenblicken fühlt man, daß jetzt alles geschehen kann. – *Sie fühlen es, während Sie diese Zeichen setzen?* – Nein, die Markierungen sind gemacht, man überprüft sie dann, wie man es bei den Kurven eines Diagramms tun würde. Und in diesem Diagramm sind die verschiedensten Möglichkeiten enthalten.« In: David Sylvester: Gespräche mit Francis Bacon, München 1982, S. 56, zitiert bei Deleuze, Bacon, S. 62. Deleuze übernimmt in seinem Buch über Bacon dessen Verwendungsweise des Begriffs des Diagramms, versteht das Diagramm an anderer Stelle aber (sowohl in seiner Analyse des Machtbegriffs von Michel Foucault als auch in den Karten von *Tausend Plateaus*) als abstrakte Maschine.

chend einfach »die operative Gesamtheit der Linien und Zonen, der asignifikanten und nicht-repräsentativen Striche und Flecke«.[75] Als operative Gesamtheit der zufällig zugrunde liegenden Kräfteverhältnisse sind diese Markierungen Möglichkeiten, müssen verwendet und piktural werden.[76]

Deleuze teilt die Malerei der Moderne in drei Gruppen ein, die sich durch verschiedene Arten des Umgangs mit der Katastrophe des Einbruchs des Manuellen, das heißt der Auflösung des visuellen Ordnungssystems, auszeichnen. Dieser Umgang zeigt sich an der unterschiedlichen Rolle des Diagramms:

Im Action-Painting wird das Manuelle taktil, zur Gewalt gegen das Auge. Die Gesamtheit der Markierungen bildet ein Diagramm, das den Rhythmus der Bewegungen als die Materie des Bildes hervortreten lassen kann. »In der Einheit von Katastrophe und Diagramm entdeckt der Mensch den Rhythmus als Materie und Material.«[77] Dadurch breitet sich das Diagramm über das ganze Bild aus.

In der optischen, abstrakten Kunst dagegen wird das Diagramm zum Code, der das Manuelle und Zufällige tilgt. Die manuelle Bewegung wird hier als Spannung in das Visuelle des Bildes integriert.[78]

Bacon geht nun wie Cézanne den Sonderweg eines verzeitlichten Diagramms in der Verbindung von Sensation und Gerüst, von Farben und Konturen, zwischen denen sich Modulationsbewegungen abspielen. »Das Diagramm ist [bei Bacon, A.Z.] eine faktische Möglichkeit, sie ist nicht das Faktum selbst.«[79] Das Diagramm als manuelles steht dem Visuellen in gewisser Weise gegenüber und durchwirkt es. Aus ihm geht das haptische Auge hervor.

»Wenn man aber das Gemälde in seinem Prozeß betrachtet, so gibt es eher eine kontinuierliche Injektion des manuellen Diagramms in das

---

Nach Balke findet er die Kräfteverhältnisse der Macht auf einer ästhetischen Ebene in der Malweise Bacons wieder. Jäger dagegen hält diese beiden Begriffe des Diagramms für verschieden. Keinesfalls sollte der Begriff jedoch mit einem einfachen mathematischen Diagramm gleichgesetzt werden. Vgl. Friedrich Balke: Fluchtlinien des Staates. Kafkas Begriff des Politischen. In: Fluchtlinien der Philosophie, hrsg. von Friedrich Balke, Joseph Vogl, München 1996, S. 150-178, hier S. 171; vgl. Jäger, Deleuze, S. 215.

75 Ebd., S. 63.
76 Vgl. ebd., S. 65.
77 Deleuze, Bacon, S. 65.
78 In der abstrakten Malerei wird die Malerei zur digitalen Sprache. Bacon will dagegen dem Analogen einen anderen Sinn geben, indem er ihm eine andere, produzierte Form von Ähnlichkeit zuführt. Vgl. auch Balke, Gilles Deleuze, S. 59.
79 Ebd., S. 68. Nach Paech erhält Bacon diese Möglichkeiten aufrecht, indem er auf der Kontur beharrt. Dieser Sonderweg ist für Paech der einer aktiven Linie. Vgl. Joachim Paech: Der Bewegung einer Linie folgen... Notizen zum Bewegungsbild. In: Ders.: Bewegung einer Linie folgen... Schriften zum Film. Berlin 2002, S. 133-161, hier S. 160.

AFTER MUYBRIDGE – WOMAN EMPTYING BOWL OF WATER, AND PARALYTIC CHILD ON ALL FOURS, 1965

visuelle Ensemble, ›langsames Durchsickern‹, ›Verdichtung‹, ›Entwicklung‹, als ob man graduell von der Hand zum haptischen Auge, vom manuellen Diagramm zum haptischen Sehen gelangen würde.«[80]

Auf diese Weise werden im Diagramm manuelle Kraftlinien sichtbar statt einer repräsentativen Abbildung.[81] Gleichzeitig zeichnet das Diagramm als eine Zwischenstation durch verworrene Empfindungsmarken die Bewegungen der Sensationen durch die Ebenen und Empfindungskomplexe vor. Es zeigt auf diese Weise die Bewegung, ohne sie festzuhalten. Die Philosophin Judy Purdom weist darauf hin, dass das Diagramm der Malerei, indem es diese regulierten Bewegungen der Materie zeigt, das Ereignis fassen kann, ohne es zu repräsentieren.[82] Es ist reine Materiefunktion, ohne repräsentierten Inhalt oder Form, aber mit Regeln der Diagrammatisierung der Materiebewegung.[83] Es bleibt immer in Bewegung – bildet keine aktuellen, identischen Punkte, sondern bleibt Linie.

Das Diagramm zeigt Bewegung und evoziert sie gleichzeitig. Dadurch nähert der Begriff des Diagramms die Praxis der Malerei und die Wahrnehmung des Films einander an. Durch die Bewegung von Kräften innerhalb des Bildes stellt sich die Frage nach der Möglichkeit einer Erfahrung von Bewegung im Film-Bild, die unabhängig von der Kategorie des Bewegungs-Bildes ist, welche die Bewegung der Abfolge der Bilder dem sensomotorischen Reiz-Reaktions-Schema unterordnet.[84] Der Filmwis-

---

80 Deleuze, Bacon, S. 97. Deleuze zitiert hier Sylvester, Gespräche mit Francis Bacon, S. 58, 60 und 102.
81 Das Diagramm zeigt, dass die Form in der Moderne keine visuelle Totalität mehr erfasst, keine Gestalt beziehungsweise Analogie mehr sein kann. Es gibt nur noch die »schlechte Form«, die nicht mehr über Ähnlichkeiten imaginäre Ganzheiten repräsentiert, sondern aus Partialobjekten und Resten besteht. Vgl. Balke, Gilles Deleuze, S. 57f. Das Motiv der Reste, die der Totalisierung entgangen sind, wird bei Kracauer eine andere, wichtige Rolle spielen.
82 Vgl. Judy Purdom: Mondrian and the Destruction of Space. In: Hyperplastik: Kunst und Konzepte der Wahrnehmung in Zeiten der mental imagery, hrsg. von Eric Alliez, Elisabeth von Samsonow, Wien 2000, S. 200-227, hier S. 216, 219.
83 Vgl. Deleuze/Guattari, *Tausend Plateaus* S. 188, 197. Für Peirce ist das Diagramm ein Sonderfall eines Ikons als Beziehung zwischen Signifikant und Signifikat. Deleuze/Guattari trennen den Zeichenbegriff von Signifikant/Signifikat zugunsten einer Beziehung von Territorialisierung und Deterritorialisierung. Das Diagramm ist für sie nicht repräsentativ sondern konstruktiv – eine Materiefunktion, die von Ikon, Index und Symbol unterschieden werden muss. Ich komme auf den Zeichenbegriff von Peirce beim Affektbild zu sprechen. Vgl. dazu Deleuze/Guattari, Tausend Plateaus, S. 196f.
84 So brechen rein optische Situationen oder Affektbilder als Teil eines Zeit-Bildes zwar die Bewegungen der Narration auf, bleiben aber doch in Bewegung. Der Stillstand der Narration entspricht nicht Bildern des Stillstands oder dem Stillstand der Bilder. Sie folgen nur nicht den sensomotorischen Rastern von Aktion und Reaktion.

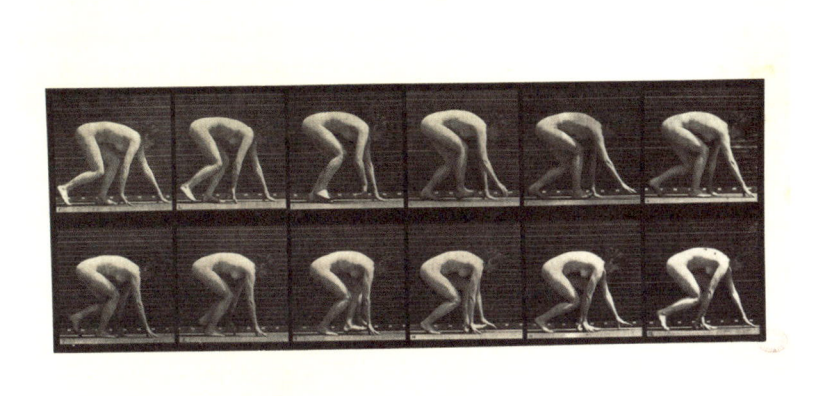

WOMAN WALKING ON HANDS AND FEET, Eadweard J. Muybridge, 1887

senschaftler Joachim Paech vertritt die Auffassung, dass die Bewegungen innerhalb eines Filmbildes sich sogar eher mit dem, anhand der Malerei von Bacon entwickelten, Diagramm fassen lassen, als mit den an Bergson angelehnten Kinobüchern.[85] Gerade die Gleichsetzung von Bild und Bewegung mit Bergson, auf die ich im Zusammenhang des Affektbildes noch einmal genauer eingehen werde, hat laut Paech ein absurdes Entweder/Oder zur Folge.

---

85 Das System von Bewegungs-Bild und Zeit-Bild ist für Paech widersprüchlich, denn innerhalb des unteilbaren Bewegungs-Bildes Bergsons ist Bewegung eigentlich als Bild (Figur) nicht wahrnehmbar. Die Argumentation von Deleuze lautet dagegen genau andersherum: Nur im Kino wird für ihn Bewegung als solche wahrnehmbar, denn der Film nimmt der Wahrnehmung die Synthese der Bewegung ab, die sonst das Bewusstsein leisten muss. Das Kino ermöglicht gerade die Wahrnehmung von Bewegung als ungeteilte. Indem ein Apparat als Stellvertreter Bewegung ohne die Unterbrechungen der natürlichen Wahrnehmung für uns registriert, können wir auch Bewegung eigentlich zum ersten Mal sehen. Heinrich beschreibt das sehr schön am Beispiel einer vorbei laufenden Katze. Sehen wir diese in Wirklichkeit vorüber huschen, synthetisieren wir die wahrgenommene Bewegung erst kognitiv. Der Film nimmt uns diese Synthese ab und lässt uns die Bewegung als solche wahrnehmen. Vgl. Richard Heinrich: Entwicklung des Films im Denken. http://nomoi.philo.at/per/rh/mei/delkino.htm, abgerufen 23.12.2008; vgl. Bewegungs-Bild, S. 14.

Innerhalb des Bewegungs-Bildes sieht Paech die Wahrnehmung von ›Bildern‹ nur möglich als paradoxe Stillstellungen, wie zum Beispiel in Standbildern, die als Photographien in den Fluss der Handlung einmontiert werden. Diese zeigen dann aber keine Bewegung mehr. Bilder von Bewegung lassen sich im bewegten Bild des Films erst in rein optisch/akustischen Situationen, die ich oben anhand von L'ECLISSE beschrieben hatte, erfahren. Erst im, das Bewegungs-Bild aufbrechenden, Zeit-Bild zeigen sich ›Bilder‹ – im Zerbrechen der sensomotorischen Bewegung.

Die Entgegensetzung von Bild und Bewegung lässt sich im Diagramm auflösen, das eine Relation zwischen Bewegung und Bild als Linie aufzeigt. In der Malerei erfahre ich als Betrachter, durch das Folgen dieser Linie im bewegungslosen Bild, eine Verzeitlichung.[86] Ähnlich könnte die Vorstellung eines Diagramms, argumentiert Paech, auch im Bewegungs-Bild ein drittes Bild, das Bild der Beziehung zwischen Bild und Bewegung, herstellen – was Deleuze faktisch auch in seinen Filmbeschreibungen praktiziert, aber nur in Bezug auf Malerei anspricht.

»Dort, wo er das ›Ereignis der Malerei‹ bei Francis Bacon in den Vordergrund stellt, tauchen ganz andere Relationen auf, die ihrerseits das Bewegungsbild des Films interessanterweise dort, wo es ins Zeit-Bild zerbricht, tangieren.«[87]

Durch die Konzentration auf das Aufbrechen der Bewegung und auf die freigelegten Zeitstrukturen im Zeit-Bild gerät die grundlegende Bewegung und die Vorstellung der Dauer in der Filmtheorie von Deleuze in den Hintergrund.[88] Das Diagramm als Beschreibung des Malakts, als diagrammatische Verzerrung der figuralen Vorstellungen im Kopf des Malers beziehungsweise auf der Leinwand, drückt dagegen die Potentialität der Möglichkeiten von Bewegungen aus, die an die Betrachterinnen / Zuschauerinnen weitergegeben wird.[89] Gerade in der Potentialität der Be-

---

86 Vgl. Paech, Der Bewegung einer Linie folgen, S. 147.
87 Ebd., S. 161.
88 Interessant wäre es gerade, das notwendige Zusammenspiel von Bewegung, Dauer und der direkten Darstellung der Zeit auch im Zeit-Bild zu entwickeln.
89 Vgl. ebd., S. 159. Diese diagrammatische Funktion ist für Paech gegenüber dem geschlossenen Universum des *Bewegungs-Bildes* intermedial. »Weil das Diagramm nicht das Bewegungsbild ist, kann es Bild und Bewegung als diejenige bipolare Relation behaupten, die allen medialen Formen als Differenz inhärent ist.« Ebd. Umgekehrt verliert sich aber in der Suche nach einer intermedialen Struktur des Diagramms, der Relation von Bild und Bewegung, das Filmspezifische – der Aspekt einer zugrunde liegenden Bewegung des Bildes, der Dauer, der Deleuze gerade mit seiner Uminterpretation Bergsons gerecht geworden war. Paechs Suche nach einer intermedialen Struktur der Bewegung

wegung kann man eine Verbindung des Körpers des Malers und der Zuschauerin sehen, beziehungsweise kann nur über diese Bewegung erfahren werden. Das Diagramm ist keine Repräsentation von realen Bewegungen, sondern deren Produktion.[90]

Diagramm und Affekt

Aus dem Diagramm geht bei Bacon die Figur hervor: »Die Striche und Flecke müssen mit der Figuration um so mehr brechen, als sie dazu bestimmt sind, uns die Figur zu geben.«[91] Die Figur entzieht sich durch das Diagramm den narrativen Klischees der Figuration. Die Geometrie, das Motiv als notwendiger Teil des Diagramms, gibt den Sensationen, den Farben, dabei Beständigkeit. Diese bekommen im Diagramm einen Rhythmus, gehen andererseits aber über das Diagramm hinaus.

»Als entfesselte manuelle Macht löst das Diagramm die optische Welt auf, muß aber gleichzeitig wieder in das visuelle Ensemble injiziert werden, in das es eine spezifisch haptische Funktion des Auges einführt. Die Farbe und die Verhältnisse der Farbe konstituieren eine haptische Welt und einen haptischen Sinn, und zwar in Abhängigkeit von Warm und Kalt, Expansion und Kontraktion. Und sicher hängt die Farbe, die die Figur modelliert und sich über die Flächen hinweg ausbreitet, nicht vom Diagramm ab; sie durchläuft aber das Diagramm und geht aus ihm hervor.«[92]

Diagramme ermöglichen die Modulation der Qualitäten, wie das Haptischwerden der Farbe, welche das Auge ertastet. Vor allem aber sind sie nicht

im Bild, losgelöst von dessen Bewegung im Film, ordnet dagegen, meiner Meinung nach, die Erfahrung der Dauer, beziehungsweise die Bewegung der Zuschauerin, dem identifizierbaren Bewegungs-Bild unter, das sich mit anderen Bildern, die letztlich als Diagramme, als Bipolarität von Bild und Bewegung immer ›Bewegungsbilder‹ sind, vergleichen lässt. Sie nähert sich dadurch einer kunsthistorischen Stilgeschichte und der Repräsentationsfunktion der Bilder zu sehr an.

90 Andreas Becker hat in seiner Dissertation die photographischen Doppelbelichtungen Mareys, in denen zahlreiche Bewegungen auf einer einzigen Platte miteinander verschmelzen, als Diagramme beschrieben. Becker stellt diese Diagramme einer Repräsentation von Bewegung gegenüber, die er eher in den Chronophotographien Muybridges sieht. Interessanterweise beschäftigt sich Bacon in seiner Diagrammmalerei aber gerade mit den Reihen Muybridges. Vgl. Andreas Becker: Perspektiven einer anderen Natur. Zur Geschichte und Theorie der filmischen Zeitraffung und Zeitdehnung. Bielefeld 2004, S. 74f.
91 Deleuze, Bacon, S. 63.
92 Ebd., S. 84.

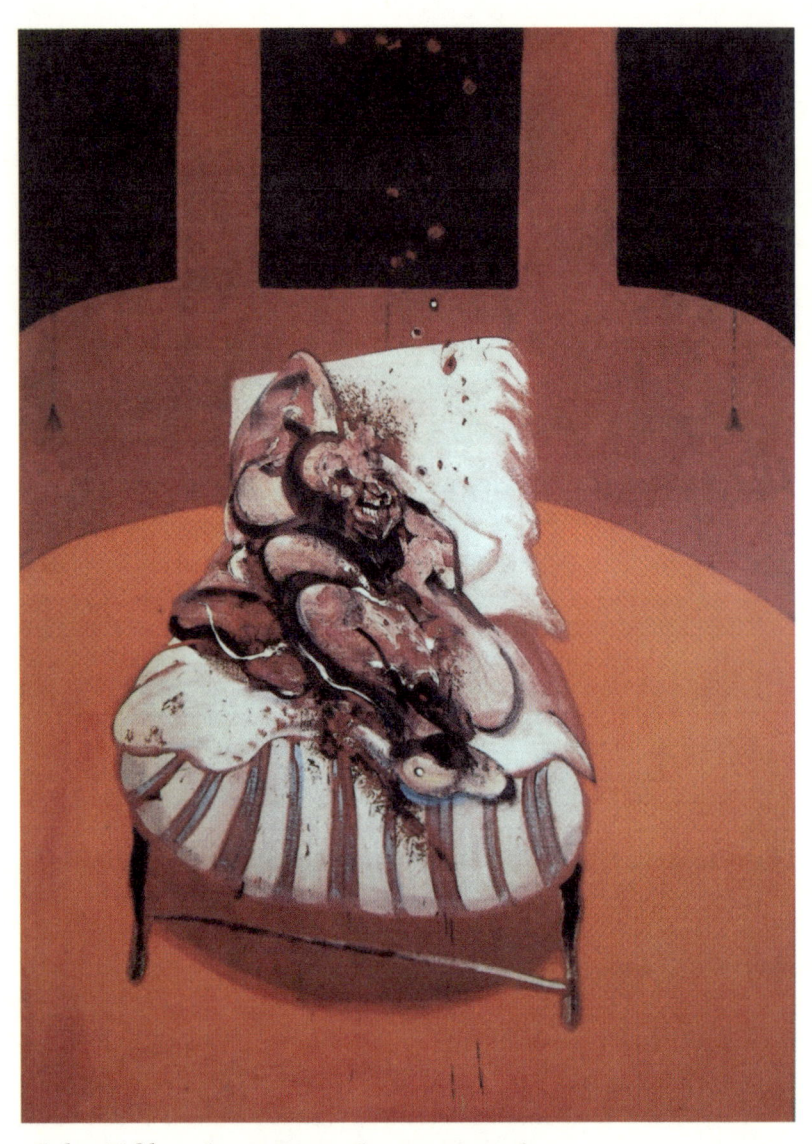

Mittlere Tafel aus STUDIES FOR A CRUCIFIXION, 1962

narrativ, erzählen keine Geschichte einer dargestellten Person, in die sie durch eine identifizierende, visuelle Wahrnehmung eingeordnet werden. Eine narrative Einordnung könnte die Zuordnung dieser Kräfte zu Gefühlen der dargestellten Personen sein. Doch die Sensationen, denen ihre Körper ausgesetzt sind, gehen über ihre Körper hinaus. Deleuze bezeichnet diese in Diagrammen festgehaltenen und aus ihnen hervorgehenden Sensationen daher auch als Affekte. Das Diagramm hält in seiner doppelten Artikulation von Bild und Bewegung das Ereignis des Affekts, seine Kraftlinien, gleichzeitig fest und evoziert sie. Es handelt sich dabei um elementare Kräftekonflikte, die nichts mit der Darstellung von Gefühlen einer repräsentierten Figur gemein haben. »Nun gibt es bei Bacon keine Gefühle: nichts als Affekte«.[93]

Es sind vor allem die Affekte, die eine Verbindung zwischen der Malerei Bacons und dem Kino herstellen. Deleuze schreibt solchen Affekten eine besondere Rolle im Kino und ein besonderes Filmbild – das Affektbild – zu. Auf dieses Affektbild möchte ich im Folgenden detailliert eingehen und es in seinen verschiedenen Ausformungen analysieren, um den Zusammenhang mit den bisher anhand der Malerei untersuchten Eigenschaften des Bildes mit dem Kino zu verdeutlichen.

Affektbild und Affektraum

»Spinozas Staunen über den Körper findet kein Ende. Staunen nicht darüber, einen Körper zu haben, vielmehr darüber, was der Körper alles vermag. Nicht nach Art oder Gattung, Organen oder Funktionen sind die Körper zu bestimmen, sondern nach ihrem Vermögen, nach ihren Affekten, zu denen sie fähig sind, aktiv wie passiv.«[94]

Bilder stehen in einem bestimmten Verhältnis zum Körper der Wahrnehmenden, die sie haptisch oder optisch wahrnimmt. Diesen Unterschied habe ich bei Merleau-Ponty und ebenfalls bei Deleuze/Guattari als einen der Entfernung und Differenzierung beschrieben. Betrachte ich die Wahrnehmung nun von der Seite der Sensation, dem Affekt aus, verändert sich die Bedeutung des Verhältnisses von Nähe und Distanz, von Aktivität und Passivität des Auges. Während die Wahrnehmung das Gesehene durch Raster filtert, dringt die Sensation nämlich direkt in das Auge ein – der Affekt ist taktil. Bogue betont, dass sich hier in der Frage des Abstands die doppelte Funktion des Auges, der Wahrnehmung und der Affizierbarkeit,

---

93 Deleuze, Bacon, S. 30.
94 Gilles Deleuze / Claire Parnet: Dialoge. Frankfurt am Main 1980, S. 67. [OA 1977]

erschließt: Während Distanz Wahrnehmung, und damit Filterung ermöglicht, ist bei der direkten Einwirkung des Affekts keine Filterung mehr möglich. Die Folge ist eine tatsächliche Einheit von Objekt und Subjekt, von Wahrnehmendem und Wahrgenommenen.[95] Auch der Medienphilosoph Mark Hansen, der hier die Phänomenologie Merleau-Pontys mit dem Affektbegriff von Deleuze zusammendenkt, beschreibt diese doppelte Funktion als eine von distanzierter Wahrnehmung und Affektion. Diese entspricht für ihn der Funktion von Sehsinn und Tastsinn.[96] Es findet eine reale Berührung statt, möglich durch die Einheit des Körpers und der Welt.[97] Dieser Unterschied in der Wahrnehmung ist in der Filmtheorie von Deleuze für die Entstehung eines bestimmten Bildes im Kino – das Affektbild – entscheidend. Das Affektbild kann auch als haptisches Kinobild beschrieben werden, das die Zuschauerin unmittelbar affiziert.

Laura Marks leitet das Affektbild aus ihrem Entwurf des haptischen Kinos ab. Das haptische Kino habe ich oben im Zusammenhang der haptischen Wahrnehmung und der Auslösung von Gerüchen im Kino dargestellt und dort die haptische Wahrnehmung der visuellen Wahrnehmung gegenübergestellt. Mit Bergson sieht Marks die Wahrnehmung von Bildern als multisensorisch an – wir nehmen mit dem ganzen Körper wahr. Erst durch die Filterung der Wahrnehmung nach der Nützlichkeit für das sensomotorische Schema reduziert sich die Wahrnehmung auf das Visuelle. Das haptische Bild umgeht diese sensomotorische Rasterung. Es spricht alle Sinne an, indem es das Visuelle unterläuft und Lücken lässt.[98]

95 Vgl. Ronald Bogue: Deleuze on Cinema. New York, London 2003, S. 37.
96 Vgl. Mark Hansen: Embodying Virtual Reality. Touch and Self-Movement in the Work of Char Davies. http://www.immersence.com/bibliography/Mhansen-B.html, abgerufen am 17.12.2003. Andrew Murphie beschreibt in Anlehnung an Deleuzes Buch über Leibniz auch die Wahrnehmung von Tönen als affektiv. Die akustische Wahrnehmung ist eine zweidimensionale Interaktion der Materie. »If there is a passage or movement as a signal here, this is a signal that both changes the fields through which it has a passage, and a signal which in turn depends upon the field through which it moves. The signal as vibration and the field as vibration are inseparable.« Andrew Murphie: Putting the virtual back into VR. In: A Shock to Thought. Expression after Deleuze and Guattari, hrsg. von Brian Massumi, London, New York 2002, S. 188-215, hier S. 196.
97 Diese von Hansen phänomenologisch gedachte Einheit von Körper und Welt führt, wie ich oben ausgeführt habe, bei Merlau-Ponty zu keiner tatsächlichen Berührung. Im Gegensatz der chiastischen Kreuzstellung von Leib und Welt und der von Bergson hergeleiteten Deleuze'schen Immanenz des Bilderuniversums liegt ein wesentlicher Unterschied in der Vorstellung von Affektion und leibhaftiger Wahrnehmung. Hansen sieht in der taktilen Affektion des Auges nicht nur eine Nähe zum Konzept des Fleisches von Merleau-Ponty, sondern auch zu dem der Mimikry bei Roger Caillois. Vgl. ebd.
98 Versuche ich von den Sensationen bei Bacon eine Brücke zum Affektbild zu schlagen, um die Wahrnehmung im Kino als haptisch darstellen zu können, erscheint die Be-

Bei Deleuze kommt mit dem Affektbild zu dem Unterschied von visueller und haptischer Optik, von Affektion und Wahrnehmung, von Fülle und Leere, ein anderer Unterschied hinzu, der von Gefühl und Affekt. Selbst die oben beschriebenen verschiedenen gekerbten oder glatten Räume unterliegen dieser Differenz. Reine Intensitäten oder geordnete Empfindungen, abstrakte oder organische Linien – diese in *Tausend Plateaus* etwas ungreifbar bleibende Unterscheidung wird in den Kinobüchern konkreter, wenn sie sich in den unterschiedlichen Funktionen des Affektbildes niederschlägt. Einerseits treibt im Film die Affektion als Gefühl die Handlung voran. Der Affekt kann als solcher aber auch für sich stehen bleiben – als reine Intensität. Dann werden wie in einer Art Affektraum, in dem die Potentialitäten des Affekts bestehen bleiben, materielle Kräfte haptisch erfahrbar. Ein exemplarisches Affektbild werde ich anhand der Schlussszene von VIVE L'AMOUR – ES LEBE DIE LIEBE (orig. AIQING WANSUI, Taiwan 1994) beschreiben.

Das Affektbild als Bewegungs-Bild

In seinen Kinobüchern beschreibt Deleuze in Anlehnung an Henri Bergson das Affektbild als eine der drei Formen des Bewegungs-Bildes neben Wahrnehmungsbild und Aktionsbild. Diese drei Bilder entstehen im allgemeinen Bewegungsstrom der Materie, dem Metakino,[99] wenn dieser sich um ein Lebewesen krümmt, das heißt von ihm wahrgenommen und weitergegeben wird.[100] Das Affektbild ist zwischen Wahrnehmungsbild und

---

tonung der Notwendigkeit von Leerstellen irritierend. Marks selbst beschreibt aber auch Bilder sinnlicher Fülle, in denen Farben und Oberflächen Tastsinn und Geruchssinn wecken. Bei diesen Bildern scheint die beschriebene ›Lückenhaftigkeit‹ nur auf der Ebene der Narration zu liegen, die keine Geschlossenheit vermittelt und Taktilität zulässt. Ich komme am Ende dieses Kapitels auf diese Problematik erneut zu sprechen.
99 Dieser Begriff des Metakinos (méta-cinéma) findet sich leider nicht in der deutschen Ausgabe der Kinobücher. Dort spricht Deleuze – missverständlich übersetzt – von Meta-Film und Bergson sieht »das Universum als Film an sich«. Bewegungs-Bild, S. 88. Zu weiteren entstellenden Übersetzungsfehlern in den Kinobüchern vgl. Drehli Robnik: Die Freude am Falschen. Ein Service für Deleuze-LeserInnen. In: Meteor. Texte zum Laufbild No.2, Wien 1996, S. 99-101.
100 Der Bildbegriff Bergsons ist nicht visuell zu verstehen: Für Bergson sind Bild und Bewegung sowie Materie vom Standpunkt des menschlichen Körpers aus identisch, auf den sie wirken. Da die Welt bei Bergson nur aus Bildern besteht, die sich bewegen und aufeinander reagieren, nehme ich die Bewegung selbst nicht wahr, sondern reagiere auf sie. Es sei denn, die Bewegung wird unterbrochen wie im Zeit-Bild oder nach innen gelenkt wie im Affektbild. Vgl. Bergson, Materie und Gedächtnis, S. 6. In den *Unterhand-*

Aktionsbild angesiedelt. Es ist ein Intervall zwischen empfangener und weitergegebener Bewegung, das heißt zwischen Rezeption und Reaktion beziehungsweise Aktion. Der den Raum dieses Intervalls ausfüllende Affekt ist also ein Bindeglied in einer unterbrochenen Bewegung.[101] In ihm findet eine Weiterleitung der Bewegung auf ein unbewegliches Organ – ein Zentrum der Indeterminiertheit im Strom der Materiebilder – statt. Joseph Vogl beschreibt das folgendermaßen:

> »Das Intervall ist gestaute Aktion und als solche Raum reiner Affektivität. [...] Der Affekt ist demnach ein Bruch im sensomotorischen Band, ein Schnitt im Übergang von Perzeption zur Aktion, er erscheint in der Kluft zwischen verwirrender Wahrnehmung und verzögerter Aktion.«[102]

Der Affekt ist also eine Art Störung im reibungslosen Reiz-Reaktions-Ablauf, als dessen Muster die Amöbe gilt, bei der Wahrnehmung und Reaktion eins sind, sich beides auf der gleichen Membran abspielt. Vom Körper der Amöbe unterscheiden wir uns durch die Ausdifferenzierung der Organe in motorische und sensorische.[103] Deleuze sieht mit Bergson den Affekt als eine Folge dieser Ausdifferenzierung, als »eine Art motorische Tendenz in einem sensorischen Nerv«.[104]

Das Affektbild stellt eine Folge des Wahrnehmungsbildes dar, dessen Filterung durch die Wahrnehmung nach dem für die Aktion nützlichen Raster unvollständig ist. Die Distanz der Wahrnehmung durch die Identifikation von Objekten wird nicht aufrechterhalten. Ein Teil der äußeren Bewegung dringt ungefiltert in das taktil werdende Auge ein – wird eins mit dem affizierten Subjekt. »Eine Koinzidenz von Subjekt und Objekt«[105] findet statt und wird zu einem inneren Bild, der Selbstwahrnehmung durch die Affektion. In diesem Sinne ist das Affektbild ein notwendiger

---

lungen fasst Deleuze seine Verwendung des Bildbegriffs Bergsons auch als gegen eine Filmtheorie des Blicks gerichtete zusammen: »Ich weiß nicht, ob dieser Begriff [des Blicks, A.Z.] unbedingt notwendig ist. Das Auge ist schon in den Dingen, ist schon Teil des Bildes, es ist die Sichtbarkeit des Bildes.« Gilles Deleuze: Über *Das Bewegungs-Bild*. In: Ders.: Unterhandlungen, a.a.O., S. 70-85, hier S. 82.
101 Vgl. Bewegungs-Bild, S. 96.
102 Joseph Vogl: Schöne gelbe Farbe. Godard mit Deleuze. In: Gilles Deleuze – Fluchtlinien der Philosophie, hrsg. von Friedrich Balke, Joseph Vogl, München 1996, S. 252-265, hier S. 258f.
103 Vgl. Henri Bergson: Materie und Gedächtnis: Eine Abhandlung über die Beziehung zwischen Körper und Geist. Hamburg 1991, S. 52. [OA 1896]
104 Ebd., S. 42. Auch bei Bergson taucht das Übersetzungsproblem auf: In der deutschen Ausgabe ist Affektion mit Empfindung übersetzt.
105 Bewegungs-Bild, S. 96.

Bestandteil des Bewegungs-Bildes. Als Selbstwahrnehmung, das heißt als Intervall innerhalb des sensomotorischen Schemas des ›Subjekts‹, gibt es diesem einen Freiraum an Möglichkeiten zwischen der Wahrnehmung und der auf sie folgenden Aktion.

Der Affekt als ein entstehendes inneres Bild zeigt sich im äußeren Ausdruck vor allem im Gesicht. Exemplarisches Affektbild im Kino ist für Deleuze daher die Großaufnahme des Gesichts, in der sich die Bewegung in Mikrobewegungen fortsetzt oder zur gleißenden, reflektierenden Fläche und zum Ausdruck des Staunens wird. Es handelt sich um eine reflektierende und reflektierte Einheit, in der sich die Bewegungen fortsetzen, weil keine motorische Bewegungsfortsetzung stattfindet und sie zur Ausdrucksbewegung werden.

Die Großaufnahme unterbricht die Handlungsbewegung. In Anlehnung an Béla Balázs wird für Deleuze die Großaufnahme aber nicht der Gesamtheit der Dauer des Bewegungs-Bildes entrissen, ist kein abgetrenntes Partialobjekt, sondern abstrahiert von dessen raum-zeitlichen Koordinaten, unterliegt einer anderen Zeit. Sie wird zur unabhängigen, sich auf einer anderen Ebene befindenden Entität. Der Affekt selbst wird dadurch zu einer Art Gegenstand. Er lässt sich auf nichts anderes reduzieren. Deleuze spricht von dinglichen Affekten: reinem Ausdruck von Qualitäten, dem keine greifbare Existenz zukommt, aber eine eigene Dauer.[106] Diese Dauer des Affekts ist dem Filmwissenschaftler Stephan May zufolge von der messbaren Zeit des Bewegungs-Bildes zu unterscheiden:

»Ist mit der Bewegung eines Objekts im Raum eine bestimmte Zeit gegeben, beanspruchen ihr gegenüber die Mikrobewegungen des Gesichts ihre eigene Zeitlichkeit.«[107]

Dabei ist nicht die Großaufnahme selbst der ausschlaggebende Punkt, sondern das Gesicht. Auch andere Einstellungen können diese Struktur annehmen und wie ein Gesicht zurückblicken, den Blick der Zuschauerin zurückwerfen.[108] Gegenstände und Räume können zu Affektbildern wer-

---

106 Vgl. ebd., S. 134-136.
107 May, Rainer Werner Fassbinders Lili Marleen, S. 34.
108 Vgl. Bewegungs-Bild, S. 124. Dieses Gesicht nimmt einen anderen Blick als die Kamera ein und wirft damit den Blick der Zuschauerin zurück. Durch die Schuss-Gegenschuss-Bewegung wird er im klassischen Kino in das Blicksystem eingegliedert. Bei Blicken in die Kamera ist das nicht möglich. Das Gesicht wird intensiv und verändert den Raum. Vgl. ebd., S. 133.

den und Mikrobewegungen aufzeigen, welche die aufgenommene Bewegung umsetzen.¹⁰⁹ Im *Bewegungs-Bild* nun geht der Affekt in Handlung über, wird zum einer Person zugeschriebenen Gefühl. Er ordnet sich ein in das sensomotorische Schema, welches er kurze Zeit unterbrach. Die Wahrnehmungsraster des homogenen Raums und der homogenen Zeit werden wieder hergestellt. Der Affekt wird eingegliedert innerhalb der Verkettung der Reiz-Reaktions-Folge der Handlungsbewegung.

Das Affektbild als Potential

Das affektive Potential kann aktualisiert werden, das heißt Teil der Handlung und Gefühl eines Charakters werden, muss aber nicht.¹¹⁰ Für Deleuze ist Handlung im Film nicht grundlegend, sondern erst Folge von bestimmten Bildern, Ausdruck des Bewegungs-Bildes. Dieses unterscheidet er vom Zeit-Bild, in welchem die Handlung und damit die Bewegung gegenüber der Zeit zurücktritt.

Die Handlung wird im Bewegungs-Bild vom Affekt getrieben, die Akteure vom Affekt geleitet. Umgekehrt kann sich aber auch das Geschehen

---

109 In *Tausend Plateaus* wird dieses Zurückblicken der Dinge als Teil eines Machtsystems ›weiße Wand‹, ›schwarzes Loch‹ beschrieben, denn das Gesicht wird dort bestimmten christlichen Gesellschaftsformen, die auf dem Subjekt aufbauen, zugeordnet. Das Gesicht ist dort generell unmenschlich – unmenschlich im Sinne von inhuman – und wird es nicht erst in einer Art Ebenensprung im Affektbild. Vgl. Deleuze/Guattari, *Tausend Plateaus*, S. 234ff.

110 Brian Massumi hat den Unterschied von Affektion und Gefühl, den man auch als einen Unterschied von Intensität und Qualität, Effekt und Inhalt beschreiben könnte, sehr schön anhand eines empirischen Experiments von Herta Sturm erläutert. Dreimal wird in diesem Experiment neunjährigen Schulkindern ein Film über einen Schneemann gezeigt. Ein Mann baut einen Schneemann; sieht, dass dieser in der Sonne schmilzt; fährt ihn in die Berge und verabschiedet sich. Dieser Film wird einmal ohne Ton, einmal mit einem sachlichen Kommentar und einmal emotional begleitet gezeigt. Während die erste Fassung direkt die Haut der Kinder reagieren ließ, reagierte in der dritten Fassung etwas verzögert vor allem das Herz, während die zweite Fassung eher kalt ließ. »But one of the clearest lessons of this first story is that emotion and affect – if affect is intensity – follow different logics and pertain to different orders.[...] Emotion is qualified intensity, the conventional, consensual point of insertion if intensity into semantically and semiotically formed progressions, into narrativizable action-reaction circuits, into function and meaning.« Während also die Zuschauerinnen bei der ersten Fassung direkt von Intensitäten affiziert wurden, reagierten sie bei der dritten Fassung emotional auf den narrativen Inhalt. Die zweite Fassung löste weder emotionale noch affektive Reaktionen aus. Brian Massumi: The Autonomy of Affect. In: Deleuze: A Critical Reader, hrsg. von Paul Patton, Cambridge Massachusetts 1996, S. 217-239, hier S. 221.

im Affekt virtualisieren, beziehungsweise der Affekt sich vom Geschehen lösen.[111] Es gibt also auch Affektbilder, die nicht narrativ aufgelöst und daher eher dem Zeit-Bild zugeordnet werden können. Solche Bilder verbleiben in ihrer virtuellen Vielheit, weil sie, zumindest eine Zeit lang, nicht aktualisiert werden und deshalb ihre virtuellen Voraussetzungen aufzeigen.[112] May fasst das treffend zusammen als

> »[...] andere[n] Zustand des Affekts: Der Eindruck als solcher, als Virtualität. Insofern verkörpert dieser affektive Zustand jenen Aspekt einer empfundenen Situation, der nie vergeht, weil er in gewissem Sinn mit dem Vergehen seiner Aktualisierung koexistiert.«[113]

Es handelt sich beim Affektbild um Bilder, die aus reinen Qualitäten, Potentialen und Möglichkeiten bestehen, dem Ereignis eines Ausdrucks. Dessen Flüchtigkeit ist weder Gefühl noch Vorstellung, sondern eine unpersönliche, einzigartige Qualität – ein möglicher Reiz, ein »es gibt«.[114] Diese reine Qualität ist das Neue, bevor es Klischee wird, eingeordnet in die bekannten Bilder der Wahrnehmungsraster.[115]

Die nicht greifbare Qualität des Affekts beschreibt Deleuze mit Charles Sanders Peirce als Ikon, als ein Zeichen im Modus der Erstheit, das heißt ein bipolares Zeichen aus Qualität und Ausdruck.[116] Der Begriff des Ikons bezeichnet nach Peirce keine stilisierte Abbildung eines Gegenstandes, welche die vereinfachte Darstellung der Dreiteilung in Ikon, Index und Symbol nahe legt,[117] keine Behauptung oder Benennung, sondern ist der

---

111 Vogl, Schöne gelbe Farbe, S. 260.
112 Genaugenommen sind Zeit-Bilder nicht virtuell, ermöglichen aber in ihrer kristallinen Bildordnung die Wahrnehmung der Gründung der Zeit als Spaltung in aktuell und virtuell. Vgl. Balke, Gilles Deleuze, S. 71f.
113 May, Rainer Werner Fassbinders Lili Marleen, S. 41. Nach Alliez unterhöhlt die »Virtualität des Affektbildes auf immanente Weise die organische Repräsentation des Aktionsbildes« und bereitet damit seine Krise vor. Alliez, Midday, S. 148.
114 Bewegungs-Bild, S. 137f.
115 Nach Paola Marrati sind Affekte singulär und nicht weiter reduzierbar. Weil es im Immanenzplan der Bilder keine Verdopplung gibt, sind sie nicht repräsentativ und immer neu. Vgl. Paola Marrati: Gilles Deleuze. Cinéma et philosophie. Paris 2003, S. 58.
116 Bewegungs-Bild, S. 136.
117 Die Reduktion des Zeichenbegriffs von Peirce auf die Dreiteilung Ikon, Index, Symbol ist eine Verkürzung, die gerade im Fall des Ikons in die Richtung bildlicher Repräsentation zu weisen scheint, gelten doch z. B. Photographien (neben ihren indexikalischen Eigenschaften) als ikonische Bilder. Die gängige Dreiteilung verdeckt die Kontinuität zwischen unmittelbaren und symbolischen Zeichen bei Peirce. Das Zeichen muss jeweils in seinen drei Kategorien Repräsentamen, Objekt und Interpretant gesehen werden, sowie in den Modalitäten möglich, zufällig und notwendig. Beim ikonischen Qualizeichen,

zweckfreie Ausdruck einer Qualität über Ähnlichkeit.[118] Deleuze macht an diesem Zeichen vor allem den Aspekt des Ausdrucks stark:

»Der Affekt ist eine Entität, das heißt Potential oder Qualität. Er wird ausgedrückt: Der Affekt existiert nicht unabhängig von etwas, was ihn ausdrückt, auch wenn er sich völlig von ihm unterscheidet. Was ihn ausdrückt, ist ein Gesicht, das Äquivalent eines Gesichts (ein in ein Gesicht verwandeltes Objekt)«.[119]

Der Ausdruck des Affekts als Zeichen durch das Affektbild ist paradox, denn der Affekt als Ereignis aktualisiert und entzieht sich gleichzeitig.[120] Seine virtuellen Verbindungen sind nicht der reale Zusammenhang des Geschehens, nicht einfach der Ausdruck der Gefühle der Figuren.[121] Für den Filmwissenschaftler Hermann Kappelhoff vollzieht sich damit »die Bewegung des Affekts [...] nicht in der Repräsentation eines inneren Gefühls dieser Figuren, sondern in der Auslöschung der zeichenhaften Bezüge des Bildes.«[122] Als reine Qualitäten sind diese ›Zeichen‹ unübersetzbare, nicht verweisende Zeichen. ›Für sich‹ nicht existent, entgehen sie als rei-

um das es Deleuze hier geht, steht eine Qualität für sich unabhängig von einem Objekt, dem diese angehört.
118 Vgl. Charles Sanders Peirce: Neue Elemente. In: Dieter Mersch (Hrsg.): Zeichen über Zeichen. Texte zur Semiotik von Peirce bis Eco und Derrida. München 1998, S. 37-56, hier S. 41. André Vandenbunder kritisiert an der Peirce-Rezeption von Deleuze, dass dessen Darstellung der Zeichensemiose Peirces Semiotik trotz aller fruchtbarer Ähnlichkeit (beide gehen von Bildern aus, statt von Sprache; beide nehmen Zeichenprozesse innerhalb der Dinge als Ausgangspunkt des Denkens und der Sprache an; beide sehen im Wechselverhältnis von Glauben und Zweifel einen Antrieb des Denkens) nicht wirklich viel verdankt, sondern ihn vereinfacht und stark abwandelt. Deleuze berücksichtigte das Kontinuum der Zeichengenese bei Peirce nicht, sondern setzte die Zeichen von außen. So ordne er das Ikon einfach dem Affektbild zu. Andererseits werfe er dann den von Perzepten ausgehenden Denkprozessen, die sich in der Kontinuität der triadischen Zeichenebenen entwickeln, ihre sprachlich kognitive Funktion vor, die doch wieder die Zeichenmaterie tilge. Vgl. André Vandenbunder: Die Begegnung Deleuze und Peirce. La rencontre Deleuze-Peirce. In: Der Film bei Deleuze. Le cinéma selon Deleuze, hrsg. von Lorenz Engell, Oliver Fahle, Weimar 1997, S. 86-112.
119 Bewegungs-Bild, S. 136.
120 Andererseits lässt sich, meiner Meinung nach, gerade das Paradox des ikonischen Zeichens mit Peirce gut beschreiben, weil das Peirce'sche Zeichensystem nicht auf sprachliche repräsentative Funktionen reduziert ist, sondern alle Formen des Ausdrucks umfasst. Auch für Peirce gibt es das Paradox des Ikons, das die Qualität, die es ausdrückt selber ist. Auf die Verknüpfung der Vorstellung von Zeichen mit der Materialität von Bildern komme ich weiter unten zurück.
121 Vgl. ebd., S. 149.
122 Hermann Kappelhoff: Der möblierte Mensch. Georg Wilhelm Pabst und die Utopie der Sachlichkeit. Ein poetologischer Versuch zum Weimarer Autorenkino. Berlin 1995, S. 146.

ne Möglichkeiten jeder Verweisfunktion und lassen solange virtuelle Verbindungen zu, solange sie nicht durch die Beziehung auf ein handelndes Subjekt aktualisiert werden.»Das ist kein Blut, das ist Rot«,[123] sagt Godard und das bleibt es, solange wir es nicht auf eine sterbende Person beziehen oder zur Eigenschaft eines Objekts werden lassen. Dann werden die Potentiale aktualisiert – in reale Zusammenhänge eingeordnet, Rollen und Gebrauchsgegenständen zugeschrieben.

Durch diese andere Beschreibung als Zeichen wird das Affektbild einerseits zu einem bestimmten Bildtypus, der Großaufnahme, andererseits aber zum Bestandteil aller Bilder, die immer qualitative Potentiale (ikonische Anteile) aufweisen.[124] Diese Differenzierung findet innerhalb der Ausrichtung der Affektion statt: Die Virtualität des Affekts steht der Aktualität des Gefühls gegenüber. Wichtig wird hier, dass es beim Affektbild zunächst nicht um den Affekt im umgangssprachlichen Sinne geht, der allgemein eher als Gefühl verstanden wird, sondern um Affektion, den momentanen Zustand eines körperlichen Bildes.[125] Der Bezeichnung ›Affektbild‹ liegt eigentlich eine Ungenauigkeit in der Übersetzung zugrunde, die zu Missverständnissen führen kann, weil sie die beiden Ausrichtungen überdeckt. Im französischen Original heißt das Affektbild »l'image-affection«, also Affizierungs- oder Affektions-Bild. Die Grundlage des Affektbildes ist zunächst einmal die Affizierung, die virtuell bleibenden Affekte sind aber unabhängig von jener Affizierung, die innerhalb der Schemata der Narration des Bewegungs-Bildes als Gefühl kanalisiert wird. Die Potentiale des Affekts, Qualitäten wie zum Beispiel die der Farbe, können Raum und Handlung eine Zeit lang gänzlich tilgen. Sowohl die Farbe, als auch der Raum werden dann haptisch.[126]

In *Was ist Philosophie?* gehen Deleuze/Guattari dann soweit, Affekte gänzlich von jeder konkreten Affizierung zu lösen. Sie beschreiben sie dort

---

123 Zeit-Bild, S. 37.
124 Alle Bilder bestehen aus denselben Elementen, kombinieren sie nur anders und in unterschiedlichen Graden. Deleuze, Über *Das Bewegungs-Bild*, S. 74.
125 Diese Affektion kann man auch mit Spinoza »affectio« nennen, die Affizierung eines Körper durch einen anderen, ihre Wirkung aufeinander. Diese wird bei Spinoza erst durch die Kopplung an eine Idee, einem Bild der Einbildungskraft zum Gefühl beziehungsweise Affekt. Spinoza unterscheidet allerdings nicht zwischen Affekt und Gefühl. Vgl. Gilles Deleuze: Spinoza und das Problem des Ausdrucks in der Philosophie. München 1993, S. 193f. [OA 1968] Affekte im eigentlichen Sinne sind nicht mehr augenblickliche Affektionszustände, sondern wirken auf die eigene Dauer als Wachstum oder Schwund. Vgl. Gilles Deleuze: Spinoza und die drei Ethiken. In: Ders.: Kritik und Klinik. Aesthetica. Frankfurt am Main 2000, S. 187-204, hier S. 187f. [OA 1993]
126 Vgl. Bewegungs-Bild, S. 165f.

als unabhängiges, zeitloses Wesen, oder auch Werden, losgelöst nicht nur von Objekten und menschlichem Erleben, sondern auch vom Gegensatz von virtuell und aktuell.[127] Deleuze/Guattari ordnen Gefühle dort eher den Affektionen zu, während Affekte über Affektionen hinausgehen. Richard Heinrich betont in seiner Vorlesung zu Deleuze in einem Vortrag über Affekte und Perzepte diese Unabhängigkeit von erlebten Gefühlen und Affektionen. Ihm zufolge sind

»Perzeptionen und Affektionen [...] tatsächlich jene Zustandsänderungen in uns selbst, die aufgrund verschiedenster Ursachen zustande kommen mögen. Ein Affekt aber ist unabhängig von dem aktuellen Zustand dessen, der die entsprechende Affektion erfährt – der Affekt übersteigt den, der ihn fühlt, er übersteigt, sagt Deleuze, alles gelebte überhaupt.«[128]

Affekte existieren jenseits der Affizierung für sich – sind das Lächeln auf der Leinwand, das seine Geschichte überlebt, das Nicht-menschlich-Werden dieses Lächelns.[129] Der sich eher auf Malerei beziehende Text Was ist Philosophie? verortet Affekte als Qualitäten vor allem im Material und dessen Anordnung, die zum Ereignis wird. Im Film lassen sie sich dagegen im Verhältnis der Wahrnehmung zum sensomotorischen Schema festmachen. Vogl sieht daher im Film den Unterschied des Affekts zum Gefühl eher darin, »dass er nicht eindeutig irgendwelche Strebungen determiniert, dass er Kausalketten zwischen Erregung und Handlung unterbricht, dass er die Fühlbarkeit selbst übersteigt«[130] Auch hier löst sich der Affekt vom Menschen, das heißt seinen Handlungsmustern ab.

Das Affektbild als Stillstand der Narration

Mit der Befreiung des Intervalls vom Reiz-Reaktions-Schema, wenn der Affekt nicht eingeordnet werden kann, löst sich die Zeit von der Unterordnung unter die Bewegung. Es entstehen Zeit-Bilder. Im Stillstand der Handlungsbewegung kann sich die eigentliche, nicht chronologische Zeit

127 Vgl. Gilles Deleuze/Félix Guattari: Was ist Philosophie? Frankfurt am Main 2000, S. 191-238. [OA 1991]
128 Richard Heinrich: KunstSprache NaturKörper. Ideen von G. Deleuze über das Verhältnis von Kunst und Philosophie. Vortrag gehalten am 21.6.1996 am Institut für Wissenschaft und Kunst in Wien. http://heihobel.phl.univie.ac.at/per/rh/mei/kuphi.html, abgerufen am 18.08.2004.
129 Vgl. Deleuze/Guattari, Was ist Philosophie?, S. 194f.
130 Vgl. Vogl, Schöne gelbe Farbe, S. 259.

entfalten, die Dauer. Nach Kappelhoff weitet sich »die einmal erreichte Situation [...] und dehnt sich in einer anderen Dimension, das Bild öffnet sich auf die konkrete Dauer seines Sichtbarwerdens hin«.[131] Zeit-Bilder ermöglichen die direkte Darstellung der Zeit in ihrer ganzen virtuellen Fülle. Die Virtualität des Zeit-Bildes ermöglicht in seiner Offenheit Zugang zu den Potentialen des Gedächtnisses, dem Bergson'schen Kegel.[132] Dieser Zeitkegel besteht im Wesentlichen aus Vergangenheitsschichten und einer Spitze, die in die Gegenwart reicht. Diese Spitze ist mit der körperlichen Wahrnehmung gleichzusetzen, während der überwiegende Rest aus dem reinen Gedächtnis besteht. Aus dieser Konstruktion ergibt sich die Unterscheidung des Körpergedächtnisses, das die gewohnheitsmäßige Filterung der Wahrnehmung beeinflusst und des eigentlichen Gedächtnisses, das Zugang zum reinen, virtuellen Gedächtnis hat.

Das Gesehene erweitert sich über den nun attentiven Zugang zum Gedächtnis, der sich nicht wie das Körpergedächtnis automatisch in Reaktionen aktualisiert, sondern in Kreisläufen zu Vergangenheitsschichten vordringt.[133] Für Vogl findet in dieser Aufhebung des Geschehens eine Verzeitlichung statt, »im Sinne einer Zeit oder Zwischen-Zeit, die nicht der Gegenwart einer Bewegung, sondern der Gesamtheit ihrer Vergangenheiten und Zukünfte entspricht: einer möglichen Welt.«[134] Der konkrete singuläre Ausdruck kann unendliche virtuelle Verbindungen eingehen, wenn die Narration ihn nicht lenkt, das heißt stillsteht. Man könnte mit dem Semiologen Jan Mukarovský auch vom Wechsel von der Handlung zur Beschreibung sprechen, also einem Stillstand der Handlungszeit, während die Film- und Wahrnehmungszeit fortläuft. Wichtig ist aber, dass diese Zeit nicht mehr die chronologische bleibt.[135]

---

131 Hermann Kappelhoff: Empfindungsbilder – Subjektivierte Zeit im melodramatischen Film. In: Zeitlichkeiten – Zur Realität der Künste: Theater, Film, Photographie, Malerei, Literatur, hrsg. von Theresia Birkenhauer, Annette Storr, Berlin 1998, S. 93-119, hier S. 108.
132 Eine Beschreibung des Kegels findet sich bei Deleuze im *Zeit-Bild*, S. 379f.
133 Funktioniert das affektive Gedächtnis, entsteht allerdings ein Erinnerungsbild, das die Vergangenheit aktualisiert und damit repräsentiert. Erst das Scheitern auch des attentiven Gedächtnisses lässt Zeit-Bilder entstehen. Nach Tim Trzaskalik bricht in diesem Scheitern die Zeit als erste Synthese, als sensomotorische Gewohnheit auf. Vgl.: Tim Trzaskalik: Tout contra Deleuze. In: Ereignis auf Französisch. Von Bergson bis Deleuze, hrsg. von Marc Rölli, München 2004, S. 409-427, hier S. 416ff.
134 Vogl, Schöne gelbe Farbe, S. 261.
135 Vgl. Jan Mukarovský: Die Zeit im Film. In: Poetik des Films, hrsg. von Wolfgang Beilenhoff, München 1974. S. 131-138.

Man sieht die Dinge in der Großaufnahme nicht in rein optischen Situationen, die keine Affekte mehr ausdrücken, wie zum Beispiel in den *Temps-mort* Bildern Antonionis,[136] die ich oben anhand der Beschreibung der letzten Szene von L'Eclisse, den Bildern des verlassenen EUR-Viertels, untersucht habe. Aber die besonderen Bedingungen der Wahrnehmung im Kino, die Möglichkeit der Hingabe und der Aufgabe von zweckrationalen Wahrnehmungsrastern, sowie die Verstärkung des Ausdruckswertes, zum Beispiel durch die Größe der Dinge auf der Leinwand, ermöglicht eine nichtintentionale »Öffnung des Rezipienten gegenüber den Ausdruckswerten des Bildes.«[137] Und diese erfahre ich wie den Wasserkessel, den Lyotard im neorealistischen Kino beschreibt, jenseits der Narration.

So löst der virtuelle Affekt auch das Gesicht von der handelnden Person.[138] Die üblichen Funktionen des Gesichts, wie Individuierung und Rollenzuteilung verschwinden. Der Affekt wird ›unmenschlich‹, löst sich vom Subjekt. Deshalb kann neben der Großaufnahme, dem Gesicht, auch ein ganz anderes Bild zum Affektbild werden: der ›beliebige Raum‹, in dem keine Koordinaten, nur Potentiale vorherrschen, der entweder leer oder ohne feststehende Anschlüsse ist.[139] Dadurch potenzieren sich in diesem Raum die Verbindungsmöglichkeiten. Dieser Raum ist nicht totalisierbar und nach allen Richtungen offen. Es gibt keine Geschlossenheit des Ganzen. Er ist nicht überblickbar, kann nur sukzessive erschlossen werden und lässt keine zielgerichtete Handlung mehr zu. Die Erfahrung eines solchen Raums ist taktil, denn ein distanzierter einordnender Blick scheitert hier. Als Ausdruck eines nicht menschlichen, nicht identifizierbaren Affekts handelt es sich im Gegensatz zum bipolaren Ikon der Großaufnahme beim Affektbild des ›beliebigen Raums‹[140] eher um ein Qualizeichen, den Ort der Entstehung des Affekts.[141]

---

136 Zeit-Bild, S. 347f. Die rein optischen Situationen beschreibt Deleuze nicht generell als affektfrei. Die Beschreibung ersetzt in solchen Situationen das Objekt. »Wahrnehmung und Affekte ändern ihre Natur, weil sie in ein anderes System übergehen, als es das sensomotorische des ›klassischen‹ Films war.« Deleuze, Über *Das Bewegungs-Bild*. S. 78.
137 May, Rainer Werner Fassbinders Lili Marleen, S. 42.
138 Bewegungs-Bild, S. 137.
139 Vgl. ebd., S. 323.
140 Nach Réda Bensmaïa ist der ›beliebige Raum‹ eine Ablösung des Affektbildes vom Gesicht und der Großaufnahme. Für ihn ist es erst diese Entthronung des Gesichts, die das Affektbild von den Emotionen löst und ›unmenschlich‹ werden lässt. Vgl. Réda Bensmaïa: Der »beliebige Raum« als »Begriffsperson«. In: Der Film bei Deleuze. a.a.O., S. 153-165, hier S. 156f.
141 Vgl. ebd., S. 152-154.

Diese ›beliebigen Räume‹ werden von Deleuze nicht wie die Großaufnahme speziell dem Bewegungs-Bild zugeordnet. Ihre falschen Anschlüsse lassen sich nicht mit dem Begriff der Handlung fassen und gehen in rein optische und akustische Situationen, in Zeit-Bilder über, in denen die Bewegung der Zeit untergeordnet ist.[142]

Die Schlussszene von VIVE L'AMOUR als Affektbild

Die Großaufnahme wird zur Landschaft und die Landschaft wird zum Gesicht – zwei Seiten des Affektbildes. Ein solches Affektbild findet sich in der Schlussszene von Tsai Ming-Liangs VIVE L'AMOUR – ES LEBE DIE LIEBE (orig. AIQING WANSUI, Taiwan 1994). Ich möchte dieser Szene vorausschikken, dass die von Deleuze unterschiedenen Bildtypen kaum in ihrer reinen Form vorkommen. Natürlich sind Affektbilder im narrativen Kino in eine affektive Geschichte von Protagonisten eingewoben, deren Situationen und Gefühle als Ausdrucksursachen und Folgen sich nicht leugnen lassen. Die Frage nach dem Affektiven ist die nach einem Schwerpunkt – wie viel Raum den Affekten gelassen wird, wie schnell und wie stark sie eingewoben werden. Wird dem Affektiven die Möglichkeit gelassen »über seine Ursachen hinaus« zu gehen und »auf andere Wirkungen« zu verweisen?[143]

VIVE L'AMOUR ist ein Film, in dem eigentlich nichts passiert. Es geht um drei Menschen in Taipeh und ihren Alltag. Ihre ziellosen Wanderungen kreuzen sich immer wieder in einem luxuriösen, leeren Appartement, das alle drei als eine Art Freiraum nutzen: Eine Maklerin, die dieses Appartement vermitteln soll und ständig in leeren Wohnungen auf ihre Kunden wartet. Ein Mann, den sie beim einsamen Herumstreunen kennenlernt und mit dem sie ab und zu in dem Appartement Sex hat. Er ist ein Schieber, von dem sie deshalb nicht viel mehr wissen will. Ein Junge, der Vertreter für Urnenplätze ist, der sich zunächst in das Appartement einschleicht, um vor seiner Einsamkeit in noch größere Einsamkeit zu fliehen – mit aufgeschnittenen Pulsadern.

Die Einstellungen des Films sind statisch. In unzusammenhängenden, visuell sehr reduzierten Bildern wird eine merkwürdige Dreierkonstellati-

---

142 Deleuze sieht mit der Krise des Aktionsbildes im Übergang des klassischen zum modernen Kino eine Vermehrung dieser beliebigen Räume, vor allem die zerstörten Räume des Nachkriegsfilms sind Räume der Ablösung und Leere. Ziellos lassen sich die Akteure durch diese Räume treiben und warten.
143 Bewegungs-Bild, S. 149.

AIQING WANSUI. Tsai Ming-liang, Taiwan 1994

on entfaltet, die nicht wirklich stattfindet – in der alle immer aneinander vorbei laufen oder sich voreinander verstecken. Analog sind die Blicke auf die drei Protagonisten meist indirekt – über Spiegel oder hinter Säulen hervor und aus ungewöhnlichen Perspektiven. Der sehr harte Schnitt wird über den manchmal irritierenden, immer aber gedämpften Ton der vorausgehenden Szene eingeleitet.

Diese für sich stehenden Bilder lassen viel Zeit für alltägliche Verrichtungen, für Details, die oft zum einzigen Halt der Protagonisten werden.[144] So tritt das Haptische, nicht nur der intensiven Bilder, sondern auch der Beziehung der Protagonisten zu den Dingen, stark in den Vordergrund. Die Filmwissenschaftlerin Yvette Biro betont in einem Aufsatz zu Mingliang den besonderen Umgang der ProtagonistInnen mit den Dingen, der in seiner Dauer eine andere Wahrnehmung hervorruft: »die endlose Wiederholung von Gewohnheiten, die Berührung der Dinge, Wahrnehmung auf einer primären Ebene«.[145] Eine lange Szene im Appartement widmet sich zum Beispiel nur dem Jungen und einer Melone, die er lange berührt, ansieht, mit einem Taschenmesser in eine Bowlingkugel umwandelt, an einer Wand zerplatzen lässt und dann verschlingt.

---

[144] Tsai Ming-liang arbeitet meist mit dem gleichen Team von Laien-Darstellern, eine Arbeitsweise die solche Verrichtungen gleichzeitig dokumentarisch und sehr intim wirken lässt.
[145] Yvette Biro: Perhaps the Flood... http://www.rouge.com.au/1/tsai.html, abgerufen am 15.07.2012. [Übersetzung A. Z.]

AIQING WANSUI. Tsai Ming-liang, Taiwan 1994[146]

Es ist aber vor allem die auf diese merkwürdige Dreierkonstellation folgende Schlussszene des Films, die haften bleibt und dem ganzen Film noch mal in ein anderes Licht setzt. In dieser Schlussszene durchwandert die Protagonistin des Films in einer kaum geschnittenen Szene, fast einer Plansequenz, einen Park, setzt sich auf eine Bank und fängt an zu weinen – sonst nichts.

Der Blick der Kamera richtet sich zunächst auf eine leblose, nicht fertiggestellte Parklandschaft. Diese Baustelle ähnelt in nichts der Vorstellung von einem Park, welcher nur durch zahlreiche Blumenkästen angedeutet wird – ein losgelöster, ›beliebiger Raum‹ voller Mikrobewegungen.

Als die Frau in den Bildausschnitt gelaufen kommt, folgt die Kamera ihr, bis sie sich mit ihr auf gleicher Höhe den Weg entlang bewegt. Die Frau geht vorbei an kahlen Bäumen, Pfützen, undefinierbaren funktionslosen Gegenständen und Anhäufungen von Erde. Man hört nur ihre Schritte und leises Zwitschern von Vögeln, die man nicht sieht. Die Kamera verlässt die Frau für einen 360 Grad Schwenk rund um den Park – sie öffnet den Blick für ein paar Menschen, Jogger vor der angrenzenden Hochhauskulisse und für eine Autostraße, deren Lärm jetzt erst die Zuschauerin erreicht.

146 Diese Einstellung fehlt in der DVD-Fassung.

AIQING WANSUI. Tsai Ming-liang, Taiwan 1994

Als die Frau wieder ins Bild kommt, fährt die Kamera vor ihr her mit dem Fokus auf ihrem Gesicht. Langsam, ganz langsam sehen wir es etwas entgleiten und ihren Mund sich leicht öffnen. Ein harter Schnitt auf eine Ansammlung von Parkbänken fokussiert einen Zeitungsleser im Vordergrund. Sie tritt im Hintergrund in das Bild und setzt sich. Wir hören leises Jammern, das zu einer Großaufnahme des Gesichts überleitet. Sie weint – nein, sie heult. Ihr Gesicht verzerrt sich, ihre Augen quellen zu, die Haare fallen ihr ins Gesicht. Ihr Wimmern wird lauter, sie verliert die Kontrolle über sich, holt krampfhaft Atem.

Die ganze Beziehungslosigkeit des Films auf der narrativen Ebene verdichtet sich zu diesem schmerzhaften Ausdruck, der überhaupt der erste emotionale Ausbruch im ganzen Film ist. Ihr Schluchzen ist zwar leise, selbst für die Zuschauerin kaum vernehmbar, und dennoch – weil in diesem Film so gut wie nicht gesprochen wird[147] – von so großer Intensität, dass es die Narration ihrer Gefühle übersteigt.

Wir sehen diese ›Tränen‹ eine ganze Weile – 3 Minuten – eine kleine Ewigkeit im Kino. Dann fasst sie sich, kommt zu sich und erstarrt. Sie versucht, die Kontrolle über sich wieder herzustellen, streicht sich die Haare aus dem Gesicht, wischt sich die Tränen aus den verquollenen Augen,

---

[147] Es handelt sich zwar nicht um einen Stummfilm, aber um einen fast stummen Tonfilm. Auch auf Musik wird verzichtet. Dadurch treten die alltäglichen Geräusche in den Vordergrund.

AIQING WANSUI. Tsai Ming-liang, Taiwan 1994

putzt sich die Nase und fängt an zu rauchen. Sie kämpft immer noch – holt sehr heftig Luft und zieht die Nase hoch. Ihr Mund öffnet sich und sie fängt schließlich wieder an zu weinen, verschwindet im Schwarzbild des Abspanns, in dem ihr Jammern noch nachklingt.

Diese Tränen wurden nicht im Drehbuch geplant, um die Zuschauerin in eine Geschichte einzubinden und sie auf eine bestimmte Handlung hinzuführen. In einem Interview mit Berenice Reynaud sagt Tsai Mingliang über die Entstehungsgeschichte dieser Szene:

> »Für Vive l'amour war das Ende, das ich geschrieben hatte anders. Man sieht die Person der Yang Kuei-mei nach schnellem Sex das Appartement verlassen und sich im Park bei vollem Tageslicht wiederfinden. Und das gibt ihr die Moral zurück. Sie entscheidet sich, in das Appartement zurückzukehren, um den Typen wiederzufinden und mit ihm eine richtige Geschichte anzufangen. Aber eine Woche vor dem Ende der Dreharbeiten wusste ich, dass dieses Ende unmöglich sein würde: ich hatte verstanden, dass der Park nicht rechtzeitig fertig sein würde. Also fängt sie an zu weinen, als sie rausgeht und diese Baustelle sieht, diesen Schlamm; ihre Gefühle reflektieren diese trostlose Landschaft.«[148]

---

148 Das Interview wurde mit Bérénice Reynaud am 10. Januar 1997 in Taipeh geführt, wobei Peggy Chiao von Mandarin ins Englische übersetzte. Übersetzung aus dem Französischen: A.Z. Entretien avec Tsai Ming-liang. In: Cahiers du cinéma, 516, September 1997, S. 35-37, hier S. 36.

Die Affekte dieser Schlussszene sind also kein Bestandteil einer im vorhinein feststehenden Handlung. Sie stehen in Beziehung zum zufälligen Ausdruck des Parks. Das verzerrte Gesicht der Frau ist die einzige Entgleisung im Film, die einzige ›Hässlichkeit‹ in den durchkomponierten Bildern der ansonsten fast statischen Narration. Und gerade als solcher Ausbruch wird es zum Ereignis. Es wird zum reinen Ausdruck, zum Affektbild im Sinne von Deleuze. Ein Affekt, der nicht sensomotorisch durch Handlung weitergeleitet wird, dem wir beim Entstehen zusehen können, der die Narration jetzt völlig stillstehen lässt und Raum und Zeit auflöst. Wir können der Bewegung dieses Affekts in seiner eigenen Zeit, seiner Dauer zusehen. Ein solches Entstehen des Affekts beschreibt Kappelhoff als eigenen Bildraum:

»Der Affekt wird sichtbar als ein Bildraum, für den die konkrete Situation, die Handlung und selbst noch die Figur nur ein Anfang, einen Ausgangspunkt darstellen, aus dem heraus sich das Bild entfaltet – erwächst und entsteht in einer konkreten Rhythmik, einer konkreten Dauer.«[149]

Nicht nur die Narration lösen diese Tränen auf. In der Großaufnahme werden sie zur Auflösung des Bildes, des Gesichts und des menschlichen Blicks. Der Affekt wird unmenschlich, zeitlos – übersteigt die aktuelle Empfindung. Die Identifikation mit der Frau wird in diesem Moment aufgebrochen durch die Faszination für ihre Tränen – weil solche Tränen ›wie zum ersten mal‹ auf der Leinwand zu sehen sind. Unabhängig von Mitgefühl mit der Frau kann ich diese Tränen aushalten und einfach sehen.

Gerade ein weinendes Gesicht in der Großaufnahme kann damit als Unterbrechung der Narration gesehen werden. Zum weinenden Gesicht im Film schreibt Michaela Ott:

»Als solches unterbricht es die narrative Bewegung, löst die Narration aus ihren raumzeitlichen Koordinaten, verweist in seiner Flächigkeit auf die Bildhaftigkeit selbst, verleiht dem gesamten Film affektiven Charakter, der ihn weinen lässt in dem Maße, wie sich seine Bilder dekonstruieren. Dieses Weinen ist freilich kein menschliches mehr«.[150]

---

149 Kappelhoff, Empfindungsbilder, S. 112.
150 Michaela Ott: Der Fall der Tränen. Eine kulturgeschichtliche Annäherung an den Auflösungs-Affekt. In: nachdemfilm: no4: Tränen im Kino. http://www.nachdemfilm.de/content/der-fall-der-tränen, abgerufen am 3.7.2012.

Diese Tränen in ihrer Dauer stehen für sich, haben genau wie die Frau in VIVE L'AMOUR kein Gegenüber. Und sie lassen ihr Gesicht durch die verquollenen Augen in der Großaufnahme zur Landschaft werden. Eine Landschaft, die mit dem Park um sie herum eine Einheit bildet – dem anderen Affektbild eines ›beliebigen Raums‹, der diese Tränen erst entstehen lässt. Park und Gesicht verhalten sich zueinander als Qualizeichen und Ikon eines Affekts. Als unabtrennbare Bestandteile eines offenen Ganzen färben sie dieses in seiner Dauer affektiv ein wie die Schlussnote einer Melodie. Sie machen damit den ganzen Film VIVE L'AMOUR zu einem bestimmten Affektbild, das auch ein ganz anderes hätte werden können.

Das ›Fleisch‹ bei Deleuze

»Kalkmilch und glänzender Stahl, sagt Bacon. Das ganze Problem der Modulation liegt im Verhältnis zwischen den beiden, zwischen jener Fleischmaterie und jenen großen einheitlichen Flächenteilen. Die Farbe existiert nicht als verfließende, sondern in jenen beiden Modi der Klarheit: *die Flächen aus leuchtender Farbe, die Ströme aus gebrochenen Tönen*. Flächen und Ströme: diese ergeben den Körper oder die Figur, jene das Gerüst oder den gleichmäßigen Farbgrund. So daß die Zeit selbst zweifach aus der Farbe zu resultieren scheint«.[151]

Farbe und Fleisch

Kann man trotz der Entwicklung, die sich auf dem Gesicht der Protagonistin von VIVE L'AMOUR abzeichnet, von einer Unterbrechung der Narration sprechen? Gerade die sich auf ihrem Gesicht abspielenden Mikrobewegungen entsprechen in gewissem Sinne Spannungsbögen. Doch handelt es sich bei diesen Bewegungen eher um eine materielle, vorsprachliche Performanz als um Narration, die in gewissem Sinne immer sprachlich, das heißt an Kommunikation gebunden ist. Diese Performanz wird körperlich erfahren und ist eher musikalisch als narrativ zu denken.[152] Diesem Span-

---

151 Deleuze, Bacon, S. 87f. Deleuze zitiert hier Sylvester, Gespräche mit Francis Bacon, S. 114.
152 Ich verdanke diesen Hinweis einem Vortrag Medialität, Zeitlichkeit, Räumlichkeit von Sybille Krämer im Graduiertenkolleg »Zeiterfahrung und ästhetische Wahrnehmung«, Frankfurt am Main 22. Januar 2004.

nungsbogen kann ich mich vor allem mit dem oben ausgeführten Begriff des Diagramms in der Malerei Bacons annähern. Nicht nur in Bezug auf die Bewegung, auch bezüglich der Unterbrechung der Narration lässt sich mit den Deleuze'schen Gedanken zur Malerei noch mal ein anderer Blick auf den Film gewinnen:

Sowohl in der Malerei als auch im Affektbild des Films kann zum Beispiel Farbe zum Affekt, beziehungsweise als reine Qualität haptisch werden. Damit spielt die Farbe auch in der Malerei Bacons eine die Narration, das heißt hier die Figuration unterbrechende Rolle. So zerstört, Purdom zufolge, der Auftrag der Farbe die Vorherrschaft des optischen Systems und damit die Narration. »Like a catastrophe, this pure colour works against the standard language and closure of perception«.[153]

Das Haptische der Farbe unterbricht als Fläche den narrativen Raum der Malerei, im Film aber unterbricht es die Narration des Bewegungs-Bildes. Frieda Grafe hat diese Qualität der Farbe als Unterbrechung der Narration im Film untersucht. Als eine mögliche Unterbrechung der narrativen Fokussierung war Farbe gerade für das klassische Kino Hollywoods, das ganz und gar auf einer stringenten Handlungsführung aufbaut, immer ein Problem:

»Sie [die Farbe, A.Z.] ist eine Erfahrung, die nicht aufgeht in Funktionalität. Sie lässt sich nicht auf Information reduzieren. [...] Sie lockert die Fesseln der Handlung und verlangsamt das Tempo.«[154]

Farbe ist für Grafe innerhalb des narrativen Systems Hollywoods »ein Sprengstoff, der momentan vom Zwang der geregelten Erzählung befreit.«[155] Aus diesem Grund ist sie auch in der vorherrschenden semiotischen oder strukturalistischen Filmtheorie kaum präsent, es sei denn, sie kann auf symbolische Funktionen, auf eine Art Farbsprache reduziert werden.[156]

153 Purdom, Mondrian, S. 207.
154 Frieda Grafe: Licht im Auge – Farbe im Kopf. In: Dies.: Filmfarben, Berlin 2002, S. 40-46, hier S. 40.
155 Frieda Grafe: Tomaten auf den Augen. Die Geschichte des Farbfilms ist die Geschichte einer Verdrängung. Gespräch mit Miklos Gimes. In: Dies.: Filmfarben, Berlin 2002, S. 47-68, hier S. 48.
156 Nicht nur für die Beschreibung von Filmen, auch innerhalb der Malerei war die Verortung der Farbe immer ein Problem. Als überprüfbare Repräsentation galt immer (z.B. für Descartes) die Zeichnung als Vorbild der Malerei. Dementsprechend wurde die Zeichnung als männlich und die Malerei als weiblich aufgefasst. Vgl. zur Vormachtstellung der Zeichnung Maurice Merleau-Ponty: Das Auge und der Geist (1961). In: Ders.: Das Auge und der Geist. Philosophische Essays, Hamburg 1984, S. 13-43; vgl. zur genderspe-

Dabei hat jeder Film eine vielschichtige Farbigkeit (Filmmaterial, Lichtfarben und Farben des Dekors), die ausschlaggebend für seine Wahrnehmung durch die Zuschauerin ist, die körperliche Empfindung derselben. So vermittelt zum Beispiel Alfred Hitchcock in seinem Film TORN CURTAIN (USA 1966) die Tristesse der DDR vor allem über deren spezifische Farbigkeit. Er nutzt überwiegend die Farben Grau und Beige im Kontrast zu knallroten Akzenten.[157] Diese Farbigkeit ist haptisch, keinesfalls symbolisch-optische Zeichensprache. Im Fall des Bewegungs-Bildes von Hitchcock bleibt sie jedoch gebunden an die narrative Repräsentation – sie ist gekoppelt an Dinge, die allerdings über ihre Farbe eine bestimmte Materialität erhalten.

Der schwedische Filmwissenschaftler Trond Lundemo sieht in einem bestimmten Umgang mit Farbe im Film nicht nur eine Unterbrechung der Narration, sondern auch eine Befreiung von Repräsentation. Für Lundemo entstehen gerade durch Farbe Leerstellen, welche nichts mit der Abbildung farbiger Gegenstände – mit deren Materialität – zu tun haben. »Colour is sometimes used to suspend the indexical capacities of the photographic image, and to produce gaps of invisibility within the image.«[158] Diese Leerstellen lassen die visuelle Erfahrung des Films haptisch werden, denn der filmische Raum wird ›unbewohnbar‹. Wie Marks im Zusammenhang der Auslösung von Gerüchen, argumentiert Lundemo in Bezug auf Farbe für eine Potentierung der sinnlichen Wahrnehmung des Visuellen durch Leerstellen.

In Beziehung zur Malerei Bacons hatte ich oben mit Deleuze ebenfalls von einer Befreiung von der Narration/Repräsentation durch die Farbe gesprochen. Aber nicht Farbe an sich stört hier die Repräsentation, auf der diese in der Malerei ja notwendig aufbaut, sondern ein bestimmter manueller Umgang mit Farbe. Im Zusammenhang der leibhaftigen Malerei bei Merleau-Ponty wurde bereits mit Didi-Hubermann die Möglichkeit des Zurückblickens beschrieben. In der Malerei kann sich nach Didi-Huberman das Haptische nun über dieses Zurückblicken hinaus bis zum ›Choc‹

---

zifischen Rolle der Farbe Grafe, Tomaten auf den Augen; und zum Einsatz der Farbe im Experimentalfilm von Frauen Christine Noll Brinckmann: Die weibliche Sicht. In: Das Experimentalfilm-Handbuch, hrsg. von Ingo Petzke, Frankfurt am Main: Schriftenreihe des dt. Filmmuseums 1989, S. 171-190.
157 Vgl. Frieda Grafe: Verblichen, die Farben der DDR. In: Dies.: Filmfarben, Berlin 2002, S. 85-97, hier S. 88ff.
158 Trond Lundemo: The Colours of Haptic Space in Moving Images. In: I cinque sensi del cinema/The Five Senses of Cinema, hrsg. von Alice Autelitano, Veronica Innocenti, Valentina Re, XI International Film Studies Conference, Udine 2005, S. 265-269, hier S. 266.

steigern, wenn die Fläche in das Auge ›vorstößt‹.¹⁵⁹ Dieser Effekt kann durch die Farbe geschehen, wenn sie in der Modulation haptisch wird, durch eine bestimmte Bewegung, einen bestimmten manuellen Auftrag oder die Art der Fläche.

> »Deleuze hat zu Recht auf der Tatsache beharrt, daß die Farbe, auch wenn sie zunächst aus rein optischen Funktionen hervorzugehen scheint, es versteht, bei ihrer Modulation eine regelrecht haptische Funktion anzuregen«.¹⁶⁰

Didi-Huberman bringt nun diese Taktilität der Farbe bei Deleuze, wie dieser selbst, mit der haptischen Ebene Riegls in Verbindung. Er sieht hier aber auch eine Verbindung mit dem Begriff des ›Fleisches‹ bei Merleau-Ponty:

> »Die Farbe [stellt sich, A.Z.] in ihrer haptischen Extremität [...] zugleich als endlose Annäherung an den ›sehenden Leib‹ dar [...], von dem Merleau-Ponty spricht, das heißt schließlich eine Liebkosung, die sich ›assymptotisch auf die Integralität des Fleisches‹ zubewegt – und als ein Effekt des Stücks Fläche, des Chocs, des Risses, des Stigmas, der packenden Ebene.«¹⁶¹

Die Farbfläche wird zu einer Sensation, welche auf den sehenden Leib einwirkt – der Blick muss die Fläche ertasten, kann keine Distanz aufrecht erhalten und faltet sich mit ihr in seinem Fleisch.¹⁶² Auch wenn Deleuze, anders als Didi-Hubermann oder Merlau-Ponty, von der Einwirkung der Sensation direkt auf das Nervensystem, das Gehirn, und nicht auf den Leib des Betrachters spricht, scheint er im Zusammenhang der Taktilität der Farbe und des Fleisches sich dem Leibbegriff anzunähern.

Ich habe oben mit Merleau-Ponty die nicht greifbare, fleischliche Funktion der Farbe dargestellt. Überraschenderweise bezieht sich Deleuze selbst in Bezug auf haptische Qualitäten der Farbe in der Malerei im Besonderen und in Bezug auf die Sensationen im Allgemeinen auf Merleau-Ponty. In seinem Buch über Bacon übernimmt Deleuze von diesem den Begriff des

---

159 Vgl. Didi-Huberman, Die leibhaftige Malerei, S. 58.
160 Ebd., S. 59.
161 Ebd. Didi-Huberman zitiert hier Henri Maldiney: Regard, parole, espace. Lausanne 1973, S. 200. Deleuze selbst bezieht sich auf eine andere Ausgabe dieses Textes: Henri Maldiney: Regard, parole, espace. Paris 1976.
162 Innerhalb der Geschichte der Malerei war das Problem des Fleisches das Problem der Darstellung der Farbe der Haut, der realistischen Darstellung der Fleischfarbe, dem Inkarnat. Doch dieses Problem ist zugleich eines der ›Haut‹ der Leinwand. Vgl. ebd., S. 44f.

›Fleisches‹.[163] Dieses wird bei ihm zwar eher in die Richtung des ›organlosen Körpers‹ gedeutet,[164] aber dennoch lässt der Begriff des ›Fleisches‹ auch bei Deleuze einige Aspekte der Interpretation Merleau-Pontys mitschwingen. So zeigen sich, bei aller Kritik Deleuzes an der Konzentration des Frühwerks von Merleau-Ponty auf die normierende intentionale Normalwahrnehmung, in Bezug auf das ›Fleisch‹, das Haptischwerden von Farbe usw. große Ähnlichkeiten, die sich erst im Entwurf eines neuen, ›organlosen Körpers‹ wieder auflösen.[165]

Die Sensation der Malerei ist für Deleuze bei Bacon ein auf die Leinwand gebrachter Körper, der sich wiederum über den Körper des Betrachters vermittelt – ein Verhältnis der chiasmatischen Wechselseitigkeit? Gerade durch die Überschreitung des Narrativen, Figurativen, Repräsentativen in der körperlichen Figur der Malerei geschieht tatsächlich eine Art chiasmatischer Austausch, doch läuft dieser über den direkten Einfluss auf das Nervensystem:

> »Die Figur ist die auf die Sensation bezogene sinnliche Form; sie wirkt unmittelbar auf das Nervensystem, das Fleisch ist. [...] Sie hat [...] keine Seiten, sie ist unauflösbar beides zugleich, sie ist Auf-der-Welt-Sein, wie die Phänomenologen sagen: ich werde in der Sensation, und zugleich geschieht etwas durch die Sensation, das eine durch das andere, das eine im anderen.«[166]

Ich hatte oben schon gezeigt, dass es sich bei der Sensation um eine erlebte, also um eine körperliche handelt. Deleuze greift hier nun selbst auf den Begriff des ›Fleisches‹ von Merleau-Ponty zurück, um das Verhältnis zwischen Maler, Malerei und Betrachter als ein körperliches fassen zu können. Wie in den Beschreibungen der Malerei bei Merleau-Ponty ›leiht‹ der Maler seinen Körper. Dieser ist Sensationen ausgesetzt und gibt diese weiter an die Figur auf der Leinwand. Ebenso muss sich die Zuschauerin auch bei Deleuze körperlich auf die Sensation einlassen.

163 Merkwürdigerweise greift Deleuze den Begriff des Fleisches aber auf, ohne direkt auf das Spätwerk Merleau-Pontys zu verweisen. Auch die Texte Merleau-Pontys zur Malerei werden bei der Betrachtung nicht direkt genannt.
164 Deleuze spricht zwar von der Einwirkung der Sensation als von einer Einwirkung direkt auf das Nervensystem und nicht auf den Leib, dennoch setzt er dieses mit dem Fleisch gleich. Zum ›organlosen Körper‹ komme ich im Anschluss.
165 Vor allem die Vorstellung der Intentionalität, so der Vorwurf, verbleibt innerhalb zweckrationaler Schemata und verhindert die sinnliche Erfahrung von Kräften. Die Kritik der Phänomenologie verhandle ich im Anschluss.
166 Deleuze, Bacon, S. 27. Deleuze bezieht sich hier auf die phänomenologische Beschreibung der Malerei Cézannes bei Merleau-Ponty und Henri Maldiney.

»Und im äußersten Fall ist es derselbe Körper, der sie gibt und empfängt, Objekt und Subjekt zugleich. Ich als Zuschauer erfahre die Sensation nur, indem ich in das Gemälde hineintrete, indem ich in die Einheit von Empfindendem und Empfundenem gelange.«[167]

Die Sensation wird also bei Deleuze ebenfalls zum körperlichen Wechselverhältnis. Die Sinneserfahrung wird für ihn wie für Merleau-Ponty zu einer ›Berührung‹. Die Einheit Empfindend/Empfundenes ist auch für Deleuze charakteristisch für die Beschreibung der Sensation. In der Empfindung im Allgemeinen, durch die Sensationen in der Malerei im Besonderen, wird bei Deleuze wie bei Merleau-Ponty die Subjekt-Objekt-Trennung aufgehoben. Es findet ein Prozess der Verwandlung statt, der Teil und Ausdruck der Geschichte der eigenen Wahrnehmung wird.[168] Auch die Vorstellung der Sensation als ein Werden bei Deleuze, das keine objektive oder subjektive Seite hat, da es präsubjektiv ist, ähnelt der des ›Fleisches‹ bei Merleau-Ponty als Urschicht der Wahrnehmung.[169]

Das Fleisch und der ›organlose Körper‹

Doch handelt es sich auch um den gelebten Körper, den Leib der phänomenologischen Theorie der Wahrnehmung? Ist nicht der Begriff des ›Fleisches‹ an dieser Stelle einerseits konkreter, eher physisch-körperlich als leiblich, andererseits aber auf die Materialität der Malerei beschränkt?[170]

---

167 Ebd.
168 Schaub macht einen sehr interessanten Gegensatz in der Darstellung der Empfindung bei Deleuze auf, den sie auch schon bei Merleau-Ponty beobachtet und in dem ich die ganze Bandbreite möglicher Annäherungen und Differenzierungen von Deleuze und Merleau-Ponty enthalten sehe. So wird hier für Deleuze einerseits die Koexistenz mit dem Wahrgenommenen als Kontakt mit der Welt wichtig. Andererseits ist dieser Kontakt der Empfindung ein synästhetischer, eine Syntheseleistung vor den einzelnen Sinnen. Das Empfinden selbst konstituiert zunächst unabhängige Felder, die sich nicht auf identifizierbare Objekte oder ein identifizierbares Subjekt beziehen. Sie sind nicht übersetzbar und bilden sich am Rande ab. Die Entpersönlichung der Wahrnehmung findet sich bei Merleau-Ponty schon in der Vorstellung der Multisensualität und der Unabgeschlossenheit des Horizonts der Wahrnehmung. Diese lassen das Gefühl einer permanenten Überschreitung durch die Empfindung entstehen. Vgl. Schaub, Gilles Deleuze im Kino, S. 56f.
169 Der Unterschied von Körper und Welt wird in ihr aufgehoben. Vgl. auch Bogue, The Aesthetics of Force, S. 260.
170 Nach Patricia Pisters ist das ›Fleisch‹ bei Deleuze der »materiellste Aspekt der Subjektivität«. Patricia Pisters: The Matrix of Visual Culture. Working with Deleuze in Film Theory. Stanford California 2003, S. 75.

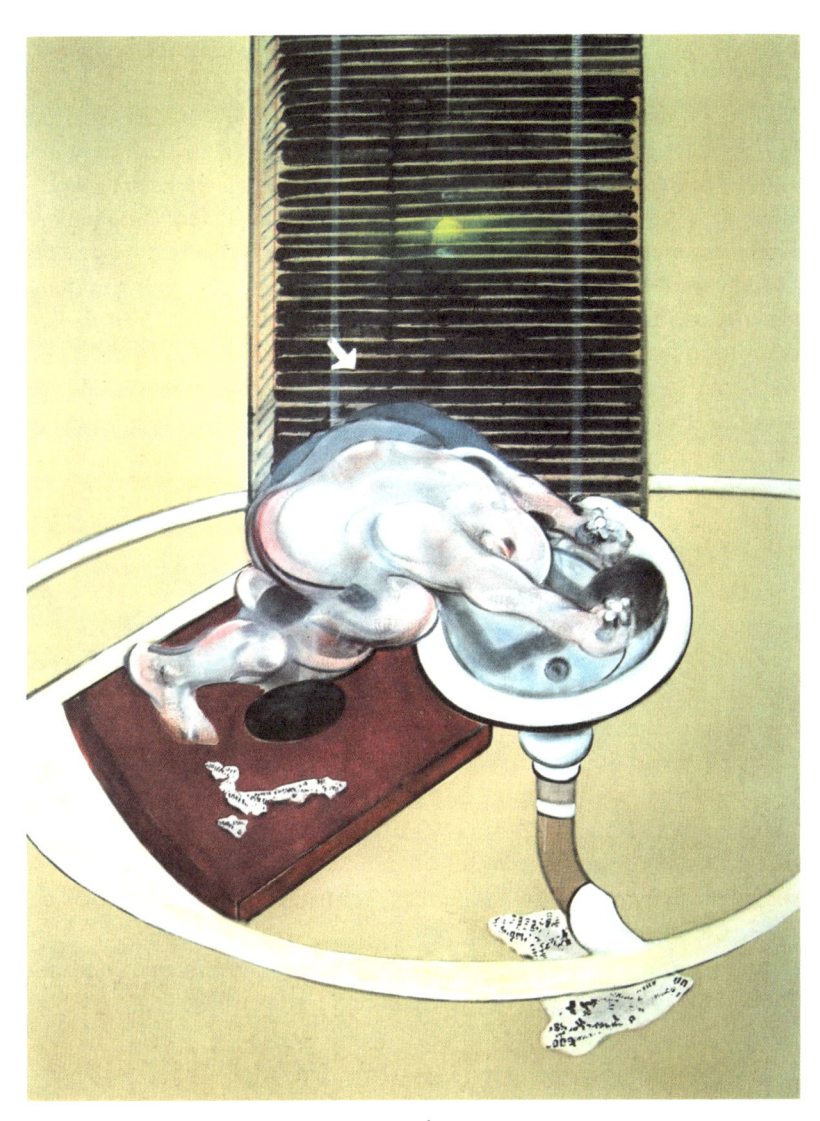

FIGURE STANDING AT A WASHBASIN, 1976

So bezeichnet Deleuze das »Fleisch als körperliches Material der Figur«[171] und sieht eine »pikturale Spannung von Fleisch und Knochen«[172] in der Malerei Bacons. Das Fleisch ist das Material der Figur, im Gegensatz zur Materialität der Fläche und der stürzenden, materiellen Struktur der Knochen.[173] Es bildet einen Körper, der gleichzeitig danach strebt, der materiellen Struktur der Figur zu entkommen und sich mit der Materialität der Fläche zu vereinigen.

In diesem Streben, der Organisation zu entkommen, sieht Schaub umgekehrt wieder eine Annäherung an den Leib-Begriff Merleau-Pontys, denn das Fleisch löst sich dadurch von seiner Festschreibung als Materie. Schaub vermischt an dieser Stelle Eigenschaften des Leib-Begriffs mit dem des ›Fleisches‹ auf irritierende Weise, wenn sie das Fleisch, das über den Körper hinausgeht, mit dem Leib gleichsetzt und nicht den Begriff des ›Fleisches‹ bei Merleau-Ponty, beziehungsweise die Reversibilität des ›Fleisches‹, die das Unsichtbare mit einbezieht, berücksichtigt.[174] Dennoch lassen sich neben der leibhaften Wahrnehmung der Empfindung auch bezüglich des ›Fleisches‹ Parallelen ziehen. Wir hatten oben mit Good gesehen, dass das ›Fleisch‹ bei Merleau-Ponty zwar nicht materiell, aber als Ausdrucksgeschehen im Sinnlichen anzusiedeln ist. Es ist damit sowohl empirisch als auch ontologisch. Für Good ist nun der ›organlose Köper‹ bei Deleuze als eine Ausarbeitung dieses ›Fleisch-Begriffes‹ zu verstehen.[175] Gerade in ihrem ›sowohl/als auch‹ nähern sich die indirekte Ontologie des Spätwerks von Merleau-Ponty und der transzendentale Empirismus von Deleuze an. So sprechen Deleuze/Guattari von der Ausdrucksmaterie als »Überschneidung von Semiotischem und Materiellem«.[176] Der künstlerische Ausdruck von Sensationen kann nicht von der molekularen Ebene der Kräfte getrennt werden.

Judy Purdom arbeitet ähnliche Parallelen bei Deleuze und Merleau-Ponty zwischen dem Begriff des ›Diagramms‹ und dem des ›Fleisches‹ her-

---

171 Deleuze, Bacon, S. 20.
172 Ebd.
173 »Man sollte insbesondere nicht das Material der Figur mit der verräumlichenden materiellen Struktur verwechseln, die zur anderen Seite gehört. Der Körper ist Figur, nicht Struktur.« Deleuze, Bacon, S. 19.
174 »Das Fleisch, was Bacons Tiermenschen da von den Knochen fällt, wird gedeutet als Wunsch, dem eigenen Körper zu entkommen, um von der Sichtbarkeit in die Unsichtbarkeit überzuwechseln. Das Fleisch hat damit auch eine ›spirituelle‹ Bedeutung und weist – mit der Abkehr von der Einheit mit dem Körper – eher in Richtung des ›Leib‹-Begriffs bei Merleau-Ponty.« Schaub, Gilles Deleuze im Kino, S. 53.
175 Vgl. Good, Maurice Merleau-Ponty, S. 239.
176 Deleuze/Guattari, Tausend Plateaus, S. 459.

aus. Der Begriff des ›Diagramms‹ taucht nämlich auch bei Merleau-Ponty in *Das Sichtbare und das Unsichtbare* auf, um das Unsichtbare des Körpers zu fassen. So ist für ihn dort das ›Diagramm‹ die Einschreibung der unsichtbaren Differenzierungsprozesse als ›Fleisch‹ in den Körper. Das ›Diagramm‹ ist für ihn die fleischliche Gegenseite des Lebens. Bacon zeigt für Deleuze, in seiner unsichtbaren Ausdifferenzierung von Farbe und Linie, das menschliche Fleisch als eben dieses ›Fleisch‹ im Sinne Merleau-Pontys. In gewissem Sinne werden die Bilder selbst dadurch zu fleischlichen Körpern.[177]

Andererseits ist der Begriff des ›Fleisches‹ für Deleuze im Gegensatz zu Merleau-Ponty auch an körperliches Leiden gebunden und damit scheinbar konkreter: »Das Fleisch ist kein totes Gewebe, es hat alle Leiden bewahrt und alle Farben des lebendigen Leibes angenommen.«[178] Als dieses Leiden aber ist das ›Fleisch‹ dennoch an kein Objekt gebunden. Nicht das Leiden von jemandem außerhalb des Bildes wird repräsentiert. Es besteht nur aus Intensitäten, aus Bewegungen von Farbe und Form, welche die Sensation real werden lassen. Als reine Intensität bildet das ›Fleisch‹ hier eine Art ›Ununterscheidbarkeitszone‹, als gemeinsames ›Werden‹ von Mensch und Tier. »Das Fleisch ist [als Leiden, A.Z.] der gemeinsame Raum von Mensch und Tier«.[179]

Dieser gemeinsame Raum des Leidens ist jedoch kein leibhaftiger. Es handelt sich um Kräfte eines ›organlosen‹, nicht des gelebten Körpers eines Subjekts, die als Sensationen auf der Leinwand präsent sind. Jedes Bild ist gewissermaßen ein eigener Körper. Aus Sicht von Bogue wird sogar die Leinwand selbst zu einem ›organlosen Körper‹:

»But the body without organs is not simply a psychological mode of experiencing the body. The body without organs is the body of sensation, and sensation takes place on a presubjective level in which body and world cannot be differenciated. [...] In Bacon's art, the human form finally is not itself the body without organs. The canvas is.«[180]

---

177 Das Unsichtbare des Diagramms wird hier sichtbar und materiell. Vgl. Purdom, Mondrian, S. 207f.
178 Deleuze, Bacon, S. 21.
179 Deleuze, Bacon, S. 21. Weshalb die Körper Bacons auch kein Gesicht, nur einen Kopf als Zentrum haben. Die Malerei hat die Entmachtung des Systems ›weiße Wand‹, ›schwarzes Loch‹ als Ziel; ist immer eine Deterritorialisierung des Gesichts Vgl. Deleuze/Guattari, Tausend Plateaus, S. 410f.
180 Bogue, The Aesthetics, S. 263.

Das Geschehen in der Malerei Bacons, die Kräfteverhältnisse und nicht die Figur müssen damit als ›Fleisch‹ gesehen werden.

Beim Begriff des ›organlosen Körpers‹ handelt es sich ebenfalls um eine Metapher. Dieser ›organlose Körper‹ wird von Deleuze nicht wirklich als ein Körper ohne Organe verstanden – er ist ohne Organisation. »Der organlose Körper steht weniger den Organen als jener Organisation der Organe gegenüber, die man Organismus nennt.«[181] Die Organe des ›organlosen Körpers‹ verändern ihre Funktion in der Zeit. Sie sind unbestimmt, nicht phänomenologisch fassbar. Als ›Fleisch‹ versuchen sie dem Körper zu entkommen.

Etwas konkreter äußern sich Deleuze und Guattari zum ›organlosen Körper‹ in *Tausend Plateaus*.

»Es wird uns langsam klar, daß der oK keineswegs das Gegenteil der Organe ist. Die Organe sind nicht seine Feinde. Der Feind ist der Organismus. Der oK widersetzt sich nicht den Organen, sondern jener Organisation der Organe, die man Organismus nennt. [...]«[182]

Aufgebrochen werden soll die organische Organisation des Organismus als symbolische Ganzheit, welchem eine arbeitsteilige, hierarchisch strukturierte Verbindung der Vermögen zugrunde liegt.

Der ›organlose Körper‹ ist als eine Art Befreiung der Vermögen zu sehen, die keine interpretierbaren Handlungen, keine Bezeichnung erfassen, sondern »Farben und Klänge, Arten des Werdens und Intensitäten« aufnehmen.[183] In *Die Immanenz: ein Leben...*[184] spricht Deleuze auch vom Glück der Kleinkinder, deren Vermögen noch nicht hierarchisiert sind und die dadurch in der Lage sind, das Virtuelle als Aktualisierungsprozess zu erfahren. Diesem Glück kommt der ›organlose Körper‹ sehr nah. Er ist allerdings nicht als Erinnerung an diese frühkindliche Phase zu sehen, geschweige denn als Regression zu derselben. Es handelt sich um einen Kindheitsblock, eine Zusammensetzung, die zeitgleich mit unserem gelebten Leib

---

181 Deleuze, Bacon, S. 32.
182 Dort heißt es weiter: »Den Organismus aufzulösen, hat nie bedeutet, sich umzubringen, sondern den Körper für Konnexionen zu öffnen, die ein ganzes Gefüge voraussetzten, Kreisläufe, Konjunktionen, Abstufungen und Schwellen, Übergänge und Intensitätsverteilungen, Territorien und Deterritorialisierungen«. Deleuze/Guattari, Tausend Plateaus, S. 219. Es kann nicht um Selbstzerstörung beziehungsweise wilde Aufhebung gehen. Die Organisation soll verkleinert, aber nicht aufgehoben werden. Man braucht einen Organismus für dessen Neugestaltung. Vgl. ebd., S. 220.
183 Ebd., S. 222.
184 Gilles Deleuze: »Die Immanenz: ein Leben...« In: Gilles Deleuze – Fluchtlinien der Philosophie, hrsg. von Friedrich Balke, Joseph Vogl, München 1996, S. 29-33.

existiert.[185] Diese Kindheitsblöcke sehen Deleuze/Guattari als Grundlage der Herstellung der Empfindungsblöcke der Kunst. »Man schreibt nicht mit Kindheitserinnerungen, sondern durch Kindheitsblöcke, die ein Kind-Werden des Gegenwärtigen sind.«[186]
Dabei geht es um die Glückseligkeit einer Wahrnehmung, die keinen Zwecken unterworfen und daher für nicht-organisches Leben, für Singularitäten offen ist.[187]

»Die Kleinkinder werden von einem immanenten Leben durchdrungen, das reines Vermögen ist und sogar Glückseligkeit über die Leiden und Hinfälligkeiten hinweg.«[188]

Der Schwerpunkt liegt hier nicht auf einer Bewegung der Regression oder der Destruktion, sondern auf einer Öffnung der Wahrnehmung für ihre Grundlagen und ihre Dezentrierung.[189] Die qualitativen Sinne werden abgelöst von quantitativen Funktionen, die Kräfte wirken nicht auf bestimmte Organe, sondern direkt auf das Nervensystem. Der Aspekt der Überschreitung, den ich schon bei Merleau-Ponty im Zusammenhang der ›unmenschlichen‹ Wahrnehmung als Versuch der Annäherung an das Primordiale, aber auch der unendlichen Kreuzstellung aufgezeigt hatte, steht hier im Zentrum.

Gerade die Ähnlichkeit des ›Fleisch‹-Begriffes und des ›organlosen Körpers‹ lässt dennoch bezüglich der Auffassung der Empfindungen auch die Unterschiede zur Phänomenologie der Wahrnehmung hervortreten:

---

185 Vgl. Deleuze/Guattari, Tausend Plateaus, S. 225.
186 Deleuze/Guattari, Was ist Philosophie?, S. 197.
187 Vgl. Balke, Gilles Deleuze, S. 108f. Auf die Thematik der reinen Vermögen werde ich im Rahmen der Deleuze'schen Kritik des Gemeinsinns noch einmal zurückkommen.
188 Deleuze, Die Immanenz, S. 32. Zitiert bei Balke, Deleuze, S. 109. In *Tausend Plateaus* bezeichnen Deleuze/Guattari Kinder auch als Spinozisten. Dort wird der Körper mit Spinoza nicht durch seine Funktionen definiert, sondern durch seine Möglichkeiten, affiziert zu werden. Organe bilden sich und lösen sich wieder auf. Auch sie sind als Faltungen zu verstehen, als Zusammensetzungen von Affekten und Geschwindigkeiten. Diese Vorstellung der Zusammensetzung macht eine Vermischung mit dem Tier möglich. Als gemeinsame materielle Sprache von Mensch und Tier wird sie zur Grundlage der widernatürlichen Anteilnahme, die Deleuze/Guattari an Kindern beobachten. Ebenso wie Tiere für Kinder aus einer Liste von Affekten bestehen, verändern sich Organe in der Vorstellung der Kinder, indem sie für sie ihre Funktionen wechseln. Vgl. Deleuze/Guattari, Tausend Plateaus, S. 348ff.
189 Ganz ähnlich hatte auch Merleau-Ponty von der Kindermalerei als Rückkehr zu einer ›unschuldigen‹, primordialen Wahrnehmung gesprochen.

Deleuze versucht die Sensationsebenen als Empfindungsbereiche und deren Einheit in einer nicht-rationalen Logik der Empfindungen zu erklären, welche das leibliche Zur-Welt-sein überschreitet.

»Dieser Grund, diese rhythmische Einheit der Sinne kann nur entdeckt werden, indem man den Organismus hinter sich lässt. [...] Der Organismus ist nicht das Leben, er sperrt es ein.«[190]

Die Kritik von Deleuze lässt sich darin zusammenfassen, dass der erlebte Körper ein organischer bleibt. Die Phänomenologie kann die ursprüngliche Einheit der Sinne nur als organische Synästhesie erfassen, verliert dabei aber die Differenz der Ebenen aus den Augen, welche die Sensation durchquert, wenn sie von einer zur anderen übergeht.

»Die phänomenologische Hypothese ist vielleicht unzureichend, weil sie sich nur auf den erlebten Körper beruft. Aber der erlebte Körper ist wenig im Verhältnis zu einem tieferen und nahezu unlebbaren Vermögen.«[191]

Dieses Vermögen, das im Rhythmus erfahrbar wird und das der Maler versucht zu erreichen, liegt für Deleuze jenseits des organischen Körpers – es ist die »Grenze des erlebten Köpers.«[192] Nur der ›organlose Körper‹ kann Sensationen als Schwingungen, als Intensitäten erfassen, jenseits von stillstellenden qualitativen Differenzen.[193]

»[...] die Sensation [ist] nicht qualitativ oder qualifiziert [...], sie hat nur eine intensive Realität, die in ihr keine repräsentativen Gegebenheiten mehr bestimmt, sondern allotrope Variationen.«[194]

Der gelebte Körper ist nur in der Lage, sich als zur-Welt-seiender Leib in ein Verhältnis zur Welt zu setzen – ein Verhältnis, das Empfindungen qualitativ erfährt. Dem ›organlosen Körper‹ wird dagegen von Deleuze die Fähigkeit zugesprochen, auch intensive Kräfte in ihrem ›Werden‹ zu erfassen, das noch nicht qualitativ ausdifferenziert ist.[195]

Es ist gerade dieser hochkomplizierte Aspekt, der einen grundlegenden Unterschied zwischen der Phänomenologie von Merleau-Ponty und

---

190 Deleuze, Bacon, S. 32.
191 Deleuze, Bacon, S. 32.
192 Ebd.
193 Vgl. auch Balke, Gilles Deleuze, S. 55.
194 Deleuze, Bacon, S. 32.
195 Vgl. auch Balke, Gilles Deleuze, S. 53.

der Philosophie von Gilles Deleuze darstellt. Ich werde ihn noch weiter ausführen, wenn ich zu Autoren wie Marc Rölli, David W. Smith oder Ralf Krause komme, die den Unterschied nicht als grundlegend, sondern als Pole, die sich gegenseitig erweitern, ansehen. Mit diesen Autoren möchte ich die Philosophie von Deleuze als Fortsetzung des Projekts von Merleau-Ponty betrachten.

Das ›Unmenschliche‹ als Überschreitung

Deleuze und Merleau-Ponty entwickeln beide ein körperliches Bild des Prozesses der Malerei anhand der Bilder und Aussagen Cézannes.[196] Beide interessiert an Cézanne dessen Kritik am Figurativen. Statt die repräsentative Ähnlichkeit zu einer abgebildeten Welt anzustreben, versucht Cézanne, die Sensation im Entstehen zu malen. Er lässt dabei nach Deleuze die Figur, das Gegenständliche selbst zur Sensation werden. »Diesem Weg zur Figur gibt Cézanne einen einfachen Namen: die Sensation.«[197] Das Empfinden bezieht sich damit bei ihm nicht auf ein Objekt der Intention (Figuration), sondern auf die Figur. Diese entspricht den Feldern, welche Qualitäten über die einzelnen Sinne konstituieren, der Empfindung, wie Merleau-Ponty sie beschreibt. Cézanne malt die Sensation und bindet sie an den Körper. Die gemalten Gegenstände werden in ihren Qualitäten, in ihren für sich stehenden Farben, zu Empfindungen.

In dieser Bindung der Sensation an die Körper sieht Deleuze eine direkte Verwandtschaft zwischen der Malerei Cézannes und Bacons. Bacon bringt für Deleuze an die Oberfläche, was bei Cézanne latent bleibt, wenn er die Körper in seiner Malerei diesen Sensationen aussetzt.[198] Für Deleuze zeigt sich in den Bildern Bacons das ›Unmenschliche‹, das den Bildern Cézannes zugrunde lag.[199] Ich habe oben gezeigt, inwiefern dieses ›Unmenschliche‹ auch Merleau-Ponty an Cézanne interessierte. Beide, Deleuze und Merleau-Ponty, sehen hier eine Möglichkeit, innerhalb der Malerei der zweckrationalen Wahrnehmung zu entkommen. Der »vormenschliche

---

196   Die Authentizität der Aussagen Cézannes, auf die sich Deleuze und Merleau-Ponty beziehen, ist sehr umstritten, da diese nur in der schriftlichen Wiedergabe durch Joachim Gasquet, den Sohn eines befreundeten Malers vorliegen, der Cézanne sehr verehrte. Joachim Gasquet: Gespräche mit Cézanne, hrsg. von M. Doran, Zürich 1982.
197   Deleuze, Bacon, S. 27.
198   Bogue, The Aesthetics, S. 263.
199   Vgl. Schaub, Gilles Deleuze im Kino, S. 52.

Blick«[200], der anhand der Malerei in *Das Auge und der Geist* beschrieben wird, ist direkt vergleichbar mit dem ›Unmenschlich-Werden‹ der Affekte bei Deleuze. Während allerdings Merleau-Ponty das ›Unmenschliche‹ anhand der Wahrnehmung und der Malerei Cézannes, also einer besonderen Malweise beschreibt, findet sich das Motiv des ›Unmenschlichen‹ bei Deleuze generell in seinen Gedanken zu den Affekten und zur Kunst, bevor es in seinem letzten, zusammen mit Félix Guattari verfassten Text *Was ist Philosophie?* zum zentralen Begriff wird. Als Affekt wird das ›Unmenschliche‹ dort vom wahrnehmenden Subjekt gelöst. Auch der Körper des Malers wird nun in gewisser Weise unmenschlich. »Der Affekt ist kein Übergang von einem Erlebniszustand in einen anderen, sondern das Nicht-menschlich-Werden des Menschen.«[201]

Dabei macht Deleuze mit Guattari verschiedene Arten des ›Unmenschlichen‹ auf. Sie unterscheiden Affekte, als unmenschliche Körper, von unmenschlichen Landschaften, die wie in der Malerei Cézannes zu Perzepten werden. »Das Perzept, das ist die Landschaft vor dem Menschen, in der Abwesenheit des Menschen.«[202] Diese Unterscheidung von unmenschlicher Landschaft und unmenschlichem Affekt entspricht dem Unterschied zwischen unmenschlichen Wahrnehmungen und unmenschlichen Emotionen.[203] Das ›Unmenschliche‹ kann damit entweder auf der Seite des Wahrgenommenen in Distanz zum wahrnehmenden Körper, oder auf der Seite des wahrnehmenden Körpers in der Aufhebung der Distanz liegen. Immer

---

200 Merleau-Ponty, Das Auge, S. 21.
201 Deleuze/Guattari, Was ist Philosophie?, S. 204.
202 Ebd., S. 198.
203 Maldineys phänomenologische Beschreibung der Malerei Cézannes, auf die sich Deleuze bezieht, geht von der Differenzierung Erwin Straus' von Wahrnehmung und Sensation aus, welche mit der Unterscheidung von Geographie und Landschaft in Verbindung steht. Dazu schreibt Bogue: »This opposition of geography and landscape parallels Straus's well known opposition of perception and sensation, perception designating the experience of a rational, verbally-mediated world of uniform, atomistic space and time in which subject and object are clearly demarcated from each other, and sensation the experience of prerational, alingual world of perspectival, dynamic space and time in which subject and object are not clearly differentiated.« Die sich bei Straus auf die Raumwahrnehmung beziehende Unterscheidung von Wahrnehmung und Sensation verschiebt sich mit der Vorstellung von Perzept und Affekt bei Deleuze/Guattari auf unterschiedliche Gegenstände. Andererseits setzen sowohl Merleau-Ponty als auch Deleuze die ›unmenschliche‹ Wahrnehmung der Landschaft in Beziehung zur Geologie. Beide betonen das Geologische der Malerei Cézannes, dessen geologisches Wissen, das dieser in seinen Blick eingehen lässt. Dieses geologische Wissen nähert das distanzierte Perzept wieder der Innensicht des Affekts an. Für Deleuze kehrt die durch Geologie beeinflusste Wahrnehmung in den Filmen Straub/Huillets wieder. Bogue, The Aesthetics, S. 258. Vgl. Deleuze/Guattari, Was ist Philosophie?, S. 199.

aber übersteigt es aus der Sicht von Deleuze/Guattari den wahrnehmenden Körper:

> »Die Perzepte sind keine Perzeptionen mehr, sie sind unabhängig vom Zustand derer, die sie empfinden; die Affekte sind keine Gefühle oder Affektionen mehr, sie übersteigen die Kräfte derer, die durch sie hindurchgehen. Die Empfindungen, Perzepte und Affekte, sind *Wesen*, die durch sich selbst gelten und über alles Erleben hinausreichen. Sie entstehen, so könnte man sagen, in der Abwesenheit des Menschen.«[204]

Die Kunst ist für Deleuze/Guattari also generell ›unmenschlich‹, beziehungsweise ist es ihre Aufgabe, Sensationen ›unmenschlich‹ werden zu lassen.[205] Das ›Unmenschlich-Werden‹ der Malerei kann wie der ›organlose Körper‹, als Form der Überschreitung der alltäglichen Wahrnehmung gesehen werden. Diese Überschreitung findet auf der Kompositionsebene der Kunst statt. Sie ist abhängig vom Material, das den Empfindungen Dauer gibt, und übersteigt es gleichzeitig:

> »Die Empfindung verwirklicht sich nicht im Material, ohne daß das Material nicht vollständig in die Empfindung in das Perzept oder den Affekt übergeht. Die gesamte Materie wird expressiv. Der Affekt ist metallisch, kristallin, steinern..., und die Empfindung ist nicht farbig, sie ist, wie Cézanne sagt, farbgebend.«[206]

Das Material wird zur Kraft, die Empfindung dem Objekt zu entreißen. In gewissem Sinne übersteigt das ›unmenschliche‹ Perzept die Sichtbarkeit ebenso wie der ›unmenschliche‹ Affekt die Emotion. Wahrgenommen werden Kräfte, die dem Sichtbaren zugrunde liegen.

Auch hier fällt die Ähnlichkeit zu Merleau-Pontys Begriff des ›Fleisches‹ auf. Der französische Philosoph Zourabichivili argumentiert aber, dass der Begriff des ›Unmenschlichen‹ bei Merleau-Ponty und Deleuze dennoch nicht gleichgesetzt werden könne. Bei Deleuze handle es sich nämlich nicht wie bei Merleau-Ponty um die Essenz der Erscheinung der Dinge, die sich in einer bestimmten ›unmenschlichen‹ Form der Wahrnehmung erschließe, sondern um nicht-organisches Leben:

---

204 Deleuze/Guattari, Was ist Philosophie?, S. 191f.
205 Für Jäger wird das Unmenschliche damit zum Erhabenen von Deleuze. Es überschreitet den »Mensch in seinen Entwicklungsmöglichkeiten«. Jäger, Deleuze, S. 269.
206 Deleuze/Guattari, Was ist Philosophie?, S. 195.

»Deleuze is less concerned to fix an essence of the appearing of things, than with bringing out and differentiating the *non-organic life* that they involve. When Deleuze says that it is the landscape that sees, it does not mean the same as it does in Merleau-Ponty«.[207]

Das Zurückblicken der Dinge hatte ich oben als auf der Umkehrbarkeit des ›Fleisches‹ beruhend beschrieben. Dieser Umkehrbarkeit des ›Fleisches‹ liegen bei Deleuze Kräfte zugrunde, welche über die qualitativen Differenzierungen Merlau-Pontys hinaus gehen. Beide verorten also das ›Unmenschliche‹ an verschiedenen Stellen.

Judy Purdom, die ansonsten gerade die Gemeinsamkeiten zwischen Deleuze und Merleau-Ponty betont, sieht ebenfalls in der Einschätzung des ›Unmenschlichen‹ in der Malerei Cézannes einen entscheidenden Unterschied in den beiden philosophischen Postitionen. Für Merleau-Ponty ähnelt, wie gesagt, das ›Unmenschliche‹ der Wahrnehmung Cézannes dem Vorgang der phänomenologischen Einklammerung, die eine Rückkehr zum Primordialen ermöglichen soll. Das ›Unmenschliche‹ ist bei ihm auf der Seite eines wahrnehmenden Subjekts anzusiedeln. Deleuze setzt gegen diese Vorstellung der Möglichkeit der Rückkehr der Wahrnehmung zum Primordialen tief liegende quantitative Mikroprozesse unterhalb der Wahrnehmung, die den Menschen an das Tier und sogar an die Landschaft annähern.[208]

Die Wahrnehmung wird durch objektive materielle Prozesse überschritten. Statt um die Entstehung der Dinge in der Wahrnehmung, wie sie Merleau-Ponty in der Malerei untersucht, geht es Deleuze um deren Auflösung. Für ihn deckt die Kunst kein Primordiales auf, sondern extrahiert Sensationen. Deleuze interessiert sich weniger für das Eintauchen Cézannes in die Landschaft, als vielmehr für das Perzept-Werden der Landschaft. Die Landschaft wird zum ›beliebigen Raum‹. Als einen solchen Raum im Film hatte ich oben den Park in VIVE L'AMOUR beschrieben. Dort hatte ich den ›beliebigen Raum‹ als die zweite Seite des Affektbildes bezeichnet, hier wird er zum Perzept. Diese Veränderung ist aber nur scheinbar als ein Widerspruch zur ersten Darstellung zu sehen, denn ebenso wie beim ›Unmenschlich-Werden‹ des Gesichts in der Depersonalisierung durch die Großaufnahme im Affektbild geht es bei diesem ›Unmenschlich-Werden‹

---

207 François Zourabichvili: Six Notes on the Percept (On the Relation between the Critical and the Clinical). In: Deleuze. A Critical Reader, hrsg. von Paul Patton, Cambridge, Massachusetts 1996, S. 188-216, hier S. 191.
208 Vgl. Purdom, Mondrian, S. 204f.

des Parks letztlich um eine andere Wahrnehmung desselben – um die Aufhebung der kontrollierenden Distanz zum Raum. Doch ›unmenschliche‹ Wahrnehmung bleibt im Film nicht auf das Affektbild beschränkt. Im *Bewegungs-Bild* taucht das Motiv des ›Unmenschlichen‹ auch als Charakterisierung des reinen Bewegungs-Bildes auf. Dort wird das ›Unmenschliche‹ in Verbindung mit Bergsons Vorstellung des Bilderuniversums gebracht und steht für die Charakterisierung des reinen Bewegungs-Bildes, vor jeglicher Krümmung durch ein subjektives Zentrum, also vor Entstehen des Menschen.

»Es handelt sich darum, die Welt vor dem Auftreten des Menschen, vor unserer eigenen Dämmerung wiederzufinden, dorthin zu gelangen, wo die Bewegung im Gegenteil noch einem System universeller Veränderung unterworfen war und das unablässig sich ausbreitende Licht sich nicht zu offenbaren brauchte.«[209]

Es handelt sich um ›gasförmige‹ Wahrnehmung, die nach Deleuze zum Beispiel im Wahrnehmungsbild des Kinos erreicht werden kann. Auch hier geht es um eine Wahrnehmung, die gewissermaßen unabhängig ist von einem wahrnehmenden und damit gestaltenden Subjekt – eine Wahrnehmung, die den Menschen übersteigt.

In den unter dem Titel *Unterhandlungen* veröffentlichen Interviews betont Deleuze sogar, dass es ihm in den Kinobüchern eigentlich gar nicht um Bilder, sondern um die Dimension der Perzepte und Affekte gegangen sei. Ebenso sei es ihm sowohl in seinen Gedanken zur Malerei als auch zum Film letztlich nicht um Bilder, sondern um Philosophie, das heißt um Begriffe gegangen.

»Die Perzepte sind keine Wahrnehmungen, sondern Pakete von Empfindungen und Beziehungen, die den, der sie empfindet, überleben. Die Affekte sind keine Gefühle, es sind Werden, die den übersteigen, der sie durchläuft (und ein anderer wird).«[210]

Während Affektionen und Perzeptionen nicht nur in der Kunst zu finden sind, sondern Empfindungen im Allgemeinen bezeichnen, werden sie in der Kunst auf eine andere Ebene gehoben. Kunst bewahrt sie, gibt ihnen

---

209 Bewegungs-Bild, S. 99. Allerdings wird dieses ›unmenschliche‹, reine Bewegungs-Bild an dieser Stelle erst über Experimente der Reduktion bei Beckett oder im Experimentalfilm erreicht.
210 Gilles Deleuze: Über die Philosophie. In: Ders.: Unterhandlungen. 1972 – 1990. Frankfurt am Main 1993, S. 197-226, hier S. 199. [OA 1990]

Dauer. Affekte und Perzepte sind Blöcke von Sensationen – sie sind Selbstsetzungen, unabhängig vom menschlichen Empfinden.[211] Während Merleau-Ponty das ›Unmenschliche‹ in der Wahrnehmung Cézannes ansiedelt, liegt es bei Deleuze in den Kraftlinien der Malerei Cézannes.[212] Im Zusammenhang des ›Unmenschlichen‹ schränkt Deleuze also sein Anknüpfen an der phänomenologischen Vorstellung der Empfindung im Nachhinein wieder ein. In *Was ist Philosophie?* nehmen Deleuze/Guattari den an Merleau-Ponty angelehnten Begriff des ›Fleisches‹ bezüglich der Malerei des Inkarnats bei Bacon wieder zurück. Auch wenn sich die Vorstellung des Chiasmus von Leib und Welt von der Intentionalität des Bewusstseins löst, kritisieren Deleuze/Guattari jene doch als eine geheimnisvolle religiöse Fundierung des Leibes. Diese mache ihn zum Träger der Affekte. »Wir waren allzu schnell, als wir sagten, daß die Empfindung inkarniere«,[213] schreiben Deleuze und Guattari. Das Fleisch ist in *Was ist Philosophie?* nicht mehr die Grundlage beziehungsweise der Träger der Empfindung, sondern nur »das Thermometer eines Werdens«[214], das unabhängig von ihm ist. Das Fleisch geht den Affekten und Perzepten nicht voraus, ist keine Verflechtung von Empfindender mit dem Empfundenen. Das Fleisch als Inkarnat innerhalb der Malerei braucht Halt. Es wird gehalten durch das Gerüst der Fläche. Die Empfindung dagegen findet unterhalb der Inkarnatsflächen statt, ist als ›Werden‹ weder ›Fleisch‹ noch Fläche. Es handelt sich um subtile Kräfte, die bei Bacon als Spannung

---

211 Balke geht soweit, Sensationen, das heißt Affekte und Perzepte, generell als unmenschliche Empfindungen zu beschreiben. Sie sind für ihn unmenschlich, weil sie desubjektiviert und ohne Gedächtnis sind. Es handelt sich um paradoxe Empfindungen, die nie zuvor empfunden wurden und doch, als rohe Wahrnehmung, das unwillkürliche Gedächtnis ansprechen. Ich komme auf dieses Paradox weiter unten zu sprechen. Vgl. Balke, Gilles Deleuze, S. 53.
212 Ebenso verorten beide das Virtuelle unterschiedlich. Bei Merleau-Ponty ist das Virtuelle das vormenschliche Chaos, aus dem die Dinge entstehen, während es bei Deleuze ein reales immanentes Virtuelles gibt, das der Malerei immanent bleibt. Vgl. Purdom, Mondrian, S. 203ff. Purdom schreibt dazu: »it is not in the mechanism of perception, but in the material of painting that the virtual is found« Ebd., S. 215. Im Film dagegen wird das Virtuelle vor allem in Zeit-Bildern sichtbar, welche die Gleichzeitigkeit des Aktuellen und des Virtuellen sichtbar machen. Schaub betont die Rolle des Unsichtbaren, wenn sie eine Brücke von der Gleichzeitigkeit des Sichtbaren und des Unsichtbaren bei Merleau-Ponty zur Differenz von aktuell und virtuell bei Deleuze zieht. Bei Merleau-Ponty sei die Unterscheidung von sichtbar und unsichtbar abhängig von einer Theorie des Blicks, Deleuze verlege jene in das Bild selbst. Vgl. Schaub, Gilles Deleuze im Kino, S. 134ff.
213 Deleuze/Guattari, Was ist Philosophie?, S. 212.
214 Ebd.

zwischen ›Fleisch‹ und Fläche, beziehungsweise zwischen Fleisch und Knochen hervortreten.[215]

»Kurzum, das Empfindungswesen ist nicht der fleischliche Körper, sondern der Komplex aus den nicht-menschlichen Kräften des Kosmos, den nicht-menschlichen Werdensprozessen des Menschen [...] Das Fleisch, der Leib ist lediglich der Entwickler, der in dem verschwindet, was er sichtbar macht: den Empfindungskomplex.«[216]

Dieser Komplex ist kein organischer, kein Zusammenwirken der unterschiedlichen Sinne eines Leibes im Sinne der Phänomenologie Merleau-Pontys, sondern ein Block aus Kräften und Werdensprozessen.[217] In der Empfindung dieser Blöcke übersteigt sich die menschliche Wahrnehmung, öffnet sich auf die Empfindung von Intensitäten hin. Dadurch überschreitet sich das Menschliche auf das ›Unmenschliche‹ hin.[218]

In der ›Unmenschlichkeit‹ der Affekte bilden sich Zonen der Unbestimmtheit, Zonen, in denen sich der Mensch nicht mehr vom Tier oder der Landschaft unterscheidet. Die Prozesse der Empfindung von Sensationen nähern den Menschen also dem Tier an. Die Empfindung dieser Intensitäten in ihrer Materialität, die Affizierbarkeit der Körper, wird zur gemeinsamen körperlichen Sprache von Mensch und Tier. Der Affekt ist damit auch als Involution des Tier-Werdens zu sehen – Mensch und Tier bilden einen gemeinsamen ›organlosen Körper‹.[219] Es handelt sich um ein unmenschliches Tier-Werden, ein über den Menschen hinaus gehendes tierhaftes Mit-der-Welt-sein.[220]

---

215 Vgl ebd., S. 211f.
216 Ebd., S. 217.
217 Vgl. S. 219.
218 Die Überschreitung öffnet den Menschen zum Tier, zur Frau, zum Kind oder zum Minoritären hin. Sie ermöglicht das ›Werden‹.
219 Vgl. Deleuze/Guattari, Tausend Plateaus, S. 372 Das Tier-Werden entsteht durch gemeinsame Intensitätszonen, durch widernatürliche Anteilnahme. Vgl. Deleuze/Guattari, Tausend Plateaus, S. 351 ff. Diese sehen Deleuze/Guattari zum Beispiel in der Identifikation von Kindern mit Tieren, aber auch in der Anteilnahme von psychisch Kranken, die Freud beschreibt. Entgegen der ödipalen Interpretation dieser Anteilnahme, als Identifikation mit dem Vater, sehen Deleuze/Guattari diese Anteilnahme als Tier-Werden und als Mannigfaltigkeit-Werden – als Identifikation mit dem Rudel. »Denn der Affekt ist kein persönliches Gefühl und auch keine Eigenschaft mehr, sondern eine Auswirkung der Kraft der Meute, die das Ich in Aufregung versetzt und taumeln lässt.« Ebd., S. 328.
220 »animal being-with-the-world«. Bogue, The Aesthetics, S. 258.

Die Deleuze'sche ›Phänomenologie‹

»Die Phänomenologie wollte unsere Begriffe erneuern, indem sie uns Wahrnehmungen und Affektionen verschaffte, die uns zur Welt kommen lassen sollten: nicht als Säuglinge oder Hominiden, sondern als Lebewesen von Rechts wegen, deren Proto-Meinungen die Fundamente dieser Welt sein sollten. Aber man kämpft nicht gegen die perzeptiven oder affektiven Klischees, wenn man nicht auch gegen die Maschine kämpft, die sie produziert. Mit der Berufung auf das primordiale Erleben, mit der Umwandlung der Immanenz zu einer Immanenz in einem Subjekt konnte die Phänomenologie nicht verhindern, daß das Subjekt bloß Meinungen ausbildet, die von den neuen und versprochenen Wahrnehmungen und Affektionen schon das Klischee herausschlagen würde.«[221]

Die Vorstellung der Komplexe, des ›Werdens‹ und der Affizierung durch Kräfte lassen die Trennung von Wahrnehmenden und Wahrgenommenen aufbrechen. Die Kräfte dringen als Vibrationen und Sensationen in die Wahrnehmenden ein und wirken auf sie, bevor sie im eigentlichen Sinne wahrgenommen werden. Thomas Elsaesser und Malte Hagener gehen daher in ihrer Einführung in die Filmtheorie soweit, das Interesse Deleuzes am Film in der vollständigen Überwindung der Subjekt-Objekt-Trennung in der Filmwahrnehmung und darin einen grundlegenden Gegensatz zur Phänomenologie zu sehen.[222] Auch wenn man dieser Darstellung kaum widersprechen kann, so sind auf der anderen Seite Ähnlichkeiten in der Vorstellung der körperlichen Wahrnehmung nicht zu übergehen. Schon in Merleau-Pontys *Phänomenologie der Wahrnehmung* zeigt sich eine Entsubjektivierung der Wahrnehmung, welche die Subjekt-Objekt-Trennung überschreitet. Dort wird die Wahrnehmung durch einen vorpersonalen Horizont und die immer unvollständig bleibende Synthese der verschiedenen Sinneswelten zu einer Wahrnehmung des ›man‹. Diese Entpersönlichung zeigt sich nun gerade in der Empfindung, also in der Sensation:

---

221 Deleuze/Guattari, Was ist Philosophie?, S. 175.
222 »Deleuzes Interesse am Kino ist darin begründet, dass er die Spaltung zwischen Subjekt und Objekt, zwischen Bewusstsein und Bewusstseinsinhalt, die für die Phänomenologie konstitutiv ist, überwinden will.« Thomas Elsaesser, Malte Hagener: Filmtheorie zur Einführung. Hamburg 2007, S. 199.

»Jede Empfindung trägt in sich den Keim eines Traumes und einer Entpersönlichung: wir erleben es an dem Betäubungszustand, in den wir geraten, wenn wir uns gänzlich einer Empfindung überlassen«.[223]

Mirjam Schaub schreibt die grundlegende Überschreitung des Subjekts durch die Empfindung bei Merleau-Ponty der faktischen Multisensualität der Wahrnehmung zu, die sich nicht einem einzelnen empfindenden Ich zuordnen lässt, da die Einheit der Sinne in der Wahrnehmung dem Subjekt nicht unmittelbar gegeben ist. Darüber hinaus liegt die Entpersönlichung in dem unabschließbaren Charakter der Empfindung begründet, welche »in ihrer Einmaligkeit und Unvorhersehbarkeit zu den ›vorpersonalen‹ und damit allgemeinen ›Horizonten‹ des menschlichen Lebens zählt.«[224] Die Entpersönlichung und die Unabgeschlossenheit der menschlichen Wahrnehmung lassen eine Diskrepanz zwischen der leiblichen Wahrnehmung als leiblicher Existenzweise des Zur-Welt-seins als Ganzheit und der unmöglich zu erfassenden Totalität des Wahrgenommenen entstehen. Diese Tendenz der Entsubjektivierung verstärkt sich in Merleau-Pontys Spätwerk durch die Vorstellung der unendlichen Überkreuzung des Chiasmus, die ich oben diskutiert habe. Auch im späteren Konzept der Faltung als chiastischer Annäherung bleibt diese prinzipiell unabgeschlossen. Die Annäherung zwischen Berührenden und Berührtem ist nie vollständig, führt nicht zur Austauschbarkeit geschweige denn zur Identität, ist eine stets verfehlte.[225] Diese »verfehlte Identität« wird für den amerikanischen

---

223 Phänomenologie der Wahrnehmung, S. 253.
224 Schaub, Gilles Deleuze im Kino, S. 57.
225 Der Begriff der »stets verfehlte[n] Identität« stammt von Bermes, Maurice Merleau-Ponty, S. 150. Steht nun der chiastischen Struktur die grundlegende Aufhebung der Subjekt-Objekt-Trennung bei Deleuze und dessen Immanenz gegenüber, welche keine Struktur des Chiasmus mehr zuzulassen scheint, widerspricht Jeffrey A. Bells mit seiner auf auf einer Lektüre von Logik des Sinns aufbauenden Kritik an Merleau-Ponty gerade der angeblichen Suche nach der Auflösung der Subjekt-Objekt-Trennung bei Deleuze. Dessen Immanenz liege fundamentale Differenz zugrunde, während die Unterscheidung von Subjekt und Objekt bei Husserl aber auch bei Merleau-Ponty auf Konzepten von Identität aufbauten. Während nämlich für Husserl eine grundlegende Identität von Bewusstsein und Ideen bestünde, stifte bei Merleau-Ponty die Identität der Lebenswelt die Einheit von Subjekt und Objekt. Nun könne bei Husserl das transzendentale Subjekt das Andere nicht denken, aber auch bei Merleau-Ponty mache die Identität der Lebenswelt die Unterscheidung von Selbst und Anderen erst möglich. Die Phänomenologie Merleau-Pontys bleibe damit der Bewusstseinsphilosophie verhaftet und könne das Andere als Anderes nicht denken. Selbst die spätere Einführung einer grundlegenden Differenz durch den Begriff des ›Fleisches‹, verbleibe zwischen zwei Identitäten (Fleisch und Leib). Die Identität des Fleisches, das sich spaltet, sei fundamental, Differenz letztlich immer von Identität aus gedacht. Vor allem im Zeit-Bild trete das Paradox des Ereignisses

Phänomenologen Ted Toadvine die Grundlage einer Unterscheidung zwischen dem ganzheitlichen Austausch von Leib und Welt und dem ›Fleisch‹ als Bedingung der Wahrnehmung bei Merleau-Ponty. Für Toadvine ist es gerade diese Unterscheidung zwischen ›Fleisch‹ und Leib, die Merleau-Ponty in die Nähe von Deleuze rückt. Er sieht bei Merleau-Ponty ebenfalls eine Entgegensetzung der Einzelsinne und des Organismus.

> »Perception begins not with the unity of the organism, but rather with the dispersal of ›natural selves‹ – eyes, ears, hands – each with its own total world, although these worlds are not self-enclosed but encroach and do battle with each other.«[226]

Hatte ich bei Merleau-Ponty oben eher das synästhetische Zusammenspiel der Sinne stark gemacht, um mich der Kinoerfahrung annähern zu können, lässt sich also auch bei diesem eine Art Deterritorialisierung der Wahrnehmung erkennen. Jeder Sinn hat seine Welt, die in Konkurrenz zu den Welten der anderen Sinne steht. Der Leib ist auch bei Merleau-Ponty keine abgeschlossene organische Einheit.[227] Die primordiale Wahrnehmung entspricht nicht dem ganzheitlichen Verhältnis Leib/Welt, aus dem eher der ›common sense‹, die klischeehafte intentionale Wahrnehmung hervorgeht. Durch die Unabgeschlossenheit und Heterogenität des Leibes nähert sich, Toadvine zufolge, die primordiale Wahrnehmung dem ›organlosen Körper‹ an.[228]

---

zutage, das in der fundamentalen Spaltung der Zeit, die immer zugleich Vergangenheit und Zukunft ist, begründet sei. Diese zugrunde liegende Differenz, die Differenzen ermöglicht, trete in den Vordergrund. Sinn werde hier zum Ereignis, Bedeutung dadurch nur als Simulacrum denkbar. Die Koinzidenz von Transzendenz und Immanenz und damit identisches Wissen sei nicht mehr möglich. Jeffrey A. Bell: Phenomenology, Poststructuralism, and the Cinema of Time. In: Film and Philosophy, Vol. 2, http://www.hannover.edu/philos/film/vol_2, 1994, abgerufen am 22.1.03.

226 Ted Toadvine: Sense and Non-Sense in the Event in Merleau-Ponty. In: Ereignis auf Französisch. Von Bergson bis Deleuze, hrsg. von Marc Rölli, München 2004, S. 121-133, hier S. 125.

227 Diese Unabgeschlossenheit, die schon in der Phänomenologie der Wahrnehmung grundlegend für die Offenheit der Wahrnehmung ist, wird später als das Unsichtbare des ›Fleisches‹ zum Limit derselben.

228 Eine ähnliche Unterscheidung zwischen Begriff und Phänomen des Leibes wird auch bezüglich des ›organlosen Körpers‹ bei Deleuze notwendig: als philosophischen Begriff handelt es sich tatsächlich um einen solchen, beziehungsweise einen Körper ohne Organisation – eine gewissermaßen ahistorische Vorstellung. Als Phänomen geht es eher um eine nicht feste, nicht ›organische‹ Organisation der Organe. Sie haben keine festen Funktionen, können unterschiedlich affiziert werden. Der Körper definiert sich durch die Art der Affizierung. Oder er dient als eine Art Fluchtlinie: z.B. dem Masochisten als Grenze, die er anstrebt, aber niemals erreichen kann (ohne sich selbst zu

Lassen sich auf diese Weise Merleau-Ponty und Deleuze näher bringen, möchte ich hier noch einmal die Tendenzen der Phänomenologie aufzeigen, die Deleuze aufnimmt, weiterführt und kritisiert, um zu zeigen, inwiefern sich beide in Bezug auf die Überschreitung der alltäglichen Wahrnehmung und der Annäherung an die Dinge ergänzen.[229] Brian Massumi hat darauf hingewiesen, dass die Wahrnehmung zwischen zwei Polen liegt: der ganzheitlichen, synästhetischen Wahrnehmung, in der alle Sinne gemeinsam operieren und untrennbar sind, und der ›reinen‹ Wahrnehmung, die die virtuelle Grenze eines Ganzfeldes anstrebt. Diese ›reine‹ Wahrnehmung schließt die Bildung von Objekten aus, da diese die Strukturierung durch Körperbewegung und damit den Leib voraussetzt. Dennoch ist die ›reine‹ Wahrnehmung deren objektive Bedingung. Innerhalb der Wahrnehmung liegt daher eine grundlegende Differenz zwischen der synästhetischen Erfahrung und der empirischen Grundlage derselben. So sind die Objekte der Wahrnehmung einerseits als Gewohnheit, als Verlangsamung und Synästhesie zu sehen, andererseits liegt der Wahrnehmung ein virtuelles Feld als Fluchtlinie zugrunde.[230]

Gerade die taktile Optik lässt sich nun in ihren synästhetischen Effekten kaum in Einzelsinne unterteilen. An ihr lässt sich erkennen, inwiefern Phänomenologie und Deleuze'scher Empirismus zwei Pole der Wahrnehmung beschreiben, die letztendlich zusammen gehören – reine, ›gasförmige‹ Wahrnehmung als Fluchtlinie, die über den Körper hinausgeht, und chiastischer Austausch durch Berührung stehen nebeneinander.

Deleuze selbst kritisiert zwar die Phänomenologie im Allgemeinen, relativiert diese Kritik aber gegenüber Merleau-Ponty. In *Foucault* teilt Deleuze Foucaults Kritik an der Phänomenologie als »Naturalismus der ›rohen Erfahrung‹ und der Sache, des Sein-Lassens der Dinge in der Welt.«[231] Deleu-

zerstören). Andererseits geht es um die historische Organisationen der Organe, die vor allem auch im Bacon-Buch wichtig werden. Die Hand befreit sich von der Unterordnung unter das Auge. Auch hier gibt es eine Parallele zur Geschichte der Wahrnehmung bei Merleau-Ponty, wenn er die Zentralperspektive als historische Form der Wahrnehmung untersucht.
229 Der Weiterführung der Phänomenologie durch Deleuze widmete das Journal Phänomenologie sogar einen eigenen Themenschwerpunkt. Journal Phänomenologie, Schwerpunkt: Gilles Deleuze. 17/2002.
230 Diese virtuelle, empirische Grundlage der Erfahrung begreift Massumi als Kraft. Vgl. Brian Massumi: Chaos in the ›Total Field‹ of Vision. In: Hyperplastik: Kunst und Konzepte der Wahrnehmung in Zeiten der mental imagery, hrsg. von Éric Alliez, Elisabeth von Samsonow, Wien 2000, S. 245-267.
231 Dieser Naturalismus ist, laut Deleuze, für Foucault ein neuer Psychologismus, der die grundlegende Trennung zwischen Sagbarem und Sichtbaren nicht anerkennt. Intentionalität als Beziehung des Bewusstseins zum sichtbaren Gegenstand sei unmöglich. Es

ze setzt Foucault aber entgegen, dass sich mit Merleau-Ponty die Phänomenologie selbst zum Sein überschritten habe, indem sie sich mit dem Begriff des ›Fleisches‹ weg von der Intentionalität des Bewusstseins hin zu einer gemeinsamen Grundlage von Subjekt und Objekt bewege.

»Von der Intentionalität zur Falte, vom Seienden zum Sein, von der Phänomenologie zur Ontologie.[...] Es ist das Verdienst Merleau-Pontys, gezeigt zu haben, wie sich eine radikale, ›vertikale‹ Sichtbarkeit in ein Sich–Sehendes faltete und von da aus die horizontale Beziehung eines Sehenden und eines Gesehenen ermöglichte.[...] Es ist sogar diese ›Drehung‹, die das ›Fleisch‹ jenseits des eigenen Körpers und seiner Objekte definiert.«[232]

Allerdings hält, in der Sicht von Deleuze, gerade der Begriff des ›Fleisches‹ in gewissem Sinne die Vorstellung der Intentionalität aufrecht, denn er umfasst auch den sprachlichen Sinn der Erfahrung eines Subjekts, statt diesen der Sichtbarkeit entgegenzusetzen.[233] Dennoch entwickelt Deleuze, argumentiert der Philosoph Marc Rölli, die Phänomenologie weiter, beziehungsweise arbeitet sie jenseits einer intentionalen Vorstellung von Sinn um zu einer empiristischen »Phänomenologie des Werdens«.[234] Dadurch kann Deleuze sowohl grundlegende Kritik an der Phänomenologie üben, als auch ihr weiterhin positiv gesinnt sein. Er treibt die Reduktion der Phänomenologie weiter und radikalisiert sie, denn es geht ihm, Rölli zufolge, um die differentiellen Prozesse, vor den Klischees der Intentionalität:

»Deleuze fordert eine Verschärfung der Reduktion, die nicht bei der ›Entbergung des universal Selbstverständlichen‹ anhält, [...] sondern bis zur Immanenz phänomenaler Ereignisse fortschreitet, die sich unterhalb der Bild- und Biomacht der Moderne ansiedeln.«[235]

---

handle sich um zwei Arten des Wissens, um unterschiedliche Machtverhältnisse. Gilles Deleuze: Foucault. Frankfurt am Main 1992, S. 152. [OA 1986]
232 Ebd., S. 154.
233 Auch beim späten Merleau-Ponty handelt es sich in diesem Sinne noch um Intentionalität, allerdings auf einer anderen Ebene: Die Verflechtung erschließt weiterhin auch sprachlichen Sinn. Für Foucault dagegen bleibt der Chiasmus des Sagbaren und des Sichtbaren ein konflikthafter. Vgl. ebd., S. 157. Nach Rölli ignoriert die Vorstellung einer natürlichen Verbindung des Sagbaren und des Sichtbaren, die als Intentionalität begriffen werden muss, die Machtverhältnisse, auf denen eine solche Verbindung aufbaut. Vgl. Marc Rölli: Zur Phänomenologie im Denken von Gilles Deleuze. In: Journal Phänomenologie 17/2002, S. 6-14, hier S. 10.
234 Ebd., S. 9.
235 Ebd., S. 7.

Dieser differentiellen Phänomenologie von Deleuze liegt ein anderer Begriff von Erfahrung zugrunde, denn »vor-ichliche Prozesse des Werdens«[236] können, argumentiert Rölli, nicht zu Erkenntnissen des Subjekts werden, die an Sprache gebunden sind. Die differentiellen Relationen sind virtuell, das heißt unbewusst.

> »Die Erfahrung besitzt gewissermaßen gleichzeitig aktuelle und virtuelle Aspekte, weil sie konstitutiv auf eine Schwelle bezogen ist, die sie nicht tilgen kann.[...] Gegen eine subjektivistisch ausgerichtete Phänomenologie der Erfahrung steht eine Phänomenologie der Erfahrung von Subjektivität.«[237]

Die Weiterführung der Phänomenologie wird bei Deleuze damit zu einer Kritik der Normalwahrnehmung und zur Untersuchung der Prozesse, die der Wahrnehmung vorausgehen. Rölli spricht von einem »verborgenen Empirismus der Phänomenologie«,[238] der in deren Theorie der Differenz enthalten sei und sich nun in Deleuzes transzendentalem Empirismus entfalte.[239] Zeitliche Prozesse der Subjektivierung werden nach Rölli von Deleuze untersucht, Lebenspraxen entworfen, statt Grundannahmen aufgestellt, die ihre Bedingtheit ignorieren und Klischees reproduzieren:

> »Das Klischee, nämlich die in natürlicher Einstellung implizit und selbstverständlich geltende *Meinung* des Subjekts über sich und die Welt, beruht auf bestimmten Grundannahmen [...] Die Selektion abstrakter Merkmale der wohlbestimmten Erfahrung bzw. die Nachahmung des Grundes nach dem Bild des Begründeten reicht nicht in die Tiefe der strukturell bestimmten Ordnungsprozesse der Erfahrung, die *sich selbst* organisiert und differenziert.«[240]

---

236 Ebd., S. 13.
237 Ebd.
238 Ebd., S. 14.
239 Den transzendentalen Empirismus bei Deleuze fasst Constantin V. Boundas treffend zusammen: »Transcendental empiricism attempts to go beyond experience to the conditions which account for things, states of things and their mixtures given to experience. [...] Transcendental empiricism is a method whereby the actual is divided according to its virtual tendencies which, in turn, constitute the sufficient reason of the actual.« Er sieht hierin die Intuition Bergsons. Constantin V. Boundas: Deleuze-Bergson: An Ontology of the Virtual. In: Deleuze: A Critical Reader, hrsg. von Paul Patton, Cambridge Massachusetts 1996, S. 81-106, hier S. 87.
240 Diese Kritik bezieht sich ausschließlich auf Husserl und nicht auf Merleau-Ponty. Der Schwerpunkt soll an dieser Stelle daher gar nicht so sehr auf die Kritik von Deleuze, sondern auf einen Ausblick auf die eigene Perspektive gelegt werden. Vgl. Rölli, Zur Phänomenologie, S. 9.

Deleuze untersucht nun genau die Kräfte, die unterhalb der intentionalen Konstituierung von Gegenständen als Objekten wirken. Gegenstände sind Produkte der Normalwahrnehmung. Dagegen sind die Sensationen, die ein Baum auslöst, voneinander zu unterscheiden. Rölli fasst das folgendermaßen zusammen: »Tatsächlich ist der Baum, den ich rieche, und der Baum, den ich sehe, nur auf einem übergeordneten ›abstrakten‹ Niveau *ein und derselbe Baum.*«[241]

Interessanterweise macht sich also die Weiterführung und Abgrenzung von der Phänomenologie bei Deleuze auch an der Frage der Beziehung zur Welt und deren Wahrnehmung fest, die für die Filmwahrnehmung so entscheidend ist. Deleuze geht es nämlich gerade in der in den Kinobüchern enthaltenen Kritik an der Phänomenologie, die sich gegen den Entwurf der Intentionalität und der natürlichen Wahrnehmung bei Husserl richtet, auch um ein Sehen der Dinge.[242] Er zielt auf ein Sehen der Dinge, das über die intentionale Wahrnehmung hinausgeht. Der intentionale Blick sieht die Dinge nicht, beziehungsweise nur als Gegenstände von Tätigkeiten. Wir nehmen nur wahr, woran wir von vornherein Interesse haben.[243] Unsere alltägliche Wahrnehmung kann Klischees deshalb nicht aufbrechen.

Aber geht es Deleuze wirklich um Dinge? Gehen Affekte und Perzeptionen nicht in ihrem ›Unmenschlich-Werden‹ über diese hinaus?[244] Die Deleuze'sche Frage geht weiter. Sie zielt auf ein neues Sehen, das sich weiter als die phänomenologische Reduktion es erlaubt, jenseits von Intentionalität abspielt. Dieses Sehen bezieht sich nicht mehr auf Dinge. In den *Unterhandlungen* spricht Deleuze schließlich davon, dass er nicht an Dinge glaube, sondern an Ereignisse, die gerade in der Kunst sichtbar gemacht werden.[245]

Die Frage nach der Überschreitung der alltäglichen Wahrnehmung und der Annäherung an die Dinge hatte allerdings auch Merleau-Ponty in sei-

---

241 Ebd., S. 8.
242 Vgl. Bewegungs-Bild, S. 85.
243 Allerdings setzt er selbst die Dinge mit Bildern im Sinne Bergsons gleich. Vgl. Zeit-Bild, S. 35. In der Einleitung hatte ich auf die entsprechende Stelle bereits hingewiesen:»Nach Bergson nehmen wir die Sache oder das Bild nie vollständig wahr; wir nehmen immer weniger wahr, nämlich nur das, was wir - aus wirtschaftlichen Interessen, ideologischen Glaubenshaltungen und psychologischen Bedürfnissen – wahrzunehmen bereit sind.«
244 In *Was ist Philosophie?* sprechen Deleuze/Guattari davon, dass auch das primordiale Erleben die Klischees nicht aufbrechen könne, da es vor allem bei Husserl immer noch an das Subjekt gebunden sei. Vgl., Deleuze/Guattari, Was ist Philosophie?, S. 175.
245 Vgl. Gilles Deleuze: Über Leibniz. In: Ders.: Unterhandlungen, a.a.O., S. 227-236, hier S. 232.

nen Studien zur Malerei angetrieben. Schon in der späten Phänomenologie Merleau-Pontys sind die Dinge keine Phänomene mehr, die hinter Verdeckungen oder Abschattungen aufgedeckt werden können. In der Vorstellung von quantitativen Kräften bei Deleuze werden sie, argumentiert Balke, nun endgültig verabschiedet:

> »Statt von Verdeckung muß man aber von Bemächtigungen und Überwältigungen reden, weil die Dinge nichts aus sich selbst heraus sind, sondern das Ergebnis einer bestimmten *Begegnung* von Kräften. Der Sinn eines Dings vermag niemals durchsichtig zu werden, er ist stets ›multipler Sinn‹.«[246]

Die Annahme identischer Dinge durch die intentionale Normalwahrnehmung überdeckt den dynamischen Charakter der sich begegnenden Kräfte. Die bei Merleau-Ponty angesprochene Gewalt der Wahrnehmung, der scheinbare Abschluss der Wahrnehmungssynthese zugunsten eines einheitlichen Dinges, wird hier noch einmal genauer herauskristallisiert als bemächtigendes Konstrukt. Die von Deleuze untersuchte Wahrnehmung im Kino lässt sich nicht auf Dinge reduzieren und geht über diese hinaus.

Das Paradox der Sinnlichkeit – Denken und Glauben

In *Logik des Sinns* verbindet Deleuze seine Ablehnung der Vorstellung einer natürlichen Wahrnehmung in der Phänomenologie mit einer Kritik an Kants Vorstellung des Gemeinsinns:

> »Subjektiv subsumiert der Gemeinsinn unterschiedliche Fähigkeiten der Seele oder differenzierte Organe des Körpers und bezieht sie auf eine Einheit, die Ich zu sagen vermag: Es ist ein einziges und selbes Ich, das wahrnimmt, sich vorstellt, sich erinnert, weiß usw.: und das atmet, das schläft, das geht, das ißt«.[247]

Das einheitliche Ich fasst also die Sinne zusammen. Der mit dem Gemeinsinn zusammenwirkende ›gesunde Menschenverstand‹ richtet die Sinne auf Identifikation aus. Das Ich erfasst dementsprechend immer das gleiche Objekt. Auch die Phänomenologie reduziert aus Sicht von Deleuze das

---

246 Balke, Deleuze, S. 101. Balke bezieht sich hier auf Gilles Deleuze: Nietzsche und die Philosophie. Frankfurt am Main 1991, S. 8. [OA 1962]
247 Gilles Deleuze: Logik des Sinns. Frankfurt am Main 1993, S. 105. [OA 1969]

Sinnliche generell auf den ›gesunden Menschenverstand‹. Wahrnehmung funktioniert für ihn auch in der Phänomenologie nach den Prinzipien des Gemeinsinns, der ein zusammenfassendes Zentrum der Sinnlichkeit organisiert. Durch diese Reduktion wird Wahrnehmung immer subjektiv, zweckrational.[248]

Hier zieht Rölli nun eine interessante Parallele zwischen Deleuzes Kritik am Gemeinsinn, am ›gesunden Menschenverstand‹ und am identifizierenden, repräsentativen Denken.[249] Rölli zufolge geht es Deleuze darum, die Sinne jenseits dieses zusammenfassenden Denkens zu begreifen:

> »Vielmehr macht [Deleuze, A.Z.] das Intensive der Sinnlichkeit überhaupt zum Gegenstand einer differentiellen Phänomenologie, indem seiner impliziten Seinsweise im nicht einheitlich (*sens commun*), sondern buchstäblich paradoxal geregelten Gebrauch der Vermögen nachgeforscht wird.«[250]

Affekte und Perzepte haben als ›differentielle Vermögensleistungen‹ kein gemeinsames, repräsentierbares Objekt. Dieses wird erst konstruiert in ihrem Zusammenspiel in der gewöhnlichen Wahrnehmung. Unabhängig von Repräsentation bleibt die Rolle der Vermögen unbewusst. Dazu schreibt Rölli:

> »Die Empfindungen, die *nur* empfunden werden können, sind nicht klassisch als unmittelbare Gegebenheiten des Bewusstseins zu interpretieren. Sie entziehen sich der Repräsentation und sind deshalb nicht Gegenstand eines einfachen, sondern eines radikalen oder transzendentalen Empirismus. Wenn das Sinnliche im Zusammenhang des Gemeinsinns als empirische Qualität eines Objekts bestimmt werden kann, das nicht nur empfunden, sondern als dasselbe auch vorgestellt, erinnert oder begriffen werden kann, so muss demgegenüber das Sein des Sinnlichen als ausschließliches, unvergleichliches oder disparates Element eines gesonderten Empfindungsvermögens aufgefasst werden.«[251]

Das Sinnliche ist nicht mitteilbar, da es keinem festen, repräsentierbaren Objekt zugeschrieben werden kann. Qualitäten werden einem Objekt erst

---

248 Vgl. Balke, Deleuze, S. 37f.
249 Marc Rölli: Begriffe für das Ereignis: Aktualität und Virtualität. Oder wie der radikale Empirist Gilles Deleuze Heidegger verabschiedet. In: Ereignis auf Französisch. Von Bergson bis Deleuze, hrsg. von Marc Rölli, München 2004, S. 337-359, hier S. 346f. Rölli bezieht sich hier sowohl auf *Differenz und Wiederholung*, als auch auf *Logik des Sinns*.
250 Rölli, Zur Phänomenologie, S. 14.
251 Rölli, Begriffe, S. 350.

über den Gemeinsinn zugeschrieben. Wenn die Vermögen auf ihrem eigenem Gebiet verbleiben, entziehen sie sich der »repräsentationslogische[n] Erfahrungsnorm«.[252] Hier tut sich für Rölli ein Paradox auf, ein Paradox des Sinnlichen. Die Empfindung muss unsinnlich bleiben, die Wahrnehmung unbewusst, um der Repräsentation zu entgehen. Nur durch das Unsichtbare können die Klischees der Wahrnehmung aufgebrochen werden.[253] Andererseits kann dieses Unsichtbare, Unsinnliche, nur empfunden werden, ist nur durch die Empfindung zugänglich.[254]

Der amerikanische Philosoph Daniel W. Smith argumentiert nun, dass Deleuze die elementaren Kräfte über die Grenze der Vermögen hinaus, die der Wahrnehmung zugrunde liegen, durch einen spezifischen Begriff des ›Zeichens‹ fassbar machen kann.[255] Dieser ist unabhängig von der Vorstellung der Repräsentation. Nach Smith befreit die Phänomenologie die Ästhetik zwar vom Wiedererkennen des Repräsentierten. Ihre Vorstellung von Wahrnehmung bleibt aber dem wiedererkennenden Gemeinsinn verhaftet. Deleuzes Begriff der Sensation führt nun eine andere Form des ›Zeichens‹ und des Denkens ein, in dem es kein Wiedererkennen von Ob-

---

252   Ebd., S. 349. »Anders gesagt: sobald sich ein Vermögen nur auf seinem ureigensten Gebiet betätigt und somit auffasst, was in der empirischen Ausübung in der Form des Gemeinsinns nicht aufgefasst werden kann, bewegt es sich auf dem subrepräsentativen Niveau eines wahrhaft transzendentalen Felds, das heißt auf dem Plan absoluter Immanenz.«

253   Hierbei geht es auch um den Unterschied von qualitativer Ausdehnung und der sich ereignenden Intensität, dem Gefühl im Unterschied zur Affektion, den ich im Zusammenhang des Affektbildes erläutert habe. Ähnlich spricht Deleuze in *Differenz und Wiederholung* von einem Privileg des Sinnlichen, das gleichzeitig unsinnlich bleiben muss, keine repräsentative Ausdehnung haben darf. Vgl. dazu auch Christian Jäger: Besprechung von Deleuze, Gilles: Differenz und Wiederholung. In: Das Argument. Zeitschrift für Philosophie und Sozialwissenschaften, 201, 1993, S. 785-786.

254   »Dieses paradoxe Element ist vom Standpunkt der empirischen Sinnlichkeit aus gesehen das ›Unsinnliche‹, das nicht erfasst werden kann, weil es bereits durch die Ausdehnung und die Qualität verdeckt oder expliziert ist. Umgekehrt ist dieses Unsinnliche im transzendentalen Gebrauch der Sinnlichkeit zugleich dasjenige, was *nur* empfunden werden kann, weil es uns unmittelbar in Beschlag nimmt und die Empfindung hervorbringt.« Rölli, Begriffe, S. 350.

255   Ich setze Zeichen in einfache Anführungszeichen, da dieser Begriff des Zeichens hier nicht semiotisch verstanden werden kann, weder auf eine duale noch auf eine trichotomische Struktur verweist und daher irreführt. Der Deleuze'sche Begriff des ›Zeichens‹, den Smith hier meint, ähnelt dem oben ausgeführten ›Diagramm‹, dem Affekt oder Perzept oder, einfacher noch, dem Bild. Es sind nicht wiedererkennbare, nicht an Repräsentation gebundene Zeichen, die nur empfunden werden können, aber das Denken auslösen. »[Signs] are no longer objects of recognition but objects of a fundamental encounter«. Daniel W. Smith: Deleuze's Theory of Sensation: Overcoming the Kantian Duality. In: Deleuze: A Critical Reader, hrsg. von Paul Patton, Cambridge Massachusetts 1996, S. 29-56, hier S. 30.

jekten, keine Repräsentation gibt, sondern einen Anstoß durch Begegnung, der unterhalb der Bewusstseinsschwelle verläuft. Diese ›Zeichen‹ sind materiell und sinnlich, sie affizieren:

> »The element of sensation must be found in the sign, and not the qualities of a recognizable object; the sign is the limit-object or the faculty of sensibility, beyond the postulates of recognition and common sense«.[256]

Das ›Zeichen‹ repräsentiert nichts Wiedererkennbares, sondern es verkörpert eine Sensation auf materielle Weise. Die Sensation ist selbst ein ›Zeichen‹, das vom Körper aufgenommen wird, das ihn anstößt. Als Grenzobjekt der Sinne befreit es diese von ihrer Unterwerfung unter die Zweckmäßigkeit des Gemeinsinns.

> »By taking the encountered sign as the primary element of sensation, Deleuze is pointing, objectively, to a science of the sensible freed from the model of recognition and, subjectively, to a use of the faculties freed from the ideal of common sense.«[257]

Die molekulare Wahrnehmung reagiert auf quantitative Intensitäten. Diese differenzieren sich durch ihre Intensität und untereinander – eine Differenzierungsbewegung, die transzendental bleibt, sich aber in ihrer Aktualisierung zum Beispiel in der Kunst zeigt.[258] Indem Kunst Sensationen als ›Zeichen‹ produziert, argumentiert Smith, zeigt sich dort die Transzendentalität des Sinnlichen. Vor allem in der Malerei des 20. Jahrhunderts äußern sich für ihn die Kräfte in ihrer reinen Form – keine sichtbaren Formen werden mehr nachgeahmt, sondern die Kräfte aufgezeigt, die diesen Formen zugrunde liegen. Während sie bei Cézanne noch als geologische Kräfte latent in seinen Landschaften enthalten seien, würden sie bei Bacon manifest.

---

256 Ebd., S. 39. Smith setzt den Deleuze'schen Zeichenbegriff der dualen Ästhetik Kants gegenüber, in welcher Ästhetik entweder in der Beziehung zur Vernunft die Möglichkeit von objektiver Erfahrung beschreibt oder in der Urteilskraft die Beziehung von Kunst zu subjektiver Lust/Unlust. Diese beiden Pole der Ästhetik werden durch den Begriff der Sensation zusammengeführt, in der die objektive, materielle Wahrnehmung mit der subjektiven Empfindung zusammenfällt.
257 Ebd., S. 33.
258 »[...] the Idea of sensibility is constituted by differential relations and differences in intensity, which give a genetic account to thought and constitute the condition of real, and not merely possible, experience, since the conditions are never larger than what they condition.« Ebd., S. 39.

Ich habe oben gezeigt, inwiefern bei Bacon die Figur das Figurative sprengt, das der Regel des Wiedererkennens durch den Gemeinsinn unterlag. Diese Sprengung des Figuralen zeigt nun genau die materiellen Kräfte, die unterhalb des Materie-Form-Konflikts wirken.[259] Die Kräfte, die sich in der Kunst zeigen und ihre Komposition bestimmen, um Sensationen zu werden, sind nach Smith gleichzeitig die objektive Form möglicher Erfahrung.[260] Wird Kunst damit zur einzigen Möglichkeit, sich jenseits der intentionalen Wahrnehmung oder des Gemeinsinnes der Wahrnehmung anzunähern? In *Differenz und Wiederholung* spricht Deleuze auch von einem »Privileg der Sinnlichkeit«.[261] Die unbewussten Kräfte, die in der Kunst sichtbar gemacht werden, bilden die Möglichkeit von Erfahrung, deren Grundlage. Nur das Sinnliche ermöglicht für Deleuze das Denken, entzieht sich ihm aber gleichzeitig. Kräfte stoßen das Denken von außen an, ohne vom identifizierenden Denken erfasst, beziehungsweise wiedererkannt werden zu können.

Diese Grundlage des Denkens, die aber von ihm nicht erfasst werden kann, beschreibt der Philosoph Ralf Krause als Leerstelle. Gerade die Leerstelle der Prozesshaftigkeit des Subjekts in seinen passiven Synthesen wird vom repräsentativen Denken unterschlagen, wenn dieses ein einheitliches Subjekt vorspielt.[262] ›Werden‹ als Übergang zwischen zwei Situationen entspricht aber einer Zone der Unentscheidbarkeit, die sich der Repräsentation entzieht. Das Denken wird gerade in diesem Übergang angestoßen. Dieser Anstoß durch Kräfte von außen ist gleichzeitig die eigene Unmöglichkeit des Denkens, denn der Anstoß kann nicht zur bewussten Erfahrung werden. Aus Sicht von Rölli wird damit das Denken zum Glauben – zum Glauben an eine schöpferische Virtualität, die das Gegebene überschreitet und zum Glauben an die Wahrnehmung.[263]

---

259 »This is the importance of Deleuze's notion of intensity: beyond prepared matter lies an energetic materiality in continuous variation, and beyond fixed form lie qualitative processes of deformation and transformation in continuous development. What becomes essential in modern art, in other words, is no longer the matter-form relation, but the *material-force* relation.« Ebd., S. 43.
260 Damit wird nach Smith der kantsche Dualismus von subjektiver und objektiver Ästhetik aufgelöst.
261 Gilles Deleuze: Differenz und Wiederholung. München 1992, S. 188. [OA 1989]
262 Vgl. Ralf Krause: Vom Ethos der Immanenz oder: Wie Deleuze das Subjekt im Gegebenen konstituiert. In: Journal Phänomenologie, 17, 2002, S. 15-23, hier S. 15f.
263 Diesen ›Glauben‹ des Empirismus an ein virtuelles Leben sieht Krause auch in Merleau-Pontys Glauben an die Wahrnehmung, welche das Unsichtbare miteinbezieht. »Allerdings erhält sich noch im Wahrnehmungsglauben Merleau-Pontys eine wenngleich gewandelte Intentionalität, basierend auf der Reversibilität des menschlichen Leibes.« Ebd., S. 21.

Diese Begründung der Transzendenz aus dem Erleben mit einer Vorstellung der Erfahrung jenseits von Subjekt und Objekt, dreht deren Beziehung um: Die sinnliche Erfahrung geht der Subjektivierung und damit dem Denken voraus. Die mögliche Einheit von Wahrnehmung und Denken löst sich laut Krause damit auf. Erfahrung wird zur Aufnahme von Intensität, zur Affektfähigkeit des Körpers, die das Denken zwar anstößt, aber von diesem nicht erfassbar ist. Das Denken wird von den Potentialen des Körpers abhängig:

> »Was ein Körper alles vermag, resultiert demnach aus unbewussten Prozessen, nämlich den passiven Synthesen unterhalb der Wahrnehmungsschwelle, die die empfundenen Kräfteverhältnisse durchlaufen und zu einem Gefüge oder Plan verknüpfen, auf dem sich das Denken neu bestimmt.«[264]

Die körperliche Rezeptivität wird zur Grundlage von Subjektivierungsprozessen und zur Grundlage des Denkens. Unterhalb des Sag- und Sichtbaren spielen sich Prozesse ab, die sich der Kontrolle, beziehungsweise der Repräsentation entziehen und auf denen der Deleuze'sche ›Glaube‹ an das Leben gründet.[265] So wie ich bei Merleau-Ponty an die Wahrnehmung letztendlich ›glauben‹ muss, weil die Wahrnehmungssynthesen niemals abgeschlossen sind, so glaube ich bei Deleuze an die ungreifbaren Prozesse, die ich nicht denken kann, die aber das Denken anstoßen.

Diesen Glauben an die Wahrnehmung lehrt uns nach Deleuze nun gerade das Kino, welches das Sehen jenseits phänomenaler Festschreibung möglich macht, uns mit der Ohnmacht des Denkens, dem Körper und mit dem ›Werden‹ konfrontiert. Deleuze entwickelt den Zusammenhang des Glaubens mit der Ohnmacht des Denkens im *Zeit-Bild* anhand von Artaud. Dessen kurzzeitige Hoffnung[266] in das Kino lässt wiederum eine Verbindung mit Bacon zu. Das Kino gibt uns laut Artaud nämlich nicht nur den Glauben an die Wahrnehmung zurück, sondern verbindet diesen mit der Erfahrung des eigenen Körpers. Und in diesem Körper sieht Deleuze wie in der Malerei Bacons das ›Fleisch‹:

---

264 Ebd., S. 22.
265 Vgl. ebd. S. 23.
266 Artaud wandte sich nach seiner Phase der Beschäftigung mit den körperlichen Möglichkeiten des Films enttäuscht dem Theater zu und entwickelte das Konzept des Theaters der Grausamkeit.

»Glauben heißt einzig und allein: an den Körper zu glauben, die Rede dem Körper zurückzugeben und dazu den Körper vor den Reden, vor den Worten und vor der Benennung der Dinge zu erreichen [...] Artaud spricht von nichts anderem; sein Glaube ist ein Glaube an das *Fleisch*«.[267]

Neben dem Riss zwischen Mensch und Welt, Denken und Wahrnehmen, steht bei Artaud die Möglichkeit der Auflösung des Figurativen im Kino. Er setzt Sensomotorik mit der repräsentativen, figurativen Verkettung gewissermaßen gleich. Wie in der Malerei Bacons soll das Kino für Artaud nicht abstrakt werden, aber auch nicht figurativ, sondern zur Figur.[268] Die Folge der Bilder erzählt also keine Geschichte mehr, die Bilder wirken wie die Figuren Bacons direkt auf den Körper ein. Diese körperliche Sensation soll das Denken anregen, beziehungsweise es mit seiner Ohnmacht konfrontieren. Sie soll »die Ohnmacht des Denkens im Herzen des Denkens enthüllen.«[269]

Es ist gerade die Abwesenheit des Sinns, welche einen paradoxen Glauben ermöglicht, nach dem ich wieder handeln kann.[270] Die Konfrontation mit dieser Ohnmacht des Denkens und der Glaube an die Welt, wie sie ist, wird nach Deleuze notwendig, gerade weil das Band zwischen Mensch und Welt, welches das Bewegungs-Bild behauptete, in der Gegenwart gerissen ist. Dieser Riss, der Weltverlust, wird im Kino durch die Fragmentarisierung des Films verdoppelt. In der Moderne des Kinos, das heißt im Zeit-Bild, werden diese Einzelteile nicht mehr durch die Montage zu einem positiven Ganzem verknüpft. So entweichen zum Beispiel dem Kristallbild Zeit-Bilder, die nicht »wahrgenommen«, aber körperlich verstanden wer-

---

267 Zeit-Bild, S. 225.
268 »Das Kino müsse [...] zwei Klippen umgehen, das abstrakt-experimentelle Kino [...] und das kommerziell-figurative Kino [...] Artaud zufolge hat es das Kino mit neurophysiologischen Schwingungen zu tun; das Bild muß einen Schock, eine Nervenwelle hervorrufen, die das Denken entstehen läßt«. Ebd., S. 216.
269 Ebd., S. 217. »Aus der Kritik, die die Gegner des Kinos lancierten[...], macht Artaud den obskuren Ruhm und die Tiefe des Kinos.« Dazu Schaub: »Die Inkohärenz des Denkens wird, so Artauds Befürchtung und Deleuzes Hoffnung, sichtbar und hörbar gemacht.« Schaub, Gilles Deleuze im Kino, S. 241.
270 Vgl. Mirjam Schaub: »Etwas Mögliches, oder ich ersticke« – Deleuzes paradoxer Glaube an die Welt über den Umweg des Kinos. In: Journal Phänomenologie 17, 2002, S. 24-31, hier S. 29f.

den.²⁷¹ Das Bewusstsein beziehungsweise Denken ist von diesen Bildern überfordert.²⁷² Umgekehrt macht das Fehlen des Bandes ein Wissen um die Unerträglichkeit der Welt erst möglich. Dieses Wissen wird nun produktiv, argumentiert Schaub, wenn es zur Grundlage eines neuen Glaubens an die Welt wird. Das Wissen um die Ohnmacht des Denkens im neuen Kino, das zerrissene Band zur Welt, kann nur durch den Glauben an diese unerträgliche Welt gekittet werden. Diesen Glauben mache das Kino durch die Visualisierung der unsichtbaren Kräfte möglich, die das Denken anstoßen:

»Wenn das Kino uns den Glauben an die Welt zurückgeben kann, dann nur, indem es die unsichtbaren Kräfte wieder sichtbar macht, die uns ein Handeln in einer Welt ermöglichen, deren Sinn uns nicht mehr gegeben ist.«²⁷³

Der Bruch mit der Welt, den Deleuze am Übergang des Bewegungs-Bildes zum Zeit-Bild festmacht, beschreibt für Schaub damit auch eine Krise des Denkens als voraussetzungslosem Vermögen.

Es ist gerade die, von Deleuze konstatierte, Ohnmacht des repräsentativen Denkens, die den unsichtbaren Kräften, denen man sich im Kino hingeben kann, Platz macht. Das virtuelle Objekt dieses Glaubens ist daher zunächst das Kino selbst, als fremde Macht, der man sich unterwerfen kann. Das Kino ermöglicht in seinen entstehenden Welten das Bild eines neuen Denkens durch Synergien von Singularitäten und Bewegung.²⁷⁴ Das Denken dagegen lässt sich im Kino nicht mehr als ›gesunder Menschen-

---

271 Das virtuelle ›Werden‹ zeigt sich indirekt im Kino über Aktualisierungslinien, als Kristall. Eine Erfahrung des Virtuellen ist nicht möglich, außer über das Scheitern des Aktuellen. Vgl. Rölli, Begriffe, S. 355f.
Nach Vandenbunder gibt es aber virtuelle Bilder, wie z.B. Spiegelbilder. Diese sind ohne direktes »Referenzobjekt«, beziehungsweise lässt sich dieses indirekte Bild nicht mehr vom direkten unterscheiden. Dadurch wird die Peirce'sche Erstheit, die Möglichkeit, von der Zweitheit, der Realität ununterscheidbar. Vgl. Vandenbunder, Die Begegnung, S. 108.
272 Tim Trzaskalik sieht in dieser Unmöglichkeit des Denkens, die Glauben notwendig macht, die Beziehung zwischen Sehen, Empfinden und Erfinden deutlich werden. »Das Kristall-Bild, wie es sich in der Tiefe der Körper herausbildet, ist ein Bild, in welchem das Sehen des Bildes sich in nichts von seiner Erfindung und Empfindung unterscheidet. Insofern bringt es zum Ausdruck, was das Kino, das Kind unter den Künsten, den Erwachsenen voraus hat. In ihm entsteht das Kristall-Bild, um den Glauben an diese Welt wiederzufinden, das heißt die Wesensdifferenz im Ereignis anders zu empfinden, als sie nur abstrakt zu denken. Dieses andere Empfinden ist nicht dem Denken entgegengesetzt, sondern dessen Unmöglichkeit.« Trzaskalik, Tout contra Deleuze, S. 419.
273 Schaub, Etwas Mögliches, S. 29.
274 Vgl. ebd., S. 31.

verstand‹ definieren. Es erfolgt von seinen Defekten her – von dem, was es nicht denken kann: dem Körper und dem Glauben.[275] Das Kino wird damit zum Ort eines Paradoxes.[276]

Gegen die Vorstellung einer ›natürlichen‹ Filmwahrnehmung

»Ich weiß nicht, ob dieser Begriff [des Blickes, A.Z.] unbedingt notwendig ist. Das Auge ist schon in den Dingen, ist Teil des Bildes, es ist die Sichtbarkeit des Bildes. Genau das zeigt Bergson: Das Bild ist von sich aus leuchtend oder sichtbar, es braucht nur eine ›schwarze Leinwand‹, die es daran hindert, sich mit den anderen Bildern in alle Richtungen zu bewegen […] Das Auge ist nicht die Kamera, es ist die Leinwand.«[277]

Ich habe mich auf den letzten Seiten einer Deleuze'schen Phänomenologie der Wahrnehmung und der Empfindung angenähert. Dadurch hat sich meine Untersuchung zeitweise vom Kino entfernt. Diese Ausführungen scheinen mir jedoch notwendig, denn Deleuze setzt seine Theorie des Kinos in kein direktes Verhältnis zu einer ›Logik der Sensationen‹. Er hat keine eigenständige Ästhetik der Kräfte des Kinos entworfen, wie er es bezüglich der Musik und der Malerei getan hat.[278] Selbst das Affektbild bleibt innerhalb der Bergson'schen Relationen von Bildern. Der Affekt wird vom Bild her gedacht, statt als körperliche Empfindung von Sensationen.

---

275   Schaub ist daher der Auffassung, dass sowohl der Körper als auch der Glauben im Kino von ihrem Paradox her zu sehen sind: »So wie der Glaube selbst paradox ist, weil er um ein leeres Zentrum kreist (keinen festgelegten Gegenstand hat, der außerhalb seiner selbst existierte), ist auch der Körper kein ›wirklicher‹, raumzeitlicher, sondern eher ein organloser, ein mumifizierter oder schon (noch?) virtueller Körper, eben von der Art, wie Kinobilder Körperlichkeit entstehen und vergehen lassen.« Schaub, Gilles Deleuze im Kino, S. 260.
276   Als dieser Ort gestattet nach Schaub das Kino Deleuze eine Rückkehr zur Philosophie. Vgl. Schaub, Etwas Mögliches, S. 30.
277   Deleuze, Über *Das Bewegungs-Bild*, S. 82.
278   Vgl. auch Bogue, The Aesthetics, S. 266. Bogue sieht hier eine Parallele zu Deleuzes Schrift über Foucault, die das Sichtbare und das Sagbare als zwei unvereinbare Formen des Wissens entwirft. Das Bewegungs-Bild überkleistere diese Differenz mit seiner common-sense Koordination, was im Zeit-Bild nicht mehr möglich sei, denn in diesem klaffen Ton und Bild auseinander. Sprache wird hier denaturalisiert, während andererseits die Kräfte des Visuellen wieder eigenständig wirken. Eine Theorie der Kräfte des Kinos findet Bogue in den Kinobüchern lediglich im Auseinanderklaffen des Sichtbaren und des Sagbaren im *Zeit-Bild*.

Allerdings beschreibt Deleuze eine Parallele, die er in den Filmen Straub/Huillets und den Bildern Cézannes sieht, mit dem Begriff der Kraft.[279] Das ›Unmenschliche‹ der Malerei Cézannes, das ich oben auf die Filmwahrnehmung übertragen habe, steht hier nun im Zusammenhang der ›unmenschlichen‹ Wahrnehmung, welche die Empfindungen in ihren einzelnen Feldern belässt, einer einheitlichen leiblichen Wahrnehmung gegenüber. So ist einerseits das Ziel, das Deleuze der Wahrnehmung im Kino setzt – das ›Werden‹ eines unbekannten Körpers im Kino – auch mit Merleau-Ponty denkbar. Von Merleau-Ponty wird der Leib ebenfalls als ein werdender Körper, als eine niemals abgeschlossene Synthese beschrieben. Andererseits hatte dieser bezüglich der Filmwahrnehmung vor allem die synergetische Einheit des Leibes betont. Von diesem befreit uns gerade das ursprüngliche Bewegungs-Bild des Kinos, welches Deleuze aber mit Bergson vom Bild her denkt, er setzt mit Bergson Körper, Bild und Bewegung gleich, wodurch die Welt zum Metakino wird:

»Eine solche unbegrenzte Menge aller Bilder wäre gewissermaßen die Ebene der Immanenz. Das Bild existierte an sich, auf dieser Ebene. Dieses An-sich des Bildes ist die Materie: nicht irgendetwas, was hinter dem Bild verborgen wäre, sondern im Gegenteil die absolute Identität von Bild und Bewegung.«[280]

Im *Bewegungs-Bild* grenzt sich Deleuze mit dieser an Bergson angelehnten Vorstellung von der phänomenologischen Beschreibungen der Filmwahrnehmung ab. Im Gegensatz zur alltäglichen natürlichen Wahrnehmung kann im Durchschnittsbild des Films Bewegung als Wahrnehmung erfahren werden. Wenn die Phänomenologie dagegen den Film als natürliche Wahrnehmung auffasst, kann sie die grundlegende Bewegung nicht erkennen.

»Nun mag der Film uns nahe an die Dinge heranbringen, uns von ihnen entfernen oder sie umkreisen; auf jeden Fall befreit er das Subjekt aus seiner Verankerung ebenso wie von der Horizontgebundenheit seiner Sicht der Welt, indem er die Bedingungen der natürlichen Wahrnehmung durch ein implizites Wissen und eine zweite Intentionalität ersetzt.«[281]

---

279 In deren Filmen bilden die geologischen Kräfte in einem beliebigen Raum pikturale und skulpturale Qualitäten. Vgl. Zeit-Bild, S. 316.
280 Bewegungs-Bild, S. 87.
281 Bewegungs-Bild, S. 85.

Bewegung wird in der Phänomenologie (Deleuze bezieht sich im *Bewegungs-Bild* vor allem auf Husserl) zu einer Gestalt des Zur-Welt-seins und damit zu einer vorfilmischen Bedingung der Wahrnehmung. Das Bewegungssehen, welches uns das Kino ermöglicht, ist aber nicht leibhaftig, sondern in gewissem Sinne ontologisch.[282] Die Filmwissenschaftlerin Patricia Pisters hebt hervor, dass im Kino ein Kamerabewusstsein das normale Bewusstsein ablöst. Dieses ist kein persönliches Bewusstsein, dem das Subjekt vorausgeht, sondern es handelt sich um materielle und zeitliche Prozesse, welche Subjektivierung zur Folge haben.[283] Die Subjektivierung durch die Bewegung der Bilder im Kino fasst Pisters folgendermaßen:

> »Images surround us; we live in images and images live in us. The forces, energy, and virtualities of the images on the plane of immanence are not always visible; but they can be sensed, experienced, and evaluated in the sense that they are constructive for our subjectivities.«[284]

Statt der Affizierung durch unsinnliche Kräfte sind es im Kino Bilder, die nicht unbedingt sichtbar sind, aber affizieren. Durch diese Ausweitung der Bedeutung der Bilder wird das Universum zum Metakino. Dieses entspricht einem Immanenzplan, der keine Transzendenz der Bilder zulässt. Die Bilder repräsentieren nicht, verweisen nicht illusorisch auf Ideen. Filme werden dadurch zum materiellen Ereignis, statt als ›Text‹ eine Geschichte zu repräsentieren (beziehungsweise wird die Narration zum Teil ihrer Präsentation). Sie werden zu einer unpersönlichen Weise der Indivi-

---

282 Wie die Empfindung der Sensationen ist das Bewegungssehen normalerweise unbewusst. Auch hier taucht ein Paradox des Sinnlichen auf, von dem uns das Kino allerdings befreit. So liegen in *Tausend Plateaus* nicht nur Sensationen beziehungsweise Affekte unterhalb der Wahrnehmungsschwelle, sondern auch die Bewegung. »Die Bewegung hat ein wesentliches Verhältnis zum Unwahrnehmbaren, sie ist von Natur aus nicht wahrnehmbar. Die Wahrnehmung kann die Bewegung nur als Translation eines Körpers oder als Entwicklung einer Form erfassen. Bewegungen, Arten von Werden, das heißt reine Verhältnisse von Schnelligkeit und Langsamkeit, reine Affekte, liegen unterhalb und oberhalb der Wahrnehmungsschwelle.« Deleuze/Guattari, Tausend Plateaus, S. 382. Bewegung und Affekt müssen auf einer anderen Ebene wahrgenommen werden. Wenn sie unwahrnehmbar auf der Konsistenzebene sind, so sind sie notwendig wahrnehmbar auf der Immanenzebene. »Die Wahrnehmung wird mit ihrer eigenen Grenze konfrontiert...« Sie ist abhängig von Schwellen. Ebd., S. 384.
283 Während die Phänomenologie das Bewusstsein als Bewusstsein von etwas auffasst, wird dieses im Gegenteil im Metakino von Bergson zu etwas, beziehungsweise ist das Bewusstsein etwas als Teil des Materie-Licht-Stroms. Vgl. auch Jäger, Deleuze, S. 227.
284 Pisters, The Matrix of Visual Culture, S. 218f.

dualisierung in Verhältnissen von Molekülen, Affekten, Bewegungen und Pausen.[285]

Ließe sich über die Vorstellung der Subjektivierung vielleicht noch ein Bogen vom Bergson'schen Bilderuniversum zu *Logik der Sensationen* schlagen, der Deleuze und Merleau-Ponty auch in Bezug auf das Kino annähern könnte, lässt die Konzentration der Kinobücher auf Bergson aber eher Gegensätze hervortreten: Deleuze sieht mit Bergson die Materie als »An-Sich des Bildes«.[286] Allerdings ist die ursprüngliche Bewegung des Films, die nicht zentrierte materielle Wahrnehmung, ein zu heißer Materiestrom. Dieser wird deshalb gefiltert über die Krümmung um ein subjektives Zentrum. Immer besteht aber durch die Wandelbarkeit des Films die Möglichkeit der Rückkehr zum ersten System, zu einer objektiven, diffusen Wahrnehmung. Diese Wahrnehmung ist, so bringt das Balke auf den Punkt, eine Wahrnehmung, die uns in das Gesehene eintauchen lässt, uns »die Dinge zeigt, bevor sie Gegenstände für eine Wahrnehmung werden«.[287] Die Philosophin Paola Marrati fasst diese für das Bewegungs-Bild grundlegende Differenz folgendermaßen zusammen: Dinge sind für Deleuze/Bergson Bilder und damit Wahrnehmung. Erst in der subjektiven Einwirkung auf ein spezielles Bild wird eine qualitative Unterscheidung dieser Bilder möglich. Die dieser Unterscheidung zugrunde liegende reine Wahrnehmung kann mit Merleau-Ponty nicht gedacht werden – es gibt für die Phänomenologie keine Wahrnehmung ohne Subjekt. Auch die Wahrnehmung des ›Man‹ oder der Begriff des ›Fleisches‹ kann Wahrnehmung nicht ohne die zugrunde liegende Brechung denken.[288]

Problematisch wird für Deleuze damit Merleau-Pontys Interesse am Kino: Da dieser Bewusstsein als leibliches in der Welt denkt, kann die Filmwahrnehmung nur die organische Repräsentation von Welt erfassen.[289] Merleau-Ponty legt daher, argumentiert Marrati, dem Kino einen fundamentalen Realismus zugrunde, dessen Wahrnehmung ›quasi behavioristisch‹ der natürlichen Wahrnehmung entspricht.[290]

285 Vgl. ebd., S. 2.
286 Bewegungs-Bild, S. 87.
287 Balke, Gilles Deleuze, S. 68.
288 Auch wenn Merleau-Ponty hier, so Marrati, vielleicht nicht den Ausgangsfehler der abendländischen Philosophie macht, Wahrnehmung als Bewusstsein anzunehmen, bindet er diese an das Leben, das nach dem sensomotorischem Muster filtert und damit Klischees nicht entkommen kann. Bei Bergson dagegen hat, nach Marrati, die natürliche Wahrnehmung und die Erfahrung kein Privileg vor der objektiven Wahrnehmung. Vgl. Marrati, Cinéma et philosophie, S. 49f.
289 Vgl. ebd., S. 70f.
290 »Ce réalisme partagé est un behaviorisme: les sentiments comme les pensées ne sont

Es ist die Vorstellung eines ontologischen Bilderuniversums und einer möglichen objektiven Wahrnehmung desselben, die sich nicht mit der phänomenologischen Vorstellung einer leibhaftigen Wahrnehmung im Kino vereinen lässt.[291] Die Differenzen bleiben aber an dieser Stelle nur deshalb so unüberwindbar, weil Deleuze keinen Bogen zu einer ›Logik der Sensationen‹ des Kinos geschlagen hat, welche die Affizierung von Zuschauerinnen mit einbeziehen müsste. Eine Synthese der *Logik der Sensationen* mit den Kinobüchern scheint schwierig. Filmtheorie, die sich an Deleuze anlehnt, analysiert entweder mit seinen Kinobüchern das Bilderuniversum einzelner Filme oder aber sie versucht eine andere Form der Wahrnehmung zu fassen, indem sie die *Logik der Sensationen* auf das Kino bezieht.

Sensationen im Kino

Innerhalb der Filmtheorie, die versucht das Konzept der Sensationen auf den Film anzuwenden, richtet sich die Kritik an der Phänomenologie als Erklärungsmodell der Filmwahrnehmung nicht direkt gegen die Theorie Merleau-Pontys, welche – wie ich gezeigt habe – in Bezug auf die Empfindung Ähnlichkeiten zur Theorie Deleuzes aufweist. Diese Kritik setzt sich eher mit Sobchacks Versuch der Umsetzung der Phänomenologie Merleau-Pontys in der Ausarbeitung einer leibhaften Filmwahrnehmung auseinander. Vereinfachend konzentriere ich mich im Folgenden auf die Kritiken von Drehli Robnik und Barbara Kennedy, deren Argumente sich in der deleuzianisch ausgerichteten Sobchackkritik durchgehend wiederfinden.

Auch Robnik bezieht sich in seiner Auseinandersetzung mit unterschiedlichen Konzepten der körperlichen Wahrnehmung der Kinozu-

---

plus du ressort d'un esprit désincarné, mais se donnent dans des conduites et il n'y a pas de conscience qui ne soit déjà engagée dans un corps, jetée dans un monde où elle coexiste avec les autres.« Ebd.
291 Alliez bewertet die Kinobücher als den Mittelpunkt des Werks von Deleuze in seinem spezifischen Verhältnis von Materie und Denken, das statt zu einer phänomenologischen Annäherung an die Wahrnehmung der Repräsentation zur exemplarischen Genese einer ›anderen‹ Wahrnehmung führe: »Als Erscheinungsort des Wesens eines Dings ist es die Mitte eines Kino-Denkens, das der natürlichen Wahrnehmung ihr phänomenologisches Privileg entzieht, um sich dem ›materialistischen Programm‹ einer Bergson'schen Welt auszusetzen, in welcher die Identität zwischen dem Realen und dem Bild (=das Erscheinende) zur Feststellung einer ontologischen Indifferenz zwischen Bild, Bewegung (irreduzibel auf ihre ›Posen‹), Materie (das An-Sich des Bildes) und Licht führt.« Alliez, Midday, S. 146.

schauerin der Gegenüberstellung der Deleuze'schen Kinobücher und der phänomenologischen Filmtheorie, hauptsächlich auf Sobchacks Entwurf des Kino-Leibes und nicht auf die Schriften Merleau-Pontys. Deren Vorstellung des Films als natürliche Wahrnehmung stellt er mit Deleuze die (auf Bergson aufbauende) Vorstellung der Immanenz der Materie als nichtzentrierten Rohzustand gegenüber.[292] Ist das Subjekt durch Sensomotorik und Affektivität erst dessen materielle Folge, ein ›Werden‹ mit der Welt, kann, laut Robnik, von der Ursprünglichkeit eines Leibes, welche der Wahrnehmung zugrunde liegt, nicht die Rede sein. Es handle sich um ein unbekanntes ›Werden‹, das durch Sensationen entsteht, nicht um die Bestätigung der Einheit des Leibes.

Anhand der Beschreibung der Malerei Bacons schildere Deleuze die Entstehung eines Empfindungswesen, ermöglicht durch die von den Bildern ausgelösten Affekte. Gerade die Aufnahme von Sensationen als Schwingungen entspricht, so argumentiert Robnik, nicht einer vorausgehenden phänomenologischen Verbindung von Köper und Welt in der Bewegung, die in der Filmwahrnehmung aufgezeigt beziehungsweise wiederhergestellt wird. Hier zeige sich das Potential ›vorübergehender‹, nicht organisch fixierter Organe innerhalb der Filmwahrnehmung:

> »Es ist die Frage, ob der ›Finger immer nur ein Finger und stets ein Finger ist, der die Erkenntnis wachruft‹: ob also die im arbeitsteiligen leiblichen Gemeinsinn dem Auge gehorsam vorauseilenden cinästhetischen Finger bloß eh immer schon wußten, was der Blick dann wiedererkennend bestätigt; oder ob die Emphase der Haptik und Gustatorik der Film-Erfahrung die Hand – und den Magen – im Auge als potenzielles Anders-Werden von in der Empfindung verkörperter Subjektivität begreift.«[293]

Der Affekt als Wirkung der Kraft der Bilder auf den Körper im Kino wird nicht durch die Repräsentation einer Geschichte erzeugt, sondern zeigt sich in der Wirkung der Bilder auf den Körper. Diese Wirkung ist keine

---

292 Robnik kritisiert die Theorie Sobchacks allerdings nicht nur, sondern macht ihr auch anerkennende Zugeständnisse. Ich gehe auf seine Darstellung von Sobchacks Aufwertung der leibhaftigen Filmwahrnehmung an dieser Stelle nicht weiter ein, da ich ihre Theorie bereits im Zusammenhang der Phänomenologie der Filmwahrnehmung besprochen habe.
293 Robnik, Körper-Erfahrung, S. 260. Robnik zitiert hier Deleuze, Differenz und Wiederholung, S. 184.

bloße Entsprechung, wie zum Beispiel der leibhaftige Nachvollzug von Bewegung, sondern es entsteht ›Neues‹.

»In krasser Weise steht Deleuzes – und Guattaris – Sicht jenen Momenten in Sobchacks Phänomenologie entgegen, die Film ganz auf eine Bestätigung unseres Leibes reduzieren: Wenn Sobchack den Film-Körper als Organismus aus Kamera und Projektor und die Technikgeschichte des Kinos als dessen ›intentionale Teleologie‹ deutet, als Erwerb von Mobilität, bewusstem Sehen und Sprechen in Analogie zum Heranwachsen des Babys, dann erscheint die Erfindung des Kinos als lose Fußnote zur Aufzucht organisierter Norm-Subjekte.«[294]

Robnik kritisiert hier Sobchacks Vorstellung der Wiederherstellung eines identischen existentiellen Leibes im Kino[295] und bezieht sich damit auf Sobchacks Interpretation Merleau-Pontys. Die Kritik der Wiederherstellung eines identischen Subjekts kann nicht, wie ich gezeigt habe, auf den späten Merleau-Ponty selber bezogen werden. Der Leib ist auch bei Merleau-Ponty immer im Werden und steht als ›Fleisch‹ in einem chiastischen Verhältnis zum Unsichtbaren. Das Verhältnis von Leib und Welt bei Merleau-Ponty ist notwendig unabgeschlossen und anonym – Aspekte, die Robnik in Texten Sobchacks, die den Ansatz von *The Addresss of the Eye* weiterentwickeln, auch in einer Wendung hin zum leidenden ›Fleisch‹ findet.[296] Er sieht in der Vorstellung der Filmwahrnehmung als ›Inkarnation‹ eine Überschreitung ihres Ansatzes der »Selbst-Vergegenwärtigung« im Kino.[297] Die Vorstellung des ›Fleisches‹ bei Sobchack ist, aus seiner Sicht, eine des Erleidens, in dem unser Körper ›wird‹, sich aber gleichzeitig auch entzieht. Diesen Entzug durch das Leiden interpretiert Robnik nun als eine Hinwendung zum werdenden, ›organlosen Körper‹.[298] Gerade das ›Werden‹ des leiden-

---

294 Ebd., S. 261.
295 Ebd. Robnik bezieht sich auf Sobchack, Address of the Eye, S. 205-223, 251-256.
296 Ebd., S. 264.
297 Robnik bezieht sich hier vor allem auf Vivian Sobchack: »Is any body home?« Embodied Imagination and Visible Evictions. In: Home, Exile, Homeland. Film, Media, and the Politics of Place, hrsg. von Hamid Naficy, New York, London 1999, S. 45-61.
298 In diesem Zusammenhang macht Robnik einen interessanten Unterschied zwischen Sensation und Schock auf, der Deleuze von der masochistischen Theorie der Selbstzertrümmerung im Kino unterscheidet, die z.B. Steven Shaviro anhand von Deleuze entwirft. Handelt es sich bei Sensationen nicht um schockartiges Sensationelles, welches der Figuration zuzuordnen wäre, sondern um ein ›Werden‹ in der Sensation, dann können die Schockeffekte auf der inhaltlichen Ebene, die Shaviro beschreibt, nicht mit den Sensationen gleichgestellt werden. Wird bei Shaviro das intentionale identische Subjekt durch den Schock demoliert, gerät es auf der Ebene der Sensationen doch eher in die Nähe des phänomenologischen Leibes, denn auch das ›Werden‹ bleibt eine Form des

den Körpers geht für Robnik über die phänomenologische Vorstellung des Körpers hinaus: »Im Zeichen des Fleisches überschreitet sich Sobchacks Phänomenologie der Selbst-Vergegenwärtigung mitunter bis an die Grenze eines transzendentalen Empirismus«.[299] Robnik überspringt hier, meiner Meinung nach, in seiner Annäherung von Sobchacks Filmtheorie und Deleuzes transzendentalem Empirismus die Bedeutung des Begriffs des ›Fleisches‹ bei Merleau-Ponty. Er unterschlägt damit die Weiterentwicklung des Körperbegriffs innerhalb der Phänomenologie selbst.

Die Kritik der australischen Film- und Kulturwissenschaftlerin Barbara Kennedy an einem phänomenologischen Entwurf der Filmwahrnehmung wendet sich ebenfalls gegen Sobchack und berücksichtigt nicht die Überschreitung des ›Körpers‹ beim späten Merleau-Ponty. In ihrem neben den Kinobüchern vor allem auf *Logik der Sensationen, Tausend Plateaus* und *Was ist Philosophie?* aufbauenden Buch *Deleuze and Cinema*[300] versucht sie eine andere Beschreibung der Faszination der Filmwahrnehmung. Diese Faszination stellt den Körper, der wahrnimmt, erst her und wird nicht von einem vorgängigen gelebten Körper erfahren.

In gewissem Sinne entwirft Kennedy damit die Filmtheorie der Kräfte, die Deleuze selbst nicht entwickelt hat. Es geht ihr um subjektlose Subjektivität, die beim Fühlen materieller Prozesse entsteht und die unterhalb der narrativen Erzählung, jenseits von Repräsentation und Identifikation stattfindet.[301] Diese Subjektivität der filmischen Wahrnehmung ist autonom und immanent. Das heißt, sie steht zu nichts Äußerem, das repräsentiert würde, in Beziehung, sondern entspricht den Sensationen der ›Begegnung‹ mit dem Film.

> »This autonomy is a ›subjectless subjectivity‹ that is expressed in the process of perception. The filmic encounter involves all aspects of the body's sensibilities, not just vision and brain: eye and cortex, but the entire body, an integration of the materiality of film and the environment. [...] Rather than a feeling being felt then by some ›subjectivity‹ [...] a feeling is not owned by a subject, but the subject is part of the feeling. In other words, the ›subjective encounter‹ is experienced within the materiality of existence.«[302]

»Zur-Welt-Seins«. Leider führt Robnik diesen Zusammenhang nicht weiter aus. Vgl. ebd., S. 255f.
299 Robnik, Körper-Erfahrrung, S. 264.
300 Barbara Kennedy: Deleuze and Cinema. The Aesthetics of Sensation. Edinburgh 2000.
301 Vgl. ebd. S. 32.
302 Barbara M. Kennedy: Constituting Bodies: Constituting Live: From Subjectivity to Affect and the ›Becoming Woman‹ of the Cinematic.

Diese Begegnung, das ›Werden‹ in den Empfindungen, ist für Kennedy grundlegender als das Subjekt. Kennedys Projekt ist eine postfeministische Beschreibung des Kinos als ›Frau-Werden‹ im Sinne von Deleuze. Den Aspekt des ›Frau-Werdens‹ kann ich an dieser Stelle leider nicht weiter ausarbeiten, nur soviel sei gesagt, dass es sich um die Auflösung von repräsentativen, narrativen Strukturen handelt zugunsten eines materiellen Flusses von Sensationen. Dieser Fluss entspricht einer molekularen Wahrnehmung, ähnlich dem ›Kind-Werden‹ oder ›Tier-Werden‹ des ›organlosen Körpers‹. Dabei stellt sie den Aspekt der prozessualen Materialität der Sensationen der filmischen Erfahrung in den Vordergrund.

Kennedy sieht im Prozess des ›Werdens‹ eine eindeutige Überschreitung der Phänomenologie. Meiner Meinung nach greift Kennedy aber zu kurz, wenn sie diesem ›Werden‹ eine vermeintlich feste Subjektdisposition gegenüberstellt. Wie ich weiter oben gezeigt habe, wird das Subjekt bei Merleau-Ponty ebenfalls mit jeder Empfindung überschritten. Die Überschreitung liegt sogar der Möglichkeit der Empfindung zugrunde. Allerdings betont Sobchack bei ihrer Übertragung der leibhaftigen Wahrnehmung auf den Film-Köper deren intentionalen Charakter sehr stark. Sie verkürzt dadurch Filmwahrnehmung auf die eingeschränkte, intentionale Normalwahrnehmung. Nach Kennedy verhindert dies den Anstoß eines neuen ›Werdens‹, der Überschreitung durch den Film:

> »If I were using Merleau-Ponty and phenomenology to explain the cinematic text and how it impacts, as Vivian Sobchack does, then there would be an engagement with the subject as centred and fully formed and integrated with a ›body‹ of text. I prefer to use Deleuzian ideas on intensity and sensation, through which the subject is subsumed in the beyond, through becoming and sensation.«[303]

Wie die Sensationen in der Malerei Bacons sind Filmwahrnehmungen nach Kennedy molekulare, energetische Strukturen, die sich auf den Körper der Zuschauerin übertragen, ihn affizieren. Diese Affizierung ist nicht psychisch, entgeht der Festlegung auf das ödipale Subjekt mit seinen Trieb- und Begehrensstrukturen, aber auch der natürlichen Wahrnehmung der Phänomenologie.[304]

---

http://members.optusnet.com.au/~robert2600/azimute/film/constituting_bodies.html, abgerufen am 5.7.09, S. 3.
303 Kennedy, Deleuze and Cinema, S. 112.
304 Vgl. ebd., S. 47.

»I am not suggesting a phenomenological account of the cinematic experience. What I am concerned to argue for is a melting of the mind/body/brain with the image, in an assemblage of filmic sensation, where ›affect‹ affords the ultimate ›material emotion‹ which is beyond any subjective vision.«[305]

Diese grundlegende Materialität der Affizierung in der Filmwahrnehmung wird, argumentiert Kennedy, von phänomenologischen Ansätzen nicht erreicht. So betont Sobchack in *The Address of the Eye* zwar die Rolle des Körpers, und strebt die Aufhebung der Subjekt-Objekt-Trennung in der Filmwahrnehmung an. Aber sie hält dennoch die Trennung von Körper und Bewusstsein aufrecht. Bei Sobchack ist es immer noch ein intentionales Subjekt, das sieht, wenngleich dem Film selbst der Status eines Subjekts und ein Körper zugeschrieben wird.[306] Auch wenn es sich für Sobchack bei der Filmwahrnehmung um den Austausch zweier Körper handelt, bleibt der Ausdruck von Erfahrung über Erfahrung durch die implizierte intentionale Subjektivität auf die natürliche Wahrnehmung eingeschränkt. Obwohl sie versucht, diese als Ereignis von Repräsentation zu unterscheiden, bezieht sich Sobchack damit weiterhin auf die Signifikation des Films als Bedeutung.

Kennedy dagegen nähert sich der Filmwahrnehmung mit den deleuzianischen Begriffen des ›Werdens‹ und der Singularitäten an. Es geht ihr um präsubjektive, molekulare Materieströme, die Körper, Geist und Bild vereinen, nicht um einen phänomenologisch gelebten Körper. Die Lust an der Filmwahrnehmung entspricht eher einer Art Genuss, der den phänomenologischen Feldern der Wahrnehmung vorausgeht.[307] Beim wahrnehmenden Körper der Filmwahrnehmung handelt es sich um den denaturalisierten Körper ohne Organe von Deleuze und Guattari. Diesen ›organlosen Körper‹ fasst Kennedy als begriffliches Konstrukt auf und stellt ihn dem gelebten Körper der Phänomenologie gegenüber.

»If the body without organs is the space of ›becomings‹ it is important to see it in this abstract way, not as a defined expression about the physical, lived ›body‹ of phenomenology.«[308]

---

305 Ebd., S. 55.
306 Vgl. ebd., S. 56ff.
307 Kennedy spricht von ›self-enjoyment‹. Die Zuschreibung des Genießens zu einem Selbst, das genießt, steht aber im Widerspruch zur subjektlosen Wahrnehmung. Vgl. ebd., S. 91.
308 Ebd., S. 99.

Diesen Körper sieht Kennedy im Anschluss an Deleuze/Guattari als Produktionsfeld von Wünschen, bestehend nur aus Geschwindigkeiten und Intensitäten. Als Tendenz des ›Werdens‹ hat er keine Grenzen, keine subjektive Identität, kein Verhalten wie der gelebte Körper der Phänomenologie.

> »The body is perceived as a set of forces, intensities, processes, molecular and fibrous particles in connection with other forces and in consilience with the materiality of the brain. [...] Rather than see the body as a corporal entity, Deleuze and Guattari describe the body as a set of variously informed ›speeds‹ and ›intensities‹. It is conceived in relation to other bodies, particles of other bodies or entities.«[309]

Dieser Entwurf eines anderen Körpers steht dem des leibhaftigen Körpers der Phänomenologie gegenüber, welcher eine eingeschränkte Vorstellung von Wahrnehmung beinhaltet.

Die Philosophin Dorothea Olkowski erweitert diese Kritik an der Einschränkung des Körpers und der Wahrnehmung um einen feministischen Aspekt. In ihrer Argumentation bezieht sie sich vor allem auf die Kritik von Luce Irigaray an Merleau-Pontys Leibbegriff. Irigaray wirft Merleau-Ponty vor, dass sich seine Beschreibungen des Leibes nur auf den männlichen Körper beziehen und damit die Geschlechterdifferenz verfehlen. Merleau-Pontys Erfahrungsbegriff sei höchst problematisch, denn er setze einen abgeschlossenen, phänomenalen Körper voraus. Irigaray, die selber in phänomenologischer Tradition steht, versucht nun die andere weibliche Erfahrung, das mütterliche ›Fleisch‹, im weiblichen Sprechen zu erfassen. Gegen die Wahrnehmung und den Ausdruck eines abgeschlossenen Körpers setzt Irigaray die Vorstellung der fluiden Affektion, für die kein abgeschlossener phänomenaler Körper nötig ist:

> »For Irigaray, when woman speaks, she does not do so as identical with herself (as substance) or with any other standard, so she does not speak as a formal subject, but as fluid.[...] The place to start, however, is not with perception, perhaps not yet even with a body, or not a body in the phenomenological sense. The place to start, [...] is with the *affective*.«[310]

---

309 Kennedy, Constituting Bodies, S. 6.
310 Dorothea Olkowski: Gilles Deleuze and the Ruin of Representation. Berkeley, L.A., London 1999, S. 67.

Olkowski verbindet nun in ihrer Darstellung Irigarays Kritik an Merleau-Ponty mit Deleuzes Überschreitung des Körpers. Der weibliche Körper ist in ihrer Sichtweise niemals abgeschlossen, sondern ein fließender Teil einer allgemeinen Fluidität. Er ist eher als Falte der Affektivität zu sehen, die sich ständig verändert, immer neu ausdifferenziert.»Such bodily differentiations are not a matter of phenomenological bodily integration but rather of the affectivity of bodily connections«.[311] Affektion ist in der Sicht von Olkowski nicht wie Wahrnehmung an Aktion oder Erfahrung an Sprache und kulturelle Vorstellungen gebunden.

Kennedy dagegen sieht diese grundlegende Affizierbarkeit als eine Charakteristik des ›Frau-Werdens‹ und damit als vom physischen Geschlecht unabhängig. Die Fluidität des Körpers ist universell und materiell, liegt also vor jeder Definition der Frau als Andere.[312] Bezüglich des Kinos ist für Kennedy nun vor allem die Erweiterung des Körperbegriffs interessant, die Deleuze mit Spinoza vornimmt und die ich oben bei der Besprechung des Affektbildes kurz angedeutet habe. In dieser spinozistischen Sichtweise des Körpers als fluide bezieht sich Kennedy auf Moira Gatens.[313] Gatens übernimmt von Spinoza die Vorstellung eines Körpers aus inneren Kräften und äußeren Geschwindigkeiten. Dieser ist offen, das heißt, er steht immer im Verhältnis zu anderen Körpern und ist Teil eines Immanenzplans, Teil des univoken Seins, das immer im ›Werden‹ ist.

Spinozas Vorstellung der Univozität des Seins gesteht allem Sein denselben ontologischen Status zu. Andererseits werden für ihn Körper und Sein ebenfalls zur Modifikation derselben Substanz. Dadurch erweitert sich der Begriff des Körpers. Der Körper wird, Gatens zufolge, zu einem dynamischen System aus nicht-subjektiven Affekten und Kräften.[314] Die einzelnen Körper unterscheiden sich nur noch durch die Art der Affizierung, die Möglichkeit des Affiziertwerdens. Die Trennung von Denken und Materie[315]

311 Ebd., S. 68.
312 Vgl. Kennedy, Deleuze and Cinema, S. 96.
313 Moira Gatens: Through a Spinozist Lens: Ethology, Difference, Power. In: Deleuze. A Critical Reader, hrsg. von Paul Patton, Cambridge Massachusetts 1996, S. 162-187. Gatens versucht in ihrem Text die Unterscheidung von Sex und Gender bezüglich des weiblichen Körpers durch einen dritten Weg zu umgehen. Die Behauptung von Sex und Gender als Dualismus führe zu einer Spaltung von Körper und Geist. Das spinozistische Konzept des univoken Seins lasse eine solche Trennung nicht zu. Gatens beschreibt nun Feminität auf der molekularen Ebene als Cluster von Kräften und Geschwindigkeiten, denen das Deleuze'sche Frau-Werden entspricht. Die politische Ebene des Geschlechterkampfes soll nicht geleugnet werden, spielt sich aber auf der molaren Ebene der Organisation ab.
314 Vgl. ebd., S. 168.
315 Für Pierre Macherey steht im Zusammenhang der Einheit allen Seins die ›Logik der

wird aufgehoben – auch das Denken ist materiell, insofern es materiellen Kräften unterliegt. Körper und Geist werden dadurch ontologisch auf eine Stufe gestellt.³¹⁶

Kennedy schreibt nun wie Sobchack dem Film selbst einen Körper zu – dieser ist allerdings kein phänomenologischer, zur-Welt-seiender, sondern rein materielles ›Werden‹. Sie fasst mit Deleuze (aber nicht mit seinen Kinobüchern) das Kino als Körper auf, der affiziert werden kann und Affekte auslöst:

> »This engagement with cinematic experience thus proposes to consider cinema as ›affect‹, as ›body‹ [...], where affect operates beyond subjectivity within the materiality of the film itself, through an immanence of movement, duration, force, and intensity, not through a semiotic regime of signification and representation, but in sensation.«³¹⁷

Affekte werden für Kennedy zur Materialität des Films und Kinoerfahrung wird zur Affektion. Die nach Spinoza irreduziblen körperlichen und autonomen Affekte unterlaufen das Reiz-Reaktions-Muster des Bewegungs-Bildes und die lineare Zeit der Narration. Sie sind nicht greifbar, denn sie unterlaufen ebenfalls die individuelle subjektive Erfahrung und bleiben rein physisch.³¹⁸

Sensationen‹ im Verhältnis zur Logik des Ausdrucks, die Deleuze mit Spinoza entwirft. »The logic of expression that Deleuze finds in Spinoza is a logic of univocity, where things are thought in their being, since the act of thinking something is the same act that produces it, by which it comes to be. So that expression is nothing to do with designation or representing anything: since what is expressed cannot be dissociated from the act by which it is expressed, expression is nothing like arranging mute resemblances on the surface of a picture.« Die Bilder Bacons sind für ihn exemplarisch für die Einheit von Ausdruck und Sensation, die auf nichts Äußeres verweist, aber selber materiell ist. In dieser Materialität des Ausdrucks sieht Macherey eine Verbindung zwischen Denken und Realität. Pierre Macherey: The Encounter with Spinoza. In: Deleuze: A Critical Reader, hrsg. von Paul Patton, Cambridge, Massachusetts 1996, S. 139-161, hier S. 146.
316 Vgl. Kennedy, Deleuze and Cinema, S. 97ff.
317 Kennedy, Deleuze and Cinema, S. 101.
318 Ich habe mit Rölli gezeigt, dass diese Affektionen zwar das Sinnliche übersteigen, aber trotzdem sinnlich erfahren werden. Kennedy beschreibt diese Differenz wie Massumi anhand der Unterscheidung von Affekt und Gefühl. Nach Kennedy sind Affekte körperlich, materiell. »Thus affect is an emotionless state, but still a state of ›feeling‹. Rather there is a pathic proto-subjective state which is not owned by the subject.« Kennedy, Deleuze and Cinema, S. 102.

»The film does not record images, or convey representation. It acts, it performs, as a ›body‹ with other bodies, in a constituted body, a molecular body, through the affective.«[319]

Ähnlich der Argumentation Röllis und Smiths schreibt Kennedy nun der Filmwahrnehmung einen Begriff von Empfindung zu, der über die phänomenologische Wahrnehmung hinausgeht. Allerdings sieht sie diesen Begriff bezüglich der filmischen Wahrnehmung eher als Opposition denn als Weiterführung der Phänomenologie, die vor allem Rölli konstatiert hatte. Auch sie betont die Befreiung der Sinne vom einschränkenden Ideal des Gemeinsinns und diese hängt bei ihr ebenfalls mit dem anderen, nicht repräsentativen Verständnis von Zeichen bei Deleuze zusammen. Für Kennedy aber entspricht die materielle, prozesshafte Zeichenbildung im Kino, die befreit ist vom phänomenologischen Gemeinsinn, vor allem einer realen Begegnung von und mit Kräften. Diese Begegnung repräsentiert keine Bedeutung, die wiedererkannt werden könnte.[320]

»With the notion of intensity, sensation ceases to be representative and becomes ›real‹. This has significant resonance for thinking of the cinematic encounter. What we see on screen may not operate merely as ›representation‹ but as signs of material encounter, as sensation.«[321]

Wie Deleuze anhand der Bilder Bacons zeigt Kennedy beim Film die Beziehung zwischen Form und Materie, zwischen Figuralem und Figurativen auf. Die materielle Begegnung in der Empfindung im Kino ähnelt, aus ihrer Sicht, dem Begriff des Figuralen bei Deleuze. Sie stellt die figurative, repräsentative Narration, mit der sich das Subjekt identifizieren kann, der Empfindung des Figuralen gegenüber. Der Opposition von abstrakter und konkreter Kunst bei Deleuze setzt Kennedy die Begegnung von beiden im Film entgegen: Beim Film kann es nicht um die absolute Befreiung von der Figuration gehen. Der Weg der Abstraktion befreit im Film auch von der Figur (Experimentalfilm), während die Konkretisierung von der Form befreit. Es geht Kennedy aber um die wechselhaften Beziehungen zwischen Material und Figuration im narrativen Kino, der die veränderbare, energetische Materialität zugrunde liegt. Deren grundlegende Modulierbarkeit ermöglicht das Aufgehen des Materials in der Empfindung, das

319 Ebd.
320 Vgl. ebd., S. 109.
321 Ebd. S. 110.

nicht durch die Opposition von Materie und Form, sondern durch die von Material und Kraft begriffen werden kann.[322] Diese Kraftverhältnisse sind grundlegender als das Visuelle oder das Auditive und werden, so Kennedy, über den Rhythmus erfahren. Kennedy überträgt damit Deleuzes Gedanken zu den Verhältnissen der Kräfte untereinander auf den Film. Das Verhältnis von Konsonanz, Dissonanz und Harmonie manifestiert sich im Stil und im Rhythmus des Films, die der Zuschauerkörper empfindet.[323] Sie erfährt den Film selbst als einen Körper, zu welchem die unterschiedlichen Räume der Körper innerhalb der Narration ebenso gehören wie die Körper außerhalb des Textes.[324] Die drei Arten der materiellen Begegnung der Kräfte, die drei Variationen der Sensation, »Schwingung«, Resonanz« und »erzwungene Bewegung«,[325] wirken alle in der Figur, im Rhythmus, zusammen und bilden gemeinsam eine Maschine, die die Zuschauerin in diese Prozesse einbindet: »an aesthetic assemblage, which moves, modulates and resonates with its audience or spectator through processes of molecularity.«[326] Diese Maschine, der ›Kinokörper‹, existiert als Geschehen, das den Körper der Zuschauerin mit einschließt. Film zeigt nicht, wie bei Sobchack, Erfahrung durch Erfahrung, er moduliert und affiziert sie vielmehr. Im Kino gibt es keine distinkten Momente, die entschlüsselt werden könnten, nur den ›Kinokörper‹ aus Bewegung beziehungsweise Materialität, der als Geschehen existiert.[327]

322 Die Ablösung des Materie-Form-Dualismus durch das Verhältnis von Materialität und Kraft hatte ich oben schon im Zusammenhang von *Was ist Philosophie?* angesprochen. Auch in *Tausend Plateaus* taucht diese Veränderung auf – hier um in der Malerei die Ablösung der Romantik durch die Moderne zu beschreiben. »Die wesentliche Beziehung ist nicht mehr die von Materien und Formen (oder Wesenheiten und Attributen); und sie liegt auch nicht mehr in der kontinuierlichen Entwicklung der Form oder der kontinuierlichen Variation der Materie. Sie stellt sich jetzt als eine direkte Beziehung von Material und Kräften dar.« Das Material soll jetzt diese Kräfte sichtbar machen, statt wie in der Klassik als Materie der Form unterworfen zu werden. Deleuze und Guattari beziehen sich hier vor allem auf die Malerei von Klee und Cézanne. Deleuze / Guattari, Tausend Plateaus, S. 467.
323 Kennedy zeigt diese unterschiedlichen Kraftbewegungen im zweiten Teil ihres Buches an unterschiedlichen Filmen auf.
324 »Experiencing a film then, as ›body‹ describes the ›felt‹ experience of engaging with the rhythmic, gestural and attitudinal spaces of the bodies within the diegesis of the film's mise-en-scene, as well as bodies, outside of the text itself.« Kennedy, Constituting Bodies, S. 10.
325 »vibration«, »resonanz«, »forced movement«. Kennedy, Deleuze and Cinema, S. 113f. Kennedy bezieht sich hier auf Deleuze, Bacon, S. 47f.
326 Ebd., S. 114.
327 Sie konzentriert sich dabei vor allem auf die Bewegungen, die weitergegeben werden. Auch eine der wichtigsten, die Empfindungen modulierenden Kräfte, die Farbe, wird für

Aus Sicht von Kennedy entwirft Deleuze damit eine neue Ästhetik, die sich der Repräsentation entzieht[328] und durch die Modulation von Affekten, beziehungsweise Körpern ersetzt. Diese Neo-Ästhetik erfordert auch eine andere Semiotik, welche formale Strukturen übersteigt und nicht mehr aus festen Einheiten besteht, sondern fließend ist:

> »Rather, Deleuze offers a kind of ›fluid semiotics‹, concerned less with signification or distinct elements, than with tonalities, rhythms, shifts of force and energy, movement and the materialism of a cinematic body.«[329]

Stärker als Deleuze selbst nutzt Kennedy für ihre Umsetzung dieser fließenden Semiotik/Ästhetik in ihrer Filmtheorie nun das Bergson'sche Bilderuniversum, um auch den Körper der Kinozuschauerin in dieses affektive Geschehen mit einzubeziehen.[330] Sind sowohl die Körper im Film als auch die Zuschauerinnenkörper eigentlich Bilder, können sie sich ohne Schranken gegenseitig affizieren und ineinander eindringen. »The sensations are not images perceived by us ›outside‹ of our body; but rather affections localised within the body.«[331]

Auf diese Weise kann Kennedy eine doppelte Filmwahrnehmung behaupten. Während die figurative Narration Körper als Objekte repräsentiert und so vor allem weibliche Körper im Sinne Mulveys zu Objekten der Schaulust macht, wird auf der figuralen Ebene der Körper nicht als Objekt repräsentiert, sondern als ›Empfindungen habend‹ gezeigt und gelebt, als Kraft und rhythmische Bewegung eines Intensitätsfeldes, das die Zuschauerinnen affiziert. Diese neue Ästhetik bezeichnet Kennedy auch als bio-vitale Ästhetik: »Sounds and colours become attitudes of the body, categories constituting new bodies in neo-aesthetic consilience.«[332] Diese neue Ästhetik bleibt immanent, sie verweist nicht. »Such a neo-aesthetic works through the molecularity of matter.«[333]

---

sie zur Bewegung, die weitergegeben werden kann, wenn sie, wie im Baconbuch, auf die haptischen Sinne wirkt. Vgl. ebd.
328 »The ›affect‹ replaces or at least is simultaneous to representation.« Kennedy, Constituting Bodies, S. 14.
329 Kennedy, Deleuze and Cinema, S. 115.
330 Kennedy zitiert hier Bergson, als handle es sich um Filmtheorie: »I see plainly how external image influence the image that I call my body: they transmit movements to it. And I also see how this body influences external images: it gives back movements to them. My body is, then, in the aggregate of the material world, an image which acts like other images«. Ebd., S. 116. Bergson, Materie und Gedächtnis, S. 3.
331 Ebd., S. 119.
332 Kennedy, Constituting Bodies, S. 12.
333 Ebd., S. 19.

Kennedy entwirft mit ihrer Beschreibung der Filmwahrnehmung als materielles, molekulares Geschehen eine Ästhetik der ›Logik der Sensationen‹ des Films. Sie führt die Ästhetik der Sensationen Deleuzes weiter, die dieser vor allem anhand der Malerei Bacons entwickelt hat, und geht damit auf produktive Weise über das Bilderuniversum der Kinobücher von Deleuze hinaus. Sehr viel stärker als Deleuze nähert sich Kennedy damit der konkreten Affizierung der Zuschauerinnen im Kino an und bricht dadurch dessen Orientierung an einer kanonischen Ästhetik der Filmgeschichte auf, die das Kino nicht berücksichtigt.[334] Deleuze selbst kritisiert einerseits die Vorstellung der Natürlichkeit der Filmwahrnehmung bei Merleau-Ponty, arbeitet andererseits aber keine eigene Vorstellung einer konkreten Zuschauerin aus. So ist die reine Wahrnehmung des Bilderuniversums bei Deleuze nicht die der Zuschauerinnen, sondern die eines innerfilmischen materiellen Kinoauges. Die Frage, wie dieses rein materielle, vor-subjektive Sehen des Filmes wiederum von der Zuschauerin wahrgenommen wird, beziehungsweise auf deren Körper wirkt, stellt sich Deleuze nicht.[335]

Organloser oder leiblicher Zuschauerkörper?

Kennedy wendet in einzelnen Filmanalysen das Konzept der Sensationen auf den Film an. Filme können ganz unterschiedliche Kräfteverhältnisse zeigen, unterschiedlich affizieren. Sie bilden dabei ›organlose Körper‹ und lassen andere, neue Körper innerhalb des Films entstehen. So zeichnen sich beispielsweise die Filme David Lynchs nach Kennedy durch die unterschiedlichen Geschwindigkeiten der menschlichen Körper im Verhältnis

---

334 Die Kinobücher wurden vor allem in der feministischen Filmtheorie als Autorentheorie kritisiert. Vgl. zum Beispiel Heide Schlüpmann: Celluloid & Co. Filmwissenschaft als Kinowissenschaft. In: Frauen und Film, Heft 65, 2006, S. 39-77, hier S. 56.
335 Er betrachtet Filme damit zwar nicht als semiotische repräsentierende Schrift, aber doch als abgeschlossene Gebilde. Diese ordnet er bestimmten Autoren zu, die dadurch repräsentiert werden. Unabhängig vom Wechselverhältnis der Körper im Kino bleibt Deleuzes Filmtheorie, argumentiert Sobchack, in gewisser Weise einer Text- beziehungsweise Autorentheorie des Films verhaftet. Vgl. Sobchack, Address, of the Eye, S. 9f.
Der Vorwurf einer Autorentheorie lässt sich meiner Meinung nach nicht aufrecht erhalten, denn auch die unterschiedlichen, von Deleuze aufgeführten Autoren sind für diesen abstrakte Begriffspersonen, die für bestimmte Stile stehen. Diese bilden, wie wir mit Kennedy gesehen haben, unterschiedliche Figuren oder Maschinen aus, die unterschiedlich affizieren. Die Frage nach einzelnen Autoren im Verhältnis zu einem unterschlagenen Produzenten- und Zuschauerkollektiv stellt sich dadurch scheinbar gar nicht. Und doch bleibt dieses Kollektiv, das für die Kinosituation so grundlegend ist, im fließenden Universum der Bilder eigentlich nicht vorstellbar.

zu den Geschwindigkeiten des Raums aus. Kennedy zufolge sind es diese unterschiedlichen Geschwindigkeiten, die Geschwindigkeitsverhältnisse zwischen den Körpern, die den einzelnen Szenen bei Lynch ihre jeweilige Intensität geben.[336] Die unterschiedlichen Geschwindigkeiten, die Kräfteverhältnisse, übertragen sich auf die Zuschauerinnen und verändern deren Wahrnehmung.

Die Vorstellung der Bildung eines ›neuen Körpers‹ im Kino findet sich in zahlreichen filmtheoretischen Texten, die sich an Deleuze orientieren. Doch dieser ›neue Körper‹ wird vorwiegend auf der Ebene der Narration der Filme angesiedelt.[337] Es geht mir aber wie Kennedy nicht um ›neue Körper‹ bei einzelnen Autoren, sondern um eine neue Sicht auf das Kino. Die Konstitution eines ›organlosen Körpers‹ im Kino beschränkt sich nicht auf bestimmte Autoren oder Stile, die einen ›neuen Köper‹ thematisch entwerfen,[338] sondern findet sich überall in der die Narration überschreitenden Kinoerfahrung – in den körperlichen Reaktionen auf das Licht, den Rhythmus, die Farben, das Schauspiel.[339] Wie lässt sich aber diese

---

336 Vgl. Kennedy, Deleuze and Cinema, S. 98.
337 Durch die Diskussion der Filme David Cronenbergs zieht sich der Begriff des ›neuen Fleisches‹. Dieser Begriff taucht in einem Film von Cronenberg selbst an zentraler Stelle auf, in VIDEODROME (USA 1983). Dort vermischt sich der Körper des Hauptdarstellers sowohl mit aktuellen Gegenständen, als auch mit den virtuellen Bildern verschiedener Medien. Der Filmwissenschaftler Michael Palm argumentiert überzeugend, dass sich in diesem Film die Körper jeglicher Repräsentation entziehen. Die Körper entziehen sich nicht allein durch ihre Geschwindigkeit, sondern durch die Art ihrer Metamorphosen. Sie bilden ein ›neues Fleisch‹, welches als rohes Material nur auf sich selbst verweist. Dieses Fleisch lässt die Narration stillstehen, ist reiner Affekt. Vgl. Michael Palm: See you in Pittsburgh. Das neue Fleisch in Videodrome. In: Und das Wort ist Fleisch geworden. Texte über Filme von David Cronenberg, hrsg. von Drehli Robnik, Michael Palm, Wien 1992, S. 157-172.
338 In welchem Verhältnis stehen diese ›neuen Körper‹ zum Filmkörper? Inwiefern erneuert sich hier auch der Zuschauerinnenkörper? Wird in diesen Entwürfen des Körpers der Filmwahrnehmung als ›Werden‹ nicht der reale Zuschauerinnenkörper vernachlässigt, der ja doch zunächst der alte bleibt? Diese Wechselwirkungen wären im Zusammenhang des ›neuen Körpers‹ zu untersuchen.
339 Marc Ries' Deleuze-Rezeption bildet hier eine Ausnahme. Auch er beschreibt die Körper im Kino auf energetische Weise, die er aber in ein Verhältnis zur Zuschauerin setzt. Das Spiel der Schauspielerin Gena Rowlands bildet in den Abweichungen von der gespielten Rolle, eine Art Wärmefeld, zu dem der Körper der Zuschauerin in Beziehung tritt. Eine Art Wärmeaustausch findet statt. »Auf dieser Wärmefläche, entlang widerstreitender Kräfte, entlang der Kämpfe und Abweichungen, gelingt dem Zuschauer ein Bündnis, ein Bündnis mit Gena Rowlands als Mabel Longetti und dem/ihrem/meinem/ unserem Triebgrund der Wirklichkeit.« Marc Ries: Myosis. Gena Rowlands is Gena Rowlands. Zum filmischen Körperspiel am Beispiel von »A woman under the Influence«. In: John Cassavetes. DIRACTOR, hrsg. von Andrea Lang, Bernhard Seiter, Wien 1993, S. 91-106, hier S. 104.

Überschreitung mit der Erfahrung der konkreten Zuschauerin verbinden beziehungsweise wie kann die Affizierung der Zuschauerinnenkörper zu sinnlicher Erfahrung werden?
Deleuze selbst leistet eine Ausarbeitung dieser überschreitenden Kinoerfahrung nicht. Zwar taucht die Zuschauerin in den Kinobüchern an manchen Stellen auf, wird dort aber in Identifikationsmechanismen eingebunden. Selbst seine Darstellung des Affektbildes bleibt in Bezug auf Sensationen sehr einseitig auf den narrativen Text bezogen. Deleuze untersucht nämlich beispielsweise das Haptische im Kino nicht wie bei Bacon anhand des Umgangs mit Farben, sondern anhand des Motivs der stehlenden Hände bei Bresson in PICKPOCKET (F 1959). Diese bekommen zwar eine doppelte Funktion zugeschrieben, welche sie von ihrer Objekthaftigkeit in der Narration löst. Durch das Ballett der Hände wird der Raum unübersichtlich, ›beliebig‹ und damit taktil. Riegls haptischer Blick bestimmt die Wahrnehmung. Die in der *Logik der Sensation* und in *Tausend Plateaus* mit Riegl aufgemachte Möglichkeit, das Verhältnis der Zuschauerin/Betrachterin zum Gesehenen vom bildlichen Raum her zu denken, wird jedoch nicht wirklich verfolgt. Statt den tastenden Blick oder das Tasten der Hände mit dem Blick im Kino zu verbinden, lenkt Deleuze um auf die Identifikation mit den tastenden Händen des Darstellers, die in diesen Momenten zur Hauptfigur werden.[340]

Der chiastische Charakter des Kinoereignisses kommt bezüglich der Filmwahrnehmung dem tastenden Blick näher als der von Deleuze eingeschlagene Umweg über Identifikation. Marks kritisiert zu Recht, dass gerade das Haptischwerden der Farben nicht weiter anhand der Wahrnehmung verfolgt, sondern auf unnötige Weise an Identifikation gekoppelt wird. In ihrer Argumentation wird interessanterweise nun Merleau-Ponty wichtig, um die auf Bergson aufbauende Filmtheorie Deleuzes mit der individuellen Erfahrung in Beziehung zu setzen – das heißt, die Kräfteverhältnisse bei Deleuze mit der Zuschauerin zu verbinden. Die körperliche Wahrnehmung bei Bergson, die Filterung des Multisensorischen nach Nützlichkeit im Bewegungs-Bild, ist für sie nämlich gerade in Merleau-Pontys Konzept der körperlichen Wahrnehmung ausgearbeitet:

---

340 Diese Identifikation mit den tastenden Händen geht an der Haptik, wie sie Marks beschreibt, vorbei. »Getting a sense of touch by looking at hands would seem to require identifying with the person whose hands they are. Yet to the degree that the hands become characters in the story, the haptic bypasses such identification, being instead an identification with touch itself.« Marks, Video Haptics, S. 337, vgl. auch Marks, Skin, S. 171.

»Merleau-Ponty's phenomenology did in fact inherit and expand Bergson's implication of perception in the body. More centrally, it seems that phenomenology builds a bridge to explaining how a viewer experiences images. Deleuzian cinematic philosophy is not a theory of spectatorship. To talk about the states, histories, and circumstance of the individual people experiencing cinema, we need a phenomenology of individual experience. Deleuze says ›Give me a body, then,‹ but his interest is not in exploring how cinema relates to the bodies we have already been given.«[341]

Marks zufolge nähern sich die verschiedenen Konzepte der Wahrnehmung – das Merleau-Ponty'sche ›Bewusstsein von Welt‹ und die Deleuze'/Bergson'sche ›Einheit von Welt und Bewusstsein‹ als Bild – in ihrer Kritik der Entfremdung des Sehens vom Körper wieder an. Dieser Entfremdung liegt die Vorstellung der illusorischen Repräsentation zugrunde, welche nur durch die Vorstellung eines distanzierten, körperlosen Sehens möglich wird.[342] Die Vorstellung eines körperlichen Sehens entzieht der Repräsentation den Boden. Das Sehen wird zum positiven Austauschverhältnis. Dieses wird ermöglicht gerade durch das körperliche Wissen, welches aber gleichzeitig die Vorstellung eines abgeschlossenen Körpers aufbricht. »Theories of embodied visuality acknowledge the presence of the body in the act of seeing, at the same time that they relinquish their (illusory) unity of the self.«[343]

Dieses Aufbrechen der Vorstellung eines identischen Subjekts bedeutet nicht, dass das intentionale Subjekt ganz und gar aufgegeben wird und dass die Filmzuschauerin wie bei Kennedy zum Teil eines allgemeinen Lebensstroms wird. Gleichzeitig wird hier aber die Einheit eines intentionalen Subjekts überschritten, die bei Sobchack noch gegeben war. Marks behauptet dagegen die Filmwahrnehmung als Interaktion von Körpern, die über das Sehen eines Subjekts hinausgeht. Die Wahrnehmung wird zum Denken des Körpers, das im Fall des haptischen Sehens zum Denken mit oder über die eigene Haut wird:

---

341 Marks, Skin, S. 150.
342 Marks bezieht sich hier auf die auf der Spiegelphase Lacans aufbauenden Kritik der kinematographischen Illusion in der psychoanalytischen Filmtheorie.
343 Ebd. S. 151.

»This is not a call to willfull regression but a recognition of the intelligence of the perceiving body. Haptic cinema, by appearing to us as an object with which we interact rather than an illusion into which we enter, calls upon this sort of embodied intelligence. In the dynamic movement between optical and haptic ways of seeing, it is possible to compare different ways of knowing and interacting with an other.«[344]

Diese Interaktion des körperlichen Sehens geht über das herrschaftliche, aneignende Sehen hinaus. Gleichzeitig ist es kein passives Sehen, sondern ein körperlich-sinnlicher Akt des Austauschs. Ihm liegt eine »nicht herrschaftliche Form des Wissens«[345] zugrunde, ähnlich dem von Deleuze/Guattari beschriebenen gegenseitigen Wissen von Wespe und Orchidee, die einen gemeinsamen Körper bilden.[346] Im letzten Teil meiner Arbeit werde ich dieses Wissen als ein mimetisches beschreiben[347] und in ein Verhältnis zu Siegfried Kracauers Filmtheorie stellen.[348] Im Zusammenhang der Entwürfe der Filmwahrnehmung als reines ›Werden‹, wie wir sie anhand von Kennedy kennengelernt haben, interessiert mich dieses Wissen als notwendige Verbindung mit der phänomenologischen Darstellung der Zuschauerin.

Wie ich in Bezug auf die haptische Filmwahrnehmung ausgeführt habe, bekommt dieses körperliche Wissen, aus Sicht von Marks, gerade dort Bedeutung, wo es an seine Grenzen stößt und Lücken erfährt, die nur leiblich, über Spuren, erfahren werden können. Die Sinnlichkeit der Filmwahrnehmung ist nicht nur eine der Fülle. Auch der Mangel, das Fehlen beziehungsweise die Unterdrückung von Sinnen, wird ebenso wie das Übersteigen der Sinne in der Begegnung mit dem Anderen durch das synästhetische Zusammenspiel erschlossen.[349]

---

344 Marks, Video Haptics, S. 345.
345 Ebd., S. 346. Übersetzung A.Z.
346 Vgl. Deleuze/Guattari, Tausend Plateaus, S. 400.
347 Dabei geht es mir nicht um die von Deleuze abgelehnte repräsentative Mimesis als Nachahmung, sondern um die Bewegung der mimetischen Anschmiegung an das Wahrgenommene und Dargestellte. Mimesis als körperliches Wissen verbindet nach Marks im durchgehenden, materiellen Zeichensystem von Peirce selbst die symbolischen Zeichen mit dem Körper. Vgl. Marks, Skin, S. 141.
348 Ich werde auf den Aspekt der mimetischen Erfahrung im Kino bei Siegfried Kracauer eingehen. In Kracauers Beschreibung der Filmzuschauerin ist es allerdings das Kino im Allgemeinen, dass mimetisch erfahren wird und nicht nur eine bestimmte Art des Bildes.
349 Marks erläutert diesen Aspekt anhand der Vorstellung Levinas' von der Zärtlichkeit der visuellen Begegnung, die sie der Theorie des herrschaftlichen Blicks gegenüberstellt. Marks, Video haptics, S. 345.

»Haptic visuality activates this awareness of absence, in a look that is so intensely involved with the presence of the other, that it cannot discern difference, say, to distinguish figure and ground.«[350]

Haptische Bilder bei Deleuze sind, aus Sicht von Marks, nicht nur die Affektbilder, sinnliche Bilder reiner Affektion,[351] sondern auch die rein optischen Bilder, die ich in der Einleitung als *Temps-mort* Bilder dargestellt habe. Diese rein optischen (und akustischen) Bilder, diese Zeit-Bilder, lassen andere Sinne aufscheinen, indem sie das sensomotorische Schema der Narration unterbrechen, das der visuellen Ordnung zugrunde liegt.[352] Sie können das Visuelle durch andere Sinne umgehen.

»Thus the haptic image connects directly to sense perception, while bypassing the sensory-motor schema. A sensuous engagement with a tactile or, for example, olfactory image is pure affection, prior to any extension into movement. Such an image may then be bound into the sensory-motor schema, but it need not be.«[353]

Hier findet nun eine Verschiebung in der Argumentation zur sinnlichen Wahrnehmung statt, denn diese anderen Sinne kommen zum Zuge, wenn das Auge nicht mehr einfach einer Aktionslinie folgen kann und dadurch Lücken entstehen. Haptisches Kino wird, Marks zufolge, vom Leib ›mimetisch‹ erfahren, der diese sinnlichen Lücken in den optischen Bildern durch sein Körpergedächtnis ergänzt.[354] Es kann daher an dieser Stelle in Bezug auf haptische Bilder nicht mehr allein um die Affizierung durch Kräfteverhältnisse gehen, sondern auch um den Nachvollzug des sensomotorischen Schemas beziehungsweise das Aufbrechen desselben.

»Haptic images are actually a subset of what Deleuze referred to as optical images: those images that are so ›thin‹ and unclichéd that the viewer must bring his or her resources of memory and imagination to

---

350 Ebd. Dabei geht es um einen Akt des Nachgebens und der Anschmiegung, um Mimesis im Sinne Adornos. Denke ich diese aber als Austausch und Auflösung von Körpergrenzen muss ich vom Gedanken des reinen ›Werdens‹ einen Schritt zurückweichen, denn es müssen Grenzen vorhanden sein, die sich auflösen.
351 Ich habe im Zusammenhang der Gerüche mit Marks aufgezeigt, dass Affektbilder Gerüche auslösen können beziehungsweise dass Geruch ein Affektbild ist, das durch die Beeinflussung von Körper und Gedächtnis Erinnerungen auslösen kann, statt direkt in Handlungen weitergeführt zu werden. Das Affektbild bildet vor allem auch als Auslöser von Geruchsempfindungen über meinen Körper individuellen Sinn. Vgl. Marks, Logic of Smell, S. 123.
352 Vgl. Marks, Skin, S. 129f.
353 Marks, Skin, S. 163.
354 Vgl. ebd., S. 138.

complete them. The haptic image forces the viewer to contemplate the image itself instead of being pulled in the narrative. Thus it has a place in Deleuze's time-image cinema. Optical visuality, by contrast, assumes that all the resources the viewer requires are available in the image. Accordingly, the optical image in Riegl's sense corresponds to Deleuze's movement-image, as it affords the illusion of completeness that lends itself to narrative.«[355]

Rein optische Bilder[356] überschreiten die Positivität der Sensation, denn eine Eigenschaft der rein optischen Bilder ist ihre Leere.

Ich möchte an dieser Stelle noch einmal auf die Interpretation von L'Eclisse durch Deleuze zurück kommen. Ihn interessiert nämlich noch etwas anderes an den Momenten des Stillstandes und der Leere in diesem Film, als ich oben betont habe: das Nichtsichtbare des Offs und die Auflösung des homogenen Raumes zu ›beliebigen Räumen‹. Was er über das Zeit-Bild im Allgemeinen schreibt, hört sich an wie eine Beschreibung von L'Eclisse:

> »Manchmal müssen die verlorengegangenen Teile wieder sichtbar gemacht oder muß all das wiedergefunden werden, was im Bild nicht zu sehen, was unterschlagen worden ist, um es ›interessant‹ zu machen. Aber im Gegensatz dazu geht es bisweilen darum, Löcher, leere Stellen und weiße Flächen einzuführen, das Bild zu verknappen, vieles von dem wegzustreichen, was hinzugefügt worden ist, um uns glauben zu machen, wir würden alles sehen. Nur indem man eine Trennung vornimmt oder eine Leere aufreißt, lässt sich das gesamte Bild wieder wahrnehmen.«[357]

355 Ebd., S. 163.
356 Der Begriff des ›rein Optischen‹ bei Deleuze darf hier nicht mit der optischen Visualität verwechselt werden, die dem sensomotorischen Schema entspricht. ›Rein optisch‹ beschreibt vor allem die Loslösung vom sensomotorischen Schema. In den rein optischen Bildern wird das visuelle Ordnungssystem aufgehoben – dem beschriebenen, ›unmenschlichen‹ Sehen »wie zum ersten Mal« können haptische Qualitäten zugeschrieben werden. Nach Marks sind diese rein optischen Bilder, im Unterschied zu der von ihr kritisierten ›optischen Visualität‹, gerade haptisch. Es muss also eine Unterscheidung von optischem Blick und der haptischen Wahrnehmung von rein optischen Situationen gemacht werden, welche die haptische Wahrnehmung ermöglichen.
357 Zeit-Bild, S. 36. Deleuze konzentriert sich in seiner Analyse Antonionis im Zeit-Bild eher auf die Strukturen innerhalb der isolierten Bilder und das, was sie ausschließen. Ermöglicht doch das Zeit-Bild die Isolierung der einzelnen Bilder und die Aufmerksamkeit für die Kadrierung. Dennoch stellte sich ja in Bezug auf das Zeit-Bild gerade die Frage, welche Mechanismen diese Isolierung ermöglichen – wie Antonioni das Verharren der Einzelbilder möglich macht. Löscht Deleuze entgegen seiner Intention das Kino, beziehungsweise dessen Bewegung und dessen Zeit? Eine rein bildliche Analyse in der Art von Rifkin aktualisiert gerade den Ausdruckswert des Bildes und hält dessen Bewegung an. Vgl. Rifkin, Antonioni's Visual Language.

Verknappung und Trennung in L'ECLISSE lenken die Aufmerksamkeit auf das Nichtsichtbare – die sehr strenge Kadrierung betont das Off und wird damit zur Dekadrierung. Die auffälligen Fenster und Rahmen zeigen, dass ein Subensemble aus einem Ensemble entfernt wurde und nicht mehr alles zu sehen ist. Auch bewegen sich die Personen aus dem Bild raus, statt rein. Innerhalb des Rahmens gibt es in L'ECLISSE immer Elemente, welche die strengen geometrischen Abstände, die Unterscheidung von Vorder- und Hintergrund, die Gliederung in horizontale und vertikale Flächen, in denen die Aktionen nur noch Verschiebungen sind, stören. Die Proportionen sind oft unausgewogen, Perspektiven und Personen angeschnitten, der Goldene Schnitt missachtet und die Bildschwerpunkte verdoppelt.[358] Die zahlreichen Überdeckungen machen klar, dass immer auch etwas vom Sichtbaren ausgeschlossen wird.

»Die Imagination fällt immer in die Leerstelle des Nicht-Sichtbaren, sie löst eine klaffende Wunde beim Anblick der Welt, wie ein Riß in der Wahrnehmung, die Unruhe und Bewegung des Antonionischen Heldens aus.«[359]

Gerade das geometrische Bildfeld bei Antonioni konstruiert nach Deleuze ein radikales Anderswo – die Personen bewegen sich nicht im Off, sondern in einer Leerzone »außerhalb des homogenen Raums und der homogenen Zeit«,[360] wenn sie noch nicht sichtbar sind oder wenn sie schließlich verschwinden.[361]

Die rein akustischen und optischen Situationen entstehen in ›beliebigen Räumen‹, deren beide Arten, der abgetrennte und der entleerte Raum, in L'ECLISSE verbunden werden. Die Verknappung des Bildes steigert sich, von der Form des abgetrennten, durch subjektiven Blick entstehenden

---

358 Kock, Antonionis Bilderwelt, S. 155.
359 Kock in Anlehnung an Deleuze, ebd., S. 151.
360 Bewegungs-Bild, S. 34.
361 In Anlehnung an Pierre Leprohon sieht Deleuze die Bilder bei Antonioni als Auswirkung eines Ereignisses im Off, das nicht erklärt, nur in seinen Auswirkungen konstatiert wird. Diese Auswirkungen bringen tote Zeit und leeren Raum zusammen – es ist alles gesagt, die Bilder nur noch Konsequenzen nicht mehr Tat – nur noch Symptome, die in rein optischen Situationen lesbar werden und die Unerträglichkeit des Alltäglichen begreifbar machen. Die Situation wird durch den Blick der verschwundenen Person bestimmt – eine tote Kraft, deren Subjektivität in rein optischen Situationen nicht mehr von Belang ist, denn die Abwesenheit der Person und der Handlung macht die Grenze zwischen imaginär und real, zwischen subjektiv und objektiv unbestimmbar. Aus den für sich stehenden rein optischen und akustischen Zeichen, der »autonomen materiellen Realität« werden Lektozeichen. Zeit-Bild, S. 15ff.

Raums hin zur entleerten Welt. Die Ablösung der Situationen, die in solchen Räumen entstehen, vom sensomotorischen Schema, vom handlungsauslösenden Milieu, wird im Laufe des Films größer, steigert sich von den Bildern der überfüllten Börse bis zur vollständigen Leere des EUR-Viertel. Deleuze zitiert zu dieser Entleerung Pascal Bonitzer:

> »Seit L'Avventura richten sich die Anstrengungen Antonionis auf die leere Ebene, den menschenleeren flachen Raum. Am Ende von L'Eclisse werden alle Einstellungen, durch die das Paar hindurchgegangen ist, von der Leere gleichsam noch einmal durchgesehen und berichtigt, wie der Titel des Filmes angibt.[...] Der eigentliche Gegenstand des Kinos von Antonioni ist es, durch eine kleine Geschichte, die mit dem Verblassen des Gesichts, dem Verschwinden der Person endet, beim Nicht-Figurativen anzukommen.«[362]

Mit der Gestalt verschwindet die Handlung, der leere Raum wird potentialisiert und zum ›beliebigen‹, unbestimmten Raum. Dieser hat seine Homogenität eingebüßt. Er ist fragmentarisiert und bindungslos, lässt keine Totale oder Koordinaten mehr zu, wodurch er taktil wird und eine unendliche Vielfalt von Anschlüssen möglich macht.[363] Der ›beliebige Raum‹ wird zu einer »gestaltlose[n] Gesamtheit, [...] die unabhängig von einer zeitlichen Ordnung koexistier[t], einer Zeitordnung, die unabhängig von Anschlüssen und Richtungen, die ihr die verschwundenen Personen gaben, von einem Teil zum anderen übergeht«.[364] Die in diesen Räumen entstehenden Situationen werden zur »autonomen materiellen Realität«.[365]

Wie aber ist die Rolle des Offs und diese Leere über Sensationen erklärbar? Diese Bilder zeichnen sich nicht allein durch das Aufbrechen des sensomotorischen Schemas aus, sondern gerade durch ihre Leere, oder ›Armut‹, die eine Ergänzung durch die sonst ausgesparten Sinne möglich

---

362 Pascal Bonitzer: Le champ aveugle. Paris 1982, S. 88 zitiert bei Deleuze im Bewegungs-Bild, S. 165.
363 Im *Bewegungs-Bild* werden die ›beliebigen Räume‹ als Qualizeichen behandelt, welche durch Aktualisierung zu Synzeichen, das heißt zu auf das handelnde Subjekt hin aktualisierten Milieus werden. Vgl. Bewegungs-Bild, S. 153ff.
364 Ebd., S. 166. »Was sich tatsächlich in der Instabilität, Heterogenität und Bindungslosigkeit eines derartigen Raumes bekundet, ist eine Vielfalt an Potentialen oder Singularitäten, die gleichsam die Vorbedingungen jedweder Aktualisierung oder Determinierung sind.«
365 Zeit-Bild, S. 115. Leider entwickelt Deleuze seine Untersuchung des beliebigen Raumes und des Offs nicht weiter hin zu einem eigenen Zeit-Bild Antonionis. Das Bild wird mit Antonioni quasi geleert für das, was filmhistorisch danach kommt – die vollkommenen, gerissenen, sich im Wachsen oder im Zerfall befindenden Zeitkristalle.

macht. Es ist auf ihnen so wenig wiedererkennbar, dass ich die Bilder nicht einordnen kann, sondern abtasten muss.[366] Zeit-Bilder weisen Löcher und Brüche auf. Die rein optisch akustischen Situationen der Zeit-Bilder sind aufgrund ihrer Lückenhaftigkeit in der Lage, das Bewegungs-Bild aufzubrechen,[367] doch lassen sich diese nicht allein mit der positiven Immanenz einer ›Logik der Sensationen‹ erfassen. Sie affizieren auch durch Absenz, durch das Unsichtbare und weisen auf das Virtuelle hin. Diese Bilder ermöglichen das Sehen ›wie zum ersten Mal‹ gerade weil sie nicht unmittelbar affizieren, nicht visuell verständlich sind, ihre vibrierenden Kräftekonflikte sich nicht direkt übertragen. Dadurch werden andere Sinne angerufen und das Visuelle potenziert.

Ich habe mit Marks aufgezeigt, dass vor allem solche Bilder des Mangels eine körperliche Wahrnehmung ›mit allen Sinnen‹ ermöglichen und dass diese Wahrnehmung, die das Visuelle übersteigt, eine besondere Beziehung zum Gedächtnis in sich trägt. Es ist für mich dieses Paradox aus Mangel und Fülle in besonderen, leeren Bildern, das die gegenseitige Ergänzung der Phänomenologie Merleau-Pontys und des transzendentalen Empirismus Deleuzes für mich fruchtbar und notwendig macht. Gerade die nicht herrschaftliche, haptische Wahrnehmung hatte ich mit Marks sowohl im Zusammenhang des Unterlaufens der Herrschaft des Visuellen durch die Nahsinne als auch des Affektbildes diskutiert. Im Bereich der Wahrnehmung von Gerüchen zeigt Marks auf, inwiefern das körperliche Wissen beziehungsweise das Gedächtnis Leerstellen des Visuellen ergänzen kann und auf welche Weise sich darin der Bergson'sche Bildbegriff und die leibhaftige Erfahrung produktiv verbinden können.

Mit einer allein auf der *Logik der Sensation* aufbauenden Filmtheorie lassen sich Phänomene der Leerstellen meines Erachtens nicht erklären. Dadurch wird die Zuschauerin, das körperliche Wissen derselben, in diesen rein positiven Erklärungsmodellen wieder abgewertet. Die einfache Übertragung der *Logik der Sensation* auf das Kino, die Vorstellung der filmischen Bewegung als reines ›Werden‹ und als Affektion, bleibt letztlich dem sensomotorischen Schema des Bewegungs-Bildes verhaftet. Die Bilder können nicht aufbrechen, neue Wahrnehmung und die Kritik von Kli-

---

366 Visuelle Bilder spielen dagegen eine Fülle vor, die ergänzt wird von der Narration des Bewegungs-Bildes, die organische Vollständigkeit zu erreichen vorgibt. Vgl. ebd., S. 212f.
367 Doch in ihrer Kargheit sind diese Bilder auch Bilder der Fülle. Kargheit soll hier also nicht als Mangel verstanden werden, der mit Lacan für den grundlegenden Mangel des Begehrens stehen könnte.

schees sind nicht möglich. Die Kräfteverhältnisse verschieben sich auf die Figuration, beziehungsweise binden sich wieder an die Repräsentation.[368] Eine solche Bindung macht Deleuze in der Degeneration des Bewegungs-Bildes aus:

> »Wenn die Gewalt nicht mehr die des Bildes und seiner Vibrationen, sondern die des Repräsentierten ist, fällt man in eine blutige Arbitrarität, und wenn die Größe nicht mehr die der Komposition ist, sondern reines und einfaches Anschwellen des Repräsentierten, gibt es keine geistige Simulation und kein Entstehen des Denkens mehr.«[369]

Mir geht es mit Deleuze aber um eine Art ›Pädagogik‹ oder Befreiung des Sehens im Kino. Die Befreiung eines Sehens, das über die Repräsentation der Dinge hinaus geht und zu diesen vorstößt, hatte er selbst der Phänomenologie in Bezug auf die intentionale Wahrnehmung abgesprochen. Die Frage von Deleuze, wie der Film das Neue sichtbar machen und Denken entstehen lassen kann, muss jedoch die Zuschauerin und das Kinoerlebnis als ganzes berücksichtigen und kann nicht nur von einzelnen Bildern, Sensationen oder Autoren ausgehen.

Bacon bricht in seiner Malerei Klischees auf, indem er sie manuell zerstört, durch sie hindurchgeht. Der Körper des Malers spielt in *Logik der Sensation* eine grundlegende Rolle. Diese Rolle des Manuellen aber kann es beim Film nicht in gleicher Weise geben. Eine Übertragung der ›Logik der Sensation‹, eine Betrachtung der filmischen Kräfteverhältnisse hätte zum Beispiel den filmischen Apparat und die in ihn eingespannte Zuschauerin mit einzubeziehen.

Im Zusammenhang des Figuralen im Gegensatz zum Figurativen halte ich die Unterscheidung von Affizierung und Affekt für wichtig. Diese könnte in ein Verhältnis zur Unterscheidung von Kinotheorie und Filmwahrnehmung gestellt werden. Die Unterscheidung des Figuralen und des Figurativen muss im Verhältnis zur Narration und zum Rhythmus des

---

368 Filmanalysen mit Deleuze beziehen sich allerdings meist auf die aktuellen Filme des postklassischen Kinos. Diese Filme steigern die grundlegenden Elemente des klassischen Bewegungs-Bildes und die Affizierung der Zuschauerinnen bis zum Exzess und lassen sich daher wiederum sehr gut mit *Logik der Sensation* beschreiben. Die Klischees werden hier durch ihre Steigerung aufgebrochen.
369 So ist filmgeschichtlich nach Deleuze das Bewegungs-Bild auch an der Art der Automatisierung der Massen durch den Film, die im Faschismus ihren Höhepunkt fand, zugrunde gegangen. Ein anderer Grund sei seine Klischeehaftigkeit, seine ›Mittelmäßigkeit‹ gewesen, die sich in der Verschiebung der Kräftekonflikte auf die Figuration äußerte. Zeit-Bild, S. 215. Eine Verschiebung der Vibration auf das Figurale lässt sich im postklassischen Kino beobachten.

Films als ganzem gesehen werden, auch wenn sie keinesfalls auf diese reduziert werden darf.[370] Affizierung ist interessant in Beziehung auf eine Zuschauerin, die im Kino mit anderen körperlich affiziert wird – ein Vorgang, welcher der phänomenologischen Untersuchung bedarf. Affekte sind dagegen eher auf der Seite einer Ästhetik des Films angesiedelt. Deleuze/Guattari sehen es als die Aufgabe der Kunst, Affektblöcke zu bilden, das heißt, den Affekten Dauer zu geben. Wir haben anhand des Affektbildes gesehen, dass solche Affekte die Narration unterbrechen und auf einer anderen Ebene der Zeit anzusiedeln sind. Sie ermöglichen ein anderes Sehen.

Die Vorstellung des Films als Affizierung ohne die Berücksichtigung der Kinozuschauerinnen einerseits, ohne eine kritische Auseinandersetzung mit den Strukturen des Bewegungs-Bildes andererseits, ist zu allgemein.[371] Sie ermöglicht nicht die Unterscheidung verschiedener Ästhetiken und macht das Kino zu einer Affizierungsmaschine, die kaum noch Unterscheidungen zulässt.

Kinotheorie und Filmästhetik, Affektion und Affektbilder – gerade an den aus gegenseitiger Kritik auftauchenden Unterschieden lässt sich erkennen, dass Phänomenologie und Deleuze'sche Filmtheorie sich als Ergänzung viel zu geben haben. Einerseits die Phänomenologie der Filmwahrnehmung, das Molare der Rezeption des Plots, gegenüber der Perzeption der molekularen Verhältnisse der Kräfte; andererseits die Vibrationen der Fluchtlinien der molekularen, filmischen Sensation, daneben die Affektblöcke – diese Ebenen der Wahrnehmung lassen sich nicht voneinander trennen. Für die Vielschichtigkeit der Filmwahrnehmung reicht es nicht aus, die einzelnen Kräftekonflikte wie in den Bildern Bacons zu beschreiben. Sie müssen durch konkrete Zuschauerinnen in den Zusammenhang der Filmwahrnehmung und in ein soziales und historisches Umfeld gestellt werden, um tatsächlich als Anstoß einer neuen Form des Denkens oder der Erfahrung von Welt gelten zu können.[372] Diesem Umfeld und den

---

370 Das geschieht leider nur zu oft. So findet Pisters das Deleuze'sche ›Tier-Werden‹ in der Narration von Filmen über Werwölfe, statt es in deren Kräftekonflikten beziehungsweise deren Ästhetik zu suchen. Pisters, The Matrix of Visual Culture, S. 163f.
371 Diese kritischen Fragen sollen keinesfalls die Vorstellung der Filmwahrnehmung als Ästhetik der Sensationen bei Kennedy und Pisters abwerten, die in ihrer Abgrenzungsbewegung von vorherrschenden semiotischen, psychoanalytischen und kognitivistischen Filmtheorien als wichtige Einwände zu sehen sind.
372 Deleuze geht auf diesen Zusammenhang nur insofern ein, als er das Kino generell als Antwort auf eine historische Krise des Denkens und das Zeit-Bild als Reaktion auf dessen endgültigen Zusammenbruch durch den Zweiten Weltkrieg entwirft.

Wechselwirkungen zwischen Film, Zuschauerin und Gesellschaft werde ich mich im folgenden Kapitel mit Siegfried Kracauer annähern.

IV. Mimetische Filmwahrnehmung und Materialität bei Siegfried Kracauer

»Gestern habe ich an der Joliette der Ausreise eines Dampfers beigewohnt, der nach Tunis ging. Ich mochte nicht mit. Denn ist man erst in Tunis, so gerät man wieder in die Landschaft, in Gebräuche, Feste, Familien hinein. Am Schiffssteg dagegen befand ich mich in der Ferne, zu der kein Schiff hinträgt. Ein Mann verabschiedete sich von einer Frau, die nicht einmal weinte – er war nicht mehr zu Hause, er war noch nicht unterwegs, er war unerreichbar weit fort. Für einen Augenblick wenigstens aus jedem Zusammenhang gerissen; wie neu. Ich habe ihn nicht eigentlich beobachtet, ich habe überhaupt nichts beobachtet, sondern ich bin selbst entglitten, als führe ich ab. Es handelt sich immer nur um den Augenblick, in dem sich ein winziges Loch öffnet«.[1]

Kracauers Entwurf der Filmzuschauerin

Weder Filmbilder sind abstrakt noch ihre Zuschauerinnen. Mit Deleuze konnte ich mich den energetischen Fluchtlinien der Filmwahrnehmung und den Kräftekonflikten der Filmkörper annähern. Sein dekonstruktiver Ansatz zeigte Bilder als Sensationen und Affekte, denen die ursprüngliche Differenz von Kräften zugrunde liegt. Diese Kräfte wurden durch eine neuartige Wahrnehmung sichtbar. Bei Merleau-Ponty bekam das Austauschverhältnis des Körpers der Zuschauerin mit dem Filmkörper eine konkretere Grundlage. Das ›Fleisch‹ als Verflechtung des Bewusstseins mit der Welt ließ Film als eine Form der Kommunikation, die durchaus zugleich Konstruktion sein kann, erscheinen.[2] Im Folgenden möchte ich mit Siegfried Kracauer eine andere Seite dieser Wahrnehmung – die Seite

---

1 Siegfried Kracauer: Ginster. Von ihm selbst geschrieben (1928). Werke 7, Romane und Erzählungen, hrsg. von Inka Mülder-Bach, Frankfurt am Main 2004, S. 247.
2 Ich habe oben aufgezeigt, dass im Zusammenhang des verstehenden Wechselverhältnisses mit der Welt eine indefinite Produktion von Sinn stattfindet.

der aufgenommenen Welt in Beziehung zur Erfahrung eines spezifischen historischen Subjekts – stärker in das Blickfeld rücken. Kann es im Kino nur um körperliche Affizierung oder um die Wahrnehmung einer anderen Wahrnehmung gehen? Ginge es damit nicht immer nur um die Seite des Subjekts oder um dem Subjekt ähnliche Strukturen? Nähert sich die Kinozuschauerin im Kino nicht auch dem Wahrgenommenen an? Was nimmt sie wahr und was erfährt sie dadurch über sich und ihre Zeit? Was zeigt dieses Wechselverhältnis über die Zuschauerin und ihre reale gesellschaftliche Situation?

Kracauers historisch reflektierter und kritischer Ansatz, seine Kritik des Verlusts des Zugangs zur konkreten Welt in der Moderne, lassen noch einmal einen anderen Blick auf Filmwahrnehmung, auf die körperliche Erfahrung im Kino zu. Im Unterschied zu dem sich bei Merleau-Ponty in der körperlichen Wahrnehmung ergebenden chiastischen Wechselverhältnis von Körper und Welt wird die Zuschauerin bei Kracauer durch die photographischen Eigenschaften des Mediums mit ihrem eigenen Naturfundament konfrontiert, ihrer Sterblichkeit und ihrer Fragmentierung. Subjekt und Objekt der Wahrnehmung nähern sich nicht nur einander an und vertauschen sich. Der Doppelcharakter der Wahrnehmung, den wir bei Merleau-Ponty kennengelernt haben, wird hier auch zur Konfrontation des Subjekts mit seiner eigenen historischen Verdinglichung.[3]

Angesichts der Entfremdung des Subjekts in der Moderne wird das Kino in Kracauers *Theorie des Films*[4] zu einem Ort der Rettung: Rettung dessen, was ohne die Vermittlung dieses Mediums nicht mehr zugänglich ist durch Modernisierungsprozesse, den Zusammenbruch idealistischer Glaubensvorstellungen und die zunehmende Abstraktion der positivistischen Wissenschaften; Rettung als Bewahrung dessen, was überhaupt noch wahrnehmbar ist; oder, um eine andere mögliche Übersetzung von ›redemption‹ aufzugreifen: um eine Erlösung oder Rettung der Wahrnehmung selbst – die Möglichkeit eines anderen Denkens durch sinnliche Wahrnehmung. Wichtig ist hierbei aber, dass es für Kracauer nicht um ein ›Zurück‹ geht. Es geht im Gegenteil um neue Erfahrung, ermöglicht durch ein Medium, das die positivistische Weltsicht durch Fragmentierung und Offenlegung von Materialität auf die Spitze treibt und dadurch neue Wege

---

3 So vor allem in *Die Photographie* (1927). In: Siegfried Kracauer: Das Ornament der Masse. Frankfurt am Main 1977, S. 21-39.
4 Siegfried Kracauer: Theorie des Films. Die Errettung der äußeren Wirklichkeit. Frankfurt am Main 1985. Im Original: Theory of Film. The Redemption of Physical Reality, New York 1960. Im Folgenden zitiert als »Theorie«.

des Zugangs schafft.⁵ Allerdings dürfen diese Möglichkeiten nicht durch neue idealistische Vorstellungen, imaginäre Einheiten überdeckt werden. Diese Möglichkeiten zu bewahren, Reste konkreter Wirklichkeit der Erfahrung zugänglich zu machen, das ist die Intention vor allem von Kracauers Spätwerk, die in *Geschichte – Vor den letzten Dingen*⁶ zum Tragen kommt.

Ich möchte im Folgenden von der *Theorie des Films* ausgehen und zunächst die von Kracauer beschriebenen ästhetischen Eigenheiten des Mediums in den Vordergrund stellen. Von diesen ästhetischen Eigenschaften und Affinitäten komme ich über die körperliche Affizierung der Zuschauerin zu dem sich daraus ergebenden Wechselverhältnis mit dem Wahrgenommenen, das ich als Mimesis beschreiben möchte, das heißt, als ein zärtliches Verhältnis der Anschmiegung. Die ästhetischen Eigenheiten des Mediums ermöglichen mit der spezifischen Kinosituation eine mimetische Erfahrung der Annäherung an die physische Wirklichkeit. Die Form dieser Annäherung möchte ich von der Vorstellung eines naiven Realismus der Repräsentation abheben, wie er Kracauer oft zum Vorwurf gemacht wurde.

Durch die Erfahrung von Materialität im Kino wird die Vorstellung eines einheitlichen stabilen Zuschauerinnensubjekts hinterfragt. Das Kino wird zum Medium der Kritik – der Kritik eines herrschaftlichen Subjekts, welches sich über seinen Blick das Wahrgenommene aneignen will. Dabei gilt es, zwei Tendenzen zu untersuchen und in ein Verhältnis zueinander zu stellen: die direkte Einwirkung auf den Körper der Zuschauerin in der Art des Benjamin'schen Schocks und das bewahrende, aber auch konfrontierende Moment des ›Sehen-Machens‹.⁷ Diese beiden Tendenzen werden vor allem in den Vorentwürfen Kracauers zur *Theorie des Films*, den *Marseiller Entwürfen*,⁸ deutlich, welche die Filmwissenschaftlerin Miriam Hansen in einer prägnanten Analyse der späteren Veröffentlichung gegenübergestellt hat.⁹

Als ein Massenmedium trägt das Kino mit diesen beiden Tendenzen ein subversives Potential, dessen Analyse sich auch durch Kracauers Arbeit als

---

5 Statt ihr, wie Merleau-Ponty annimmt, eine ganzheitliche, leibhaftige Wahrnehmung entgegenzusetzen.
6 Siegfried Kracauer: Geschichte – Vor den letzten Dingen. Schriften 4, Frankfurt am Main 1971. Originaltitel: History. The Last Things Before The Last. Oxford 1969. Im Folgenden zitiert als: »Geschichte«.
7 Der Begriff des ›Sehen-Machens‹ stammt von Gertrud Koch. Dies.: Kracauer zur Einführung. Hamburg 1996, S. 136.
8 Siegfried Kracauer: [»Marseiller Entwurf« zu einer Theorie des Films]. In: Werke 3, Theorie des Films, hrsg. von Inka Mülder-Bach, Frankfurt am Main 2005, S. 521-779.
9 Miriam Hansen: »With skin and hair«: Kracauer's Theory of Film, Marseille 1940. In: Critical Inquiry, 19, 3, Spring 1993, S. 437-469.

Filmjournalist zieht. Kracauer ging es immer auch darum, dieses Potential eines vermittelnden und aufklärenden Massenmediums an diese Masse selbst zu vermitteln.[10] Ebenso spiegelt sich die mimetische Zärtlichkeit des Films und der Wahrnehmung in seiner Art des Schreibens, die den vermittelten Gegenstand bestehen lässt. Im Unterschied zu Merleau-Ponty und Deleuze implizieren diese Kritiken eine ständige Selbstthematisierung Kracauers als Zuschauer. Dieser befindet sich damit auf zwei Seiten – beschreibt gleichzeitig phänomenologisch seine eigene Kinolust und übt distanzierende Kritik. Der Bezug zur Zeitgeschichte verläuft immer über die Person Kracauer selbst. Im Unterschied zur Darstellung einer Theorie der Filmwahrnehmung bei Merleau-Ponty oder Deleuze, kann daher die Person Kracauers aus einer Darstellung seiner Filmtheorie nicht ausgeklammert werden.

Film ist für Kracauer kein Objekt seiner Philosophie, sondern Philosophie beziehungsweise Subjektkritik selbst. Anders als bei Deleuze handelt es sich aber um erfahrendes, statt um reflektierendes Denken, um Denken als konkretes Leben und Offenhalten von Möglichkeiten. Diese Erfahrung läuft über die dem Film eigene Materialität – über die Dinge und den Fragmentcharakter, den das Subjekt als ebenfalls Fragmentarisiertes im Kino erfahren kann. In Kracauers Filmkritiken wirkt latent, was in seinen Essays der Weimarer Zeit explizit diskutiert wird: Seine Kritik der verdinglichenden Rationalität, aber auch seine Hoffnung in die Kraft der Negativität und das neue Massenpublikum. Gerade in der Verdinglichung, in dem Verlust falscher Erinnerungsbilder in der ›Zerstreuung‹ oder in der Abwesenheit von Sinn in der ›Langeweile‹ liegt auch die Hoffnung auf einen dialektischen Umschlag der Rationalität durch ein neues Bewusstsein der Massen.[11]

Diese Hoffnung auf einen Umschlag, ermöglicht durch den negierenden, das heißt ›unmenschlichen‹ Blick der Photographie, weicht nach dem zweiten Weltkrieg immer mehr der Hoffnung auf Bewahrung be-

---

10 Die Haltung der Vermittlung zeigen der Filmwissenschaftler Drehli Robnik – anhand einer Analyse von Kracauers Filmkritiken – und der Publizist Helmut Stalder – anhand einer Analyse des journalistischen Essayismus Kracauers – auf. Drehli Robnik: Leben als Loch im Medium. Die Vermittlung des Films durch Siegfried Kracauer (zumal in seinen Kleinen Schriften zum Film). In: kolik.film / Dossier Filmvermittlung – Filmpublizistik, Wien 2004, Sonderheft 2, S. 39-47; Helmut Stalder: Siegfried Kracauer. Das Journalistische Werk in der ›Frankfurter Zeitung‹ 1921-1933. Würzburg 2003.
11 Ich werde in diesem Zusammenhang die von Kracauer in *Das Ornament der Masse* gesammelten Essays diskutieren. Siegfried Kracauer: Das Ornament der Masse. Essays (1920-1931), Frankfurt am Main 1977.

ziehungsweise der Ermöglichung von Erfahrung durch Wahrnehmung. Neben den Potentialen einer ›unmenschlichen‹ Wahrnehmung steht nun auch die Möglichkeit der Wahrnehmung des Unmenschlichen durch den Film, des Grauens des Zweiten Weltkriegs, welche ebenfalls für die Erfahrung bewahrt werden muss. Mit der Zusammenführung dieser Aspekte mimetischer, aber auch ›unmenschlicher‹ Wahrnehmung in *Geschichte* in der Vorstellung von ›aktiver Passivität‹, lassen sich die unterschiedlichen Aspekte der Filmwahrnehmung – körperlich, leibhaftige Wahrnehmung (Merleau-Ponty), das Aufbrechen der alltäglichen Wahrnehmung (Deleuze) und der subjektkritische und historische Ansatz (Kracauer) – in einer erkenntnistheoretischen und geschichtsphilosophischen Ethik des Kinos verbinden. In der Arbeit der Historikerin, die ›Reste‹ und ›Abfälle‹ sammelt und bewahrt, die sonst weder beachtet noch erhalten werden und gerade dadurch Aufschluss über Zeiten, Subjekte und deren Zugang zur Welt geben, ermöglicht über eine Art produktive Anschmiegung an das Wahrgenommene, lassen sich die drei Ansätze miteinander in Kontakt bringen. Der Film MEIN LEBEN TEIL 2 (D 2003) von Angelika Levi, den ich am Ende dieser Untersuchung diskutiere, soll schließlich diese Ethik des Ermöglichens einer anderen Wahrnehmung, die Leibhaftigkeit und Geschichte vereint, anschaulich machen.

Eine Ästhetik des Films?

Die *Theorie des Films* versperrt sich der Leserin etwas, zeigt sie sich doch zunächst als eine normative Form der Filmästhetik. Wegen seiner *Theorie des Films* wurde Kracauer lange Zeit als Vertreter eines naiven dogmatischen Realismus gesehen,[12] ordnet doch die Unterteilung dieses Buches in realistische und formgebende Tendenzen Letztere der Ersteren unter. Doch das Beharren auf der realistischen Tendenz zeigt sich schließlich eher als eine ethische Utopie der Ermöglichung von Wahrnehmung, denn als normative Ästhetik.

Schon in der Einführung über die photographischen Grundlagen des Films widerspricht Kracauer bereits der ihm zugeschriebenen Theorie einer realistischen Spiegelung der Welt:

---

[12] Die in Amerika 1960 publizierte *Theorie des Films* war dort richtiggehend Anfeindungen ausgesetzt, so zum Beispiel von Dudley Andrew: The Major Film Theories: An Introduction. London, Oxford, New York 1976.

»In Wirklichkeit gibt es diesen Spiegel gar nicht. Fotografen kopieren die Natur nicht bloß, sondern verwandeln sie dadurch, daß sie dreidimensionale Erscheinungen ins Flächenhafte übertragen und so aus dem Zusammenhang ihrer Umwelt lösen, wobei Schwarz, Grau und Weiß anstelle des Farbenspiels treten. Was aber den Vergleich mit einem Spiegel vollends unmöglich macht, sind nicht einmal so sehr diese unvermeidlichen Verwandlungen – die man außer Betracht lassen kann, weil, ihrer ungeachtet, Fotografien dennoch den Charakter von unabdingbaren Reproduktionen bewahren – es ist vielmehr die Art, in der wir die sichtbare Realität zur Kenntnis nehmen.«[13]

Gerade die, dem Realismus verpflichtete, »fotografische Einstellung« beschränkt sich nicht auf eine bloße Wiedergabe der Realität, sondern impliziert den Gestus des ›Sehen-Machens‹.[14]

Im Folgenden stelle ich kurz die grundlegenden ›photographischen‹ und ›filmischen‹ Eigenschaften des Films dar, die Kracauer herausarbeitet. Dabei geht es mir darum zu zeigen, dass auch bei der *Theorie des Films* die »realistische Tendenz« des Films keineswegs mit einer realistischen Wiedergabe der Welt zu tun hat.[15] Vielmehr geht es Kracauer um Zugänge zu bestimmten Aspekten der Wirklichkeit, welche über die Affinitäten von Photographie und Film möglich werden. Es geht ihm um einen bestimmten Blick, um ›registrierende‹ und ›aufdeckende‹ Funktionen.

Film baut für Kracauer auf Photographie auf. Er erweitert zwar die Photographie, teilt aber deren grundlegende Eigenschaften und folgt daher ebenfalls der photographischen Grundeinstellung des Realismus. Da er der Photographie entwächst, muss Film auch deren realistischer Tendenz gerecht werden:

»Die Einstellung des Fotografen zu seinem Medium kann man ›fotografisch‹ nennen, wenn sie dem ästhetischen Grundprinzip entspricht. Das

---

13 Theorie, S. 40. Die Annahme einer durch die Zurücknahme der subjektiven Ordnungsprinzipien entfremdeten Wahrnehmung der Photographin wird im Zusammenhang der Exterritorialität eine wesentliche Rolle spielen.
14 Kracauer macht sich keine Illusionen über einen ungeformten, unmittelbaren Zugang zur Welt. Das Sichtbarmachen durch photographische Eigenschaften des Films erfolgt nicht automatisch. Gertrud Koch betont in ihrer Einführung in das Werk Kracauers die Rolle der Performanz für Kracauer: »Keineswegs ist es so, daß die Kompetenz der Sichtbarmachung automatisch im Sinne eines technischen Apriori vorzustellen ist. Die Sichtbarmachung setzt Wahrnehmungsvermögen voraus.« Koch, Kracauer zur Einführung, S. 136.
15 Klarer wird dieser bestimmte Zugang allerdings in den Marseiller Entwürfen, welche ich im Anschluss an die *Theorie des Films* untersuchen werde.

heißt aber, daß er im ästhetischen Interesse unter allen Umständen der realistischen Tendenz folgen muß.«[16]

Die ›fotografische Einstellung‹ des Films berücksichtigt vier Affinitäten des Mediums Photographie, welche nach Kracauer auch für den Film grundlegend sind. Den weiteren Eigenschaften von Film und Photographie voraus geht die Annahme einer Affinität der Photographie zur »ungestellten Realität«:

»Aufnahmen, die uns in ihrem Wesen nach unmittelbar fotografisch anmuten, scheinen der Absicht zu entspringen, Natur im Rohzustand wiederzugeben, so wie sie unabhängig von uns existiert. Nun ist Natur besonders dort unserem Zugriff entzogen, wo sie sich in flüchtigen, rasch wechselnden Erscheinungen zu erkennen gibt, die nur die Kamera zu bannen vermag.«[17]

Die anderen Affinitäten bauen im Wesentlichen auf dieser Grundannahme des Zugangs der Kamera zur Flüchtigkeit der »Natur im Rohzustand« auf. Die Affinitäten zu bestimmten Aspekten der Wirklichkeit stehen damit in einem unmittelbaren medialen Zusammenhang, denn das Medium Photographie sowie der Film können durch ihre apparativen Eigenschaften Aspekte der Wirklichkeit erfahrbar machen, welche nur durch die Kamera eingefangen werden.[18]

Vor allem die Affinität der »Akzentuierung des Zufälligen« gründet im Bemühen der Photographie »um ungestellte Wirklichkeit«,[19] denn durch den Zugang zum Flüchtigen kann auch das Nichtintendierte erfahrbar gemacht werden. Der dritten Affinität, der »Vorstellung von Endlosigkeit«, liegen wiederum die »Zufallskomplexe« zugrunde, denn diese stellen notwendigerweise keine ganzheitlichen Zusammenhänge dar, sondern nur Fragmente. Durch die Affinität des Zufalls hält »ein Foto [...] dem Medium nur dann die Treue, wenn es den Gedanken der Vollständigkeit ausschließt.«[20] Schließlich hat die Photographie eine »Affinität zum Unbestimmbaren«, nur sie kann Rohmaterial einfangen, »ohne es zu definieren«.[21]

16 Theorie, S. 38.
17 Ebd., S. 45.
18 Wenn man im Zusammenhang des Einfangens der Natur im Rohzustand durch den filmischen Film von Realismus sprechen möchte, so ist dies ein Realismus, ›der anders ist‹, denn er spiegelt keine zugrunde liegende bekannte Realität.
19 Theorie, S. 45.
20 Ebd., S. 46.
21 Ebd., S. 47.

Alle diese Affinitäten der photographischen Apparatur sind dennoch abhängig von einem gewissen Umgang mit dem ›Rohmaterial‹. Der Zugang zu zufälligen, unbestimmbaren oder auf die Unendlichkeit hin geöffneten Momenten ist nicht herstellbar, sondern muss gefunden werden durch eine anschmiegende (mimetische) Form der Wahrnehmung.[22] Andererseits sind diese Momente abhängig von der Art der Darstellung, von ihrer Vermittlung.[23] Keine gewaltsame Konstruktion darf die obigen Affinitäten zugunsten der Kunst ausschalten, »so daß das ins Blickfeld gerückte Rohmaterial intakt bleibt wie auch transparent gemacht wird«.[24] Nur durch die Aufgabe der eigenen gestalterischen Unabhängigkeit wird der Photograph dem Medium gerecht, das nach einem Gleichgewicht von »Wirklichkeitstreue und formgebendem Bemühen« verlangt.[25] Dieses Gleichgewicht erreicht er durch die Wahrnehmung der Dinge, das ›Lesen‹ im »Buch der Natur«[26], welches sich, um der ›fotografischen Einstellung‹ des Films zu entsprechen, durch gestalterische Zurücknahme auszeichnet.

Die mit den Grundeigenschaften des Films zusammenhängenden Affinitäten zur ungestellten Realität, zum Zufälligen, zum Unbestimmbaren und zur Endlosigkeit, sind im Wesentlichen mit denen der Photographie identisch. Über die vier photographischen Grundeinstellungen hinaus, die der Film mit der Photographie teilt, zeichnet er sich aber durch seine Ausdehnung in der Zeit, Montage und Bewegung aus, wodurch sich weitere Affinitäten ergeben. Trotz der geteilten ›fotografischen Einstellung‹ unterscheidet sich der Zugang des Films zur Welt dadurch in seinen medienspezifischen Eigenschaften.

> »Bei der Sichtbarmachung physischer Existenz gehen Filme in zweierlei Hinsicht anders vor als Fotografie: sie stellen die Realität dar, wie sie sich in der Zeit entfaltet; und sie bedienen sich dazu filmtechnischer Verfahren und Tricks. Folglich fallen die registrierenden und die enthüllenden Funktionen der zwei verwandten Medien nur teilweise zusammen.«[27]

22 Vgl. ebd., S. 42,
23 Vgl. ebd., S. 42.
24 Ebd., S. 50.
25 Ebd., S. 41.
26 Ebd., S. 42. Im Kapitel über die Episode wird er den »wahren Filmregisseur« als jemanden charakterisieren, »der mit dem Erzählen einer Geschichte beginnt, während der Dreharbeit aber so überwältigt wird von seinem eingeborenen Verlangen, die gesamte physische Realität einzubeziehen, [...] daß er sich immer tiefer in den Dschungel der materiellen Phänomene hineinwagt, auf die Gefahr hin, sich unrettbar darin zu verlieren, wenn er nicht mittels großer Anstrengung zur Landstraße zurückfindet, die er verlassen hat.« Ebd., S. 336.
27 Ebd., S. 71.

Die photographischen Affinitäten werden im filmischen Medium also durch andere registrierende und enthüllende Funktionen, das heißt andere Möglichkeiten der Registrierung und der Enthüllung von Phänomenen in der Zeit erweitert. Aber auch die zusätzlichen Eigenschaften müssen sich Kracauer zufolge der ›fotografischen Grundeinstellung‹ unterordnen.

Unter den von der Photographie verschiedenen ›registrierenden‹ Funktionen zeichnet sich vor allem die Bewegung aus. In der Möglichkeit der Darstellung von Bewegung liegt ein Unterschied zur Photographie, der gerade für die mimetischen Fähigkeiten des Films von Bedeutung ist, denn in ihr liegt die daraus hervorgehende Affinität zum »Fluß des Lebens«.[28] Die Eindrücke der ungestellten Realität und des Zufälligen werden zweifellos ebenfalls durch die Darstellung der Bewegung verstärkt. Die Affinität zur Endlosigkeit hängt dagegen mit der Beweglichkeit von Kamera und Schnitt zusammen, die ›Wanderrouten‹ durch »das Kontinuum physischer Realität«[29] begehen. Auf diese Art und Weise des Ortswechsels und des Nebeneinanders stellt der Film räumlichen Zusammenhalt zwischen ganz verschiedenen Orten her. Es ist dieser Zusammenhalt, welcher der Zuschauerin eine Art »Solidarität des Universums« vermittelt.[30]

Die Darstellung von Bewegung, welche nur von der Kamera eingefangen werden kann, bezeichnet Kracauer als ›filmisch‹. Er unterteilt sie in drei Gruppen: die Verfolgungsjagd als Höchstmaß physischer Bewegung, den Tanz als Integration der Tänzer in die physische Realität durch ihre Bewegung und die aus der Reglosigkeit entstehende Bewegung, welche die Wirkung derselben verstärkt. Ebenfalls in diesen Zusammenhang der registrierenden Funktionen setzt Kracauer aber auch die leblosen, unbeweglichen Gegenstände, welche durch die Kamera ein Eigenleben bekommen, auch ohne sich zu bewegen.

Kontinuität, Gleichzeitigkeit, die Bewegung von Ursache zu Wirkung, die Annäherung an einen Gegenstand als Bewegung, die Auflösung sich bewegender Phänomene zu rhythmischen Strukturen – alle diese Eigenschaften von Bewegungen nähern, Kracauer zufolge, die filmische Wahrnehmung der ›solidarischen Einheit‹ mit der aufgenommenen Materialität an. Diese Wahrnehmung übersteigt dadurch die Bedeutung der Narration.

---

28 Ebd., S. 95.
29 Ebd., S. 100.
30 Ebd., Kracauer übernimmt den Begriff von Albert Laffay, der von den Ortswechseln in Reisefilmen sagt, »daß sie ›das Universum nach allen Richtungen hin erschließen und uns seine ins Endlose gehende Solidarität ermessen lassen.‹« (Albert Laffay: »Les grands thèmes de l´écran«, La revue du cinema, April 1948, Bd. II, Nr. 12:7, S. 9f.), Theorie, S. 100.

> »Das wahre Material ist demnach nicht bloß Leben in der Dimension artikulierter Bedeutungen, sondern Leben unterhalb der Bewußtseinsschwelle – ein Geflecht von Eindrücken und Ausdrücken, das tief in physische Existenz hinabreicht.«[31]

Die Vorstellung eines Lebens unterhalb der Bewusstseinsschwelle ähnelt der Materiebewegung des reinen Bewegungs-Bildes vor jeglicher subjektiven Brechung bei Deleuze. Für Kracauer ist es eine umfasssendere, sowohl materielle als auch geistige Wirklichkeit, die hier durch eine andere Form der Wahrnehmung im Kino möglich wird. Dieser anderen Wahrnehmung liegt auch hier die Bewegung in der Zeit zugrunde, welche die photographische Affinität zur Unbestimmbarkeit verstärkt. Selbst das zunächst noch Bestimmbare kann sich verändern durch wechselnde Zusammenhänge.

> »Naturobjekte sind [...] von einer Vieldeutigkeit, die eine Fülle verschiedener Stimmungen, Emotionen, unartikulierter Gedankengänge auslösen kann; mit anderen Worten, sie haben eine theoretisch unbegrenzte Zahl psychischer und geistiger Entsprechungen.«[32]

Das Verhältnis des Subjekts zur Welt, das Kracauer hier beschreibt, ist ein körperliches, in dem wie bei Merleau-Ponty und Deleuze die Grenzen zur Welt keineswegs klar gesetzt sind. Gerade die Unbestimmbarkeit der filmisch dargestellten Realität lässt diese physisch erfahrbar werden, indem sie über physische Entsprechungen in den eigenen körperlichen Bezug zur Welt integriert wird und Ähnlichkeiten hergestellt werden.

Neben den ›registrierenden‹ Funktionen des Films haben auch die ›enthüllenden‹ Funktionen ein weiteres Spektrum als in der Photographie und können Zugang zu tieferen, körperlichen Schichten der Wahrnehmung verschaffen.

> »Sie tendieren dazu, Dinge zu enthüllen, die man normalerweise nicht sieht; ferner Phänomene, die das Bewußtsein überwältigen; schließlich gewisse Aspekte der Außenwelt, die ›Sonderformen der Realität‹ genannt werden mögen.«[33]

Zu den enthüllenden Funktionen gehört das Sichtbarmachen sonst unsichtbarer Dinge. Die enthüllende Funktion der Darstellung der Bewegung konzentriert sich auf das Flüchtige, sonst kaum Wahrgenommene;

---

31 Ebd., S. 104.
32 Ebd., S. 105f.
33 Ebd., S. 77.

das für unsere Wahrnehmung zu Langsame, jetzt durch Zeitrafferaufnahmen Festgehaltene; und andererseits auf die zu schnellen Bewegungen, die erst in Zeitlupenaufnahmen sichtbar werden. Andere enthüllende Funktionen des Films nähern sich Grenzfällen der Wahrnehmung an, wie die Sichtbarmachung der zu kleinen oder zu großen Dinge, und der enthüllenden Vergrößerung im Allgemeinen, die ein Gesicht zu einer leblosen Landschaft werden lassen kann.

»Jede Großaufnahme enthüllt neue und unerwartete Formationen der Materie; das Gewebe einer Haut erinnert an Luftaufnahmen, Augen verwandeln sich in Seen oder vulkanische Krater.«[34]

Die Großaufnahme macht sonst nicht sichtbare Mikrostrukturen sichtbar. Gerade diese enthüllenden Funktionen sind es, die, neben der sich der Identifikation entziehenden Bewegung, für die Annahme einer anderen körperlichen Wahrnehmung wichtig sind, denn etwas Unbekanntes kann nicht sofort verstehend eingeordnet werden. Unbekanntes wird zunächst in seinen Oberflächen tastend erfahren. Intentionslose, nicht gleich erkennbare Materie, welche die gewohnte Wahrnehmung überschreitet, wird eher haptisch wahrgenommen als narrativ gelesen.[35] Die Betrachtung eines Paars Hände in Großaufnahme, argumentiert Kracauer, lässt deren Funktion vergessen.

»Vom übrigen Körper abgetrennt und riesig vergrößert, werden sie zu unbekannten, von eigenem Leben erfüllten Organismen. Großaufnahmen – das heißt Bilder aus nächster Nähe – verwandeln ihre Objekte dadurch, daß sie sie vergrößern.«[36]

Auch das Große, eine Landschaft oder eine Menschenmasse, kann durch den filmspezifischen Wechsel von Totale und Naheinstellung näher gebracht werden.

Zu den gewöhnlich unsichtbaren Dingen gehören aber auch die durch kulturelle Normen gemeinhin unbeachteten ›Ausfallserscheinungen‹, die nicht wahrgenommen werden, weil sie sich den üblichen Codes entziehen. Diese können von der Kamerafrau unbemerkt in den Film gelangen und entziehen sich so der Konstruktion.[37] Zur Verdeutlichung eines solchen

---

34 Ebd., S. 80.
35 Vgl. Thomas Morsch: Somatische Theorien des Kinos. Unveröffentlichtes Manuskript, Magisterarbeit an der Ruhr-Universität Bochum 1996, S. 76.
36 Theorie, S. 79.
37 Vgl. Helmuth Lethen: Sichtbarkeit. Kracauers Liebeslehre. In: Siegfried Kracauer.

Moments gibt Kracauer eine Darstellung des ethnologischen Filmemachers John Maddison wieder:

> »Die Rolle, die kulturelle Normen und Traditionen bei dieser Ausschaltung unseres Wahrnehmungsvermögens spielen, tritt anschaulich in einem Bericht hervor, der die Reaktionen afrikanischer Eingeborener auf einen an Ort und Stelle gedrehten Film schildert. Nach der Vorführung redeten die Zuschauer, denen allen das Medium noch neu war, lebhaft über ein Huhn, das ihnen angeblich aufgefallen war, wie es Körnchen aus dem Schlamm aufpickte. Der Filmregisseur hatte selbst nichts dergleichen bemerkt und vermochte auch nach mehreren Vorführungen das Huhn nicht zu entdecken. Hatten die Eingeborenen es bloß geträumt? Erst als er den Film noch einmal Meter für Meter durchging, gelang es ihm, das Huhn ausfindig zu machen: es tauchte für einen flüchtigen Augenblick in der Ecke eines Bildes auf und verschwand dann auf Nimmerwiedersehen.«[38]

Das Huhn wurde zuerst übersehen, weil es für unseren westlichen, durch bestimmte zweckrationale Wahrnehmungsmuster geprägten Alltag keine Bedeutung hat und doch ging es in das Filmmaterial ein, da sich dieses, wenigstens zum Teil, der Intention der Produzenten entzog.

Filmische ›Ausfallserscheinungen‹, die nur im Alltag unbeachtet sind, im Film aber plötzlich Aufmerksamkeit gewinnen, öffnen neue Relationen zwischen Figuren. Dies sind zum Beispiel die ungewöhnlichen Komplexe, ermöglicht durch die filmische Fragmentierung. Besondere Aufmerksamkeit richtet der Film aber auf ›Abfälle‹, die als solche aus der alltäglichen Wahrnehmung ausgeblendet werden. Als Reste werden sie zu materiellen Trägern der unzensierten Wirklichkeit. Diesen ›Abfällen‹ der Wirklichkeit muss der Film in seiner Form gerecht werden.[39] Die Handlung von ›filmischen‹ Spielfilmen lässt der Kamera genug Raum neben der Handlung, »die ihr angeborene Neugier zu befriedigen und als ›Lumpensammler‹ zu fungieren«.[40] ›Unfilmisch‹ dagegen sind für Kracauer Filme, die durch zu gut konstruierte Handlungen keinen Platz für die Betrachtung von Resten

---

Neue Interpretationen, hrsg. von Michael Kessler, Thomas Y. Levin, Tübingen 1990, S. 195-228, hier S. 196.
38 Theorie, S. 86. Die Darstellung bezieht sich auf John Maddison: Le cinéma et l'information mentale des peuples primitifs. In: Revue internationale de filmologie, 1948, Bd. 1, Nr. 3/4, S. 307f.
39 Vgl. Theorie, S. 87.
40 Ebd.

mehr lassen. In durchkonstruierten, organische Ganzheit vorspiegelnden, geschlossenen Kunstwerken gehen die filmischen Affinitäten verloren.[41]

Neben den ausgeblendeten ›Abfällen‹ wird gerade das Allzuvertraute des täglichen Lebens nicht wahrgenommen und tritt erst durch die Kamera in das Bewusstsein. Dadurch wird selbst der gewohnte Alltag fremd. Filme »entfremden unsere Umwelt, indem sie sie exponieren«, zum Beispiel durch ungewöhnliche Kamera-Einstellungen.[42] Die herausragendste enthüllende Funktion hat der Film aber bei Phänomenen, die eigentlich zu intensiv oder zu grausam für unser Bewusstsein sind, sodass wir sie erst durch die filmische Vermittlung ertragen und ansehen können. Im Gegensatz zur Lust an der Gewalt, der Schaulust,[43] geht es hier um Bewusstwerdung. Der Film macht sichtbar, was sonst in innerer Erregung untergehen würde.[44] Damit kann Film Realität und falsche Vorstellung durch entlarvende Konfrontation gegenüberstellen, aber auch als Zeuge verdrängter, gefürchteter Phänomene dienen. Als ein Zeuge ermöglicht er durch seine medialen Eigenschaften die Konfrontation mit sonst nicht ertragbaren Phänomenen. Neben diesen Phänomenen stehen noch die Sonderformen der Realität, wie zum Beispiel extreme Gemütszustände, deren Verzerrungen sich durch Kamera und Schnitt vermitteln lassen.

Diese spezifischen Sichtweisen auf die Welt werden zwar über die Form vermittelt und doch geben sie auf ihre nur durch den Film mögliche Art und Weise die Wirklichkeit wieder. Vor allem die über die Affinitäten der Photographie hinausgehenden Eigenschaften des Films überschreiten die alltägliche Wahrnehmung. Am Beispiel von Flugaufnahmen zeigt Kracauer eine Entfremdung der Wahrnehmung auf, die keinerlei Nähe mehr mög-

---

41   Es ist das ›In den Vordergrund-Stellen‹ der Abfälle, an dem durch die Kracauer'schen Überlegungen zum Film seine ›Philosophie‹ durchschimmert – ein Denken das sich auch um ›Abfälle‹ sorgt, sie einsammelt, archiviert und einen Platz zuweist. Wie eine Art ›Lumpensammler‹ kümmert er sich generell um das, was sonst nicht beachtet wird und stellt es allem abgeschlossenen Denken gegenüber. Ich werde auf diese Aspekte des Kracauer'schen Denkens vor allem bei der Darstellung seines eigenen Schreibens und im Zusammenhang mit Geschichte eingehen.
42   Ebd., S. 88.
43   Vgl. zur Schaulust den grundlegenden Text von Walter Serner: Kino und Schaulust (1913). In: Kino-Debatte. Texte zum Verhältnis von Literatur und Film 1909 – 1929, hrsg. von Anton Kaes, Tübingen 1978, S. 55-58.
44   Ebd., S. 92. Gertrud Koch schreibt in *Athenes blanker Schild. Siegfried Kracauers Reflexe auf die Vernichtung* über die verdeckte Thematik der Shoah in dieser Vorstellung. Die Thematik kehrt unter der Überschrift »Das Haupt der Medusa« im philosophisch, theologischen Abschnitt der Errettung der physischen Wirklichkeit wieder. In: Dies.: Die Einstellung ist die Einstellung. Visuelle Konstruktionen des Judentums. Frankfurt am Main 1992, S. 127-142.

lich macht und keinen bisherigen Wahrnehmungscodes entsprechen kann; die Welt wird fremd. Dadurch bekommt seine Vorstellung von Realismus eine andere Dimension. Weiter oben habe ich diese materielle, nicht alltägliche Wahrnehmung mit Deleuze als ›unmenschliche‹ Wahrnehmung entwickelt – ich werde die ›unmenschliche‹ Wahrnehmung bei Kracauer sowohl im Zusammenhang der Photographie als auch in einem anderen Sinne später noch einmal in dem Abschnitt *Der Blick auf das Unmenschliche – Das Haupt der Medusa* aufgreifen.[45]

Tatsächlich vermittelt Film damit für Kracauer keinen ›realistischen‹, sondern einen materiellen, physischen Zugang zur Realität. Dieser Zugang wird einerseits nur durch die spezifischen technischen Eigenschaften des Mediums Film ermöglicht, andererseits läuft diese Vermittlung durch die Körper der Zuschauerinnen hindurch. Diese zweigleisige Vermittlung ist nicht rein an den Apparat des Kinos und den biologischen Körper der Zuschauerin gebunden. Für Kracauer steht diese Vermittlung historisch in einem bestimmten Verhältnis zur Beziehung zwischen Subjekt und Welt in der Moderne.

> »Vielleicht führt der Weg heute vom Körperlichen, und durch es hindurch, zum Spirituellen? Und vielleicht hilft uns das Kino, uns von ›unten‹ nach ›oben‹ zu bewegen? Es ist in der Tat meine Überzeugung, daß der Film, unser Zeitgenosse, eine definitive Beziehung zu der Epoche hat, in die er hineingeboren ist; daß er unseren innersten Bedürfnissen genau dadurch Rechnung trägt, daß er – zum ersten Mal – die Außenwelt exponiert und so, nach Gabriel Marcels Worten, unser Verhältnis zu ›dieser Erde, die unsere Wohnstätte ist‹, inniger gestaltet.«[46]

---

45 Nach dem Literaturwissenschaftler Helmuth Lethen entzieht sich Kracauers Darstellung der Filmwahrnehmung durch die Konzentration auf solche Grenzfälle dem Vorwurf, dass Wahrnehmung immer schon in Rastern funktioniere, wir nur schon Bekanntes wahrnehmen und die Vorstellung des Realismus daher immer schon naiv zu nennen sei. Kracauer könne so die These der Wahrnehmung der reinen Materialität jenseits der alltäglichen, identifizierenden Wahrnehmung belegen. Lethen sieht Kracauer hier im Zusammenhang der Postmoderne, die sich von Semiotik und deren universeller Codierung wieder absetzen will, indem er wie diese einen Bereich unterhalb der symbolischen Ordnung sucht. »Es ist ein Raum diffuser Wahrnehmung und provisorischer Artikulation, ein Reich, in dem keine vermittelnde Instanz aufkreuzen soll, um die Aufmerksamkeit vom Materiellen abzulenken. Husserl hätte in den Raum vorprädikativer Erfahrung genannt, Merleau-Ponty in ihm die Leibsphäre entdeckt«. Lethen, Sichtbarkeit, S. 210.
46 Theorie, S. 14. Vgl. Gabriel Marcel: Possibilités et limites de la L'art cinématographique. In: Revue internationale de filmologie (Paris, Juli-Dez. 1954), Band V, 18/19, S. 163-76.

Es geht Kracauer um einen Zugang zur Welt, nicht um Realismus im Sinne einer realistischen Repräsentation. Ebenso wenig geht es ihm um eine Ästhetik des Mediums Film, die für sich steht. In einem Brief an Adorno im Februar 1949 gesteht er diesem ein, dass es sich beim Film nur um einen »Vorwand« handle; sein eigentliches Interesse sei gerade die Erfahrung, die das Medium ermögliche und die daraus zu ziehenden Konsequenzen.[47] Nicht die realistische Abbildung der Welt ist daher für Kracauer von Interesse, sondern das Ermöglichen eines körperlich sinnlichen Zugangs. Dennoch liegt diesem Zugang eine ›fotografische Einstellung‹ des Films zugrunde.

Die Zuschauerin

Physische Welt und psychische Dimension – beides fasst Kracauer mit dem eher Bergson'schen Begriff des ›Lebens‹ zusammen. Der Film hat aufgrund seiner Beziehung zu Bewegung und Endlosigkeit die Möglichkeit, nicht nur das materielle Leben, sondern auch dessen Fluss einzufangen. Es ist vor allem der Zugang zum ›Fluss des Lebens‹, welcher den Film im Vergleich mit der Photographie und ihrem stillstellenden Blick auszeichnet und die Zuschauerin auf eine ganz bestimmte Art und Weise in das Geschehen involviert, welche die alltägliche Wahrnehmung überschreitet.

> »Aus dem eben Gesagten ergibt sich, daß filmische Filme eine umfassendere Wirklichkeit beschwören als jene, die sie faktisch abbilden. Sie weisen in dem Maße über die physische Welt hinaus, in dem die Aufnahmen oder Aufnahmefolgen, aus denen sie bestehen, vielfältige Bedeutungen mit sich führen. Dank dem fortwährenden Zustrom der so auf den Plan gerufenen psychophysischen Korrespondenzen deuten sie auf eine Realität hin, die passenderweise ›Leben‹ genannt werden mag. Dieser Begriff, wie er hier benutzt wird, bezeichnet eine Art von Leben, das noch, wie durch eine Nabelschnur, aufs engste mit den materiellen Phänomenen verbunden ist, aus denen seine emotionalen und intellektuellen Gehalte hervorgehen.«[48]

---

47 Vgl. Koch, Kracauer zur Einführung, S. 125. Auch bei Deleuze hatten wir oben den Film als Vorwand für Affekte und Perzepte akzeptieren müssen. Ich nehme Kracauer allerdings die Behauptung, Film sei nur ein Vorwand, nicht ab, denn sie steht im Widerspruch zu seiner lebenslangen Beschäftigung mit dem Film und seiner Liebe zu diesem, die sich in seinen Filmkritiken spiegelt.
48 Theorie, S. 109.

Während die charakteristische Eigenschaft der Photographie bei Kracauer in ihrem Verhältnis von stillstellender Aufnahme und Betrachtung eher als Dialektik von Erinnern und Vergessen gesehen werden kann, zeichnet sich Film für ihn durch seinen Zugang zum Körperlichen der Zuschauerin und deren körperliche Anschmiegung an die materielle Kontinuität aus.[49]

> »Dies weist auf Phänomene hin, die sich in doppelter Richtung vollziehen. Es sind nicht nur die gegebenen physischen Objekte, die als Anreize wirken; auch die psychologischen Vorgänge bilden Keimzellen, die ihrerseits physische Entsprechungen haben. [...] Der generelle Begriff ›psychophysische Entsprechungen‹ erstreckt sich auf all diese mehr oder minder ineinander verfließenden Beziehungen zwischen der physischen Welt und der psychologischen Dimension im weitesten Sinne des Wortes – einer Dimension, die an jenes physische Universum angrenzt und noch aufs engste mit ihm verknüpft ist.«[50]

Dieses ›Leben‹ vermittelt sich nicht kognitiv, sondern über ›psychophysische Entsprechungen‹, das heißt über den Körper der Zuschauerin. Gerade die Bewegung lässt die Zuschauerin sich als Teil einer Objektwelt erfahren und nicht als Ursache des Wahrgenommenen, beziehungsweise nicht als ein die wahrgenommene Welt beherrschendes Subjekt. Der Körper der Zuschauerin schmiegt sich in das Wahrgenommene an, wird Teil des wahrgenommen ›Fluss des Lebens‹.

Den Prozess der körperlichen Anschmiegung an dieses Wahrgenommene verdeutlicht Kracauer vor allem in dem Kapitel der *Theorie des Films* über die Zuschauerin. In diesem geht es um die spezifische Weise des Films, die Zuschauerinnen zu affizieren. Dabei hebt Kracauer hervor, dass der Film nicht, wie andere Medien, über eine Symbolsprache den Intellekt der Zuschauerin anspricht.

> »Ich gehe von der Annahme aus, daß Filmbilder ungleich anderen Arten von Bildern vorwiegend die Sinne des Zuschauers affizieren und ihn so zunächst physiologisch beanspruchen, bevor er in der Lage ist, seinen Intellekt einzusetzen.«[51]

Die Affizierung der Zuschauerin erfolgt gerade über die Wiedergabe der konkreten physischen Materialität und der Bewegung im Film, die körperliche Reaktionen auslösen.

---

49 Vgl. Koch, Kracauer zur Einführung, S. 134ff.
50 Theorie, S. 105f.
51 Theorie, S. 216.

»Erstens registriert der Film physische Realität um ihrer selbst willen. Und gepackt vom Realitätscharakter der Bilder auf der Leinwand, kann der Zuschauer nicht umhin, auf sie so zu reagieren, wie er auf die materiellen Aspekte der Natur im Rohzustand reagieren würde, die durch diese fotografischen Bilder reproduziert werden. Sie sprechen sein Sinnesvermögen an. Es ist, als ob sie ihn durch ihre bloße Gegenwart dazu drängten, sich unreflektiert ihre unbestimmbaren und oft amorphen Formen zu assimilieren.«[52]

Die Zuschauerin schmiegt sich den wahrgenommenen Oberflächen körperlich an, ohne darüber nachzudenken. Dabei ist es wichtig, der Kritik an Kracauers Realismus entgegenzuhalten, dass diese Assimilation nicht durch ikonische Repräsentation ausgelöst wird, sondern eher durch eine Präsentation des Materiellen, die durch das Medium physisch erfahrbar wird. Das Wahrgenommene ist nicht kognitiv aufzulösen. Präsentiert wird nicht die ›Wirklichkeit‹ der alltäglichen Wahrnehmung, sondern zugänglich werden vom Bewusstsein befreite »Naturreste«, die so ›zum ersten Mal‹ erfahrbar werden.[53] Die Annäherung an das Präsentierte durch die Zuschauerin erfolgt ›als ob‹ sie es real vor sich hätte. Aber es sind »Naturreste«, die sie nur über das Medium vermittelt so sehen kann.[54]

Die Assimilierung an das Wahrgenommene wird gefördert durch die, die Photographie überschreitende, Darstellung von Bewegung im Film.

»Nun scheint ihr Anblick einen ›Resonanz-Effekt‹ zu haben, der im Zuschauer kinästhetische Reaktionen wie zum Beispiel Muskelreflexe, motorische Impulse und ähnliches auslöst. Jedenfalls wirkt objektive Bewegung physiologisch stimulierend.«[55]

Diese Bewegung ist es vielleicht sogar, die erst die Erfahrung der Materialität überhaupt möglich macht, denn sie ›saugt‹ die Zuschauerin in den Film hinein und findet »Widerhall in körperlichen Tiefenschichten«.[56] Es geht in diesen Resonanzeffekten um die körperliche, kinästhetische Reaktion, ähnlich der körperlichen Wahrnehmung, die ich oben anhand des Begriffs des Leibes bei Merleau-Ponty untersucht hatte.

---

52 Ebd.
53 Vgl. auch Morsch, Somatische Theorie, S. 75f. Ich werde darauf im theoretischen Zusammenhang des Photographie-Aufsatzes zurückkommen.
54 Diesem Sehen ›wie zum ersten Mal‹ hatte ich mich oben mit Deleuzes rein optischen Situationen angenähert.
55 Theorie, S. 216.
56 Ebd.

»All dies begünstigt organische Spannungen, namenlose Erregungen. [...] Das Ich des Kinobesuchers, das die Quelle seiner Gedanken und Entscheidungen ist, zieht sich von der Szene zurück.«[57]

Durch die körperlichen Resonanzeffekte löst Film die Unabhängigkeit des Bewusstseins auf und ermöglicht andererseits eine Wahrnehmung vor festen Ich-Grenzen.[58] Diese Tendenz macht Kracauer an einer Unterscheidung der Kinobesucherin von der Theaterbesucherin fest. Die Theaterbesucherin erfahre sich zu jeder Zeit als distanziertes, eigenständiges Subjekt, während die Kinozuschauerin sich in das Geschehen hinein auflöse. Diese Bewegung in das Filmgeschehen hinein werde durch die Bewegung im Film und durch die Dunkelheit im Kino ermöglicht:

»Filme tendieren dazu, das Bewußtsein zu schwächen. Sein Rückzug vom Schauplatz mag durch die Dunkelheit gefördert werden. Dunkelheit verringert automatisch unseren Kontakt mit der Wirklichkeit, indem sie uns viele umweltliche Gegebenheiten vorenthält, die für angemessene Urteile und andere mehr geistige Tätigkeiten unentbehrlich sind. Sie schläfert den Geist ein.«[59]

Es ist also nicht nur der Film, sondern auch die Dunkelheit des Kinos, welche diese anschmiegende Wahrnehmung ermöglicht.[60] Kracauer schließt sogar den Aspekt der Kinosucht aufgrund der eben beschriebenen Eigenschaften nicht aus. Die Süchtigen

»[...] gehen nicht aus dem Wunsch ins Kino, einen bestimmten Film zu sehen oder angenehm unterhalten zu werden; wonach sie wirklich verlangen, ist, einmal vom Zugriff des Bewußtseins erlöst zu werden, ihr Ich im Dunkeln zu verlieren und die Bilder, wie sie gerade auf der Leinwand einander folgen, mit geöffneten Sinnen zu absorbieren.«[61]

Kinosucht scheint hier eher negativ konnotiert. Dennoch handelt es sich nicht nur um eine regressive Flucht vor den Ansprüchen des Ichs, sondern um eine Möglichkeit, diesen Ansprüchen zugunsten anderer Formen der

---

57 Theorie, S. 217.
58 Diesen für Kracauer positiven Aspekt verkörpert auf der Seite der Motive die Figur Chaplins, der innerhalb der Narration als ein Ich-loser Mensch diese Auflösung verdoppelt. Ich komme darauf weiter unten zurück.
59 Theorie, S. 217f.
60 Wie wir mit Singer gesehen haben, ist ein ebenfalls wichtiger Faktor für diese rauschartige Wirkung die Anwesenheit anderer in diesem dunklen Raum. Leider geht Kracauer hier auch nicht auf die Rolle des Kinos als sozialer Raum ein.
61 Ebd., S. 218.

Erfahrung zu entkommen. Diese Sucht nach dem Kino ist zugleich eine Suche nach Befreiung von Herrschaft – Herrschaft des Ichs und der zweckrationalen alltäglichen Wahrnehmung sowie der ökonomischen Zwänge.[62] Dem teilweise regressiven Potential dieser Suche entspricht, wie wir mit Deleuze anhand der kindlichen Wahrnehmung gesehen haben, immer auch ein befreiendes Moment der Möglichkeit der Wahrnehmung des Neuen. Nicht zuletzt spiegelt sich vor allem in Kracauers unzähligen Filmkritiken seine eigene Kinosucht.[63]

Im Zusammenhang der Kinosucht und des Kinodunkels ist auch der Traumcharakter des Films zu sehen. Diesen Traumcharakter macht Kracauer, und das ist mir wichtig, nicht an Inhalten und den surrealen Strukturen der Narration fest, sondern an der unmittelbaren, materiellen Beziehung zu den wahrgenommenen Dingen.[64] Die Traumartigkeit liegt hier auch nicht wie bei Baudry in der räumlichen Anordnung der Kinohöhle und deren Realitätseffekt begründet,[65] sondern gerade in der Affizierung durch photographische Bilder. Filme erscheinen als Traumbilder, die

> »[...] uns durch die krasse und ungeschminkte Gegenwart natürlicher Gegenstände überwältigen – als hätte die Kamera sie gerade eben dem Schoß der Natur abgewonnen und die Nabelschnur zwischen Bild und Wirklichkeit wäre noch nicht zerschnitten. In der jähen Unmittelbarkeit

---

62 Zu den ökonomischen Zwängen der Arbeit vgl. Kracauers Untersuchung der Angestelltenkultur: Siegfried Kracauer: Die Angestellten. Aus dem neuesten Deutschland. In: Schriften 1, Frankfurt am Main 1971, S. 205-304. [OA 1929]

63 Vgl. zu Kracauers ambivalenter Einschätzung des Begriffs Heide Schlüpmann: Kinosucht. In: Frauen und Film, Heft 33, 1982, S. 45-52 und dies.: Die nebensächliche Frau. In: Dies.: Ein Detektiv im Kino. Studien zu Siegfried Kracauers Filmtheorie. Frankfurt am Main 1998, S. 91-102.

64 Bezeichnenderweise werden die ›populären Wünsche‹ und Träume, die sich in Hollywoodproduktionen ausdrücken, von Kracauer hier nicht untersucht, wie in seinen ideologiekritischeren Schriften geschehen, da diese sich vor allem in der Handlung manifestieren. Ich meine zum Beispiel die Träume der kleinen Ladenmädchen. Hier geht es um die wahrgenommenen Dinge, die wie im Traum ein Eigenleben bekommen. Kracauer beschreibt dieses Phänomen anhand einer Pelzmütze, die zum Leoparden wird. Er bringt dieses Träumen auch in Zusammenhang mit dem Phänomen der unwillkürlichen Erinnerung. Vgl. Theorie, S. 225f. Das Auslösen einer unwillkürlichen Erinnerung leitet er an anderer Stelle von der bekannten Darstellung Prousts her:»Unter dem Einfluß des Schocks, den Prousts Erzähler erleidet, wenn er eine Madeleine in seinen Tee tunkt, wird er leiblich und seelisch zu Orten und Szenen und ins Innere von Namen zurückversetzt, deren viele sich auf überwältigende Bilder äußerer Dinge beziehen.« S. 105f. Zu den Tagträumen im Kino vgl. auch Kracauer: Die kleinen Ladenmädchen gehen ins Kino. In: Ders.: Das Ornament der Masse, a.a.O., S. 279-294.

65 In Baudrys Höhle werden die Kinobilder als Projektionen des Subjekts, wie es dieses im Traum herstellt, erfahren; das heißt, die fremden Bilder werden als die eigenen angenommen. Vgl. Baudry, Metapsychologische Betrachtungen.

und schockierenden Wahrheitstreue solcher Aufnahmen liegt etwas, das ihre Identifizierung mit Traumbildern rechtfertigt.«[66]

Die Traumartigkeit löst wiederum eine Bewegung zu den Objekten hin aus. Die berauschte Zuschauerin treibt »auf die Objekte zu und in sie hinein«.[67] Diese traumartige Verschmelzung der Zuschauerin mit dem Wahrgenommenen, das träumende Irren durch das »Labyrinth seiner vielfältigen Bedeutungen und psychologischen Entsprechungen«, ist notwendig für die Erfahrung des Gesehenen.[68] Die Zuschauerin muss sich gewissermaßen dem Wahrgenommenen hingeben. »Die materielle Realität, wie sie im Film sich darstellt, verlangt von sich aus, daß er [der Zuschauer, respektive die Zuschauerin, A.Z.] sich endlos um sie bemühe.«[69] Diese Bemühung benötigt und erzeugt eine »neue Sensibilität«, die auch als passive und zerstreute beschrieben werden kann. Es ist gerade das »amöbenartige Geschöpf« der zerstreuten Kinozuschauerin, welches in seiner Offenheit die Fähigkeit besitzt, das »Murmeln des Seienden« zu erfahren.[70]

> »Manchmal freilich, mag es ihm so scheinen, als ob er [...] unter Anspannung all seiner Sinne ein undeutliches Murmeln hörte. Bilder beginnen zu tönen und die Töne werden wieder zu Bildern. Wenn dieses unbestimmbare Murmeln – das Murmeln des Seienden – zu ihm dringt, dann mag er dem unerreichbaren Ziel am nächsten gekommen sein.«[71]

Die andere traumartige Wirkung des Films führt eher vom Film weg, wird allerdings ebenfalls durch den Zustand des reduzierten Bewusstseins erst ermöglicht. Bilder lösen hier Assoziationsketten aus, die vom normalen

---

66 Theorie, S. 224. Diesem Eindruck entsprechen allerdings die »Veränderungen von Zeit und Raum« durch den Schnitt. Zusätzlich wird die organische Reaktionsfähigkeit gerade durch die, eben dargestellte, »sonst verborgene[n] Wirklichkeitsbereiche, darunter räumliche und zeitliche Konfigurationen«, beansprucht. Theorie, S. 217 (Erg. A.Z.). Der Schnitt, sonst eher als Entsprechung zur zerstückelten, entfremdeten Wahrnehmung der Moderne gesehen, (vgl. zum Beispiel Walter Benjamin, Das Kunstwerk im Zeitalter seiner technischen Reproduzierbarkeit) wird hier, neben den anderen enthüllenden Funktionen des Films, als Anregung der natürlichen Neugierde bewertet.
67 Ebd.
68 Ebd.
69 Ebd.
70 Ebd., S. 225.
71 Ebd., Gertrud Koch sieht hier eine Ähnlichkeit zur Existentialontologie. Ich würde eher Verbindungen zum Adorno'schen Rauschen ziehen. Ein Unterschied wäre allerdings in der Bewertung von Ich-Schwäche anzusiedeln. Vgl. Koch, Kracauer zur Einführung, S. 135.

Bewusstseinszustand verdrängt werden würden.[72] Da sich die beiden Bewegungen durch den traumartigen Charakter des Films aber nicht ausschließen, sondern ergänzen, ergibt sich eine Art Schaukelbewegung der Zuschauerin:

> »Er [der Zuschauer, respektive die Zuschauerin, A.Z.] schwankt zwischen Versenkung in sich selbst und Selbstaufgabe. Zusammen bilden die beiden ineinander verschlungenen Traumprozesse einen einzigen Bewußtseinsstrom, dessen Inhalte – Katarakte undeutlicher Fantasien und unausgeformter Gedanken – noch von den körperlichen Sensationen zeugen, aus denen sie hervorgehen. Dieser Bewußtseinsstrom stellt in gewissem Sinne eine Parallele zum ›Strom des Lebens‹ dar, dem das Interesse des Mediums gilt.«[73]

Der ›Strom des Lebens‹, zu dem der Film einen privilegierten Zugang hat, erzeugt also über die körperliche Affizierung eine Schaukelbewegung des Bewusstseinsstroms.[74] Die Zuschauerin erfährt die Bewegung dieses Flusses durch die Übertragung psychophysischer Impulse. Die psychophysischen Entsprechungen zwischen Zuschauerin und Film verschränken, wie Merleau-Pontys Begriff des ›Fleisches‹, die wahrgenommene Welt mit dem eigenen Körper und umgekehrt dehnt sich das eigene Bewusstsein in die materielle Welt hin aus. Es ist der materielle ›Fluss des Lebens‹, aus dem Geistiges hervorgeht.[75]

72 Kracauer setzt diese auch in Beziehung zu der Vorstellung von unwillkürlichen Erinnerungen bei Proust. Statt der berühmten Erfahrung einer, Erinnerung auslösenden, in Tee getränkten Madeleine, ist es hier das Bild einer Kappe, die aufgrund der unbewussten Erinnerung an Kinderbücher zum Leoparden wird. Tara Forrest hat den Zusammenhang dieser unwillkürlichen Bewegung, der Kinosituation und der frühkindlichen Erinnerung für Kracauer herausgearbeitet. Sie schildert ein Drehbuch aus dem Nachlass Kracauers, welches einen Nachmittag aus der Sicht eines Kleinkindes darstellen und dann zur Perspektive des Vaters wechseln sollte. Vgl. Tara Forrest: The Politics of Imagination. Benjamin, Kracauer, Kluge. Bielefeld 2007, S. 103f.
73 Theorie, S. 226.
74 Es ist nach dem Filmwissenschaftler Andreas Rost ein vorindividueller Fluss jenseits gesellschaftlicher Differenzierungen, der im Kino erfahren werden kann. Vgl. Andreas Rost: Von einem der auszog das Leben zu lernen: ästhetische Erfahrung im Kino ausgehend von Wim Wenders' Film ALICE IN DEN STÄDTEN. München 1990, S. 148.
75 Rost betont in diesem Zusammenhang die Rolle des Innehaltens in der Wahrnehmung dieses Flusses. Erst dieses Innehalten mache die Wahrnehmung der Details und damit die Erfahrung der Materialität möglich. Es sind von der Narration gelöste, von Dramaturgie befreite Einzelbilder, die Materialität in ihrer Oberflächlichkeit physisch erfahrbar machen. Dieses Innehalten ist allerdings unabhängig von Montage und damit von Verschriftlichung, welche die Bilder mit symbolischem Gehalt auflüde. Rost entwickelt diesen Gedanken anhand eines Vergleichs mit Adornos Text Filmtransparente, in dem Adorno die Schriftlichkeit dieses Flusses dem reinen Rausch der Bewegung gegenüberstellt. Vgl. ebd., S. 132f.

»Der Begriff ›Fluß des Lebens‹ umfaßt also den Strom materieller Situationen und Geschehnisse mit allem, was sie an Gefühlen, Werten, Gedanken suggerieren. Das heißt aber, daß der Fluß des Lebens vorwiegend ein materielles Kontinuum ist, obwohl er definitionsgemäß auch in geistige Dimensionen hineinreicht.«[76]

Aus diesem doppelten Charakter des Stroms ergibt sich die Notwendigkeit des Films, die Handlung gleichzeitig vorantreiben zu müssen, aber die notwendige Unbestimmbarkeit nicht einschränken zu dürfen. Die Bilder unbestimmter physischer Realität beschreibt Kracauer als in die Handlung eingefügt, in der sie ihre eigene freischwebende Existenz führen, die Objekte lebendig werden und »befähigt, alle ihre psychologischen Entsprechungen herzugeben.«[77] Diese werden im Alltag, in dem die Wahrnehmung zweckrationalen Regeln folgen muss, so nicht wahrgenommen. Sie sind Ideogramme, die als Propositionen nicht durch allegorische Entzifferung festgelegt werden dürfen.

»Dem flüchtigen Leben entrissen, fordern sie den Zuschauer nicht nur dazu auf, in ihr Geheimnis einzudringen, sondern bestehen vielleicht noch angelegentlicher darauf, daß er sie als die unersetzbaren Bilder bewahre, die sie sind.«[78]

Die Affizierung geschieht nicht durch die Narration, sondern durch den »Hof unbestimmbarer Bedeutungen«, durch die sich das, sonst der Story untergeordnete, Materielle plötzlich wieder in den Vordergrund drängt.[79] Eine Art doppelter Einverleibung findet statt: Der Film leibt sich die Welt ein, welche wir wiederum über unseren Körper anhand des Films psychophysisch erfahren.[80] Den Zugang zu den unersetzbaren Bildern des Lebens ermöglicht die gewaltfreie Wahrnehmung innerhalb des Kinos und eine Moral der Zärtlichkeit gegenüber den Dingen.

---

76 Theorie, S. 105.
77 Ebd., S. 108.
78 Ebd., S. 338.
79 Ebd., S. 393.
80 Gerade über die »Oberflächlichkeit« des Gezeigten, das auf nichts symbolisch verweist und für sich steht, erfährt die zerstreute Zuschauerin nach Rost ein »Versinken in fremde Bereiche der Person [...], Korrespondenz mit psychosomatischen Impulsen aus der Tiefe des Körpers«. Rost, Von einem der auszog, S. 143. Rost bezieht sich hier auf *Georg*. In Kracauers Roman ist nach Rost die Vorstellung vom Subjekt, die der *Theorie des Films* zugrunde liegt, ausgeführt.

Das Kino als Ort der mimetischen Rezeption

Die anerkennende Assimilierung an das Wahrgenommene durch die Zuschauerin möchte ich im Folgenden als ›mimetische‹ beschreiben. Mit dem Adorno'schen Begriff der Mimesis ist es möglich, sich einer Wahrnehmung, die sich körperlich anschmiegt und gleichzeitig bewahrt, als einer Haltung der Zärtlichkeit anzunähern.

Kracauers Aufwertung des Somatischen der Filmwahrnehmung sieht die Filmwissenschaftlerin Gertrud Koch im direkten Zusammenhang mit dem Kreis der Frankfurter Schule und vor allem mit Adornos Mimesiskonzept.[81] So werde Film in dem schon erwähnten Brief von Kracauer an Adorno zu einer »›force demoliteur‹«, die wie Mimesis »den totalisierenden Zugriff systematisch-spekulativen Denkens« unterlaufe.[82] Film impliziere wie der Mimesisbegriff Adornos einen die rationale Aneignung überschreitenden Zugang zur Welt.[83]

Im Kino könne die Objektwelt im Film ›mimetisch‹ und nicht voyeuristisch erfahren werden. Dies entspricht einer Wahrnehmung, die nach Koch derjenigen des Kindes beim Blicken aus dem Kinderwagen gleichkommt – einer Wahrnehmung vor symbolischer Ordnung, nur von unbestimmten Reizen gelenkt.

> »Das Heben des Blicks, die Veränderung des Gesichtsfeldes, das tastende Gefühl bei subjektiver Kamera, der jähe Fall als optisches Erlebnis wiederholen zentrale optisch-motorische Erfahrungen der ersten mühseligen Versuche, die jeder Mensch unternimmt, wenn er aus dem Kriechen heraus den aufrechten Gang erlernt.«[84]

---

81 Gertrud Koch sieht eine Einheit im Interesse am Film, sowohl Kracauers als auch Benjamins und Adornos, das sich phänomenologisch auf dessen Materialität und nicht auf die Symbolik richtet. Vgl. Koch, Psychoanalyse des Vorsprachlichen, S. 7.
82 »In solchen Bemerkungen kündigt sich nicht mehr nur die alte und vom Adressaten des Briefes geteilte Vorliebe zum Mikrologischen an, sondern auch ein Interesse an neuen philosophischen Positionen, aus denen sich dem Materialismus ein neues Unterfutter schneidern läßt.« Koch, Kracauer zur Einführung, S. 125f.
83 Kracauer selbst verwendet den Begriff der Mimesis nicht, auch wenn der Begriff seine Beschreibung der Filmwahrnehmung in vielen Punkten genau zu treffen scheint. Zu der theoretischen Abgrenzung Kracauers von der Frankfurter Schule komme ich im Rahmen der Auseinandersetzung mit Adornos Kritik an *Geschichte*. Vgl. den Abschnitt *Exil als Erkenntnismöglichkeit*.
84 Koch, Psychoanalyse des Vorsprachlichen, S. 8. Ich möchte hier einerseits auch auf die Vergleiche dieses Vorsprachlichen im Kino mit Julia Kristevas Ansatz des Semiotischen, als auch auf die Vergleiche desselben mit Adornos Mimesisbegriff hinweisen. Letzteres haben Josef Früchtl in seinem grundlegenden Werk *Mimesis. Konstellation eines Zentralbegriffs bei Adorno*. Würzburg 1986 und Kai Hofmann in seiner Dissertation *Das*

Diese Wahrnehmung des Kindes kehrt, so Koch, phänomenologisch in der Wahrnehmung der Materialität im Film wieder, die sich jeglicher Symbolik entzieht.[85] Der eigene Körper reagiere auf physische Reize der Materialität, wie das Kind vor dem Erlernen jeder Begrifflichkeit. Die Erfahrung von Materialität liegt daher vor oder neben zu Identifikation treibenden Handlungsstrukturen.[86]

Der Körper schmiegt sich an, nimmt sich als »Objekt unter Objekten«[87] und damit in seiner eigenen Naturhaftigkeit wahr – eine Erfahrung der ›Mimesis‹. Die lange Geschichte des Begriffs der Mimesis kann ich an dieser Stelle nicht in ihrer ganzen Entwicklung darstellen, nur soviel sei gesagt, dass die Vorstellung von Mimesis als ikonischer Nachahmung eine stark vereinfachende bis begriffsverfälschende ist.[88] So entwickelt sich der Begriff von der Beschreibung körperlicher, tänzerischer oder auch musikalischer Darstellung über nachahmende Repräsentation hin zu einer Form der Rezeption, um die es hier im Folgenden in Anlehnung an Adorno gehen soll.[89]

Nichtidentische und die Struktur. Adornos strukturalistische Rettung mit Lacan'schen Modellen. Frankfurt am Main 1984 geleistet. Der Vergleich mit dem Kinoerlebnis findet sich bei Morsch, Somatische Theorie, S. 97ff., Lethen, Sichtbarkeit, S. 210f. oder Annette Brauerhoch: »A Mother To Me«: Auf den Spuren der Mutter im Kino. In: Frauen und Film, Heft 56/57, 1995, S. 58-77, hier S. 70ff.

85 Erwähnt sei hier auch noch die, bisher nicht berücksichtigte Rolle von nicht lokalisierbaren Geräuschen bei Kracauer, die ebenfalls eine vorsymbolische Physikalität und psychophysische Entsprechungen entwickeln. Namenlose Geräusche ohne Quelle wirken physisch, »öffnen die Sinne für Raum und Materie«, indem sie den Intellekt umgehen. Diese Geräusche werden wie die Materie unterhalb der signifikativen Ebene wahrgenommen. Diesem vorsubjektiven Geräusch kommt auf der Bildebene das »Gestrüpp insignifikanter optischer Zeichen« gleich; zu beiden taucht die Zuschauerin hinab, unter den symbolischen Ordnungen hindurch. Lethen, Sichtbarkeit, S. 206f.

86 Ich hatte oben bei Deleuze einen ähnlichen Vorgang des ›Kind-Werdens‹ durch das Kino beschrieben. Natürlich möchte ich die Identifikationsstrukturen, die über die Handlung des Films produziert werden, nicht leugnen. Aber diese sind nicht grundlegend für das Kinoerlebnis und können umgangen werden, wie zum Beispiel im Experimentalfilm. Im normalen Erzählkino läuft beides nebeneinander her.

87 Theorie, S. 139.

88 Brigit Recki spricht von einer 2500jährigen Begriffsverfälschung. Vgl. Birgit Recki: Mimesis: Nachahmung der Natur. Kleine Apologie eines mißverstandenen Leitbegriffs. In: Kunstforum, Bd. 114, Juli/August 1991, Imitation und Mimesis, S. 116-126.

89 Eine ausführliche Untersuchung dieser Entwicklung habe ich in meiner Magisterarbeit vorgenommen: Anke Zechner: Mimetische Wahrnehmung und die Möglichkeit der Erkenntnis im Kino. Unveröffentlichtes Manuskript, Magisterarbeit an der Johann Wolfgang Goethe-Universität Frankfurt am Main, 2000. Den Begriff des Begriffswandels der Mimesis hin zur mimetischen Rezeption entwickelt Stefanie Hüttinger ausführlich in ihrer Dissertation: Der Tod der Mimesis als Ontologie und ihre Verlagerung zur mime-

Auch Adornos Begriff der Mimesis ist vielschichtig und entzieht sich einer systematischen oder begrifflichen Definition. Er umfasst sowohl den Entwurf der Entwicklung der instrumentellen Vernunft durch die mimetische Anpassung an das Tote aus Angst vor der Übermacht der Natur,[90] als auch eine Erkenntniskategorie. Mimesis führt, nach Adorno, ein widerständiges Potential der Kritik an der instrumentellen Vernunft, an der Totalität des Subjekts mit sich. Nur über Mimesis als Anerkennung des Vorrangs des Objekts könne sich das Subjekt an das Nichtidentische der Dinge annähern.[91] In der Kunst dagegen werde die ursprüngliche, somatische Form der Mimesis bewahrt:

> »In den Zügen eines von der Gesamtentwicklung Überholten trägt alle Kunst an einer verdächtigen Hypothek des nicht ganz Mitgekommenen, Regressiven. Aber die ästhetische Verhaltensweise ist nicht durchaus rudimentär. In ihr, die in der Kunst konserviert wird und deren Kunst unabdingbar bedarf, versammelt sich, was seit undenklichen Zeiten von Zivilisation gewaltsam weggeschnitten, unterdrückt wurde samt dem Leiden der Menschen unter dem ihnen Abgezwungenen, das wohl schon in den primären Gestalten von Mimesis sich äußert. Jenes Moment ist nicht als irrational abzutun. [...] Was nach den Kriterien herrschender Rationalität am ästhetischen Verhalten für irrational gilt, denunziert das partikulare Wesen jener ratio, die auf Mittel geht anstatt auf Zwecke. An diese und eine dem kategorialen Gefüge enthobene Objektivität erinnert Kunst. Daran hat sie ihre Rationalität, ihren Erkenntnischarakter.«[92]

tischen Rezeption. Eine mimetische Rezeptionsästhetik als postmoderner Ariadnefaden. Frankfurt am Main u.a. 1994.
90 In der gemeinsam mit Horkheimer geschriebenen *Dialektik der Aufklärung* wird die von Roger Caillois hergeleitete Mimesis an den Raum durch Erstarren (Mimikry) von Horkheimer/Adorno phylogenetisch und psychoanalytisch gedeutet und an den Begriff der Herrschaft geknüpft. Der Mensch gleicht sich der Übermacht der Natur, die über den Menschen herrscht und Gewalt ausübt, über Mimesis an das Tote an und bezwingt sie durch zunehmende Rationalisierung in verschiedenen Stufen, wobei der Mensch Mimesis als Magie hinter sich lassen muss. Die Geschichte des phylogenetischen Subjekts ist an die Unterdrückung der Mimesis gebunden und wird mit jedem ontogenetischen Einzelschicksal wiederholt. Die Ablösung von Natur durch instrumentelle Vernunft beinhaltet aber wieder die Rückkehr zur Mimesis an das Tote. Durch die Trennung von Zeichen und Bezeichnetem in der verdinglichten, begrifflichen Rationalität kehrt sich die Aufklärung, als Herrschaft über die Natur, gegen den Menschen selbst. Natur und Subjekt werden vereinheitlicht, indem die Dinge unter Begriffe geordnet werden, die das Andere, die Vielheit unterschlagen. Das begriffliche Denken selbst wird zu einem Träger von Herrschaft; Identifikationsmechanismen erzwingen die Identität von Nichtidentischem. Vgl. Max Horkheimer, Theodor W. Adorno: Dialektik der Aufklärung. In: Max Horkheimer: Gesammelte Schriften, Band 5, Frankfurt am Main 1987, S. 32ff.
91 Vgl. Theodor W. Adorno: Negative Dialektik. Frankfurt am Main 1975, S. 26.
92 Theodor W. Adorno: Ästhetische Theorie. Frankfurt am Main 1973, S. 487f. Gleich-

Dieses mimetische Potential erfährt der Rezipient von Kunst nun seinerseits durch eine Form der Mimesis. Die Wahrnehmung von Kunst, die Anerkennung des Vorrangs des Objekts über die passive Hingabe an das ›Werk‹, ermöglicht dem naturbeherrschenden Subjekt die Erfahrung der eigenen Naturhaftigkeit. Es ist diese ›mimetische Rezeption‹, der sich nach Adorno die Rezipientin von Kunst, einen ›Vertrag‹ mit dem Werk eingehend, überlassen muss.

»Der Betrachter unterschreibt, unwillentlich und ohne Bewußtsein, einen Vertrag mit dem Werk, ihm sich zu fügen, damit es spreche. In der angelobten Rezeptivität lebt das Ausatmen in der Natur nach, das reine sich Überlassen.«[93]

Die mimetische Kunsterfahrung bedarf der »Selbstnegation des Betrachtenden«.[94] Nur durch die Anerkennung der eigenen Rezeptivität kann das Subjekt die ›Totalität‹ seiner Vernunft brechen.

Diese Anschmiegung als Prozess der Mimesis im Sinne Adornos soll die Untersuchung im Folgenden leiten. Um gleichzeitig mit dem Begriff der Mimesis die Filmerfahrung beschreiben zu können, nehme ich in Anlehnung an den Medienwissenschaftler Hartmut Winkler eine Trennung von Adornos Beschreibung ästhetischer Praktiken von dessen untersuchtem Gegenstand, der bildenden Kunst, vor.[95] Es ist der Vertrag mit dem Werk, der die Hingabe ermöglicht, argumentiert Winkler, welcher an die Rezeptivität der Kinosituation mehr erinnert als an die von Adorno beschriebene Wahrnehmung von bildender Kunst:

»Daß der Zuschauer sich rezeptiv überlässt und die Rolle des Handelnden wie eine Last von sich wirft, scheint mir exakt zu beschreiben, was die Besonderheit des weichen Kinodunkels ist; nicht ›Erholung‹ also oder aufgenötigte Passivität, sondern ein Vertrag mit dem Werk und

---

zeitig spiegelt die Produktion von autonomer Kunst den Stand der Verdinglichung der herrschenden Verhältnisse. Der Herrschaftscharakter der Vernunft findet sich in der Herrschaft des Konstruktiven über das Mimetische in der Kunst wieder. »Moderne ist Kunst durch Mimesis ans Verhärtete und Entfremdete.« Ebd., S. 39.
93   Ebd., S. 114.
94   Ebd., S. 396.
95   Ich orientiere mich bei dieser vereinfachenden Trennung an einem Text von Hartmut Winkler, der diese Unterscheidung macht, um das Mimetische der neuen Medien beschreiben zu können, die allgemein als antimimetisch gelten. Vgl. Hartmut Winkler: Über das mimetische Vermögen, seine Zukunft und seine Maschinen. In: Kinoschriften 5. Auf der Suche nach dem Filmischen, hrsg. von Synema, Wien 2002, S. 227-239.

dem Medium; und schließlich ein Versprechen, am Ausatmen der Dinge mimetisch teilzuhaben.«[96]

Es handelt sich um ein körperliches Anschmiegen an die Dinge, das das Bewusstsein der Zuschauerin als Objekt unter Objekten möglich macht. Die Annahme einer solchen anschmiegenden Bewegung im Kino wird nach Winkler möglich, wenn man das Kino nicht als Ort der Repräsentation, sondern als sozialen Ort auffasst.

Auf die Entbundenheit des Kinos vom zweckrationalen Denken, als ein vom Zwang zur Selbstbehauptung befreiter Raum, weist vor allem Heide Schlüpmann hin.[97] Im geschützten Raum des Kinos kann ich mich ohne Gefahr und mit anderen einer Wahrnehmung hingeben, die das Gesehene nicht nach Nützlichkeit ordnet.[98] Als ein solcher Ort entwickelt sich das Kino für Schlüpmann zu einer Zeit der Krise des begrifflichen Denkens um die vorletzte Jahrhundertwende. Dieser Ort ermögliche den Massen eine andere Form von Erfahrung jenseits der alltäglichen Selbstbehauptung.[99] Im Gegensatz zur kontemplativen Hingabe eines vereinzelten bürgerlichen Publikums ermögliche das Kino den Massen eine mimetische Erfahrung.

Die Möglichkeit der mimetischen Hingabe hängt demnach, so Winkler, mit der räumlichen Situation des Kinos zusammen:

> »›Mimetisch‹ ist insofern zunächst diese Situation, in der die Subjekte sich – partiell – in die Sphäre der Objekte hinein auflösen. Die Subjekte gebieten den Objekten nicht, die der Film ihrem Zugriff nachhaltig entzieht, sie schmiegen sich ihnen an; und so eindeutig auch phantasierte Bemächtigungen eine Rolle spielen, so klar ist eben doch, daß die stillgestellten Körper vor allem ihre Rezeptivität, und ihren Ausschluß von der Rolle des Handelnden genießen.«[100]

Der schützende Raum des Kinos ermöglicht eine Situation der passiven Hingabe an die Wahrnehmung, welche einer mimetischen Erfahrung zugrunde liegt. Durch den Aspekt der ›gewaltfreien‹ Passivität bekommt

---

96 Ebd., S. 233.
97 Vgl. Schlüpmann, Abendröthe, S. 60f.
98 Oder, mit Deleuze gesprochen, nach Klischees und dem sensomotorischen Schema.
99 Das Kino werde zu einer Art philosophischem Ort, da es, über das soziale mimetische Verhalten, den Zuschauerinnen Aufklärung über sich selbst, ihre eigene unterdrückte Naturhaftigkeit ermögliche. Ebd., S. 62f.
100 Winkler, Über das mimetische Vermögen, S. 235.

Filmwahrnehmung eine utopische Qualität der Aufhebung der Subjekt-Objekt-Spaltung. In der Gewaltlosigkeit dieser Situation, welche eine neue Wahrnehmung, gebunden an den Fluss der Bewegung, ermöglicht, nähern sich dadurch die Interessen von Kracauer, Deleuze und Merleau-Ponty am Kino einander an.

Der Filmwissenschaftler Josef Buschwenters verbindet die mimetische Kinosituation mit dem Bergson'schen Bilder-Universum und damit mit einer spezifischen Zeiterfahrung. Mit Bergson, aber im Sinne von Kracauer, beschreibt Buschwenter, in welchem Maße die Wahrnehmung im Kino über die alltägliche Wahrnehmung hinaus geht:

»[...] der Film verweist auf viel mehr als das, worauf er sich ausdrücklich bezieht. Ich befinde mich also immer außerhalb dessen, was als das ›Nützliche‹ im vorgegebenen Bilderrahmen aufscheint. Der Film kokettiert in seiner Bewegtheit fortwährend gegen die Tendenz meiner Wahrnehmung, die Dinge so zu sehen, wie sie meiner Handlungsbereitschaft zupaß kommen: statisch und klar umrissen.«[101]

Es mag etwas verdreht erscheinen, wenn ich einen Aufsatz über die Bewegungswahrnehmung bei Bergson herbeizitiere, um das mimetische, körperliche Verhältnis zu Materialität und Bild bei Kracauer konkreter werden zu lassen. Aber Buschwenters Erörterungen ähneln stark der Beschreibung der Schaukelbewegung der Kinozuschauerin und machen diese anschaulich. So scheint seine Beschreibung der Anschmiegung an das Wahrgenommene Kracauers Erfahrung der Dinge im Kino zu erfassen. Das Kino ermöglicht nach Buschwenter, »daß wir uns in das Innere eines Gegenstandes versetzen, um mit dem, was er Einzigartiges und infolgedessen Unaussprechliches an sich hat, zu koinzidieren.«[102] Der Gang aus dem Kino wird dann zu einem Erwachen, das die Bewegung anhält, und mit Kracauer die Teilnahme an der ›Solidarität des Universums‹ aufkündigt. Der Wahrnehmungsfluss verliert sich – er ist Buschwenter zufolge nicht mitteilbar, sprachlich nicht fassbar.

»Im Kino hingegen, wo Bilder sich aus sich heraus und gewissermaßen von sich selbst fortbewegen, werden wir von ihnen gezwungen, ihnen

---

101 Robert Buschwenter: Ein Zustand vollendeter Flüssigkeit. Der Fluß des Seelenlebens bei Bergson und der Fluß der Bilder im Film. In: UND² Texte zu Film und Kino, hrsg. von Karl Sierek, Gernot Heiß, Wien 1992, S. 23-30, hier S. 24.
102 Henri Bergson: Wahrnehmung der Veränderung. In: Ders.: Denken und schöpferisches Werden. Aufsätze und Vorträge. Meisenheim 1948, S. 183. [OA 1939], zitiert bei Buschwenter, Ein Zustand, S. 30.

auch dorthin zu folgen, wo sie uns noch nichts ›gesagt‹ und wir noch keinen Sinn dingfest gemacht haben.«[103]

Die filmische Erzählung wird damit zu einer Art Gegenerzählung außerhalb des teleologischen zeitlichen Schemas. Jedes Objekt dieser Erzählung hat seine eigene Bewegung und damit seine eigene Zeit. Buschwenter spricht mit Bazin von der »Zeit des Objekts«,[104] von den Zeiten, die im Film miteinander verwoben werden. Und dieses Geflecht der Dauer erfahre ich im »Zustand der vollendeten Flüssigkeit«[105], den das Kino mir ermöglicht.

Dieses Zuschauermodell entzieht sich dem distanzierten und einheitlichen Charakter durch seine mimetische Körperlichkeit. Der Zustand der Zerstreuung, der die Aufnahme der materiellen Reize möglich macht, lässt sich nicht mit der Annahme eines herrschaftlichen Voyeurismus, den die psychoanalytische Filmtheorie oder die Apparatustheorien vertreten, beschreiben, obwohl er deren Subjektbezogenheit vorwegnimmt. Die konkrete Materialität entzieht sich dem einordnenden Subjekt, sie unterläuft dieses und seine Register von Sprache und Narration.[106] Es ist dieses Interesse an dem, was sich der Narration entzieht, am Nichtintentionalen, das von Kracauer eine Brücke zu Deleuze schlägt. Genau wie bei diesem erfolgt der Zugang zum Nichtintentionalen über den Körper.

Mimetische Anschmiegung schließt bei Kracauer aber auch die Filmemacherin mit ein, die sich dadurch wesentlich von der traditionellen, schöpfenden Künstlerin unterscheidet. Auch die Filmemacherin soll sich in der Darstellung Kracauers dem Material ausliefern, sich ihm anschmiegen, statt ihm ihre eigene Idee aufzuzwingen und es auszubeuten. Im Zusammenhang mit Kracauer kommt damit zur mimetischen Situation des Kinos auch die andere Seite der Mimesis ins Spiel – die mimetische Produktion. Allerdings verfährt diese letztendlich ebenfalls rezeptiv, denn auch die Filmemacherin verhält sich passiv und anschmiegend, wenn sie versucht, im ›Buch der Natur‹ zu lesen und dem Material ›gerecht‹ zu werden.[107]

---

103 Ebd., S. 25.
104 »[...] das Objekt selbst löst sich nachgerade in seiner Dauer auf, lässt seine Umrisse in der Unschärfe seiner – und von mir als Teilhabendem mitentworfenen! – Möglichkeiten verschwimmen.« André Bazin: Was ist Kino? Bausteine zur Theorie des Films, hrsg. von Hartmut Bitomsky u.a., Köln 1975, S. 25, zitiert bei Buschwenter, Ein Zustand, S. 29.
105 Henri Bergson: Zeit und Freiheit. Eine Abhandlung über die unmittelbaren Bewusstseinsstatsachen. Hamburg 1994, S. 100. [OA 1889], zitiert bei Buschwenter, ebd.
106 Vgl. auch Morsch, Somatische Theorie, S. 78, 80.
107 »Die besondere Kunst, die sich in filmischen Filmen bewährt, muß auf die Fähig-

Produktion als reine Konstruktion beschreibt Kracauer als ›unfilmisch‹. ›Filmisch‹ sind für ihn dagegen Filme, die eine bestimmte Erfahrung der Objektwelt zulassen. Es geht um die Möglichkeit einer anderen Beziehung des Subjekts zu den Objekten. ›Filmisch‹ entspricht einer bestimmten Haltung der Zurücknahme dem Material gegenüber. Diese Haltung ist mimetisch und kann nicht im Sinne einer normativen Ästhetik des Realismus verstanden werden.

Natürlich muss auch die Filmemacherin dem Material eine Form geben und mit dem ›rohen‹ Material eine Geschichte erzählen, aber Letztere soll das Material nicht völlig abdecken.[108] »Luftdicht abgeschlossene Spielhandlungen« lassen dagegen keine mimetische Erfahrung der Objekte mehr zu. Koch fasst die mimetische Einstellung, die die Regisseurin, nach Kracauer, gegenüber der physischen Realität haben soll, sie damit als spezifische Subjektposition mit dem mimetischen Erleben der Zuschauerin verbindet, folgendermaßen zusammen:

> »Daß Filme, noch weit mehr als Photographien, nicht nur durch ihre ›realistische Tendenz‹ geprägt werden, erkennt Kracauer zwar an, aber das ›ästhetische Grundprinzip‹ des Films fordert die Anerkennung eines spezifischen Bezugs zur physischen Welt. So könnte man vielleicht sagen, daß Kracauers Filmtheorie auf einer bestimmten Theorie des Ästhetischen basiert, die eben nicht auf den geschlossenen Charakter des Kunstwerks, sondern auf bestimmte Konfigurationen des Sensualismus als einer materialistischen Ästhetik abhebt. Die unabdingbare Reflexion auf Wahrnehmung bindet die Subjektposition des Produzenten wie des Zuschauers als gleichbedeutend zusammen. So rekurriert Kracauer nicht nur auf die Affinitäten, sondern auch auf die Wirkungen als jenes Set von Eigenschaften, mit denen er das Medium fassen und als distinkt von anderen abheben möchte. In Differenz zur traditionellen ›Kunst‹ ist das Spezifische des Films, daß »›filmische‹ Filme [...] sich Aspekte der physischen Realität einverleiben, um sie uns erfahren zu lassen.‹«[109]

Beides läuft sozusagen nebeneinander her, die unidentifizierbaren Formen

---

keit ihrer Schöpfer zurückgeführt werden, im Buch der Natur zu lesen.« Ebd., S. 392. Vgl. auch Heide Schlüpmann: Phänomenologie des Films. In: Dies.: Ein Detektiv des Kinos. Studien zu Siegfried Kracauers Filmtheorie. Basel, Frankfurt am Main 1998, S. 37-53, hier S. 47, zitiert bei Winkler S. 7.
108 Morsch weist darauf hin, dass »der Zuschauer im durchkalkulierten Erzählfilm« diesen mimetischen Kamerablick selbst konstituieren muss. Morsch, Somatische Theorie, S. 78.
109 Koch, Kracauer zur Einführung, S. 135f. (Sie zitiert hier *Theorie*, S. 69)

und psychophysischen Entsprechungen bilden eine Art ›unterer Schicht‹. Das Material hat, so Kracauer,

> »[...] die Aufgabe, der Story zu dienen, zu der es gehört; aber gleichzeitig affiziert es uns auch stark, vielleicht sogar in erster Linie, als ein fragmentarisches Moment der sichtbaren Realität, umgeben von einem Hof unbestimmbarer Bedeutungen.«[110]

Über diesen unbestimmbaren Anteil unterläuft der Film die subjektzentrierte Narration und die künstliche Verstärkung herrschaftlicher Strukturen. Aufgelöst werden diese Strukturen durch eine berauschende Materialität des Alltags. Eine Straße, ein Gesicht, eine Pfütze, die normalerweise nicht beachtet würden, entziehen der Handlung die Aufmerksamkeit und stehen für sich.

Unterhalb der narrativen Ordnungen befindet sich das Netz des Alltäglichen, welches der Film, aus Sicht von Kracauer, ausdehnt und wieder sichtbar macht.[111] Die Wahrnehmung wendet sich dem Kleinen, dem Minoritären zu, das den verstellenden, zweckrationalen Bedeutungsmustern entgeht:

> »[...] gerade der beliebigste Augenblick ist vergleichsweise unabhängig von den umstrittenen und wankenden Ordnungen, um welche die Menschen kämpfen und verzweifeln; er verläuft unterhalb derselben, als tägliches Leben.«[112]

Diese materiellen Bilder werden zunächst erfahren, dann in Zusammenhänge eingefügt; nicht wie in anderen Medien, zum Beispiel dem Theater,[113]

---

110 Theorie, S. 393.
111 Diese Kraft bezeichnet Marcel, und mit ihm Kracauer, als erlösend. Auch die Übersetzung des ursprünglich englischen Titels der *Theorie* lässt das Wort Erlösung zu. Vgl. zu den religiösen Implikationen von Kracauers Theorie zum Beispiel Gertrud Koch, Athenes blanker Schild.
112 Erich Auerbach: Mimesis: Dargestellte Wirklichkeit in der abendländischen Literatur. Bern 1946, S. 493 (in der erweiterten Ausgabe S. 513), zitiert nach Kracauer, Theorie, S. 394. An dieser Stelle wird auffällig, dass Kracauer, obwohl er Auerbachs Begriff der Mimesis kannte und auf sein Werk eingeht, den Begriff der Mimesis vermeidet. Ich werde weiter unten anhand der Situation des Exils Kracauers Vermeidung des Begrifflichen und die Abkehr von seinem akademischen Umfeld diskutieren. Zu der Ähnlichkeit zwischen der Situation der beiden Autoren und ihrer im Exil geschriebenen Werke vgl. Patrice Petro: Kracauer's Epistemological Shift. In: New German Critique, 54, Autumn 1991, S. 127-138, hier S. 130f.
113 Kracauers Sicht von Theater und bildender Kunst, die von gegenwärtigen Formen in Frage gestellt wird, möchte ich hier nicht zur Debatte stellen. Vgl. aber zu einem Wandel im Theater von der klassischen Mimesis hin zu einer nicht repräsentiven, im Sinne

durch die Gedanken hin zum Empfindungsvermögen geführt. Die physiologische Wirkung der materiellen Bilder geht im Kino den Gedanken voraus. Allein das Kino ist für ihn materialistisch und nicht repräsentativ. »[...] es bewegt sich von ›unten‹ nach ›oben‹.«[114] Kracauer bezieht sich mit dieser Aussage auf den Kunsttheoretiker Erwin Panofsky, der repräsentative Kunst mit idealistischen Denksystemen in Beziehung setzt, die der Materie eine Idee von ›oben‹ auferlegen. »Das Kino, und nur das Kino, wird jener materialistischen Interpretation des Universums gerecht, die, ob wir es nun mögen oder nicht, die heutige Zivilisation durchdringt.«[115]

Seiner Bewegung von ›unten‹ nach ›oben‹ hat der Film es wohl auch zu verdanken, dass sich diese nicht in eine vorgegebene Richtung drängen lässt und keine geschlossenen Zusammenhänge behauptet. Allerdings hat der Fragmentcharakter der Materie das Aufzeigen von Gemeinsamkeiten zur Folge: das Weben eines Netzes von Ähnlichkeiten über die ganze Welt in ihrer Alltäglichkeit. Es ist gerade dieses Netz des Alltäglichen, das die Zuschauerin mit ihrer eigenen materiellen Wirklichkeit konfrontiert und die Vorstellung eines unabhängigen Zuschauersubjekts sowie die gängigen Muster der Wahrnehmung infrage stellt.

Körperliche Wahrnehmung als ›Rettung‹ der Erfahrung

Der ›Strom des Lebens‹ und der ›geistige Strom‹ der Zuschauerin, beide verschränken sich in den körperlichen Sensationen, die die Zuschauerin im Kino mimetisch erfährt. Aus den sich entsprechenden Strömen erklärt Kracauer die Befriedigung, die die Zuschauerin im Kino erlangt. Befriedigt wird ihr »Hunger nach ›Leben‹«.[116] Die Interpretation des Universums als materielle Kontinuität teilt Kracauer mit Bergson und Deleuze. Über die Mimesis an diese Kontinuität in der Filmwahrnehmung wird die Zuschauerin Teil des ›Stroms des Lebens‹.[117] Beschrieb Deleuze eine, von

Adornos mimetischen, postdramatischen Form: Hans-Thies Lehmann: Postdramatisches Theater. Frankfurt am Main 1999, S. 57.
114 Theorie, S. 400.
115 Erwin Panofsky: Style and Medium in the Motion Pictures. In: Critique, I ,3, 1947, S. 5-28, zitiert nach Kracauer, ebd.
116 Ebd., S. 228. Kracauer bezieht sich hier auf einen Text von Hugo von Hofmannsthal *Der Ersatz für Träume*, welcher den Hunger nach Leben vor allem der Lebenssituation der arbeitenden Massen zuschreibe. Eigentlich gehe es Hofmannsthal aber, jenseits der gesellschaftlichen Verhältnisse, um ein fast ›metaphysisches‹ Verlangen nach Lebendigkeit, welches der Film aufgrund seiner medialen Eigenschaften befriedige.
117 Wie wir später bei seinen Filmkritiken sehen werden, geht es Kracauer aber um

den Grenzen des Subjekts befreite, ›gasförmige‹ Wahrnehmung, geht es bei Kracauer um die zweckfreie Hingabe an den Sog der Bilder. Diese wird ermöglicht durch das körperliche Erschlaffen im dunklen Raum des Kinos jenseits von zweckrationalen Zwängen.

Die Einordnung einer mimetischen, dezentrierten Zuschauerin wird bei Kracauer aber auf eine konkrete, zu erfahrende Objektwelt bezogen. Die Notwendigkeit dieser Erfahrung knüpft er an die Darstellung seiner Zeit. Über die ›materiale‹ Ästhetik[118] des Films hinaus enthält Kracauers *Theorie des Films* die Kritik an der wissenschaftlichen Abstraktheit als dominantem Zugang zur Welt. Im Epilog der *Theorie des Films* stellt er daher die Frage nach der körperlichen Wahrnehmung der Zuschauerin erneut und mit einer anderen Perspektive: Welchen Wert hat das Kinoerlebnis, wenn die Zuschauerin nicht mehr träumt; was bleibt von dem rauschartigen Zustand, wenn das Kino verlassen wird? »Welchen Wert hat die Erfahrung, die der Film vermittelt?«[119]

Die Rekonstruktion eines Zustands im Kino, der vor der Bildung fester Ich-Grenzen liegt, wird von ihm ambivalent gesehen. So ermöglicht dieser einerseits die Offenheit für sonst nicht mehr mögliche Erfahrungen von Realität, ist aber gleichzeitig darin Spiegel des Fragmentcharakters des Subjekts – der entfremdenden Zerstörung von Werten in der Massengesellschaft sowie des Verlusts der Erfahrung durch zunehmende Abstraktion.

»Gerade durch sein Bemühen um Kamera-Realität gestattet der Film besonders dem einsamen Zuschauer, sein schrumpfendes Ich – schrumpfend in einer Umwelt, in der die bloßen Schemen der Dinge die Dinge selbst zu verdrängen drohen – mit Bildern des Lebens als solchem zu füllen – eines schimmernden, vieles meinenden, grenzenlosen Lebens.«[120]

Daher wählt Kracauer als bezeichnendes Bild für den ›Strom des Lebens‹ auch kein erhabenes oder fließendes Bild der Natur, sondern gerade das entfremdete der modernen Großstadtstraße. Film kann nicht das Medium sein, das einen Weg zurück zu unverstellter Natur ermöglicht. ›Natur im

---

Kino als Massenmedium, also um kommerzielle Filme, die Deleuze als Bewegungsbilder scheitern lässt. Umgekehrt hätte Kracauer die meisten Zeit-Bilder als idealistische Kunstwerke abgetan. Auch wenn die Ähnlichkeit der mimetischen Schaukelbewegung der Zuschauerin zum Beispiel zum Affektbild bestechend ist, sind doch die Schwerpunkte anders gesetzt. Es geht nicht nur um eine andere Wahrnehmung, sondern auch um das über die Wahrnehmung Vermittelte.
118 Zum Begriff der *materialen* Ästhetik vgl. Theorie, S. 11.
119 Theorie, S. 371.
120 Theorie, S. 231.

Rohzustand‹ ist letztlich nur noch in Resten, in der Zweiten Natur, auffindbar.[121]

Die Großstadt als Landschaft der Moderne spiegelt beides, den Verlust von Werten durch Entfremdung und die Möglichkeit der Befreiung durch den Wegfall der traditionellen Bindungen. Die Kamera übernimmt die Rolle des Flaneurs, die durch steinerne Landschaften wandert und die naturhaften Reste einsammelt. Vor allem ist es das Unkontrollierte, Zufällige und Wechselhafte der Großstadt, das Kracauer anzieht.[122] Die vorübereilende Masse erscheint hier als Kontinuität an Möglichkeiten in der Vielzahl der untergehenden Einzelschicksale, deren herausragender Protagonist der Flaneur ist.[123] Allerdings verwandelt sich hierdurch die Metapher des ›Stroms‹ in die eines rauschhaften, davontragenden.[124]

Für die notwendige Aufwertung des ›Lebens‹ als eigenständigen Wert macht Kracauer in der *Theorie des Films* zwei Tendenzen verantwortlich, die zu seinen frühen Schriften hinführen: die Zerstörung von Glauben und Werten durch das Auftreten der Massengesellschaft, welche neben einem Verlust auch eine Befreiung ermöglicht hat, das Leben nun jenseits normativer Verstellungen zu sehen, und den Verlust der konkreten Erfahrung durch das abstrakte Denken der Wissenschaften.

---

121 Vgl. Theorie, S. 379ff.
122 Rost sieht in diesem Unkontrollierten der Großstadt das Naturschöne, welches in Zeiten der vollständigen Aneignung der Natur als Zweite eher in der Stadt mit ihren unkontrollierten Ecken, ihrer Wechselhaftigkeit und ihren Menschenmassen zu finden sei. Das Naturschöne erscheint dort, wo das Adorno'sche Nichtgemachte überwiegt, wo sich plötzlich Konfigurationen bilden, die vorher nicht geplant wurden. Die zweite Natur wird zur Landschaft über die filmische Vermittlung. Durch den Film wird Natur zum Objekt der Erfahrung. Kracauer hat nach Rost »nicht so weit an Adorno vorbeigedacht [...], wenn Naturschönes als Sujet Erwähnung findet. Auch der Verdacht, hier werde Naturschönheit bloß widergespiegelt, die man sich besser direkt zu Gemüte fügen könne, verkennt das Moment konstitutiver Gebrochenheit, das Kracauer zur Natur unterhält. Seine ästhetische Erfahrung geht erst aufgrund einer filmischen Vermittlung dieser Naturschauspiele auf, die er im Rohzustand [...] gar nicht zu goutieren vermag.« Vgl. Rost, Von einem der auszog, S. 158.
123 Vgl. Theorie, S. 110. Hier liegt ein wichtiger Anknüpfungspunkt an Kracauers frühe Schriften und ebenso an Walter Benjamins Schriften über Baudelaire. Walter Benjamin: Über einige Motive bei Baudelaire. In: Ders.: Charles Baudelaire: Ein Lyriker im Zeitalter des Hochkapitalismus. Frankfurt am Main, 6.Aufl. 1992, S. 101-149.
124 Wie die Massen in den Straßen den Flaneur berauschen, so wirkt auf die Zuschauerin das Kino. Ähnlich dem Flaneur Benjamins sucht sie nach dem Vergänglichen, Fließenden im Kino, jenseits aller Handlung. Alles muss für diese Erfahrung offenbleiben – eine zu starke Fixierung auf eine bestimmte Handlung raubt die Möglichkeiten des Lebens.

»Das andere, weniger beachtete Merkmal unserer Situation kann kurz als Abstraktheit definiert werden – ein Ausdruck, der die abstrakte Art und Weise bezeichnet, in der Menschen aller Schichten die Welt und sich selber wahrzunehmen pflegen. Wir leben nicht nur zwischen den Ruinen alter Glaubensinhalte, wir leben zwischen ihnen bestenfalls mit einem schattenhaften Bewußtsein der Dinge in ihrer Fülle. Das ist wohl dem ungeheuren Einfluß der exakten Wissenschaften zuzuschreiben.«[125]

Der Zerfall der allgemeingültigen Glaubensinhalte und Erklärungsmuster in der Moderne hat zwar die Auflösung der durch Ideologien bestimmten Sichtweise auf die alltägliche Umgebung bewirkt, aber dieser Zerfall hat nicht eine von Ideologie freie Erfahrung der Dingwelt zur Folge gehabt, sondern den abstrakten Blick der Wissenschaft.[126] Die unter Begriffe subsumierende und in Raster ordnende Abstraktion des wissenschaftlichen Denkens lässt nichts Konkretes, nichts Individuelles mehr übrig. Qualität ist nicht mehr erfahrbar, da nicht quantitativ erfassbar.[127] Die freie Verfügbarkeit über Informationen tilgt die Qualität des Wahrgenommenen. Geistige Phänomene werden durch Psychologisierung oder Relativierung reduziert, die Information wird eingeordnet, ohne nach deren Wahrheitsgehalt oder Besonderheit zu fragen. »Dies ist also die Situation des modernen Menschen. Er enträt der Führung bindender Normen. Er berührt die Realität nur mit den Fingerspitzen.«[128]

Nicht nur durch Wissenschaft wird das abstrakte Denken vorangetrieben, es ist vor allem die Technik, die durch ihre Mechanismen den Alltag immer mehr abstrahiert.

»Der Techniker bekümmert sich mehr um Mittel und Funktionen als um Zwecke und Arten des Seins. Diese geistige Disposition ist dazu angetan, seine Empfänglichkeit für die Ziele, Werte und Objekte abzustumpfen, denen er im Laufe des Lebens begegnet; das heißt, er wird dazu geneigt sein, sie in abstrakter Weise zu begreifen«.[129]

---

125 Theorie, S. 379.
126 Vgl. ebd., S. 388f.
127 Mit seinen *Angestellten* hatte Kracauer den Versuch unternommen, Soziologie wieder an den konkreten Gegenstand anzunähern, indem er sich diesem mimetisch anschmiegte. Auch hier spricht er von einer Vernachlässigung des Qualitativen zugunsten der Quantität. Vgl. Kracauer, Die Angestellten und auch ders.: Soziologie als Wissenschaft. In: Schriften 1, Frankfurt am Main 1971, S. 7-101. [OA 1922]
128 Theorie, S. 382.
129 Theorie, S. 380.

Diese Umgestaltung von Inhalten zu abstrakten Informationen verläuft zwanghaft, verschließt den Zugang zu aller Erfahrung.[130] Gerade »als Produkte von Wissenschaft und Technik«[131] aber haben nun Photographie, und mehr noch der Film, Zugang zur gegenwärtigen Realität. Durch ihren intentionslosen, offenlegenden Charakter, argumentiert Kracauer, können sie sich der materiellen Dimension des Lebens annähern:

> »Wenn wir uns aber der herrschenden Abstraktheit entledigen wollen, müssen wir vor allem diese materielle Dimension ins Auge fassen, die von der Wissenschaft erfolgreich vom Rest der Welt abgelöst worden ist. Denn wissenschaftliche und technologische Abstraktionen bedingen nachhaltig unser Denken; und sie alle verweisen uns auf physische Phänomene, während sie uns gleichzeitig von deren Qualitäten weglocken. Daher die Dringlichkeit, genau diese gegebenen und doch ungegebenen Phänomene in ihrer Konkretheit zu begreifen. Das wesentliche Material ›ästhetischer Wahrnehmung‹ ist die physische Welt mit all dem, was sie uns zu verstehen geben mag. Wir können nur darauf hoffen, der Realität nahezukommen, wenn wir ihre untersten Schichten durchdringen.«[132]

In gewisser Weise enthält der Epilog der *Theorie des Films* die Rationalismuskritik früherer Schriften Kracauers, welche sich auf den Verlust von Glaubenszusammenhängen bezogen. Allerdings zeigt sich hier eine konkrete Wissenschaftskritik, welche aber den Film nicht umfasst, trotz dessen wissenschaftlichen Wurzeln. Der Vorwurf gegen das Kino auf seine Oberflächlichkeit bezogen – es verhindere die Konzentration auf die wahren Werte – wird zurückgewiesen.[133]

---

130 Eine Entwicklung, die Kracauer auch im Zusammenhang mit den Massenmedien »Rundfunk, Fernsehen usw.« und deren Inflationierung von Information sieht. »Der Vermittlungsapparat überwältigt die vermittelten Inhalte.« Die »Qualität der Kommunikationen« wird auf ihre Quantität, auf ihre »unbegrenzte Verfügbarkeit« reduziert. Ebd. In diesem Zusammenhang ist auch der von Benjamin beschriebene Wechsel von der Erfahrung zum Erlebnis als Informationsverarbeitung zu sehen, von dem aber bei Kracauer, im Gegensatz zu Benjamin, der Film gerade auszuschließen wäre, durch seine, der Abstraktion gegenüberstehenden, mimetischen Fähigkeiten und der notwendigen mimetischen Hingabe der Zuschauerin an denselben. Vgl. Walter Benjamin, Über einige Motive bei Baudelaire.
131 Theorie, S. 387.
132 Ebd., S. 387.
133 Allerdings werden in der *Theorie des Films* die Reaktionen auf die Krise der Glaubensinhalte anders aufgespalten: in den vernunftgläubigen, aufklärerischen Liberalismus und den Versuch der »Rehabilitation eines gemeinsamen Glaubens«. Ersterer kann aber auf Dauer durch die Indifferenz der Wissenschaft zu keinen neuen Werten führen und letzterer ähnelt eher einer anti-rationalistischen Verdrängungsleistung zugunsten eines inneren Bedürfnisses. Theorie, S. 377.

»Dieses Argument wäre aber nur haltbar, wenn die Glaubensinhalte, Ideen und Werte, die das innere Leben ausmachen, heute dieselbe Autorität besäßen, die ihnen in der Vergangenheit zukam, und wenn sie infolgedessen auch jetzt noch genauso selbstverständlich, machtvoll und real wären wie die Ereignisse der materiellen Welt, die der Film uns vorführt.«[134]

Die Phänomene der realen Welt lassen sich nur erfassen, »wenn sie der Bedeutungen entkleidet werden, die gemeinhin dazu dienen, sie zu identifizieren«.[135] Abstraktion und Mangel an bindenden Werten bedingen sich gegenseitig, ihre Verknüpfung zu leugnen wäre reaktionär.[136]

Der Prozess der wissenschaftlichen ›Entzauberung‹ sei nicht umkehrbar, wohl aber die Abkehr von der Abstraktion möglich: »Das Heilmittel gegen jene Abstraktheit, die sich unter dem Einfluß der Wissenschaft verbreitet, ist Erfahrung – die Erfahrung von Dingen in ihrer Konkretheit.«[137] Angesichts des Verfalls der gemeinschaftlichen Werte und der zunehmenden Entzauberung der Welt durch die positive Wissenschaft kann, so argumentiert Kracauer, der Film gerade in seiner Oberflächlichkeit auf dem »Umweg« über die Materie, auf die sich auch die Wissenschaft konzentriert, als einziges Mittel gesehen werden, wieder zu den Inhalten des inneren Lebens zu kommen. Diese konkrete Erfahrung beschreibt Kracauer, im Gegensatz zu abstrakter Informationsverarbeitung, als eine Art ›mimetischer Einverleibung‹:

»Wenn wir ein Objekt erfahren, erweitern wir nicht nur unsere Kenntnis seiner verschiedenen Eigenschaften, sondern verleiben es uns sozusagen ein, so daß wir sein Sein und seine Dynamik von innen her begreifen – eine Art von Bluttransfusion.«[138]

Die Möglichkeit dieser Erfahrung bedarf der Schulung der ästhetischen Wahrnehmung, welche die Teilnahme an Fakten und Erfahrung eines Organismus als Ganzem, und nicht nur dessen Einordnung ermöglicht. Der Körper wird hier wichtig als Zugang zur Welt. »Was wir nötig haben, ist

---

134 Theorie, S. 372.
135 Ebd.
136 Wie die in *Die Wartenden* beschriebenen Versuche einer Rückkehr zur Religion. Vgl. Siegfried Kracauer: Die Wartenden. In: Ders.: Das Ornament der Masse, a.a.O., S. 106-119.
137 Theorie, S. 384f.
138 Ebd., S. 385. Kracauer bezieht sich hier auf den Philosophen Alfred N. Whitehead.

also, daß wir die Realität nicht nur mit den Fingerspitzen berühren, sondern sie ergreifen und ihr die Hand schütteln.«[139] Der Film nun ermöglicht die Annäherung an »die Art von Realität, die sich nicht messen läßt.«[140] Nur der Film, in seiner gleichzeitig aktiven und passiven Annäherung an die alltägliche Umwelt, macht die Wahrnehmung derselben möglich.

»Der Film macht sichtbar, was wir zuvor nicht gesehen haben oder vielleicht nicht einmal sehen konnten. Er hilft uns in wirksamer Weise, die materielle Welt mit ihren psycho-physischen Entsprechungen zu entdecken. Wir erwecken die Welt buchstäblich aus ihrem Schlummer, ihrer potentiellen Nichtexistenz, indem wir sie mittels der Kamera zu erfahren suchen. Und wir sind imstande, sie zu erfahren, weil wir fragmentarisch sind.«[141]

Es ist also dieses historische Subjekt der Moderne, das gerade durch seine Fragmentierung die Möglichkeit erfährt, zum ›ersten Mal‹ die Welt der Dinge zu erfahren. Dieser Weg geht über den Körper: »[...] da es dem inneren Leben an Struktur gebricht, haben Impulse aus psychosomatischen Regionen die Möglichkeit, aufzusteigen und die Zwischenräume zu füllen.«[142] Der Untertitel der *Theorie des Films – Die Errettung der physischen Wirklichkeit* – zeigt hier den Anspruch der ›realistischen‹ Tendenz des Films als einen utopischen. Nicht die Forderung nach einer bestimmten Ästhetik steht hier im Vordergrund, sondern die Möglichkeit der Erfahrung der Welt.[143]

Die Entzauberung und Entfremdung der Moderne hat nur Fragmente übrig gelassen – fragmentarisierte Subjekte in einer fragmentarisierten

---

139 Ebd., S. 386.
140 Ebd., S. 230.
141 Ebd., S. 389.
142 Ebd., S. 386.
143 Forrest hebt eine von Kracauer beschriebene Kindheitserinnerung an seinen ersten Kinobesuch hervor, in welcher die Magie des Alltäglichen eine ganz große Rolle spielt. Diese Erinnerung tauche in der *Theorie des Films* an drei Stellen auf: in Bezug auf das objektive Auge der Kamera, im Bild der Reflexion der Pfütze und in der Vorstellung des Kinderblicks. »These ›marvels‹ are significant for Kracauer not – as his critics have suggested – because they are faithfull reflections of the world ›as it is‹, but because they are the mark of a gaze which is alienated from those preformed ideas end expectations which shape and ›delimit our horizon‹.« Realistisches Kino zeigte die Limitationen und Möglichkeiten der Wahrnehmung auf und veränderte dadurch die Entwürfe der Gegenwart und Zukunft. Forrest, The Politics of Imagination, S. 106. Ich werde im Zusammenhang der Utopie des Geschichtsbuchs auf diese gestaltenden Möglichkeiten des Realismus zurückkommen.

Welt.[144] Ohne den Zerfall der Glaubensinhalte und dem damit verbundenen Verlust des ganzheitlichen Ichs, ist der Weg hin zur physischen Welt nicht zu gehen. Als Erfahrung der Entgrenzung spiegelt die Filmwahrnehmung die Moderne beziehungsweise den Verlust der Einheit des Subjekts in dieser.[145] So zeigt sich, der Filmwissenschaftlerin Miriam Hansen zufolge, in Kracauers Beschreibung des somatischen Zugangs der Filmzuschauerin zum Wahrgenommenen ein Wechselspiel von Mimesis und Entfremdung. Dieses Wechselspiel äußere sich vor allem in der körperlichen Filmwahrnehmung, die über die Narration hinausgehe:

»Consequently, the psychoperceptual process that Kracauer is concerned with is not one of identification with individual characters and the narrating gaze of the camera but, in a different conscious or subconscious register, a form of mimetic identification that pulls the viewer into the film and dissociates rather than integrates the spectatorial self.«[146]

Auch der Filmwissenschaftler Drehli Robnik betont, dass das mimetische Aufgehen im Fluss des Lebens nicht ohne Entfremdung zu haben sei. Der Fluss sei nicht menschlich, sondern a-human. Das Aufgehen in ihm sei keine einfache Stimulierung angesichts des Verlusts der Erfahrung. Problematisiert werde damit die »Selbst-Gewissheit unseres Zur-Welt-Seins«.[147]

Der Umgang mit Körper und Materialität bei Kracauer hat also zwei Seiten.[148] Neben dem Aspekt der mimetischen Anschmiegung an das Wahrge-

---

144 Hier ähnelt Kracauers Wissenschaftskritik derjenigen Merleau-Pontys. Dennoch steht seine Vorstellung der körperlichen Erfahrung nicht einer grundsätzlichen Leib-Seele-Trennung gegenüber, sondern der Abstraktion als Nichtbeachtung und Verdrängung der Materialität.
145 Diese Fragmentarisierung des Subjekts schließt notwendig auch die Filmemacherin mit ein.
146 Miriam Bratu Hansen: Introduction. In: Siegfried Kracauer: Theory of Film. The Redemption of Physical Reality. Princeton, New Jersey 1997, S. vii-xxxv, hier S. xxviii.
147 Robnik, Drehli, Körper-Erfahrung, S. 266. Robnik sieht in diesem ambivalenten Verhältnis der Mimesis zwischen Hingabe und Entfremdung eine Verbindung des Kracauer'schen Zuschauerkonzepts mit der leibhaftigen Erfahrung bei Merleau-Ponty und Deleuze: »Da das Band zur Welt gerissen ist, wir also ›nur diejenige Realität erfahren können, die uns noch zur Verfügung steht‹, sieht Kracauer die Heilung im Zeichen eines Glaubens an das Fleisch [...] durch begreifende Einverleibung der Dinge. [...] Es geht also nicht um realistische Welt-Wiedergabe, sondern um die vom Filmbild erregte, frei gesprengte Materialität eines nicht-identischen Subjekts, das sich mimetisch an nicht-identischen Dingen entäußert«. Ebd., S. 268. Robnik zitiert hier Theorie, S. 384.
148 Heide Schlüpmann beschreibt die Theorie des Films als zwischen drei Polen angesiedelt, eine davon ist eine scheinbare Tendenz hin zur Naturwissenschaft im positivistischen amerikanischen Denken. In diesem Abschnitt sehe ich die Begründung für diese Tendenz – man kann dem positivistischen Denken nicht entkommen in dieser

nommene steht die Konfrontation mit der eigenen Materialität, das heißt die Kritik der Vorstellung eines unabhängigen Subjekts und die Analyse des historischen Zustands der Moderne, die ich im Folgenden anhand von Hansens Analyse des »Marseiller Entwurf« zu einer Theorie des Films stark machen möchte.

Materialität als Möglichkeit der Subjektkritik

> »Herrlich«, sagte Ginster unvermittelt, »endlich einmal eine richtige Unordnung ... Man sollte alles zerschlagen.«[149]

Der »Marseiller Entwurf« zu einer Theorie des Films

Vor allem das Zuschauerkapitel und die darin entworfene mimetische Filmwahrnehmung zeigen, dass es Kracauer in der Theorie des Films auch um eine Theorie des Subjekts ging. Allerdings ist seine Beschreibung der Filmzuschauerin dort nur ansatzweise eine Kritik am herrschaftlichen Subjekt ausformuliert; nur indirekt scheint die Eigenschaft der Bewusstseinsschwächung im Kino als etwas Befreiendes und das im Kino Gesuchte als eine, nur dort mögliche, tatsächliche Erweiterung. Auch ist die Kritik der Wahrnehmung ganz auf den sehr allgemein gehaltenen philosopischeren Epilog beschränkt. Hansen hat in ihrer Untersuchung With Skin and Hair[150] die wesentlich präsentere Subjektkritik und die kritischere gesellschaftliche Analyse in dem frühen »Marseiller Entwurf« zu einer Theorie des Films aus dem Marseiller Exil aufgezeigt:

> »[...] the Marseille notebooks resume Kracauer's concern with the cinema's role in the crisis and restructuring of subjectivity, as part of an irreversible transformation and reconfiguration of social relations.«[151]

---

entzauberten Welt, also muss man sehen, wie man mit deren Resten umgeht. Man kann nicht über Film reden, »ohne die historischen Abgründe zu berühren«. Heide Schlüpmann: Auf der Suche nach dem Subjekt des Überlebens. Zur Theorie des Films. In: Ein Detektiv des Kinos. Studien zu Siegfried Kracauers Filmtheorie. Frankfurt am Main 1998, S. 105-120, hier S. 106.
149 Kracauer, Ginster, S. 239.
150 Miriam Hansen: »With skin and hair«: Kracauer's Theory of Film, Marseille 1940. In: Critical Inquiry, 19, 3, Spring 1993, S. 437-469.
151 Hansen, Introduction, S. xvi.

Durch den Entwurf verbinden sich, so Hansen, Kracauers Filmkritiken mit der *Theorie des Films*. In seiner Kritik an der Vorstellung eines identischen Subjekts stellt der Entwurf eine Brücke zu den frühen gesellschaftskritischen Schriften dar und dadurch das ›Normative‹ des Endprodukts infrage. Hansen ist es daher wichtig, die häufig als sehr dogmatisch beurteilte *Theorie des Films* zu historisieren, um manche Vorurteile gegen den dort angeblich vertretenen ikonischen Realismus auszuräumen. Durch den Entwurf könne nicht nur eine Brücke zu den frühen subjektkritischen Essays, sondern auch zu seinem letzten Projekt *Geschichte* gezogen werden.[152]

Hansens Ansicht nach zeigt sich in der *Theorie des Films* ein Wechsel von der Kritik des Subjekts hin zur physischen Realität. Diese sei in der, zwischen dem *Marseiller Entwurf* und der später veröffentlichten *Theorie des Films* liegenden, Tatsache des Holocaust begründet, welche Kracauers Hoffnung auf ein verändertes Subjekt zunichte machte, aber auch die Kritik an der Vorstellung von dessen Identität und Herrschaft überholte.

»The historical rupture of the Holocaust irrevocably changed the terms under which film could still be imagined as a publicly available medium for experiencing and acknowledging the precariousness of the sovereign, identical self.«[153]

Hatte sich die Hoffnung auf die Zerstörung des herrschaftlichen Subjekts zuvor mit der Hoffnung auf die Veränderung der gesellschaftlichen Verhältnisse und einem messianischen Motiv der Rettung in letzter Minute verbunden, ist nach dem Wissen um die Shoah nichts mehr zu zerstören. Das utopische Motiv einer Rettung in letzter Minute durch eine Konfrontation, die alles verändere, sei einer allgemeineren Vorstellung von Erlösung der physischen Realität gewichen – dem Aufgehen der Bruchstücke der physischen Realität im ›Strom des Lebens‹.

»Film's affinity with historical materiality – its capability of confronting the subject with the Other, the possibility of death, the immanence of

---

152 »The unpublished material furnishes a bridge between Kracauer's earliest writings on film and his later film theory, a link that is systematically repressed in the book.[...]The link between the unpublished material from the forties and early fifties and Kracauer's earliest writings on film suggests that even in the book in 1960 he approaches the cinema from the problematic of the subject, as both a practical critique of bourgeois fictions of self-identity and a discourse for articulating the historical state of human self-alienation [Selbstentfremdung].« Hansen, With Skin, S. 443f.
153 Hansen, Introduction, S. xxiv.

the human physis, has been neutralized into physical reality, the flow of life«[154]

Spuren und Störungen finden sich laut Hansen in der Vorstellung des Lebensflusses aber noch immer. So lasse sich zum Beispiel in der Fragmentierung der Kinozuschauerin, welche die Entfremdung durch die Photographie zum rettenden Zugang mache, eine melancholische Grundhaltung erahnen. Die zu erlösende Realität bestehe nur noch aus Resten. Diese Reste der einzig übrig gebliebenen Materialität und der Zugang zu ihnen über Bewusstseinsschwächung vermitteln nach Hansen die ursprüngliche Vielschichtigkeit der Argumentation.

Ich werde Kracauers Gedanken zur photographischen Grundlage des Films im *Marseiller Entwurf* und seinem Text zur Photographie sowie deren Veränderung in der späteren *Theorie des Films* im folgenden Abschnitt ausführlicher diskutieren. Hier soll es zunächst nur um einen allgemeinen Vergleich des Entwurfs mit der späteren Endfassung gehen, wobei der Schwerpunkt auf die implizite Subjektkritik gelegt wird. Dabei sind es vor allem zwei Tendenzen der Subjektkritik, die Hansen in ihrem Vergleich des Endprodukts der *Theorie des Films* mit dem Entwurf herausgearbeitet hat. So soll einerseits die idealistische Vorstellung des identischen Subjekts in der Konfrontation mit der filmischen Materialität gesprengt werden. Andererseits soll das körperliche Subjekt, mit seiner eigenen Materialität, seinem Naturfundament konfrontiert, den Umgang mit dieser und seiner Sterblichkeit lernen – ein aufklärerisches Projekt, das sich als dialektischer Gedanke schon in Kracauers früherer Schrift zur Photographie findet.[155]

Die Beziehung zur Objektwelt, deren zweideutige realistische Einstellung später zur Geringschätzung des Buchs geführt hat, ist im *Marseiller Entwurf* vom Realismus gänzlich unabhängig. In der *Theorie des Films* entwickelt Kracauer die konträren Grundtendenzen des Films – die realistische und die formgebende Haltung der Realität gegenüber – anhand der gängigen Gegenüberstellung von Lumière und Méliès. Während auch für ihn Lumière für die Grundtendenz des Realismus und Méliès für die

---

154 Hansen, With Skin, S. 468.
155 Vgl. auch Miriam Hansen: Gewaltwahrnehmung und feministische Filmtheorie: Benjamin, Kracauer und der neue »Gewalt-Frauenfilm«. In: Frauen und Film, Heft 56/57, 1995, S. 25-38, hier S. 35. Vgl. auch mit etwas anderem Schwerpunkt dies.: Dinosaurier sehen und nicht gefressen werden: Kino als Ort der Gewalt-Wahrnehmung bei Benjamin, Kracauer und Spielberg. In: Auge und Affekt. Wahrnehmung und Interaktion, hrsg. von Gertrud Koch, Frankfurt am Main 1995, S. 249-271.

Grundtendenz der formgebenden Narration einsteht,[156] erfolgt im *Marseiller Entwurf* die Grundlegung der Beziehung zur physischen Realität über die Herleitung von Marey und Muybridge. In dem mit *Pferdegalopp* übertitelten ersten Kapitel ist es hier die kognitive Funktion der Photographie, deren Vermittlung der reinen intentionslosen, da sonst für das menschliche Auge nicht sichtbaren, Materie, welche die Zuschauerin schockartig erreicht.

Die Entdeckung dieser nichtintentionalen Elemente ist im *Marseiller Entwurf* eine kognitive, welche auch mit der Möglichkeit der Neusortierung durch die Montage einhergeht. Muybridge hatte zum Beispiel mithilfe der Photographie nachweisen können, dass ein Pferd im Galopp alle vier Beine vom Boden abhebt; ein Moment, der für das menschliche Auge sonst nicht sichtbar ist, da die Bewegung zu schnell ist. Auch diese nichtintentionalen Elemente der Materialität sollen entdeckt und bewahrt werden, ein Motiv, das sich nach Hansen in dem Untertitel der Endfassung erhalten hat. Diese kognitive Funktion, die Wahrnehmung des sonst nicht Sichtbaren, lässt sich nicht mit der Auffassung eines, Kracauer später zugeschriebenen, naiven, der menschlichen Wahrnehmung entsprechenden, Realismus vereinen. Diese Neuordnung entzieht sich nicht nur dem Naturalismus, sondern deckt laut Hansen auch die Scheinhaftigkeit der ›Realität‹ auf.[157]

Auch das geplante zweite Kapitel *Archaisches Panorama* ist als solches nicht mehr in der Endfassung zu finden. Dort wird die Rolle des Frühen Kinos in einer Art und Weise als subversive, die gängige Ästhetik unterlaufende Kraft abgehandelt, die spätestens seit Gunnings Einführung seines Konzepts des ›Cinema of Attractions‹ in den filmwissenschaftlichen Diskurs Eingang gefunden hat. Ähnlich wie Gunning unterscheidet Kracauer die heterogene Narration des Frühen Kinos von späteren homogenisierten und integrierten Formen und legt den Schwerpunkt auf die körper-

---

156 Vgl. Theorie, S.57ff. Es ist Lumière, an dessen realistischer Grundtendenz Kracauer die Affinität zu Bewegung, Zufälligkeit und Fragmentierung betont und dessen Blick er mit dem von Proust beschriebenen photographischen Blick auf die Großmutter vergleicht. Méliès dagegen stellt er in die Tradition des Theaters, obwohl er dessen innovatives Verständnis für filmische Tricks anerkennt. Der Gegensatz zwischen diesen beiden Grundtendenzen wird später vor allem von Tom Gunning infrage gestellt, für den sowohl Lumière als auch Méliès die Präsentation von Attraktionen vor Realismus oder Narration stellen. Vgl. Tom Gunning: The Cinema of Attractions: Early Film, Its Spectator and the Avant-Garde. (1981) In: Early Cinema: Space, Frame, Narrative, hrsg. von Thomas Elsaesser, Adam Barker, London 2000, S. 55-67, hier S. 58f.
157 Vgl. Miriam Hansen: ›Mit Haut und Haaren‹. Kracauers frühe Schriften zu Film und Massenkultur. In: Cinema. Unabhängige Schweizer Filmzeitschrift, 37, 1991, S. 133-162, hier S. 140.

liche, schockartige Adressierung der Zuschauerin, welche die intentionale Wahrnehmung unterläuft.[158] Hier ist es, betont Hansen, die Vielfalt der filmischen Objekte und Genres, die Kracauer beschäftigt. Sie lässt den Menschen zu einem Objekt unter vielen, zu einem Teil der materiellen Bestände werden. Die ›archaische Kamera‹ interessiere sich gleichermaßen für das menschliche Schauspiel wie für materielle Bestände. Anthropomorph werde die Kamera erst mit der Homogenisierung der Narration im Klassischen Kino. Gegen die abgeschlossene homogene Narration, gegen die Stabilität und Identität der Zuschauerin, geht die offene Gestaltung des Frühen Kinos in seiner Materialität an. Es konfrontiert diese mit ihrer Naturhaftigkeit und dem historischen Zustand der Entfremdung und hat große Affinität zu Bildern des Grauens, die den Tod zeigen.

In diesem Zusammenhang spielt auch das Genre der Slapstick-Komödie eine große Rolle, mit dem sich Kracauer durch seine gesamte Kritikerzeit hindurch beschäftigt hat und das auffälligerweise aus der späteren Theorie vollständig rausfällt. Gerade der Slapstick (Kracauer nennt ihn Groteske), dessen Chaos in seiner Verschiebung und Verzerrung, dient Kracauer nach Hansen im Zusammenhang der Neuordnung der Fragmente als utopisches Gegenbild zur kapitalistischen Gesellschaft. In der Slapstick-Komödie vereine sich die schockhafte Wirkung auf den Körper der Zuschauerin und die Dekonstruktion des idealistischen Subjekts am deutlichsten, denn sie konfrontiere es mit den Tücken des materiellen Lebens.[159]

> »Like no other genre, slapstick comedy brought into play the historical imbrication of the animate and inanimate worlds, with its physical clashes of human beings turned into things and objects assuming a life of their own.«[160]

Der Umgang mit diesen Objekten ist nicht intentional. Nur spielerisch gelingt die Rettung vor ihnen. Und es ist der Zufall, der im *Marseiller Entwurf* eine besondere Rolle zugeschrieben bekommt, weil er die agierenden Körper vor der Katastrophe bewahrt. Der rein materielle Zufall befreit, laut Kracauer, das handelnde Subjekt von inhaltlichen Zusammenhängen:

> »Über den Zufall: in der Groteske pflegt der Held weniger durch Geschicklichkeit als durch *materielle Zufälle* der Katastrophe zu entrinnen.

---

158 Vgl. Hansen, With Skin, S. 448f.
159 Vgl. Hansen, Dinosaurier, S. 265.
160 Hansen, With Skin, S. 460.

Der in der Schicksalstragödie versklavte Zufall wird hier zum glücksbringenden *Handlungsträger*.«[161]

Das identische, teleologisch handelnde Subjekt ist durch den entfremdeten Zustand der Gesellschaft außer Gefecht gesetzt, hat aber das nichtintentionale Moment des Zufalls auf seiner Seite. Materialität und der filmische ›Fluss des Lebens‹ bilden hier gemeinsam eine Möglichkeit der Veränderung.

Kann im *Marseiller Entwurf* der Zufall noch als eine Art ›messianisches‹ Konzept dienen, das den Helden in letzter Minute entschlüpfen lässt, wird er später in der *Theorie des Films* eher zum ästhetischen Motiv. Im Gegensatz zum ästhetischen Kontrast des Zufalls gegenüber der Geschlossenheit des fiktionalen Films steht hier die Unendlichkeit des bedeutungslosen Spiels, die endlose Aktion über dem Abgrund. Der Zufall wird, hebt Hansen hervor, im *Marseiller Entwurf* zur Grundschicht eines Spiels, welches auf jeder Ebene die Groteske mit dem Grauen vereint.[162] Dieses Spiel gestatte eine »ästhetische Erfahrung bei gleichzeitiger Krise der Erfahrung in der Moderne«.[163] Nur die Konfrontation mit der eigenen Materialität und die Assimilierung an das Tote ermögliche den vor dem Tode errettenden Zufall. Das Interesse an der Vertauschung von lebendigem Subjekt und totem Ding durch den Blick der Kamera, der Konfrontation mit der eigenen Materialität als Schock, sowie das Bewahren von Resten durch die körperliche Wahrnehmung, wird von Kracauer schon in der Einleitung vorweggenommen, wenn er das Gesicht des Menschen auf den dahinter liegenden Schädel reduziert:

»Vordeutend: Der Film verwickelt die ganze materielle Welt mit ins Spiel, er versetzt zum ersten Mal – über Theater und Malerei hinausgreifend – das Seiende in Umtrieb. Er zielt nicht nach oben, zur Intention, sondern drängt nach unten, zum Bodensatz, um auch diesen mitzunehmen. Der Abhub interessiert ihn, das, was da ist – am Menschen selber und außerhalb des Menschen. Das Gesicht gilt dem Film nichts, wenn nicht der *Totenkopf* dahinter einbezogen ist: ›Danse macabre‹. Zu welchem Ende? Das wird man sehen.«[164]

---

161 Kracauer, Marseiller Entwurf, S. 536.
162 Vgl. Hansen, With Skin, S. 449.
163 Hansen, Introduction, S. xxi. [Übersetzung A. Z.]
164 Kracauer, Marseiller Entwurf, S. 531. Bei Hansen zitiert in dies.,With Skin, S. 447, Fußnote 17.

Viel mehr als die reale Abbildung von Dingen interessiert Kracauer hier der Totenkopf als Ding hinter dem menschlichen Antlitz und damit die Konfrontation des intentionalen Subjekts mit seiner Dinghaftigkeit und Sterblichkeit.

Das dritte Kapitel des *Marseiller Entwurfs* dagegen wendet sich gegen den ›film d'art‹. In dessen geschlossener Erzählweise spiegelt sich das bürgerliche Ideal der klassischen Tragödie – das hegelsche idealistische herrschaftliche Subjekt. Diese Geschlossenheit des ›film d'art‹ ermöglicht wie das Theater keinen Zugang zur Materie. Film dagegen, wenn dessen Narration offen bleibt, bricht durch die schockhafte Vermittlung von Materialität die Vorstellung des idealistischen Subjekts. Dieses wird im *Marseiller Entwurf*, im Gegensatz zur Kritik am ›film d'art‹ im Kompositionskapitel des späteren Buchs, historisch und sozial als das distanzierte bürgerliche Subjekt des neunzehnten Jahrhunderts eingeordnet. Film konfrontiert hier das intentionale Subjekt mit dem Seienden, das es schockhaft über den Körper wahrnimmt und kognitiv anerkennen, gelten lassen und bewahren muss. Zu dieser konkreten, schockhaften Konfrontation der Zuschauerin schreibt Hansen:

> »[...] film's affinity with the pulsation of material life undercuts the identical subject on the level of reception by assaulting the viewer, as it where, below the belt. If the theatre garners emotional responses through the mediation of conscious understanding, the cinema affects its viewer physiologically, by means of ›shocks‹. In other words, the ›human being assigned to film‹ has a body, and a sexual and mortal one at that.«[165]

Geht es in der späteren Gegenüberstellung von Theater und Film um Grade von Stärke und Schwäche des Ichs, welche ins Verhältnis zur Möglichkeit sinnlicher Erfahrung gesetzt werden, stößt hier dagegen die Filmwahrnehmung der Zuschauerin regelrecht auf ihre eigene Körperlichkeit.

In diesem Verhältnis zur Materialität entwickelt Kracauer seine Sichtweise auf unterschiedliche Erzählformen und Genres. Dabei stammen seine Schlüsselmotive ebenfalls vom Frühen Kino her: »discovery, inventory, shock, dégonflage, chance«[166] ähneln in keiner Weise einem realistischen Konzept, gleichzeitig tragen sie ein entlarvendes revolutionäres Potential. Diese Motive bestimmen sowohl die Beschreibung der Ästhetik des Films als auch deren Ziel der Subjektkritik. Im späteren Buch werden sie durch

---

165 Hansen, With Skin, S. 451.
166 Ebd., S. 451.

dessen Systematik, die Aufteilung in eine scheinbar ›normative‹ Ästhetik, das physiologische Zuschauerkapitel und den philosophischen Epilog verdeckt.

Ein weiteres zentrales Kapitel trägt den Namen *Mit Haut und Haaren*. Dieses nimmt im Wesentlichen das spätere Zuschauerkapitel vorweg, ist aber umfassender, denn es beschränkt sich nicht nur auf den visuellen Sinn der Zuschauerin und damit nicht nur auf die visuelle Sphäre des Films. Gerade durch die Einbeziehung des Tons wird Hansen zufolge klar, dass es in Kracauers Vorstellung von Materie nicht um eine visuelle Repräsentation der Wirklichkeit geht, das heißt nicht um Materialität als sichtbares und damit identifizierbares Objekt. Der Schwerpunkt liegt nicht auf einem außerfilmischen Gegenstand der Repräsentation, denn der Film bezieht sich auf die Materialität der spezifisch filmischen Darstellung in allen ihren Möglichkeiten.[167] Er umfasst darin die subjektive Wahrnehmung derselben mit allen Sinnen.[168]

Es geht Kracauer also auch um die spezifische sinnliche Materialität, den Prozess der Materialisierung durch filmische Mittel. Die Betonung liegt auf der Art der Affizierung und auf dem kognitiven Aspekt der Konfrontation mit der Sinnlichkeit. Die stärkere Konzentration auf den Körper der Zuschauerin, die Benjamins Schockkonzept ähnelt, ist nach Hansen auch im Zusammenhang der Auseinandersetzung Kracauers mit den Vorstellungen Benjamins zur Zeit der Verfassung des Entwurfs zu sehen. Kracauer hatte im Marseiller Exil engen Kontakt mit Benjamin. Beide beeinflussten sich zu dieser Zeit gegenseitig in ihren Gedanken zu Selbstentfremdung und filmischen Möglichkeiten.[169] Viel ausgiebiger als im späteren Buch betrachtet Kracauer aus diesem Grund hier die physiologische Präsentation von Sensationen im Frühen Kino, die das Bewusstsein der Zuschauerin durch den Angriff auf ihre Identität sprengen. Die Konzentration auf die Zuschauerin im *Marseiller Entwurf* fasst Hansen in einem Text über die Potentiale der Gewaltwahrnehmung im Kino treffend zusammen:

---

167 »Die ganze Welt in jedem Sinne: Von Anfang an zielt der Film auf die Einbeziehung von Ton, Sprache, Farbe ab.« Kracauer, Marseiller Entwurf, S. 559. Zitiert bei Hansen, With Skin, S. 452.

168 »[...]the material dimension crucially includes the subject and the subject's relation to the Other.« Ebd., S. 452.

169 Hansen sieht den *Marseiller Entwurf* genau genommen als einen Versuch, Benjamins Trauerspielbuch für das Kino fortzuschreiben, den sie an den Motiven der gefallenen Welt, der damit zusammenhängenden Melancholie, der Allegorie und des Schocks festmacht. Vgl. Hansen, With Skin, S. 444; vgl. Hansen, Gewaltwahrnehmung, S. 35.

»In den Marseiller Entwürfen geht es nicht so sehr um die ›Rettung der äußeren Wirklichkeit‹ [...], sondern um die materielle Realität des Zuschauers, den Menschen ›mit Haut und Haaren‹. Im Gegensatz zum ›Bezugssubjekt des Theaters‹, das Kracauer den ›Menschen der TOTALE‹ nennt (MN 1:13), adressiert der Film seinen Zuschauer als körperlich-materielles Wesen. ›Die materiellen Elemente, die sich im Film darstellen, erregen direkt die *materiellen Schichten* des Menschen: seine Nerven, seine Sinne, seinen ganzen physiologischen Bestand‹ (MN 1:23). Während das Theater – und Kracauer meint hier speziell das bürgerliche Drama – die perspektivische Einheit des Bewußtseins aufrechterhält, unterminiert das Kino solche Fiktionen durch seine direkten Angriffe auf die Wahrnehmung des Zuschauers. ›Das ›Ich‹ des dem Film zugewandten Menschen ist *in ständiger Auflösung* begriffen, wird unablässig von den materiellen Phänomenen gesprengt‹ (MN 1:23).«[170]

Somit trägt gerade die Kinoerfahrung des Selbstverlusts ein Wahrheitsmoment in der Konfrontation mit dem Verlust des Subjekts in der Moderne, gleichzeitig beinhaltet sie aber auch die Kritik des scheinhaften idealistischen Subjekts.[171] Film konfrontiert das Subjekt mit seinem historischen Stand – der Fragmentierung –, wenn nicht die künstliche Totalität des ›film d'art‹ eine neue ›Ganzheit‹ beziehungsweise Abgeschlossenheit vorgaukelt. Mehr als in der späteren *Theorie des Films* verläuft diese Konfrontation über die Körperlichkeit oder Materialität der Zuschauerin und nicht über die Wiedergabe einer materiellen Realität. Aus Sicht von Hansen bricht Film im *Marseiller Entwurf* die klassische Ästhetik eher dadurch auf, dass er die materiellen Schichten der Zuschauerin unterhalb des Bewusstseins direkt anspricht, als dass er eine Affinität zur endlosen Welt mit sich trägt.[172]

Film verändert die Vorstellung von ästhetischer Totalität daher nicht nur wegen seines Zugangs zur Unendlichkeit der Welt, wie in der späteren *Theorie* betont, sondern weil er statt mit dem intentionalen Bewusstsein der Zuschauerin mit deren vielschichtiger Körperlichkeit und Materialität kommuniziert. Ein ganzheitlicher visueller Überblick in der Totale, welcher dem eines idealistischen Subjekts entsprechen würde, wird dadurch

---

170   Hansen, Gewaltwahrnehmung, S. 34f. Hansen bezieht sich hauptsächlich auf Kracauer, Marseiller Entwurf, S. 565f.
171   Vgl. hierzu auch Morsch, Somatische Theorie, S. 75ff. Hier ist ein wichtiger Gegensatz zum allmächtigen Subjekt des Realimusdispositivs bei Baudry auffällig!
172   »Film challenges traditional notions of aesthetic totality (an organistic relation between the whole and the elements) not only because of its affinity with the endless material world outside, but more profoundly, because of the way in which it affects the viewing subject. ›it communicates less as a whole with consciousness than in a fragmentary manner with the corporeal-material layers‹ (M, 2:6)«. Hansen, With Skin, S. 462.

einerseits unmöglich und kann auch nicht durch idealistische Inhalte kompensiert werden. Es ist diese künstliche Einheit, welche dem Bürgertum ein Fortbestehen des idealistischen Subjekts vorgaukelt, die durch das Kino gesprengt wird. Andererseits wird das Subjekt, laut Hansen, über die sinnliche Erfahrung der Unendlichkeit der Materialität in ihrer Vielschichtigkeit aber auch erweitert.

»Hence the cinema, like psychoanalysis, raises the question – and suggests the possibility – of a form of subjectivity that is not predicated on the unity and self-identity of the bourgeois individual.«[173]

Kracauers Konzept der ›Zerstreuung‹ aus der Weimarer Zeit kehrt nach Hansen in den *Marseiller Entwürfen* wieder – ein antisymbolisches antihermeneutisches Programm gegen eine idealistische Ästhetik, welche alle Elemente in ein organisches Ganzes integriert.[174]

Von Subjektkritik zur Errettung der physischen Wirklichkeit

Schon in seinen Weimarer Schriften, vor allem im Aufsatz *Die Photographie*, gilt Kracauer die Konfrontation des Subjekts mit seiner Verdinglichung gleichzeitig als Spiegel der Gewalt der Moderne, der Fragmentierung und des Zerfalls der Welt und als Chance der Transzendierung des historischen Stands des Subjekts. So wird laut Hansen die Fragmentierung und die ›Mechanisierung‹ des Subjekts in der Massenkultur von Kracauer auch als »befreiende und praktische Kritik des identischen bürgerlichen Subjekts«[175] gesehen. Noch im *Marseiller Entwurf* offenbart Photographie für Kracauer »materielle [...] Phänomene, beziehungsweise Vorgänge, die dem Menschen eine *materielle Sensation* verschaffen, ihm einen *Schock* versetzen« und »das Bewußtsein zertrümmern«. Die Zuschauerin wird zurückgeworfen auf die eigene »*körperlich-materielle* Konstitution«.[176]

173 Ebd., S. 459.
174 Ebd., S. 462. Vgl. zum Begriff der Zerstreuung den späteren Abschnitt *Oberfläche und Zerstreuung – die Utopie der Masse*.
175 Hansen, Gewaltwahrnehmung, S. 34. Einerseits handelt es sich bei dieser euphorischen Einschätzung der Subjektkritik durch die Massenkultur um eine Durchgangsphase oder Passage in Kracauers Denken, andererseits kehren ähnliche Motive wie die Entfremdung als Zugang zur Objektwelt im Spätwerk wieder.
176 Kracauer, Marseiller Entwurf, S. 603, 605. Die Darstellung des Körperlichen und des Grauens im Film sei nicht nur legitim, sondern auch Verpflichtung – gegen die Körperfeindlichkeit des Bildungsbürgertums wird die Aktualität des Materiellen und des Schocks in der Moderne gestellt. Vgl. ebd., S. 607f.

Zwischen dem archivierenden Charakter der Photographie und der Bloßlegung der Materialität durch den Film über die körperliche Affizierung der Zuschauerin im Kino wird im *Marseiller Entwurf* aber, so Hansen, unterschieden:

> »If film makes us confront this historical physis, it does so not only on the level of representation and subject matter but, more fundamentally, on the level of reception, through the ways in which it engages the viewer as subject.«[177]

Gerade in der Betonung der gewalttätigen Elemente der Wahrnehmung im Kino – dem Schnitt und der schockhaften Konfrontation mit der Materialität und Sterblichkeit – gehe es um eine mögliche Konfrontation mit dem Leid, dem historischen Stand der Entfremdung des Subjekts in der kapitalistischen Gesellschaft, ohne dessen Faktizität aufzuheben. Trotz der Beschäftigung mit der Vorstellung der Innervation und der Übernahme des Konzepts des Schocks von Benjamin handelt es sich für Kracauer dabei aber, so betont Hansen, um ein kognitives Moment und nicht um Kompensation durch Training, wie es in Benjamins Konzept des spielerischen Probehandelns oder des Schocks enthalten sei. Dieses trage die Gefahr der Anästhetisierung in sich.[178]

Von diesem kognitiven Moment in der Verbindung von körperlicher Affizierung und der Konfrontation mit den materiellen Beständen ist in der späteren *Theorie des Films* kaum noch etwas sichtbar. Die schockhafte Konfrontation mit einer ›gefallenen‹ Welt findet sich später allein in der Unterscheidung zwischen Phänomenen, die sonst der Wahrnehmung entgehen und solchen, welche die Wahrnehmung aufbrechen. Die direkte Konfrontation mit Gewalt taucht lediglich noch im Medusakapitel auf, das ich im Anschluss genauer betrachten werde. Das geschichtsphilosophische Grundthema, die Gesellschaftskritik, ist in der *Theorie des Films* vom Subjektthema abgespalten und in den Epilog verbannt, in welchem die Diagnose der Desintegration gezähmt, rationalisiert und auf die allgemeine Wissenschaftskritik verschoben wird. Wohl auch seiner veränderten Lebenssituation und dem Kalten Krieg geschuldet, nimmt Kracauer die Radikalität seiner materiellen Geschichtsphilosophie zurück, zugunsten der ästhetischen Dimension des Films, mit der Hoffnung, eine intentionslose

---

177 Hansen, With Skin, S. 458.
178 Vgl. Hansen, Gewaltwahrnehmung, S. 32.

Wahrnehmung der materiellen Welt zu ermöglichen und darin den ›Strom des Lebens‹ als Möglichkeit zu bewahren.

Heide Schlüpmann und Gertrud Koch haben aufgezeigt, inwiefern die spätere *Theorie des Films* im Zusammenhang mit der Vernichtung im Zweiten Weltkrieg zu lesen ist und sich die Shoah indirekt durch Kracauers Spätwerk zieht.[179] In der endgültigen Fassung der *Theorie des Films* könne es aufgrund dessen nicht mehr um eine Rettung des Subjekts durch Bewusstwerdung und darüber hinaus auch nicht um die Bildung eines kollektiven Subjekts gehen, sondern allenfalls noch um die Rettung der Dingwelt durch den archivierenden Charakter der Photographie. Kinoerfahrung sei nun nicht mehr an die Krise und Restrukturierung des Subjekts gekoppelt. Die Konzentration auf die Errettung der physischen Realität sei die Reaktion eines Überlebenden.[180]

Film weiterhin als eine Möglichkeit, als ästhetische Form für den Umgang mit dem Tod zu behaupten, ist nach der Shoah unmöglich geworden. Dennoch setzt Kracauer gegen eine Verurteilung des Films als Kulturindustrie – wie durch Adorno/Horkheimer in der *Dialektik der Aufklärung* geschehen – die Möglichkeit der Erfahrung der Materialität durch den Film.[181] Doch auch in der *Theorie des Films* bleibt ein spezifischer Zugang zur Dingwelt nur über ein ›anderes‹ Subjekt des Kinos möglich, eines, das fähig wird, diese durch die Technik des Films mimetisch aufzunehmen. Im Zuschauerkapitel sind Strukturen dieses anderen Subjekts ansatzweise aufgeführt. Die Destabilisierung und Krise des historischen bürgerlichen Subjekts im Kino wird allerdings, aus Sicht von Hansen, von Kracauer nur noch indirekt im Epilog angedeutet, während sie in dem, vor dem Bekanntwerden der Massenvernichtungen geschriebenen, *Marseiller Entwurf* wesentlich deutlicher waren.

In der *Theorie des Films* bedarf es der Zerrüttung des Subjekts durch die Zertrümmerung des Bewusstseins nicht mehr. Nun liegt der Schwerpunkt eher auf der Rettung der Erfahrung statt auf der Sprengung herrschaft-

---

179 Stand im Photographie-Aufsatz und im *Marseiller Entwurf* noch etwas auf dem Spiel, bestand noch die Hoffnung auf die Veränderung des Subjekts und damit der Gesellschaft durch die Bewusstwerdung der eigenen Materialität und des allgemeinen Zustands der Entfremdung, mit der Tatsache von Auschwitz ist dieses »Vabanque-Spiel der Geschichte« verloren. Schlüpmann: Auf der Suche, S. 107. Vgl. auch Koch, Athenes blanker Schild.
180 Kracauer erfuhr kurz nach dem Zweiten Weltkrieg, dass seine Mutter und seine Tante in Auschwitz umgekommen waren. Sein Freund Benjamin hatte sich nach der gemeinsamen Zeit in Marseille auf der Flucht über die Pyrenäen das Leben genommen.
181 »[...] Kracauer posits film as the episteme of a postmetaphysical politics of immanence.« Hansen, With Skin, S. 445.

licher Strukturen. Es kann nicht mehr um die Konfrontation des Subjekts mit seinem materiellen Naturfundament gehen, sondern zentral wird nun die Vermittlung von Welt in ihrer Konkretheit. Film gerät hier zu einer Art Heilmittel gegen die herrschende Abstraktion, welches allein die Reste der physischen Realität für die Erfahrung bewahren kann.

Gleichwohl muss man diesen Wechsel in der Entwicklung hin zur Theorie nicht unbedingt als eine Art Verdrängung, ausgelöst durch den Zweiten Weltkrieg und die Shoah[182] lesen. Man kann diese von Hansen beschriebene Veränderung von Kracauers Theorie der Materialität als Subjektkritik hin zu einer Art ›Phänomenologie‹ des Films auch als eine Öffnung, als eine Erweiterung sehen, die sich schließlich in Kracauers letztem Buch *Geschichte* konkretisiert. Thomas Morsch sieht im Sinne dieser Erweiterung auch die Konzentration Hansens auf die mediale Gewalt über den Körper der Zuschauerin und die Zerrüttung des Subjekts als eine Vereinfachung der späteren Komplexität.[183] In der *Theorie des Films* steht in seiner Argumentation die körperliche Affizierung einer Sichtbarmachung gegenüber, welche erst durch mediale Distanz möglich werde.[184] So sei gerade im einzigen sich indirekt auf die Massenvernichtung beziehenden Kapitel *Das Haupt der Medusa*,[185] Athenes blanker Schild als Waffe gegen das Haupt der Medusa auch als emotionaler Filter von Phänomenen zu sehen, die das Bewusstsein zu überwältigen drohen. Solche Phänomene rufen »Erregungszustände und Ängste hervor, die sachlich-abgelöste Beobachtung unendlich erschweren.«[186] Hier geht es, argumentiert Morsch, gerade um die Brechung von Unmittelbarkeit. Die körperliche Adressierung stehe in widersprüchlicher Konstellation zur distanzierenden Medialität. Es sei aber produktiv, diese widersprüchlichen Vorstellungen bestehen zu lassen,

»[...] die Vorstellung von der Leinwand als optisches Schutzschild gegenüber der Macht der Ereignisse im Realen, die auf die Differenz zwischen Darstellung und Dargestelltem zumindest in der Rezeption abstellt, und die Vorstellung eines unmittelbar körperlich angegriffenen Zuschauers, die auf die Identität zwischen Darstellung und Dargestelltem zielt, als

---

182 Gertrud Koch liest Kracauer zum Beispiel in *Athenes blanker Schild* aber auch in ihrer *Einführung in Kracauer* in diese Richtung. Ich komme darauf vor allem im Abschnitt über den Blick auf das Unmenschliche zurück, vgl. *Der Blick auf das Unmenschliche – Das Haupt der Medusa*.
183 Vgl. ebd., S. 74.
184 Dieses Argument zielt auch gegen die Wiederkehr des ›Cinema of Attractions‹ im Action Kino.
185 Theorie, S. 395.
186 Theorie, S. 91, zitiert bei Morsch, Somatische Theorie, S. 74.

zwei regulative Ideen zu betrachten, die Kracauers Bild vom Medium entscheidend prägen.«[187]

Es ist gerade diese notwendige mediale Vermittlung, die laut Morsch einen entscheidenden Bruch mit dem Kracauer zugeschriebenen naiven Realismus darstellt, zeigt sie doch eine Differenzierung zwischen Darstellung und Dargestelltem in der Rezeption.

> »[...] die Vorstellung einer körperlichen Adressierung des Zuschauers, der auf die Darstellung reagiert wie auf ›Natur im Rohzustand‹, speist sich aus einem Argumentationsstrang, der gerade mit dem Gedanken der Repräsentationalität bricht und sich viel eher der Analyse des Mediums als einem materialistischen und präsentistischen verdankt.«[188]

Morschs Ansatz ist, wie ich in Bezug auf die Filmwahrnehmung als mimetische erwähnt habe, im Zusammenhang der Auseinandersetzung mit Filmsemiotik zu sehen, zu welcher Kracauer von ihm in ein abgrenzendes Verhältnis gesetzt wird. Kracauers Materialismus unterlaufe die Vorstellung des Films als Sprache. Auf der einen Seite werde durch die körperliche Erfahrung von konkreter Materialität vor aller symbolischen, das Subjekt bestärkenden Ordnung und Intentionalität, »die Selbstgewissheit des körperlos-transzendentalen Subjekts gesprengt«.[189] Diese Erfahrung entziehe sich in ihrer Materialität der symbolischen Einordnung in begriffliche Raster.

> »Das entscheidende Moment des Films liegt demnach in seiner Potenz, die Dinge in ihrer Konkretheit zu präsentieren, bevor sie als zeichenhafte Repräsentationen lesbar werden; im filmischen Bild erscheinen sie in ihrer materiellen Evidenz und ihrer Naturhaftigkeit, bevor sie in Prozesse der Signifikation zu bloßen Zeichen gerinnen.«[190]

Die Präsentation von nichtintentionaler Materie steht hier der zeichenhaften Narration gegenüber. Dementsprechend wird Film, so Morsch, auch nicht intentional, beziehungsweise lesend erfahren, sondern körperlich. Diese körperliche Erfahrung lasse sich auf der anderen Seite aber keinesfalls auf ein schockhaftes Zerrüttungserlebnis reduzieren. Dazu schreibt Morsch:

187 Ebd., S. 74f.
188 Morsch, Somatische Theorie, S. 75.
189 Ebd., S. 80.
190 Ebd., S. 77.

»Kracauer postuliert eine Rezeptionsweise, die nicht von der übergreifenden Sinnstiftung der Handlungs- und Bedeutungsmuster getragen wird, sondern ihr Augenmerk auf die konkrete Materialität richtet, an die sie sich fast mimetisch anschmiegt und von der sie sich affizieren läßt.«[191]

Morsch betont diese mimetische Erfahrung der Materialität gegenüber der Reduktion der Filmrezeption bei Kracauer auf die schockhafte Zerrüttung des Zuschauersubjekts. Eine solche Reduktion sieht er in der Interpretation des *Marseiller Entwurfs* durch Hansen.[192] Ich habe anhand von Hansens Lektüre des Entwurfs aufgezeigt, dass sich die beiden Positionen – der Zerrüttung und der Erweiterung – nicht gegenseitig ausschließen. Hansen selbst vermeidet die Einengung der Filmerfahrung auf das Element der Zerrüttung der Zuschauerin in ihrem Text zum Entwurf durch ihre historische Einordnung des zu zerrüttenden Subjekts auf das idealistische bürgerliche.[193] Hierbei geht es keineswegs um eine vollständige Tilgung des Subjekts, sondern um dessen Befreiung aus seiner bürgerlichen Schale, die immer an Herrschaft gekoppelt bleibt.[194]

Robnik rückt Kracauer dagegen anhand von Hansens Untersuchung des *Marseiller Entwurfs* in die Nähe der Diskussion um das Frühe Kino. Durch seinen körperlichen Umgang mit Materialität ähnelt Kracauers Entwurf

191 Ebd., S. 78.
192 Morsch wendet sich mit dieser Betonung des Werts der späten Phänomenologie Kracauers vor allem gegen den Zusammenhang einer masochistischen Ästhetik, in den Hansen den *Marseiller Entwurf* Kracauers in ihren Texten zu Gewalt im Film setze. Vgl. ebd., S. 79.; vgl. dazu: Hansen, Gewaltwahrnehmung. Hansen stellt in ihrer Einleitung zur *Theorie des Films* einerseits die masochistische Tendenz der Zuschauerin in den Zusammenhang der Erfahrung der historischen Krise, andererseits stellt sie dieser die Kategorie des Zufalls als Möglichkeit der Rettung in letzter Minute gegenüber. Vgl. Hansen, Introduction, S. xxi f. In *With Skin and Hair* sieht Hansen selbst auch eine Brücke zu Deleuze. Vgl. Hansen, With Skin, S. 465.
193 Vgl. ebd., S. 80.
194 In den von mit weiter unten analysierten Schriften Kracauers zur Massenbildung in *Das Ornament der Masse* wird diese Subjektkritik mit der von ihm eher negativ wahrgenommenen Entwicklung der Gesellschaft utopisch verflochten. Nach Miriam Hansen ist: »[...] die willkürlich herbeigeführte Verletzung – bis zur Vernichtung – des bürgerlichen Ich [...] nicht nur der Tic eines masochistischen Temperaments, sondern [...] für Kracauer die Bedingung der Möglichkeit der Erfahrung.« Hansen, Mit Haut und Haaren, S. 155. Erfahrung wird hier nicht nur an veränderte soziale Zusammenhänge, sondern in Hansens Lektüre sogar an die Auflösung der Geschlechtergrenzen geknüpft. Gerade in Kracauers Beschreibungen der »Tiller Girls« sieht sie eine Hoffnung auf »gender mobility«, auf »different organization of social and gender relations«. Miriam Bratu Hansen: America, Paris, the Alps: Kracauer (and Benjamin) on Cinema and Modernity. Working paper, John-F.-Kennedy-Institut für Nordamerikastudien, 72, 1994, S. 13.

dem Konzept des ›Cinema of Attractions‹.[195] Im Zusammenhang mit den Potentialen des Gewalttätigen im Film betont Robnik die Darstellung der Taktilität in Kracauers Ästhetik. Durch die Motive des Schocks, der Zerrüttung und der Zerstreuung des Subjekts, die Hansen am *Marseiller Entwurf* herausarbeitet »tritt unter, neben oder im Dialog mit einer normativen Ästhetik des (Neo-)Realismus Kracauers affirmative Phänomenologie eines Körper- und Affekt-betonten, zumal populären, Kinos hervor.«[196] Die Konfrontation mit dem Grauen als Realisierung der menschlichen Endlichkeit geht für Robnik durch die Betonung des Affirmativen und Taktilen in der frühen Fassung wie in der späteren *Theorie des Films* nicht verloren. Ganz im Gegenteil sieht Robnik den Wandel der Filmerfahrung von einer kollektiven Reflexion der Endlichkeit hin zur Materialität als positive Erweiterung dieser Konfrontation. Er nimmt sozusagen eine Deleuze'sche Umdeutung von Hansens These des verdrängenden Wechsels des Schwerpunkts vor, wenn er eine Verschiebung von der Endlichkeit des individuellen Lebens hin zum ›Werden‹ diagnostiziert:

> »Die Wendung vom ›Totenkopf‹ und ›Todestag‹ zum schlussendlichen Kapitel-Titel ›Die Errettung der physischen Realität‹ entspricht der in der *Theorie des Films* umfassenden Wendung vom Film als kollektiver Reflexion menschlicher Endlichkeit zum Film als Erkundung des Lebens in seiner Materialität, Unbestimmtheit und Unerschöpflichkeit, sprich: im Werden.«[197]

Aber dieses ›Werden‹ bei Kracauer begreift Robnik nun wiederum nicht einfach als ahistorisches Leben in seiner vergänglichen Dauer. Das Leben wird in Beziehung zum Modernisierungsprozess gesetzt, mit dem es umgeht. Damit vereint Robnik das körperliche Konzept Hansens mit der späten Phänomenologie Kracauers, denn der fast metaphysisch anmutende

---

195 Vgl. Gunning, Cinema of Attractions.
196 Robnik bringt die Potentiale der körperlichen Wahrnehmung bei Kracauer in den Zusammenhang der Wahrnehmung von Splatterfilmen. Drehli Robnik: Ausrinnen als Einübung. Der Splatterfilm als Perspektive auf flexibilisierte medienkulturelle Subjektivität. In: Splatter Movies. Essays zum modernen Horrorfilm, hrsg. von Julia Köhne, Ralph Kuschke, Arno Meteling, Berlin 2005, S. 139-150, hier S. 141.
197 Das Kapitel *Die Errettung der physischen Realität* sollte nach Robnik ursprünglich ›death's head‹ oder ›Death day‹ heißen. Robnik, Ausrinnen als Einübung, S. 142. Dem *Marseiller Entwurf* entnehme ich den Titel Kermesse funèbre (»Danse macabre«), der sich allerdings auf den nicht fertiggestellten Film DEATH DAY von Eisenstein bezieht. Der Kapiteltitel ›Death day‹ findet sich in noch früheren Vorskizzen. Robnik bezieht sich auf Hansens Einführung in die aktuelle engl. Ausgabe der *Theorie des Films*. Hansen, Introduction, S. xxiv.

›Strom des Lebens‹ wird rückwirkend mit den frühen gesellschaftskritischen Schriften und dem *Marseiller Entwurf* in Verbindung gebracht:

> »Dass im Kino die Kontingenz gesellschaftlicher Subjektivität für viele sinnlich erfahrbar wird, darin liegt auch das innovative ethische Potential medialisierter Massenkultur gegenüber einer traumatischen, disziplinarischen Moderne.«[198]

Viel mehr als ein Benjamin'scher Trainingsgrund, der dieses Trauma kompensiert, ist in der Argumentation Robniks die Erfahrung im Kino die Möglichkeit eines lernenden Denkens. Gerade durch die Reproduktion der gesellschaftlichen Reduktion des Individuums auf den Körper könne sich Neues jenseits des Individuums erschließen, könnten sich Fluchtlinien auftun und ein Dazwischen finden lassen.[199] Die Utopie, die sich in Kracauers *Theorie des Films* damit auftut, ist die Utopie des Umlernens in der Wahrnehmung.

Unmenschliche Wahrnehmung: Photographie

Statt um einen ikonischen Realismus, der sich in den photographischen Bildern widerspiegelt, geht es Kracauer im *Marseiller Entwurf* also darum, den historischen Stand der Verdinglichung aufzudecken. Sein Beharren auf den photographischen Eigenschaften trägt hier noch einen stärkeren erkenntnistheoretischen Gehalt. Trotz Kracauers klarem Bewusstsein der Konstruiertheit photographischer Bilder, argumentiert Hansen, weist er diesen einen konfrontativen Gestus zu, der sich im Film noch verstärkt: »Like photography, film can destabilize its viewer by staging involuntary encounters with material contingency and mortality.«[200] Es ist die spezielle Materialisierung der Photographie, der Kracauer ein unterhalb der Intentionalität verlaufendes, erkenntnistheoretisches Moment zuschreibt.

> »This process of materialization presumes a cognitive interest directed, paradoxically, against the imposition of conscious, intentional structures on the material world. This world, however, is not an untouched, objective reality out there, but rather an alienated historical reality, a reality that comprises both human and nonhuman physis. For Kracauer,

198 Robnik, Ausrinnen als Einübung.
199 Vgl. ebd., S. 147.
200 Hansen, With Skin, S. 458.

the materialist gaze reveals a historical state of alienation and disintegration, giving the lie to any belated humanist efforts to cover it up and thus promoting the process of demythologization. This is why Kracauer, even in the later book, insists on the ›photographic approach‹. He does so in full awareness of the many ways in which photographic images are constructed and manipulated«.[201]

Unabhängig von einem realistischen Programm ist Materialität damit nicht als anti-illusionistisch zu verstehen. Die ›fotografische Einstellung‹, deren Vermittlung von Materialität, hängt nicht mit Ikonizität und auch nicht mit einer bestimmten realistischen Narration zusammen.

»If he seeks to ground his film aesthetics in a medium of photography, it is not because of the iconicity of the photographic sign, the referential illusion it creates, but because of its temporality, the arbitrary moment of the snapshot or ›instantaneous photograph‹ [*Momentaufnahme*] an the deferred-action status of all its meanings. For Kracauer, the politicophilosophical significance of photography does not rest with the ability to reflect its object as real but rather with the ability to render it strange.«[202]

Es geht um das Aufdecken des durch menschliche Verschleierungsbemühungen verdeckten historischen Stands.[203] Allerdings gesteht Kracauer nur bestimmten Genres und Narrationen zu, diesen offenzulegen.

Ist nun im Vergleich des *Marseiller Entwurfs* mit der späteren *Theorie* einerseits eine Verschiebung von der Materialität des Körpers der Zuschauerin im Zusammenhang der Kritik des historischen Subjekts hin zur Materialität der äußeren Wirklichkeit auffallend, so betonen andere Autorinnen eher eine veränderte Haltung im Zusammenhang mit dem entfremdenden Blick der Photographie – eine Veränderung von den dialektischen Aspekten der Aufklärung im Photographie-Aufsatz hin zu den

---

201 Ebd., S. 453 Hansen bringt die ›fotografische Einstellung‹ in Zusammenhang mit der spezifischen Zeitlichkeit der Photographie, die Kracauer schon in seinem frühen Aufsatz *Die Photographie* als Entfremdung charakterisiert hatte, beziehungsweise als Widerspiegelung der realen Entfremdung, die er auch als Stillstand der Geschichte im Kapitalismus begreift.
202 Ebd., S. 453.
203 In der besonderen Rolle der Materialität liegt eine Utopie der Fragmentarisierung, welche die vergessenen Dinge von verdeckender Bedeutung löst. Die unterhalb der Bedeutung liegende Materie, die vom Menschen unabhängige tote Welt, beinhaltet eine Chance auf einen Neuanfang. Vgl. auch David Frisby: Siegfried Kracauer – »Exemplarische Fälle der Moderne.« In: Ders.: Fragmente der Moderne. Georg Simmel, Siegfried Kracauer, Walter Benjamin. Rheda-Wiesenbrück, S. 117-180, hier S. 161.

errettenden, erlösenden und sammelnden Eigenschaften der Photographie im Spätwerk. Diese Bewegung weg von einer Hoffnung auf einen ›Umschlag der Negativität‹ durch Konfrontation und Aufklärung hin zum ›Sammeln und Bewahren‹ machen sie an der unterschiedlichen Bewertung des Entfremdungscharakters dieses Blicks fest. Immer werden diese Verschiebungen aber im Zusammenhang mit den unmenschlichen Geschehnissen in Auschwitz und der verlorenen Hoffnung auf eine Neuordnung der toten Elemente interpretiert. Ich werde im Folgenden noch einmal genauer auf den frühen Photographie-Aufsatz im Verhältnis zum Spätwerk eingehen und die unterschiedlichen Sichtweisen auf den ›Wandel‹ von Kracauers Werk durch den Zweiten Weltkrieg darstellen, um letztlich die Entwicklung einer Kracauer'schen ›Ethik‹ der Wahrnehmung herausarbeiten zu können.

Den konfrontativen Charakter der Photographie bewertete Kracauer in seinem früheren Aufsatz *Die Photographie* von 1927 noch anders als in der *Theorie des Films*. Zwei Tendenzen der Photographie, die Kracauer in diesem Aufsatz betont, zeigen sich aber noch im Entwurf: Die Photographie inventarisiert das Bestehende und löst es von seiner Fixierung. Wie der gleichzeitig mit der Photographie sich entwickelnde Historismus macht die Photographie das Aufgenommene zum stillgestellten, intentionslosen Material. Dadurch wird die anthropozentrische Weltsicht aufgelöst und die Zuschauerin mit dem historischen krisenhaften Stand der Gesellschaft konfrontiert.[204]

Gerade in der Konfrontation mit der materiellen Verfremdung sieht Kracauer dort aber noch eine Chance auf Veränderung. Es sind diese Phänomene, welche die Grenzen des individuellen Bewusstseins durchbrechen und eine Hoffnung auf Veränderung möglich machen. Im frühen Aufsatz heißt es:

> »Da sich die Natur in genauer Übereinstimmung mit dem jeweiligen Bewußtseinsstand verändert, kommt das bedeutungsleere Naturfundament mit der modernen Photographie herauf. Nicht anders als die früheren Darstellungsarten ist auch diese einer bestimmten Entwicklungsstufe des praktisch-materiellen Lebens zugeordnet. Der kapitalistische Produktionsprozeß hat sie aus sich herausgesetzt. Dieselbe bloße Natur, die auf der Photographie erscheint, lebt sich in der Realität der von ihm erzeugten Gesellschaft aus. Es läßt sich durchaus eine der stummen Na-

---

204 Vgl. Hansen, With Skin, S. 457.

tur verfallene Gesellschaft denken, mit der nichts gemeint ist; wie abstrakt immer sie schweige.«[205]

In der registrierenden und aufdeckenden Fähigkeit der Photographie, die der Film durch die Bewegung ausbaut, sieht Kracauer hier noch die Chance, Realität jenseits von Intentionalität wieder ›ins Spiel‹ zu bringen und die Elemente durch Montage neu anzuordnen:

> »Das naturbefangene Bewußtsein vermag seinen Untergrund nicht zu erblicken. Es ist die Aufgabe der Photographie, das bisher noch ungesichtete Naturfundament aufzuweisen. [...] Das photographische Archiv versammelt im Abbild die letzten Elemente der dem Gemeinten entfremdeten Natur. Durch ihre Einmagazinierung wird die Auseinandersetzung des Bewußtseins mit der Natur gefördert. [...] Die Bilder des in seine Elemente aufgelösten Naturbestands sind dem Bewußtsein zur freien Verfügung überantwortet. [...] Dem Bewußtsein läge also ob, die *Vorläufigkeit* aller gegebenen Konfigurationen nachzuweisen, wenn nicht gar die Ahnung der richtigen Ordnung des Naturbestands zu erwecken.«[206]

Der bloßlegende, ›unmenschliche‹ Blick der Photographie ist im frühen Photographie-Aufsatz allerdings grundlegend ambivalent.[207] Dort stehen das Festhalten und Archivieren, die räumliche Präsenz der stillgestellten toten, intentionslosen Naturreste durch die Photographie, dem Gedächtnisbild gegenüber. Diesen Unterschied macht Kracauer an dem Vergleich eines Bildes einer Großmutter in ihrer Jugend und einem Hochglanzphoto einer Filmdiva fest. Das Foto der bekannten Diva macht diese lebendig und vertraut. Die Photographie der Großmutter in ihrer Jugend dagegen lässt diese fremd und kostümiert erscheinen. Die Enkel können sich an die junge Frau, die die Großmutter einmal war, nicht erinnern, weshalb sich ihr Bild in fragmentarische Äußerlichkeiten auflöst.

> »Es fröstelt den Betrachter alter Photographien. Denn sie veranschaulichen nicht die Erkenntnis des Originals, sondern die räumliche Konfiguration eines Augenblicks; nicht der Mensch tritt in seiner Photographie heraus, sondern die Summe dessen, was von ihm abzuziehen ist.«[208]

205 Kracauer, Die Photographie, S. 37
206 Ebd., S. 38f.
207 Es handelt sich um eine ähnliche Ambivalenz wie in seinen Texten *Die Wartenden* und *Langeweile*, auf die ich später zurückkomme.
208 Kracauer, Die Photographie, S. 32.

Und konträr zum Untertitel der späteren *Theorie des Films* heißt es: »Diese gespenstische Realität ist unerlöst.«[209] Es ist ein kalter, unmenschlicher Blick, der uns erschaudern lässt, indem er uns mit der eigenen Sterblichkeit konfrontiert. Daher der Aspekt des Grusels, der einen beim Betrachten einer alten Photographie eines geliebten Menschen ergreift.

Dem Kontrast zum ›lebendigen‹ Gedächtnisbild, der anhand des Bildes der jungen Großmutter aufgemacht wird, steht wiederum die zerfallende Ordnung und die Vorläufigkeit der verschleiernden Massenproduktion von Bildern gegenüber, die der Verdrängung des Todes in der kapitalistischen Gesellschaft entspricht. Dieses »Schneegestöber« von Bildern in den Illustrierten versucht den negativen Charakter der Photographie, deren Wiedergabe der eigenen entfremdeten und sterblichen Natur, zu verdecken.

>»Es ist die Aufgabe der Photographie, das bisher noch ungesichtete *Naturfundament* aufzuweisen. Zum ersten Mal in der Geschichte treibt sie die ganze naturale Hülle heraus, zum ersten Mal vergegenwärtigt sich durch sie die Totenwelt in ihrer Unabhängigkeit vom Menschen.«[210]

Dem Film wird nun aber in seiner Möglichkeit der Montage die Möglichkeit der Neuordnung der toten Elemente zugeschrieben. Seine traumartige Verfasstheit, sein spielerischer Umgang mit dem Bestehenden offenbare, dass die herrschende Ordnung vorläufig sei. Es ist die Alternative zwischen der Möglichkeit der Neuordnung oder dem endgültigen Verstummen, welche Kracauer im Photographie-Aufsatz und noch im *Marseiller Entwurf* als ›Vabanquespiel‹ der Geschichte bezeichnet.[211]

In der *Theorie des Films* wird der konfrontative Charakter dieser ›unmenschlichen‹ Einstellung nun insofern relativiert, als sie sich von der positiven Wertung des Gedächtnisbildes der Großmutter ein Stück weit entfernt. Hier und im darauf folgenden Buch *Geschichte* entwickelt Kracauer seine Gedanken zur Photographie anhand eines bekannten Beispiels aus Marcel Prousts *Auf der Suche nach der verlorenen Zeit*, des plötzlichen photographischen Blicks auf die Großmutter.[212] Dieser photographische Blick, von aller unwillkürlichen Erinnerung befreit, reduziert sich wie das photographische Bild der jungen Großmutter auf das entfremdete »Datenmate-

---

209 Ebd., S. 32.
210 Kracauer, Die Photographie, S. 38f.
211 Kracauer, Die Photographie, S. 38f.
212 Vgl. Marcel Proust, Auf der Suche nach der verlorenen Zeit. Die Welt der Guermantes. Erster Teil. Ausgabe in zehn Bänden, Frankfurt am Main 1979, S. 1431f. [OA 1913/1927]

rial«. Der Protagonist der Proust'schen Recherche sieht seine Großmutter zum ersten Mal so, wie sie ist. Der photographische, von aller Erinnerung und subjektiven Bedeutung befreite Blick zeigt ihm eine alte kranke Frau. Im Gegensatz zum Photographie-Aufsatz liegt in der *Theorie des Films* die Betonung nun aber nicht mehr auf der Neuordnung dieser durch den ›unmenschlichen‹ Blick wahrgenommenen Naturfundamente, sondern verharrt bei diesen selbst. Auch hat im Unterschied zu Proust der photographische Blick keine Rückkehr zum liebenden Gedächtnisbild zur Folge. Der Kontrast zum Gedächtnisbild zeigt nunmehr den verfälschenden Charakter desselben. Es geht hier allein noch um die photographische Wahrnehmung der Naturreste, welche mit dem positiv konnotierten Motiv der Errettung verbunden wird.

Für die Herausgeberin der Werke Kracauers, Inka Mülder-Bach, steht der Photographie-Aufsatz im Zusammenhang der ›Dialektik der Aufklärung‹. Sie sieht das Verhältnis von Photographie und Film dort als

> »[…] stillgestellte und neu entfesselte Entzauberung. Die fotografische Reproduktion friert die Elemente der ›stumm‹ gewordenen Natur in dem räumlichen Kontinuum ein, das sich der Momentaufnahme ergibt. Der Film löst diese Starre, indem er den fotografischen Oberflächenzusammenhang zerschlägt und dem weiteren Zerfall preisgibt.«[213]

Die destruktive analytische Kraft der Photographie wird nach Mülder-Bach in ihrer Verdopplung gewendet. Der Film lasse über den absoluten Nullpunkt die Verdinglichung als ästhetisches Phänomen umschlagen, während Photographie nur den versteinerten Zustand entfremdeter Natur im Kapitalismus wiedergebe und damit erkenntnislos sei, ohne subjektive Neuordnung.[214] In der späteren *Theorie des Films* und im Geschichtsbuch stehe der gleiche Aspekt unter positivem Vorzeichen, beziehungsweise sei Subjektlosigkeit nun die Voraussetzung für Erkenntnis. Die Utopie einer Flucht durch die Verdinglichung hindurch sei im Exil der Zuwendung

---

213 Inka Mülder-Bach: Der Umschlag der Negativität. Zur Verschränkung von Phänomenologie, Geschichtsphilosophie und Filmästhetik in Siegfried Kracauers Metaphorik der »Oberfläche«. In: Deutsche Vierteljahrsschrift für Literaturwissenschaft und Geistesgeschichte, Jahrgang 61, Heft 2, Juni 1997, S. 359-373, hier S. 373.
214 Inka Mülder-Bach sieht diesen Stillstand als einen der Aufklärung, der gerade durch die Photographie hindurch wieder angekurbelt werden soll. Vgl.: Mülder-Bach, Der Umschlag der Negativität, S. 367. Zur Entzeitlichung der kapitalistischen Gesellschaft vgl. auch dies.: Schlupflöcher. Die Diskontinuität des Kontinuierlichen im Werk Siegfried Kracauers. In: Siegfried Kracauer. Neue Interpretationen, hrsg. von Michael Kessler, Thomas Y. Levin, Tübingen 1990, S. 249-266, hier S. 252f.

zur Lebenswelt gewichen. Die Flucht nach vorne scheint, aus Sicht von Mülder-Bach, nach der Katastrophe nicht mehr möglich. Die notwendige Entfremdung der Photographie werde nun angesichts der Fragmentierung zum Zugang.[215]

Gertrud Koch betont dagegen die Ambivalenz der Haltung Kracauers gegenüber der Photographie in seiner früheren Schrift. Kracauer sehe im archivierenden Charakter der Photographie ein verdinglichendes, aber von falschen Sinnzusammenhängen befreiendes Moment. In der direkten Wiedergabe der historischen Entfremdung zeige sich, dass Befreiung nur durch Verdinglichung hindurch noch möglich sei. Im Photographietext öffnet, so Koch, der »kalte Blick [der Photographie, A.Z.] auf die toten Dingwelten [...] jenen Freiheitsspielraum, der neue Montagen der von der Geschichte abgefallenen Dinge ermöglicht.«[216] Der Film kann nun Möglichkeiten der Neuordnung der Elemente aufzeigen.

In der *Theorie des Films* ist dann, argumentiert Koch, aus der Hoffnung auf eine Neuordnung der toten Fragmente das Motiv der Rettung geworden. Dementsprechend habe auch die Montage an Bedeutung verloren. Die photographischen Eigenschaften des Mediums Film würden jetzt der Materialität zugeordnet und vor allem durch die filmimmanente, technische Bewegung ergänzt, welche die räumliche Stillstellung der Photographie verlebendige, indem sie die Objekte wieder verzeitliche, ihnen Dauer zugestehe.[217] Erst diese Verzeitlichung der Dinge, ihr Eingehen in den ›Fluss des Lebens‹, ermöglicht durch die Bewegung des Films, könne zur somatischen, mimetischen Anschmiegung durch die Zuschauerin führen.[218] Der stillstellende Blick der Kamera wird also, laut Koch, durch das

---

215 Vgl. Mülder-Bach, Der Umschlag der Negativität, S. 371ff. und dies., Schlupflöcher, S. 259f.
216 Koch, Kracauer zur Einführung, S. 132.
217 Vgl. Gertrud Koch: Mimesis *and* Bilderverbot, Screen, 34, 3, Autumn 1993, S. 211-222, hier S. 216f. Koch sieht hier eine Parallele zu Bazin, zu dessen Vorstellung der zeitlichen Dauer im Film. Die filmimmanente, technische Bewegung, die Dauer gibt, rettet vor dem Tod. Vgl. dazu auch Joachim Paech: Rette, wer kann ( ). Zur (Un)Möglichkeit des Dokumentarfilms im Zeitalter der Simulation. In: Sprung im Spiegel. Filmisches Wahrnehmen zwischen Fiktion und Wirklichkeit, hrsg. von Christa Blüminger, Wien 1990, S. 110-124, hier S. 113f.
218 In einer Filmkritik von 1928 über Ruttmann spricht Kracauer dem Film dieses Potential der Verzeitlichung ab. Dort steigere er nur die Verräumlichung der Zeit durch die Photographie. »Nicht *eines* der zur Erlebniszeit gehörenden Ereignisse lässt sich verfilmen, und kein Film vermöchte ein solches Ereignis in die Ordnung der Erlebniszeit einzureihen. Fast hat es den Anschein, als ob die Menschen ihres nicht zu verbildlichenden intensiven Lebens in dem Maße verlustig gingen, in dem sie das extensive räumliche Leben zu bannen vermögen. Wäre es so, dann hätte die Technik über den Menschen

mimetische, somatische Erleben, durch die notwendige Wahrnehmungsfähigkeit des Photographen relativiert, beziehungsweise in den Zusammenhang des Lebens gestellt. Nur so könne Kracauer nun schreiben: »Im Gegensatz zu Prousts Auffassung sieht der Fotograf die Dinge in und mit seiner ›Seele‹.«[219] Die Sichtbarmachung ist damit dem photographischen Blick nicht technisch eingeschrieben, sondern bedarf der Wahrnehmungsfähigkeit für die Affinitäten des Mediums.[220] Zwar bleibt es, trotz dieser Veränderungen, ein ›unmenschlicher‹ Blick, welcher von Kracauer der Photographie zugeschrieben wird, doch trägt dieser nun eine andere Hoffnung – nicht mehr um die Neuordnung der Fragmente geht es, sondern überhaupt erst um deren Wahrnehmung. Ist es in seinem frühen Aufsatz die Verdinglichung durch die Photographie, die den Blick unmenschlich macht, werden es später eher die enthüllenden Funktionen, die den intentionalen Blick überschreiten. Thomas Morsch fasst das ›Unmenschliche‹ dieses Blicks als ein Übersteigen des Intentionalen auf eine Weise zusammen, die beide Arten, auf die Photographie zu sehen, vereint:

»Im Aufbrechen der anthropozentrischen und intentionalen Weltsicht und in der Konfrontation des Subjekts mit seiner eigenen Körperlichkeit, Naturhaftigkeit und damit auch mit der eigenen Sterblichkeit, liegt die unheimliche Macht des Mediums der Fotografie.«[221]

Liest man diese Beschreibung des photographischen Blicks als rein ästhetische, rückt Kracauer in die Nähe zu Deleuzes positiver Definition des ›Unmenschlichen‹ als Überschreitung der intentionalen Wahrnehmung. Interpretiert man nämlich die Errettung der physischen Wirklichkeit, wie der späte Kracauer, als die Erlösung der Wahrnehmung von der alltäglichen Wirklichkeit, das heißt als eine Befreiung von Klischees, von Rahmungen und von wissenschaftlicher Abstraktion, ist man ganz nah beim Aufbre-

---

gesiegt und der dreidimensionale Mensch sich dem Menschen auf der Leinwand vollends angeglichen. Herr über die Technik wird der Mensch nur sein, wenn er sich das Leben erhält, das nicht der Linse des Aufnahmeapparats, sondern allein dem Gedächtnis erscheint.« Allerdings hat er im Gegensatz zur Photographie auch noch die Möglichkeit den Ton »das unbeabsichtigte Getöse« einzufangen. »[Z]u seinem eigentlichen Sinn wird der Tonbildfilm erst gelangen, wenn er das vor ihm nicht gekannte Dasein erschließt«. Siegfried Kracauer: Kleine Schriften zum Film 1928-1931, Werke 6.2, hrsg. von Inka Mülder-Bach, Frankfurt am Main 2004, Nr.417: Tonbildfilm. Werke 6.2, S. 122-125, hier S. 124f.
219 Theorie, S. 41.
220 Vgl. Koch, Kracauer zur Einführung, S. 126.
221 Morsch, Somatische Theorie, S. 75.

chen des sensomotorischen Schemas im Zeit-Bild angelangt.[222] Photographie und stärker noch der Film können uns einen neuen Blick auf die Welt ermöglichen, uns die Welt wieder vermitteln, indem sie die Welt aus den Schranken unserer alltäglichen Sichtweisen befreien, das intentionale Subjekt übersteigen, und ihm Fremdes zugänglich machen.

Wie in *Die Photographie* geht es Kracauer laut Koch in der *Theorie des Films* um Natur; nur soll diese nicht mehr in ihrer Entfremdung und Stummheit bewusst und der Rationalität zugeführt, sondern jenseits von Rationalität und Subjektivität somatisch empfunden, das Sehen und die Wahrnehmung des materiellen Seins jenseits aller falschen Sinnhaftigkeit vermittelt werden. Der Film ist, argumentiert Koch, in seiner Reichhaltigkeit im Gegensatz zur Alltagswahrnehmung zum »Medium der Welterschließung«[223] geworden. Die durch den Film übernommene ›fotografische Einstellung‹ bedeute keinen unvermittelten Zugang zur Welt, doch sei es gerade der vermittelte Zugang, der dem Subjekt einen anderen Blick auf die Welt ermögliche.

»Dabei erscheint der Zugang des Films zur physischen Welt, seine somatische Verankerung und seine Unbestimmtheit, die ihn gegen Ideologisierung schützen könnte, als die Vermittlung einer Erfahrung, die reichhaltiger und umfassender ist, als es die jeweiligen Erfahrungsmodi der Teilbereiche sein könnten.«[224]

Erst das Zusammenwirken dieser Teilbereiche ermöglicht die Wirkung der enthüllenden Funktionen durch den ›unmenschlichen‹ Blick – die Konfrontation mit dem eigenen Naturfundament zum Beispiel durch die Großaufnahme.[225]

Auch Dagmar Barnouw, die Kracauers Gedanken in den Zusammenhang der zeitgenössischen Theorie der Photographie stellt, betont das ›menschliche‹, da welterschließende, am ›unmenschlichen‹, ›kalten‹ Blick der Photographie in der späteren *Theorie* und den Wandel im Verhältnis zur Beschreibung Prousts. Barnouw zufolge distanziert sich Kracauer von

---

222 Vgl. Theorie, S. 387f.
223 Koch, Kracauer zur Einführung, S. 133. Nach Koch verbinden sich in der Zuschauerkonzeption der *Theorie des Films* drei Komponenten, die sich gegenseitig beeinflussen: sensualistische Ästhetik, existentialontologische Philosophie des Realen und versöhnungsästhetische Rettungsfigur.
224 Koch, Kracauer zur Einführung, S. 138.
225 So findet auch die Wahrnehmung menschlicher Körper aufgrund der enthüllenden Wahrnehmung nicht mehr innerhalb der Narration statt, sondern wird zur Topographie der Materialität dieser Körper. Vgl. Morsch, Somatische Theorie, S. 76.

der Vorstellung der Entfremdung, die dem photographischen Apparat innewohne: »Photo images, he points out now, do not copy and thereby arrest nature but ›metamorphose‹ it.«[226] Diese Metamorphose, die photographische Konstruktion der Wirklichkeit ist allerdings gleichzeitig eine passive, lesende beziehungsweise mimetische. Das mediale Sehen, dessen Sichtbarmachen, folgt laut Barnouw keiner selbstbestimmten Konstruktion, sondern ist nichtintentional in der dem Medium inhärenten Aufdeckung.[227] »[The photographer], if she is true to her medium, [...] cannot repress the presence of unseen things.«[228] Es sei gerade dieses Ungesehene, das für Proust so befremdend schien, das nun in der *Theorie* einen neuen Stellenwert bekomme. Dieses rücke Kracauers Sicht auf die Photographie von der Todesmetapher und der Vorstellung einer Neukonstruktion der materiellen Zusammenhänge weg. Gleichzeitig sei es die andere Konzentration auf Reste, auf das der Wahrnehmung Entgangene, die Kracauers Realitätsbegriff von einem naiven Verständnis von Wirklichkeit abhebe.

Die Vorstellung von Resten, welche der klischeehaften Wahrnehmung und damit auch der Konstruktion der physischen Realität entgehen, ist damit, aus Sicht von Barnouw, in keiner Weise unvereinbar mit der in Kracauers gesellschaftskritischen Schriften der Weimarer Zeit vorherrschenden Vorstellung der Realität als Konstruktion.[229] Die Vorstellung der Erlösung durch die photographischen Möglichkeiten des Films sei daher nicht religiös zu interpretieren. Barnouw zufolge geht es um ein potentielles, nichtintentionales Wissen, um Möglichkeiten durch die Aufdeckung des Nichtbeachteten, Übriggebliebenen: »potential knowledge (made possible by photo images) of a world outside the individual observer, a world, that is not automatically his.«[230] Dabei wird dem Insignifikanten keine Bedeutung a priori zugeschrieben, sondern das mediale Sehen deckt auf, was durch Nichtbeachtung insignifikant geworden ist und erschließt dadurch Möglichkeiten. Es ist dieses Erschließen von Möglichkeiten über eine spezifische Form der Wahrnehmung, welches in Kracauers Blick auf Photo-

---

226 Dagmar Barnouw: Critical Realism. History, Photography, and the Work of Siegfried Kracauer. London 1994, S. 115.
227 Vgl. ebd., S. 108.
228 Ebd., S. 116.
229 Auch nach Tobias B. Korta geht es »Kracauer in den *Angestellten* wie im Film darum, das ›Rohmaterial‹ der Wirklichkeit so eigentlich (unverhohlen) wie möglich darzustellen, um ihre Konstruktion zu enthüllen«. Hier ist es die Enthüllung der Wirklichkeit als Konstruktion, welche diese erretten soll. Tobias B. Korta: Geschichte als Projekt und Projektion. Walter Benjamin und Siegfried Kracauer. Zur Krise des modernen Denkens. Frankfurt am Main 2001, S. 146.
230 Barnouw, Critical Realism, S. 54.

graphie, Film, aber auch auf Geschichte in den Jahren nach dem Zweiten Weltkrieg zentraler wird. Es erfordert eine Haltung der Zurücknahme, welche die der Zerrüttung durch den Schock ablöst.

Produktive Negativität

Sind nun die Vorformen der *Theorie des Films*, die frühen Essays zur Photographie und der »*Marseiller Entwurf« zu einer Theorie des Films* im späteren Buch positiv aufgehoben, werden sie von diesem abgelöst und verdrängt oder erschließen sie sich wechselseitig? Heide Schlüpmann sieht zwar ebenfalls einen Wandel im Werk Kracauers durch den Zweiten Weltkrieg, hält aber diesen Wandel nicht für einen Bruch. Das Frühwerk ist ihrer Meinung nach als notwendiger Schlüssel für Kracauers Verhältnis zum Film zu sehen, weshalb ich detaillierter auf ihre Interpretation des Frühwerks eingehe.[231]

Statt eines Wechsels der Einschätzung der Photographie in der *Theorie des Films* hin zu einer Art positiven Lebensphilosophie, betont Schlüpmann eher die Kontinuität der Negativität in Kracauers Werk. Stärker noch als Hansen oder Mülder-Bach hält sie den Subdiskurs der Negativität der Photographie und der Geschichtsphilosophie für wichtig, der Kracauers Gedanken zu Photographie und Film zugrunde liege. Dieser komme im Spätwerk, wenn auch beschädigt, weiterhin zum Tragen. Die Negativität der Photographie arbeitet Schlüpmann zwar am frühen Aufsatz heraus, aber noch in der *Theorie des Films* zeige sich diese und werde zum aufklärenden Moment über den historischen Stand der Geschichte.[232] Indem die Photographie den Menschen auf sein verdrängtes Naturfundament reduziere, sei sie in ihrer stillstellenden Verräumlichung in der Lage, den historischen Stillstand vor Augen zu führen.

> »[...] das Gemeinsame liegt nicht in Abbildqualitäten der Fotografie, sondern in einer ihr innewohnenden Negativität [...]. Die Gegenständlichkeit der Fotografie ist nicht die positive Natur, die Unmittelbarkeit der Physis, sondern Natur als Negativität der Geschichte.«[233]

Es ist nach Schlüpmann also nicht die Photographie selbst, die in ihrer

---

231 Vgl. Heide Schlüpmann: Phänomenologie des Films. In: Dies.: Ein Detektiv des Kinos. Studien zu Siegfried Kracauers Filmtheorie. Basel, Frankfurt am Main 1998, S. 37-53.
232 Vgl. auch Schlüpmann, Auf der Suche, S. 113f.
233 Schlüpmann, Phänomenologie, S. 42f.

Verräumlichung stillstellt; diese spiegle in ihrer Negativität nur den Stillstand der Geschichte wider und sammle die stillgestellten Fragmente.[234] Ihr Blick korrespondiere mit der historischen Entfremdung des Subjekts.

»[...] der Fotografie ist von ihrer Entstehung her die Negation einer intentionalen, ›seelenvollen‹ Wahrnehmung des Auges eingeschrieben, über die sie eine neue setzt. Die Mechanik der Fotografie ist nicht die Ursache dieser Negation, sondern deren Ausdruck.«[235]

In ihrer Funktion als Sammlung von sinnentleerten Resten verhält sie sich damit ebenfalls ›mimetisch‹ – schmiegt sich an den historischen Stand der Verdinglichung an. Der Film dagegen betreibe in seiner produktiven Montage der photographischen Naturreste die Destruktion von Gewohnheiten und die Neuordnung der toten Naturreste.

In Bezug auf die Photographie bekommt der Film im Photographie-Aufsatz dadurch eine zweifache Funktion. Wie diese ist er zum Sammler von Abfällen auserkoren, deren Negativität dem Subjekt das eigene Fundament vor Augen zu führen imstande ist, bietet aber auch die Chance einer Neusortierung der Fragmente durch Montage. Schlüpmann betont allerdings die Negativität selbst in diesem Aspekt der Montage. Die ästhetische Erfahrung eines Films vermittle

»[...] die Destruktion aller gewohnten Realitätszusammenhänge im Kopf des Zuschauers, um die Züge der entseelten, fragmentarischen Natur im fotografischen Medium zu Tage zu fördern [...]. Die Illustriertenwelt verdrängt den Tod, die Ästhetik des Films hebt ihn ins Bewußtsein.«[236]

So erschließe Kracauer auch den scheinbar vertrauten Ort des Kinos als fremdes Phänomen.[237] Das Kino biete in der Zerstreuung »die Möglichkeit der Selbstvergewisserung des Publikums über seine eigene vernunftlose Natur«.[238] Auch das Kino wird damit für Schlüpmann zu einem Ort der kritischen Negativität, der nicht das Bestehende einfach verdoppelt und bejaht:

---

234 Das Schneegestöber von Bildern in den Illustrierten versuche, diesen negativen Charakter der Photographie, deren Wiedergabe der eigenen entfremdeten und sterblichen Natur, zu verdecken. Vgl. ebd., S. 43f.
235 Schlüpmann, Auf der Suche, S. 114.
236 Schlüpmann, Phänomenologie, S. 45.
237 Vgl. ebd., S. 41.
238 Ebd., S. 53.

»Der Film vermittelt die wirkliche Fragmentarik der Natur, die die Fotografie bloßlegt, mit der wirklichen Zerstreutheit der menschlichen Gesellschaft, die im Kinopublikum sich offenbart.«[239]

Schlüpmann argumentiert, dass sich gegenüber den Weimarer Schriften in der *Theorie des Films* zwar der Gegenstand von gleichzeitiger Aufklärung und Zerstreuung zur materiellen Kontinuität der physischen Realität verschiebt. Der Glaube an die Möglichkeit der Selbstaufklärung des Publikums sei im Spätwerk aufgrund der historischen Entwicklung gebrochen. Den Begriff der physischen Realität halte Kracauer aber bewusst offen, denn dieser umfasse sowohl den Realitätsbegriff des amerikanischen Empirismus als auch gerade jene Realität beziehungsweise genau jene Naturfundamente, die dem Bewusstsein gegenüberstehen.

»Die Dialektik der Aufklärung ist am Ende. Die Theorie des Films hebt an bei einer neuen Wahrnehmung, der, daß gegen alle Erwartung auch die Natur am ›Tisch des Bewußtseins‹ nicht identisch ist. Einerseits schiere Barbarei, Vernichtung des humanen Lebens, ist sie andererseits Überleben. Diese Wahrnehmung der Gegenwart ist ohne die geschichtsphilosophischen Reflexionen der Vergangenheit nicht möglich, doch setzt sie zugleich deren Negation voraus.«[240]

Die Natur habe das Bewusstsein abgelöst, sei nicht mehr die dem Bewusstsein gegenüberstehende Negativität, sondern nun die Grundlage des Überlebens. Damit geht Kracauer nicht zurück vor seine kritischen Weimarer Texte hin zur Lebensphilosophie, sondern er geht in der Argumentation Schlüpmanns über den Ansatz der Aufklärung hinaus. Indem er die Philosophie verabschiede, könne er sich mithilfe von Proust dem ›unmenschlichen‹ photographischen Blick zuwenden.

Im Gegensatz zu Barnouw und Koch sieht Schlüpmann in diesem Wechsel daher keine Relativierung des negativen Begriffs der Photographie, sondern dessen Aufhebung. Nun – nach Auschwitz als dem ›Ende der Geschichte‹ – verdrängten nicht mehr nur Illustriertenbilder den Tod, auch spiele es keine Rolle, ob es sich um ein aktuelles Photo einer lebenden Person oder ein altes einer Verstorbenen handle. Gerade die toten Natur-

---

239 Schlüpmann, Auf der Suche, S. 111. Kracauers Kritik an der positivistischen Wissenschaft ähnelt der Kritik, die Merleau-Ponty in *Das Kino und die neue Psychologie* aufmacht.
240 Ebd., S. 108.

reste, frei von jedem Gedächtnis und Bewusstsein, werden in ihrer Entfremdung die Träger des Überlebens:

> »Die ›Natur am Tisch des Bewußtseins‹ ist aber nicht das Ende der Geschichte, sondern ihr Teil, Teil eines vergangenen Lebens. Das Überleben des Grauens erhält eine paradoxe Hoffnung auf Leben zurück, weil und sofern es sich in einem ›Leben‹ spiegelt, das seinerseits eine Art Entdeckung des Grauens in sich enthielt.«[241]

Die vernunftlose Natur – der Gegensatz zum Bewusstsein – werde als Grauen nun Teil und Träger der Geschichte. Deren materielle Kontinuität gerät in Kracauers Blick, denn er könne, argumentiert Schlüpmann, nicht mehr auf einen Umschlag der Negativität durch die photographische Fragmentierung, vermittelt durch die Zerstreuung im Kino, hoffen. Eine Vermittlung von Materie und Gesellschaft über die Technik in der Zerstreuung sei nicht mehr möglich.

Doch der Wechsel von der fragmentierenden Verdinglichung des Lebens hin zu dessen Kontinuität begreift dieses als einen Überrest. Die Möglichkeit der Sammlung von Naturresten wird in der *Theorie des Films* gegenüber dem Photographie-Aufsatz damit konkreter. Es geht Kracauer, aus Sicht von Schlüpmann, nicht mehr um den Blick auf den verdrängten Tod in einer verdinglichenden Kultur, sondern um deren unbeachtete, übrig gebliebene lebendige Momente. Das Leben sei nun primär aber Abfallprodukt.

> »Leblosen Resten verleiht, nach dem damaligen Konzept, die Mechanik des Films ein scheinhaftes Leben. Erst die *Theorie des Films* legt die Emphase auf die Versammlung der bewegten, ›lebendigen‹ Momente der Wirklichkeit im Film. Die Mechanik des Films gereicht dann nicht bloß zur Herstellung des Traums vom Leben, sondern ihre eigentliche Fähigkeit liegt in der Offenbarung, Bloßlegung des Lebens als seelenloser Körperlichkeit.«[242]

Film führt damit in gewissem Sinne die offenlegende Haltung der Photographie fort. Der neue Bezug auf die Kontinuität der Materie kann nicht formal als filmische Kontinuität gesehen werden. Von der Konfrontation mit der Verdinglichung hin zu Resten der Körperlichkeit kann Kracauers materiale Ästhetik, aus Sicht von Schlüpmann, nicht mehr auf immate-

---

241 Ebd., S. 109.
242 Ebd., S. 113.

riellen Techniken der Montage aufbauen. Die Traumartigkeit des Films sei keine formale Bestimmung mehr, erzeugt durch das Element der Montage, wie im Photographie-Aufsatz, sondern sie sei nun ihrem Inhalt, der Materie, geschuldet. Erst die Wahrnehmung der materiellen Kontinuität aus zufälligen Resten und Abfällen ermögliche die Unterbrechung der alltäglichen, das heißt ganzheitlichen, intentionalen, Wahrnehmung.[243] Der Strom zwischen psychophysischen Korrespondenzen bilde keine harmonische Einheit, sondern ihm wohne nach Schlüpmann »der Bruch zwischen Psyche und Physis inne, der erst die Physis in ihrer Eigenheit sichtbar werden läßt.«[244] Gerade durch die seelische Besetzung, welche die Kontinuität immer wieder herstelle, könne nun die physische Materialität in die Kontinuität einbrechen.

Diese Gegenüberstellung vom Fluss der Bilder und der inneren Assoziation habe ich weiter oben als Schaukelbewegung der Filmzuschauerin beschrieben. Diese Schaukelbewegung folgt in der Argumentation Schlüpmanns einer anderen Montage, welche nach dem Prinzip der Erinnerung die Bilder verkettet. Auch in diesem Fall orientiere sich Kracauer an Proust, denn das Modell dieser Montage sei die unwillkürliche Erinnerung durch die Madeleine. Dieser doppelte Rückgriff auf Proust beschreibe einerseits die Entblößung durch den ›unmenschlichen‹, photographischen Blick, andererseits aber auch unwillkürliche subjektive Montage:

> »Es handelt sich um die fotografische Einstellung des Films einerseits, die Entblößung der physischen Realität in der Abfolge der Bilder, und um Montage im eigentlichen Sinne andererseits, in der eine Wahrnehmung der der Kamera-Realität eingeschriebenen Spuren der Geschichte sich verwirklicht. Film ist anders als Fotografie in der Lage, in der Negativität der Kamera-Realität die Beziehung des Physischen zum Nicht-

---

243 Diese Unterbrechung entspreche wiederum der ›fotografischen Einstellung‹ im Sinne Prousts. Nicht mehr die Kombination der Bilder in der Montage, aber auch nicht deren Kontinuität stehe im Vordergrund, sondern die Montage innerhalb des Bildes, welche normale Sehvorgänge unterbreche und die intentionale Wahrnehmung negiere. Heide Schlüpmann betont daher in diesem Zusammenhang im Gegensatz zu Koch oder Barnouw die Rolle der Einzelbilder in der Theorie des Films: »Im Schatten der Behauptung des Vorrangs der fotografischen Inhalte entwickelt Kracauer eine Theorie der Montage, die konsequent von der Ästhetik der Einzelaufnahme ausgeht.« Ebd., S. 113.
244 Ebd., S. 114. Schlüpmann interpretiert hier die weiter oben besprochenen psychophysischen Korrespondenzen als ein notwendiges Spannungsmoment, das filmische Kontinuität mit der Konfrontation durch die Einzelaufnahme verbinde: »Das filmische Kontinuum bewegt sich in der Spannung zwischen psychischer Besetzung und Entblößung des Physischen«. Ebd.

physischen wahrzunehmen und, analog zur Geschichte, die dem Kosten der Madeleine entsteigt, geschichtliche Wirklichkeit zu entfalten.«[245]

Doch diese geschichtliche Wirklichkeit ist eine der Negation. Die gesammelten Spuren verweisen auf das Ende der Geschichte sowie des Subjekts der Aufklärung. Die Photographie ist nicht nur die Negation des autonomen Subjekts durch ihren Blick, sondern zeigt auch dessen historisches Verhältnis zur Welt.

Die ›fotografische Einstellung‹ des Films zerstört nicht nur den alten Begriff des autonomen Subjekts, sondern propagiert, laut Schlüpmann, auch einen neuen durch den ihr immanenten Vorrang des Objekts. In der Ablösung der Forderung nach Erkenntnis und Aufklärung durch die Erfahrung der physischen Realität, liege eine Art Befreiung des Subjekts von dem, der Erkenntnis innewohnenden, Zwang zur aneignenden Selbsterhaltung.[246] Kracauers Kritik der aktiven Aneignung von Welt werde damit zu einer Rezeptionstheorie, zur Vorstellung einer produktiven Rezeption, die sich in der Unterordnung der formgebenden unter die realistische Tendenz spiegle. Nur noch als passive Produktivität sei der Zugang zur Wirklichkeit möglich. Dieses neue Verhältnis zu ihr, nicht die Wirklichkeit selbst, stehe in der *Theorie des Films* im Vordergrund. Nur noch als passive Produktivität könne, wegen des erfahrenen Leidens, eine Beziehung zum Wahrgenommenen aufgebaut werden – der Film nach Auschwitz fordere, ermögliche aber auch, eine andere, das Individuum überschreitende, Haltung des Subjekts.[247]

Die positive, körperliche Dimension der mimetischen Filmwahrnehmung wird damit von Schlüpmann an die Negativität der Photographie gebunden und mit dem historischen Ereignis der Shoah verknüpft. Es ist wichtig, die mimetische Rezeption mit dieser impliziten Negation zusammen zu denken, um deren geschichtliche und kritische Dimension zu verstehen und Filmwahrnehmung nicht einfach auf somatische Rezeption und Affirmation zu reduzieren. Die verdeckten Hintergründe der *Theorie des Films* stellen diese erst in den Zusammenhang von Kracauers frühen

---

245 Ebd., S. 115.
246 Schlüpmann bemängelt in diesem Zusammenhang den fehlenden Geschlechterdiskurs, ist doch der Abschied vom aneignenden Subjekt ein Abschied vom männlichen Subjekt. Vgl. ebd., S. 119.
247 Diese Haltung beschränkt sich allerdings nicht auf die Rezeption, sondern beinhaltet auch die schöpferische Zurücknahme der Filmemacherin. Vgl. Schlüpmann, Phänomenologie, S. 47f.

Schriften und dessen letztem Buch *Geschichte*, in welchem er aktive Passivität und Produktivität der Rezeption zum Schlüssel der Annäherung an Geschichte werden lässt.

Der Blick auf das Unmenschliche – Das Haupt der Medusa

Film beinhaltet damit die, der Photographie zugrunde liegende, Negativität und ermöglicht noch in der *Theorie des Films* die Konfrontation mit dem Tod. Allerdings bekommt diese Konfrontation hier einen anderen Charakter, wird zur Ermöglichung der Wahrnehmung desselben.

Aber nicht nur eine andere Sicht auf den Film, auch die Entwicklung des Films selbst veränderte die Möglichkeiten des ›unmenschlichen‹ Blicks. Diese Veränderung beschreibt Kracauer im *Marseiller Entwurf* ausgehend vom Frühen Kino. In den stehenden Einstellungen des Frühen Films machte der photographische Blick die Inventarisierung der Naturreste konkret:

> »*Alte Filme*, die noch naiv mit ›Momentaufnahmen‹ arbeiten, geben die uns anhaftende Schleppe von Dingen unabsichtlich mit. Man denke an die großen Hüte der Arbeiterinnen in SORTIE DES OUVRIERS […]. Da es sich hierbei um Aufnahmen in der konventionellen Totale handelt, konnte den Zeitgenossen das ihnen Gewohnte nicht besonders auffallen, sie übersahen es im Film genauso wie in der konventionellen Wahrnehmung. Inzwischen sind durch den Ablauf der Zeit die damals herrschenden Konventionen und Intentionen zerstört worden, und der heutige Betrachter erblickt in ihrer Nacktheit die Seinsbestände, mit denen wir damals zusammen gelebt haben – ohne Ahnung von ihrer intimen Zugehörigkeit zu uns. Ein *Schauder* ergreift uns bei ihrem Anblick. In diesem Mobiliar haben wir gehaust, gelitten? Es ist, als befänden wir uns plötzlich verwesten Teilen unseres gelebten Lebens gegenüber.«[248]

Dieser Schauder stellt sich durch den Abstand zu einer längst vergangenen aufgenommenen Zeit ein. Mit der technisch/ästhetischen Entwicklung des Films wachsen nun die Möglichkeiten, das Vertraute durch Entfremdung ›fern‹ zu rücken und anders als gewohnt wahrzunehmen.

> »Durch Großaufnahmen, Wahl der Einstellung usw. ist der Film auch in der Lage, die mit dem *aktuellen Menschen verwachsenen Dinge* von diesem

248 Kracauer, Marseiller Entwurf, S. 601f.

abzulösen und ihn gegenüberzustellen. [...] *Der Film entfremdet* so das Intime, Vertraute.«[249]

Im *Marseiller Entwurf* steht die Negativität der Photographie im Zusammenhang der Subjektkritik und des Schocks. Diese Möglichkeit der Entfremdung durch den photographischen Blick ist in der späteren *Theorie des Films* in den enthüllenden ›fotografischen Einstellungen‹ noch enthalten, die daher keinesfalls als affirmativ aufgefasst werden kann. Zwar ist der Blick dort etwas nüchterner, nicht mehr so schockierend konfrontativ und der zukünftige Tod, die ›Verwesung‹ des Lebens, ist zur Entkleidung von Bedeutung geworden. Auch ist ein melancholischer Gestus der Trauer hinzugekommen, über das »unabänderliche Dahinfließen der Zeit«.[250] Aber es ist nicht nur ein enthüllender Blick auf das ehemals Vertraute, der in der *Theorie des Films* weiterhin von Bedeutung ist. Selbst eine Lektüre der *Theorie des Films* als ungebrochene Affirmation des Lebens und der körperlichen Anschmiegung kommt nicht darin umhin, neben den enthüllenden Funktionen auch auf andere Aspekte der Unmenschlichkeit zu stoßen.

Ich habe die enthüllende Funktion im Anschluss an Deleuze und Merleau-Ponty als ›unmenschliche‹ Blickweise beschrieben. Für Merleau-Ponty ist der ›unmenschliche‹ Blick an eine bestimmte Malweise gebunden, die er an Cézannes festmacht und die eine enthüllende Form der Wahrnehmung ermöglicht. Diese stand gerade der zweckrationalen Wahrnehmung der Photographie gegenüber. Mit Deleuze hatte ich diese Form der ›unmenschlichen‹ Wahrnehmung als Überschreitung der alltäglichen intentionalen und zweckrationalen Wahrnehmung auf den Film übertragen. Im Gegensatz zur Darstellung der Malerei bei Merleau-Ponty ist es bei Kracauer gerade der photographische Blick, der unmenschlich durch Entfremdung wird. Im Gegensatz zu Merleau-Ponty bringen Kracauers Gedanken zur Photographie die Zentralperspektive der Kamera nicht in den Zusammenhang des Anthropomorphen. Durch ihre nichtintentionalen – aufdeckenden und registrierenden – Fähigkeiten bricht die Kamera gerade mit dem Anthropomorphen und dem Zweckrationalen.

Der Film führt aber nicht nur die ›unmenschliche‹ Wahrnehmung in seiner ›fotografischen Einstellung‹ fort, er hat, wie wir gesehen haben, auch die Affinität zu Bildern des Grauens und lehrt uns den Blick auf das Unmenschliche. Film kann infolge der Ermöglichung dieser Wahrnehmung

---

249 Ebd., S. 603.
250 Theorie, S. 91.

Realität und falsche Vorstellung durch entlarvende Konfrontation gegenüberstellen, aber auch als Zeuge verdrängter, gefürchteter Phänomene dienen. Als dieser Zeuge ermöglicht er durch seine distanzierenden, medialen Eigenschaften, die Konfrontation mit sonst nicht ertragbaren Phänomenen[251] – er ermöglicht den Blick auf das Unmenschliche, auf »Ereignisse, die das menschliche Bewusstsein zu überwältigen drohen [...]. Es ist ihm um die Sichtbarmachung dessen zu tun, was sonst in innerer Erregung untergehen würde.«[252] Photographische Bilder ermöglichen die Beobachtung von Dingen, die sonst den Zeugen der Gewalt durch Angst lähmen würden.

Die Thematik der Enthüllung des Unmenschlichen und der Zeugenschaft der Photographie aus dem Photographie-Aufsatz und dem *Marseiller Entwurf* kehrt auf diese Weise unter der Überschrift *Das Haupt der Medusa* im Epilog der *Theorie des Films* wieder, in ihrem philosophischen Abschnitt *Die Errettung der physischen Realität*:

> »Unter allen existierenden Medien ist es allein das Kino, das in gewissem Sinne der Natur den Spiegel vorhält und damit die ›Reflexion‹ von Ereignissen ermöglicht, die uns versteinern würden, träfen wir sie im wirklichen Leben an. Die Filmleinwand ist Athenes blanker Schild.«[253]

Die Filmleinwand ist zur Möglichkeit geworden, unbeschädigt das Haupt der Medusa anzublicken. Die körperliche mimetische Filmwahrnehmung des Grauens wird durch das Schutzschild der medialen Vermittlung möglich, welches die Unmittelbarkeit des Dargestellten aufbricht.[254]

Zwar ist diese Möglichkeit der Konfrontation mit dem Unmenschlichen (der Spiegelung desselben) in der *Theorie des Films* im Gegensatz zum *Marseiller Entwurf* auf ein kleines Unterkapitel geschrumpft, doch weist dieses einerseits zurück auf Kracauers Filmkritiken und den *Marseiller Entwurf*, andererseits aber auch auf die Gräuel von Auschwitz (obwohl diese nur am Rande angesprochen und indirekt anhand der Schilderung eines Dokumentarfilms über ein Pariser Schlachthaus, LE SANG DES BÊTES, Georges Franju, F 1950, angedeutet werden). Das Grauen, das der Film uns sehen lehrt, ist damit auch in der *Theorie des Films* ein konkretes geworden:

---

251 Ich hatte in dem Abschnitt über die Errettung der physischen Wirklichkeit aufgezeigt, inwiefern Film auch als Schutzschild dienen kann.
252 Theorie, S. 91f.
253 Theorie, S. 395.
254 Vgl. Morsch, Somatische Theorie, S. 74f.

»Wenn wir die Reihen der Kalbsköpfe oder die Haufen gemarterter menschlicher Körper in Filmen über Nazi-Konzentrationslager erblicken – und das heißt: erfahren –, erlösen wir das Grauenhafte aus seiner Unsichtbarkeit hinter den Schleiern von Panik und Fantasie. Diese Erfahrung ist befreiend insofern, als sie eines der mächtigsten Tabus beseitigt.«[255]

Die Konfrontation mit dem Unmenschlichen ermöglicht durch den Film eine außerhalb des Kinos durch seine Unvorstellbarkeit verstellte Erfahrung. Der ›unmenschliche‹ Blick der Kamera steht damit in Zusammenhang mit der Wahrnehmung des, das Subjekt übersteigenden, Unmenschlichen.

Doch die Gewalt wird durch den Spiegel der Athene nicht abschließend gebannt. Die Ereignisse im Film haben keine abschreckende Funktion, dienen nicht der Bewältigung des Grauens, aber auch nicht der Lust an der Zerstörung. Sie erfüllen einen anderen Zweck, sind sozusagen Selbstzweck. Sie müssen – als Grauen – angesehen und ertragen werden, um erfahren zu werden.

»Die Spiegelbilder des Grauens sind Selbstzweck. Und als Bilder, die um ihrer Selbst willen erscheinen, locken sie den Zuschauer, sie in sich aufzunehmen, um seinem Gedächtnis das wahre Angesicht von Dingen einzuprägen, die zu furchtbar sind, als daß sie in der Realität wirklich gesehen werden könnten.«[256]

Nach Gertrud Koch erweist sich in diesem Abschnitt das Gedächtnis als »heimliches Telos«[257] der Konfrontation mit dem Grauen: Die Dinge, auch die Grauenhaften, müssen angesehen und in den Archiven des Gedächtnisses bewahrt werden, damit sie am Jüngsten Tag, also am Ende der Geschichte, gerettet werden können. Der Film in seinem archivierenden Charakter habe dadurch, ebenso wie die Photographie, eine erlösende Funktion – er bewahre für die zukünftige Erlösung auf. Das archivierende Sammeln der Dinge für die Erinnerung folge daher einer Art Solidarität mit dem Toten.[258]

---

255 Theorie, S. 396.
256 Ebd.
257 Koch, Athenes blanker Schild, S. 131.
258 Die Solidarität mit den Toten sieht Koch als verwandt an mit der Forderung nach anamnetischer Solidarität bei Benjamin – der Forderung »nach der verpflichtenden Erinnerung an die Toten, mit denen wir auf den Tag der Ankunft des Messias warten«. Koch, Kracauer zur Einführung, S. 139.

Schließt dies auch die Solidarität mit den *Toten* mit ein? Koch schreibt in *Athenes blanker Schild. Siegfried Kracauers Reflexe auf die Vernichtung* über die verdeckte Thematik der Shoah in dieser Vorstellung. Kracauers Konzept der Errettung der physischen Wirklichkeit liege unterschwellig Auschwitz und das jüdische Motiv der Erlösung zugrunde, obwohl er diese Themen nicht explizit anspreche, es gänzlich Anathema sei. Dabei spreche er aber nicht direkt von Menschen. Es seien Körper, Dinge, die angesehen werden müssten, um in das rettende Archiv des Gedächtnisses zu gelangen.[259] Die physische Welt müsse durch die Verdinglichung des Apparates hindurch, um als Bild gerettet werden zu können.

> »Kracauer verwendet das Motiv der Rettung durch Erinnerung, die anamnetische Solidarität mit dem Toten in einem Rahmen, in dem Menschen und Fakten Dinge gleichermaßen sind. Es scheint so, als sei überhaupt erst die in Bildern versteinerte Welt eine, die als menschliches Antlitz entzifferbar und erfahrbar wäre.«[260]

Die Errettung der physischen Wirklichkeit ist nach Koch nur durch ihre Verdinglichung, ihre Versteinerung hindurch möglich – dadurch fallen für sie in der *Theorie des Films*, die sie an dieser Stelle vom späteren *Geschichte* her interpretiert, Theologie und phänomenologischer Konkretismus auf verdeckte Weise zusammen.[261]

Doch ist die Erlösung der physischen Wirklichkeit durch Sichtbarkeit mit dem messianischen Gedanken der Bewahrung für eine zukünftige Erlösung gleichzusetzen? Der »Primat des Optischen« in der *Theorie des Films* würde dann tatsächlich zu der grausamen Hierarchie der für die Errettung notwendigen Sichtbarkeit führen, die Koch beschreibt.[262] Ist mit der Erret-

---

259 Die Vernichtung der Juden muss angesehen werden, damit diese Bilder ins Gedächtnis aufgenommen und bewahrt werden können. Koch sieht ein Problem in Kracauers ›Primat des Optischen‹ genau hier, denn so könnten nur die Menschen erlöst werden, die sichtbare Reste hinterlassen haben – »eine grauenvolle Hierarchie«. Aus diesem Dilemma leitet Koch den vollständigen Wechsel Kracauers zur Geschichtsphilosophie ab, denn die Benennung und Narrativisierung bedürfe keiner visuellen Spur. Vgl. Koch, Athenes blanker Schild, S. 133f., 137.
260 Ebd., S. 130.
261 Gaby Babić hat sehr richtig bemerkt, dass Kracauer in *Geschichte* niemals von Versteinerung oder von Anschmiegung an das Tote spricht. Auch sei seine Vorstellung der mimetischen Angleichung dort eine prozesshafte, erweiternde Bewegung, die ebenso die Rückbewegung und den Bezug auf die Gegenwart enthalte. Gaby Babić: Film und Geschichte. Zur Begründung des Vorraumdenkens in Siegfried Kracauers Spätwerk. Unveröffentlichtes Manuskript. Magisterarbeit an der Johann Wolfgang Goethe-Universität, Frankfurt am Main 2004, S. 86.
262 Errettet werden könnte dann nur das, was sichtbar geblieben, nicht das, was in

tung der physischen Wirklichkeit tatsächlich die zukünftige Erlösung der Toten nach der Ankunft des Messias gemeint? In welchem Verhältnis stünde dies zu einer Erlösung der Optik, des Sehens wie des Gesehenen, von Klischees – wie sie Kracauer mit Gabriel Marcel betont[263] – oder zu einer Erlösung der Wahrnehmungsfähigkeit – wie sie Schlüpmann hervorhebt?

Die Erlösung der physischen Wirklichkeit durch das Wahrgenommenwerden und die Erlösung der Wahrnehmung durch das Zulassen der Wirklichkeit sollte meines Erachtens nicht unmittelbar mit einer messianischen Vorstellung des Sammelns und Bewahrens verknüpft werden, auch wenn der Zusammenhang der Solidarität mit den Toten vor allem in *Geschichte* eine zentrale Rolle einnimmt. Im Rahmen dieser Arbeit, die versucht eine Erlösung der Wahrnehmung auch mit dem Materialismus von Deleuze und der leibhaftigen Wahrnehmung bei Merleau-Ponty zu entwickeln, möchte ich im Folgenden vor allem eine säkulare Lesart der Errettung durch die ›unmenschliche‹, von Zweckrationalität befreite, konkrete Wahrnehmung weiter vorantreiben, auch wenn ich bei meiner Interpretation von *Geschichte* den Zusammenhang mit der messianischen Erlösung erneut aufmachen werde.

Interessanterweise ist bei Deleuze gerade die ästhetische ›Erlösung‹ der Optik, seine Ethik der Wahrnehmung, ebenfalls im Zusammenhang mit dem Leid und der Zerstörung durch den Zweiten Weltkrieg zu sehen, denn vor allem dieser ist für ihn die Begründung des Zusammenbruchs des subjektbezogenen, klischeehaften Bewegungs-Bildes. Die rein optischen Situationen bei Rosselini, welche die handelnden Subjekte zu Sehenden machen, sind letztlich solche des Schreckens, der die Handlungsfähigkeit übersteigt.[264]

Vor allem aber ist die Erlösung der physischen Wirklichkeit zunächst in der Gegenwart angesiedelt. Das Grauenhafte soll erlöst werden, indem es für uns sichtbar und damit erfahrbar wird. Wir erlösen das Grauenhafte durch unseren Blick aus seiner Unsichtbarkeit. Die Überschrift des Kapitels, indem sich *Das Haupt der Medusa* befindet, lautet nicht zufällig *Materielle Evidenz*. Auch hier geht es Kracauer um die Befreiung der Wahr-

---

Schornsteinen der Krematorien in Rauch aufgegangen ist. Vgl. Fußnote 259.
263   Vgl. Theorie, S. 394. Nach Marcel erlöst das Kino vor der die Wahrnehmung verstellenden Kraft der Gewohnheit.
264   Ich hatte diese Vorstellung oben als zu einfache historische Umsetzung der Unterscheidung von Zeit- und Bewegungs-Bild kritisiert. Versteht man aber dieses Argument mit Kracauer, bekommen auch die Deleuze'schen Kinobücher eine klarere historische Dimension.

nehmung von verdeckenden Ideologien,[265] das heißt, es geht auch um Aufklärung, allerdings vermittelt über die physische Erfahrung:

> »Indem das Kino uns die Welt erschließt, in der wir leben, fördert es Phänomene zutage, deren Erscheinen im Zeugenstand folgenschwer ist. Es bringt uns Auge in Auge mit Dingen, die wir fürchten. Und es nötigt uns oft, die realen Ereignisse, die es zeigt, mit den Ideen zu konfrontieren, die wir uns von ihnen gemacht haben.«[266]

Dass es nicht nur um ein Aufbewahren in der Erinnerung für die zukünftige Erlösung, beziehungsweise Errettung gehen kann, verdeutlicht vielleicht ein kurzer Rückblick auf einen Artikel über das Grauen im Film von 1940, der das Motiv der Gewalt offener bearbeitet (allerdings vor dem Bekanntwerden der Gräuel der organisierten Massenermordungen). Diese Überlegungen tauchen ähnlich noch im *Marseiller Entwurf* auf, kehren aber auch abgemildert als Kapitel über Phänomene, die das Bewusstsein überwältigen, in der *Theorie des Films* wieder.

Schon seit seinen Anfängen neigt der Film nach Kracauer dazu, Formen der Gewalt zu zeigen, die nur er erfassen kann. Auch diese Gewalt wird ›bewahrt‹, um jenseits von Ängsten wahrnehmbar zu werden.[267]

> »Es ist nicht anders, als fühle sich das Kino dazu berufen, sämtliche Motive des Grauens zu inventarisieren. Man hat diesen Zug des Films als Spekulation auf die Sensationslust der Massen abtun zu können geglaubt.«[268]

Es sind gerade die Momente des Grauens, die Kracauer als eine besondere, auch ästhetische Qualität des Films ausmacht, denn nur dieser kann sie uns vermitteln.

> »Die Grenzen einer neuen Kunst werden nicht durch die bestehenden ästhetischen Konventionen festgesetzt, ergeben sich vielmehr aus den besonderen Möglichkeiten dieser Kunst. [So ist es dem Film, A.Z.] allein vorbehalten, als unbefangener Beobachter tief in die Zonen des Grauens zu dringen; woraus folgt, daß seine eingewurzelte Neigung zu grauenerregenden Stoffen ästhetisch durchaus legitim sind.«[269]

265 Vgl. Theorie, S. 388.
266 Theorie, S. 395.
267 Kracauer bezieht sich hier auf THE EXECUTION OF MARY QUEEN OF SCOTS (Alfred Clark, USA 1895). Theorie, S. 91.
268 Siegfried Kracauer: Das Grauen im Film. In: Ders.: Kino. Essays, Studien, Glossen zum Film, hrsg. von Karsten Witte. Frankfurt am Main, 1974, S. 25-27, hier S. 26.
269 Ebd.

Der Film kann Zeuge sein, von Szenen, die unerträglich sind. Indem er das »Unvorstellbare zum Schauobjekt« macht und es nicht sublimierend »sofort wieder dem bewussten Leben einordnet«, gibt er den Menschen die Möglichkeit »die Dinge in den Griff [zu] bekommen, denen sie einstweilen noch blind ausgeliefert sind«.[270] Umgekehrt ermöglicht unser Blick auf das Grauen also auch eine befreiende Erfahrung. Das Grauen anzusehen, um damit umgehen zu können, kann sich nicht auf ein zukünftiges Leben, sondern muss sich auf das Gegenwärtige beziehen.

Die Rolle der Zeugenschaft, den Blick auf das Unmenschliche, welcher durch den ›unmenschlichen‹ Blick ermöglicht wird, betont Kracauer auch in seinen Filmkritiken. Diese Kritiken vermitteln den ›unmenschlichen‹ Blick mit der Zuschauerschaft. In einer Kritik von 1926 heißt es vom Publikum eines Films über den Ersten Weltkrieg:

> »Während der Vorführung haben Frauen im Zwischenraum geschluchzt. Kinder sind zugegen gewesen, die stumm dasaßen und sich von ihren Vätern das Schauspiel erklären ließen. Auch die deutschen Kinder sollten in diesen Film geführt werden. Er vermöchte sie zur Wehrhaftigkeit gegen das Unmenschliche in den Menschen zu erziehen.«[271]

Film ermöglicht hier einen sonst nicht zugänglichen Blick auf das Unmenschliche, doch handelt es sich dabei eher um die Ermöglichung des ›unmenschlichen‹ Blicks auf das grausige Menschliche. Dass der aufklärerische Blick auf das Unmenschliche Widerstandskräfte ermöglicht, ist nicht selbstverständlich. Eine andere Filmkritik von 1930 über G. W. Pabsts WESTFRONT (D 1918) wirkt pessimistischer, denn die beobachteten Zuschauerinnen fliehen die Konfrontation. »Doch wie sie den Anblick des Krieges scheuen, so fliehen sie in der Regel auch die Erkenntnis, deren Verwirklichung ihn verhindern könnte.«[272] Dennoch ist hier ›das Ansehen der Medusa‹ zum eigentlichen Zweck geworden. Gerade der Generation nach dem Ersten Weltkrieg soll hier über Film Wissen vermittelt werden.

---

270 Ebd., S. 26f. In der *Theorie des Films* heißt es zur Rechtfertigung der Sensationslust und Gewalt im Film, dass er die Gewalt nicht einfach sensationslüstig »nachahmt oder weiterführt, sondern ihnen etwas Neues und ungemein Wichtiges hinzufügt: es ist ihm um die Sichtbarmachung dessen zu tun, was sonst in innerer Erregung untergehen würde.« Das Motiv der Archivierung aller Arten des Grauens ist hier, wohl aufgrund des unvorstellbaren Grauens der Massenvernichtungen im 2. Weltkrieg, sehr stark zurückgenommen. Theorie, S. 92.
271 Nr. 282: Für den Frieden der Welt. In: Siegfried Kracauer: Kleine Schriften zum Film 1921-1927. Werke 6.1, hrsg. von Inka Mülder-Bach, Frankfurt am Main 2004, S. 397-399, hier S. 399.
272 Nr. 602: Westfront 1918. Werke 6.2, S. 361.

»Sie muß sehen, immer wieder sehen, was sie selber nicht gesehen hat. Daß ihr das Angeschaute zur Abschreckung dient, ist unwahrscheinlich, aber wissen soll sie, wie es gewesen ist. Es kommt hier aufs Wissen an, nicht auf den mit ihm verbundenen Zweck.«[273]

Die Zweckfreiheit dieses Wissens wird später auch in *Das Haupt der Medusa* betont. Es ist Grundlage der Erlösung und beinhaltet nicht nur historische Fakten, sondern auch eigene Ängste. In einer Kritik aus den 50er Jahren über *Hollywoods Greuelfilme*[274] heißt es im Zusammenhang mit der Verschiebung dieser Ängste noch mal anders: Das Grauen vor dem Faschismus ist in diesen Filmen dem Grauen vor sich selbst gewichen. Diese Filme spiegeln zwar die innere Auflösung und das neue Sicherheitsstreben Amerikas, verlagern aber, wie der in *Von Caligari zu Hitler* beschriebene Expressionismus, die Ängste und ihre Ursachen nach innen.[275]

»Die Furcht kann allein beschworen werden durch eine dauernde Anstrengung, sie zu durchdringen und ihre Gründe auszutreiben. Dies ist das allererste Erfordernis der Erlösung, auch wenn der Ausgang vielleicht nicht vorauszusehen ist.«[276]

Auch hier fällt der Begriff der Erlösung, um den Blick auf das Grauen zu bezeichnen. Es ist dies ein ethischer Begriff der Erlösung. Erlöst wird das Sehen, welches lernt, das Grauen zu verstehen und mit Geschichte umzugehen.

---

273 Ebd.
274 Gemeint sind die auswegslosen, düsteren Filme der Nachkriegszeit z.B. von Orson Welles oder Alfred Hitchcock.
275 Siegfried Kracauer: Von Caligari zu Hitler. Eine psychologische Geschichte des deutschen Films. Frankfurt am Main 1984. [OA 1947]
276 Siegfried Kracauer: Kleine Schriften zum Film 1932-1961. Werke 6.3, hrsg. von Inka Mülder-Bach, Frankfurt am Main 2004, Nr.787: Hollywoods Greuelfilme, S. 376.

Moderne / rationale Zeit / Reste

»Trotz seiner achtundzwanzig Jahre verabscheute Ginster die Notwendigkeit, ein Mann werden zu müssen. [...] Ihre Unnahbarkeit erinnerte an die von symmetrischen Grundrissen, die in nichts verändert werden konnten. [...] Niemals gaben sie sich auf. Ginster fand sie beinahe unappetitlich; lauter schwere Körpermassen, die sich selbstsicher behaupteten und gegen eine Aufteilung sträubten. Er selbst wäre zum Unterschied von ihnen gerne gasförmig gewesen«.[277]

Kino ermöglicht uns die Erfahrung und die Erschließung der Welt, zu der wir angesichts menschlicher Grausamkeit und unserer abstrakten Denkweise keinen Zugang mehr haben. Kracauer sieht in seiner *Theorie des Films*, argumentiert der Publizist Jörg Lau, das Kino als das Medium des ›Zurechtkommens‹ mit Entfremdung.[278]

»Der Errettung der äußeren Wirklichkeit entspricht also die Errettung des Zuschauers im Innern des Kinoraums. Das Kino ermöglicht es ihm, angesichts eines Grauens zu bestehen, das in der Wirklichkeit überwältigend wäre.«[279]

Lau betont damit im Zusammenhang des Rettungsgedankens, statt der Rettung der physischen Wirklichkeit durch den dem Film eigenen Realismus, eine Art Ethik des Medialen. Es handle sich um »eine Verhaltenslehre, eine Ethik des Konkreten«.[280] Der Film leiste uns Hilfe bei einer antiidealistischen Neuzuwendung zur Welt.

Diese Hilfe leistet der Film nicht nur durch die Ermöglichung des Blicks auf das Unmenschliche, sondern auch durch die Bewahrung und Aufdeckung des Insignifikanten mithilfe des ›unmenschlichen‹ Blicks. Das Kleine, ansonsten Unbeachtete lässt sich nicht vollständig kanalisieren in systematisches Denken. Barnouw betont, dass es hierbei nicht um eine Bedeutung a priori des Insignifikanten geht, sondern um das Aufdecken

---

277 Kracauer, Ginster, S. 139f.
278 Vgl. Jörg Lau: Wunderlicher Realismus. Kino als Erfahrung. In: Merkur, Heft 9/10, Sept./Okt. 2005, S. 963-971.
279 Ebd., S. 970.
280 Ebd., S. 971. Drehli Robnik beschreibt in *Leben als Loch im Medium. Die Vermittlung des Films durch Siegfried Kracauer* (zumal in seinen Kleinen Schriften zum Film) die Sicht auf das Errettende des Kinos ebenfalls als Ethik des Medialen. Ich komme gleich im Anschluss im Zusammenhang des mimetischen Journalismus darauf zurück. In: kolik.film/ Dossier Filmvermittlung – Filmpublizisitk, Wien 2004, Sonderheft 2, S. 39-47.

dessen, was durch Nichtbeachtung insignifikant geworden ist. Auch in diesem Zusammenhang ist der Erlösungsbegriff nicht theologisch zu sehen, sondern es geht um potentielles, nichtintentionales Wissen – um vom idealistischen Denken zugedeckte Möglichkeiten.[281]

Die Beliebigkeit des Alltäglichen wird für Kracauer zu einer Art Fluchtlinie der Wahrnehmung. Film bekommt eine zentrale Postition, gerade wegen seiner sich der Sinnstiftung entziehenden Materie. Durch die Wahrnehmung dieser Materie ermöglicht Film ein anderes Denken, ein Denken, das aus sinnlicher Erfahrung hervorgeht – ein Denken, das von unten nach oben steigt und das Subjekt überschreitet. Diese Erfahrung wurzelt in der, dem Film eigenen, Materialität und dessen Fragmentcharakter, den das Subjekt als fragmentarisiertes, über den Körper vermittelt, im Kino erfahren kann.

»Welchen Wert hat die Erfahrung, die der Film vermittelt?«[282] fragt Kracauer im Epilog seiner *Theorie des Films*. Diese Frage hängt wiederum direkt mit der philosophischen Bedeutung des Kinos und seiner spezifischen Kritik des herrschaftlichen Subjekts zusammen. Das Kino ermöglicht als ein Raum ohne Angst die Auflösung von Ich-Grenzen.[283] Erst aus dieser Erfahrung heraus entsteht ein neues Denken ohne idealistische Totalitäten, denn die physiologische Wirkung der materiellen Bilder geschieht vor allem einordnendem Denken.

Film ist damit kein Objekt der Betrachtung der Philosophie mehr, sondern in gewisser Weise selbst eine Form des Denkens. Anders aber als in den Deleuze'schen Kinobüchern, in denen die Filme selbst zu Kategorien des philosophischen Denkens werden, bleibt bei Kracauer der Film an das alltägliche Leben und an eine Position des Offenhaltens der menschlichen Erfahrung von Welt in seiner Oberflächlichkeit gebunden.

> »Ein großer Teil des Materials, das den Kinobesucher betäubt und erregt, besteht zweifellos aus Bildern der äußeren Welt, krassen physischen Schauspielen und Details. Und diese Betonung des Äußerlichen geht Hand in Hand mit einer Vernachlässigung der Dinge, die wir gewöhnlich für wesentlich halten. [...] Das Kino scheint zu sich selber zu kommen, wenn es sich an die Oberfläche der Dinge hält.«[284]

---

281 Vgl. Barnouw, Critical Realism, S. 54.
282 Theorie, S. 371.
283 Vgl. Michael Schröter: Weltzerfall und Rekonstruktion. Zur Physiognomik Siegfried Kracauers. In: Text und Kritik, Heft 68: Siegfried Kracauer, Oktober 1980, S. 18-40, hier S. 31.
284 Theorie, S. 371. Hier ist meiner Meinung nach ein Überrest der Tendenzen des Frü-

Dieses Beharren auf der Oberfläche ist ein Aspekt, der sich durchgehend in Kracauers Denken findet. Es ist sein Beharren auf dem Vorläufigen, Oberflächlichen, welches Gemeinsamkeiten in den Wurzeln seines philosophischen Denkens und in dem von ihm untersuchten Gegenstand Kino aufscheinen lässt. Dadurch ergeben sich einerseits Parallelen zu Deleuze und Merleau-Ponty, andererseits aber auch grundlegende Unterschiede. Zwar hat sich bei allen drei hier untersuchten Autoren eine Analogie zwischen ihrem Denken und dem Kino gezeigt. Deleuzes neues Denken durch den Film erfolgt über Affektionen und virtuelle Zeit-Bilder, die bestimmte Filme durch die ihnen internen Kräfteverhältnisse auslösen, jenseits von konkreten Dingen und der Kinosituation. Merleau-Ponty sieht dagegen eher eine Entsprechung zwischen dem phänomenologischen Denken der Leibhaftigkeit beziehungsweise der allgemeinen Wahrnehmung und dem Film. Im Gegensatz zu Deleuze und Merleau-Ponty denkt Kracauer das Verhältnis des Films vom Kino, den in ihm nähergebrachten Dingen und Resten aus und betont vor allem deren ›Sinnfreiheit‹. Seine *Theorie des Films* ist für ihn eine ›materiale‹ Ästhetik.

Dementsprechend bekommt bei Kracauer auch die Oberfläche eine ganz andere Rolle zugeschrieben als bei den beiden anderen Denkern, schreibt er doch die Möglichkeit des Zugangs zum Nichtintentionalen dem Film beziehungsweise dem Kino generell und nicht erst dem modernen Film beziehungsweise dem Zeit-Bild zu. Es sind gerade die antiidealistischen Potentiale des Sinnwidrigen, Randständigen, die Kracauer dem Film im Allgemeinen und dem trivialen Film im Besonderen zuschreibt, die seine Filmtheorie als Kulturtheorie so fruchtbar machen, ist doch in dieser Anerkennung des Trivialen immer auch die Rolle der entstehenden Massenkultur mitgedacht. Es ist das historische Subjekt der Moderne, das in seiner Fragmentierung im Kino eine neuartige Erfahrung macht. Diese genauere historische Zuschreibung ist eine wichtige Ergänzung zu philosophischen Konzepten wie dem des ›organlosen Körpers‹ oder des phänomenologischen Leibes.

Bevor ich zum ›philosophischen‹ Denken Kracauers in dessen posthum erschienen Werk *Geschichte – Vor den letzten Dingen* komme, welches dessen Denken über Film und Philosophie miteinander vereint, wende ich mich daher zunächst Kracauers journalistischem Schreiben zu, in welchem sich

hen Kinos hin zur Sensation zu erkennen, wie sie Hansen nur in dem *Marseiller Entwurf* zu finden meint.

seine eigene Haltung Film und Publikum gegenüber sowie deren Stellung in der historischen Entwicklung wechselseitig beleuchten.

Mimetisches Schreiben als Ethik der Vermittlung

Die vermittelnde Rolle, die Kracauer dem Film zuschreibt, kennzeichnet in gewisser Weise auch seine eigene Arbeit. Kracauers Schreiben selbst dient dem Sichtbarmachen, der Veränderung beziehungsweise der Ermöglichung von Wahrnehmung durch den Film. Daher lässt sich aus seiner journalistischen Praxis, seinen Essays und seinen kleinen Schriften viel über sein Denken erfahren, das über die vermeintlich ›dogmatische‹ Lehre der *Theorie des Films* oder die kritische Betrachtung des Weimarer Kinos in *Von Hitler zu Caligari* hinausgeht. Vor allem über den Kinozuschauer Kracauer lässt sich hier viel erfahren, denn im Unterschied zu Merleau-Ponty und vor allem zu Deleuze thematisiert sich Kracauer durchgehend selbst als Zuschauer – er nimmt keine distanzierte Beobachterposition ein. Im Gegensatz zu Deleuze bezieht Kracauer in seiner Vermittlung den eigenen Kontext und den des Kinos in sein Schreiben über Filme mit ein. Der kritische Bezug zum Zeitgeschehen läuft über ihn selbst als Zuschauer.

Sein Zugang zum Film geschieht immer aus einem Wechselspiel von Erfahrung und Erkenntnis, von Materie und Bedeutung. Er lässt keine distanzierte, ›gewaltsame‹ Interpretation zu und auch sein Denken folgt dem Prinzip der mimetischen Anschmiegung, das ich als Eigenschaft der filmischen Wahrnehmung erörtert habe. Als Zuschauer befindet sich Kracauer damit immer auf zwei Seiten. Er lässt seine eigene Lust am Kino zu, gibt sich ihr hin und beschreibt sie, gleichzeitig übt er auch distanzierende Kritik. Einerseits ist für ihn Filmkritik politische Praxis, denn »der Filmkritiker von Rang ist nur als Gesellschaftskritiker denkbar.«[285] Der Filmkritiker hat für ihn die »in den Durchschnittsfilmen versteckten sozialen Vorstellungen und Ideologien zu enthüllen«. Andererseits ist Kracauer selbst ein affizierter Kinozuschauer und teilt seine Faszination fast ungebrochen mit der Zuschauerin und Leserin.

Sowohl das Dispositiv des Kinos, die Veränderung seines architektonischen Aufbaus, als auch das Zuschauerinnenverhalten finden Beachtung.

---

285 Siegfried Kracauer: Über die Aufgabe des Filmkritikers. In: Ders.: Kino. Essays, Studien, Glossen zum Film, hrsg. von Karsten Witte, Frankfurt am Main 1974, S. 9-11, hier S. 11.

So taucht auffällig oft das Publikum als Teil seiner Betrachtungen auf, dem er zwar mit Schwankungen, aber doch kontinuierlich eine gestaltende Rolle zuweist und das ihm oft wichtiger als der jeweils projizierte Film wird. So hofft er in Bezug auf die Einführung des Tonfilms auf die Rolle des Publikums:

> »Wie immer das Experiment ausgefallen ist, es ist sehens- und hörenswert. Je mehr Anteil die öffentliche Meinung an den Versuchen nimmt, um so eher wird das Provisorium überwunden. Der Film ist die Leistung eines Kollektivs, zu dessen passiven Mitarbeitern das Publikum zählt.«[286]

In den Horizont dieses Kollektivs integriert sich Kracauer durch seine Kritiken selbst. Robnik hat herausgearbeitet, inwiefern der einzelne Film bei Kracauer immer im »medialen Horizont von Kino als Rezeptionspraxis« steht.[287] Er hebt Kracauers Einbeziehung der eigenen Subjektivität und die Hingabe an das Triviale in seinem Schreiben hervor, das besonders in seinen Filmkritiken deutlich wird. Gerade durch das Einbringen seiner selbst in diese *Kleinen Schriften zum Film* ermögliche Kracauer die Anerkennung des Trivialen als Chance der Wahrnehmung.[288] Ähnlich wie Hansen im

---

286 Nr. 545: Der erste deutsche Tonfilm. Werke 6.2, S. 292. In diesem Sinne sieht er 1930 den Zuschauerprotest gegen einen Gesangsfilm sehr positiv: »Zuerst scharrte es mäßig, dann, als das Schauspiel auf der Leinwand immer unerträglicher wurde, rebellierte es unverblümt.[...] Wenn das Berliner Publikum, das sich so glorreich auf dem Schlachtfeld behauptet hat, seine Tonfilmfeinde rücksichtslos weiter verfolgt, wären sie vermutlich bald in die Flucht geschlagen.« Nr. 619: Rebellion im Kino. Werke 6.2, S. 409f. Ganz anders, obwohl noch im gleichen Jahr, wertet Kracauer das Umschlagen von Protest in Jubel zu Fridericus Rex unter Schupoaufsicht: »Ich hätte noch begriffen, wenn die jungen Burschen unter den Nationalsozialisten, die den Krieg gar nicht kennen, mit Feldgeschrei aufgetreten wären. Aber das Ungeheuerliche war, daß auch Frauen zu toben begannen, Mütter, deren Söhne vielleicht gefallen sind, daß sie in einen Rauschzustand gerieten, der wider die Natur und die Erkenntnis ist.« Nr. 627: Der bejubelte Fridericus Rex. Werke 6.2, S. 432. Resigniert folgert Kracauer: »Die Massen sind irregeleitet und möchten doch richtig geführt werden. Wenn es nicht gelingt, ihrem Sehnen gute, menschenwürdige Ziele zu geben, werden ihre Explosionen fürchterlich sein.« Ebd., S. 433. Als aber im Jahr darauf sein geliebter Harry Piehl am Tonfilm scheitert und gänzlich hinter die Sensationen seiner Stummfilme zurückfällt, gewinnt er das Vertrauen in das Publikum zurück: »Das von den Produzenten immer wieder unterschätzte Publikum merkt den faulen Zauber und protestiert. Ich habe Filme gesehen, die mich in den Abgrund der Melancholie gestürzt hätten, wenn nicht das Publikum wie ein Mann wider sie aufgestanden wäre…« Nr. 637: Zur Lage des Tonfilms. Werke 6.2, S. 464.

287 Robnik, Leben als Loch, S. 40.

288 In der Hingabe an das Unbeachtete, Triviale entsteht ausgerechnet dort eine Brücke zum Denken von Deleuze, die man kaum vermutet hätte, sind doch dessen Kinobücher auch als ein Feiern des künstlerischen Autorenfilms zu Recht kritisiert worden. Doch in

Marseiller Entwurf sieht Robnik in den *Kleinen Schriften zum Film* die Möglichkeit, die monolithische *Theorie des Films* zu zerlegen in »jenes informelle Filmarchiv von Utopien, das sie ist«.[289] Durch die kleinen Utopien, die sich zum Beispiel gerade auch anhand Kracauers persönlicher Begeisterung für das Triviale, das sich der Herrschaft entzieht, verdeutlichen, bekommt der Begriff der Errettung in der Haltung der Vermittlung durch das Schreiben noch einmal andere Facetten. Kracauers Filmtheorie verbindet sich hier mit dem Medium der Massen. Diese Verbindung wird nun für Robnik vor allem in den Veränderungen der Vorstellung der ›Rettung‹ in den Schriften Kracauers deutlich, die im Laufe der Zeit immer stärker an die Möglichkeiten des Films gekoppelt werde. Immer deutlicher nehme der Film in Kracauers Denken die Position ein, zum Träger utopischer Hoffnungen zu werden. Die ›Errettung‹ der Wirklichkeit geschehe schon in den Filmkritiken und nicht erst in der *Theorie des Films* zunehmend über filmische Vermittlung:

> »Gerade die Mutationen seines zunehmend filmisch vermittelten Rettungsbegriffs zeigen, welche [...] konzeptuellen Dynamiken und Wandlungen eine filmkritische Schreibpraxis hier durchläuft, stets in Hautnähe zu politischen Entwicklungen.«[290]

Die Wandlungen seines Denkens in den Kritiken reagieren auf die historischen Entwicklungen der Weimarer Zeit. Die hier vermittelte Utopie des Films wechselt, ähnlich der unterschiedlichen Einschätzung der Photographie, von der Spiegelung der Verfallenheit der Welt über deren Neugestaltung und Aufklärung hin zur Möglichkeit des Bewahrens: Während im Frühwerk ein abwartender Messianismus und das Gefühl des Sinnvakuums und der Leere die Vorstellung der Rettung bestimmen, stehen in Kracauers Denken der späten 20er Jahre Fragment und Montage im Vordergrund. Die Rettung ist hier an die Fragmentierung und die Bewahrung im Gedächtnis gebunden. Die Rettung durch den Film wird als Neu-

---

ihrer Ethik der Vermittlung des Minoritären, des Nichtidentischen, das dem ganzheitlichen Denken entgeht, treffen sie sich.
Nach Barnouw sollten allerdings die Reste, die Kracauer untersucht, die sich durch Missachtung entzogen haben, nicht unbedingt mit dem ontologischen Nichtidentischen gleichgesetzt werden, da es sich eher um das Nichtbeachtete handele. Vgl. Barnouw, Critical Realism, S. 54. Mit Schlüpmann dagegen kann Kracauer wie Adorno als ein Denker des Nichtidentischen gesehen werden. Vgl. Heide Schlüpmann: Der Gang ins Kino – ein ›Ausgang aus selbstverschuldeter Unmündigkeit‹. In: Dies.: Ein Detektiv des Kinos, a.a.O., S. 67-89, hier S. 82.
289   Robnik, Leben als Loch S. 45f.
290   Ebd., S. 42f.

ordnung der Fragmente durch ein Massenmedium verstanden, das heißt, Rettung kann durch die Bildung des Massenpublikums und nicht durch mediale Bewahrung erfolgen. Anfang der 30er wird diese Hoffnung in die Massen zur Ideologiekritik und die Forderung nach Realismus zu einer Art Rettung der Wirklichkeit vor dem Film als Massenkultur und Ideologie.[291] Sogar in der Spaltung in un/filmische Filme ist für Robnik das Rettungsmotiv – allerdings verschoben – enthalten. Die Unterscheidung der Filme nach deren Umgang mit den realistischen Möglichkeiten impliziere Kracauers »Kino-Ontologie einer grundlegenden Affinität des Films zur Kontingenz materiellen Lebens, gewonnen aus einer Rettung des Kinos vor sich selbst«.[292] Hatte Kracauer vor seiner Emigration immer Lob für die Sensationen amerikanischer Filme übrig, werden sie ihm dort zu eingespielt und müssen vor Stereotypen gerettet werden.[293] Aber selbst einzelne Filme können für Kracauer ›gerettet‹ werden: Zum einen vor dem eigenen reaktionären Inhalt beziehungsweise einer dominanten Handlung. Diese Form der Rettung des Films vor sich selbst wird möglich, wenn sie einen abschweifenden Moment enthalten, beziehungsweise einen abschweifenden, sich von der Geschichte lösenden Blick zulassen, das heißt die filmischen Momente des Zufalls und der Vorläufigkeit in sich tragen. So macht Kracauer als Filmkritiker oft zufällig in den Film hinein geratene filmische ›rettende‹ Momente in ansonsten uninteressanten Filmen stark. Diese be-

---

291 Vgl. ebd., S. 42f. Richten sich seine Filmkritiken zu Beginn sehr stark auf die Möglichkeit der Neugestaltung durch Montage, kritisiert er in den 30ern vor allem die Verstellung der Wirklichkeit. In einer Kritik *Der beste Film* heißt es: »Mit Anstand, Mut und guter Kennerschaft wird die Kamera auf den Alltag der Erwerbstätigen gerichtet, und nirgends ist seine Leere beschönigt.« Kracauer, Kino, S. 203. Beim *Wiedersehen mit alten Filmen* wird 1938 dagegen eine Veränderung der Utopie des Kinos von Hoffnung auf die Neugestaltung durch die Masse und dem Mittel der Montage zur Errettung der Wirklichkeit sichtbar. So ist Pudowkin im Rückblick unrealistisch und intellektuell überlastet. Nr. 741: Wiedersehen mit alten Filmen. Werke 6.3, S. 226f. Die Kompositionsmethode Jean Vigos dagegen ist im Vorgriff auf die *Theorie des Films* zum filmischen Entdecken der materiellen Komponenten seelischer Vorgänge, die keinen Unterschied zwischen Menschen und Dinge zulässt: »[…] vom Drang beherrscht, sie voll an der Macht zu zeigen und so die Indifferenz der Kamera allem Erscheinenden gegenüber extrem zu rechtfertigen, sucht [Vigo] vielmehr Konstellationen auf, in denen der Eingriff der materiellen Gegebenheiten dem geringsten Widerstand begegnet.« Nr. 765: Wiedersehen mit alten Filmen. Werke 6.3, S. 300.
292 Robnik, Leben als Loch, S. 44.
293 Diese Kritik richtet sich vor allem gegen die Produktionsbedingungen beziehungsweise die Größe der Filmgesellschaften, welche zu Mechanisierung führe, die Improvisation durch Stereotypen verdecke. »Die Wirklichkeit wird zu einem verworrenen Gerücht in einem luftleeren Raum, der mit Stereotypen angefüllt ist, die dieses Gerücht weiter verfälschen.« Nr. 795: Der Natur den Spiegel vorhalten. Werke 6.3, S. 431.

schreibt er in die *Psychologie des Filmfans*, in welche er sich wie selbstverständlich einreiht, als Funde, die einen Film für den Sammler vollständig umwerten:

> »Solche Funde sind das eigentliche Glück des ›Film-Fan‹, der insofern dem wahren Sammler gleicht, als ihm nur die Besitzstücke etwas gelten, die er auf seinen Streifzügen und wie durch Zufall erbeutet hat.«[294]

Zum anderen können Filme im historischen Rückblick gerettet werden, wenn durch den zeitlichen Abstand eines Wiedersehens ein neuer Blick ermöglicht wird. So erschließt sich für Robnik in Kracauers Rückblicksreihe (auf der Flucht vor den Nazis in Paris entstanden) durch die »Herauslösung [des Films, A.Z.] aus dem Kontinuum seiner Gegenwartsbestimmtheit« ein verloren gegangener »Möglichkeitsraum«.[295] Ebenfalls auf der Flucht vor den Nazis, entwerfe Kracauer schließlich zusammenfassend

> »[...] seine Theorie vom Film als Errettung der äußeren Wirklichkeit, zumal dessen, was an dieser so maßlos, machtlos oder unbestimmt ist, dass die Normwahrnehmung es übersieht. Film als Sammlung und Neuerschließung ungenutzter Möglichkeiten des Wahrnehmens, Denkens, Welt- und Selbstbezugs«.[296]

Es sind diese Möglichkeiten, die Kracauer mit seinen Kritiken vermitteln möchte. Nicht zufällig, so Robnik, ist daher die Frage des Films als Erzieher in diesen Schriften zentral. So ist schon sein erster Text zum Film von 1921 *Der Film als Erzieher* einer über Lehrfilm. Einer seiner letzten *Kleinen Texte zum Film* untersucht die Art der Lehre im Film und stellt noch einmal die ganzheitlich, psychosomatische Erfahrung heraus, die der Film und über welche der Film Welt vermittelt.

In diesem Zusammenhang der Vermittlung hebt Robnik hervor, dass sich Film für Kracauer wie für Benjamin als Einübung darstellt, allerdings ist diese Einübung keine Gewöhnung an Schocks, sondern des offenen Empfindens. Das Einüben bekommt damit eher den Charakter eines Ermöglichens und Zugänglichmachens – eine Erweiterung des leibhaften Zugangs zur Welt. Kracauer vermittelt nach Robnik in seinen Kritiken ein

---

294 Nr. 769: Auf Streifzügen erbeutet. Werke 6.3, S. 310.
295 Robnik, Leben als Loch, S. 44. Auch diese verloren gegangenen Möglichkeitsräume, verlorene Prozesse sowie die Figur des Sammlers derselben werden im Geschichtsbuch zentral werden.
296 Ebd., S. 45.

Denken durch die Dinge vermittelt über den Film.[297] Er vermittle Filme, die wiederum Welt und die Wahrnehmung derselben vermitteln – Vermittlung also im doppelten Sinne.[298] In diesem Zusammenhang ist auch das erlösende Moment – erneut eine Form der Rettung – des archivarischen Charakters des Films zu sehen, das ich, ebenso wie den Begriff der Vermittlung, weiter unten im Zusammenhang mit dem Geschichtsbuch Kracauers besprechen werde.

Da sich Kracauer aus seinen Beschreibungen niemals ausnimmt und trotz seiner distanzierenden Ideologiekritik immer Teil des Publikums bleibt, stellt er sich damit, so Robnik, selbst als Medium zur Verfügung: »… er ist im Verhältnis zum zu vermittelnden Medium Film selbst Medium.«[299] Die Vermittlung laufe durch ihn hindurch – er sei wie die Zuschauerin in den Entwürfen mit Haut und Haaren ergriffen. In Auseinandersetzung mit Adornos ambivalentem Bild von Kracauer als »Menschen ohne Haut«[300] wendet Robnik Adornos Kritik hier positiv: Ohne Haut, das bedeutet für ihn eine kindliche Wahrnehmung jenseits aller Fixierung, eine kindliche Offenheit, die über die Wahrnehmung den Zugang und die Vermittlung von Welt ermöglicht. Kracauers Schreiben schmiege sich dieser Erfahrung an:

»In den Blick rückt ein Schreiben, das sich an ein Bild, eben den Kleinkindblick, anschmiegt; dieses Bild ist Subjektivität aus dem Affiziertsein heraus, ist Wahrnehmung, die sich die Welt gerade nicht mittels Aktion und Kontrolle erschließt, sondern ein Modus ›minoritärer‹, in jedem Sinne ›kleiner‹ Erfahrung-als-Empfindung, exponiert in unsicherer Nähe zu den Qualitäten und Veränderungen der Welt.«[301]

Die in der *Theorie des Films* beschriebene Pendelbewegung der Filmzuschauerin ist hier die des Schreibenden. Die eigene Verfassung entspricht der Haltung der Zuschauerin, welche eine neue Erfahrung ermöglicht. Auf diese Weise kann Kracauer sogar seine kindliche Begeisterung für den frühen deutschen ›Actionhelden‹ Harry Piel produktiv vermitteln.[302]

297   Robnik bezieht sich hier auf Hansens Darstellung der Gewaltwahrnehmung im *Marseiller Entwurf*. Ebd., S. 46.
298   Vgl. ebd., S. 39.
299   Ebd., S. 41.
300   Vgl. Theodor W. Adorno: Der wunderliche Realist. Über Siegfried Kracauer. Vortrag im Hessischen Rundfunk 1964. In: Ders.: Gesammelte Schriften, Band 11, Noten zur Literatur III., Frankfurt am Main 1974, S. 388-408, hier S. 389.
301   Robnik, Leben als Loch, S. 39.
302   »Beurteilt man die ganze Geschichte vom Erwachsenenstandpunkt aus, so ist sie natürlich ziemlich blöd. Aus der Perspektive der Knabenlogik betrachtet, schließen sich aber die Ereignisse folgerichtig zusammen, und über allen Schmökern schwebt Harry

Auf die Chance, die Kracauer in der Konfrontation mit dem Zerfall der bürgerlichen Glaubensinhalte in der Zerstreuung sieht, werde ich im nächsten Abschnitt genauer eingehen. Im Zusammenhang der Filmkritiken sei mit der kindlichen Wahrnehmung nur soviel vorweggenommen, dass diese Chance auf Neuorientierung nur besteht, solange der Zweck der Neuordnung undefiniert bleibt und das bleibt sie, betont Robnik, vor allem in unmotivierten Actionmomenten. Der Kracauer'sche Blick müsse in diesem Sinne kindisch gegen gepflegte Kanalisierung der Massenunterhaltung sein, damit der Film in seiner Unvollständigkeit und Vorläufigkeit utopisch bleiben könne. So bekommt bei Kracauer – in seinen Kritiken und vor allem später im *Marseiller Entwurf* – der Slapstick genau die Rolle, die dem Neorealismus von Deleuze zugeschrieben wird. Die Ohnmacht, die Unmöglichkeit des Agierens lehrt das Sehen auf das Flüchtige, Verlorengegangene, und wird zum Gedächtnis des Randständigen.[303]

Robnik sieht hier einen Zusammenhang mit dem Denken Deleuzes: Ähnlich der Deleuze'schen ›Ethik der Fragmentierung‹, die Zugang zu Minoritärem ermöglicht, werden hier gerade das Schäbige und Ohnmächtige zur Chance.

»[A]ngesichts unserer Immanenz in der Welt der Dinge, die wir auch sind, perspektiviert Film als Erschließung einer Weise, die Welt zu bewohnen und zu denken, mithin als Ethik. Die Verstricktheit von Massenkultur und Massenvernichtung; die Rolle von ›Film nach Auschwitz‹; das Hervortreten toter Materie und tötbarer Kreatur am Subjekt als im Bildaffekt zu bewahrende – unter diesen Aspekten zeigt sich Kracauers Kino-Ethik als Einübung in minoritäres Leben, aus dessen Ohnmacht viel werden kann. Kino als Gedächtnis des Widerspenstigen und Gespenstigen virtueller Sozietäten zu denken, das verbindet Kracauer mit Deleuze.«[304]

Kracauer weist in seiner Vermittlung gerade der Indifferenz, das heißt gewissermaßen der ›Unmenschlichkeit‹ der Kamera einen vermittelnden Charakter zu. Es ist aber nicht nur der Film, den Kracauer in seinem Schreiben über Film und vor allem in seinen Kritiken vermitteln will. Wie

---

als untadeliger Held.« Nr. 496: Harry Piel. Werke 6.2, S. 229f. In ebendieser Knabenlogik urteilt Kracauer auch über den neuesten Tarzanfilm »grausig schön […] man denkt an seine Knabenzeit zurück« Nr. 81: Affen-Tarzan. Werke 6.1, S. 122f. Allerdings hält Robnik die kindliche ›Fanschaft‹ für Piel, die »Affirmation von Sensationslust und Kolportage« auch für eine strategische – konfrontiere sie doch mit dem Zerfall. Robnik, Leben als Loch, S. 41.
303 Vgl. ebd., S. 46.
304 Ebd., S. 46.

bei Deleuze geht es um die Vermittlung eines ›anderen‹ Denkens, einer anderen Haltung der Welt gegenüber. Schon in den ganz frühen Kritiken fällt die Hervorhebung von Vorläufigkeit, Oberflächlichkeit und die Forderung nach dem Zulassen einer gewissen Leere auf. So betont Kracauer in einem Artikel über Hochstaplerfilme ausgerechnet deren Ehrlichkeit:

> »Vor den historischen Prunkfilmen […] haben sie immerhin den Vorzug, daß sie keine sorgfältig gestellten Szenen, keine ausgefeilten Handlungen zeigen, die man eben so gut im Theater sehen könnte, sondern spannende Geschehnisse aus dem Alltag improvisieren, und daß sie ferner auf die Darstellung seelischer Gehalte zugunsten der filmgerechten Wiedergabe scheinhaften Oberflächenlebens verzichten.«[305]

Die spätere Unterscheidung in filmisch und unfilmisch, sowie die zwischen Theater und Film ist hier schon angelegt. Stärker aber als in der *Theorie des Films* wird in den frühen Kritiken das Beharren auf Oberflächlichkeit und die Lust an der Attraktion miteinander verknüpft. »Der Film aber verlangt Oberfläche, drastische Situationen, die sich im Optischen erschöpfen, und schleunigen Fortgang.«[306] In diesen oberflächlichen, optischen Situationen fußt die utopische Rolle, die Kracauer dem Slapstick in seinen frühen Filmkritiken zuschreibt und die im *Marseiller Entwurf* noch deutlich ausgeführt ist. Während er in einer Kritik von 1929 Harold Lloyd bewundernd eine »ausgezeichnete Bewegungskomik ohne Sinn« bescheinigt,[307] trägt für ihn Keaton durch seine ernste Miene ein Visier gegen den Schrecken:

> »Die Gleichung zwischen Menschen und Gegenständen verwirklicht sich nahezu grausig […], die schrecklichen Gegenstände erfordern seine ungeteilte Aufmerksamkeit, stumm und einsam verbringt er sein Leben damit, ihnen auszuweichen. […] Seine Anmut ist ein Versprechen, das freilich erst eingelöst werden mag, wenn der Bann von der Welt genommen ist.«[308]

Ist in dem einzulösenden Versprechen in diesem Artikel durchaus auch die Hoffnung auf einen ›messianischen Umschlag der Negativität‹ zu erkennen,[309] bewundert Kracauer dagegen Chaplin, als einen »Mensch[en],

---

305   Nr. 21. Hochstaplerfilme. Werke 6.1, S. 37.
306   Nr. 130: Ein Seefilm. Werke 6.1, S. 187.
307   »›Er‹ ist eben zuletzt doch kein Ich; geschweige denn, daß er ichlos wie Buster wäre.« Nr. 457: Harold Lloyd. Werke 6.2, S. 185.
308   Nr. 170: Buster Keaton. Werke 6.1, S. 249, Nr. 171: Buster Keaton. Werke 6.1, S. 250.
309   Diese Hoffnung auf einen Umschlag, die Keaton verkörpert, zeigt sich noch in Kra-

der ohne rechtes Ichbewusstsein, ohne Selbsterhaltungstrieb«[310] dem Schrecken der entfremdeten Welt entgeht. In Chaplin verkörpert sich für ihn die Hoffnung auf Veränderung durch eine durchgehend passive Haltung, die für alles offen bleibt.[311]

> »Er hat keinen Willen, an der Stelle des Selbsterhaltungstriebes, der Machtgier ist bei ihm eine einzige Leere [...]. Er ist ein Loch, in das alles hereinfällt, das sonst Verbundene zersplittert in seine Bestandteile, wenn es unten in ihm aufprallt.«[312]

In einem Rückblick nach dem Zweiten Weltkrieg auf Chaplins Filme hält Kracauer fest, dass dieser der Welt aufgrund seiner Ichlosigkeit durch Lükken entschlüpft, die übersehen worden sind.[313] Die Filmfigur Chaplins steht bei Kracauer, so Hansen, nicht für allegorische Mortifizierung wie bei Benjamin, sondern wird gerade deswegen zum Hoffnungsträger, weil sie kein festes Ich hat, eher ein ›Loch‹ als ein Subjekt ist.

> »The absent center of Chaplin's persona allows for a reconstruction of humanity under alienated conditions [...] A key aspect of this humanity is a form of mimetic behavior that disarms the aggressor, whether person or object, by way of imitation and adaptation and which assures the temporary victory of the weak, marginalized and disadvantaged, of David over Goliath.«[314]

Sind in der Figur Chaplins gleichzeitig eine messianische Utopie der Hoffnung auf Erlösung und deren Unmöglichkeit vereint, wird in dieser Utopie der Abwesenheit von Sinn und der Vorstellung des Entkommens durch Passivität eine Brücke zu Kracauers posthum erschienener letzten Schrift über Geschichte sichtbar. In der Utopie der Vorläufigkeit und der rettenden Passivität zeigt sich, laut Robnik, das »Mittelstück als selbständig und positiv begriffen, das in Kracauers Frühschriften nur negativen Wert hatte,

---

cauers Kritik zum ersten Tonfilm mit Keaton. Der sprechende Keaton zeigt eine Verlorenheit der Sprache, welche die der Gesellschaft spiegelt: »Das Experiment lehrt nur das eine: daß die heutige Sprache gewisse Verhaltensweisen nicht einzufangen vermag, die im stummen Film bereits entdeckt und vollkommen dargeboten worden sind.« Sprache kann erst wieder menschlich werden, wenn sich die Verhältnisse geändert haben. Nr. 658: Mischmasch. Werke 6.2, S. 539.
310 Siegfried Kracauer: Chaplins Triumph. In: Kracauer, Kino, S. 176-179, hier S. 178.
311 Eine Haltung der aktiven Passivität, welche Robnik dem Kleinkindblick zuschreibt. Vgl. Robnik, Leben als Loch, S. 39.
312 Siegfried Kracauer: The Gold Rush. In: Kracauer, Kino, S. 165f.
313 Nr. 736: Ausstellung der New-Yorker Film Library. Werke 6.3, S. 216.
314 Hansen, America, S. 17.

als Indiz der Abwesenheit sinnstiftender Gesamtordnung.«[315] Es ist die Abwesenheit festen Sinns, welche später gerade zur Möglichkeit der Neubildung des Humanen durch Übersehenes werden wird.

Subversiver Journalismus

Durch den Film wird die Welt wieder zugänglich gemacht, aber auch ein anderes, vorläufiges Denken ermöglicht. Umgekehrt wird in Kracauers Filmkritiken dieses Denken einer positiven Vorläufigkeit an eine breite Leserschaft vermittelt – die Masse ist nicht nur inhaltlich in seinem Schreiben mitgedacht, sie wird auch adressiert.

Der Publizist Helmut Stalder hat in seiner Dissertation herausgearbeitet, inwiefern Kracauer sein essayistisches Schreiben als Journalist subtil einsetzte, um nicht nur den Film, sondern auch sein Denken, seine Philosophie und seine Kritik an den bestehenden Verhältnissen zu vermitteln.[316] Kracauer ging es laut Stalder bei seiner journalistischen Tätigkeit nicht nur um den Broterwerb, sondern auch um eine breite Leserschaft. Durch seine Anstellung in der *Frankfurter Zeitung* konnte er nicht allein intellektuelle Kreise, sondern ein größeres Publikum erreichen.[317] Mit einer direkten Darstellung von Kritik, die ihm linke Zeitungen möglich gemacht hätten, wäre ihm die, von ihm beschriebene Gesellschaftsschicht der Angestellten als Zielgruppe nicht zugänglich gewesen.[318]

Die Vermittlung seines Denkens, argumentiert Stalder, wird deshalb nur in der Betrachtung des journalistischen Werks als Ganzem sichtbar. »Scheinbar unverfängliche ›Bestandsaufnahmen‹« des gesellschaftlichen

---

315 Robnik, Leben als Loch, S. 42.
316 Helmut Stalder: Siegfried Kracauer. Das journalistische Werk in der ›Frankfurter Zeitung‹ 1921-1933. Würzburg 2003.
317 In einem Brief von Kracauer an Adorno vom 22. Juli 1930 beklagt sich Kracauer dagegen über seinen anstrengenden journalistischen Broterwerb, der ihn vom ›ernsthaften‹ Schreiben abhalte. »Du bist wenigstens in der glücklichen Lage, die Arbeiten, die zu Dir gehören, ungehindert ausführen zu können. Ich dagegen opfere meine Kraft für Artikel und Aufsätze, die zum größeren Teil nicht über die Zeitung hinaus leben werden.« Aber dennoch bringe er »es nicht fertig, derartige Sachen mit der linken Hand zu erledigen« und schreibe sie mit Liebe. Auch traue er ihnen eine subversive Kraft zu: »Zusammengenommen ergeben sie schon einen ganz hübschen destruktiven Effekt.« Theodor W. Adorno, Siegfried Kracauer: Briefwechsel 1923-1966, hrsg. von Wolfgang Schopf, Frankfurt am Main 2008, S. 232.
318 So lehnte Kracauer mehrfach eine Mitarbeit an der linken *Weltbühne* ab, um den allgemeinen Status seiner Leserschaft aufrecht zu erhalten. Vgl. Hansen, America, S. 53f., Fußnote 88.

Lebens dienten Kracauer im bürgerlichen Umfeld der *Frankfurter Zeitung* auch der Umgehung der internen Zensur.[319] Die einzelnen Texte machten durch die grundlegende, sich einer festen Begrifflichkeit entziehenden Vorläufigkeit und eine Methode der verteilten Haltungen in einzelnen Texten eine Ortung unmöglich.[320] Einer Ortung zuwider laufe auch die ambivalente Haltung Kracauers zur Wirklichkeit, sei sie doch zwischen dessen Auffassung des materialistischen Realismus und der Vorstellung der Konstruiertheit und dem Verstelltsein von Wirklichkeit gespannt. Einziger Zugang zur materiellen Realität bleibe aufgrund dieser Ambivalenz der subjektive, zufällige. Dieser gehe durch die Dinge hindurch, statt sie objektiv zu erfassen.[321]

Dabei bedient sich Kracauer aus Sicht von Stalder als Journalist beziehungsweise Essayist einer anschmiegenden, das heißt mimetischen, Methode, die den Gegenstand bestehen und sprechen lässt.[322] Nicht nur in sei-

[319] Stalder, Das journalistische Werk, S. 104. Vor allem in den 30er Jahren nach dem Erscheinen seiner Studie über die Angestellten sollte seine Kritik an den herrschenden Verhältnissen doch so deutlich werden, dass sie nach einem Leitungswechsel der *Frankfurter Zeitung* zu einer überraschenden Versetzung Kracauers nach Berlin führte. Stalder widerspricht allerdings der These einer ›Zwangsversetzung‹, da die Umsiedlung auch im Interesse Kracauers gewesen sei. Vgl. ebd., S. 44ff.

[320] Für Stalder ist dies zumeist ein Dreischritt: Zunächst beschreibt Kracauer das Phänomen, eine bestimmte Oberfläche, die einem Traum gleichkommt (*Revue im Schumann-Theater*), in einem zweiten Schritt entschleiert er diesen Traum in einer Art Traumdeutung eines Raumbildes (*Das Ornament der Masse*); in einem dritten Schritt wird dessen Sinn in einem Gleichnis bewahrt, was dem Erwachen entspricht (*Girls und Krise*). Hier findet sich nach Stalder ein Gleichnis für »das Funktionieren einer blühenden Wirtschaft«. Vgl. Stalder, Das journalistische Werk, S. 156f. Dieser Wandel finde sich aber teilweise auch in einem einzelnen Text zusammengeführt: Zum Beispiel in dem Essay *Abschied von der Lindenpassage* wechselt Kracauer von der Betrachtung der Oberfläche der Umgestaltung der Passage zur allgemeineren Betrachtung der Gesellschaft und des Geschichtsprozesses und kommt von dort zu einem Sinnbild. Vgl. ebd., S. 271, Stalder liest hier vergleichend Nr. 73: *Das Ornament der Masse* (1927), Aufsätze 1927-1931. Schriften 5.2, hrsg. von Inka Mülder-Bach, Frankfurt am Main 1990, S. 57-67; Nr. 125: *Abschied von der Lindenpassage* (1930), Schriften 5.2, S. 260-264; Nr.139: *Girls und Krise* (1931), Schriften 5.2, S. 320-322; Siegfried Kracauer: Revue im Schumann-Theater (1925). In: Siegfried Kracauer: Frankfurter Turmhäuser. Ausgewählte Feuilletons 1906-1930, hrsg. von Andreas Volk, Zürich 1997, S. 95-98.

[321] In Abhebung von den materialistischen Denkgebäuden seiner Zeit sei dieser Zugang einer, der die Dinge in der Analyse und den Begriffen nicht auflöse. Stalder, Das journalistische Werk, S. 143.

[322] Nicht nur aus Liebe zu den Dingen, wie es Adorno in seiner Festrede Kracauer indirekt vorwirft, versuche sein Schreiben die Dinge zu bewahren. Es geht Kracauer nach Stalder darum, diesen Zugang als solchen zu erhalten. »Die konkrete Wirklichkeit soll transparent werden, ohne dass sie sich in abstrakten Begriffen verflüchtigt. Sie soll der Erfahrung erhalten bleiben, damit das Individuum ihr verbunden bleibt.« Stalder, Das journalistische Werk, S. 143.

nen Filmkritiken, in Kracauers journalistischem Schreiben generell, vermische sich sein Denken mit dem vermittelten ›Objekt‹, auch wenn dieses der Ausgangspunkt einer kritischen Gesellschaftsanalyse sein sollte.

»Er versteht die konkreten Dinge der Wirklichkeit als Angriffspunkt für die Umgestaltung der Gesellschaft, aber er gibt sich ihnen hin allein um ihretwillen. Er assimiliert sich den Dingen, um sie, die dem Hörenden so viel zu sagen hätten, aus ihrer Stummheit zu befreien, um sie zu bedeutsamen Dingen zu machen, sie in die Geschichte auszunehmen und sie durch ihre Benennung zu retten. Und um sich selbst als Erfahrender mit ihnen zu verwandeln.«[323]

Die Merkmale dieses mimetischen Schreibens entsprechen den von Kracauer beschriebenen Charakteristika des Films.[324] Statt der Unter- und Einordnung des Materials ist der Umgang damit in diesem Denken, aus Sicht von Stalder, zugleich ein allegorischer und konstruierender, der das Material aber bestehen lässt.

»Es ist die Methode, die Wirklichkeit zugleich in anschaulicher Reflexion und reflektierter Anschauung darzustellen und durch den konkreten Gegenstand hindurch Aussagen zu machen, die auf ein Allgemeines verweisen, ohne dass der Gegenstand dabei als ein bloßes Exempel einer Theorie missbraucht wird und aufhört besonders zu sein.«[325]

Kein Gegenstand sei dieser Methode zu profan. Jedes Phänomen solle und könne Auskunft geben »über den Zustand der Zeit« und Gegenstand der Reflexion werden.[326] Kracauers Blick gilt auch hier gerade Randständigem, Vernachlässigtem, als unzensiertem Rest.

323   Ebd., S. 148.
324   Vgl. ebd., S. 15, 124. Kracauers ›tastendes‹ Denken, das sich in den Kritiken und Essays zeigt, geht nach Stalder von einer phänomenologischen Betrachtung der Dinge aus. Seine essayistische Form verbinde in diesem Wechselverhältnis subjektive Phänomenologie und Kritik. Die Annäherung an die Dinge sei nicht zielgerichtet, ordne kaum unter Begriffe. Stattdessen geschieht die Annäherung an die Gegenstände, so Stalder, in einer Art des Verirrens. Wie bei Benjamin sei daher die tragende literarische Figur dieser Essays die des Flaneurs, der zufällig bei seinem Durchstreifen der Stadt auf Gegenstände treffe, die ihm ›profane Erkenntnis‹ zustoßen ließen. Vgl. zum Beispiel: Siegfried Kracauer: Aufsätze 1927-1931. Schriften 5.2, hrsg. von Inka Mülder-Bach, Frankfurt am Main 1990, Nr. 121: Erinnerung an eine Pariser Straße, S. 243-247. Dieses Denken durch das Zufällige sei ein: »liebevolles anschmiegendes Denken, das sich an die Phänomene verschenkt, statt sie zur Preisgabe ihres Gehalts zu nötigen.« Stalder, Das journalistische Werk, S. 236.
325   Ebd., S. 274.
326   Ebd., S. 144.

Miriam Hansen sieht ebenfalls in Kracauers essayistischem Schreiben eine ambivalente Haltung – zwischen Kritik und Rettung pendelnd.[327] Sie betont in Bezug auf diese Ambivalenz nicht wie Stalder die Rolle des Journalismus als Broterwerb und dessen vermittelnde Funktion, sondern geht stärker als dieser auf Kracauers philosophisch-historisches Umfeld ein und auf seine durchgehend exterritoriale Position in diesem. So zieht sich für Hansen dessen doppelte Heimatlosigkeit nicht erst seit dem tatsächlichen Exil ab 1933 als roter Faden durch seine Schriften, handle es sich doch auch um eine Verweigerung der Selbstpositionierung in einem intellektuellen Rahmen – vor allem im Rahmen der Kritischen Theorie der Frankfurter Schule. Zum Exil werde ihm in seinem Schreiben, durch die in seinem Umfeld geforderte intellektuelle Distanz, gerade auch die ambivalente Haltung dem Objekt gegenüber. Kracauer verweigere diese Distanz beziehungsweise lasse er bei seiner antimetaphysischen Analyse der Massenkultur seine persönliche Beziehung dazu in den Vordergrund treten.[328] Die beiden Perpektiven des eigenen Schreibens sieht Hansen in der gleichzeitigen »Konstituierung von Massenkultur als *Objekt*« und in der Einbeziehung »der *Beziehung* des Autors zu diesem Objekt, der Konstruktion massenkultureller Phänomene im Spannungsfeld zwischen kritischer Distanz und persönlicher Erfahrung.«[329]

Auffälligstes Merkmal dieser Ambivalenz in seinen Kritiken und Essays ist der Wechsel der Perspektive innerhalb eines Textes: Sie beginnen meist mit einer distanzierten, kritischen Einführung in einer unpersönlichen soziologischen Perspektive und wechseln im zweiten Teil zu der Beschreibung einer persönlichen Erfahrung, verdeutlicht oft durch einen Wechsel von der dritten zur ersten oder auch zweiten Person. Dieser Perspektivwechsel innerhalb eines Textes, die Gespaltenheit der Position, wird nicht zugunsten einer der beiden entschieden, ermöglicht es Kracauer aber zu versuchen, die Welt durch Kritik zu verändern und gleichzeitig ein Teil von ihr zu sein.[330] Auch für Hansen zeigt sich dieses Nebeneinander der

---

327 Die abwartende, vorsichtige Grundhaltung, deren Hauptintention es ist, gegenüber allem Kleinen, Minoritären offenzubleiben, zieht sich durch Kracauers Werk, auch wenn sich in diesem unterschiedliche Phasen und Entwicklungen zeigen: So entwickelt sich nach Stalder sein journalistisches Schreiben von einer melancholischen Haltung gegenüber dem Verlust der geistigen Sphäre in der Moderne, über die Haltung des Geöffnetseins gegenüber der Wirklichkeit und dem Warten hin zum dialektischen Materialismus (vgl. ebd., 114ff.). Durch alle drei Phasen zieht sich aber diese Grundhaltung.
328 Auch wenn sich in den Dreißigern seine Kritiken und Essays ideologiekritischer zeigten, so ziehen sich sogar hier beide Perspektiven durch.
329 Hansen, Mit Haut und Haaren, S. 133.
330 Vgl. ebd., S. 152ff.

Perspektiven vor allem in Kracauers ambivalentem Wirklichkeitsbegriff, der Behauptung der Konstruiertheit der Wirklichkeit bei gleichzeitigem Beharren auf der materiellen Realität. Die Wirklichkeit lässt sich, argumentiert Hansen, nur in diesen beiden Polen, nur in ihren Widersprüchen erfahren.

»Das Schweben des Kritikers zwischen beiden Polen der Realität, Wahrheit und Seiendes, ist auf den Begriff gebracht mit dem Paradoxon einer ›ent-realisierten Realität‹, einer materiellen Präsenz ohne erkennbare Substanz oder erkennbaren Ursprung.«[331]

So tauche Kracauer in die beschriebene Wirklichkeit ein, liefere sich ihr aus und entlarve diese dennoch als Konstruktion.[332] Er übe analytische Kritik, beschreibe kritisch eine neue Form des Konsums als Ausdruck der Gegenwart und schmiege sich zugleich mimetisch an. Gerade diese ambivalente Mimesis könne sich der falschen Realität annähern, beziehungsweise biete sie den einzigen Zugang zu einer »ent-realisierten Realität«.[333]

Ähnlich der mimetischen Schaukelbewegung der Filmzuschauerin wird Kracauers ambivalentes Schreiben zu einer körperlichen Anschmiegung, die als Mimesis an das Entrealisierte dieses zugleich subversiv unterläuft. Veränderung, betont Hansen, scheint für Kracauer nur durch Verdinglichung hindurch noch möglich zu sein.[334]

»Kracauers kompromißlose Ablehnung metaphysischer Formen der Erneuerung ließ ihn in die gefallene Welt eintauchen, ließ ihn die Auseinandersetzung mit ihren unbekannten Erscheinungen, Bewegungen und Ornamenten suchen. Bis zu einem gewissen Grad war dieses Eintauchen strategisch motiviert, als Mittel, die Wirklichkeit durch mimetische Subversion zu transformieren.«[335]

---

331 Ebd., S. 145f.
332 Vgl. ebd.
333 Ebd., S. 145.
334 Fast ähnelt dieses Anschmiegen sogar der Mimikry. Adorno spricht in *Der wunderliche Realist* von List und Kalkül: »Kracauers Strategie der Anpassung hatte immer etwas von List, vom Willen, mit dem Feindseligen und Übermächtigen fertig zu werden, indem er es im eigenen Bewußtsein womöglich noch überbot und dadurch, inmitten zwangsläufiger Identifikation, sich distanzierte.« GS11, S. 403 zitiert bei Gabriele Geml: »Wie ein Naturlaut«. Mimikry als Mytho-Logik bei Theodor W. Adorno. In: Mimikry. Gefährlicher Luxus zwischen Natur und Kultur, hrsg. von Andreas Becker, Martin Doll u.a., Schliengen 2008, S. 189-211, hier S. 209. Geml spricht in diesem Zusammenhang von subversiver Mimikry.
335 Hansen, Mit Haut und Haaren, S. 145.

Dabei ermögliche diese mimetische Subversion keine genuine Konkretheit, keine unmittelbare Annäherung an die Realität, wie es in der *Theorie des Films* später zu sein scheine. Der Gegenstand der Erfahrung sei als gesellschaftlicher verstellt – eine Erfahrung der Wirklichkeit und deren rettende Transformation könne nur im Profanen liegen.

Hansen sieht nun innerhalb der Essays Kracauers eine »Wende von der Kritik zur Rettung«,[336] welche dem von Robnik beschriebenen säkularisierten Rettungsbegriff ähnelt. In diesem inhaltlichen Spannungsverhältnis, im Wechsel von soziologischer Kritik zu persönlicher Identifikation (auch der Person im Text) ist die Geschichtsphilosophie des frühen Kracauer, Hansen zufolge, in die Haltung der ›rettenden Kritik‹ übergegangen: »Dieser Zugang ist charakterisiert durch eine besondere Art, Erfahrung und Kritik miteinander zu verweben«.[337] Gerade in der ›unkritischen‹ Aufgabe der Distanz liege ein subversives wie messianisches Moment.[338] Kracauer nähere sich den Dingen »ohne Haut«, von »innen wie von außen«.[339] Er liefere sich ihnen aus, um die Erfahrung der Dinge zu retten. Dabei wird die Selbstverletzung zur Erfahrungsgrundlage: das Aufbrechen des bürgerlichen Subjekts, das auch er selbst ist, zugunsten der Erfahrung der Dinge und der Massenkultur. Hansen schreibt diesem gespaltenen Zugang das Modell eines doppelten Bewusstseins zu: ein Bewusstsein, das sich hingibt, um verändern zu können, ein Modell, das immer offen bleibt für das Erfahrene.[340] Diese Haltung ermöglicht einen anderen Zugang zum Objekt, der in Kracauers geschichtstheoretischen Überlegungen in *Geschichte* zentral werden wird.

---

336 Ebd., S. 154.
337 Vgl. ebd., S. 151. So ermögliche zum Beispiel die Photographie die Wahrnehmung des nichtintentionalen Naturfundaments. Und in dieser Möglichkeit wird der Photographie in der Bewahrung der Dinge ein anamnetisches Vermögen zugeschrieben. Vgl. ebd. S. 148.
338 Nach Hansen schwebt jedoch auf der konnotativen Ebene dieses Schreibens immer die Verbindung mit dem Messianismus mit, obwohl Kracauer das gnostische Denken ablehne. Stand in den frühen geschichtstheoretischen Schriften die Verbindung der Verdinglichung und der Rationalisierung mit der Gefallenheit der Welt im Vordergrund, zeige sich nun eine gnostisch-messianische Geschichtstheologie nicht mehr in der Betrachtung des Gegenstands, sondern im Zugang zu diesem. Vgl. ebd., S. 138.
339 Ebd., S. 154.
340 Vgl. ebd., S. 155f.

Oberfläche und Zerstreuung – die Utopie der Masse

Kracauer schreibt in seinen journalistischen Arbeiten der Weimarer Zeit[341] der Massenkultur und der mit dieser zusammenhängenden Oberflächlichkeit mehr Beziehung zur Erkenntnis zu als totalitären Erklärungssystemen, da die Oberfläche und die Reste des Alltags von diesen gerade unberücksichtigt bleiben. Seine Hinwendung zur Massenkultur ist nicht nur ambivalent, im Sinne der Spaltung von Kritik und Faszination, sondern gleichzeitig für ihn ein wichtiger, möglich gebliebener Zugang zur Wirklichkeit. Diese zeigt sich insbesondere in den Oberflächen der durch die Massenkultur ausgebildeten Ornamente.

> »Das Ornament wird von den Massen, die es zustandebringen, nicht mitgedacht. [...] Es gleicht darin den *Flugbildern* der Landschaften und Städte, daß es nicht dem Innern der Gegebenheiten entwächst, sondern über ihnen erscheint.«[342]

Die Ornamente zeigen das Sein einer Gesellschaft, welches das Bewusstsein verdrängt und offenbaren damit den gesellschaftlichen Verdrängungsmechanismus. Gerade sie ermöglichen es daher, Aussagen über den gegenwärtigen Stand der Gesellschaft zu machen. Die Oberflächlichkeit der entstehenden Massenkultur verschleiert nicht, im Gegensatz zur bürgerlichen Kunst, den Stand der Verdinglichung in der kapitalistischen Gesellschaft. Kracauer, argumentiert Hansen, sieht damit sehr deutlich den sozialen Zusammenhang von Massenmedien. Er schreibe diesen eine besondere Rolle zu:

> »What Kracauer understood like hardly any of his contemporaries is how a society that ›externalizes‹ itself in terms of visuality and visibility defines what remains repressed, hidden from the public view.«[343]

Doch die Ornamente sind stumm. Sie können als visuelle Phänomene nur lesbar gemacht werden durch die subjektive Erfahrung, das mimetische

---

341 Diese sind in den 60er Jahren gesammelt von ihm selbst noch einmal herausgegeben worden. *Das Ornament der Masse. Essays* (1920-1931), Frankfurt am Main 1963.
342 Siegfried Kracauer: Das Ornament der Masse. In: Ders.: Das Ornament der Masse, Frankfurt am Main 1977, S. 50-63, hier S. 52. »Der Ort der Wahrheit selber ist [...] gegenwärtig inmitten des ›gemeinen‹ öffentlichen Lebens.« Siegfried Kracauer: Die Bibel auf Deutsch. In: Ders.: Das Ornament der Masse, ebd., S. 173-186, hier S. 178.
343 Miriam Hansen: Mass Culture as Hieroglyphic Writing: Adorno, Derrida, Kracauer. In: New German Critique, 56, Spring/Summer 1992, S. 43-73, hier S. 66.

Hindurchgehen durch die Verdinglichung.[344] In einem Essay von 1925, *Gestalt und Zerfall*, der nicht im *Ornament der Masse* erschienen ist, wird dieser Zusammenhang besonders deutlich:

> »Es möchte sein, daß das wirkliche Leben heute sich in die Maske – freilich: in die durchdringbare Maske nur – des *Entwirklichten, Niedrigen* kleiden muß, um die Realität, die fort und fort herrscht, dort anzurühren, wo sie verwundbar ist.«[345]

Betreiben die Massenornamente Mimesis an die kapitalistische Gesellschaft und deren Arbeitsverhältnisse, denn sie sind in sich Selbstzweck wie der kapitalistische Produktionsprozess,[346] ist ihnen nur über die eigene verdinglichende Mimesis nahezukommen. Gerade im Allerniedrigsten, im Aufsammeln des Ungestalteten, und im sich ausliefernden, mimetischen Erleben liegt für Kracauer eine Möglichkeit der Veränderung:

> »Denn jene unwirkliche Realität ist *vorhanden,* ist realer als je. Man erfährt ihren drohenden Bestand in den Oberflächenbezirken des Alltags, (schon der flüchtige Blick auf die Vorgänge des Wirtschaftslebens, auf die sozialen und politischen Ereignisse, auf die Rüstungen für den Zukunftskrieg zeugt von ihrer Gewalt).«[347]

In der gewalttätigen entrealisierten Realität, in welcher das Vorherrschen des Rationalismus alles Menschliche mechanisiert, liegt auch die Wirklichkeit – in den Resten, die dieser Rationalisierung entgehen und gerade in den Oberflächenerscheinungen.

> »Nur durch den Zerfall hindurch, auf einem Umweg nur, wird die Wirklichkeit zu erobern sein; der direkte Weg zu ihr ist der längste, und wer

---

344   Gerade die »Unbewusstheit der beobachtbaren Oberfläche« mache die Ornamente, so Stalder, zu »unzensierte[n] Manifestationen der Gesellschaft«. Stalder, Das journalistische Werk, S. 169, 170. Sie drückt die Träume der Gesellschaft aus, wodurch die Analyse ihrer Oberflächen einer Art Traumdeutung gleiche. Stalder unternimmt einen genaueren Vergleich zwischen der Traumdeutung Freuds, mit dessen Werk sich Kracauer intensiv auseinandersetzte, und dem journalistischen Werk Kracauers. Er sieht in der Beschäftigung mit den Resten der Gesellschaft die Analyse von Verschiebung und in der Beschäftigung mit dem Kleinen die Analyse von Verdichtung. Vgl. ebd., S. 175ff. Inka Mülder-Bach sieht dagegen in Kracauers Essays eine Analyse von Fehlleistungen der Gesellschaft. Vgl. Inka Mülder: Siegfried Kracauer – Grenzgänger zwischen Theorie und Literatur. Seine frühen Schriften 1912-1933. Stuttgart 1985, S. 93.
345   Nr. 39: Gestalt und Zerfall (1925). In: Siegfried Kracauer: Aufsätze 1915-1926. Schriften 5.1, hrsg. von Inka Mülder-Bach, Frankfurt am Main 1990, S. 324-328, hier S. 327.
346   Vgl. Ornament, S. 53.
347   Kracauer, Gestalt und Zerfall, S. 326.

in ihr selber wohnt, lässt die anderen davor, wohnt also gar nicht in ihr.«[348]

Besteht die Wirklichkeit bloß noch in Widersprüchen, lässt sie sich nur durch einen Umweg, nur durch Mimesis an die Verdinglichung, verstehen und verändern. Gegenbilder hält Kracauer für aussichtslos.[349] Für ihn existiert eine Notwendigkeit des Einlassens auf die gewalttätige Sprache der entrealisierten Wirklichkeit, die man mit mimetischer Subversion vergleichen könnte. Nur durch Verdinglichung hindurch kann diese verstanden werden.[350]

Gerade Vorläufigkeit und Zerfall aller festen Ordnung in der sich angenäherten Massenkultur scheinen andererseits die Möglichkeit einer Neuordnung zu bieten. Allerdings muss diese Möglichkeit auch gesehen und genutzt werden. Ich hatte die Hoffnung auf einen dialektischen Umschlag der Entfremdung durch die Negativität hindurch oben anhand des Photographie-Aufsatzes dargestellt. Die dort aufgezeigte Ambivalenz des Mediums zeigt sich aber generell in Kracauers Haltung gegenüber den Massenmedien und den Selbstdarstellungen der Gesellschaft. So sieht Kracauer nach Hansen auch das Ornament selbst ambivalent:

> »On the one hand, the anti-organic tendency of such figurations has a utopian dimension for Kracauer in prefiguring a state in which only those remnants of nature prevail that do not resist reason. On the other, the mass ornament encapsulates the dialectic of capitalist rationality (which points in the direction of the *Dialectic of Enlightment*): instead of emancipating humanity from the forces of nature, capitalist rationality perpetuates society as mere nature and thus reverts into myth«.[351]

Die Visualität des Ornaments ist zweischneidig, ist sie doch zugleich Möglichkeit der Neugestaltung und Darstellung des Kapitalismus als Na-

---

348 Ebd., S. 328.
349 Vgl. Hansen, Mit Haut und Haaren, S. 147. Korta vergleicht diese Methode des Umweges über das Profane mit Benjamins Vorstellung der inversen Theologie. In *Geschichte* sieht er dieses Prinzip später noch klarer werden. Vgl. Korta, Geschichte als Projekt, S. 130ff.
350 »Es möchte sein, daß man, um diese Realität entscheidend zu wandeln, in ihrem eigenen Medium den Hebel anzusetzen hätte, da man in ihm nur bis zur Hefe vorstoßen und die Wurzel des Unwesens ausrotten kann. Es möchte sein, daß nicht beim höchsten Punkte allein, sondern auch beim tiefsten zu beginnen wäre, und daß man gerade um der Gemeinschaft willen nicht ungestraft auf sie zusteuern dürfte, ohne im Exil der sie verkennenden Umwelt für sie einzutreten.« Kracauer, Gestalt und Zerfall, S. 327.
351 Hansen, Mass Culture, S. 65. Hansen bezieht sich hier auf Kracauer, *Ornament*, S. 63.

tur und damit Mythos. Als rein kapitalistische Rationalität, hebt Mülder hervor, als falsche Abstraktheit,»die das Konkrete nicht in sich aufnimmt, sondern es auf Quantitäten reduziert, die sich vergleichen, berechnen, austauschen lassen«,[352] ist die Vernunft des Ornaments getrübt und scheidet alles Individuelle, alles Menschliche aus.[353] Als Unabhängigkeit von der Natur, als Entzauberung, sieht Kracauer analytische Rationalität zunächst positiv. Als leerer Formalismus wird die Vernunft des Kapitalismus, die den Menschen nicht enthält, wieder Natur.[354]

Die beiden Ebenen der Realität stehen in einem negativen Verhältnis der Kompensation: Vor allem im Photographie-Aufsatz hatte die Steigerung der Rationalität in der Form der Visualität, der Vermehrung von Bildern, einen Verlust der Erinnerung zur Folge. Doch Kracauer vermeidet den kulturkonservativen Kurzschluss, indem er den neuen Medien eine kognitive Funktion zuweist, Zerfall und Emanzipation miteinander verbindet. Er schreibt in seinem zentralen Aufsatz *Das Ornament der Masse* diesem seine Berechtigung zu:»Entgegen [der Meinung der bürgerlichen Kritiker, A.Z.] ist das *ästhetische* Wohlgefallen an den ornamentalen Massenbewegungen *legitim*.«[355] Legitim ist für ihn das Vergnügen der Massen an der neuen ornamentalen Massenkultur, weil es keinen bürgerlichen Sinn vorspiegelt und damit den aktuellen Stand der Gesellschaft nicht verdeckt. »Die Masse, bei der es sich spontan durchgesetzt hat, ist seinen Verächtern unter den Gebildeten insofern überlegen, als sie im Rohen die Fakten unverschleiert anerkennt.«[356]

---

352 Mülder, Grenzgänger, S. 61.
353 »Doch die Ratio des kapitalistischen Wirtschaftssystems ist nicht die Vernunft selber, sondern eine getrübte Vernunft. [...] Sie begreift den Menschen nicht ein.« Kracauer, Ornament, S. 57.
354 Der Kapitalismus rationalisiert nach Kracauer »nicht zu viel, sondern zu wenig.« Ebd. Stalder betont die Ähnlichkeit der Rationalitätskritik Kracauers anhand des Ornaments mit der *Dialektik der Aufklärung*, der Annahme der Verstrickung von Rationalität und Mythos in Geschichte. Vgl. Stalder, Das journalistische Werk, S. 153ff. Allerdings ist Kracauers Kritik noch einem anderen historischen Zeitpunkt vor dem Zweiten Weltkrieg zuzuordnen: Wie Mülder sieht Stalder bei Kracauer keine Aufgabe der Vernunft, sondern die »Hoffnung auf eine Erlösung durch die Vernunft« in der Fortführung der Rationalität, die messianisch umschlägt und wieder den ganzen Menschen umfasst. Ebd., S. 162. »Angesichts eines Geschichtsprozesses, in dessen Verlauf das Natürliche abgebaut und die Natur gegen die Vernunft hin stets durchlässiger wird, muss der gegenwärtige Stand überwunden werden, in dem sich das Denken weiter auf die den Menschen einbegreifende Vernunft zubewegt.« Ebd., S. 159.
355 Kracauer, Ornament, S. 54.
356 Ebd., S. 61.

Kracauer begrüßt hier, so Hansen, das Massenornament als Befreiung von bürgerlicher Kultur:

> »Like many Weimar intellectuals, Kracauer welcomed mass culture as a practical critique of the remnants of bourgeois high culture and philosophical attempts to patch up the actual state of disintegration and disorder.«[357]

Hansen sieht den Schwerpunkt von Kracauers Interpretation des Massenornaments, im Unterschied zur Betonung des Gegensatzes von Rationalität und Vernunft bei Mülder-Bach oder Stalder, in der generellen Hinwendung zu einem allgemein abgelehnten Produkt der Masse:

> »For the essay [...] does not just present a critique of instrumental reason and corresponding views of history as technologically-driven progress [...]. The underlying, and in [Kracauers, A.Z.] reading crucial concern of the essay is the mass in the ›mass ornament‹.«[358]

Es gehe Kracauer nicht allein um die Umgestaltung der kapitalistischen Rationalität, sondern um die Umwertung des rationalen Subjekts und damit um die Massen selbst. Nur Massen könnten sich durch diese Ornamente selbst begegnen und der herausragende Ort dieser Begegnung sei das Kino. Die Institution des Kinos ermögliche den Massen ein Selbstverständnis als Publikum.[359]

Einerseits anonymisiert die Entfremdung des Massenornaments ihr Massenpublikum. Andererseits befreit es dadurch von der überholten Vorstellung der bürgerlichen Persönlichkeit und transformiert die Vorstellung einer isolierten Subjektivität.[360] Dieses neue Publikum bildet keine Gegenöffentlichkeit, sondern eine neue Art von Öffentlichkeit. Diese kann als solche nur als Negation des klassischen Publikums gesehen werden. Nach Hansen stellt

---

357 Hansen, Mass Culture, S. 64.
358 Hansen, America, S. 19.
359 »The cinema is a signature of modernity for Kracauer not simply because it attracts and represents the masses, but because it constitutes the most advanced cultral institution in which the masses, as a relatively heterogeneous, undefined und unknown form of collectivity can represent themselves as a public.« Ebd., S. 21.
360 Vgl. Hansen, America, S. 23. Andreas Rost sieht im Ornament die Möglichkeit von neuer Schönheit innerhalb entfremdeter Natur. Die Schönheit, die hier im Zufall aufblitze, stehe für das Glück, dem bürgerlichen Subjekt entkommen zu sein. Vgl. Rost, Von einem der auszog, S. 160f.

»[...] die traumatische Natur des sozialen Umbruchs [...] nicht nur ästhetische Ansprüche auf Wahrheit und Allgemeinheit in Frage, sondern auch die traditionelle Hierarchie, mit der die Institution der Kunst andere, das heißt, niedrigeren Schichten zugehörige und körperliche Formen von Kultur ausgeschlossen und zu unterdrücken versucht hat.«[361]

Die Masse bildet damit die Zerstörung der herrschenden Öffentlichkeit zugunsten der Möglichkeit von etwas Neuem, das den realen Zusammenhängen der Gesellschaft gerecht wird.[362]

Weiter oben habe ich Kracauers Vorstellung vom Zerfall der Werte durch zunehmende Entzauberung und die damit zusammenhängende Vorläufigkeit aller gegebenen Konfigurationen anhand von *Die Photographie* beschrieben. In seinen anderen Aufsätzen zum Ornament der Masse, vor allem aber in *Kult der Zerstreuung*, kommt zur Verdinglichung nun der Verlust der Einheit des bürgerlichen Subjekts als positive Möglichkeit der Fragmentierung hinzu, die in den traditionellen Kunstformen verschleiert wurde.[363] In *Kult der Zerstreuung* sieht Kracauer im zerstreuten Subjekt der neuen Massen die Chance für einen neuen Zugang zur Welt. Gerade die Zerstreuung spiegelt den wirklichen, unverstellten Fragmentierungsprozess der Moderne. Immer wird der passive, sich hingebende Blick der Kinozuschauerin als Möglichkeit gesehen, dem Zwang zur Herrschaft und der verschleiernden Einheit zu entkommen. Vor allem aber sieht Kracauer in der Zerstreuung die Möglichkeit eines neuen Bewusstseins der Masse als Subjekt.

Um diese Möglichkeit zu erhalten, darf dem Massenvergnügen kein bürgerlicher Sinn von oben übergestülpt werden.[364] Kracauer beobachtet diese Aneignung von oben in der Umwandlung der Kinos zu Filmpalästen und schreibt zur Verteidigung der Zerstreuung 1926:

»Die Zerstreuung, die sinnvoll einzig als Improvisation ist, als Abbild des unbeherrschten Durcheinanders unserer Welt, wird von ihnen [den führenden Lichtspielhäusern, A.Z.] mit Draperien umhängt und zurückgezwungen in eine Einheit, die es gar nicht mehr gibt. Statt zum Zerfall sich zu bekennen, den darzustellen ihnen obläge, kleben sie die

---

361 Hansen, Mit Haut und Haaren, S. 141.
362 Vgl. Hansen, America, S. 23f.
363 Siegfried Kracauer: Kult der Zerstreuung. Über die Berliner Lichtspielhäuser. In: Ders.: Das Ornament der Masse, S. 311-317, hier S. 317.
364 Noch in der *Theorie des Films* schreibt Kracauer: »Kunst im Film ist reaktionär, weil sie Ganzheit symbolisiert und derart die Fortexistenz von Glaubensinhalten vorspiegelt, welche die physische Realität sowohl anrufen wie zudecken.« Theorie, S. 391.

Stücke nachträglich zusammen und bieten sie als gewachsene Schöpfung an.«[365]

In der Zerstreuung sieht Kracauer ein emanzipatorisches Potential, weshalb sie für ihn nicht zum Herrschaftsinstrument verkommen darf, sondern radikalisiert werden muss. Vor allem aber wendet sich seine Hoffnung nicht mehr an den privaten Einzelnen, sondern an die öffentliche Masse.

Den Vorwurf gegen die Zerstreuung, sie sei reine Ablenkung, hatte Kracauer selbst in einem vorausgegangenen Text über *Langeweile* vorgebracht.[366] Nun verteidigt er die Zerstreuung im Kino als eine Form der Aufrichtigkeit. Sie enthält ein Wahrheitsmoment der Fragmentierung, weil sie sich ästhetisch als zerstückelte Folge von Sinneseindrücken präsentiert. Zerstreuung deckt den Zerfall der Sinnzusammenhänge auf und darf nicht wieder von künstlicher Ganzheit verdeckt werden, wie es die großen Lichtspielpaläste Berlins in den 1910er und 1920er Jahren durch ihren pompösen Dekor immer mehr versuchen.

Die Sinnlosigkeit und die pure Äußerlichkeit der Zerstreuung sind in diesem Zusammenhang als positive Eigenschaften zu verstehen, die sich gegen eine falsche (idealistische) Sinnproduktion sperren. Um dieses Potential zu bewahren, muss die grundlegende Vorläufigkeit der Zerstreuung aufrecht erhalten werden.[367] Zeigt sich im Film nun einerseits die Krise der Moderne als Endpunkt des historischen Prozesses rationalistischer Desintegration und Fragmentarisierung im Kapitalismus,[368] fängt Film andererseits genau das ein. Film ist, betont Hansen, für Kracauer schon 1924 »materieller Ausdruck einer besonderen historischen Erfahrung«,[369] dementsprechend wird das Kino der Ort, in dem sich heterogene Massen mit ihrer widersprüchlichen Realität auseinandersetzen können.

»Because of its formal capacities of displacement and estrangement, [...] film is singularly suited to capture a ›disintegrating world without substance‹; it therefore fulfills a cognitive, diagnostic function vis-à-vis modern life more truthfully than most works of high art.«[370]

---

365   Ebd., S. 316.
366   Vgl. Siegfried Kracauer: Langeweile. In: Ders.: Ornament der Masse, a.a.O., S. 321-325, hier S. 322.
367   Vgl. auch Hansen, Mit Haut und Haaren, S. 138.
368   Vgl. Hansen, America, S. 9.
369   Hansen, Mit Haut und Haaren, S. 134.
370   Hansen, America, S. 10.

Die Hoffnung Kracauers in die Zerstreuung ist nicht allein an die Potentiale der Veränderung der Öffentlichkeit durch das Massenpublikum gebunden, sondern auch an die veränderte Haltung der Rezeption und der Welt gegenüber – eine Haltung, die ich weiter oben als grundlegende Möglichkeit der Filmrezeption in der späteren *Theorie des Films* besprochen habe und die sich in *Geschichte* als zentraler Zugang zur Welt erweisen wird – die Abwendung von herrschaftlicher Kontrolle und die Hinwendung zu aktiver Passivität, Zufall und Vorläufigkeit. Das zerstreute Massenpublikum nimmt anders wahr – lässt sich vom Zufälligen treiben, statt es sich gezielt einzuverleiben. Es geht flüchtig und spielerisch mit dem verdinglichenden Zugriff der Gesellschaft um.

In diesem Zusammenhang der veränderten Rezeptionsweise betont Hansen noch einmal Kracauers Aufwertung des Slapsticks, der Clowns und des Zirkus, welche das »Zwischenreich der Improvisation und des Zufalls bewohnen« – ein Reich, das sich erst durch den Zusammenbruch der Grenzen der stabilen Ordnung eröffne und das diese Ordnung durch eine Vermischung von Mechanik und Leben unterlaufe.[371] Im Slapstick, den Kracauer vor allem dem amerikanischen Kino zuschreibe, finde der Kapitalismus sein eigenes Gegenbild in einem mimetischen Verhalten, welches die Massenkultur zu einem Bild des Überlebens unter den verdinglichenden Umständen der Modernisierung mache.[372] Kracauers Hoffnung in dieses mimetische Verhalten der Gesellschaft hängt, Hansen zufolge, grundlegend mit der Veränderung des Subjekts zusammen.[373]

In seiner, durch die Kritik durchscheinenden, Begeisterung für das Massenornament, sieht Hansen auch die Faszination an einer Befreiung von Körper- und Geschlechtergrenzen.[374] Selbst die Verschmelzung von Mensch und Maschine im Massenornament empfinde Kracauer als be-

---

371 »Like no other genre, slapstick comedy brought into play the imbrication of the mechanical and the living, subverting the economically imposed regime in well-improvised orgies of destruction, confusion and parody.« Hansen, America, S. 15.
372 Vgl. Hansen, America, S. 17. Slapstick stehe wie Amerika selbst als Metapher für das Verhalten der Massengesellschaft der Moderne, welche die Spannung zwischen kapitalistischer Wirtschaft und demokratischer Gesellschaft ertrage: »a universal language of mimetic behaviour that would make mass culture an imaginative and reflexive horizon for people trying to live in the war zones of modernisation.« Ebd.
373 »For Kracauer, the democratization of social, economic and political life, the possibility of the masses' self-organization, is inseparably linked to the surrender of the self-identical masculine subject and the emergence of a decentered, dis-armor-ed and disarming subjectivity that he found exemplified in Chaplin.« Hansen, America, S. 23.
374 Ebd., S. 14.

freiend. Besonders in seinen zwei Romanen werde ein anderes, grenzüberschreitendes Subjekt entworfen.[375]

Vor allem in Kracauers erstem Roman *Ginster* zeigt sich die Hoffnung auf ein anderes Subjekt, das vielleicht nicht das Subjekt der Masse sein wird, aber auf jeden Fall ein Subjekt jenseits der bürgerlichen Identität. Die Literaturwissenschaftlerin Manuela Günter beschreibt den Entwurf des Subjekts in *Ginster* als den eines Anti-Subjekts, wobei antisubjektiv im Sinne Günters eigentlich eher als antibürgerlich verstanden werden muss.

»Einzig die Zerstörung der verhärteten und partikularen Formen der Selbstbehauptung, die das bürgerliche Individuum bestimmen, bietet die Möglichkeit zur Überschreitung der Verdinglichung; das zerstörte Subjekt wird zur Chiffre seines utopischen Potentials – jenseits aller Attribute und Zuschreibungen, als Leerstelle und Möglichkeit im emphatischen Sinne.«[376]

Die Bewegung der Selbstauflösung Ginsters wird hier zum utopischen Potential der Erkenntnis. Da die Wirklichkeit unter der Warenform der Dinge verborgen ist, lässt sie sich nur noch durch mimetische Anschmiegung an die Dinge erfahren.[377] Umgekehrt verleiht diese Mimesis den Dingen einen anderen Charakter und sprengt ihren Gebrauchszusammenhang.

»Indem Ginster der verdinglichten Welt einzelne Partikel entreißt und diese neu kombiniert, verleiht er ihnen wieder Bedeutungen, die ihnen im Zwangszusammenhang des Warenfetischs abhanden gekommen sind. Damit setzt er den instrumentellen herrschaftsrationalen Bezug zum eigenen Verhältnis zu den Gegenständen außer Kraft«.[378]

---

375 Ebd.
376 Manuela Günther: Anatomie des Anti-Subjekts. Zur Subversion autobiographischen Schreibens bei Siegfried Kracauer, Walter Benjamin und Carl Einstein, Würzburg 1996, S. 104.
377 Vgl. ebd., S. 106.
378 Ebd., S. 107. Es sind die Dinge, die verloren sind und gerettet werden müssen, nicht das Subjekt. *Ginster* enthält nach Günther eine Utopie der Errettung der Wirklichkeit durch das Aufbegehren der Dinge gegen ihren Warencharakter. »Während die Behauptung einer Einheit beider Momente die Verfügung als einzige Bestimmung der Objekte definiert, versucht Ginster die Differenz, das überschießende Potential der Dinge zu bewahren, welches in der Instrumentalisierung verlorengeht, indem er ihnen menschliche Attribute zuweist. Hier kündigt sich an, was Kracauer später als die herausragende erkenntnistheoretische Möglichkeit des Films analysiert und was sich als Intention seines gesamten Philosophierens erweist: Der rettende Impuls gilt nicht dem Subjekt, sondern der ›äußeren Wirklichkeit‹.« Günther, Anatomie, S. 107.

Das Verschmelzen wird hier zur erkenntnistheoretischen Möglichkeit, das Anti-Subjekt zur Strategie des Zugangs zur Wirklichkeit. Inka Mülder-Bach sieht diese, an das »Motiv der Ent-Individualisierung und ›Entpanzerung des Ich‹« gebundene Erkenntnismöglichkeit im engsten Zusammenhang mit Kracauers Geschichtsphilosophie.[379] Den Entwurf eines anderen Subjekts in der Interpretation Chaplins, wie in den beiden Romanen, interpretiert sie als einen der Negativität. Allerdings ist Negativität hier nicht an die Vorstellung des Umschlags gebunden, sondern produktiv zu sehen, denn in dieser Negativität liegt, so Mülder, die Entwicklung eines anderen, an die Fragmentierung und Vorläufigkeit gebundenen Humanismus begründet:

»[Dieser Humanismus versucht, A.Z.] Züge einer humaneren Existenz jenseits der Privatheit und Partikularität bürgerlicher Individualität zu entwickeln. Denn ihm stellte sich das Anonym-Werden des Individuums, die reale gesellschaftliche Auflösung der emphatischen Gestalt, als ein Prozeß dar, der den Keim zu einer Utopie in sich tragen, der, in seiner Negativität ›zuendegedacht‹, den Menschen mit sich selbst versöhnen könnte.«[380]

Dieser eigenartige negative Humanismus, der zugleich ein inhumaner ist, da an Entfremdung gebunden, wird in *Geschichte* ein zentrales Leitmotiv werden.

Eine andere Utopie des Kinopublikums: Langeweile statt Zerstreuung

Das Potential der Zerstreuung gleicht einem utopischen Entwurf, welcher der Entwicklung des Kinos, die Kracauer vor allem in den 30er Jahren beobachtet, nicht entspricht. Der Film als Hoffnung in die Umwandlung der Gesellschaft durch das neue Massenmedium gerät für ihn immer mehr zur

---

379 Mülder, Grenzgänger, S. 141.
380 Mülder, Grenzgänger, S. 140. In dieser neuen Form des Humanen wird die aktive Passivität als Haltung eines mimetischen Zuangs zur Welt vorweggenommen. Kracauer hatte Chaplin in einer oben zitierten Filmkritik als Loch beschrieben. Mülder weist auf den wichtigen zweiten Teil dieser Kritik hin: »Aber aus dem Loch strahlt das reine Menschliche unverbunden heraus – stets ist es unverbunden, in Bruchstücken nur, in den Organismus eingesprengt –, das Menschliche, das unter der Oberfläche sonst erstickt, das durch die Schalen des Ichbewußtseins nicht hindurchschimmern kann.« Kracauer, The Gold Rush. In: Kracauer, Kino, S. 165-167, hier S. 166, zitiert bei Mülder, Grenzgänger, S. 140.

neuen Mythologie, weshalb sich durch seine Filmkritiken der 30er Jahre Vorwürfe gegen die Entpolitisierung und den Versuch der Stabilisierung ziehen.[381] In seinen Filmkritiken zeigt sich nun seine ambivalente Haltung in klareren Gegensätzen. Einerseits übt er deutlichere Kritik an der Verstellung der Möglichkeiten des Films durch reaktionäre filmische Inhalte. Diesen stehen andererseits durchgehend die Bekenntnisse zu Zerstreuung und Oberflächlichkeit gegenüber. So bleiben seine Kritiken an den utopischen Entwurf gebunden, wenn er gegen gepflegte, das heißt bürgerlich vereinnahmte Zerstreuung anschreibt. Diese folge falschen Ansprüchen und sei einschläfernd:

>»Nicht so, als ob er [der angeglichene Liebesfilm, A.Z.] keinen Kunstverstand erforderte; dieser jedoch muß sich darauf verstehen, der Zerstreuung als einer Zerstreuung Geltung zu verschaffen, statt sie mit Ansprüchen zu belasten, denen sie unmöglich nachkommen kann.«[382]

Die Utopie der Zerstreuung kann nur erhalten bleiben, wenn ihre Möglichkeiten nicht durch bürgerliche Kunst verstellt werden, wenn nicht ein künstlicher, verdeckender Sinn vor die Flüchtigkeit geschoben wird.

Stalder zufolge geht Kracauer in seiner Studie *Die Angestellten* in seiner Auffassung der Zerstreuung bis hin zur Entleerung: »Rein will Kracauer das Außen, denn erst in der allerleersten Leere der Vergnügungswelt kann sich das dialektische Potential der Zerstreuung entfalten.«[383] In diesem ambivalenten Nebeneinander der Kritik der filmischen Inhalte und der Utopie einer leeren Form wird eine Differenzierung deutlich, die Kracauers

---

381 In einer Glosse über die Anbetung von Filmstars schreibt Kracauer 1931 über die Träume, die der Filmkitsch in den Menschen erregt: »So werden sie unbrauchbar gemacht und von einem Kampf abgelenkt, der ihnen vielleicht wirklich zu besseren Daseinsbedingungen verhelfen könnte.« Nr. 648: Rund um die Filmstars. Werke 6.2, S. 504-507, hier S. 507.
382 Nr. 655: Gepflegte Zerstreuung. Werke 6.2, S. 528-530, hier S. 529. Immer noch ist für ihn das Bedürfnis nach Zerstreuung ein wichtiges Moment und seine Überlegungen zu einem Großfilm der Ufa bezeichnet er in diesem Zusammenhang als grundsätzliche. Er schreibt über den Film NIE WIEDER LIEBE: »In der Tat: er ist reine Zerstreuung. Soll ich einen Inhalt, der dazu bestimmt ist, eine Stunde lang zu unterhalten und hinterher einer ähnlichen Belanglosigkeit wegen radikal vergessen zu werden, ernsthaft zergliedern? Vielleicht ist es nicht unnützlich, ihn, der aus dem Nichts gleich ins Nichts schlüpfen will, einen Augenblick festzuhalten[...]. Zerstreuungsstücke befriedigen ein rechtmäßiges Bedürfnis«. Ebd., S. 528. Kracauers Bedenken gegen den Film richten sich keineswegs gegen die seichte Unterhaltung und die implizite Erotik desselben, sondern gerade gegen den Aufwand an technischen Mitteln, die Realismus vorgaukeln und gegen die Gepflegtheit, welche sämtliche notwendigen Lücken des Films schließt und versucht, eine künstliche Gesamtheit aus dem Fragmentarischen herzustellen.
383 Stalder, Das journalistische Werk, S. 263.

Kritiken von einer eindeutigen Verurteilung der Kulturindustrie abheben. Er vertraut weiterhin auf das Kino als Massenkultur, denn er unterscheidet die Möglichkeiten des Kinos, die Erfahrung der Kinozuschauerinnen sowie deren Bedürfnisse, von deren Manipulation durch die Inhalte des Films. Heide Schlüpmann schreibt dazu:

> »Der Kritiker Kracauer, getreu der Spur des Nichtidentischen und den Phänomenen der modernen Gesellschaft folgend, insistiert darauf, daß die vom Produzenten beabsichtigte Wirkung, die vorkonstruierte Rezeption nicht alles ist, was im dunklen Kinoraum passiert; daß zumindest die verdinglichten Träume als das wahrgenommen werden können, was sie sind: die eigene entfremdete Wirklichkeit.«[384]

Es ist nach Schlüpmann diese Unterscheidung zwischen Produktion und Rezeption, eine Hoffnung in das Publikum, die seine Filmkritiken antreibt und das Aufrechterhalten der Utopie der Zerstreuung ermöglicht. Gegen die von Günther anhand des *Ginster*-Romans herausgearbeitete Zuschauerposition eines Anti-Subjekts hält Schlüpmann in *Der Gang ins Kino* vor allem an der Autonomie des Zuschauerinnensubjekts fest.[385]

> »Retten muß der Kritiker vielmehr die ›Zerstreuung‹ als eine Wirklichkeit des Bewußtseins, die nicht identisch ist mit seiner Verdinglichung in den Unterhaltungsprodukten. Der Filmkritiker ist [...] darauf angewiesen, daß die Wahrheit seiner Kritik durch die Fähigkeit der Masse, zum Publikum zu werden, bestätigt wird.«[386]

Doch ist diese Utopie nicht so eindeutig auf einen Umschlag durch das entblößende Potential der Zerstreuung gerichtet wie auf die Art der Rezeption des Massenpublikums. Als Phänomen der Moderne ist Zerstreuung für Kracauer eine unumgängliche Tatsache, deren grundlegende Ambivalenz Schlüpmann in *Ein Detektiv des Kinos* betont:

> »Es geht nicht mehr um ein einfaches Für oder Wider das Kino als Ort der Bedürfnisbefriedigung der Massen, sondern entweder etabliert es sich als Organ sozialer Herrschaft oder eine ästhetische Opposition von unten setzt sich durch.«[387]

---

384 Schlüpmann, Der Gang ins Kino, S. 82.
385 Ein Moment transzendentaler Subjektivität im Publikum stehe dem transzendentalen Erkenntnisapparat kapitalistischer Ratio gegenüber. Vgl. ebd., S. 74.
386 Ebd., S. 77.
387 Schlüpmann, Phänomenologie, S. 41.

In *Kinosucht* stellt Schlüpmann den utopischen Gehalt des Zerstreuungsbegriffs dagegen infrage. Der Begriff der Zerstreuung reduziere die Kinoerfahrung auf ein Oberflächenphänomen des Kinos[388] und antworte nicht auf die wirklichen Bedürfnisse, die in das Kino getragen werden, auf denen das Verlangen nach Zerstreuung beruhe. Er berücksichtige zu wenig das vor-rationale Regressive des Kinos und die vom Arbeitsprozess Ausgeschlossenen, vor allem die Frauen, die ins Kino aus Langeweile gingen, um angeregt zu werden.[389] Er breche den alltäglichen, zweckrationalen Arbeitszusammenhang nicht auf und könne daher kein utopisches Gegenüber sein.

»Der Zusammenhang des Kinos mit dem Ende der bürgerlichen Kultur wird nicht so sehr von der Zerstreuung reflektiert, in der sich der Kapitalismus über den Verlust seiner metaphysischen Überhöhung hinaus erhält, als vielmehr in dem, was Unterbrechung des Produktionssystems ist: in der sich gegen den Betrieb behauptenden Langeweile, der Muße, im Warten.«[390]

Vor allem könne die Zerstreuung nicht einfach nur der Auflösung der herrschaftlichen Zuschauerposition zugeschrieben werden, sondern müsse immer auch in ein Verhältnis zu den sozialen Bedürfnissen gesetzt werden, in der Hoffnung auf die Bildung eines neuen bewussten Publikums.

Für das Kinopublikum in den 30er Jahren ist die eigene Situation vorerst eher eine der Wartenden als der nach Zerstreuung Suchenden. Dieses Warten allerdings ist ein anderes als das von Kracauer in seiner frühen Schrift *Die Wartenden* beschriebene. Dort hatte er eine Krise der Werte und Glaubensinhalte durch das wissenschaftliche, entzauberte Weltbild diagnostiziert und sich geweigert, das Leiden an dem Verlust des Metaphysischen, dem »*Vertriebensein* aus der religiösen Sphäre«,[391] welche als Einzige den

---

388 Vor allem für Benjamin, welcher auf eine proletarische Bewegung durch den Film hofft, bezeichnet Zerstreuung eine technisch-ästhetische Eigenschaft des Films. Für Kracauer ist sie dagegen auch ein negativer Spiegel der fragmentierten Gesellschaft.
389 Vgl. Schlüpmann, Kinosucht, S. 46. Hansen sieht diese Möglichkeit auch im Zusammenhang der Zerstreuung und des Massenornaments. Für sie unterscheidet sich die Hoffnung Kracauers in das Kino von Benjamin gerade in der Akzeptanz der Zuschauerinnenbedürfnisse: Nicht die technische Reproduzierbarkeit und der Schock mobilisieren letztlich ein von Benjamin imaginiertes Proletariat, sondern die Massen werden in ihren neuen Bedürfnissen adressiert und haben eigentlich die Chance zur Selbstwahrnehmung als Kollektiv. Vgl. Hansen, America, S. 17ff.
390 Schlüpmann, Kinosucht, S. 50.
391 Siegfried Kracauer: Die Wartenden. In: Ders.: Das Ornament der Masse, S. 106-119, hier S. 107.

ganzen Menschen umschloss, durch einfache Trostpflaster zu überdecken. So hatte er neben die zwei Möglichkeiten, auf den Werteverlust zu reagieren, den ›prinzipiellen Skeptiker‹, der auf das Bedürfnis nach Werten mit genereller Skepsis und Vorantreiben der Entzauberung reagiert, und den ›Kurzschluß-Menschen‹, der sich auf einen Versuch die Lücke zu schließen nach dem anderen wirft, seine eigene Position gestellt – die der ›Wartenden‹, die sich vor allem durch sich zurücknehmende Offenheit auszeichnet. Die Wartenden versuchen, sich zur Welt der ›Wirklichkeit‹ jenseits von Wertesystemen zu wenden, was nur über ein gesamtmenschliches Ich, das heißt in seiner ganzen Alltäglichkeit und Leiblichkeit, geschehen kann.

> »Infolge der Überspannung des theoretischen Denkens sind wir dieser Wirklichkeit, die von leibhaften Dingen und Menschen erfüllt ist und deshalb konkret gesehen zu werden verlangt, in einem entsetzlichen Maße ferngerückt.«[392]

In der Abkehr vom eigenen Kulturpessimismus seiner frühen Schriften, die den Zerfall der metaphysischen Zusammenhänge beklagten, sah Kracauer die Abwesenheit von Sinn nun als Chance.[393]

In den Dreißiger Jahren entziffert Kracauer dagegen das Warten als soziale Situation der Massen, dessen verdeckter negativer Sinn sich nur in ihn verstellenden Raumbildern zeigt: in der Konstruktion von Orten für Arbeitsnachweise und in Wärmehallen. »Die Raumbilder sind die Träume der Gesellschaft. Wo immer die Hieroglyphe irgendeines Raumbildes entziffert ist, dort bietet sich der Grund der sozialen Wirklichkeit dar.«[394] Hieroglyphische Raumbilder beobachtet Kracauer vor allem an Schwellenorten, Orten des Übergangs, die scheinbar wie die Zerstreuung einen dialektischen Umschlag möglich machen könnten, würden sie bewusst. Jede Gesellschaftsschicht habe den ihr »zugeordneten Raum«,[395] der allerdings

---

392   Ebd., S. 118. Vgl. dazu auch Schlüpmann, Phänomenologie, S. 38.
393   Hansen diagnostiziert hier eine »Akzentverschiebung vom ›theoretischen Ich‹ zum ›gesamtmenschlichen Ich‹«; zur Welt der Wirklichkeit in »vortheoretische Bereiche moderner Erfahrung«. Hansen, Mit Haut und Haaren, S. 135.
394   Nr. 102: Über Arbeitsnachweise (1930). Schriften 5.2, S. 186. In einem Briefwechsel mit Adorno bezüglich der Arbeitsnachweise wehrt sich Kracauer gegen die Meinung Adornos, in der Vorstellung der Raumbilder als Träume sei eine Übereinstimmung mit dem Denken Benjamins zu finden. Der Begriff des Traums beziehe sich lediglich auf die Unbewusstheit der Raumbilder, keineswegs seien diese mit der romantischen Vorstellung des Traums eines Kollektivs gleichzusetzen. Vgl. Stalder, Das journalistische Werk, S. 168f. Brief von Adorno 25.7.1930 zu den Arbeitsnachweisen, Antwort von Kracauer am 1.8.1930, Adorno/Kracauer, Briefwechsel, S. 235-241.
395   Ebd., S. 185.

verdeckt bleibe. Diese Orte seien subversive Passagen, die sich jeden Moment verändern könnten. Ihnen ist das »Provisorische, Verflüssigte, Nichteindeutige, Bewegliche«[396] gemein.

Diese Schwellenorte sind 1932 Orte des Wartens, wobei es sich um ein anderes Warten handelt, als das der wartenden Intellektuellen. Wurden diese durch die Entwicklung der Moderne aus den Glaubenszusammenhängen vertrieben, handelt es sich hier um Menschen an Orten, die unfreiwillig aus den Zusammenhängen der Produktion gerissen wurden. Selbst das Kino wird nun zum Wartesaal für Arbeitslose zum Zeitvertreib – die Zerstreuung wird hier zum »erzwungene[n] Müßiggang« gegen das »Gespenst der bösen Zeit«,[397] denn von der Menge der Kinozuschauerinnen merkt man nun immer mehr, »daß die Arbeitslosigkeit auf ihnen lastet.«[398]

Der Unterschied in der Situation des Wartens in den sozialen Studien der Dreißiger Jahre und der im gleichlautenden Text ursprünglich entworfenen Haltung als Ausgang aus dem Sinnvakuum nach Zusammenbruch der Metaphysik ist offensichtlich – waren es dort die Sinn suchenden Intellektuellen, ist es hier die arbeitslose Masse, die aus essentiellen Gründen zum Warten genötigt wird – gemeinsam ist dennoch beiden eine Haltung des Wartens, welche Offenheit impliziert, aber auch Leere.[399] Diese Leere ist eine der Zeit[400] und auch hier, in diesem Aushalten der Leere, findet sich noch ein utopischer Moment: In dieser Haltung des Wartenden lässt sich trotz der unterschiedlichen Voraussetzungen mit den wartenden Arbeitslosen und den Frauen die gleiche Hoffnung auf Veränderung durch einen Umschlag entziffern.

---

396 Stalder, Das journalistische Werk, S. 267.
397 Vgl. Nr. 681: Kino in der Münzstraße (1932). Werke 6.3, S. 47-49, hier S. 48.
398 Ebd., S. 47.
399 Besonders eindringlich ist Kracauers Beschreibung einer sich vor dem Kino nur mit Warten und Kauen ihre Zeit vertreibende Frau, welche lediglich in eine der Vorstellungen eingeladen werden zu wollen scheint. Ebd., S. 49.
400 Diese Leere zeigte in den Texten aus den Zwanzigern den Intellektuellen die eigene Leere. Der verbotene Blick auf das Phantom verdeutlichte ihnen, dass sie selber Phantome waren. »Die gefräßige, nichtsnutzige Zeit entblößt sich dir, und du schauderst vor ihrem Ergebnis: dem Gebrauch der erborgten Moden und Embleme, dem Larventanz durch die Jahrtausende.« Nr.33: Der verbotene Blick (1925), Schriften 5.1, S. 296-299, hier S. 299. Diese Leere gilt es auszuhalten, im Warten – im »Zustand der inneren Bereitschaft […], der bewusste Verzicht auf jede Art idealistischen Höhenrauschs und eine ebenso bewusste tätige Zuwendung der ganzen Seele zu der von ihr erfassbaren echt konkreten Wirklichkeit unseres Lebens.« Der Anspruch an einen solchen Zustand ist kein geringer, »müsste doch einer solchermaßen veränderten Einstellung zur Welt doch eine völlige Umwandlung unseres Denkens vorangehen.« Nr.14: Deutscher Geist und deutsche Wirklichkeit (1922), Schriften 5.1, S. 151-159, hier S. 158.

Diese Chance hat allerdings einerseits nicht mehr so viel mit dem Moment der Zerstreuung und andererseits nicht mehr mit dem Verlust von Glaubensinhalten zu tun, sondern tatsächlich mit dem unerfüllten Warten oder auch mit der damit zusammenhängenden Langeweile. In dem Aufsatz *Langeweile* hatte Kracauer gerade diese als einzige Möglichkeit, der allgemeinen Betriebsamkeit, dem Zwang zu Zerstreuung, zu entkommen und zu sich zu kommen, gelten lassen.

> »Menschen, die heute überhaupt noch Zeit zur Langeweile haben und sich doch nicht langweilen, sind gewiß genauso langweilig wie die andern, die zur Langeweile nicht kommen. Denn ihr Selbst ist verschollen, dessen Gegenwart sie gerade in dieser so betriebsamen Welt dazu nötigen müßte, ohne Ziel und nirgendwo lang zu verweilen.«[401]

Doch dieses Potential der Innerlichkeit war auch dort nicht tatsächlich der Zerstreuung gegenüberzustellen, ging es doch letztlich allein um das Erfahren der langweiligen Leere als Offenheit und nicht um ein Zurückfinden zum bürgerlichen Selbst.

Stalder sieht nun in Kracauers scheinbar gegensätzlichen Schriften *Kult der Zerstreuung* und *Langeweile* eine Entwicklung vom eher innerlichen Potential der Langeweile und des Wartens hin zur Zerstreuung als Erkenntnispotential.[402] Schlüpmann dagegen hält die Unterbrechung des Produktionsprozesses, die auch eine Unterbrechung der Sinnproduktion sei, für weit mehr im Zustand der Langeweile und des Wartens gegeben als in dem der Zerstreuung. Einerseits sei es die Zerstreuung, welche die Arbeiter von eigentlicher Langeweile abhalte, denn »in einer Welt, in der das Arbeitsethos regiert, bleibt auch wenn man Zeit hat, die eigentliche Langeweile fern.«[403] Andererseits könne das Kino gerade in seiner kapitalistischen Form auch als Ort der Langeweile und des Wartens gesehen werden, welche die Sinnlosigkeit der Zerstreuung nicht verflüchtige und diese in den Vordergrund treten lasse. Schlüpmann fasst Kracauers Einschätzung der Zuschauerin daher folgendermaßen zusammen:

> »Nicht das unmittelbare Erlebnis, ist zu vermuten, sondern der Kinobesuch als ein höchst vermitteltes Verhalten hatte für ihn wirkliche Bedeutung: als eine Form des Wartens. Der Schriftsteller Kracauer suchte nicht die unterhaltende Zerstreuung [...], vielmehr mußte ihm die aktive Pas-

---

401 Kracauer, Langeweile, S. 321.
402 Vg. Stalder, Das journalistische Werk, S. 261.
403 Schüpmann, Kinosucht, S. 49.

sivität des Kinozuschauers angesichts der Sinnkrise und des sich bis zur Vernichtung zuspitzenden gesellschaftlich produzierten Leidens zu einer angemessenen Betätigung des ästhetischen Vermögens werden.«[404]
Im Gegensatz zum idealistischen Sinn teile radikale Zerstreuung im Kino zwar das utopische Potential der Langeweile – als Unterbrechung der Sinnproduktion. Der Begriff der Zerstreuung enthalte als Spiegel der Produktions- und Gesellschaftszusammenhänge ein Wahrheitsmoment. Damit öffne er »den Blick für den Zusammenhang von gesellschaftlicher Arbeit und individueller Bedürfnisstruktur.«[405] Aber Zerstreuung stehe nicht wie Langeweile dem allgemeinen Produktionsprozess gegenüber und verbleibe letztlich innerhalb der verdinglichenden Rationalität.[406] Sie verpflichtet, argumentiert auch Heike Klippel, »das Kino vorschnell auf die Zerstörung des bildungsbürgerlichen Sinnzusammenhangs […]. Aus ihm soll dann auch wieder ein Sinn erwachsen, nämlich der, der Emanzipation des Proletariats zu dienen.«[407]
Als Ort der Zerstreuung spiegelt das Kino die Wirklichkeit des Produktionsprozesses, als Ort des Wartens ist das Kino dagegen kein kontrollierbares, dienendes Objekt, sondern der dunkle Ort der Projektion, welcher sich gegen eine eindeutige Sinnzuweisung sperrt. Der Zustand des Wartens entzieht sich nach Klippel dem Produktionssystem, lässt es geradezu zusammenbrechen. Die von Stalder der Langeweile zugeschriebene Innerlichkeit wird hier obsolet, denn das Kino hebt gerade die Trennung von privat und öffentlich auf und ermöglicht denjenigen eine neue Innerlichkeit, die bisher davon ausgeschlossen waren. Diese neue Öffentlichkeit hat andere Bedürfnisse, die gerade auch die Potentiale der Zerstreuung überschreiten und laut Hansen den kapitalistischen Produktionsprozess subversiv unterlaufen.[408]
Das Warten der Kinozuschauerinnen unterscheidet sich, betont Klippel, von der bürgerlichen Innerlichkeit, denn »der Zuschauer begibt sich in einen Zustand, der zwischen Erfülltsein und Leere, zwischen Anspannung und kontemplativen Entgleiten liegt.«[409] Gerade die Zeiterfahrung

---

404 Schlüpmann, Phänomenologie, S. 47f.
405 Schlüpmann, Kinosucht, S. 45.
406 Die Zerstreuung ist nach Schlüpmann »etwas von oben veranstaltetes und, als Spiegel der Form der Arbeit, auch so entfremdet wie diese.« Ebd., S. 46.
407 Heike Klippel: Gedächtnis und Kino. Basel, Frankfurt am Main 1997, S. 169.
408 »[Early Cinema, A.Z.] also contains elements that run against the grain of capitalist modes of production.« Miriam Hansen: Early Silent Cinema: Whose Public Sphere? In: New German Critique, 29, Spring/Summer 1983, S. 147-184, hier S. 179.
409 Ebd., S. 168.

der Ereignislosigkeit war bis zum Entstehen des Kinos das Privileg des Bürgers.[410] Dieses Privileg, sich zu Hause zu langweilen und um sich selber zu kümmern, muss er nun mit der Öffentlichkeit teilen.[411] Frauen und vom Arbeitsprozess Ausgeschlossene haben im Kino, so Klippel, Teil an den Potentialen der radikalen Langeweile. Im Kino »rettet sich für die Masse ein Anflug des früheren Privilegs der herrschenden Klasse, seine Zeit keinem Zweck unterwerfen zu müssen.«[412]

Dieses Privileg einer freien Zeit ist zwar sinnleer, wird aber nicht, wie in Benjamins Konzept der Zerstreuung, gleich wieder mit revolutionärem Anspruch gefüllt. Dadurch ermöglicht es ein anderes Verhältnis zum Wahrgenommenen. Der Stillstand wird in der Langeweile produktiv, denn Film und Zuschauerin treten in ein Austauschverhältnis. Über den Film wird gleichzeitig das eigene Selbst vergessen und neu wahrgenommen.

»Der, der kein Sofa hat, oder die, die das Haus für die Familie bestellt, und sich deshalb auf dem Sofa nicht vor der von ihr zu verantwortenden Privatheit schützen kann – sie langweilen sich im Kino. [...] Sein Dunkel befreit gleichfalls von sozialen Pflichten und garantiert derjenigen ein Bei-sich-Sein, die sonst kaum Gelegenheit findet, zu sich zu kommen. Anders aber als das Sofa des Intellektuellen ist es ein öffentlicher Raum,

---

410 Langeweile ist ein Phänomen der Zeiterfahrung in der Moderne. Der Industrialisierungsprozess (die Mechanisierung der Arbeit und die Rationalisierung beziehungsweise Ökonomisierung der Zeit) hat eine Umstrukturierung der gesellschaftlichen Organisation und Vorstellungswelt zur Folge, welche nicht auf den Produktionsprozess beschränkt bleibt. Qualitative Zeit wird durch quantitative Zeit ersetzt und einem teleologischen Fortschrittsdenken unterworfen. Einerseits eine Folge der neuen Arbeitsprozesse steht Langeweile nun auch für unmögliches Innehalten, für einen verbotenen Stillstand, und wird zum gesellschaftlichen Tabu. Vor allem die Langeweile der Frau, hervorgerufen durch die arbeitsteilige Struktur der Gesellschaft, wird tabuisiert. Gleichzeitig wird das vorherige Privileg des Adels, die Muße, nun zum Privileg des Bürgertums. Vgl. Martina Kessel: Langeweile. Zum Umgang mit Zeit und Gefühlen in Deutschland vom späten 18. bis zum frühen 20. Jahrhundert. Göttingen 2001, S. 113ff., 193, 214f. Vgl. Serjoscha Wiemer, Anke Zechner: In Nirgendwo und ohne Ziel lange zu verweilen. Temponauten des grauen Glücks. Überlegungen zu Langeweile und Kino ausgehend von Walter Benjamin und Siegfried Kracauer. In: Augenblick. Paradoxien der Langeweile, hrsg. von Franziska Heller, Elke Rentemeister, Thomas Waitz, Bianca Westermann, Marburger Hefte zur Medienwissenschaft 41, Marburg 2008, S. 11-25.
411 Vgl. dazu auch Büttner: »Physisch inaktiv sein, Räume kombinieren, Zeit zerrinnen, die Grenze von privat und öffentlich porös werden lassen[...]. Die vermeintliche Ereignislosigkeit erzählt auch von einem Privileg.« Elisabeth Büttner: Orte, Nichtorte, Tauschpraktiken. Die Zeit des Abgebildeten und die Zeit des Gebrauchs in Filmfragmenten und Found-Footage-Filmen. In: Zeitsprünge. Wie Filme geschichte(n) erzählen, hrsg. von Christine Rüffert, Irmbert Schenk, Karl-Heinz Schmid, Alfred Tews, Bremer Symposium zum Film, Berlin 2004, S. 62-67, hier S. 67.
412 Klippel, Kino und Gedächtnis, S. 174.

und anders als die Kirche ein solcher, in dem das klassische kontemplative Selbst-Erlebnis nicht möglich ist. Möglich wird statt dessen dieses […] diffuse Etwas, ein Zustand des Bei-sich-selbst-Seins und Selbstvergessens zugleich: keine Versenkung sondern über das Außen vermitteltes Gewahrwerden des Inneren.«[413]

Gleichzeitig können sich die im Kino Wartenden in die wahrgenommene andere Zeit verlieren und sie mit ihrer eigenen in ein Verhältnis bringen. Über die Dynamik der eigenen Erinnerung tauschen sich die Zeit des Abgebildeten und die Zeit des Gebrauchs, der Kinosituation. Diese Tauschprinzipien befreien, argumentiert Elisabeth Büttner, die wahrgenommenen Dinge von ihrem Gebrauch, die Augen befreien die Dinge von ihren repräsentativen Funktionen. Die Dinge lösen sich, habe ich mit Deleuze und Merleau-Ponty in Hinblick auf L'Eclisse argumentiert, aus einem zweckrationalen, sensomotorischen Zusammenhang. Sie werden wahrgenommen, ›wie zum ersten Mal‹ oder blicken zurück, gerade in leeren Bildern. Auch Büttner verbindet in ihrer Beschreibung die Möglichkeit der Wahrnehmung der Dinge mit einem Potential der Abwesenheit von zweckrationaler Zeit:

»Je weniger die Objekte inmitten von Filmhandlungen symbolisch aufgeladen sind, desto deutlicher tritt ihre Gegenständlichkeit zutage. Die Zeit wie die Sinne der Zuschauer sind aktiviert, potenzieren sich, treten in Kreisläufe von Aktualität und Virtualität ein. Dabei handelt es sich nicht um ein Verlieren an visuelle Details, sondern um Sensation, Emotion, um Bei-sich-selbst-Sein und Selbstvergessenheit.«[414]

Im Kinoraum vermischen sich die private und die öffentliche Welt. Dadurch öffnen sich neue Handlungspotentiale.[415] Der Kinozuschauerin wird, so Büttner, die Möglichkeit des Flanierens gegeben:

»Die Lust an der Dechiffrierung, die den Flaneur der Großstädte auszeichnet, nistet sich ebenso in ihr ein wie das Aufgehen, die Geborgenheit in der Unübersichtlichkeit der Masse.«[416]

---

413 Ebd., S. 170.
414 Büttner, Orte, S. 66.
415 »Das Kino sprengt Identität, die personale wie die zeitliche.« Ebd., S. 62.
416 Ebd., S. 65. Büttner bezieht sich hier vor allem auf die Tiefenschärfe des Frühen Kinos. Ihre Überlegungen sind aber auch auf das von Kracauer beschriebene Kino übertragbar.

Die Zuschauerinnen erwandern neue Welten und tauschen diese mit ihrer Erinnerung. »Wer Filme sieht, verdichtet und unterbricht. Er wendet im Kino Praktiken an, die denjenigen des Flaneurs in den Städten verwandt sind.«[417] Vor allem die, sonst an die Verrichtungen des Haushalts gebundene Kinozuschauerin könne hier zum ersten Mal zum Flaneur werden:

> »In den Bildern umherwandern, die Dominanz der Signifikanten unterlaufen. Sich dem Unbestimmten hingeben, Zeit anhäufen, dehnen, vernichten und keiner Gebrauchsform unterwerfen. Die Zuschauerinnen schweifen ab und setzen sich doch einem Subjekteffekt aus. Sie erfahren Langeweile und höchste Anspannung gleichzeitig.«[418]

Es sind die Potentiale der Langeweile – statt oder gepaart mit der Zerstreuung –, die sich in dieser Form des Flanierens erschließen – die Möglichkeit des Anschmiegens, der Mimesis, an das Wahrgenommene –, die gleichzeitig die Kopplung an die eigene Erinnerung ermöglichen. »Diese Erfahrung bietet eine gewisse Gewähr, noch über sein Dasein zu verfügen«, resümiert Büttner die bekannte Studie von Emilie Altenloh über die Erfahrung der frühen Kinozuschauerinnen.[419]

Die Flanierende verliert sich, lässt sich treiben, überlässt sich dem Zufall. Dadurch ist sie einerseits zwar auch gefährdet, denn die Positionen von Subjekt und Objekt verkehren sich.[420] Sie liefert sich den Dingen und den Orten aus. Dafür geschieht die Annäherung an das Wahrgenommene jenseits der Herrschaft.[421] Das Kino bietet die Möglichkeit des Flanierens und der ›eigentlichen‹ Langeweile für alle und damit einer produktiven Selbstaufgabe.[422]

---

417 Ebd., S. 65.
418 Ebd., S. 67.
419 Ebd.
420 »Das nie gesuchte Objekt des ziellosen Schlenderns wird zum Subjekt der Suche und findet den, der ohne Absicht und Ziel gegangen ist und sich an die Objekte veräußert hat. Der Flaneur wird vom Subjekt zum Objekt. Auch seine Disposition wendet sich damit gegen ihn: Sein Geöffnetsein ermöglicht nun, umgekehrt, seine Unterwerfung.« Stalder, Das journalistische Werk, S. 255.
421 Diese Position des Flaneurs als Element der Langeweile lässt sich bei Kracauer, anders als bei Benjamin, nicht der des Wartens gegenüberstellen, gerade wenn die Zuschauerin und die Masse der Arbeiter und Angestellten statt des bourgoisen Flaneurs in den Blick genommen werden. Vgl. zum bourgeoisen Flaneur Walter Benjamin: Das Passagen-Werk. In: Gesammelte Schriften V.1, hrsg. von Rolf Tiedemann und Hermann Schweppenhäuser, Frankfurt am Main 1983, S. 164.
422 Auch wenn das Flanieren vor allem der Haltung der Kinogängerin der Oberschicht zugeschrieben werden kann. Vgl. Schlüpmann, Kinosucht, S. 47.

Dabei beinhaltet gerade die Möglichkeit des Flanierens auch dessen Erkenntnispotential. Das Wechselverhältnis von Fragmentierung beziehungsweise Zerstreuung und Warten beziehungsweise Offenheit dem Objekt gegenüber ist die Grundlage des Findens anderer Möglichkeiten.[423] Die Potentiale der Langeweile, der Leere, ermöglicht durch die Haltung des Wartens, entsprechen dem Wechsel hin zu der Möglichkeit der Erfahrung im Kino in der *Theorie des Films*.[424] Diese Haltung dem Objekt gegenüber, als eine der aktiven Passivität, wird in *Geschichte* zur Erkenntnismöglichkeit und zum zentralen Zugang zum historischen Universum.

Geschichte – aktive Passivität der Rezeption

»Des Onkels wegen las Ginster die vorhandenen philosophischen Systeme, die er gewöhnlich am Ende aufschlug, um zu erfahren, worauf sie hinausliefen. Meistens fing er sie dann gar nicht mehr an. Entweder forderten sie eine vollkommene Welt oder setzten die Vollkommenheit schon voraus. In der Zwischenzeit fielen die Soldaten. Lauter Systeme.«[425]

In seiner letzten, unvollendet gebliebenen Schrift *Geschichte – Vor den letzten Dingen*[426] führt Kracauer die in der *Theorie des Films* anhand der Filmwahr-

---

423 Vgl. auch Frisby, Fragmente, S. 146: Das Flanieren ermöglicht nicht nur die Begegnung mit unerwarteten Objekten, sondern auch, über die Begegnung mit Raumbildern, die Erinnerung an verloren gegangene Geschichte.
424 Lethen, der in Kracauers Spätwerk in dessen Positivität Ähnlichkeiten zu Deleuze im Gegensatz zur Negativität der frühen Schriften betont, widerspricht der Vorstellung der Utopie des Wartens. Kracauers Spätwerk zeichne sich durch eine Grundhaltung der Gelassenheit statt des Wartens aus. Es finde ein Wechsel von der Entzifferung der Oberflächen als Hieroglyphen zum Belassen derselben zugunsten der Materialität ›für sich‹ statt. Durch die Hinwendung zur Phänomenologie und den Bruch der ikonischen Beziehung zur Realität, könne nicht mehr das Entziffern auf eine zukünftige Bedeutung hin eine zentrale Rolle spielen, sondern nur deren notwendige Vorläufigkeit. Gerade mit *Geschichte* wird für Lethen dann ein durchgehender Denkstil der Vorläufigkeit der Episode deutlich, der dort erkenntnistheoretisch untersucht werde. Meiner Meinung nach zeigt sich diese positive Bewertung der Vorläufigkeit auch in den Essais *Die Wartenden*, *Zerstreuung* und *Langeweile*. Lethen, Sichtbarkeit, S. 220ff.
425 Kracauer, Ginster, S. 233.
426 Siegfried Kracauer: Geschichte – Vor den letzten Dingen. Schriften 4, Frankfurt am Main 1971. Originaltitel: History. The Last Things Before The Last. Oxford 1969. Im Folgenden zitiert als: »Geschichte«. *Geschichte* wurde von Kracauer nur als Fragment hinterlassen. Allerdings waren viele Kapitel bereits fertiggestellt, zum Teil auch veröffentlicht. Für die anderen bestanden teil-

nehmung erschlossenen Fragen nach der Möglichkeit der Wahrnehmung in der Gegenwart, nach dem Zugang zur Wirklichkeit und seine Kritik am abstrakten Wissen in der Beschäftigung mit der historischen Wissenschaft zusammen. Es ist dies eine Wissenschaft, die, ähnlich der Filmrezeption, eine andere Haltung den Dingen gegenüber erfordert und erst in dieser spezifischen Haltung der Rezeption Erkenntnis möglich macht.

Was bedeutet die Beschäftigung mit *Geschichte* für die Fragestellung der Filmwahrnehmung? Weiter entwickelt als in der *Theorie des Films* scheint hier vor allem die Haltung der Rezeption, die Art der Zurücknahme als Zugang zu den Dingen, der Takt in der Vermittlung derselben und die, in dieser Haltung implizierte, Erkenntniskritik. In *Geschichte* führt Kracauer diese Aspekte der Filmwahrnehmung in der Darstellung der Arbeit der Historikerin als aktiver Passivität, das heißt letztlich mimetischer Wahrnehmung zusammen. Die Historikerin ist durch diese Rezeptionsweise in der Lage, im Sammeln von Resten und Abfällen Möglichkeiten zu erschließen und zu bewahren, die sonst weder beachtet noch erhalten worden wären, und gerade dadurch Aufschluss über Zeiten, Subjekte und deren Zugang zur Welt zu ermöglichen.

Filmwahrnehmung und Geschichte werden hier zu einer ›anderen‹ Art des Wissens und des Zugangs zum sonst nicht Zugänglichen: dem Nichtidentischen, der Materialität. Zentral wird nun die Chance, die in diesem Zugang für die Wahrnehmenden liegt. Über die Potentiale der körperlichen Wahrnehmung (Merleau-Ponty) und das Aufbrechen der alltäglichen Wahrnehmung (Deleuze) in der Filmwahrnehmung hinaus, entwickelt Kracauer in seinem letzten Buch Ansätze einer erkenntnistheoretischen und geschichtsphilosophischen ›Ethik‹ des Kinos.

Die Erfahrung von Materialität, die uns das Kino ermöglicht, ist nicht nur affektiv und somatisch zu beschreiben, sondern immer mit Geschichte und Erinnerung in ein Verhältnis zu setzen. »[...] die photographischen Medien erleichtern es uns, die vergänglichen Phänomene der äußeren Welt einzuverleiben und sie derart der Vergessenheit zu entreißen. Etwas Ähnliches wäre auch über Geschichte zu sagen«,[427] schreibt Kracauer zusammenfassend in einem zentralen Kapitel des Buches, das den Titel *Der Vorraum* trägt.

weise aber nur Exposés, Zettelkästen mit Zitaten und Inhaltsangaben. Der Band wurde von Kracauers Freund Paul Oskar Kristeller unter der Mitarbeit von Lili Kracauer redaktionell überarbeitet und posthum veröffentlicht. Die Übersetzung ins Deutsche von Karsten Witte erschien 1972.
427   Geschichte, S. 180.

Photographie und Geschichte

Der späte Wechsel zur Geschichtswissenschaft ist kein zufälliger, ist die Bedeutung der Erfahrung von Materialität bei Kracauer doch nie außerhalb von Geschichte zu denken und im Zusammenhang mit dem Zusammenbrechen der traditionellen Glaubenszusammenhänge, der zunehmenden Abstraktion durch die Wissenschaft zu sehen. Tatsächlich stellt er an den Beginn seines Geschichtsbuchs die Entdeckung seines zeitlebenden Interesses an Geschichte und bringt dieses in Beziehung zu seiner Beschäftigung mit den photographischen Medien. »Blitzartig wurden mir die vielen Parallelen klar, die zwischen Geschichte und den photographischen Medien, historischer Realität und Kamera-Realität bestehen.«[428] Noch dazu wird Geschichte zu einer Art Fluchtlinie der *Theorie des Films*, auf welche die Beschäftigung mit diesen Medien hinführt. Sein Interesse an Geschichte entwickelt sich aus den Fragen und Ideen der *Theorie des Films* heraus und geht von dort aus weiter.[429] »Indem ich mich Geschichte zuwandte, führte ich nur Gedanken fort, die in jenem Buch manifest waren.« Diese manifesten Gedanken untersucht Kracauer nun in *Geschichte* in Hinblick auf ihre Grundlagen und theoretischen Implikationen, um »sie auf ein viel weiteres Feld anzuwenden«.[430]

Im Folgenden soll es nicht so sehr um eine umfassende Analyse des Kracauer'schen Geschichtsbuchs gehen als um diese Gemeinsamkeiten in der Haltung und des Zugangs von Geschichte und Film, die wiederum das Verständnis von Kracauers Zuschauerbegriff vertiefen und erweitern.

Strukturelle Ähnlichkeiten: Makro- und Mikrogeschichte

Die Parallelen zwischen Photographie und Geschichte sind einerseits strukturell, das historische und das photographische Universum betreffend, andererseits liegen sie in den ähnlichen Haltungen der Filmemacherin und der Historikerin begründet, in ihrem ähnlichem Zugang zur Lebenswelt. Vor allem die Relektüre seines frühen Photographie-Aufsatzes zeigt noch einmal die Parallelen der historischen und der Kamera-Realität, die Kracauers Studien untergründig begleitet haben. Ich habe weiter oben

---

428 Geschichte, S. 15.
429 Ebd.
430 Ebd.

den Zusammenhang zwischen *Die Photographie*, dem ›unmenschlichen‹ Blick und dessen Ambivalenz umfassend diskutiert. Auch bin ich auf die Herleitung dieses Blicks in der Abhebung vom photographischen Blick bei Proust im Spätwerk eingegangen. Der Grund für die erneute Diskussion des Photographie-Aufsatzes an dieser Stelle, ist die überraschende Rolle, die Kracauer ihm gleich zu Beginn von *Geschichte* zuweist – bekommt er doch nun von ihm selbst die Rolle einer Klammer zugeschrieben, wobei die negativen Konnotationen der Gleichsetzung von Photographie und Historismus in *Die Photographie*, deren Gemeinsamkeit der Negation durch Fragmentierung und Stillstellung, in *Geschichte* zu einer ähnlichen Form des Zugangs zur äußeren Wirklichkeit geworden sind.

Geschichte und Photographie erschließen beide ein spezifisches Wissen, das in einem Bereich angesiedelt ist, der sich in eindeutigen Begriffen nicht fassen lässt. Um diesem Bereich gerecht zu werden, der ›vor den letzten Wahrheiten‹ stehen bleibt, lässt Kracauer die beiden Aufzeichnungsmethoden sich gegenseitig beleuchten. Gaby Babić beschreibt in ihrer Untersuchung von *Geschichte* sehr treffend, dass diese strukturellen Parallelen von Kracauer durch gegenseitige Spiegelung gedeutet werden, wobei Kracauer »entlang des Films eine Theorie der Geschichte« entwickle.[431] Diese Perspektive soll hier noch einmal gewendet werden unter dem Gesichtspunkt, inwiefern Kracauer in *Geschichte* den Zugang der Filmzuschauerin zur historischen Materialität weiterführt, inwiefern Geschichte der begriffslosen Erfahrung von Wirklichkeit im Kino ähnelt und diese erweitert.

Die Art der Photographie und des Films, mit diesem Zugang umzugehen, findet Kracauer in der modernen Geschichtswissenschaft im Umgang mit ihrem Material wieder: Geschichte ist »eine empirische Wissenschaft, die gegebene historische Realität in genau der gleichen Weise erforscht und interpretiert, wie die photographischen Medien die physische Welt um uns wiedergeben und durchdringen.«[432] Angesichts des ›vorbegrifflichen‹ Bereichs, der sich wie das filmische Universum durch Endlosigkeit und Zufälligkeit auszeichnet wird die Historikerin ebenfalls von den beiden Grundtendenzen, der realistischen und der formgebenden Tendenz bestimmt. In der gleichzeitig mit der Photographie entstandenen modernen Geschichtsschreibung überwiegt die realistische Tendenz. Die Arbeit der Historikerin ähnelt hier einer mechanischen, sich zurücknehmenden Aufnahme und deren Zugang zur materiellen Wirklichkeit. Ihre Grund-

---

431 Babić, Film und Geschichte, S. 8.
432 Geschichte., S. 181f.

eigenschaften sind wie die oben dargestellten Eigenschaften der Photographie, die diesen Zugang betreffen, registrierend und/oder enthüllend. Ist die Photographie und der photographische Film eine Kunst, die anders ist, so wird auch die Geschichtsschreibung zu einer »Wissenschaft, die anders ist«,[433] denn beide haben eine direkte Beziehung zur physischen Realität und nehmen ihre gestalterischen Kräfte zurück. In der Geschichtsschreibung soll sich ebenfalls die formgebende der realistischen Tendenz unterordnen.

Auch in *Geschichte* diskutiert Kracauer die Tendenzen des Umgangs mit der äußeren Wirklichkeit anhand der Darstellung des photographischen Blicks bei Proust, aber hier nur, um sich von dessen Blick auf die Photographie abzuheben und um diese Differenz auch auf Geschichte zu übertragen. Die fast zeitgleiche Entstehung von Photographie und Historismus[434] steht nicht mehr wie im Photographie-Aufsatz im Zusammenhang der Entfremdung des Wahrgenommenen, sondern mit der Zurücknahme der Wahrnehmenden, welche den Zugang zur äußeren Wirklichkeit in ihrer Materialität und Zeitlichkeit möglich macht. Durch diesen Zugang, aber auch in den strukturellen Parallelen des Gegenstands, ähneln sich die photographischen Medien und Geschichte. Beide vermitteln einen Bereich, der ohne die Zurücknahme in ihren Aufzeichnungsmöglichkeiten nicht zugänglich wäre.

Andererseits dient Kracauer der Vergleich dazu, die ›photographischen‹ Eigenschaften der Geschichtsschreibung von der Vorstellung eines naiven Realismus abzuheben. Photographie ist in ihrer Zurücknahme keine verdoppelnde Reproduktionstechnik beziehungsweise kein einfacher Spiegel, ebenso ist in der Geschichtsschreibung keine interesselose Objektivität zu erreichen.[435]

»[Der Photograph, A.Z.] kann nicht umhin, die einströmenden Eindrücke zu strukturieren; die simultanen Wahrnehmungen seiner anderen Sinne, bestimmte sinnliche Formkategorien, die seinem Nervensystem innewohnen, und nicht zum geringsten seine allgemeine Verfassung nötigen ihn dazu, das visuelle Rohmaterial im Akt des Sehens zu strukturieren.«[436]

---

433 Ebd., S. 38.
434 Vgl. Geschichte, S. 55.
435 Vgl. Geschichte, S. 75f.
436 Geschichte, S. 58. In der *Theorie des Films* findet sich ein fast identisches Zitat zum Gleichgewicht zwischen Formung und realistischer Tendenz in Bezug auf den Film. Darüber hinaus heißt es zur Notwendigkeit der Formung: »Selbst Prousts entfremdeter

Richtete sich in der *Theorie des Films* ein ähnliches Argument gegen die Annahme einer Photographie, die neutral aufzeichnet, so richtet es sich hier gegen die Vorstellung und auch die Forderung nach interesseloser Objektivität in der Geschichtsschreibung als Wissenschaft. Beide unterliegen, trotz der realistischen Tendenz, der Notwendigkeit der ästhetischen Gestaltung. Auch in der Geschichtsschreibung ist ein ›Plot‹ notwendig, um die aufgezeichneten Inhalte zu vermitteln. Aber wie in der Photographie gelte es auch hier, den spezifischen Möglichkeiten des Mediums gerecht zu werden:

> »Worauf es sowohl bei Photographie wie Geschichte ankommt, ist offensichtlich die ›richtige‹ Balance von realistischer und formgebender Tendenz. Die Bedingungen, unter denen diese Balance zustandekommt, ist mittels einer einfachen, gleichsam mathematischen Formel auf einen Nenner zu bringen: Realistische Tendenz $\geq$ Formgebende Tendenz.«[437]

Diese Formulierung findet sich fast wörtlich in der *Theorie des Films*, wichtig wird an dieser Stelle aber, inwiefern sich diese Tendenzen auch in der Geschichtsschreibung wiederfinden und damit an die Haltung der Rezeption und der Gestaltung gebunden sind. Sie können nicht nur auf die photographische Apparatur reduziert werden. Die Vorstellung der Historikerin soll Kracauer nach ihre Rezeptivität nicht überdecken und damit ihr Material nicht tilgen. Wie in der Photographie wird die Gestaltung eher zur produktiven Rezeption, zum Finden, zum Angesprochen-Werden.

> »[W]ie der Photograph ist der Historiker nicht willens, über seinem Vorverständnis seine Aufnahme-Verpflichtung zu vernachlässigen und das Rohmaterial, das er zu gestalten sucht, vollständig zu verzehren.«[438]

Ähnlich ist auch die Wechselbewegung von Anschmiegung und Distanz, die sich oben bei der Zuschauerrezeption zeigte. Vor allem aber findet Kracauer eine Parallele zwischen den ästhetischen Strukturen, den Einstellungsgrößen, dem Wechselverhältnis von Großaufnahmen und Totalen und den unterschiedlichen Ebenen der Geschichtsschreibung. Die Ein-

---

Fotograf ordnet und gliedert spontan die auf ihn zuströmenden Eindrücke; die gleichzeitigen Wahrnehmungen seiner übrigen Sinne, gewisse seinem Nervensystem innewohnende Formkategorien des Wahrnehmens und nicht zuletzt seine allgemeinen inneren Anlagen drängen ihn dazu den visuellen Rohstoff im Vorgang des Sehens zu organisieren.« Theorie, S. 40.

437 Geschichte, S. 61.
438 Geschichte, S. 62f.

stellungsgrößen der Großaufnahme und der Totale entsprechen hier der Mikro- und der Makrogeschichte, denn diese beziehen sich ebenfalls auf den Abstand zum Wahrgenommenen.

Während sich Mikrogeschichte mit Details und Großaufnahmen beschäftigt, entspricht die Makrogeschichte einer anderen Entfernung zur historischen Realität.[439] Wegen der unendlichen Struktur des historischen Universums sei der Versuch der Makrogeschichte, der Geschichte eine universelle Form zu geben, notwendig gestaltend und damit einer subjektiven Auswahl unterworfen. Für Makrogeschichte sei zwar eine zugrunde liegende Erzählung notwendig, aber diese unterliege immer einer ästhetischen Dimension.[440] Kracauer geht es hier wie in der *Theorie des Films* um das Erhalten einer Durchlässigkeit für Zufallserscheinungen. Die zweckmäßige Vernachlässigung des Nebeneinanders des historischen Universums sei nur legitim zur Schaffung von Stimmungen, nicht zur Schaffung scheinbarer Einheit. Nur mit Brüchen und Schlupflöchern bleibe Makrogeschichte trotzdem dem Material gerecht.[441]

Auch in der doppelten Zeitlichkeit der Struktur des historischen Universums sieht Kracauer eine Analogie zum Film, beziehungsweise visualisiert er diese anhand filmischer Möglichkeiten des Perspektivwechsels. Mikro- und Makrogeschichte, das Nebeneinander von Allgemeinem und Besonderem, Ereignis und Zeitraum macht er gleichfalls über das Verhältnis von Nahaufnahme und Totale anschaulich, ebenso die Schwierigkeiten, die sich durch die notwendige Hin- und Herbewegung der Historikerin zwischen diesen Ebenen ergeben. Im Film durchdringen sich Großaufnahmen und Totalen durch den Schnitt wechselseitig. Die Historikerin muss dementsprechend in der Lage sein, die Ebenen zu wechseln, einer permanenten Bewegung hin und her zu folgen, sich in notwendigen Überblicken niemals vollständig vom Material zu entfernen.[442]

Und doch sind diese Pendelbewegungen der Geschichtsschreibung ungleich schwieriger, als der Vergleich mit der Filmmontage annehmen läßt. Die Heterogenität des historischen Raums, das Nebeneinander der Ereignisse und die Unendlichkeit des historischen Universums, machen einen

---

439 Vgl. Geschichte, S. 104, 115.
440 Vgl. Geschichte, S. 166f., 170.
441 Als Beispiel der Schlupflöcher führt Kracauer an der Makrogeschichtsschreibung Burckhardts die auffallende Verwendung des Wortes ›nun‹ an, welches die Chronologie der Allgemeingeschichte immer wieder aufbreche. Vgl. Geschichte, S. 174.
442 Vgl. ebd., S. 119. Eine detaillierte Darstellung dieser Ebenenunterschiede und der Schwierigkeit in den Übergängen würde den Rahmen dieser Arbeit überschreiten.

einfachen Wechsel der Ebenen nahezu unmöglich und geben geschichtlichen Aussagen einen vorläufigen Charakter. Die Problematik der Pendelbewegung fasst Kracauer durch zwei Gesetze, welche sich beide an der Optik des Films orientieren, das Perspektivgesetz und das Niveau-Gesetz.[443] Beide Gesetze beziehen sich auf Eigenschaften des historischen Universums, welche einer evidenten, wissenschaftlichen Erfassung gegenüberstehen und eine andere Einstellung erfordern, welche die Vorläufigkeit von Geschichte zulässt, die eine strukturelle, keine zeitliche ist.[444]

Aufgrund dieser Eigenschaften sind geschichtliche Wahrheiten nie ausschließlich, nie entweder wahr oder falsch, sondern immer sowohl als auch. Aber gerade diese Eigenschaft der Ambivalenz des ›sowohl als auch‹ macht Geschichte zum Träger anderer Möglichkeiten.[445]

Die Vorläufigkeit des historischen Universums als Kritik der Philosophie

Das ›sowohl als auch‹ historischer Wahrheiten richtet sich gegen das begriffliche Denken der Philosophie im Allgemeinen, denn die Anerkennung der Inhomogenität des historischen Universums und der Geschichtlichkeit des menschlichen Wissens relativiert nicht nur die Abstraktion der positivistischen Wissenschaften, sondern auch das verallgemeinernde Denken der vorherrschenden Philosophie. In *Geschichte* entwirft Kracauer keine historische Studie. Sie ist einerseits ein Versuch, über Geschichte zu philosophieren, ohne andererseits diese zu Philosophie werden zu lassen – den Status des Vorletzten nicht aufzugeben und keine »letzten Fragen« zu stellen.[446] Wendet er sich in der *Theorie des Films* gegen die Entfernung

---

443 Vgl. ebd., S. 119ff.
444 Das Perspektivgesetz besagt, dass je größer der Abstand vom Material wird, desto stärker wird »die Wirkungskraft perspektivischer Behandlung«. Geschichte, S. 119. Je näher sich die Historikerin am Material befindet, desto geringer ist die subjektive Rolle ihrer Sichtweise auf das Material. Etwas aus der Ferne Betrachtetes kann je nach Sichtweise etwas ganz Unterschiedliches darstellen. Das Niveaugesetz bezieht sich dagegen nicht so sehr auf den Standpunkt der Betrachterin, sondern auf die betrachteten Dinge, auf die Ebene, in der sie sich befinden. Jede Ebene verändert die Dinge. »Das ›Niveau-Gesetz‹ wird veranschaulicht wie erklärt durch das analoge Phänomen der paradoxen Beziehung zwischen Großaufnahmen und Totalen«. Geschichte, S. 122. Großaufnahmen werden zu Organismen mit einem eigenen Leben, das sich nicht in andere Ebenen übersetzen lässt. Ebenso funktioniert eine Verallgemeinerung der in der Mikrogeschichte vorgefundenen Fakten nicht ohne den Verlust von Evidenz. Das historische Universum besteht aus Ebenen unterschiedlicher Dichte und ist nicht homogen strukturiert. Geschichte, S. 123
445 Vgl. Geschichte, S. 187.
446 Ebd., S. 26.

von der sinnlichen Wahrnehmung durch die Abstraktion der modernen Wissenschaften, richtet sich der Entwurf seiner Geschichtstheorie gegen ein Denken in allgemeingültigen philosophischen Systemen und gegen fixierte ganzheitliche Erklärungen von Geschichte als Universalgeschichte.[447] Solche Erklärungen gehen über die physische, beziehungsweise die historische Realität hinweg. »Besonders der wissenschaftliche Ansatz und philosophische Besessenheit von letzten Fragen neigen dazu, die Probleme zu entstellen, die historisches Forschen aufwirft.«[448] Das Material der historischen Forschung entzieht sich aber in seinem endlosen und zufälligen Charakter der Form, jede Aussage über Geschichte ist daher vorläufiger Natur.[449]

Geschichte und photographische Medien »teilen die ihnen innewohnende vorläufige Natur mit dem Material, das sie aufnehmen, erforschen und durchdringen.«[450] In ihrer notwendigen Nähe zum Material bleiben sie immer an das empirische Detail gebunden. Geschichte darf sich für Kracauer, wie die photographischen Medien, immer nur von unten nach oben entwickeln, um das »Reich von Zufällen und neuen Anfängen«[451] des historischen Universums nicht aus den Augen zu verlieren. »Das eigentümliche Material dieser Bereiche entzieht sich dem Zugriff systematischen Denkens und ist auch nicht zu einem Kunstwerk zu formen.«[452]

Über ihren gemeinsamen, vom Detail ausgehenden Zugang zur Lebenswelt vermitteln Photographie und Geschichte ein Denken zwischen Nicht-Identischem und Begriff – ein Denken, das »auf halber Strecke« stehen bleibt. Um das Nebeneinander und die Ambiguität des historischen Universums nicht in eine falsche Einheit zu pressen, bleiben Photographie und Geschichte in einer Art »Traumsphäre« vor den Begriffen, auf halbem Weg zwischen Lebenswelt und Philosophie, stehen.[453]

»Ihre Art zu argumentieren und zu reflektieren herrscht in dem gesamten Bereich, in den Geschichte fällt – ein Bereich, der an die Welt des Alltags grenzt – die *Lebenswelt* – und sich bis an die Grenzen eigentlicher

---

447 Auch dieses Zurückbleiben im Status des Vorläufigen, welches die Dinge nicht zugunsten philosophischer Begriffe übersteigen will, entspricht dem oben beschriebenen mimetischen Schreiben Kracauers.
448 Ebd.
449 Vgl. ebd., S. 179.
450 Ebd.
451 Ebd., S. 39.
452 Ebd., S. 179.
453 Ebd., S. 198f. Kracauer bezieht sich hier auf Johan Huizinga: The Task of Cultural History. In: Ders.: Men and Ideas. New York 1950, S. 54f.

Philosophie erstreckt. In der Lebenswelt, die alle Züge eines vermittelnden Bereiches an sich hat, konzentrieren wir uns für gewöhnlich nicht so sehr auf die letzten als auf die vorletzten Dinge.«[454]

Der von Husserl übernommene Begriff der ›Lebenswelt‹[455] beschreibt für Kracauer den Gegenstand des historischen Denkens und des Films, sowie die Möglichkeit eines anderen Denkens, welches sich über den gemeinsamen Zugang zu derselben eröffnet.

Historische Realität und Kamera-Realität haben die Lebenswelt zum gemeinsamen Thema beziehungsweise den gleichen Zugang zu ihr und sind dementsprechend beide zugleich geformt und amorph. Dabei ist der Zugang zur Lebenswelt kein einfacher, kein unmittelbarer. Historisches Universum und Lebenswelt tragen beide das Merkmal der Kontingenz. Ihr Sinn zeigt sich nur indirekt im Alltäglichen, und lässt sich auch nur auf indirekte Weise erfahren. Nur über das Zulassen von Kontingenz, über Ablenkung, über körperliche Anschmiegung, die den Gegenstand nicht auslöscht, können die Dinge verstanden werden.[456] Geschichte und Photographie beziehen sich durch ihren Charakter als Ausschnitt, als Fragment, notwendig auf die Unendlichkeit und Mannigfaltigkeit der Lebenswelt.[457] Beide verbleiben in einem »halbgaren Zustand« aus der endlosen, zufälligen Lebenswelt des Alltags, im Reich der vorletzten Ideen.[458]

Wissenschaft und konventionelle Philosophie behaupten demgegenüber, so Kracauer, Wahrheiten mit objektiver Gültigkeit: Das abstrakte und philosophische Denken dreht sich um letzte Dinge, die es ganzheitlich begreift.[459] Aufgrund des Glaubens der Philosophie an das Allgemeine ergibt sich die Ausschließlichkeit von deren Wahrheiten, die Kompromisse

---

454 Ebd., S. 196.
455 »Das Universum des Historikers ist so ziemlich aus dem gleichen Stoff wie unsere tägliche Welt – der nämlichen Welt, der Husserl als erster philosophische Würde verlieh. In jedem Fall kommt diese Welt dem am allernächsten, was er die Lebenswelt nennt«. Ebd., S. 52.
456 Vgl. auch Michael Kessler: Entschleiern und Bewahren. Siegfried Kracauers Ansätze für eine Philosophie und Theologie der Geschichte. In: Siegfried Kracauer. Neue Interpretationen, hrsg. von Michael Kessler, Thomas Y. Levin, Tübingen 1990, S. 105-128, hier S. 113f.
457 Dabei könne hier der Vergleich mit dem photographischen Medium der Klärung der lebensweltlichen Bezüge von Geschichte dienen. Beide hätten zwar die gleichen Bedingungen, den gleichen Zugang, aber die Bildmedien seien leichter zugänglich, da sie die Sinne direkter ansprechen, ohne von Denkgewohnheiten verstellt zu werden. Vgl. Geschichte. S. 65.
458 Ebd., S. 192, 63.
459 Ebd., S. 181.

unmöglich macht. Vor allem durch solche Denkgewohnheiten ist für Kracauer das Feld der Geschichte unzugänglich gemacht worden:

> »Das Übergewicht abstrakten Argumentierens im Vorzeichen von Wissenschaft und herkömmlicher Philosophie ist geeignet, jegliche Anstrengung zunichte zu machen, die diesem Bereich eigene Erfahrungen und Bestrebungen in wahrhaft angemessenen Begriffen zu deuten.«[460]

Der philosophischen Deduktion und deren Ausschließlichkeit steht aber bei Kracauer das Nebeneinander des historischen Universums gegenüber:[461] Dem abstrakten Argumentieren, den Denkgewohnheiten in fixierten Begriffen, aber auch der idealistischen Vorstellung einer Universalgeschichte widerspricht die spezifische Zeitlichkeit von Geschichte, deren permanentes Nebeneinander von Zeitpunkt und Zeitraum. Vor allem die Vorstellung eines kontinuierlichen, teleologischen Ablaufs der Zeit, der in der Gegenwart gipfelt, lässt sich in Bezug auf Geschichte nicht aufrecht erhalten. Die nicht homogene Struktur des historischen Universums macht einen teleologischen Fortschritt der Historiographie und Universalgeschichte unmöglich.

Die Widerlegung des philosophischen Allgemeinheitsanspruchs durch die Uneinheitlichkeit, das Inhomogene des historischen Universums macht Platz für Zwischenräume. Es sind die Kompromisse, die Zwischenräume, die Kracauer gegen den Glauben ans Allgemeine verteidigt. Während Philosophie, indem sie ihre Gedanken zu Ende denkt, ihre Gegenstände letztlich in Begriffen aufhebt, bewahrt Geschichte die Offenheit der endlosen zufälligen Lebenswelt, indem sie in einer Art Vorraum verbleibt. Geschichte und photographischer Film halten sich absichtlich in diesem Vorraum auf, im Zwischenbereich vor ›den letzten Dingen‹, vor den allgemein gültigen Erklärungen.[462] Kracauers Unternehmen in *Geschichte* ist es, diesen »vermittelnden Bereich von Geschichte, als einen Bereich eigenen Anspruchs zu begründen – jenen der vorläufigen Einsicht in die letzten Dinge vor den Letzten.«[463]

Es geht Kracauer in der schematischen Polarisierung durch die Gegenüberstellung von historischem Denken und Philosophie nicht so sehr um eine Kritik der Philosophie innerhalb der philosophischen Disziplin – eine Kritik, die sich an einzelnen Denkern abzuarbeiten hätte – sondern um den

---

460 Ebd., S. 65.
461 Vgl. ebd., S. 199.
462 Vgl. ebd., S. 182.
463 Ebd., S. 26.

Entwurf eines ›anderen‹ Denkens.[464] Dieses Denken verweilt bewusst in einem Vorraum, um nicht das Material, von dem es ausgeht, zu verlieren, denn »philosophische Wahrheiten decken nur unzulänglich die Erfahrungen und Vorfälle, die sie verallgemeinern [...]. Das Allgemeine umfaßt die Einzelheiten nicht völlig.«[465] Jede Abstraktion hat für Kracauer den Verlust von Einzelheiten zur Folge.

Das Denken über das historische Material verbleibt daher an einem Ort der Vorläufigkeit, im Vorraum der Geschichte oder auch im Wartesaal einer *Theorie des Films*. Die teilweise sehr systematisch aufgebaute *Theorie des Films* wird auf diese Weise um einen wichtigen Aspekt erweitert und Filmwahrnehmung zu einer Form des ›Denkens‹ von ›unten nach oben‹. Film und Geschichte helfen uns in ihrer offenen Vorläufigkeit »*durch* die Dinge zu denken, anstatt über ihnen.«[466]

Aber auch das intellektuelle Universum ist nicht homogen und ähnelt darin dem der Geschichte: Besonderes lässt sich nicht aus philosophischen Allgemeinheiten und umgekehrt lassen sich philosophische Allgemeinsätze nicht aus Besonderem ableiten. Vor allem aber berücksichtigt die Behauptung solcher allgemeinen Wahrheiten nicht die Geschichtlichkeit menschlichen Wissens: »Das Bewusstsein des Menschen als geschichtliches Wesen zieht notwendig die Überzeugung der Relativität menschlichen Wissens nach sich.«[467] Die beiden Arten der zur Entstehungszeit von *Geschichte* vorherrschenden Philosophie, auf diese Relativität zu reagieren – die Aufstellung von ahistorischer Transzendenz oder die Verabsolutierung der Geschichtlichkeit in der Immanenz[468] – werden von Kracauer durch die Aufstellung des Theorems des Paradoxes der Zeit außer Gefecht gesetzt: Die wechselseitige Durchdringung von Zeitlosem und Zeitlichem ist nicht erfassbar und widerspricht in ihrer Relativität den beiden Lösungen für die Ambivalenz der historischen Zeit in der Philosophie, die beide letztlich von einem homogenen historischen Universum beziehungsweise einer rein kontinuierlichen Zeit ausgehen.[469]

---

464 Dieses ›andere‹ Denken arbeitet Kracauer allerdings in Auseinandersetzung mit verschiedenen, seinerzeit die Philosophie bestimmenden Strömungen und bestimmten Denkern wie Marx, Hegel und Nietzsche heraus.
465 Ebd., S. 190.
466 Ebd., S. 180. Hier zeigt sich ein wichtiger Unterschied zu Deleuze: Dieses Denken ist nicht das einzelner Filmemacher, sondern der filmischen Technik immanent.
467 Ebd., S. 183.
468 Die genaue Darstellung der Kritik Kracauers an Scheler, Ranke usw. als Vertreter der Transzendentalen und Heidegger, Gadamer und Dilthey als Vertreter des Immanentismus würde den Rahmen dieser Arbeit sprengen.
469 Geschichte, S. 186f.

»Weder kann sich das Zeitlose der Spuren von Zeitlichkeit entledigen, noch umfaßt das Zeitliche völlig das Zeitlose. Wir sind vielmehr zu der Annahme gezwungen, daß die beiden Aspekte der Wahrheiten nebeneinander existieren und untereinander in einem Bezug stehen, den ich für theoretisch für undefinierbar halte.«[470]

Dieses Theorem macht für Kracauer die beiden Tendenzen der Philosophie irrelevant, auf das Paradox der Geschichtlichkeit von Wahrheit zu reagieren. Die wechselseitige, undefinierbare Durchdringung von Zeitlosem und Zeitlichem widerspricht seiner Meinung nach einer ahistorischen Transzendenz genauso, wie einer die Zeit verabsolutierenden Immanenz. Insofern ist Kracauers Entwurf eines ›anderen‹ Denkens in *Geschichte* doch auch als grundlegende Kritik der Verallgemeinerung in der vorherrschenden Philosophie zu sehen.

»Nach meiner Ansicht sollte das breitgestreute Wissen, über das wir verfügen, Anlaß sein, nicht in unangemessenen Synthesen zu schwelgen, sondern sich auf Großaufnahmen zu konzentrieren und von ihnen aus beiläufig auf das Ganze zu gehen, das in Form von Aperçus zu beanschlagen ist.«[471]

Selbst allgemeine historische Gesetze lassen sich für Kracauer nur von ›unten nach oben‹ ausmachen, aber sie lassen sich aufgrund des Niveaugesetzes nicht daraus ableiten. Das Ganze oder das Allgemeine ist zugänglich nur in Form von ›Aperçus‹. Für David Norman Rodowick versucht Kracauer in *Geschichte*, einen epistemologischen Raum zu eröffnen. Dieser ermögliche es, Philosophie zu unterlaufen, indem er neue Kategorien des Denkens aufmache.[472] Das von Kracauer entworfene geschichtliche Denken sei keine Lösung für Probleme des philosophischen Denkens, wie des Gegensatzes von Transzendenz und Immanenz, sondern ein ›anderes‹ Denken:

»If history and photography define areas of epistemic activity which fall outside the claims of philosophical and artistic activity, this acknowledgement constitutes not the problem but the solution for Kracauer. [...] Kracauer's lesson is that history and photography themselves might have rested as nameless and unredeemed possibilities if a critique could

---

470   Ebd., S. 187.
471   Ebd., S. 129.
472   David Norman Rodowick: The Last Things Before the Last: Kracauer and History. In: New German Critique, 41, Spring/Summer 1987, S. 109-139, hier S. 110.

not be forwarded which resisted the exclusivity of philosophical and aesthetic definitions.«[473]

Dieses ›andere‹ Denken ist nach Schlüpmann eine Form von Theorie, die der Verallgemeinerung von Philosophie entgeht, indem sie die Bedeutung des Kinos in das Denken miteinbezieht. Es handle sich um einen

»Theoriebegriff [...], der den Alleinanspruch der Philosophie auf Wahrheit bricht. Ausdrücklich handelt es sich nicht um eine ›andere‹ Philosophie [...] Kracauers Abgrenzung der ›Geschichte‹ gegenüber der Philosophie [...] ist vielmehr als Aufforderung zu verstehen, gerade der Bedeutung des Kinos für die Theoriebildung nachzugehen und nur insofern den Anspruch der Philosophie zurückzuweisen.«[474]

In *Geschichte* finde Kracauer die Möglichkeit, »von dem einzigartigen Zugang zur ›Lebenswelt‹, den der Film bildet, zu sprechen.«[475] Für Schlüpmann verläuft die Ablösung des Kracauer'schen Denkens von Philosophie hin zu einer eigenen Theorie (des Films) über *Geschichte*, denn *Geschichte* schaffe einen Zugang zu dem durch den Film vermittelten Nichtidentischen, das sich, obwohl es der Philosophie zugehöre, dem Begrifflichen entziehe.

»Als dieser unvergleichliche Zugang gewinnt der Film seine Bedeutung für eine Theorie, die der Philosophie gleichrangig ist und die Kracauer ›Geschichte‹ nennt. Das heißt aber dann, daß letztlich der Film auch noch den philosophischen Begriff der Lebenswelt gleichgültig macht. Immer noch aber läßt sich das, worauf die Kracauersche ›Geschichte‹ zielt, mit dem bezeichnen, das, der Philosophie zugehörig, sich dem philosophischen Begriff entzieht, aber dem Kino zugänglich ist.«[476]

In ihrem Bemühen um das Namenlose über den gemeinsamen Bereich der Lebenswelt finden Film und Geschichte zu einer Form des Denkens, einer Form von Theorie, welche Philosophie hinter sich lässt und bei der Wahrnehmung des Einzelnen, der Materialität des Übersehenen verweilt.

---

473   Ebd., S. 137.
474   Heide Schlüpmann: Wiederkehr des Verdrängten. In: Dies.: Ein Detektiv des Kinos, S. 123-143, hier S. 124.
475   Ebd., S. 128.
476   Ebd., S. 128.

Exterritorialität als Zugang zum Objekt

Exil als Erkenntnismöglichkeit

Der Versuch eines anderen Denkens in seiner Vorläufigkeit und Kompromisshaftigkeit ist in der zeitgenössischen Reaktion auf Kracauers posthum erschienenes Werk auf viel Unverständnis gestoßen. Doch sind es gerade diese beiden Aspekte, die für ein Denken durch den Film wichtig scheinen. Adorno hat in seiner Festschrift diesem Denken den Vorwurf der Angepasstheit und des Sich-Verlierens im Detail gemacht.[477] Er beachtet dabei, so Patrice Petro, weder den System- beziehungsweise Institutionswechsel Kracauers noch die sich gleichzeitig in seinen Schriften durchziehende Grundtendenz der Abstraktionskritik. Die Hinwendung zum Ephemeren sei in seinen Schriften durchgehend und dies immer geschichtsphilosophisch gewesen, weshalb Petro eine Relektüre der späten Schriften unter dem Aspekt dieses Denkens für notwendig hält.[478] Für Dagmar Barnouw stellt sich gerade in der Auseinandersetzung mit Adornos Kritik an *Geschichte* die Besonderheit dieses geschichtsphilosophischen Denkens dar. Die von Adorno bemängelte Form des Geschichtsbuchs sei in ihrer Unabgeschlossenheit und scheinbaren Unentschiedenheit konzeptuell zu verstehen, sie entspreche nämlich genau ihrem Inhalt, dem Vorraumdenken. Die dokumentierte Unvollständigkeit, die Beeinflussbarkeit durch Details sei notwendiger Bestandteil und Weiterführung dieses Denkens,

> »das umsichtige Ausmessen jener Bereiche der Überlagerung verschiedener Erkenntnis- und Diskussionsweisen, welche die Wahrheitssetzung in ideologischen Positionen unterwandern.«[479]

Gegen den Vorwurf des Sich-Verlierens im Kleinen betont Barnouw gerade die erkenntnistheoretische Auseinandersetzung, die Kracauer in *Geschichte* führt. Kracauer zeige hier, warum das Allgemeine generell problematisch

---

477 Während Adorno zu Beginn seiner Festschrift das ›Ohne Haut Sein‹ Kracauers und dessen Leidensfähigkeit hochhält, wirft er ihm im Laufe der Argumentation vor, sich in den späteren Jahren des Exils eine Hülle zu geschafft zu haben. Gerade die Anerkennung des Status der Exterritorialität als Möglichkeit der Erkenntnis wird für Adorno zur Anpassung, zum Unterwerfen des eigenen Geistes unter die Regeln der Produktion. Kracauers kindlicher Realismus sei als Glauben, dass durch die Dinge alles gut werde, zu sehen. Vgl. Adorno, Der wunderliche Realist, S. 389, 402f., 408.
478 Petro, Kracauers's Epistemological Shift, S. 132.
479 Dagmar Barnouw: An den Rand geschriebene Träume. Kracauer über Zeit und Geschichte. In: Siegfried Kracauer. Neue Interpretationen, hrsg. von Michael Kessler, Thomas Y. Levin, Tübingen 1990, S. 1-15, hier S. 1.

und nicht aus dem Besonderen extrapolierbar sei und setze dagegen einen Zwischenbereich, den »›Vorraum‹ partieller, bedingter Wahrheiten«[480] als Möglichkeit einer anderen Erkenntnis. Statt einer abstrahierenden allgemeinen Wahrheit verpflichte sich dieses Denken zu Sachgerechtigkeit, bedürfe der Geduld und verzögere sich, den Dingen zuliebe, statt sie zu Ende zu denken.[481]

Diese Erkenntniskritik entwirft Kracauer nicht auf dem Gebiet der Philosophie, sondern er testet die Möglichkeit eines anderen Denkens auf halbem Wege, das er mit einem Zustand verbindet, der besonderes Bemühen um und einen besonderen Blick auf den Gegenstand erfordert und ermöglicht. Es ist dies der Zustand der Exterritorialität, der Ort des Exils. Dieser Ort, dieser Zustand, ist kein anheimelnder, sondern ein entfremdeter – einer, der eine Variante der oben besprochenen ›unmenschlichen‹ Sichtweise ermöglicht. Der Zustand des Exils trägt Züge der ›unmenschlichen‹ Wahrnehmung.

Vor allem in Bezug auf diesen entfremdeten Blick, den ich als ›unmenschlichen‹ dargestellt habe, sieht Kracauer nun die Ähnlichkeit zwischen Geschichte und photographischen Medien, die seine Schriften durchzieht. Schon in der Einleitung des Geschichtsbuchs heißt es: »Geschichte gleicht Photographie unter anderem darin, daß sie ein Mittel der Entfremdung ist.«[482] Durch diese Entfremdung, die Entfremdung von Gegenwart und Gegenwartsinteresse über den photographischen Blick, wird Geschichte zur Möglichkeit des Verstehens der Vergangenheit. Sie setzt uns »in den Stand, auf den Schauplatz des gegenwärtigen Geschehens mit Distanz zu blicken.«[483]

Auch im Zusammenhang des Exils und der damit zusammenhängenden Sichtweise der Historikerin dient Kracauer nun der von Proust beschriebene photographische Blick auf die Großmutter zur Anschauung. In der Art einer photographischen Platte liefert sich die Historikerin einer Wahrnehmung aus, die sie nicht einordnen kann und die ihr fremd ist. Wie Prousts ›Photograph‹ lebt die Historikerin

> »im fast vollkommenen Vakuum der Exterritorialität, dem wahren Niemandsland, das Marcel beim ersten Anblick seiner Großmutter betrat. Die wahre Existenzweise des Exilierten ist die eines Fremden.«[484]

---

480 Ebd.
481 Vgl. ebd., S. 5.
482 Geschichte, S. 16.
483 Ebd.
484 Ebd., S. 85.

Diese Existenzweise der Exterritorialität, dieser ›unmenschliche‹ Blick, ist notwendig für das Schreiben der Historikerin, denn die Möglichkeit eines distanzierten Blicks auf die Gegenwart befreit sie von ihrem Milieu und der Projektion der Vorstellungen ihres eigenen Zeitraums.[485] Wie die primordiale Wahrnehmung, die Cézanne suchte und zugleich anzweifelte, ist diese Wahrnehmung eine entfremdete. Dafür erfasst sie im Idealfall Geschichte ›im Entstehen‹ ohne die Brille zeitgenössischer Interpretationen und des Gegenwartsinteresses. Der Freiraum der Exterritorialität steht einem teleologischen Gegenwartsinteresse gegenüber, welches die Gegenwart als zwingenden Endpunkt voraussetzt und keine alternativen Verläufe zulässt. Der eigenen Zeit zu dienen, lässt Kracauer zufolge die formgebende Tendenz dominieren und vernachlässigt das Material.[486] Geschichte als Zeitgeschichte folge einer falschen Vorstellung der verstehbaren Ganzheit von Geschichte und damit einem »Wunschtraum entfesselter Vernunft«.[487] Die wirkliche Kommunikation mit dem Material erfolge dagegen nur durch eine sich der Unabgeschlossenheit überlassende Selbstaufgabe und bedarf eines emotionslosen Blicks. Nur durch diese Entfremdung nähert sich die Historikerin geschichtlicher Wahrheit an, denn ›wahre‹ Geschichte bemüht sich nach Kracauer um ihr Material jenseits des Gegenwartsinteresses und folgt der »Liebe zur Vergangenheit um ihrer selbst Willen«.[488]

Diese andere ›Liebe‹, die nicht dem liebenden Blick auf die Großmutter gleicht, wird nur möglich durch die Zurücknahme, das Zurückdrängen des Ichs und die Haltung des Wartens, bis das Material zu sprechen beginnt.[489] Die besondere Wahrnehmung im Zustand des Exils gleicht aber auch einer Pflicht (Ethik): Durch das Exil befreit vom Gegenwartsinteresse muss die Historikerin gleichzeitig dem historischen Zustand des Exils gerecht werden. Das Bemühen um die fremde Umgebung benötigt ihren ganzen Geist. Erst die Transzendierung der eigenen Gegenwart, argumentiert Kracauer, macht es möglich, als Fremde zu sehen. Der Geist der Exilierten wird für ihn zu einer Art Palimpsest, dessen Inschriften von Wurzeln abgeschnitten sind, deren ›natürliches Ich‹, ihre Erinnerungen und Meinungen im Hintergrund bleiben und überschrieben werden.[490]

---

485 Vgl. ebd., S. 71.
486 Vgl. ebd., S. 72.
487 Ebd., S. 75.
488 Ebd.
489 Diese Zurücknahme, das Warten auf ein Verstehen von innen, bezeichnet Kracauer als aktive Passivität.
490 Vgl. Geschichte, S. 79f., S. 84f.

»Nur in diesem Zustand der Selbstvertilgung oder Heimatlosigkeit kann der Historiker mit dem ihn betreffenden Material kommunizieren. [...] Als Fremder in der von Quellen evozierten Welt sieht er sich vor die Aufgabe gestellt – die Pflicht des Exils –, ihre Oberflächenerscheinungen zu durchdringen, um zu lernen, jene Welt von innen her zu verstehen.«[491]

Der Zustand der Exterritorialität ist damit zugleich Spiegel der realen Entfremdung des Exils und deren Umkehrung in die Möglichkeit der Erfahrung. Als zentraler Begriff des Geschichtsbuchs bleibt der kritische Aspekt der Exterritorialität darin erhalten. Exterritorialität bedeutet Entfremdung und Utopie gleichzeitig – für die Historikerin ist sie notwendige Haltung, für die Exilierte ist sie Schicksal.

Die Kracauerrezeption liest diesen Begriff daher im engen Zusammenhang mit Kracauers eigenem Exil in Frankreich und Amerika. Barnouw interpretiert dieses Exil Kracauers vor allem als Freiraum und Kracauers exterritoriales Entkommen wird von ihr auch auf den engen Kreis der Frankfurter Schule bezogen.[492] Das Schreiben in einer fremden Sprache sei als Entrinnen zu sehen, das von Kracauer beschriebene mobile Ich als sein eigenes: »Im Vakuum der Exterritorialität, aus seinem eigenen früheren Erfahrungsraum entlassen, kann er aus der eigenen Kultur aus- und in eine neue eintreten.«[493]

Mülder-Bach engt dagegen den Begriff der Exterritorialität als Freiraum und die damit verbundene Utopie durch ihre autobiographische Interpretation eher ein. Sie sieht einen Wandel im Denken Kracauers, welcher dem Gestus der Verpflichtung des Entkommenseins geschuldet sei. Zwar behaupte Kracauer gleich zu Beginn des Geschichtsbuchs eine überraschende Kontinuität seines Denkens und *Geschichte* werde von ihm als Zusammenfassung desselben gesehen. Eine Betrachtung einzelner Motive im Kleinen zeige aber eine »fundamentale Wandlung der theoretischen Einstellung«.[494] Nur die Oberfläche und die Motive des Werks seien gleich geblieben, nicht die darunter liegende Theorie. Wenn vorher dem photographischen Blick genau wie dem Historismus ein erkenntnisloser Charakter von Kracauer zugeschrieben wurde, sei nun »photographische Selbstentfremdung Voraussetzung der Erkenntnis der Geschichte, deren wahres

---

491 Ebd., S. 85.
492 Vergleiche zur Einengung Kracauers im Umfeld der Frankfurter Schule auch Hansen, Mit Haut und Haaren, S. 133.
493 Barnouw, An den Rand geschrieben, S. 9.
494 Mülder-Bach, Schlupflöcher, S. 251.

Bild durch das Subjekt verdunkelt und verstellt wird«.[495] Die Gegenüberstellung von Gedächtnisbild und photographischer Verräumlichung habe nun eine andere Wertung bekommen. Sei im Photographie-Aufsatz das Zerschlagen des Zeit-Raumkontinuums nötig gewesen, das Zerreißen des Oberflächenzusammenhangs, um eine subjektive Ordnung des Gedächtnisbildes aufzubauen, welches allein Sinn machte – einen Sinn, den die photographischen Bilder nicht zeigen konnten – sei es in *Geschichte* gerade die Entfremdung des Blicks eines fragmentierten Subjekts, welche Gegenwart und Geschichte erfahrbar mache. An die Stelle eines verdinglichten Blicks auf die verräumlichte Realität sei der Zugang zur Lebenswelt getreten. Der Zugang zu dieser, die notwendige Entremdung, welche durch die Verdinglichung hindurchführe, habe die Kritik an der Gesellschaft ersetzt.

Die Absage an Geschichte als verstehbares Ganzes mit Aufgabe des dialektischen Denkens Kracauers in den Dreißigern führt laut Mülder-Bach dazu, dass der Lebenswelt als Vermittlung der photographischen und der historischen Realität nun etwas ahistorisches anhaftet. In der Uneinheitlichkeit des unbestimmten Ganzen der Lebenswelt im Spätwerk sei insofern, trotz der ähnlichen Motive, keine Brücke zum Frühwerk zu finden. Durch die Propagierung von Uneinheitlichkeit lasse sich die spezifische Verräumlichung und Vereinheitlichung der Moderne, welche er im Photographie-Aufsatz der Photographie (räumlich) und dem Historismus (zeitlich) zugeschrieben hatte, nicht mehr kritisch erfassen.[496] Lebenswelt als »nicht-identische Existenz, die durch kein Allgemeines vermittelbar ist«, entkomme nun diesem Allgemeinen (und damit auch der Kritik).[497]

Die Frage nach dem Ziel historischer Erkenntnis führt Mülder-Bach dann zur Betonung der ›Reise des Historikers‹. Diese sei nicht eine auf etwas hin, sondern eine des Entkommens. Ebenso werde der verdinglichte, entfremdete Blick des Photographen in *Geschichte* zum exterritorialen Entkommen. *Geschichte* sei damit eine versteckte Biographie Kracauers, der im Gegensatz zu seinem Freund Benjamin der Geschichte entgangen sei – eine Biographie der Unsichtbarkeit, deren Formlosigkeit als extreme Exterritorialität gesehen werden könne, die keiner Form mehr traue. Die Unsichtbarkeit Kracauers in dieser Schrift entspreche einer »Form des Entkommen-Seins«.[498]

---

495 Ebd., S. 260.
496 Vgl. ebd., S. 258f.
497 Ebd., S. 262.
498 Ebd., S. 263.

Die Hinwendung Kracauers zur Lebenswelt ist aber nicht gleichzusetzen mit einer neuen unkritischen, angepassten Haltung[499] oder, wie Mülder-Bach Kracauer vorwirft, einer ahistorischen Position.[500] Die zentralen Begriffe in *Geschichte* wie ›Vorraum‹ oder ›Exterritorialität‹ und das Bild der ›Reise des Historikers‹ lediglich als dem biographischen Überleben geschuldet zu denken, halte ich für falsch. Eine solche Interpretation übersieht die Weiterentwicklung von Kracauers kritischem Denken zu einem ›anderen‹ Denken in seinem Spätwerk. Tara Forrest hat beeindruckend herausgearbeitet, dass man zwar einen Wechsel des Schwerpunkts zum Beispiel bezüglich des Verhältnisses zwischen Photographie und Geschichte bei Kracauer feststellen kann. Ihrer Ansicht nach ist es aber ungenau zu behaupten, dass dieser Fokuswechsel einen grundsätzlichen Wandel der theoretischen Position Kracauers bedeutet.[501] Schon in den letzten Seiten des Photographie-Aufsatzes wechsle die Einschätzung des entfremdenden Blicks der Photographie von einer negativen zu einer positiven, utopischen, welche sowohl im Zentrum der *Theorie des Films* als auch in *Geschichte* stehe. Gerade der entfremdende, archivierende Blick sei dort eine Möglichkeit, dem historistischen Konzept eines scheinbar teleologischen, linearen Ablaufs der Geschichte zu entkommen, denn die sinnlosen Fragmente ließen schon im Photographie-Aufsatz die Möglichkeit der Neuordnung der Vergangenheit und damit auch der Zukunft zu und schlössen eine zwingende Abfolge aus.[502]

Rodowick dagegen hat aufgezeigt, inwiefern gerade die Hinwendung zur optischen Form Kracauer zu einer Phänomenologie der Lebenswelt hinführt, die wie das Massenornament verschleiert sei und die den Zustand

---

499 So der indirekte Vorwurf Adornos: »Der Gestus des So- und nicht anders Seins harmoniert recht wohl mit erfolgreicherer Anpassung, denn die Welt ist ihrerseits so und nicht anders, nach dem Prinzip unerhellt expansiver Selbsterhaltung. Ihm fehlte bei Kracauer nie die Clownerie. Einer ihrer Aspekte war stets planvolle Vogel Strauß-Politik.« Einerseits schreibt Adorno Kracauer Anpassung aus Dankbarkeit für das Exil zu, andererseits sieht er Anpassungsfähigkeit auch als eine subversive List. Adorno, Der wunderliche Realist, S. 403. Vgl. zum instrumentellen Begriff der List Horkheimer/Adorno, Dialektik der Aufklärung, S. 72f.
500 Auch Koch wirft dem Geschichtsbuch die Abwesenheit konkreter Geschichte vor und führt diese auf den Status der Shoah als Anathema zurück. Vgl. Gertrud Koch: »... noch nirgends angekommen«. Über Siegfried Kracauer. In: Zivilisationsbruch. Denken nach Auschwitz, hrsg. von Dan Diner, Frankfurt am Main 1988, S. 99-110, hier S. 99.
501 Forrest, The Politics of Imagination, S. 110. Sie bezieht sich hier auf Inka Mülder-Bach: History as Autobiography: The Last Things Before the Last. In: New German Critique, 54, Autumn 1991, S. 139-157, hier S. 142. Bis auf den ersten Abschnitt entspricht dieser Text Mülder-Bach, Schlupflöcher.
502 Ebd., S. 114f.

der Gesellschaft materiell verkörpere. Die Hinwendung zu den Potentialen der Lebenswelt weg von den Manifestationen der Masse sei kein Wechsel des Inhalts, sondern ein »Shift of Emphasis«: Es gehe Kracauer nicht mehr nur um das Entschleiern unbeachteter Aspekte der Massenkultur, sondern um eine Form des historischen Wissens selbst, die entschleiert und erlöst werden müsse.

>>History and photography must now be understood as special categories of representing and knowing which are alone capable of exploring and comprehending those aspects of experience to which philosophy and art have become blind.«[503]

Film und Geschichte als verdinglichende Instrumente könnten keineswegs das nicht-identische Leben unter dem Kapitalismus unmittelbar erfassen, machten durch die ihnen immanente Form der Entfremdung hindurch dieses aber erkenntnistheoretisch zugänglich.

»If in Kracauer's view, there is a mimetic relation between the Lebenswelt on the one hand, and history or photography on the other, this relation is not one of unmediated expressivity«[504]

Gerade als Instrumente der Entfremdung könnten sie das nicht-identische kapitalistische Leben eine Form von Erfahrung werden lassen. Der gemeinsame Zugang zur Lebenswelt sei keiner zu unverstellter Natur, sondern zur Zweiten Natur, zum entfremdeten Alltag.

In der Annäherung an die Lebenswelt geht es Kracauer, wie gesagt, um die Möglichkeit eines Denkens, das sich den Ganzheiten der Philosophie entzieht und ein anderes Verstehen möglich macht. Dieses Verstehen läuft gerade über Entfremdung – es besteht ein dialektisches Verhältnis zwischen Entfremdung und Utopie. Die Lebenswelt, betont Rodowick, ist zugleich Spiegel der Entfremdung und in ihrer Kontingenz Träger revolutionärer Potentiale.[505] Das Verstehen dieser Welt in ihrer Heterogenität sei der Versuch, Geschichte nicht als deterministisch zu beschreiben. Um das historische Denken als die Möglichkeit eines anderen Verstehens drehe sich das Geschichtsbuch:

»The figure of *Verstehen*, in fact, without itself ever becoming an object of inquiry in Kracauer's book, is nonetheless its central, organizing concept.

---

503 Rodowick, The Last Things, S. 117.
504 Ebd., S. 118f.
505 Vgl. ebd., S. 134f.

> [...] The experience of *Verstehen* is permeated by the contingent quality of the *Lebenswelt*. It describes the floating, unlocalizable, extraterritorial subjectivity which must dedicate itself to two times and perambulate without a fixed abode. It refuses to dedicate itself exclusively to any singular interpretive schema or philosophical system [...]. As examples of ›anteroom thinking‹ both historical and photographic knowing fall under the category of *Verstehen*«.[506]

Dabei sei die Form dieses Verstehens auch kognitiv und ordnend – weder Abstraktion noch unmittelbare Konkretion – in seinem Verhältnis von unwillkürlichem Gedächtnis und historischem Wissen zwischen Selbstaufgabe und Realismus angesiedelt:

> »Historical knowing, then, is governed by a special dialectic where the realist moment involves a form of surrender in which the historian's subjectivity is negated by the massive and indeterminate flow of historical events; and in dialectical response, the aesthetic, formative moment governs the precipitation of order out of this material which, shaped by historical contingency, will map out the pattern of the historian's narrative.[...] The historical idea inaugurates a new terrain in which a wide variety of primary historical material may distribute and organize itself illuminating previously unthought patterns of intelligibility.«[507]

Lebenswelt könne nur intelligibel gemacht werden über Affinitäten. Die Mimesis der Historikerin, die sie in ihrer Reise praktiziere, sei keine der objektiven Repräsentation, sondern ein mimetisches Verhältnis in der Art der ›unsinnlichen Ähnlichkeit‹, wie sie Benjamin in seinem Aufsatz *Über das mimetische Vermögen* beschreibe.[508]

Nur über ihre eigene Fragmentierung hat die Historikerin Zugang zur Geschichte, die immer zugleich kontinuierlich und brüchig ist und nur über ihre eigene Exterritorialität kann die Historikerin sich in zwei Zeiten befinden. Damit ähnelt auch die ›Reise des Historikers‹ dem mimetischen Schreiben Kracauers, das ich oben anhand seiner Weimarer Schriften diskutiert habe. Mimesis ist hier nicht einfach eine körperliche Anschmiegung an das Andere / die Natur, sondern ein körperliches, aber medial vermitteltes Verstehen der Zweiten Natur über Selbstaufgabe als Anschmiegung.

506 Ebd., S. 135.
507 Ebd., S. 123f.
508 Vgl. zur unsinnlichen Ähnlichkeit Walter Benjamin: Über das mimetische Vermögen (1933). In: Gesammelte Schriften II.1, hrsg. von Rolf Tiedemann und Hermann Schweppenhäuser, Frankfurt am Main 1977, S. 210-213.

Durch die Entsprechung des heterogenen historischen Universums mit der Fragmentierung des Subjekts kann die Historikerin nach Rodowick Zugang zu den zwei Arten der Zeit, der Gleichzeitigkeit der Brüche der Ereignisse und der Kontinuität der fließenden Zeit, erhalten. Nur über die eigene Brüchigkeit könne sie den Gedanken der Generalisierbarkeit einer homogenen Zeit umgehen, welche einen verstellenden Fortschrittsgedanken impliziere, der verlorenes Mögliches ausschließe. Das historische Universum, das über die Rückbindung an die Lebenswelt räumlich an das Perspektivgesetz und zeitlich an das Gesetz der Ebenen gebunden sei, mache jegliche Totalisierung des Verstehens unmöglich, werde durch eine solche verstellt.[509]

Das historische Wissen ist in der Darstellung Rodowicks hybrid – immer ein Mittelweg zwischen Wissenschaftlichkeit und Fiktion, zwischen Affekt und Begriff.[510] Dieser Mittelweg diene Kracauer als mentale Ökonomie, welche sich gegen jegliche Totalität im Denken richte, da diese immer verlorenes Mögliches ausschließe. Der Mittelweg, das Außerhalb dieses Denkens im historischen Verstehen, ist daher nicht das Problem des Kracauer'schen Denkens, argumentiert Rodowick. Er ist keine Haltung, die ihm als Anpassung vorgeworfen werden könne, sondern die Lösung der Probleme des historischen Verstehens. Dieses müsse vermittelt und bewahrt werden vor geschlossenen Systemen und Formen der Philosophie und Kunst.[511]

---

509 Vgl. Rodowick, The Last Things, S. 125ff.
510 Vgl. ebd., S. 132, 139.
511 Vgl. ebd., S. 137. Auch für Korta sind der Begriff der Exterritorialität und der damit zusammenhängende Versuch eines anderen Denkens, das sich jeglicher Totalität entzieht und dafür den Mittelweg einschlägt, im Geschichtsbuch zentral. Allerdings liest Korta den Begriff stärker erkenntnistheoretisch und siedelt ihn damit innerhalb der Philosophie an und nicht außerhalb. Aber auch er betont den kritischen Aspekt dieses Begriffs. Die Abwendung des Denkens Kracauers von der direkten Gesellschaftskritik hin zur Lebenswelt entwerfe diese nicht als ahistorische oder lebensphilosophische. Es gehe ihm um die Frage der Möglichkeit des Erkennens oder Verstehens überhaupt, gerade angesichts zunehmender Verdinglichung. Nun drehe sich sein Denken klarer als im Frühwerk um das »zentrale Problem der adäquaten Erfahrung der Wirklichkeit und der Konstruktion ihr gerechter Bilder von Gesellschaft, Physis und Geschichte«. Korta, Geschichte als Projekt, S. 154.

Aktive Passivität als produktive Rezeptivität

Der Zustand des Exils ermöglicht eine Form von Mimesis, welche geknüpft ist an ein mobiles Ich. Dieses kann sich gerade durch seinen Schwund erweitern. Für Drehli Robnik ist dieser Zugang eines reduzierten Ichs ein »entäußernder, somatisierter Blick«,[512] der in seiner Zurücknahme Übersehenes begreifen kann. Robnik deutet hier in Bezug auf die Filmwahrnehmung an, was das Geschichtsbuch erst explizit macht: Die Leiblichkeit des historischen Subjekts ermöglicht eine spezifische Wahrnehmung, die in ihrer Zurücknahme über Affinitäten zum wahrgenommenen Material zu Erkenntnissen führt.[513]

Heide Schlüpmann liest *Geschichte* in diesem Zusammenhang der Zurücknahme als Rezeptionsästhetik, deren Konzept der aktiven Passivität, die sie produktive Rezeptivität nennt, rückblickend auch das grundlegende geschichtsphilosophische Interesse der *Theorie des Films* aufzeige. Während der systematisierende Gestus der *Theorie des Films* »einen genuin rezeptionstheoretischen Ansatz« verdecke, mache das Geschichtsbuch den geschichtsphilosophischen Hintergrund dieses Ansatzes deutlich, der sich schon im Photographie-Aufsatz zeigte.

> »Der *Photographieaufsatz* macht [...] die endzeitliche Rezeption der Fotografie zum imaginären Blickwinkel, der die ästhetische Konstruktion des Films bestimmt. Dieser dialektische Gedanke einer Produktivität der Rezeption findet in *Geschichte – Vor den letzten Dingen* sein Echo und zugleich seine eigentliche Begründung.«[514]

Die ästhetische Konstruktion dürfe die Heterogenität des Lebensflusses, die der Fragmentierung des Subjekts entspreche, nicht tilgen. Ebenso dürfe keine teleologische Vorstellung von Geschichte deren Vielschichtigkeit verstellen.

Der Schwund des Ich, den Kracauer als aktive Passivität beschreibt, ist eine notwendige Phase auf der ›Reise des Historikers‹.[515] Erst der »leere Geist« kann wahrnehmen, was bei »vollem Ich« nicht sichtbar ist).[516] Dennoch ist die aktive Passivität der Historikerin kein absoluter Schwund des Ich, keine Auslöschung desselben, sondern eine Form des Austauschs, des

---

512 Robnik, Körper-Erfahrung, S. 247.
513 Vgl. auch ebd., S. 268, 273f.
514 Schlüpmann, Phänomenologie, S. 45.
515 Vgl. Geschichte, S. 86.
516 Ebd., S. 84.

zurückhaltenden Wartens auf eine Anrede durch das Objekt.[517] Im Zustand der aktiven Passivität ist das Ich zwar reduziert auf ein »rein aufnehmendes Instrument«,[518] gleichzeitig aber ist seine Passivität auch aktiv im Sinne von aufmerksam.

Erst durch gespannte Aufmerksamkeit wird der Historikerin aufgrund der Komplexität des historischen Universums ihre ›Reise in der Zeit‹ möglich. Sie befindet sich auf dieser Reise in zwei Zeiten gleichzeitig, denn die subjektive leibhaftige Erfahrung der eigenen Lebenswelt ist ein notwendiger Zugang zur historischen Zeit.[519] Einerseits muss sie sich dem historischen Material ergeben, andererseits gründet ihr Verstehen desselben auf der eigenen Erfahrung und geht über das Material hinaus.[520]

Durch die Selbstaufgabe wird die Kommunikation mit dem Material möglich. Eine Aufhebung der Subjekt-Objekt-Trennung findet statt, die an die oben anhand der Phänomenologie dargestellte leibhaftige Erfahrung der Welt erinnert.[521] In gewissem Sinne ist die leibhaftige Erfahrung der Historikerin als Zugang zur Geschichte zu sehen, doch ist dieser Zugang gebunden an deren Exterritorialität. Es ist ein spezifisches, historisches Subjekt, dem dieser Zugang möglich wird. Seine Eigenschaften der Fragmentierung und der Entfremdung machen ihm den Zugang zum Unbeachteten möglich, zu einer Realität, die sonst von Vorstellungen verstellt ist. Gerade die angespannten Sinne ermöglichen in dieser Zurückhaltung die Wahrnehmung des Unvermuteten. Aber eine Grenze bleibt doch immer bestehen, ein notwendiger Minimalabstand. Kracauer zufolge darf es nicht zur vollständigen und endgültigen ›Selbstvertilgung‹ kommen, damit die Dinge ›im Fluss‹ bleiben.[522]

Das fragmentarische, sich im Fluss befindende Subjekt der Moderne wird hier wie in der Filmwahrnehmung zur Chance, denn die Reduktion des Ich auf der ›Reise des Historikers‹ ermöglicht das Erfahren der Dinge von innen. Wie die primordiale Wahrnehmung Cézannes bei Merleau-Ponty ist dieser Blick auf Geschichte in statu nascendi ein leibhaftiger, jenseits

---

517 Ebd., S. 85. Kracauer bezieht sich mit dieser Vorstellung des Wartens als ein Warten auf das Angesprochen-Werden durch das Objekt auf Alfred Schopenhauers Darstellung der Bildbetrachtung. Aber auch bei Merleau-Ponty lassen sich, wie ich oben gezeigt habe, ähnliche Darstellungen der Passivität finden.
518 Ebd., S. 86.
519 Vgl. ebd., S. 93, 95.
520 Vgl. ebd., S. 96.
521 Vgl. auch Babić, Film und Geschichte, S. 71.
522 Vgl. Geschichte, S. 86f. Eine vollständige Anverwandlung, oder Versteinerung wie Gertrud Koch sie im Geschichtsbuch zu lesen meint, findet gerade nicht statt.

von Meinungen und Rastern. Aber wie der Blick Cézannes ist dieser Blick nicht jenseits allen historischen Wissens zu verstehen: Während Cézanne in seiner Malerei durch das Wissen über Malerei und den dargestellten Gegenstand hindurchgeht, ist auch der entfremdete, einer photographischen Platte ähnelnde Zustand der Mimesis an das historische Material nicht das Ende der ›Reise des Historikers‹,[523] denn die Historikerin kommt von ihrer Reise verändert zurück. Im Unterschied zu Marcel, dem Erzähler Prousts, kehrt die Historikerin zwar zurück zum Ausgangsort, aber ihre Sichtweise ist bleibend verändert. Es gibt keine Rückkehr zum ›liebenden‹ Blick, wie er Marcel gelingt. Die Vergangenheit bleibt jenseits der verstellenden Vorstellung. Das Ich der Historikerin aber wird durch diese Entwicklung, die über die Reduktion läuft, transzendiert und erweitert:

>»Selbstauslöschung erzeugt Selbsterweiterung. [...] Das nach seiner Rückkehr aus der Vergangenheit sich wieder selbst beherrschende Ich ist durch die Beobachtungen während seines zeitweiligen Rückgangs bereichert.«[524]

Es geht in dieser Vorstellung der Transzendierung des Ich der Historikerin also nicht um eine Zerrüttung oder sogar masochistische Sprengung des Subjekts zugunsten der Materialität, wie ich sie weiter oben im Zusammenhang mit Hansens Darstellung des *Marseiller Entwurfs* diskutiert habe, sondern um eine andere Form des Verstehens und Denkens, jenseits der rationalen Aneignung, welche das Subjekt erweitert. »Das nach seiner Rückkehr aus der Vergangenheit sich wieder selbstbeherrschende Ich ist durch die Beobachtungen während seines zeitweiligen Rückgangs bereichert.«[525]

Die mimetische Anschmiegung hat damit eine andere Gewichtung als in der *Theorie des Films*. Zwar ist sie auch hier körperlich und hängt mit der Aufgabe von subjektiver Selbstbeherrschung zusammen, aber die Wahrnehmung führt nun klarer zum Verstehen, zum Verstehen *von etwas*. Die Selbstaufgabe führt zur Transzendierung des Subjekts, statt zu dessen Zerrüttung, wie man im *Marseiller Entwurf* noch annehmen konnte. Subjektkritik wird hier in ein direkteres Verhältnis zum Objekt gestellt: Es geht um historisches Verstehen. Umgekehrt ist aber die exterritoriale Position der Historikerin auch die der Filmzuschauerin, die über den photogra-

---

523 Vgl. auch Babić, Film und Geschichte, S. 70 ff.
524 Geschichte, S. 92.
525 Geschichte, S. 92.

phischen Blick von ihrer alltäglichen Wahrnehmung entfernt wird. Das Wechselverhältnis von Nähe und Distanz zieht sich nicht nur durch die Reise der Historikerin. Auch in der von Kracauer beschriebenen Struktur der Zeit im Verhältnis zur Photographie, in der Mikro- und der Makroaufnahme, zeigt sich die Struktur von Rücknahme und Erweiterung, von Zeit und Zeitlosigkeit. Der Zugang der Historikerin zum historischen Universum in ihrer Reisebewegung gleicht der Schaukelbewegung der Filmzuschauerin aus dem Zuschauerkapitel der *Theorie des Films*. Auch dort wird ein reduziertes und nervöses Ich, welches einem spezifischen historischen Zustand entspricht, positiv gewendet. Es ist gerade die Rückkehr, welche die Entfremdung in ein Verhältnis zur Utopie treten und die Vorstellung eines anderen Denkens aufkommen lässt.

Statt einer Rückkehr zum ›liebenden‹ Blick folgt eine ›Bestandsaufnahme‹, welche Interpretation und die Rücksicht auf die Vermittlung des historischen Materials impliziert.[526] Das Sortieren und Interpretieren des Materials bleibt zunächst den Tatsachen ergeben, dann muss es in Beziehung zur eigenen Erfahrung der Historikerin gesetzt werden. Ihre Subjektivität wird auf dieser Reise nicht endgültiggetilgt; transzendiert führt sie zur ›aktiven‹ Objektivität. Ihr dynamisiertes Ich dient der Historikerin vor allem bei der anschließenden subjektiven Selektion, der Interpretation und dem Auffinden historischer Ideen.[527] Erst die Rückreise macht die Begegnung mit historischen Ideen möglich und die stattgefundene Begegnung zu einem schockhaften Entdeckungsmoment, welches zwar subjektiv ist, das Subjekt aber übersteigt.[528]

»Die Idee ist nicht so sehr das Produkt seines Ichs als vielmehr das Ergebnis eines Selektionsprozesses, bei dem sein Ich als Wünschelrute wirkt; es ist eine Entdeckung, keine Projektion nach außen. [...] Subjektivität in höchster Spannung transzendiert sich selbst. Historische

---

526 Vgl. S. 88f. Wie die Filmemacherin sieht sich die Historikerin vor die Notwendigkeit der Formgebung gestellt, diese dient auch hier nur der Vermittlung. Die Darstellung der Historikerin sucht ebenfalls das Gleichgewicht zwischen realistischer und formgebender Tendenz, wobei eine rein realistische Tendenz, die weiter selbstentleert bliebe und auf jegliche Form verzichtete, nur aus moralischen Gründen vertretbar sei. Auch die Zurücknahme der Form ist eine solche. Kracauer zieht zur Verdeutlichung des totalen Verzichts auf Form aus Skrupel vor der Brutalität des Dargestellten einen Film von Joris Ivens (BORINAGE. F 1934) heran. Vgl., ebd., S. 91.
527 Vgl. ebd., S. 101ff.
528 Vgl. ebd., S. 100. Der Begriff des Schocks stammt an dieser Stelle aus einem Zitat von Isaiah Berlin: History and Theory: The Concept of Scientific History. In: Theory and History, Den Haag 1960, 1, 1, S. 1-31, hier S. 24.

Ideen sind objektiv gerade wegen ihrer Verpflichtung zur ungemilderten Subjektivität.«[529]

Einerseits nähert sich die entfremdete ich-lose, passive Wahrnehmung während der Reise neutraler Objektivität an. Andererseits wird nach der Rückkehr das Bemühen um die ›Transzendierung‹ der Subjektivität wichtiger als die Objektivität des Erfahrenen. Die Historikerin bleibt auf halbem Weg zwischen Lebenswelt und Philosophie stehen, um die Ideen, die der Subjektivität entspringen und diese transzendieren, in ihren Abschattungen bestehen zu lassen und die wahrgenommenen Dinge nicht in abstrakte Objektivität aufzulösen.[530]

Exterritorialität im Verhältnis zur Mitweltlichkeit

Das historische und das photographische Universum sind beide vermittelnde Bereiche: Die photographischen Medien vermitteln die flüchtige, zufällige Welt, Geschichte vergängliche Prozesse und beide vermitteln die »Neudefinition und Rehabilitierung bestimmter Denkweisen«,[531] denn beide haben Zugang zur Lebenswelt, die wiederum als vermittelnder Bereich verstanden werden kann.

Kracauer nennt das durch diese Bereiche vermittelte Denken das Vorraum-Denken. Es ist dies ein Denken, das vor den letzten Dingen stehen bleibt, die Dinge nicht in Begriffe auflöst und damit, wie wir eben gesehen haben, einen Mittelweg einschlägt. In beiden Bereichen besteht die Notwendigkeit des Takts,[532] damit Abstraktion und Konkretion nebeneinander bestehen und vermittelt werden können – Takt für das Verhältnis von schöpferischer Auswahl und des Belassens der ›Natur im Rohzustand‹ – Takt, der das Vermittelte zugänglich macht, aber in seiner Singularität unangetastet lässt, das Material nicht tilgt.[533]

Die Vermittlung der Historikerin ist eine zwischen Geschichte und Leserin. Die historischen Prozesse mit allgemeinen Aussagen zu vermitteln, bedarf des Takts.[534] Der gestalterische Takt der Filmemacherin gilt dabei

---

529 Geschichte, S. 101.
530 Vgl. ebd., S. 198.
531 Ebd., S. 196.
532 Vgl. ebd., S. 192.
533 Vgl. ebd., S. 64f.
534 »›Takt‹ bezeichnet ein soziales, vermittelndes Verhalten: von der mit Takt herge-

ebenso für die Historikerin, die geschichtliche Wahrheiten vermittelt, die immer zugleich auch falsch sind, denn aufgrund der Heterogenität und Unendlichkeit des historischen Universums lassen sich keine absoluten Aussagen treffen. Geschichtsschreibung ist laut Kracauer »eine Sache der Nuance«,[535] welche die unterschiedlichen Standpunkte nebeneinander bestehen lässt, sich nie endgültig für eine absolute Wahrheit entscheidet.

Dieses »›Seite an Seite‹-Prinzip« in seiner Ambiguität erfordere »beständige Anstrengung« um das Singuläre,[536] eröffne dafür aber die Möglichkeit für das Entdecken von anderen Wahrheiten in den bekannten. Das von den herrschenden Glaubensrichtungen verdeckte Namenlose könne sichtbar werden. Gerade die nicht-homogene Struktur des intellektuellen und des historischen Universums wird hier zur Chance:

> »Bei der Annahme dieser Einsicht ist der Boden für eine theoretische Bestätigung der namenlosen Möglichkeiten bereitet, von denen anzunehmen ist, daß sie in den Zwischenräumen der vorhandenen Lehren hoher Allgemeinheit existieren und auf Anerkennung warten.«[537]

Im historischen Universum, in dem Zeitfluss und Zeitraum immer nebeneinander bestehen, sind Kausalität und Linearität unmöglich. Gerade die Inhomogenität des historischen Universums umfasst aber Zwischenräume, welche für ein absolutes Denken nicht zugänglich sind. Deshalb propagiert Kracauer die Einstellung des Amateurs. Der Amateur erkenne die Antinomien der Geschichte praktisch an, indem er vorsätzlich unsystematisch vorgehe. Sein Forschen gleiche einem Flanieren, das Neigung und Zufall folge, und gehe immer von unten nach oben direkt vom Material aus.[538] In dieser Vorgehensweise des Amateurs sieht Kracauer eine humanistische Haltung, denn nur so sei das Aufspüren verlorener Prozesse möglich.[539] Es sei die »Sehnsucht nach verlorenen Prozessen«,[540] welche die transzendierende Reise der Historikerin anstoße. Statt einer Entscheidung für ein entweder/oder belasse es diese Haltung bei Abschat-

---

stellten Definition wird erwartet, daß sie anderen mitteilbar, an der Erfahrung anderer überprüfbar ist.« Barnouw, An den Rand geschrieben, S. 13.
535 Geschichte, S. 99.
536 Ebd., S. 200.
537 Ebd., S. 199.
538 Die Haltung des Amateurs sieht Kracauer in der Arbeit Burckhardts verkörpert, der einerseits Universalgeschichte betreibt, andererseits aber immer wieder einen amateurhaften Blick einnimmt. Vgl. ebd., S. 193.
539 Vgl. ebd., S. 195.
540 Ebd., S. 80.

tungen und Graden von Wahrheiten und ermögliche damit eine Sicht auf das im Prozess der Verallgemeinerung Verlorengegangene. Die inhumane Selbstaufgabe zugunsten der Sachgerechtigkeit wird damit zuletzt zu einer humanen Ethik – der ›unmenschliche‹ photographische Blick gilt der Errettung des Menschlichen.[541]

Nicht zufällig dient Kracauer als Gewährsmann für diesen Humanismus des Mittelwegs die historische Figur des Erasmus von Rotterdam, dem laut Kracauer immer seine Verweigerung jeglicher Parteinahme vorgeworfen worden sei. Erasmus' Verweigerung sei aber eher als Widerwille gegen jedes Engagement zu verstehen, das sich für eine ausschließende Richtung entscheide.[542] Der Mittelweg, den Erasmus zugunsten des Friedens einschlug, entspricht für Kracauer der Grundhaltung von Geschichte, die selbst einen nicht zu entscheidenden Mittelweg eingehe und als Zwischenbereich, der weder Kunst noch Wissenschaft sei, den vermittelnden Bereich zwischen Lebenswelt und Begriff bilde.[543] Das Geschichtsbuch philosophiert über diesen Status und will der Vermittlung zur Anerkennung verhelfen. Das Durcharbeiten ohne Parteinahme, das konsequente Einhalten des Mittelweges, wird zu seiner Utopie, seinem Humanismus – einem Humanismus, welcher gerade den ›unmenschlichen‹ Blick zu seiner Grundlage hat.

Barnouw sieht diese humanistische Ethik der Vermittlung in *Geschichte* vor allem im Zusammenhang der medialen Möglichkeiten. Film und Geschichte trügen eine Verantwortung durch ihre Aufnahmefähigkeit, die Verantwortung der Vermittlung des Vergangenen für die Zukunft.[544] Dem Anspruch, historische Erfahrung zu vermitteln, folgten Kracauers Schriften indirekt bis hin zu seinen Filmkritiken. In *Geschichte* untersuche Kracauer nun die Evidenz dieses historischen Wissens, das ja keinem empi-

---

541 Vgl. ebd., S. 196. Die Zurückhaltung der formgebenden Tendenz gegenüber der realistischen wird von Kracauer humanistisch begründet. Angesichts menschlichen Leidens darf keine ästhetische Form das Wahrgenommene verstellen. »Menschliches Leiden, so scheint es, führt zu unpersönlichen Reportagen; das Gewissen des Künstlers zeigt sich in kunstloser Photographie. Da Geschichte voll von menschlichen Leiden ist, mögen ähnliche Haltungen und Reflexionen mancher faktisch orientierten Darstellung zugrunde liegen und die Bedeutsamkeit ihrer farblosen Objektivität vertiefen.« Ebd., S. 91.
542 Vgl. Geschichte, S. 23f. Auch vermutet Kracauer, dass manche Dinge von Erasmus absichtlich nicht zu Ende gedacht wurden, da ihre Wahrheit zu schrecklich gewesen sei. Als ein anderes Bild für das Argument, das manches nicht zu Ende gedacht werden sollte, dient Kracauer die Legende von den sechsunddreißig Gerechten, welche unerkannt das Geschick der Welt lenken. Gerade das Unwissen um diese Gerechten diene dem Schaffen einer gerechten Einheit. Vgl. Geschichte, S. 25.
543 Vgl. Geschichte, S. 26.
544 Vgl. Barnouw, Critical Realism, S. 17.

rischen Wissen entspreche.⁵⁴⁵ Geschichte und Photographie seien immer komponiert, registrierten aber das Übersehene durch die Momente der Unkontrollierbarkeit, ihre Entsprechung zur offenen Unendlichkeit des modernen Lebens.⁵⁴⁶ Das Zurückschrecken der Historikerin vor letzten Wahrheiten sei eine »humane Abstinenz«.⁵⁴⁷ Nur durch diese Abstinenz würden Prozesse offen gelassen, die immer Platz für inkommensurable Reste mit sich führten.

Michael Kessler betont im Zusammenhang von Vermittlung und Takt in Geschichte das Verhältnis von Humanismus und Ambiguität, welches sich durch die Unabgeschlossenheit des historischen Universums ergibt. Er sieht im Zusammenhang mit der Vermittlung der vielschichtigen *Geschichte* einerseits die Notwendigkeit von Interpretationen und andererseits die Notwendigkeit der Verflechtung dieser Interpretationen in der ›Mitwelt‹.

> »Aufgrund der vielfältigen Verflochtenheit der Dinge und der Erstreckung menschlicher Dinge in vielfältige Dimensionen bedarf es der Verflechtung der Interpretationen selbst, ihres gemeinsamen, sich gegenseitig bestärkenden, ergänzenden, korrigierenden und kritisierenden Einsatzes.«⁵⁴⁸

Dieser Einsatz der Interpretation werde nur durch seinen Charakter als Netzwerk und seiner Berücksichtigung des Takts der Ambiguität der menschlichen Verfasstheit gerecht. Kessler sieht hier eine »anthropologische Fundierung der Geschichtsphilosophie«.⁵⁴⁹ Gerade die Ambiguität des geschichtlichen Wissens werde zu ihrer Humanität,⁵⁵⁰ Ambiguität und Humanität bedingten sich gegenseitig.

---

545 Vgl. ebd., S. 128.
546 Vgl. ebd., S. 203. In Bezug auf die Photographie suche Kracauer nach einer spezifischen Ästhetik, die dieses Wissen vermittelt: »An aesthetic that had its source in the perceived need to clarify the recording and preserving power at the core of photo images.« Ebd., S. 202.
547 Barnouw, An den Rand geschrieben, S. 8.
548 Kessler, Entschleiern und Bewahren, S. 114f.
549 Ebd., S. 116.
550 Kessler liest den Zusammenhang des Humanismus Kracauers mit der Ambiguität menschlichen Daseins mit Merleau-Ponty. Entstehe Sinn, wie von Merleau-Ponty angenommen, nur im Kontakt, in der Begegnung, so sei die Vermittlung verlorener Prozesse durch Geschichte in ihrer Pluralität Teil einer »fortwährende[n] Genesis« (S. 116) der Mitwelt, einer anverwandelnden Selbstkonstitution durch das Miteinander. Das Entschleiern und Bewahren des Übersehenen müsse in diese humane Selbstwerdung einbezogen werden, denn diese müsse auch die Möglichkeiten der Vergangenheit enthalten. Vgl., ebd., S. 123.

Die Annäherung der Historikerin durch die notwendige ›Passivität‹, damit Details nicht verloren gingen und Dinge sich zeigten, diene einer Form des Entschleierns und Bewahrens, die humanistisch sei.[551] Einerseits gehe diese Behutsamkeit von den Dingen aus, denn eine »Dingfestmachung des nur durch sich selbst Identischen«[552] werde vermieden, gleichzeitig werde aber der menschlich-historische Zustand ernst genommen und auf eine Zukunft hin geöffnet – die humane Selbstwerdung bleibe damit immer noch möglich, allerdings nur über einen ›inhumanen‹ Blick.[553]

Die Utopie des Vorraums

Bedeutung des Übersehenen und des Wartesaals – Diskussion des Messianischen

Um zu geschichtlichem Wissen zu gelangen, muss die Historikerin immer wieder aus der Sphäre der vermittelten Allgemeinheit zurück zum Konkreten. Es ist daher wichtig, von anerkannten, allgemein gültigen Aussagen, von Überblicken aus der Vogelperspektive, zurück zu den ›Nahaufnahmen‹ zu gehen. Nur dort scheinen andere Möglichkeiten in »beiläufigen, an den Rand [...] geschriebenen Aperçu[s]« auf.[554] Diese anderen, unberücksichtigten Möglichkeiten gilt es, in der Geschichtsschreibung aufzufinden und zu benennen. So beschreibt Kracauer die Intention seiner Beschäftigung mit Geschichte zusammenfassend:

> »Das ›Genuine‹, das in den Zwischenräumen der dogmatisierten Glaubensrichtungen der Welt verborgen liegt, in den Brennpunkt stellen und so eine Tradition verlorener Prozesse begründen; dem bislang Namenlosen Namen geben.«[555]

---

551 Die Ambivalenz dieses Humanismus, der nicht Partei ergreift, fasst Adorno in seiner Festschrift in Bezug auf Kracauers Studie *Die Angestellten* zusammen: »Gemeint ist Humanität nicht durch Identifikation, sondern durch deren Abwesenheit; sich Draußenhalten als Medium der Erkenntnis.« Adorno, Der wunderliche Realist a.a.O., S. 399.
552 Kessler, Entschleiern und Bewahren, S. 120.
553 Babić sieht diesen ambivalenten Humanismus als eine Form, den Humanismus auch nach der Shoah noch aufrecht erhalten zu können und den ›Menschen‹ nicht aufgeben zu müssen. Die Vorstellung des Bewahrens der Toten in *Geschichte* sei als eine Form des Humanismus zu interpretieren, welcher diese in die Entstehung der Zukunft miteinbeziehe. Vgl. Babić, Film und Geschichte, S. 31.
554 Geschichte, S. 200.
555 Ebd., S. 202.

Es ist die Nahaufnahme des historischen Details, die Kracauers »Utopia des Dazwischen« trägt, die andere Möglichkeiten im Bekannten, anderes Denken, bewahrt und errettet. Und es ist auch das, dem »sprachlose[n] Plädoyer der Toten« folgende, alles sammelnde antiquarische Interesse, das die Zukunft des Vergangenen, der Ideen vor ihrer Institutionalisierung, in den Zwischenräumen auffindet.[556]

Dieses Beharren auf der Nahaufnahme ist im direkten Zusammenhang mit der Notwendigkeit der Vorläufigkeit des geschichtlichen Denkens zu sehen. Die Chance, die im Übersehen, im Dazwischen, im Verlorengegangenen und Namenlosen liegt, lässt die Historikerin als Sammlerin zur Trägerin anderer Möglichkeiten werden. Rückblickend wird Kracauer auch die *Theorie des Films* zum Bemühen um die Bedeutung des Übersehenen:

»So schließen alle meine Hauptbemühungen, so unzusammenhängend an der Oberfläche sie erscheinen, sich auf lange Sicht zusammen: sie alle dienten und dienen noch einzig der Absicht, jene Ziele und Verhaltensweisen zu rehabilitieren, die eines Namens noch ermangeln und folglich übersehen oder falsch beurteilt werden.«[557]

In diesem Rückblick wird die *Theorie des Films* nicht nur zu einer Ästhetik der Rezeption, sondern auch zu einer Theorie, in welcher, Robnik zufolge, vor allem der Anspruch des Minoritären in den Vordergrund tritt. Durch den Entwurf eines Ortes des Dazwischen werde Vorläufigkeit und Abwesenheit von Sinn zu einer Utopie der Erfahrung:

»Im Gedanken vom prekären Sich-Einrichten am Nicht-Ort des Dazwischen kulminiert Kracauers Engführung von Film und Geschichtswissenschaft als Modi einer dem Kontingenten und Minoritären geöffneten Erfahrung.«[558]

Waren es schon in seinen Weimarer Schriften das Randständige, die Oberflächen und die Reste, welche übersehen wurden, die der theoretischen Beachtung sowie der Zensur entgingen und dadurch zum Träger von Wahrheit wurden, sind es nun ebenfalls Reste, welche zur Möglichkeit der Erfahrung werden. Wenn Kracauer in *Geschichte* die Diagnose der Obdachlosigkeit und des Wartens weiterführt und auf die Welt ausdehnt, so möchte er das »Gefühl der Verlorenheit in unbezeichnete und feindliche

---

556 Ebd., S. 201, 18.
557 Geschichte, S. 16.
558 Robnik, Leben als Loch, S. 42.

Räume« positiv wenden.[559] Nachwievor geht es ihm darum, das durch das Zusammenbrechen von metaphysischen Gewissheiten entstandene Vakuum aufrecht zu erhalten und als Moment der Freiheit zu nutzen.

Nur scheinbar hängt in *Geschichte* dieser Zustand nicht mehr mit einer bestimmten historischen Situation der Gesellschaft zusammen, sondern mit der generellen Struktur des historischen Universums. Der nun strukturell gewordene Zustand des Wartens wird zur theoretischen Fundierung des anderen historischen Wissens und der Möglichkeit einer anderen Erfahrung, die aber abhängig ist von einem historischen Subjekt der Exterritorialität.

Das Wissen um die Strukturierung des historischen Universums ermöglicht der Historikerin das Erkennen anderer Möglichkeiten. Auch macht die Relativität des Gegebenen das Entkommen aus demselben durch Schlupflöcher möglich. »Es gibt immer Löcher in der Wand, durch die wir entweichen können und das Unwahrscheinliche sich einschleichen kann.«[560] Die Schlupflöcher sind also die Orte der Möglichkeit des Nichtintendierten. Insofern wird die entweichende Position des Erasmus, der in seiner Furcht vor allem Fixierten sich jeglicher Institutionalisierung seiner Lehre entzog, um die Gehalte seiner Lehre nicht gerinnen und deren Wahrheit ambigue bleiben zu lassen, zur Utopie. Vor allem das Beharren von Erasmus auf dem Belassen der Ideen in einem flüssigen Zustand, wird für Kracauer zur Bewahrung geschichtlichen Wissens gegen geronnene Gehalte.[561]

Auch Kracauer selbst folgt in seinem Schreiben einem Stil der Fluchtmöglichkeiten. Er vermeidet eine Stellung, die fixierbar wäre. Schlupflöcher durchlöchern den Anschein von geschlossenem Sinn[562] und von erstarrten, totalen Strukturen.[563] 1965 schreibt Kracauer in einem Brief an Ernst Bloch über die Gemeinsamkeiten und Unterschiede mit seinem Freund. Der Brief gerät ihm zu einer Art Selbstportrait:

---

559 Geschichte, S. 17.
560 Geschichte, S. 20.
561 Um die Möglichkeiten des historischen Wissens zu erhalten, müssen für Kracauer historische Wahrheiten – wie die Gestalt des Films – immer in einem flüssigen Zustand bleiben, der vor dem festen Zustand der allgemeingültigen Wahrheiten zurückschreckt. Hier ähnelt Kracauers Vorstellung dem Denken von Deleuze in dessen Abhebung einer flüssigen und einer gasförmigen Wahrnehmung von einer festen. Vgl. Geschichte, S. 22.
562 Zu utopischen Schlupflöchern werden Kracauer auch die ›nuns‹, die sich in Burckhardts Schriften finden, durch welche dieser der Allgemeingeschichte zugunsten phänomenologischer Mikrobetrachtungen entkommt. Vgl. ebd., S. 174.
563 Vgl. auch Mülder-Bach, Schlupflöcher, S. 249, 261 und Korta, Geschichte als Projekt, S. 141.

»Du fühlst Dich, scheint mir, zu den Phänomenen des undeutlichen Lebens um uns her so hingezogen, daß Du stets geneigt bis, auf ihr oft wunderliches Wesen oder auch Unwesen zärtlich einzugehen [...]. Ich erkläre mir die Besonderheiten Deiner philosophischen Sprache [...] aus Deinem Verlangen danach, nicht einfach das Nötige zu sagen, sondern das Unsagbare, das nötig wäre, auf Erzählerweise derart zu bannen, daß es, wie immer ungenügend, erfahren werden kann [...]. Du bewahrst etwas vom Zauber der Dinge, die du entzauberst [...]. Ich möchte Deine Utopie eine bewahrende nennen [...]. Du willst die Dinge heimholen von den Plätzen, wo sie ihre provisorische Heimat haben«.[564]

Der Versuch, die Dinge und das Leben zugänglich zu machen und zu bewahren, scheint in den Schriften Blochs ebenfalls mit der »Furcht vor allem endgültig Fixierten«[565] einherzugehen. Kracauer sieht auch hier das noch nicht Fixierte und Übersehene als Träger einer Hoffnung auf Veränderung.[566]

Fast durchgehend ist im Zusammenhang der Vorstellung der Fluchtmöglichkeiten und der Exterritorialität in der Kracauerrezeption darauf hingewiesen worden, dass *Geschichte* das Buch eines Überlebenden sei: Die Shoah spiegle sich unausgesprochen in *Geschichte* genauso wie Kracauers eigenes Exil. In diesem Zusammenhang ist dem Geschichtsbuch eine messianische Grundhaltung zugeschrieben worden, welche Kracauers Vorstellung der Errettung der Geschichte immer wieder auf das Bild des Ahasver festschreibt, welcher am Ende der Geschichte diese im Rückblick erlöse. Die Analogie mit dem Film steht in dieser Interpretation im gleichen Zusammenhang: Geschichte und Film müssen ihre Aufnahmefähigkeit dafür nutzen, das Aufgenommene für das Ende der Geschichte zu bewahren.[567]

---

564   Bloch, Briefe 1903-1975, S. 399-404, hier S. 400f. Ebenfalls erschienen mit der Erasmus-Interpretation, die später in der Einführung von Geschichte erschien, als Nr.241: Zwei Deutungen in zwei Sprachen. Schriften 5.3, S. 351-360.
565   Geschichte, S. 21.
566   In einem Brief an Bloch vom 29.6.1926 findet sich das zentrale Motiv des ›Entschleierns‹ und ›Bewahrens‹, das sowohl einer messianischen als auch einer konstruktiven Lesart zugrunde gelegt werden kann, in diesem Brief aber innerhalb der Diskussion um die Art und Weise einer marxistischen Revolution angesiedelt ist: »Gerade das Entschleiern und Bewahren zusammen scheint auch mir als das von einem letzten Aspekt aus Geforderte, und als das große Motiv dieser Art von Geschichtsphilosophie würde ich das Postulat ansprechen, daß nichts je vergessen werden darf und nichts, was unvergessen ist, ungewandelt bleiben darf.« Bloch, Briefe 1903-1975, S. 280-285, hier S. 281. Zitiert bei Stalder, Das journalistische Werk, S. 143. Zu Kracauers Lesart des Marxismus vgl. auch Hansen, America, S. 11.
567   Gertrud Kochs Behauptung einer Antinomie bezüglich des Primats des Visuellen bei Kracauer hatte ich oben bereits ausgeführt. In *... noch nirgends angekommen* schreibt sie: »Kracauers Festhalten am Primat des Optischen, die Rettung der Wirklichkeit durch

Ahasver taucht in *Geschichte* nun aber in der Beziehung mit der strukturell unlösbaren Antinomie der Zeit auf, die sich nie auf die Vorstellung eines chronologischen Zeitpfeils reduzieren lasse. In der Geschichtsschreibung bestehen nach Kracauer immer die zwei Vorstellungen von Zeit nebeneinander: die der chronologisch ablaufenden Zeit und die der Gleichzeitigkeit von verschiedenen Ereignissen, welche sich beide nicht in Deckung bringen lassen. Noch dazu hat jede Zeit eine andere Form: Während die formale Kalenderzeit belanglos und leer bleibt und weder mit der Erfahrung noch mit der Erinnerung in Deckung zu bringen ist, könnte die Vorstellung eines Zeitraums die beiden Vorstellungen vielleicht zusammen führen.[568] Aber auch dieser lässt sich nicht als geschlossene Einheit fassen. Eher ist er wie eine Art Wartesaal zur verstehen, als »Treffpunkt für Zufallsbegegnungen wie etwa der Wartesaal eines Bahnhofes«.[569] Die Vorstellung eines Zeitraums verkörpert zwar »die beiden unversöhnlichen Zeitvorstellungen in kondensierter Form«, aber gleichzeitig »hebt der Zeitraum sich nicht aus dem homogenen Fluss der Zeit; er setzt vielmehr eine eigene Zeit an« und löst damit die Antinomie nicht auf.[570]

Scheinbar bietet Kracauer mit der Figur des Ahasver nun eine messianische Lösung für die Inhomogenität des geschichtlichen Universums an, die ihm in der Abgrenzung von Prousts Lösungsversuch in der *Suche nach der verlorenen Zeit*, die einzig mögliche zu sein scheint.[571] Im Rückblick vom Ende der Geschichte her bietet Ahasver eine Gewähr für die Einheit der Geschichte. Für Prousts Erzähler Marcel ist in der *Suche nach der verlorenen Zeit* »jede Situation eine Wesenheit«[572], die für sich steht. Deren mi-

ihr Bild, stößt da an ihre Grenze, wo sich das, was im Bild gerettet werden und anamnetische Solidarität mit den Toten erst ermöglichen soll, jeder bildlichen Vorstellung entzieht.« In *Geschichte* nun ist dieser Primat durch die Vorstellung der errettenden Benennung abgelöst worden. Hier zeige sich ein messianisches Moment in der Möglichkeit der Benennung über die sich anverwandelnde Versteinerung der Historikerin. Diese Anverwandlung wird in die Beziehung zur metaphysischen Aufhebung des Paradoxes der Zeit an deren Ende durch Ahasver gestellt. »Nicht anders als in der ›Theorie des Films‹, bleibt Kracauer auch in seinem letzten Buch seiner eigentümlichen Position zwischen Phänomenologie und Metaphysik treu. Der Primat des Optischen ist nur aufgegeben, um die Dinge in eine andere mediale Ebene zu bringen.« Koch, ...noch nirgends angekommen, S. 105f., 109.
568 Vgl. *Geschichte*, S. 138ff. In der Kritik an der Vorstellung einer chronologischen Zeit lehnt sich Kracauer sehr stark an die geschichtsphilosophischen Thesen Benjamins an, welcher diese Auffassung der homogenen Zeit in den Zusammenhang der Vorstellung des Fortschritts des Menschen in der Geschichte bringt. Vgl. ebd., S. 142.
569 *Geschichte*, S. 142.
570 Ebd., S. 147.
571 Vgl. *Geschichte*, S. 148.
572 Ebd., S. 151.

kroskopische Großaufnahmen erzeugen zeitlose Muster und machen die Dinge zu Essenzen.[573] Gleichzeitig entwickelt sich Marcel durch verschiedene Ichs hindurch. Die irreversible Zeit bekommt durch den Umweg des Schreibens retrospektiv Kontinuität. Im Rückblick erzeugt er durch das Schreiben eine Chronologie der einzelnen Momente.

Doch diese Lösung des strukturellen Problems der Inhomogenität der Zeit ist rein ästhetisch zu verstehen: »Weder hat Geschichte ein Ende, noch unterliegt sie ästhetischer Errettung.«[574] Eine tatsächliche Auflösung der Inhomogenität gäbe es erst im Rückblick, am Ende der Zeit, wie für Ahasver. Aber dieser Moment ist imaginär und nicht eigentlich die von Kracauer angestrebte Auflösung der Antinomie der Zeit. So bietet Kracauer zwar scheinbar eine Lösung für die Inhomogenität des geschichtlichen Universums in der Unterscheidung von Ahasver und Proust/Marcel an, doch entspricht diese Auflösung der Antinomie nicht der grundlegenden Struktur der Inhomogenität.

Da die inhomogene Struktur gerade in ihrer Ambivalenz die Utopie des Bewahrens des Verlorenen und Übersehen für die Zukunft trägt, widerspricht eine messianische Interpretation dieses Aspekts der notwendig vorläufigen, humanistischen Haltung der Historikerin. Eine solche Lesart von *Geschichte* beachtet nicht die Notwendigkeit der Unauflösbarkeit der Antinomie der Zeit und verdeckt damit Kracauers Vorstellung von Errettung als Bewahrung von Möglichkeiten. Auch die Auslegung der Schlupflöcher und der Figur des Sammlers im messianischen Sinne widerspricht dieser grundlegenden Utopie.

Photographie teilt zwar in *Geschichte* mit Historiographie die Möglichkeit der Aufbewahrung und damit der Rettung. Gertrud Koch hat deshalb in ihrem schon erwähnten Text *Athenes blanker Schild* diesen Aspekt der Aufbewahrung in einer Art Wartesaal bis zum Ende der Geschichte auf das messianische Motiv der Erlösung hin interpretiert:

»Historiographie und Fotografie haben für Kracauer einen privilegierten Zugang zum Konkreten. Was die Errettung der Dingwelt im Bild ist, ist die Aufhebung der Dinge in den Sammlungen und Geschichten, die der Historiograph anlegt und schreibt. Dieser Prozeß der rettenden Benennung vollzieht sich durch Verdinglichung, durch die Reproduktion der Aufnahmeapparatur für die Bilder. Will der Historiker zu den

---

573 Vgl. ebd., S. 152.
574 Ebd., S. 152.

historischen Phänomenen gelangen, so muß er sich ihrer versteinerten Oberfläche mimetisch anverwandeln.«[575]

Gerade diese körperliche Anschmiegung vermittle das Naturfundament der Zuschauerin/Historikerin durch ein »sich ins Verhältnis [...] setzen zur Oberfläche der Welt und der Dinge«.[576] Doch weder um die Anverwandlung der Historikerin an das Tote noch um die Aufbewahrung der Toten als Verdinglichte für die Erlösung geht es Kracauer in *Geschichte*.[577] Zu vage, um die Interpretation Kochs zu bekräftigen, argumentiert Kracauer auf eine messianische Leseweise hin. Sie ist für ihn lediglich das einzige Argument, das ihm zur Verteidigung der technischen Geschichte einfällt, welche versucht die Zeit in allen ihren Details zu fassen:

»Es gibt nur ein einziges Argument zu ihren Gunsten, das ich für schlüssig halte. Es ist jedoch ein theologisches Argument. Ihm zufolge ist die ›vollständige Ansammlung der kleinsten Fakten‹ aus dem Grund erforderlich, daß nichts verloren gehen soll. Es ist, als verrieten die faktisch orientierten Darstellungen Mitleid mit den Toten. Dies vindiziert die Gestalt des *Sammlers*.«[578]

Dass Kracauer dieser Vorstellung einer möglichst vollständigen Geschichtsschreibung aus ›Mitleid mit den Toten‹ selbst aber nicht anhängt, beziehungsweise diese in Anführungszeichen setzt, zeigt sein weiterführender Kommentar zu diesem Versuch der Lösung des Problems der historischen Ebenen. Diese Form der Geschichtsschreibung habe nur weitere Probleme

---

575 Koch, Athenes blanker Schild, S. 137.
576 Koch, Kracauer zur Einführung, S. 134. Koch macht es Kracauer zum Vorwurf, dass er einerseits die tatsächliche Geschichte, insbesondere die Shoah, nicht offen thematisiere und andererseits in seiner indirekten Darstellung derselben dann, zum Beispiel in dem Motiv der »Errettung durch die Verdinglichung hindurch«, Phänomenologie und Theologie miteinander vermische. So verweise Kracauer in *Geschichte* nur in einer Fußnote zu Herbert Butterfield auf die Möglichkeit von Konzentrationslagern und stelle diese in den Zusammenhang der Errettung durch die Vollständigkeit der technischen Geschichtsschreibung, welche letztlich nur theologisch zu begründen sei. Koch, ...noch nirgends angekommen, S. 101.
577 Babić kritisiert zu Recht an dieser Interpretation der Errettung durch die eigene Anverwandlung vor allem die Vorstellung der einseitigen Versteinerung der Historikerin und betont deren Rückkehr. Sie bemerkt sehr richtig, dass Kracauer im Zusammenhang der Anverwandlung niemals von Versteinerung oder Anschmiegung an das Tote spricht. Auch sei seine Vorstellung der mimetischen Angleichung eine prozesshafte, erweiternde Bewegung, die ebenso die Rückbewegung und den Bezug auf die Gegenwart enthalte. Vgl. Babić, Film und Geschichte, S. 86.
578 Geschichte, S. 130.

zur Folge, denn Mikrogeschichte, die näher am antiquarischen Interesse verbleibt, führt zu einem Quantitätsproblem in der technischen Ansammlung von Fakten.[579] Die Figur eines Sammlers, der die Vollständigkeit der Fakten aus »Mitleid mit den Toten« anstrebt, ist hier nur ein Argument für und zugleich gegen technische Geschichte als Anhäufung und Aufbewahrung ›toten‹ Materials. Kracauers eigenes antiquarisches Interesse, seine eigene Empfänglichkeit für das »sprachlose Plädoyer der Toten«, erklärt er an anderer Stelle im Zusammenhang mit der Ansprache durch Prousts Geisterbäume, die diesem von in der Vergangenheit Verlorenem zuraunen. Es geht ihm um die Zukunft des Vergangenen als Wiederaufnahme dieser verlorenen Prozesse in der Gegenwart – die eigentliche Vorstellung der Erlösung und die humanistische Utopie in *Geschiche*.[580]

Vorraum-Denken und Errettung der Rezeption

Ich habe anhand des photographischen Blicks auf das Unmenschliche argumentiert, dass die Vorstellung der Errettung weniger als messianische Erlösung, sondern mehr in der Form eines ›anderen‹ Denkens zu finden ist, in der Möglichkeit der Wahrnehmung und der Erfahrung. Die Utopie der Wiederaufnahme von verlorenen Prozessen, des Übersehenen, macht vom Ende der Geschichte aus gesehen keinen Sinn. Die mimetische Anverwandlung ist daher als Öffnung und nicht als Sprengung oder Versteinerung des Subjekts zu sehen. Die Utopie der Geschichte besteht so betrachtet in der Möglichkeit für Veränderung, der Errettung durch Sichtbarmachung. Obwohl die Massenvernichtung unausgesprochenes Anathema der *Theorie des Films* und von *Geschichte* bleibt, wie Koch richtig betont hat, ist die diesbezügliche Hoffnung der Errettung auf das Leben, die Zukunft in der Gegenwart gerichtet, nicht auf ein Ende der Zeit.

Einerseits muss eine Interpretation von Kracauers Erfahrung der Massenvernichtung – dem Verlust seiner Familie und Freunde – ausgehen. Eine messianisch konnotierte Hoffnung auf Erlösung ist in Kracauers Spätwerk nicht zu leugnen. Andererseits klären sich erst in der Vorstellung

---

579 Meiner Ansicht nach beachtet Koch, wenn sie Kracauer die Vermischung von Theologie und Phänomenologie vorwirft, die Distanzierung Kracauers von diesem Argument nur unzureichend. Ebenso wenig berücksichtigt sie in Bezug auf diesen Vorwurf den Aspekt der Selbsterweiterung und den damit zusammenhängenden erkenntnistheoretischen Entwurf.
580 Vgl. Geschichte, S. 18.

der Inhomogenität des historischen Universums durchgehende Motive der Schriften Kracauers und spitzen sich zu. Motive, hinter denen Koch einen theologischen Hintergrund vermutet, wie die »Rettung durch die Verdinglichung hindurch«, sind daher den durchgehenden Bemühungen um Prozessualität und des Bewahrens derselben gegen jegliche Totalität geschuldet. Sie ermöglichen das Sehen der Dinge im Entstehen, im Prozess.[581]

Die Struktur des historischen Universums widerspricht dem theologischen Argument, denn die Unvollständigkeit des historischen Wissens und sein vorläufiger Charakter sind grundlegend und daher notwendig aufrecht zu erhalten. Ein zentrales Bild in *Geschichte*, das Bild des Wartesaals, dient in diesem Zusammenhang der Prozesshaftigkeit als exterritorialer Raum – einem Raum, in welchem die Richtung der Zukunft offen bleibt, indem alles den Status der Vorläufigkeit behält. Eine zu starke Einbindung dieses Motivs des Wartesaals und der Vorläufigkeit in messianische Geschichtsphilosophie verfehlt den erkenntnistheoretischen Charakter dieser Vorstellung.

Es ist die Offenheit, die Kracauers Utopie der Errettung trägt und welche gerade die Radikalität von *Geschichte* ausmacht. Erst das nebeneinander Stehenlassen der Heterogenität des historischen Universums lässt die Historikerin übersehen, andere Möglichkeiten auffinden, weshalb Kracauer auf ihrer Zurückhaltung und dem Mittelweg beharrt: »Tatsächlich wäre ein Halt auf halber Strecke letzte Weisheit im Vorraum. Daher zieht sich durch dieses ganze Buch meine Sorge um Abschattungen und Näherungswerte.«[582]

Die Vorwürfe der Inkonsequenz, Ahistorizität und Angepasstheit in der Rezeption von *Geschichte* – zum Beispiel vonseiten Adornos und Mülder-Bachs – missverstehen gerade die Utopie des Vorraums und deren historische Dimension. Rodowick argumentiert sehr überzeugend, dass in *Geschichte* zwar in der Darstellung des historischen Wissens und in der Philosophiekritik kaum eine einzelne wirklich neue Postition gegenüber anderen Geschichtsmodellen auszumachen ist. Radikal dagegen sei aber

---

581 Es ist laut Babić das Aufrechterhalten dieser Prozessualität, nicht der messianische Erlösungsgedanke, welcher *Geschichte* zu einem utopischen Buch macht: »Kracauers entschiedene Kritik des Gegenwarts-Interesses beispielsweise beharrt auf der Freiheit eines Lebens, das sich von den Fesseln ›seiner‹ Zeitzugehörigkeit befreit hat. [...] Auch in diesem Sinne ist das Geschichtsbuch ein Überlebensbuch, das nach der Massenvernichtung eine humane lebensweltliche Dimension behauptet und mittels seiner Existenz bezeugt.« Babić, Film und Geschichte, S. 99.
582 Geschichte, S. 198.

gerade Kracauers Beharren auf dem Kompromiss des Mittelwegs, welcher gewissermaßen der Haltung des Wartens entspricht.[583] Das Ertragen der nicht erschließbaren Gleichzeitigkeit und das Erkennen der Vorläufigkeit als existenzielle Freiheit, darin liege Kracauers Utopie in der Entfremdung. Der Wartesaal ist nicht unbedingt ein angenehmer Ort, aber einer, in dem alles möglich bleibt. Und schon das Offenhalten in diesem Wartesaal, im Vorraum gleicht der Errettung – kein Warten auf Errettung, sondern Errettung durch Warten. Das Motiv der Errettung lässt sich auf diese Weise säkular lesen – Errettung durch einen anderen Blick.[584]

Auch Kessler betont im Zusammenhang des Vorraums, des ›Entschleierns‹ und ›Bewahrens‹, den Gegenwartsbezug der Vorstellung der Errettung. Bewahrt werden solle, um zu entschleiern, das heißt, zu erkennen, und Möglichkeiten wahrnehmen zu können. Die »Rettung der Phänomene« geschieht nach Kessler über die Veränderung der Gesamteinstellung, für die gerade die entfremdete photographische Wahrnehmung steht.[585]

»Freilich werden Fotografie, Film und Kino hier in die Perspektive von etwas Umfassenderem gerückt; einer Gesamteinstellung gleichsam und Verhaltensweise zu Welt, zu den Menschen und Dingen, die selbst

---

583 Rodowick, The Last Things, S. 138.
584 Barnouw sieht den Vorraum ebenfalls rein säkular. So weise Kracauer in einem im Nachlass erhaltenen Text zum jüngsten Gericht die Vorstellung, Geschichte könnte in einer messianischen Zukunft abgeschlossen sein, von sich: »Kracauer distanced himself from the believer's desire that his collection be complete on Judgment Day, at the end of human time. He was not interested in a final, irrevocable judgment passed by a higher authority from beyond the secular life-world. Rather, he imagined a judgment that one day, at some point in human time, might reserve a cultural status quo and give new energy to the reclamation (›Einlösung‹) of heretofore marginal histories that would enrich, by questioning it, history […]. For Kracauer the cultural contribution of history is located precisely in its open-ended secularity.« Barnouw, Critical, S. 260f. Es bedürfe keines zukünftigen Auftauchens von Ahasver, um in Geschichte die Benjamin'sche Vorstellung der Rettung der Dinge in geschichtlichen Ideen zu akzeptieren. Die Konfigurationen des historischen Verstehens, statt generalisierender philosophischer Begriffe, dienten der Rettung der Phänomene. Die Wahrheit als sich in den Phänomenen Zeigende stehe im Gegensatz zur Erkenntnis als Besitz. Diese Wahrheit entziehe sich der Intention. Nur ein nichtintentionales Verschwinden führe noch zum Verstehen – die Selbstreduktion der Exterritorialität.
Barnouws Betonung der strukturell notwendigen Vorläufigkeit wendet sich gegen Rodowick und Martin Jay, die beide *Geschichte* durch Benjamins Geschichtsphilosophie interpretierten.»An assumed Benjaminian presence in History allowed Jay to read into Kracauer's argument a redemptive reconciliation in historiography on the level of Prousts esthetic reconciliation – a solution explicitly rejected by Kracauer – and so impute to his work a religious dimension that was profoundly alien to his intellectual temperament«. Barnouw, Critical Realism, S. 228.
585 Kessler, Entschleiern und Bewahren, S. 111.

eine ›Form menschlicher Existenz‹, wie es im Vorwort heißt, darstellt. [...] Einverleibung, also Anverwandlung des lediglich scheinbar Unwesentlichen, das ist in der Tat eine Grundlinie Kracauerscher Denk- und Wahrnehmungsbemühungen.«[586]

Wenn *Geschichte* theologisch zu lesen sei, dann eher als negative Theologie. Das Beharren darauf, die Obdachlosigkeit nicht zu überdecken, keine Abkürzungen zu neuem Sinn zu gehen, richte sich gegen Rationalismus, teleologisches Fortschrittsdenken und Geschichtsmetaphysik, welche Geschichtlichkeit als geschlossenes System dächten, und dadurch die notwendige Ambivalenz tilgten.[587] »Das Zur-Geltung-Gelangen-Lassen dieser Einsicht ist mit Kracauers eigentümlicher, sich verlangsamender Denkbewegung identisch.«, so Kessler.[588] Das ›Seite an Seite‹-Prinzip des historischen Universums, dessen notwendiges Nebeneinander von Entweder/Oder, entspringe Kracauers erkenntnistheoretischem Bemühen um die Inhomogenität des intellektuellen Universums zugunsten des Marginalen.

Somit geht es um Einlösung statt um Erlösung – das Übersehene einlösen, Möglichkeiten wieder wahrnehmen. Die Offenheit gegenüber dem Material dient dem Bewahren der Möglichkeiten. Insofern ist gerade der ›verpönte‹ Realismus Kracauers als Utopie der Erfahrung anzusehen. Der Realismus wird zum Humanismus, indem er dem Bewahren des Möglichen entspricht. Die Zurückhaltung als Bewahren des Möglichen ist, Forrest zufolge, als übergreifende Grundhaltung der *Theorie des Films* und von *Geschichte*, ebenso aber auch des Photographie-Aufsatzes zu sehen, welcher diese Vorstellung der Errettung schon impliziere.

> »[when] Kracauer himself writes, the concerns which he elaborated in History actually ›grew out of the ideas [he] tried to implement in Theory of Film‹, then it is because his delineation of the promise of the medium rests not, as his critics have suggested, on film's capacity to affirm the state of the world ›as it is‹, but rather on the extent to which realist film can – in ›stir[ing] up the elements of nature‹ play a part in reanimating our capacity to conceive of the possibilities of both the past and the future in different terms.«[589]

Es geht nicht um eine zukünftige Erlösung des Aufbewahrten und ebenso wenig um die Aufbewahrung der Realität in ihrem gegenwärtigen Zustand,

---

586 Ebd., S. 111.
587 Ebd., S. 115.
588 Ebd., S. 112.
589 Forrest, The Politics of Imagination, S. 122f. Forrest zitiert hier aus Siegfried Kracauer: Photography. In: Ders.: The Mass Ornament. Weimar Essays. London 1995, S. 62.

sondern um die Errettung des Zugangs zu derselben, um die aufbewahrten, unbeachteten Möglichkeiten nutzen zu können. Die Rettung der Dinge ist daher kein Selbstzweck, sondern die Erfahrung derselben. Die Rettung der Dinge, beziehungsweise der übrig gebliebenen Realität dient der Rettung der Rezeptivität.[590] Nur die Rezeptivität, ermöglicht durch die Haltung der aktiven Passivität, kann die in den Resten der Vergangenheit und der Gegenwart aufbewahrten Möglichkeiten für die Zukunft zugänglich machen.

Film als andere Geschichtsschreibung

Der Vorläufigkeit und Heterogenität des historischen Wissens entspricht die Vorläufigkeit der Photographie und des Films. Deren Unabgeschlossenheit ist nicht allein auf der Ebene des Dargestellten zu suchen, nicht allein in der Zurücknahme der Form zugunsten des präsentierten Materials zu sehen, sondern genauso in Bezug auf die Materialität des Films selbst. Vor allem in Früher Photographie und Frühem Film zeigten sich zwischen Gegenstand und Filmmaterial Ähnlichkeit in der Vergänglichkeit. In einer Betrachtung einer Film- und Photoschau im Exil tritt für Kracauer diese Ähnlichkeit von ihren Anfängen her zutage. Er formuliert zu den ausgestellten frühen Photos: »Durch diese Sammlung erst wird das ungewußt mitgeführte Leben offenbar und tritt uns fremd gegenüber.«[591] Damit dieses Leben uns aber gegenübertreten kann, darf es gerade nicht in endgültige Formen der Kunst oder des Wissens gepresst werden. Auch diese Photos müssen, um Leben vermitteln zu können, in einer Art Wartesaal verbleiben. Kracauer schreibt:

> »Diese Bilder müssten nicht allein ihrer Herkunft wegen in hellen, vornehmen Museumssälen ersticken, sondern wären auch darum in einer solchen Umgebung schlecht untergebracht, weil sie noch nicht völlig historisch geworden sind. Ihr Ort ist an der Grenze zum Gestern, an der nur improvisiert werden kann. Denn im Zwielicht dort verschwimmen vorerst die Konturen, und das Rauschen des gelebten Daseins klingt in die kaum verlassenen Felder herüber.«[592]

An dieser Stelle thematisiert nun Kracauer nicht nur die Materialität des Aufgenommenen oder der Betrachterin, sondern er spricht auch vom

---

590 Vgl. auch Schlüpmann, Phänomenologie, S. 48.
591 Nr. 690. An der Grenze des Gestern. Werke 6.3, S. 76–82, hier S. 76.
592 Ebd., S. 77.

Altern der Materie der Bildträger, vom filmischen Material. Es ist dieses lebendige, alternde Material, welches das Glück zeigt, »alle todgeweihten Dinge zu bannen.« Aber diese Bannung ist eine vorläufige, zerfallende und dem Abgebildeten entsprechende:

»[...] gerade die Nichtigkeit des Sujets veranschaulicht das von den ersten Lichtbildern Gemeinte. Sie waren zweifellos von der Mission erfüllt, das Zeitliche in einer Weise zu segnen, die das Zeitliche segnet.«[593]

Alte Bildträger erzeugen Rührung, die sich Kracauer daraus erklärt, dass das Material »das Vergängliche retten, nicht aber bis zum Überdruß verewigen will.«[594] Auch hier wieder geht es um ein zärtlich-taktiles Verhältnis zum Aufgenommenen, welches sich den Dingen anschmiegt, statt sie als Information, als Dokumente, zu verewigen, weil es sich seiner eigenen zerfallenden Materialität bewusst ist.[595]

Ausgehend von diesem Verhältnis von Leben und Zerfall der Materie möchte ich zur letzten Betrachtung eines konkreten Films kommen. Dieser nimmt einen Sonderstatus ein, denn einerseits handelt es sich im Gegensatz zu den anderen von mir bisher beschriebenen Filmen um einen Dokumentarfilm. Andererseits untersucht der Film selbst das von Kracauer beschriebene Verhältnis von Photographie und Geschichtsschreibung. Er ist nicht nur eine Umsetzung desselben, sondern gleichzeitig dessen Reflexion. Gerade in dieser Reflexion lassen sich nun wieder Brücken zur vorher untersuchten leibhaftigen Wahrnehmung bei Merleau-Ponty, zum Körpergedächtnis und zur ›unmenschlichen‹ Wahrnehmung ziehen. Ich ende daher mit einem Film, in dem die mit Kracauer, Deleuze und Merleau-Ponty untersuchten Aspekte der Filmwahrnehmung zusammenfinden – einem Film, der die Ethik des Ermöglichens einer anderen Wahrnehmung, deren Leibhaftigkeit und deren Utopie miteinander vereint.

---

593 Ebd.
594 Ebd.
595 »Eine Hoffnung aber bleibt: der herrliche Apparat, der diese nichtigen Produkte erzeugt. Er kann nicht vergeblich geschaffen worden sein, sondern wird eines Tages die Funktion erhalten müssen, die ihm in Wirklichkeit zukommt.« Ebd., S. 81.

MEIN LEBEN TEIL 2 – *Zur Verdichtung eines vergangenen Lebens ins Material*

Photographien sind Bilder von Vergangenem. Schon im Moment des Auslösens ist ein photographierter Augenblick Vergangenheit. Bekanntlich zeigt uns der Ausdruck eines Photos immer nur ein »Es-ist-so-gewesen«.[596] Die implizite Abwesenheit des Abgebildeten in der Photographie konfrontiert uns mit unserer eigenen zukünftigen Sterblichkeit – unserer Materialität – auch wir werden einmal so gewesen sein. Durch ihre faktische Sichtweise vergegenwärtigt die Photographie uns nach Kracauer unsere »ganze naturale Hülle«. Er schreibt der Photographie einen entfremdeten Blick zu, welcher uns mit unserem Naturfundament konfrontiert und »die Totenwelt in ihrer Unabhängigkeit vom Menschen« sichtbar macht.[597]

Die der Photographie implizite Abwesenheit des Vergangenen verstärkt sich in filmischen Bildern. Durch die Bewegungsillusion der filmischen Bilder in ihrer nicht festhaltbaren Flüchtigkeit, in ihren notwendigen Leerstellen, verdoppelt Film diese Abwesenheit. Kino kann so auch als ein beständiger Prozess des Abschiednehmens begriffen werden. Babić beschreibt Filmwahrnehmung in diesem Sinne als die

»Wahrnehmung eines im Verschwinden Begriffenen. Diesem Verschwinden eignet etwas Ungreifbares, systematischen Analysen geht es durch die Netze, und doch ist es wahrnehmbar und beschreibbar. Das im Kino auf der Leinwand kontinuierlich inszenierte/projizierte Abschiednehmen verweist auf den Tod, der jedem photographischen Bild als Spur eingeschrieben ist«.[598]

Die Regisseurin von MEIN LEBEN TEIL 2, Angelika Levi, plante einen Film über das Leben ihrer Mutter – eine Wissenschaftlerin jüdischer Herkunft, die den Zweiten Weltkrieg in Deutschland überlebte, dann nach Chile emigrierte und Biologin wurde, später 1957 aber wieder zurück nach Deutschland kam, einen protestantischen Pfarrer heiratete und blieb. Die Mutter starb zu Beginn der Dreharbeiten.

Übrig blieb ein Archiv, das die Mutter zeit ihres Lebens geführt hatte – eine heterogene Sammlung von Photos, Gegenständen, Tagebüchern, Tonbandaufnahmen, Familienfilmen sowie einigen Aufnahmen der Filmemacherin von Gesprächen mit ihrer Mutter – gegenseitige Aufnahmen,

---

596 Roland Barthes: Die helle Kammer. Bemerkung zur Photographie. Frankfurt am Main 1989, S. 87. [OA 1980]
597 Kracauer, Photographie, S. 38f.
598 Babić, Film und Geschichte, S. 11.

MEIN LEBEN TEIL 2. Angelika Levi, D 2003

kleine Interviewsequenzen. Levi beschloss, ihren Film anhand dieses Archivs, anhand dieser Reste, weiterzuführen und die Geschichtsschreibung der Mutter nicht abbrechen zu lassen.

Auf diese Weiterführung des Archivs durch Angelika Levi werde ich mich im Folgenden konzentrieren, auf die Fortführung der Geschichte der Mutter, und nicht auf den sich in den Vordergrund drängenden Tod – auch wenn die Aufzählung der Toten und der verschiedenen Todesarten lang ist in diesem Film. Es handelt sich nicht um einen Film über den Verlust der Mutter, sondern um einen Film über das Leben, das Überleben in Extremsituationen und über das Weiterleben – das Weiterleben über totes Material im Film, in Bildern und Dingen – ein Weiterleben nach dem Tod durch Geschichte und auch über die Frage nach der Möglichkeit des Weiterlebens nach der Shoah.

Der Umgang mit dem Material

»Meine Mutter sammelte und archivierte ihre eigene Geschichte«, schreibt Levi über ihren Film.

»Ich habe sie geerbt und daraus einen Film gemacht, in dem es vor allem um Wahrnehmung, um das Vermächtnis und um den Umgang mit Geschichte geht. Ich bin die letzte aus dieser Familie, sagt meine Mutter. Nun kommen die noch, sagt sie, und meint meinen Bruder und mich.«[599]

Beide Geschwister werden die Familiengeschichte im traditionellen Sinne nicht fortsetzen, aber Levi nimmt ihr Erbe an, indem sie das Archiv der Mutter weiterführt und durch ihre Neu-Ordnung der archivierten Fragmente Geschichte schreibt. Mithilfe des Archivs nähert sie sich der Mutter an, rekonstruiert deren Geschichte und lässt diese nicht abbrechen, errettet sie im oben ausgeführten Sinne.

Der Film wird so zu einer Art Behälter, der das äußerst heterogene Material, das teilweise auch nur aus unleserlichen, abgefilmten Tagebuchnotizen besteht, zusammenhält und in eine neue, verdichtete Form bringt. Ein Behälter für gefundenes Filmmaterial und für die vielen gesammelten Dinge, Reste, Spuren, die die Mutter hinterlassen hat: Super 8-Familienfilme von Vater und Mutter gedreht, aber auch von der Tochter, 16mm Filme, in denen sich Mutter und Tochter gegenseitig aufnehmen, grobkörnige Landschaftsaufnahmen, geerbte und gefundene Fotos der Familie, Dokumente, merkwürdige Gegenstände wie getrocknete Pflanzen, Tagebucheintragungen, Protokolle der Mutter, Kinderzeichnungen, Briefe und nicht zuletzt die Tonkassetten der Mutter, deren Beschriftung dem Film seinen Namen gibt: MEIN LEBEN TEIL 2.

Das Archiv der Mutter sollte Levi nach deren Tod die nächsten sieben Jahre beschäftigen. Sieben Jahre lieferte sie sich dem Material aus, versuchte, den vom Material offen gelassenen Fragen, den Fäden nachzuspüren und weiteres Material zu sammeln. Sie fuhr nach Chile, um herauszubekommen, warum ihre Mutter zurückgekehrt war; sie spürte der Herkunft einzelner Gegenstände aus dem Archiv nach und den sich daraus ergebenden immer weiteren Geschichten; sie interviewte den Vater.

Zwei Jahre brachte sie dann damit zu, aus dem Archiv auszuwählen und zu montieren. Dabei wurden die Materialien vor allem in ihrer Un-

[599] Festivalkatalog der Duisburger Filmwoche 27: echt falsch. Duisburg 2003, S. 50.

terschiedlichkeit von ihr »zum Sprechen« gebracht. Irgendwann verschob sich dadurch ihr Projekt – von der ursprünglichen Suche nach der eigenen Herkunft und ihrer Identität zur Gerechtigkeit gegenüber den Materialien. Die Suche nach der Geschichte ihrer Mutter und ihrer Herkunft wurde zu einer eigenen Form von Geschichtsschreibung.

Indem Levi die Sammlung der Mutter zur Grundlage für ihren Film macht, führt sie deren Versuch der Weitergabe der eigenen Geschichte und der Klärung von Traumatisierungsprozessen fort, lässt deren Aufarbeitung von Geschichte nicht abreißen:

> »Der Film handelt von Traumatisierung und gleichzeitig davon, wie auf Makro- und Mikroebenen permanent Geschichte produziert, archiviert, in einen Diskurs gebracht und eingeordnet wird – und davon, wie ich selbst immer weiter sammelte, damit alles zusammen eine Erzählung ergibt.«[600]

Die in den Materialien bewahrte Mikrogeschichte öffnet sich durch Levis Anordnung immer mehr über die Familiengeschichte hinaus. Die Materialien werden durch ihre Montage taktil erfahrbar und, in dieser, zum erfahrbaren Träger von Geschichte – in der Materialität der Dinge berühren sich persönliche Erinnerung und ›Histoire‹, Mikro- und Makrogeschichte. Die Kuratorin und Filmwissenschaftlerin Madleine Bernstorff findet dafür sehr passende Worte:

> »Der Film ist eine Schachtel in der Schachtel. Außen siedelt sich die Geschichte der Familie, die Erzählung über das Leben der Mutter an. Schon bald zeigt sich, dass die Überlieferungen der Mutter durch die Filmemacherin so angeordnet werden, dass anhand dieses Archivs die Frage gestellt wird, wo es nötig war, zu verdrängen und zu verschieben.«[601]

Die Frage des Nachlebens stellt sich nur indirekt – über das Material. »Jeder Gegenstand trägt eine Geschichte. Jeder Gegenstand kann dazu auserkoren werden, eine Geschichte zu tragen.« Die Materialien werden nach Bernstorff zu »Zeichen, die an den Übergängen vom Materiellen zum Immateriellen in die Geschichte ragen.«[602]

---

600 Duisburger Filmwoche 27, S. 50.
601 Festivalkatalog des 33. internationalen forums des jungen films, Berlinale 2003: Mein Leben Teil 2, Onlinearchiv, http://www.fdk-berlin.de/forumarchiv/forum2003/katalog/mein_leben_teil_2.pdf, abgerufen am 13.3.2009, S. 2.
602 Ebd.

MEIN LEBEN TEIL 2. Angelika Levi, D 2003

Levi lässt diese als solche stehen. Ihr Kommentar wertet kaum, weist keine Positionen zu, belässt alles in seiner Offenheit. Sie positioniert sich nur in der Anordnung des Materials. Ihre Ordnung desselben nach der Rückkehr vom Material zu sich selbst ist nie dominant, bleibt immer fragend. Sie nimmt sich zurück gegenüber dem Material, lässt es in einer aufmerksamen, abwartenden Haltung für sich sprechen. Sie nimmt eine Haltung ein, die exakt der zu entsprechen scheint, die Kracauer in Bezug auf die Historikerin und die Filmzuschauerin als »aktive Passivität« bezeichnet. Durch solch eine Haltung ermöglicht das Kino der Zuschauerin eine Erfahrung von Materialität, die nicht nur affektiv und somatisch zu beschreiben, sondern immer auch mit Geschichte in ein Verhältnis zu setzen ist.

Geschichte und photographische Medien haben, wie ich oben ausgeführt habe, beide einen besonderen Zugang zur flüchtigen Lebenswelt, sie »erleichtern es uns, die vergänglichen Phänomene der äußeren Welt einzuverleiben und sie derart der Vergessenheit zu entreißen.«[603] Dieses geschichtliche Wissen ist ein Wissen, das sich der verbindlichen Begrifflich-

603 Geschichte, S. 180.

keit, der Abstraktion entzieht – ein Wissen, das im Status des Vorläufigen verbleibt. Geschichte und photographische Medien teilen, so Kracauer, die ihnen innewohnende vorläufige Natur mit dem Material, das sie aufnehmen, erforschen und durchdringen.«[604] In ihrer notwendigen Nähe zum Material bleiben sie an das empirische Detail gebunden. Sie bleiben in diesem Bereich eines Vorraums vor dem begrifflichen Denken, vor allgemeingültigen Erklärungen.

Levis Umgang mit dem Material ähnelt Kracauers Anliegen in *Geschichte*, diesen »vermittelnden Bereich von Geschichte als einen Bereich eigenen Anspruchs zu begründen«.[605] Auch Levis Film trennt sich nicht vom Material, stellt keine abstrakten Erklärungsversuche an, macht nichts dingfest. Teilen sich Film und Geschichte den Bereich des Vorläufigen, Flüchtigen, so nähert sich Levi diesem Bereich wie eine Historikerin im Kracauer'schen Sinne. Sie erschließt damit diesen Bereich auch der Filmzuschauerin als einen historischen.

Auseinanderklaffen von Bild und Ton

Durch die Art wie Levi das unterschiedliche Material kompiliert, gelingt es ihr, eine erstaunlich dichte Emotionalität zu erzeugen. Dies geschieht nicht durch Strategien emotionaler Überwältigung, sondern durch die Art der Assoziationen, welche die Bilder anstoßen und vorantreiben und an denen die Zuschauerinnen teilhaben können. Die Erfahrung der unterschiedlichen Materialien, ihr materieller Zustand und die von ihnen ausgehenden Assoziationen bekommen in der Montage Intensität und Dichte. Es ist insbesondere auch die Taktilität der unterschiedlichen Materialien, die zum Gedächtnis wird.

Die Materialien werden von Levi in ihrer Medialität in Szene gesetzt, in dem, was sie sagen und zeigen, oder eben nicht. Die Rolle der materiellen Träger als mediale Vermittler wird in den Vordergrund gestellt. So vermitteln die gezeigten Familienfilme, welche die Mikrogeschichte der eigenen Familie in ihrer Ambivalenz transportieren, durch ihre Kombination und die gestellten Fragen, Geschichte auf mehreren Ebenen. Levi sagt in einem Gespräch mit Stefanie Schulte-Strathaus vom arsenal Berlin:

---

604 Ebd., S. 179.
605 Ebd., S. 26.

»Die Super8-Aufnahmen, die mein Vater von der Familie gemacht hat, haben sicherlich viel Ähnlichkeit mit anderen Familienfilmen. Wenn man genau hinsieht, sagen diese Bilder sehr persönliche Dinge, kleine Dinge wie ein Vorhang, ein Ball, Kleidung, ein Treppengeländer spielen eine große Rolle. Gleichzeitig weisen sie aber auch auf eine bestimmte Zeit hin. Ich habe Strandbilder aus den vierziger Jahren entdeckt, die etwas ganz anderes als die erzählten, die mein Vater in den siebziger Jahren von uns gemacht hat, oder die, die ich selbst in den achtziger und neunziger Jahren gemacht habe. Plötzlich erkannte ich, wie unbewusst ich Bilder reproduziert habe, indem ich meine Familie in Strandkörben photographierte, ohne daran zu denken, dass sie ja immer schon in Strandkörben gesessen hatten. Solche Dinge habe ich erst während der Bearbeitung des Materials entdeckt und dann natürlich herausgehoben.«[606]

Inwiefern der Umgang mit gefundenem Material oder Familienfilmen über die sekundäre Bearbeitung einen Zusammenhang von Mikro- und Makrogeschichte schaffen kann, hat die Filmwissenschaftlerin Christa Blümlinger anhand von Filmen herausgearbeitet, die gefundenes Archivmaterial verwenden und in einen neuen Zusammenhang stellen.[607] Sie nennt diese Filme Archivkunstfilme. Den Umgang mit Familienfilmen in solchen Arbeiten versucht sie, mit dem Begriff des Monuments zu umschreiben. Ein Monument unterscheidet sich von einem historischen Dokument darin, dass es in seinen materiellen Eigenschaften und nicht als repräsentierendes Zeichen etwas erzählt.[608]

»Das Monument ist das, was ohne Worte spricht, was uns ohne die Absicht aufzuklären etwas vermittelt, was ein Gedächtnis in sich trägt allein durch die Tatsache, daß es sich bloß um seine Gegenwart gekümmert hat.«[609]

---

606 Angelika Levi im Interview mit Stefanie Schulte Strathaus, Festivalkatalog des 33. internationalen forums des jungen films, Berlinale 2003: Mein Leben Teil 2, Onlinearchiv, S. 6.
607 Vgl. Christa Blümlinger: Sichtbares und Sagbares. Modalitäten historischer Diskursivität in Archivkunstfilmen. In: Die Gegenwart der Vergangenheit. Dokumentarfilm, Fernsehen und Geschichte, hrsg. von Eva Hohenberger und Judith Keilbach. Texte zum Dokumentarfilm 9, Berlin 2003, S. 82-97, hier S. 85.
608 Vgl. ebd., S. 84. Den Begriff des Monuments verwendet Blümlinger im Sinne Michel Foucaults und Jacques Rancières.
609 Jacques Rancière: L'inoubliable. In: Arrêt sur l'histoire, hrsg. von Jacques Rancière, Jean-Louis Comolli, Paris 1977, S. 55 f. Zitiert und übersetzt von Christa Blümlinger, ebd., S. 85.

Im Monument verdichten sich, so Blümlinger, Praxen und Diskurse, die eher eines archäologischen Ansatzes im Sinne Foucaults bedürfen, als eines interpretierenden Kommentars, der sie zu Dokumenten machen und in die Geschichte einordnen würde.[610] Löse ich mich von der Argumentation Blümlingers und komme zurück zu *Geschichte*, geht es hier um Mikrogeschichte. Das Monument erfordert und ermöglicht eine Geschichtsschreibung, die Geschichte in ihrem Entstehen erfahrbar macht.

Familienfilme werden zum Monument durch ihre besondere Aufnahmesituation und ihre Materialität. Sie sprechen für sich, sind brüchig, zufällig, und haben eine einzigartige Präsenz. In der Regel führt man das Original vor, da es meist kein Negativ gibt. Dieses nutzt sich mit der Zeit ab und erhält nach Roger Odin dadurch eine spezifische Aura, denn es trägt »die *einmaligen* Spuren einer Familienvergangenheit.«[611] Diese auratischen Eigenschaften steigern die filmischen Eigenschaften des Zufalls, der Diskontinuität. Es ist das alternde, brüchige Material selbst, das in seiner Lückenhaftigkeit Fragen aufwirft.

In MEIN LEBEN TEIL 2 verleiht die Diskrepanz dieser Bilder zur Erzählung aus dem Off den Familienfilmen einen solchen auratischen, aber auch ambivalenten Charakter. Die Super 8-Aufnahmen ihres Vaters werden von Levi nie als Dokumente analysiert, um das Erzählte zu belegen. Immer stehen sie der Tonspur in ihrer Materialität gegenüber, konfrontieren das Gesagte mit der offiziellen sichtbaren Geschichte der Familie. Levi thematisiert im genannten Interview das Verhältnis von Familienfilm und Historie:

> »Meine Familie hat sich immer selbst dokumentiert. Ich habe lange angenommen, dass es meine Geschichte in Deutschland gar nicht gibt; aber plötzlich habe ich dann gemerkt, dass eigentlich alles da ist. Es wird ständig über die Nazizeit gesprochen, es ist eben nur die Frage, wie man über was spricht, und zu welchem Zweck. Das, was in Deutschland ausgesprochen wird, beinhaltet eindeutig auch das, was nicht ausgesprochen wird.«[612]

Bild und Ton laufen im Film nebeneinander her und hinterfragen sich gegenseitig. Es sind vor allem die vielen Tode – der Selbstmord der Großmut-

---

610 Vgl. Michel Foucault: Archäologie des Wissens. Frankfurt 1973, S. 15, 198. [OA 1969]
611 Roger Odin: Kino ›mit klopfendem Herzen‹: Anmerkungen zu den Emotionen im Familienfilm. In: Kinogefühle. Emotionalität und Film, hrsg. von Matthias Brütsch, Vinzenz Hediger, Ursula von Keitz, Margit Tröhler, Marburg 2005, S. 103-117, hier S. 116.
612 Levi im Interview, Festivalkatalog des 33. internationalen forums des jungen films, S. 6.

ter, der Unfall des Onkels oder die als Gewalt empfundene Ausgrenzung der Mutter, nach Beginn ihrer Krankheit, die mit grobkörnigen, scheinbar fröhlichen Familienfilmen konfrontiert werden: den lachenden Kindern, während die Mutter von ihrer Einsamkeit erzählt. Immer wieder schweift die Kamera ab, fährt die Wände eines Geschäftshauses entlang oder verkriecht sich in Naturaufnahmen – lässt die Zuschauerin mit dem Ton allein.

Levi betrachtet in ihrem Film die Bilder nicht hermeneutisch auf ihre Bedeutung, sondern auf ihre Risse hin. Diese werden durch die Gegenüberstellung mit der Tonspur als Unausgesprochenes ausgestellt. Durch die Aufmerksamkeit auf die Materialität der Bilder im Kontrast zur Tonspur werden diese zu Monumenten. Vergrößerungen und Zeitlupen verstärken den Eindruck des Verschleißes und der Zeitlichkeit sowie der Ambivalenz.[613] Die Bestimmung der Bilder als Dokumente in ihrer ursprünglichen lesbaren Funktion tritt zurück. Auch die Abbildungen der Tagebuchnotizen sind nur angeschnitten. Wir fahren mit dem Auge die Schriftführung nach, die Klebestellen und Deckblätter, können aber nichts entziffern. Das Auge ertastet Bilder, die nicht durch Identifikation, sondern eher durch den Entzug an Sichtbarkeit erfahren werden. Gerade die Lehrstellen, der Entzug und der Zerfall lassen die Wahrnehmung dieses Films zu einer haptischen Erfahrung werden. Die Geschichte der Mutter wird ›greifbar‹ durch die unlesbaren Bilder: nicht entzifferbare Photos, getrocknete Pflanzen, grobkörnige Super-8-Aufnahmen. Der spröde, fragmentarische Charakter wird aufrecht erhalten und Makrogeschichte eher assoziiert, als die Fragmente in dieselbe eingebunden. Diese Bilder erlauben oft kein direktes Wiedererkennen oder mimetische Anschmiegung und doch sprechen sie Gedächtnis und körperliches Wissen an. So kann ein Foto mit einem Haufen einer speziellen Art verdrehter Rosen, die in besonderen Höhen überleben können, und deren Erforschung die Mutter zurück nach Deutschland führte, zu einem Bild für Auschwitz werden.

Es ist das Körpergedächtnis, welches die Taktilität der unterschiedlichen Materialien zum Sprechen bringt, Geschichte extrahiert.[614] Ich habe Körpergedächtnis und Taktilität vor allem im Zusammenhang mit der haptischen Wahrnehmung diskutiert, welche Merleau-Pontys Vorstellung des Leibes mit den leeren, rein optischen Bildern bei Deleuze verbindet.

---

613 Vgl. Blümlinger, Sichtbares, S. 93.
614 Nicht nur frühkindliche Erinnerung wird hier unwillkürlich über den Körper wieder zugänglich, sondern auch Verdrängtes. Die Assoziation, die durch den Rosenhaufen ausgelöst wird, ist blitzartig.

MEIN LEBEN TEIL 2. Angelika Levi, D 2003

Konnte sich die Zuschauerin an den oben beschriebenen haptischen Film BEAU TRAVAIL über dessen sinnliche Bilder mimetisch annähern, ist es hier, bei Levi, nun tatsächlich das Auge, das tasten muss, da kein unmittelbares einordnendes Wiedererkennen oder direktes Anschmiegen an das Sichtbare mehr möglich bleibt. Die kargen Bilder wirken wie rein optische Bilder eher durch den Entzug an Sichtbarkeit auf das Gedächtnis und werden durch die notwendigen Ergänzungen der anderen Sinne, wie ich im Zusammenhang mit dem Geruchssinn erläutert habe, gleichsam synästhetisch wahrgenommen.[615]

Der persönliche Off-Kommentar der Filmemacherin bleibt dabei sinnlich an die Bilder gebunden, begleitet sie, ohne sie zu dominieren, lässt Raum für eigene Erinnerungsbilder. Es ist die Qualität von Levis Stimme, welche die Rolle der eigenen Positionierung übernimmt – eine Stimme, die sich zurücknimmt, nicht betont, aber fragt. »Ich will nicht, dass sie so wird wie ein Voice-over. Ich will, dass meine Stimme eingebettet ist in die

---

[615] Zum ›Entzug der Sichtbarkeit‹ (Marks) vgl. den Abschnitt *Haptische Visualität und Gerüche*, zum Begriff der ›rein optischen Bilder‹ (Deleuze) vgl. den Abschnitt *Organloser oder leiblicher Zuschauerkörper?*.

anderen Stimmen, eine Stimme ist von vielen«, sagt Levi.[616] Und es sind vor allem die Stimmen der Großmutter und die der Mutter von ihren Tonkassetten, die sich zu ihrer eigenen gesellen.

Mit ihrer Montage führt Levi uns entlang des akustischen Tagebuchs der Mutter – Mein Leben Teil 2. Dieses akustische Vermächtnis aus dem Off unterhöhlt die Familienfilme, lässt Bild und Ton auseinanderklaffen, konfrontiert das Sichtbare mit dem Sagbaren. Das Auseinander-Klaffen von Bild und Ton, das in den einzelnen Bildern nicht Gedachte, systematisiert die Montage, wird zu Form und Ausdruck des Unsagbaren.[617]

Die Bilder kommentieren sich gegenseitig, wobei die Leerstellen des Schnitts die Großaufnahmen ersetzen – Geschichte findet sich hier auch zwischen den Bildern. Die Leerstellen, die Abwesenheit der ›filmischen‹ Bilder verdoppelt erneut die dem Film implizite Verstärkung der Abwesenheit der Photographie.

Geschichte als Utopie des Überlebens

Die Haltung von Levi als Filmemacherin gleicht in ihrer Zurücknahme und in ihrer Hingabe an das Material der der Historikerin, die Kracauer in *Geschichte* beschreibt: Levi liefert sich dem Material aus, um etwas über die Vergangenheit und auch über sich selbst zu erfahren und verliert sich im Material. Zurückgekehrt von einer Reise in das Material, erschließt sich erst in dessen Ordnung die eigentliche Fragestellung. Von der Frage an die Geschichte der Mutter, wie das Trauma der Shoah an sie weitergegeben wurde, öffnet sich der Film auf die generelle Frage des Nachlebens traumatischer Ereignisse über Generationen hinweg.

Voraussetzung dieser Reise ist der besondere Blick – ein beobachtender, von sich selbst distanzierter Blick –, den Kracauer der Photographie und der Geschichtsschreibung zuweist und den er dem Zustand des Exils zuordnet – der exterritoriale Blick. Als ein entfremdeter Blick ist dieser, wie oben dargestellt, zugleich auch ein befreiter Blick, denn er distanziert von vorgefertigten Meinungen, von Gegenwartsinteresse, und öffnet sich für das Material als solches. Nur durch ihre Zurücknahme, ihr reduziertes

---

616 Levi im Interview, Festivalkatalog des 33. internationalen forums des jungen films, S. 6.
617 Vgl. Blümlinger, Sichtbares, S. 92.

Ich, kann die Historikerin über diesen Blick Übersehenes begreifen und verlorene Prozesse aufnehmen. Der entfremdete Blick der Photographin, der eben noch mit den toten Naturresten konfrontierte, wird hier zur Utopie der Wahrnehmung. Mutter und Tochter teilen diesen beobachtenden Blick. Vor allem für die Mutter ist der exterritoriale Blick in seiner Zurücknahme eine Methode des Überlebens. Erforschte sie als Biologin das Überleben von Pflanzen in Extremsituationen durch deren Anpassungsfähigkeit, richtet sie später diesen Blick auf sich selbst und ihre Krankheit. Der biologische Blick der Mutter auf sich selbst hilft ihr, die eigene Krankheit aus der Distanz zu betrachten. Ihre Krankenhausaufenthalte protokolliert sie stündlich, wie einen Laborversuch – macht sich selbst zum beobachteten Objekt. Levi montiert zu diesen Protokollen der Mutter deren wissenschaftliche Sammlung getrockneter Pflanzen – macht den analytischen Blick haptisch. Levi sagt hierzu im Interview mit Schulte-Strathaus:

> »Ich glaube, meine Mutter brauchte die wissenschaftliche Objektivierung und Distanzierung. Ihr naturwissenschaftlicher Blick auf Dinge, Pflanzen und die Materie hat ihr vielleicht in Bezug auf sich selbst geholfen zu überleben. Ich finde ihre Methode, alles aufzuschreiben und zu systematisieren – egal ob es um Pflanzen oder ihr eigenes Leben oder ihre Krankheit, ihre Schmerzen ging – sehr bemerkenswert. Ich habe herausgefunden, dass dieser Blick sich bei ihr nicht erst durch das Studium oder ihre wissenschaftliche Arbeit entwickelte, sondern schon erkennbar war, als sie sechs, sieben Jahre alt war. Sie begann schon sehr früh, alles zu beschreiben; dabei hat sie niemals interpretiert.«[618]

Levi teilt diesen exterritorialen Blick. Sie nimmt sich zurück und richtet den photographischen Blick der Kamera auf die Mutter – keine Affekte, die nicht vom Material ausgehen, dominieren die Darstellung. Sie beschreibt trocken, zuweilen fragend. Ihre Reise ins Material transzendiert immer mehr die ursprünglich persönliche Frage nach der eigenen Identität. Diese findet sich zuletzt allein in der Montage der Bilder. In dieser Zurücknahme, in der Verarbeitung des gefundenen Materials und dem gleichzeitigen Erzählen aus ihrer persönlichen Erfahrung heraus, lag für die Filmemacherin, nach eigener Aussage, die größte Schwierigkeit der Montage:

> »Ich bin nicht sicher, ob mir das wirklich gelungen ist. Eigentlich hatte ich vor, mich viel stärker zu positionieren, viel mehr von mir zu erzäh-

---

[618] Levi im Interview, Festivalkatalog des 33. internationalen forums des jungen films, S. 5.

len. Nach und nach habe ich aber gemerkt, dass ich mich zurückhalten muss [...]. Ich habe in dem Film versucht, sehr viel Offenheit herzustellen, so dass jeder zu den gezeigten Materialien eigene Gedanken entwickeln und Position beziehen kann [...]. Ich fand den Aspekt der Suche nach einer Identität immer unwichtiger; schließlich geht es doch darum, das Leben mit allen Widersprüchen, Differenzen und Schwierigkeiten zu leben.«[619]

Ich denke, darum geht es vor allem in diesem Film – um den Prozess des Lebens in seinen Widersprüchen. Ist MEIN LEBEN TEIL 2 vielleicht auch ein Versuch des Festhaltens von etwas sich Entziehendem, Vergangenem, lebt gleichzeitig die Vergangenheit in diesen Bildern weiter. Sie wird verdichtet und damit vermittelt. Die Mutter lebt gewissermaßen weiter im von der Tochter fortgeführten Archiv – die Ordnung desselben, das Aufzeigen von Geschichte, öffnet dieses auf die Zukunft hin. Die an die Mutter gestellte Frage bezüglich ihres Über-/Lebens und der weitergetragenen Erfahrung der Shoah manifestiert sich im Material.

Gleich zu Beginn des Films erklärt die Mutter die Evolution als eine Art positives Prinzip, auch als eine Art Container, der alles, was gut sei, für die Zukunft aufbewahre – die Evolution als Archiv, das immer weitergeführt werden wird. Der Glauben an das Leben als Prozess in dem nichts endgültig zugrunde geht, alles vorläufig bleibt, gerät schließlich zum Ausblick des Films.

Die zurücknehmende Haltung des photographischen Blicks wird hier zu einer Haltung, die keine vereindeutigende Interpretation zulässt, welche die Ambivalenz aufheben könnte. Die Risse im Material werden zu Schlupflöchern, die Offenheit der Verknüpfungen des Materials zum Bewahren von Möglichkeiten, die sich festen Zuschreibungen verschließen würden.

Im Übersehen, im Unausgesprochenen und Namenlosen liegt für Kracauer eine Utopie, durch welche für ihn die Historikerin – wie hier die Filmemacherin – als Sammlerin zur Trägerin anderer Möglichkeiten wird. Hatten für ihn rückblickend seine Schriften die »Absicht, jene Ziele und Verhaltensweisen zu rehabilitieren, die eines Namens noch ermangeln und folglich übersehen oder falsch beurteilt werden«,[620] sucht auch Levi Namen für das Übersehene in der Geschichte ihrer Mutter. So nimmt sie sich viel Zeit für die Darstellung der Nähe zwischen ihrer Mutter und ihrer

---

619 Ebd.
620 Geschichte, S. 16.

MEIN LEBEN TEIL 2. Angelika Levi, D 2003

Großmutter, der doppelten Mutter/Tochter Beziehung, die durch besondere Praxen der Ironie eine andere Geschichte schreibt. Hier entzieht sich der Ton: Die Stimmen schlagen in Lachen um, der Humor von Mutter und Großmutter affiziert den Körper und dessen Gedächtnis.

Über ihren Humor bauten sie sich eigene Systeme, um »schmerzhafte Erfahrungen in Geschichten umzuwandeln, Leiden in Erträgliches.«[621] Erst der photographische Blick auf diese Systeme zeigt Levi die Kontinuität, die Wiederholung der Geschichten in ihrer Geschichte, die Kontinuität des Denkens der Mutter in ihrem eigenen. In ihrem Film findet Levi eine Möglichkeit für das Leben ihrer Mutter andere Namen zu finden, die Schlupflöcher offen lassen – sie nicht als Opfer der Geschichte darzustellen, sondern ihr Leben in dem Umgang mit dem Material zu verdichten. Ihr Film bekommt durch die Art der Annäherung an diese Details den Status des Vorraums.[622]

---

621 Levi im Interview, Festivalkatalog des 33. internationalen forums des jungen films, Berlinale 2003, a.a.O., S. 4.
622 Die Fortschreibung des Archivs verhindert die Festschreibung auf ein abschließendes Bild, welches Ambivalenzen auflösen und die Vorläufigkeit historischen Wissens verdecken würde.

Filme

AVVENTURA, L'. Michelangelo Antonioni, I/F 1960.
BEAU TRAVAIL. Claire Denis, F 1999.
BORINAGE. Joris Ivens, F 1934.
CALENDAR. Atom Egoyan, Armenien/Kanada/D 1993.
DEATH DAY. Sergei M. Eisenstein, USA 1934.
DREAM CUISINE. Takayuki Nakamura, J 2003.
DUFT DER GRÜNEN PAPAYA, DER. Tran Anh Hung, F/VIETNAM 1994.
ECLISSE, L'. Michelangelo Antonioni, F/I 1962.
EXECUTION OF MARY QUEEN OF SCOTS, THE. Alfred Clark, USA 1895.
FAMILIENGRUFT – LIEBESGEDICHT AN MEINE MUTTER. Maria Lang, BRD 1982.
FRIDERICUS REX. Cserépy Arzén, D 1922/23.
GOLDENE BETT, DAS. Walter Schmidthässler, D 1913.
GRAND BLEU, LE. Luc Besson, F/USA/I 1988.
JARMARK EUROPA. Minze Tummescheidt, D 2004.
KOCH, DER DIEB, SEINE FRAU UND IHR LIEBHABER, DER. Peter Greenaway, F/NL/UK 1989.
LADY IN THE LAKE. Robert Montgomery, USA 1947
MEIN LEBEN TEIL 2. Angelika Levi, D 2003.
NAPOLÉON. Abel Gance, F 1927.
NÉNETTE ET BONI. Claire Denis, F 1996.
NIE WIEDER LIEBE. Anatole Litvak, D 1931.
PARFÜM, DAS. Tom Tykwer, D/F/E 2006.
PETIT SOLDAT, LE. Jean-Luc Godard, F 1963.
PICKPOCKET. Robert Bresson, F 1959.
POLYESTER. John Waters, USA 1981.
SANG DES BÊTES, LE. Georges Franju, F 1950.
SORTIE DES OUVRIERS DE L'USINE LUMIÈRE, LA. Louis Lumière, F 1895.
TORN CURTAIN. Alfred Hitchcock, USA 1966.
VIDEODROME. David Cronenberg, USA 1983.
VIVE L'AMOUR – ES LEBE DIE LIEBE (Orig. AIQING WANSUI). Tsai Ming-liang, Taiwan 1994.
WESTFRONT. G. W. Pabst, D 1918.

Literatur

Adorno, Theodor Wiesengrund: Ästhetische Theorie. Frankfurt am Main 1973.
Ders.: Briefe und Briefwechsel, Band 7, Theodor W. Adorno, Siegfried Kracauer: Briefwechsel 1923-1966, hrsg. von Wolfgang Schopf, Frankfurt am Main 2008.
Ders.: Der wunderliche Realist. Über Siegfried Kracauer. Vortrag im Hessischen Rundfunk 1964. In: Ders.: Gesammelte Schriften, Band 11, Noten zur Literatur III., Frankfurt am Main 1974, S. 388-408.
Ders.: Negative Dialektik. Frankfurt am Main 1975.
Alliez, Éric: Midday, Midnight: Die Entstehung des Kino-Denkens. In: Telenoia. Kritik der virtuellen Bilder, hrsg. von Éric Alliez und Elisabeth von Samsonow. Wien 1999, S. 146-157.
Althen, Michael: Schöne Arbeit. Interview mit der Regisseurin Claire Denis (»Beau Travail«) über Afrika und die Fremdenlegion. Süddeutsche Zeitung, 10.5.2001.
Andrew, Dudley: The Major Film Theories: An Introduction. London, Oxford, New York 1976.
Ders.: The Neglected Tradition of Phenomenology in Film Theory. (1978) In: Movies and Methods Vol. II, hrsg. von Bill Nichols, Berkeley, Los Angeles, London 1985, S. 625-632.
Arrosmith, William: Antonioni. The Poet of Images. New York, Oxford 1995.
Audick, Helmut: Zeit im Film. Film als eine Repräsentationsmöglichkeit des Wahrnehmungbewußtseins. Philosophische Erörterung im Anschluß an Maurice Merleau-Pontys Phänomenologie der Wahrnehmung. Würzburg 1978.
Auerbach, Erich: Mimesis: Dargestellte Wirklichkeit in der abendländischen Literatur. Bern 1946.
Balázs, Béla: Der sichtbare Mensch oder die Kultur des Films. Budapest 1982. [OA 1924]
Balke, Friedrich: Gilles Deleuze. Frankfurt am Main, New York 1998.
Ders.: Fluchtlinien des Staates. Kafkas Begriff des Politischen. In: Fluchtlinien der Philosophie, hrsg. von Friedrich Balke und Joseph Vogl, München 1996, S. 150-178.
Babić, Gaby: Film und Geschichte. Zur Begründung des Vorraumdenkens

in Siegfried Kracauers Spätwerk. Unveröffentlichtes Manuskript. Magisterarbeit an der Johann Wolfgang Goethe-Universität, Frankfurt am Main 2004.
Barnouw, Dagmar: An den Rand geschriebene Träume. Kracauer über Zeit und Geschichte. In: Siegfried Kracauer. Neue Interpretationen, hrsg. von Michael Kessler, Thomas Y. Levin, Tübingen 1990, S. 1-15.
Dies.: Critical Realism. History, Photography, and the Work of Siegfried Kracauer. London 1994.
Barthes, Roland: Der dritte Sinn. In: Ders.: Der entgegenkommende und der stumpfe Sinn. Frankfurt am Main 1990, S. 47-66. [OA 1982]
Ders.: Die helle Kammer. Bemerkung zur Photographie. Frankfurt am Main 1989. [OA 1980]
Baudry, Jean-Louis: Das Dispositiv: Metapsychologische Betrachtungen des Realitätseindrucks. In: Psyche, 48, Heft 11, Stuttgart 1994, S. 1047-1074. [OA 1975]
Ders.: Ideological Effects of the Basic Cinematographic Apparatus. Film Quarterly, 28, 2, 1974/1975, S. 39-47. [OA 1970]
Bazin, André: Was ist Kino? Bausteine zur Theorie des Films, hrsg. von Hartmut Bitomsky u.a., Köln 1975.
Becker, Andreas: Perspektiven einer anderen Natur. Zur Geschichte und Theorie der filmischen Zeitraffung und Zeitdehnung. Bielefeld 2004.
Becker, Barbara: Atmosphäre. Über den Hintergrund unserer Wahrnehmung und seine mediale Substitution. In: Media Synaesthetics. Konturen einer physiologischen Medienästhetik, hrsg. von Christian Filk, Michael Lommel, Mike Sandbothe, Köln 2004, S. 43-58.
Dies.: Sinn und Sinnlichkeit. Anmerkungen zur Eigendynamik und Fremdheit des eigenen Leibes. In: Medialität und Mentalität. Theoretische und empirische Studien zum Verhältnis von Sprache, Subjektivität und Kognition, hrsg. von Ludwig Jäger, Erika Linz, München 2004, S. 147-159.
Beiküfner, Uta: Blick, Figuration und Gestalt. Elemente einer aisthesis materialis im Werk von Walter Benjamin, Siegfried Kracauer und Rudolf Arnheim. Bielefeld 2003.
Bell, Jeffrey A.: Phenomenology, Poststructuralism, and the Cinema of Time. In: Film and Philosophy, Vol. 2, http://www.hanover.edu/philos/film/vol_2, 1994, abgerufen am 22.1.03.
Bellour, Raymond: Das Entfalten der Emotionen. In: Kinogefühle. Emotionalität und Film, hrsg. von M. Brütsch, V. Hediger, U. v. Keitz, A. Schneider, M. Tröhler, Marburg 2005, S. 51-101.

Benjamin, Walter: Das Passagen-Werk. In: Gesammelte Schriften V.1, hrsg. von Rolf Tiedemann und Hermann Schweppenhäuser, Frankfurt am Main 1983.

Ders.: Lehre vom Ähnlichen (1933). In: Gesammelte Schriften II.1, hrsg. von Rolf Tiedemann und Hermann Schweppenhäuser, Frankfurt am Main 1977, S. 204-210.

Ders.: Das Kunstwerk im Zeitalter seiner technischen Reproduzierbarkeit. In: Gesammelte Schriften I.2, hrsg. von Rolf Tiedemann und Hermann Schweppenhäuser, Frankfurt am Main 1980, S. 471-508.

Ders.: Über das mimetische Vermögen (1933). In: Gesammelte Schriften II.1, hrsg. von Rolf Tiedemann und Hermann Schweppenhäuser, Frankfurt am Main 1977, S. 210-213.

Ders.: Über einige Motive bei Baudelaire. In: Ders.: Charles Baudelaire: Ein Lyriker im Zeitalter des Hochkapitalismus. 6. Aufl., Frankfurt am Main 1992, S. 101-149.

Bensmaïa, Réda: Der »beliebige Raum« als »Begriffsperson«. In: Der Film bei Deleuze. Le cinéma selon Deleuze, hrsg. von Lorenz Engell, Oliver Fahle, Weimar 1997, S. 153-165.

Benvenuto, Sergio: Der Blick des Blinden. Cézanne, der Kubismus und das Abenteuer der Moderne. In: lettre international, Heft 53, II, 2001, S. 96-102.

Berger, John: Der gezeichnete Augenblick (1976). In: Ders.: Das Sichtbare und das Verborgene, München, Wien 1990, S. 152-158.

Ders.: u.a.: Sehen. Das Bild der Welt in der Bilderwelt. Reinbek bei Hamburg 1974.

Ders.: Über Sichtbarkeit. In: Ders.: Das Sichtbare und das Verborgene, München, Wien 1990, S. 235-238.

Bergson, Henri: Denken und schöpferisches Werden. Aufsätze und Vorträge. Meisenheim 1948. [OA 1939]

Ders.: Materie und Gedächtnis: Eine Abhandlung über die Beziehung zwischen Körper und Geist. Hamburg 1991. [OA 1896]

Ders.: Zeit und Freiheit. Eine Abhandlung über die unmittelbaren Bewusstseinstatsachen. Hamburg 1994. [OA 1889]

Bermes, Christian: Maurice Merleau-Ponty zur Einführung. Hamburg 1998.

Biro, Yvette: Perhaps the Flood... http://www.rouge.com.au/1/tsai.html, abgerufen am 21.07.2012.

Bloch, Ernst: Briefe 1903 bis 1975, Band 1, hrsg. von Karola Bloch, Frankfurt am Main 1985.

Blümlinger, Christa: Sichtbares und Sagbares. Modalitäten historischer

Diskursivität in Archivkunstfilmen. In: Die Gegenwart der Vergangenheit. Dokumentarfilm, Fernsehen und Geschichte, hrsg. von Eva Hohenberger und Judith Keilbach. Texte zum Dokumentarfilm 9, Berlin 2003, S. 82-97.
Böhme, Gernot: Atmosphäre. Essays zur neuen Ästhetik. Frankfurt 1995.
Bogue, Ronald: Deleuze on Cinema. New York, London 2003.
Ders.: Gilles Deleuze: The Aesthetics of Force. In: Deleuze: A Critical Reader, hrsg. von Paul Patton, Cambridge Massachusetts 1996, S. 257-269.
Bonitzer, Pascal; Narboni, Jean u.a.: The Brain is the Screen. An Interview with Gilles Deleuze. In: The Brain is the Screen. Deleuze and the Philosophy of Cinema, hrsg. von Gregory Flaxman, Minnesota 2000, S. 365-374.
Bonitzer, Pascal: Le champ aveugle. Paris 1982.
Bordwell, David; Staiger, Janet; Thompson, Kristin: The Classical Hollywood Cinema Film Style and Mode of Production to 1960. London 1988.
Boundas, Constantin V.: Deleuze-Bergson: An Ontology of the Virtual. In: Deleuze: A Critical Reader, hrsg. von Paul Patton, Cambridge Massachusetts 1996, S. 81-106.
Brinckmann, Christine Noll: Die weibliche Sicht. In: Das Experimentalfilm-Handbuch, hrsg. von Ingo Petzke, Frankfurt am Main: Schriftenreihe des dt. Filmmuseums 1989, S. 171-190.
Brakhage, Stan: Metaphors on Vision. New York 1963.
Brauerhoch, Annette: »A Mother To Me«: Auf den Spuren der Mutter im Kino. In: Frauen und Film, Heft 56/57, 1995, S. 58-77.
Büttner, Elisabeth: Die versteckte Zeit – die wiederentdeckte Zeit. In: Kinoschriften 3: Jahrbuch der Gesellschaft für Filmtheorie, hrsg. von Georg Haberl, Michael Omasta, Gottfried Schlemmer, Wien 1992, S. 151-179.
Dies.: Orte, Nichtorte, Tauschpraktiken. Die Zeit des Abgebildeten und die Zeit des Gebrauchs in Filmfragmenten und Found-Footage-Filmen. In: Zeitsprünge. Wie Filme Geschichte(n) erzählen, hrsg. von Christine Rüffert, Irmbert Schenk, Karl-Heinz Schmid, Alfred Tews, Bremer Symposium zum Film, Berlin 2004, S. 62-67.
Burdach, Konrad J.: Geschmack und Geruch. Gustatorische, olfaktorische und trigeminale Wahrnehmung. Bern, Stuttgart, Toronto 1987.
Buschwenter, Robert: Ein Zustand vollendeter Flüssigkeit. Der Fluß des Seelenlebens bei Bergson und der Fluß der Bilder im Film. In: UND^2

Texte zu Film und Kino, hrsg. von Karl Sierek, Gernot Heiß, Wien 1992, S. 23-30.

Cameron, Ian; Wood, Robin: Antonioni. London, New York 1971.

Cytowic, Richard E.: Wahrnehmungs-Synästhesie. In: Synästhesie. Interferenz – Transfer – Synthese, hrsg. von Hans Adler, Ulrike Zeuch, Würzburg 2002, S. 7-23.

Deleuze, Gilles: »Die Immanenz: ein Leben...« In: Gilles Deleuze – Fluchtlinien der Philosophie, hrsg. von Friedrich Balke, Josef Vogl, München 1996, S. 29-33.

Ders.: Das Bewegungs-Bild. Kino 1. Frankfurt am Main 1989. [OA 1983]

Ders.: Das Zeit-Bild. Kino 2. Frankfurt am Main 1991. [OA 1985]

Ders.: Differenz und Wiederholung. München 1992. [OA 1968]

Ders.: Foucault. Frankfurt am Main 1992. [OA 1986]

Ders.: Francis Bacon. Logik der Sensation. München 1995. [OA 1981]

Ders.: Logik des Sinns. Frankfurt am Main 1993. [OA 1969]

Ders.: Nietzsche und die Philosophie. Frankfurt am Main 1991. [OA 1962]

Ders.: Nomaden-Denken. In: Gilles Deleuze. Short Cuts, hrsg. von Peter Gente, Heidi Paris, Martin Weinmann, Frankfurt am Main 2001, S. 80-99. [OA 1973]

Ders.: Spinoza und das Problem des Ausdrucks in der Philosophie. München 1993. [OA 1968]

Ders.: Spinoza und die drei Ethiken. In: Ders.: Kritik und Klinik. Aesthetica, Frankfurt am Main 2000, S. 187-204. [OA 1993]

Ders.: Über *Das Bewegungs-Bild*. In: Ders.: Unterhandlungen 1972-1990. Frankfurt am Main 1993, S. 70-91.

Ders.: Über Leibniz. In: Ders.: Unterhandlungen 1972 – 1990. Frankfurt am Main 1993, S. 227-236. [OA 1990]

Ders.: Über die Philosophie. In: Ders.: Unterhandlungen. 1972–1990. Frankfurt am Main 1993, S. 197-226. [OA 1990]

Ders.: Zweifel am Imaginären. In: Ders.: Unterhandlungen 1972-1990. Frankfurt am Main 1993, S. 92-100. [OA 1990]

Deleuze, Gilles; Guattari, Félix: Tausend Plateaus. Kapitalismus und Schizophrenie. Berlin 1992. [OA 1980]

Dies.: Was ist Philosophie? Frankfurt am Main 2000. [OA 1991]

Deleuze, Gilles; Parnet, Claire: Dialoge. Frankfurt am Main 1980. [OA 1977]

Descartes, René: Meditationen über die Grundlagen der Philosophie, 2. Meditation. 2. Aufl., Hamburg 1977.

Didi-Huberman, Georges: Die leibhaftige Malerei. München 2002.

Ders.: Die Ordnung des Materials. Plastizität, Unbehagen, Nachleben. In:

Vorträge aus dem Warburg-Haus, Band 3, hrsg. von Wolfgang Kemp, Gert Mattenklott u.a., Berlin 1999, S. 1-29.
Ders.: Was wir sehen blickt uns an. München 1999.
Elsaesser, Thomas; Hagener, Malte: Filmtheorie zur Einführung. Hamburg 2007.
Fahle, Oliver: Deleuze und die Geschichte des Films. In: Der Film bei Deleuze. Le cinéma selon Deleuze, hrsg. von Lorenz Engell, Oliver Fahle, Weimar 1997, S. 114-126.
Festivalkatalog der Duisburger Filmwoche 27: echt falsch. Duisburg 2003.
Festivalkatalog des 33. internationalen forums des jungen films, Berlinale 2003: Mein Leben Teil 2, Onlinearchiv, http://www.fdk-berlin.de/forumarchiv/forum2003/katalog/mein_leben_teil_2.pdf, abgerufen am 13.3.2009.
Flaxman, Gregory: Introduction. In: The Brain is the Screen. Deleuze and the Philosophy of Cinema, hrsg. von Gregory Flaxman, Minnesota 2000, S. 1-60.
Forrest, Tara: The Politics of Imagination. Benjamin, Kracauer, Kluge. Bielefeld 2007.
Foucault, Michel: Archäologie des Wissens. Frankfurt am Main 1973. [OA 1969]
Ders.: Der Mensch ist ein Erfahrungstier. Gespräch mit Ducio Trombadori. Frankfurt am Main 1996. [OA 1980]
Frisby, David: Siegfried Kracauer – »Exemplarische Fälle der Moderne«. In: Ders.: Fragmente der Moderne. Georg Simmel, Siegfried Kracauer, Walter Benjamin. Rheda-Wiesenbrück 1989, S. 117-180.
Früchtl, Josef: Mimesis. Konstellation eines Zentralbegriffs bei Adorno. Würzburg 1986.
Gasquet, Joachim: Gespräche mit Cézanne, hrsg. v. M. Doran, Zürich 1982.
Gatens, Moira: Through a Spinozist Lens: Ethology, Difference, Power. In: Deleuze. A Critial Reader, hrsg. von Paul Patton, Cambridge Massachusetts 1996, S. 162-187.
Geml, Gabriele: »Wie ein Naturlaut«. Mimikry als Mytho-Logik bei Theodor W. Adorno. In: Mimikry. Gefährlicher Luxus zwischen Natur und Kultur, hrsg. von Andreas Becker, Martin Doll u.a., Schliengen 2008, S. 189-211.
Good, Paul: Maurice Merleau-Ponty. Einführung. Düsseldorf, Bonn 1998.
Grafe, Frieda: Licht im Auge – Farbe im Kopf. In: Dies.: Filmfarben, Berlin 2002, S. 40-46.
Grafe, Frieda: Tomaten auf den Augen. Die Geschichte des Farbfilms ist die

Geschichte einer Verdrängung. Gespräch mit Miklos Gimes. In: Dies.: Filmfarben, Berlin 2002, S. 47-68.
Grafe, Frieda: Verblichen, die Farben der DDR. In: Dies.: Filmfarben, Berlin 2002, S. 85-97
Günzel, Stephan: Maurice Merleau-Ponty. Werke und Wirkung. Wien 2007.
Günther, Manuela: Anatomie des Anti-Subjekts. Zur Subversion autobiographischen Schreibens bei Siegfried Kracauer, Walter Benjamin und Carl Einstein. Würzburg 1996.
Gunning, Tom: The Cinema of Attractions: Early Film, Its Spectator and the Avant-Garde. (1981) In: Early Cinema: Space, Frame, Narrative, hrsg. von Thomas Elsaesser, Adam Barker, London 2000, S. 55-67.
Hansen, Marc: Embodying Virtual Reality. Touch and Self-Movement in the Work of Char Davies. http://www.immersence.com/bibliography/Mhansen-B.html, abgerufen am 17.12.2003.
Hansen, Miriam: »With skin and hair«: Kracauer's Theory of Film, Marseille 1940. In: Critical Inquiry, 19, 3, Spring 1993, S. 437-469.
Dies.: ›Mit Haut und Haaren‹. Kracauers frühe Schriften zu Film und Massenkultur. In: Cinema. Unabhängige Schweizer Filmzeitschrift, 37, 1991, S. 133-162.
Dies.: Mass Culture as Hieroglyphic Writing: Adorno, Derrida, Kracauer. In: New German Critique, 56, Spring/Summer 1992, S. 43-73.
Dies.: Early Silent Cinema: Whose Public Sphere? In: New German Critique, 29, Spring/Summer 1983, S. 147-184.
Dies.: Introduction. In: Siegfried Kracauer: Theory of Film. The Redemption of Physical Reality. Princeton, New Jersey 1997, S. vii-xxxv.
Dies.: Gewaltwahrnehmung und feministische Filmtheorie: Benjamin, Kracauer und der neue »Gewalt-Frauenfilm«. In: Frauen und Film, Heft 56/57, 1995, S. 25-38.
Dies.: Dinosaurier sehen und nicht gefressen werden: Kino als Ort der Gewalt-Wahrnehmung bei Benjamin, Kracauer und Spielberg. In: Auge und Affekt. Wahrnehmung und Interaktion, hrsg. von Gertrud Koch, Frankfurt am Main 1995, S. 249-271.
Dies.: America, Paris, the Alps: Kracauer (and Benjamin) on Cinema and Modernity. Working paper, John-F.-Kennedy-Institut für Nordamerikastudien, 72, 1994.
Hass, Ulrike: Das Drama des Sehens. Auge, Blick und Bühnenform. München 2005.
Heath, Stephen: Notes on Suture. In: Screen, 18, 4, 1977/78, S. 48-79.
Hediger, Vinzenz; Schneider, Alexandra: The Deferral of Smell. Cinema,

Modernity and the Reconfiguration of the olfactory Experience. In: I cinque sensi del cinema/The Five Senses of Cinema, hrsg. von Alice Autelitano, Veronica Innocenti, Valentina Re, XI International Film Studies Conference, Udine 2005, S. 243-252.

Heinrich, Richard: Ausdruck und Abbild. Francis Bacon. Wintersemester 2001/02. http://www.nomoi.philo.at/per/rh/ellvau/fb/book1.htm, abgerufen am 21.07.2012.

Ders.: Entwicklung des Films im Denken. http://nomoi.philo.at/per/rh/mei/delkino.htm, abgerufen am 23.12.2008.

Ders.: KunstSprache NaturKörper. Ideen von G. Deleuze über das Verhältnis von Kunst und Philosophie. Vortrag gehalten am 21.6.1996 am Institut für Wissenschaft und Kunst in Wien. http://nomoi.philo.at/per/rh/mei/kuphi.html, abgerufen am 21.07.2012.

Hofmann, Kai: Das Nichtidentische und die Struktur. Adornos strukturalistische Rettung mit Lacan'schen Modellen. Frankfurt am Main 1984.

Hogan, Jenny; Fox, Barry: Sony patent takes first step towards real-life Matrix. New Scientist magazine, Issue 2494, 7. April 2005, S. 10.

Horkheimer, Max; Adorno, Theodor W.: Dialektik der Aufklärung. In: Max Horkheimer: Gesammelte Schriften, Band 5, Frankfurt am Main 1987.

Huber, Lara: Der Philosoph und der Künstler. Das ästhetische Fundament der ontologischen Neuorientierung Maurice Merleau-Pontys. Tübingen 2003.

Hüttinger, Stefanie: Der Tod der Mimesis als Ontologie und ihre Verlagerung zur mimetischen Rezeption. Eine mimetische Rezeptionsästhetik als postmoderner Ariadnefaden. Frankfurt am Main u.a. 1994.

Jäger, Christian: Besprechung von Deleuze, Gilles: Differenz und Wiederholung. In: Das Argument. Zeitschrift für Philosophie und Sozialwissenschaften, 201, 1993, S. 785-786.

Ders.: Gilles Deleuze. Eine Einführung. München 1997.

Jameson, Frederic: Postmodernism, or The cultural Logic of Late Capitalism. In: New Left Review, 146, 1984, S. 53-94.

Jay, Martin: Scopic Regimes of Modernity. In: Vision and Visuality, hrsg. von Hal Foster, Seattle 1988, S. 3-28.

Kappelhoff, Hermann: Der möblierte Mensch. Georg Wilhelm Pabst und die Utopie der Sachlichkeit. Ein poetologischer Versuch zum Weimarer Autorenkino. Berlin 1995.

Ders.: Empfindungsbilder – Subjektivierte Zeit im melodramatischen Film. In: Zeitlichkeiten – Zur Realität der Künste: Theater, Film, Pho-

tographie, Malerei, Literatur, hrsg. von Theresia Birkenhauer, Annette Storr, Berlin 1998, S. 93-119.
Kennedy, Barbara M.: Deleuze and Cinema. The Aesthetics of Sensation. Edinburgh 2000.
Dies.: Constituting Bodies: Constituting Live: From Subjectivity to Affect and the ›Becoming-Woman‹ of the Cinematic. http://members.optusnet.com.au/~robert2600/azimute/film/constituting_bodies.html, abgerufen am 5.7.09.
Kessel, Martina: Langeweile. Zum Umgang mit Zeit und Gefühlen in Deutschland vom späten 18. bis zum frühen 20. Jahrhundert. Göttingen 2001.
Kessler, Michael: Entschleiern und Bewahren. Siegfried Kracauers Ansätze für eine Philosophie und Theologie der Geschichte. In: Siegfried Kracauer. Neue Interpretationen, hrsg. von Michael Kessler, Thomas Y. Levin, Tübingen 1990, S. 105-128.
Klippel, Heike: Bergson und das Kino. In: Frauen und Film, Heft 56/57, 1995, S. 79-98.
Dies: Gedächtnis und Kino. Basel, Frankfurt am Main 1997.
Koch, Gertrud: »...noch nirgends angekommen«. Über Siegfried Kracauer. In: Zivilisationsbruch. Denken nach Auschwitz, hrsg. von Dan Diner, Frankfurt am Main 1988, S. 99-110.
Dies.: Athenes blanker Schild. Siegfried Kracauers Reflexe auf die Vernichtung. In: Dies.: Die Einstellung ist die Einstellung. Visuelle Konstruktionen des Judentums, Frankfurt am Main 1992, S. 127-142.
Dies.: Die Physiognomie der Dinge. Zur frühen Filmtheorie von Béla Balázs. In: Frauen und Film, Heft 40, 1986, S. 73-82.
Dies.: Kracauer zur Einführung. Hamburg 1996.
Dies.: Mimesis and Bilderverbot, Screen, 34, 3, Autumn 1993, S. 211-222.
Dies.: Psychoanalyse des Vorsprachlichen. Das anthropologische Konzept der Psychoanalyse in der Kritischen Theorie. In: Frauen und Film, Heft 36, 1984, S. 5-9.
Kock, Bernhard: Michelangelo Antonionis Bilderwelt. München 1994.
Kolnai, Aurel: Der Ekel. In: Jahrbuch für Philosophie und phänomenologische Forschung, hrsg. von Edmund Husserl, Band 10, Halle 1929, S. 515-569.
Korta, Tobias B.: Geschichte als Projekt und Projektion. Walter Benjamin und Siegfried Kracauer. Zur Krise des modernen Denkens. Frankfurt am Main 2001.
Kracauer, Siegfried: [»Marseiller Entwurf« zu einer Theorie des Films]. In:

Werke 3, Theorie des Films, hrsg. von Inka Mülder-Bach, Frankfurt am Main 2005, S. 521-779.
Ders.: Chaplins Triumph. In: Ders.: Kino. Essays, Studien, Glossen zum Film, hrsg. von Karsten Witte, Frankfurt am Main 1974, S. 176-179.
Ders.: Das Grauen im Film. In: Ders.: Kino. Essays, Studien, Glossen zum Film, hrsg. von Karsten Witte, Frankfurt am Main 1974, S. 25-27.
Ders.: Das Ornament der Masse. In: Ders.: Das Ornament der Masse, Frankfurt am Main 1977, S. 50-63.
Ders.: Die Angestellten. Aus dem neuesten Deutschland. In: Schriften 1, Frankfurt am Main 1971, S. 205-304. [OA 1929]
Ders.: Die Bibel auf Deutsch. In: Ders.: Das Ornament der Masse, Frankfurt am Main 1977, S. 173-186.
Ders.: Die Photographie (1927). In: Ders.: Das Ornament der Masse. Essays, Frankfurt am Main 1977, S. 21-39.
Ders.: Die Wartenden. In: Ders.: Das Ornament der Masse, Essays, Frankfurt am Main 1977, S. 106-119.
Ders.: Die kleinen Ladenmädchen gehen ins Kino. In: Ders.: Das Ornament der Masse. Essays, Frankfurt am Main 1977, S. 279-294.
Ders.: Frankfurter Turmhäuser. Ausgewählte Feuilletons 1906-1930, hrsg. von Andreas Volk, Zürich 1997.
Ders.: Geschichte – Vor den letzten Dingen. Schriften 4, Frankfurt am Main 1971. (Originaltitel: History. The Last Things Before The Last. Oxford 1969).
Ders.: Ginster. Von ihm selbst geschrieben (1928). Werke 7, Romane und Erzählungen, hrsg. von Inka Mülder-Bach, Frankfurt am Main 2004.
Ders.: Kult der Zerstreuung. Über die Berliner Lichtspielhäuser. In: Ders.: Das Ornament der Masse, Essays, Frankfurt am Main 1977, S. 311-317.
Ders.: Langeweile. In: Ders.: Ornament der Masse, Essays, Frankfurt am Main 1977, S. 321-325.
Ders.: Soziologie als Wissenschaft. In: Schriften 1, Frankfurt am Main 1971, S. 7-101. [OA 1922]
Ders.: The Gold Rush. In: Ders.: Kino. Essays, Studien, Glossen zum Film, hrsg. von Karsten Witte, Frankfurt am Main 1974, S. 165-167.
Ders.: Theorie des Films. Die Errettung der äußeren Wirklichkeit. Frankfurt am Main 1985. (Originaltitel: Theory of Film. The Redemption of Physical Reality. New York 1960).
Ders.: Über die Aufgabe des Filmkritikers. In: Ders.: Kino. Essays, Studien, Glossen zum Film, hrsg. von Karsten Witte, Frankfurt am Main 1974, S. 9-11.

Ders.: Von Caligari zu Hitler. Eine psychologische Geschichte des deutschen Films. Frankfurt am Main 1984. [OA 1947]
Ders.: Aufsätze 1915-1926. Schriften 5.1, hrsg. von Inka Mülder-Bach, Frankfurt am Main 1990.
Ders.: Aufsätze 1927-1931. Schriften 5.2, hrsg. von Inka Mülder-Bach, Frankfurt am Main 1990.
Ders.: Aufsätze 1932-1965. Schriften 5.3, hrsg. von Inka Mülder-Bach, Frankfurt am Main 1990.
Ders.: Kleine Schriften zum Film 1921-1927. Werke 6.1, hrsg. von Inka Mülder-Bach, Frankfurt am Main 2004.
Ders.: Kleine Schriften zum Film 1928-1931. Werke 6.2, hrsg. von Inka Mülder-Bach, Frankfurt am Main 2004.
Ders.: Kleine Schriften zum Film 1932-1961. Werke 6.3, hrsg. von Inka Mülder-Bach, Frankfurt am Main 2004.
Krause, Ralf: Vom Ethos der Immanenz oder: Wie Deleuze das Subjekt im Gegebenen konstituiert. In: Journal Phänomenologie, 17, 2002, S. 15-23.
Lacan, Jacques: Der Blick als Objekt klein a. In: Ders.: Die vier Grundbegriffe der Psychoanalyse. Berlin 1987, S. 71-126. [OA 1964]
Lant, Antonia: Haptical Cinema. In: October, 74, 1995, S. 45-73.
Lau, Jörg: Wunderlicher Realismus. Kino als Erfahrung. In: Merkur, Heft 9/10, Sept./Okt. 2005, S. 963-971.
Lauretis, Theresa de: Ödipus interruptus. In: Frauen und Film, Heft 48, 1990, S. 5-25.
Lehmann, Hans-Thies: Postdramatisches Theater. Frankfurt am Main 1999.
Lejeira, Jacinto: Scenario of the Untouchable Body. In: Touch in Contemporary Art, Public, 13, hrsg. von David Tomas, Toronto 1996, S. 32-47.
Leprohon, Pierre: Michelangelo Antonioni. Der Regisseur und seine Filme. Frankfurt am Main, Hamburg 1961.
Lethen, Helmuth: Sichtbarkeit. Kracauers Liebeslehre. In: Siegfried Kracauer. Neue Interpretationen, hrsg. von Michael Kessler, Thomas Y. Levin, Tübingen 1990, S. 195-228.
Lundemo, Trond: The Colours of Haptic Space in Moving Images. In: I cinque sensi del cinema/The Five Senses of Cinema, hrsg. von Alice Autelitano, Veronica Innocenti, Valentina Re, XI International Film Studies Conference, Udine 2005, S. 265-269.
Lyotard, Jean-François: Die Phänomenologie. Hamburg 1993. [OA 1954]
Ders.: Discours, Figure. Paris 1986.
Ders.: Idee eines souveränen Films. In: Der zweite Atem des Kinos. Thomas

Elsässer, Jean-Fr. Lyotard, Edgar Reitz, hrsg. von Andreas Rost, Frankfurt am Main 1996, S. 19-46.

Macherey, Pierre: The Encounter with Spinoza. In: Deleuze: A Critical Reader, hrsg. von Paul Patton, Cambridge, Massachusetts 1996, S. 139-161.

Madison, Gary B.: Merleau-Ponty und die Postmodernität. In: Leibhaftige Vernunft. Spuren von Merleau-Pontys Denken, hrsg. von Alexandre Métraux, Bernhard Waldenfels, München 1986, S. 162-193.

Marcel, Gabriel: Possibilités et limites der L'art cinématographique. In: Revue internationale de filmologie (Paris, Juli-Dez. 1954), Band V, 18/19, S. 163-76.

Marks, Laura: Institute Benjamenta. In: Dies.: Touch. Sensuous Theory and Multisensory Media. Minneapolis, London 2002, S. 127-139.

Dies.: Signs of the Time: Deleuze, Peirce, and the Documentary Image. In: The Brain is the Screen. Deleuze and the Philosophy of Cinema, hrsg. von Gregory Flaxman, Minnesota 2000, S. 193-214.

Dies.: The Logic of Smell. In: Dies.: Touch. Sensuous Theory and Multisensory Media. Minneapolis, London 2002, S. 113-126.

Dies.: The Skin of the Film. Intercultural Cinema, Embodiment, and the Senses. Durham, London 2000.

Dies.: Video haptics and erotics. In: Screen, 39, Winter 1998, S. 331-348.

Marrati, Paola: Gilles Deleuze. Cinéma et philosophie. Paris 2003.

Massumi, Brian: The Autonomy of Affect. In: Deleuze: A Critical Reader, hrsg. von Paul Patton, Cambridge, Massachusetts 1996, S. 217-239.

Ders.: Chaos in the ›Total Field‹ of Vision. In: Hyperplastik: Kunst und Konzepte der Wahrnehmung in Zeiten der mental imagery, hrsg. von Éric Alliez, Elisabeth von Samsonow, Wien 2000, S. 245-267.

May, Stephan: Rainer Werner Fassbinders Lili Marleen und Gilles Deleuze' Theorie der kinematographischen Zeit. Alfeld 2000.

Merleau-Ponty, Maurice: Das Auge und der Geist (1961). In: Ders.: Das Auge und der Geist. Philosophische Essays, Hamburg 1984, S. 13-43.

Ders.: Das Hirngespinst einer reinen Sprache. In: Ders.: Die Prosa der Welt. München 1993, S. 27-31. [OA 1969]

Ders.: Das indirekte Sprechen und die Stimmen des Schweigens (1952). In: Ders.: Das Auge und der Geist. Philosophische Essays, Neuausgabe, Hamburg 2003, S. 111-175.

Ders.: Das Kino und die neue Psychologie (1947). In: Ders.: Das Auge und der Geist. Philosophische Essays, Neuausgabe, Hamburg 2003, S. 36-46, (Ältere Übersetzung in Filmkritik 11/69, S. 695-702).

Ders.: Das Sichtbare und das Unsichtbare. München 1986. [OA 1964]

Ders.: Der Ausdruck und die Kinderzeichnung. In: Ders.: Die Prosa der Welt, München 1993, S. 163-168. [OA 1969]

Ders.: Der Mensch und die Widersetzlichkeit der Dinge (1951). In: Ders.: Das Auge und der Geist. Philosophische Essays, Neuausgabe, Hamburg 2003, S. 71-98.

Ders.: Der Philosoph und sein Schatten (1959). In: Ders.: Das Auge und der Geist. Philosophische Essays, Neuausgabe, Hamburg 2003, S. 243-274.

Ders.: Der Zweifel Cézannes (1945). In: Ders.: Das Auge und der Geist. Philosophische Essays, Neuausgabe, Hamburg 2003, S. 3-27.

Ders.: Die indirekte Sprache. In: Ders.: Die Prosa der Welt. München 1993, S. 69-131. [OA 1969]

Ders.: Die Wahrnehmung des Anderen und der Dialog. In: Ders.: Die Prosa der Welt, München 1993, S. 147-162.

Ders.: Die Wissenschaft und die Erfahrung des Ausdrucks. In: Ders.: Die Prosa der Welt. München 1993, S. 33-68.

Ders.: Phänomenologie der Wahrnehmung. Berlin 1966. [OA 1945]

Metz, Christian: Der imaginäre Signifikant: Psychoanalyse und Kino. Münster 2000. [OA 1977]

Morsch, Thomas: Die Macht der Bilder: Spektakularität und die Somatisierung des Blicks im Actionkino. In: Film und Kritik, Heft 4, Action, Action, Oktober 1999, S. 21-44.

Ders.: Somatische Theorien des Kinos. Unveröffentlichtes Manuskript, Magisterarbeit an der Ruhr-Universität Bochum 1996.

Mülder, Inka: Siegfried Kracauer – Grenzgänger zwischen Theorie und Literatur. Seine frühen Schriften 1913-1933. Stuttgart 1985.

Mülder-Bach, Inka: Der Umschlag der Negativität. Zur Verschränkung von Phänomenologie, Geschichtsphilosophie und Filmästhetik in Siegfried Kracauers Metaphorik der »Oberfläche«. In: Deutsche Vierteljahresschrift für Literaturwissenschaft und Geistesgeschichte, Jahrgang 61, Heft 2, Juni 1997, S. 359-373.

Dies.: History as Autobiography: The Last Things Before the Last. In: New German Critique, 54, Autumn 1991, S. 139-157.

Dies.: Schlupflöcher. Die Diskontinuität des Kontinuierlichen im Werk Siegfried Kracauers. In: Siegfried Kracauer. Neue Interpretationen, hrsg. von Michael Kessler, Thomas Y. Levin, Tübingen 1990, S. 249-266.

Mukarovský, Jan: Die Zeit im Film. In: Poetik des Films, hrsg. von Wofgang Beilenhoff, München 1974, S. 131-138.

Mulvey, Laura: Visual Pleasure and Narrative Cinema (1975). In: Dies.: Visual and other Pleasures, Bloomington 1989, S. 14-26.

Murphie, Andrew: Putting the virtual back into VR. In: A Shock to Thought. Expression after Deleuze and Guattari, hrsg. von Brian Massumi, London, New York 2002, S. 188-215.

O.A.: L'Eclisse (Liebe 1962). In: rororo Filmlexikon, Reinbek bei Hamburg 1978, S. 169-170.

Odin, Roger: Kino ›mit klopfendem Herzen‹: Anmerkungen zu den Emotionen im Familienfilm. In: Kinogefühle. Emotionalität und Film, hrsg. von Matthias Brütsch, Vinzenz Hediger, Ursula von Keitz, Margit Tröhler, Marburg 2005, S. 103-117.

Olkowski, Dorothea: Gilles Deleuze and the Ruin of Representation. Berkeley, L.A., London 1999.

Ott, Michaela: Der Fall der Tränen. Eine kulturgeschichtliche Annäherung an den Auflösungs-Affekt. In: nachdemfilm: n04: Tränen im Kino. http://www.nachdemfilm.de/content/der-fall-der-tränen, abgerufen am 3.7.2012.

Paech, Anne: Das Aroma des Kinos. Filme mit der Nase gesehen: Vom Geruchsfilm und Düften und Lüften im Kino. (1999) http://www.uni-konstanz.de/FuF/Philo/LitWiss/Texte/duft.html, abgerufen am 20.4.2006.

Paech, Joachim: Der Bewegung einer Linie folgen... Notizen zum Bewegungsbild. In: Ders.: Der Bewegung einer Linie folgen... Schriften zum Film. Berlin 2002, S. 133-161.

Ders.: Rette, wer kann ( ). Zur (Un)Möglichkeit des Dokumentarfilms im Zeitalter der Simulation. In: Sprung im Spiegel. Filmisches Wahrnehmen zwischen Fiktion und Wirklichkeit, hrsg. von Christa Blüminger, Wien 1990, S. 110-124.

Palm, Michael: See you in Pittsburgh. Das neue Fleisch in Videodrome. In: Und das Wort ist Fleisch geworden. Texte über Filme von David Cronenberg, hrsg. von Drehli Robnik, Michael Palm, Wien 1992, S. 157-172.

Panofsky, Erwin: Perspektive als ›symbolische Form‹. In: Vorträge der Bibliothek Warburg 1924-25, Leipzig, Berlin 1927, S. 258–330.

Ders.: Style and Medium in the Motion Pictures. In: Critique, I,3, 1947, S. 5-28.

Peirce, Charles Sanders: Neue Elemente. In: Zeichen über Zeichen. Texte zur Semiotik von Peirce bis Eco und Derrida, hrsg. von Dieter Mersch, München 1998, S. 37-56.

Petro, Patrice: Kracauer's Epistemological Shift. In: New German Critique, 54, Autumn 1991, S. 127-138.

Pisters, Patricia: The Matrix of Visual Culture. Working with Deleuze in Film Theory. Stanford California 2003.

Plessner, Helmuth: Lachen und Weinen. München 1950.

Proust, Marcel: Auf der Suche nach der verlorenen Zeit. Ausgabe in zehn Bänden, Frankfurt am Main 1979. [OA 1913/1927]

Purdom, Judy: Mondrian and the Destruction of Space. In: Hyperplastik: Kunst und Konzepte der Wahrnehmung in Zeiten der mental imagery, hrsg. von Eric Alliez, Elisabeth von Samsonow, Wien 2000, S. 200-227.

Recki, Birgit: Mimesis: Nachahmung der Natur. Kleine Apologie eines mißverstandenen Leitbegriffs. In: Kunstforum, Band 114, Juli/August 1991, Imitation und Mimesis, S. 116-126.

Reynaud, Bérénice: Entretien avec Tsai Ming-liang. In: Cahiers du cinéma, 516, September 1997, S. 35-37.

Riegl, Alois: Spätrömische Kunstindustrie. Berlin 2000. [OA 1901]

Rifkin, Ned: Antonioni's visual language. Michigan 1982.

Ries, Marc: Encore. En Corps. Die wiedergefundene Doxa im Feld der kinematographischen Körper. In: UND² Texte zu Film und Kino, hrsg. von Karl Sierek, Gernot Heiß, Wien 1992, S. 13-21.

Ders.: Myosis. Gena Rowlands is Gena Rowlands. Zum filmischen Körperspiel am Beispiel von »A woman under the Influence«. In: John Cassavetes. DIRACTOR, hrsg. von Andrea Lang, Bernhard Seiter, Wien 1993, S. 91-106.

Robnik, Drehli: Ausrinnen als Einübung. Der Splatterfilm als Perspektive auf flexibilisierte medienkulturelle Subjektivität. In: Splatter Movies. Essays zum modernen Horrorfilm, hrsg. von Julia Köhne, Ralph Kuschke, Arno Meteling, Berlin 2005, S. 139-150.

Ders.: Die Freude am Falschen. Ein Service für Deleuze-LeserInnen. In: Meteor. Texte zum Laufbild No.2, Wien 1996, S. 99-101.

Ders.: Körper-Erfahrung und Film-Phänomenologie. In: Moderne Film Theorie, hrsg. von Jürgen Felix, Mainz 2002, S. 246-286.

Ders.: Leben als Loch im Medium. Die Vermittlung des Films durch Siegfried Kracauer (zumal in seinen Kleinen Schriften zum Film). In: kolik.film / Dossier Filmvermittlung – Filmpublizistik, Wien 2004, Sonderheft 2, S. 39-47.

Rodowick, David Norman: The Last Things Before the Last: Kracauer and History. In: New German Critique, 41, Spring/Summer 1987, S. 109-139.

Rölli, Marc: Zur Phänomenologie im Denken von Gilles Deleuze. In: Journal Phänomenologie, 17/2002, S. 6-14.
Ders.: Begriffe für das Ereignis: Aktualität und Virtualität. Oder wie der radikale Empirist Gilles Deleuze Heidegger verabschiedet. In: Ereignis auf Französisch. Von Bergson bis Deleuze, hrsg. von Marc Rölli, München 2004, S. 337-359.
Rohdie, Sam: Antonioni. London 1990.
Rost, Andreas: Von einem der auszog das Leben zu lernen: ästhetische Erfahrung im Kino ausgehend von Wim Wenders' Film Alice in den Städten. München 1990.
Sartre, Jean-Paul: Das Sein und das Nichts. Versuch einer phänomenologischen Ontologie. Reinbek bei Hamburg 1991. [OA 1943]
Schapp, Wilhelm: Beiträge zur Phänomenologie der Wahrnehmung. Wiesbaden 1976.
Ders.: Philosophie der Geschichten. Frankfurt am Main 1981.
Schaub, Mirjam: »Etwas Mögliches, oder ich ersticke« – Deleuzes paradoxer Glaube an die Welt über den Umweg des Kinos. In: Journal Phänomenologie, 17/2002, S. 24-31.
Dies.: Gilles Deleuze im Kino: Das Sichtbare und das Sagbare. München 2003.
Dies.: Gilles Deleuze im Wunderland: Zeit als Ereignisphilosophie. München 2003.
Schlüpmann, Heide: Abendröthe der Subjektphilosophie. Eine Ästhetik des Kinos. Basel, Frankfurt am Main 1998.
Dies.: Auf der Suche nach dem Subjekt des Überlebens. In: Dies.: Ein Detektiv des Kinos. Studien zu Siegfried Kracauers Filmtheorie. Basel, Frankfurt am Main 1998, S. 105-120.
Dies.: Celluloid & Co. Filmwissenschaft als Kinowissenschaft. In: Frauen und Film, Heft 65, 2006, S. 39-77.
Dies.: Der Gang ins Kino – ein ›Ausgang aus selbstverschuldeter Unmündigkeit‹. In: Dies.: Ein Detektiv des Kinos. Studien zu Siegfried Kracauers Filmtheorie. Basel, Frankfurt am Main 1998, S. 67-89.
Dies.: Die nebensächliche Frau. In: Dies.: Ein Detektiv im Kino. Studien zu Siegfried Kracauers Filmtheorie. Basel, Frankfurt am Main 1998, S. 91-102.
Dies.: Kinosucht. In: Frauen und Film, Heft 33, 1982, S. 45-52.
Dies.: Phänomenologie des Films. In: Dies.: Ein Detektiv des Kinos. Studien zu Siegfried Kracauers Filmtheorie. Basel, Frankfurt am Main 1998, S. 37-53.

Schmitt, Christoph: Wahrnehmung und Erkenntnis. Zugänge zur sittlichen Subjektivität in der neueren Phänomenologie. Frankfurt am Main 2002.
Schröter, Michael: Weltzerfall und Rekonstruktion. Zur Physiognomik Siegfried Kracauers. In: Text und Kritik, Heft 68: Siegfried Kracauer, Oktober 1980, S. 18-40.
Schüler, Rolf (Hrsg.): Antonioni: Die Kunst der Veränderung. Berlin 1993.
Serner, Walter: Kino und Schaulust (1913). In: Kino-Debatte. Texte zum Verhältnis von Literatur und Film 1909–1929, hrsg. von Anton Kaes, Tübingen 1978, S. 55-58.
Serres, Michel: Die fünf Sinne. Eine Philosophie der Gemenge und Gemische. 2. Aufl., Frankfurt am Main 1999.
Sichtermann, Barbara: Riechen – Schmecken – Sehen: Der Mensch, das intelligente Schnüffeltier. In: Media Synaesthetics. Konturen einer physiologischen Medienästhetik, hrsg. von Christian Filk, Michael Lommel, Mike Sandbothe. Köln 2004, S. 123-139.
Singer, Linda: Eye/Mind/Screen: Toward a Phenomenology of Cinematic Scopophilia. In: Quarterly review of film and video, 12/3, 1990, S. 51-67.
Smith, Daniel W.: Deleuze's Theory of Sensation: Overcoming the Kantian Duality. In: Deleuze: A Critical Reader, hrsg. von Paul Patton, Cambridge, Massachusetts 1996, S. 29-56.
Sobchack, Vivian: »Is any body home?« Embodied Imagination and Visible Evictions. In: Home, Exile, Homeland. Film, Media, and the Politics of Place, hrsg. von Hamid Naficy, New York, London 1999, S. 45-61.
Dies.: Die Materie und ihre Passion. Prolegomena zu einer Phänomenologie der Interobjektivität. In: Ethik der Ästhetik, hrsg. von Chr. Wulf; Dietmar Kamper; H. U. Gumbrecht, Berlin 1994, S. 195-205.
Dies.: Film. In: Encyclopedia of Phenomenology, hrsg. von Lester Embree u.a., Dordrecht, London, Boston 1997, S. 226-232.
Dies.: The Address of the Eye. A Phenomenology of Film Experience. Princeton 1992.
Dies.: The Scene of the Screen. Beitrag zu einer Phänomenologie der ›Gegenwärtigkeit‹ im Film und in den elektronischen Medien. In: Materialität der Kommunikation, hrsg. von H.U. Gumbrecht, K. Ludwig Pfeiffer, Frankfurt am Main 1988, S. 416-428.
Dies.: What my Fingers Knew. The Cinesthetic Subject, or Vision in the Flesh. In: Dies.: Carnal Thoughts. Embodiment and Moving Image Culture. Berkeley u.a. 2004, S. 53-84.

Stalder, Helmut: Siegfried Kracauer. Das Journalistische Werk in der ›Frankfurter Zeitung‹ 1921-1933. Würzburg 2003.
Stern, Daniel: The Interpersonal World of the Infant. New York 1985.
Stoller, Silvia: Wahrnehmung bei Merleau-Ponty. Studie zur Phänomenologie der Wahrnehmung. Frankfurt am Main, Berlin, Bern 1995.
Sütter, Heike: Bewegung und Raum im Werk von Francis Bacon. Weimar 1999.
Sylvester, David: Gespräche mit Francis Bacon. München 1982.
Thompson, Kristin: The Concept of Cinematic Excess. In: Narrative, Apparatus, Ideology. A Film Theory Reader, hrsg. von Philip Rosen, New York 1986, S. 130-142.
Tedjasukmana, Christian: Unter die Haut gehen, zur Welt sein und anders werden. Die Politik der Körper bei Claire Denis, Maurice Merleau-Ponty und Michel Foucault. www.nachdemfilm.de/content/unter-die-haut-gehen-zur-welt-sein-und-anders-werden.html, abgerufen am 21.07.2012.
Toadvine, Ted: Sense and Non-Sense in the Event in Merleau-Ponty. In: Ereignis auf Französisch. Von Bergson bis Deleuze, hrsg. von Marc Rölli, München 2004, S. 121-133.
Trzaskalik, Tim: Tout contra Deleuze. In: Ereignis auf Französisch. Von Bergson bis Deleuze, hrsg. von Marc Rölli, München 2004, S. 409-427.
Vandenbunder, André: Die Begegnung Deleuze und Peirce. La rencontre Deleuze-Peirce. In: Der Film bei Deleuze. Le cinéma selon Deleuze, hrsg. von Lorenz Engell, Oliver Fahle, Weimar 1997, S. 86-112.
Vogl, Joseph: Schöne gelbe Farbe. Godard mit Deleuze. In: Gilles Deleuze – Fluchtlinien der Philosophie, hrsg. von Friedrich Balke, Joseph Vogl, München 1996, S. 252-265.
Waldenfels, Bernhard: Das Zerspringen des Seins. In: Leibhaftige Vernunft. Spuren von Merleau-Pontys Denken, hrsg. von Alexandre Métraux, Bernhard Waldenfels, München 1986, S. 144-161.
Ders.: Sinnesschwellen. Studien zur Phänomenologie des Fremden 3. Frankfurt am Main 1999.
Watson, Lyall: Der Duft der Verführung. Das unbewusste Riechen und die Macht der Lockstoffe. Frankfurt am Main 2001.
Wenzel, Eike: Gedächtnisraum Film. Die Arbeit an der deutschen Geschichte in Filmen seit den sechziger Jahren. Stuttgart/Weimar 2000.
Wiemer, Serjoscha; Zechner, Anke: Im Nirgendwo und ohne Ziel lange zu verweilen. Temponauten des grauen Glücks. Überlegungen zu Langeweile und Kino ausgehend von Walter Benjamin und Siegfried

Kracauer. In: Augenblick. Paradoxien der Langeweile, hrsg. von Franziska Heller, Elke Rentemeister, Thomas Waitz, Bianca Westermann, Marburger Hefte zur Medienwissenschaft 41, Marburg 2008, S. 11-25.

Wiesing, Lambert: Maurice Merleau-Pontys Phänomenologie des Bildes. In: Ders.: Phänomene im Bild, München 2000, S. 61-77.

Winkler, Hartmut: Über das mimetische Vermögen, seine Zukunft und seine Maschinen. In: Kinoschriften 5. Auf der Suche nach dem Filmischen, hrsg. von Synema, Wien 2002, S. 227-239.

Worringer, Wilhelm: Abstraktion und Einfühlung. München 1981. [OA 1907]

Ders.: Formprobleme der Gotik. München 1927. [OA 1909]

Wuss, Peter: Die Tiefenstruktur des Filmkunstwerks. Zur Analyse von Spielfilmen mit offener Komposition. Berlin 1986.

Zechner, Anke: Mimetische Wahrnehmung und die Möglichkeit der Erkenntnis im Kino. Unveröffentlichtes Manuskript, Magisterarbeit, Institut für Theater-, Film- und Medienwissenschaften, Johann Wolfgang Goethe-Universität Frankfurt am Main 2000.

Zourabichivili, François: Six Notes on the Percept (On the Relation between the Critical and the Clinical). In: Deleuze. A Critical Reader, hrsg. von Paul Patton, Cambridge, Massachusetts 1996, S. 188-216.

Abbildungsverzeichnis

S. 10, 11, 16, 22:
Videostandbilder aus L'Eclisse. Michelangelo Antonioni, F/I 1962.

S. 77:
Montagne Sainte Victoire, vom Bibémus-Steinbruch aus gesehen.
Paul Cézanne, 1898-1900 (Museum of Art Baltimore).

S. 79:
Stillleben mit Kirschen und Pfirsichen. Paul Cézanne, 1883-1887
(National Gallery of Art Washington).

S. 125:
Videostandbild aus Das Parfüm. Tom Tykwer, D/F/E 2006.

S. 130:
Videostandbild aus Nénette et Boni. Claire Denis, F 1996.

S. 138:
Videostandbild aus Familiengruft – Liebesgedicht an meine Mutter.
Maria Lang, BRD 1982.

S. 140, 141, 143, 146:
Videostandbilder aus Beau Travail. Claire Denis, Frankreich 1999.

S. 159:
Mittlere Tafel aus Triptychon. Francis Bacon, August 1972 (Private
Sammlung, Schweiz). © The Estate of Francis Bacon / VG Bild-Kunst,
Bonn 2013

S. 165:
AFTER MUYBRIDGE – WOMAN EMPTYING BOWL OF WATER, AND PARALYTIC CHILD ON ALL FOURS. Francis Bacon, 1965 (Stedelijk Museum of Modern Art, Amsterdam). © The Estate of Francis Bacon / VG Bild-Kunst, Bonn 2013

S. 167:
WOMAN WALKING ON HANDS AND FEET: Plate 183 aus Animal Locomotion. Eadweard J. Muybridge, 1887 (Museum of Modern Art, New York).

S. 170:
Mittlere Tafel aus THREE STUDIES FOR A CRUCIFIXION. Francis Bacon, 1962 (Solomon R. Guggenheim Museum, New York). © The Estate of Francis Bacon / VG Bild-Kunst, Bonn 2013

S. 184, 185, 186, 187:
Videostandbilder aus VIVE L'AMOUR – ES LEBE DIE LIEBE (orig. AIQING WANSUI). Tsai Ming-liang, Taiwan 1994.

S. 195:
FIGURE STANDING AT A WASHBASIN. Francis Bacon, 1976 (Museo de Arte Contemporaneo de Caracas). © The Estate of Francis Bacon / VG Bild-Kunst, Bonn 2013

S. 416, 419, 424, 428:
Videostandbilder aus MEIN LEBEN TEIL 2. Angelika Levi, D 2003.

Dank

Es ist eine lange Zeit geworden. Ich möchte all denen danken, die ihren Glauben in die Vollendung dieser Schrift die Jahre über nicht aufgegeben haben. Ganz besonders danken möchte ich meinem Vater für seine langjährige Unterstützung. Für ihre kritische, ausgiebige Lektüre und ihre produktiven Hinweise möchte ich Gaby Babić und Mirjam Schwenn sehr danken. Heike Klippel hat mit der anregenden Diskussion einzelner Kapitel zur Entwicklung dieser Arbeit beigetragen und Heide Schlüpmanns spannende Seminare waren der Anstoß, ohne den ich diese Arbeit niemals in Angriff genommen hätte. Sabine Nessel möchte ich für die Starthilfe danken, die sie mir gegeben hat, als das Projekt seine Konturen noch lange nicht gewonnen hatte. Barbara Becker hat mir in einem Gespräch an einem wunderbar sonnigen Tag in Aix-en-Provence den Mut für den endgültigen Abschluss der Arbeit vermittelt. Annette Brauerhoch möchte ich für die Rücksichtnahme auf meine Abwesenheit während der Schreibphasen danken. Und schließlich möchte ich Serjoscha Wiemer für seine ausgiebige Lektüre, die Geduld mit meinen Launen und die Hilfestellung in den letzten Wochen sehr danken.

Frankfurt, 28. August 2009

Stroemfeld / Nexus

– die kulturwissenschaftliche Bibliothek

nexus 1	Jessica Benjamin, *Phantasie und Geschlecht: Psychoanalytische Studien über Idealisierung, Anerkennung und Differenz*
nexus 2	Karl Fallend / Johannes Reichmayr (Hrsg.), *Siegfried Bernfeld oder die Grenzen der Psychoanalyse*
nexus 3	Linda Williams, *Hard Core. Über pornographischen Film*
nexus 4	Harold Bloom, *Einfluß-Angst. Eine Theorie der Dichtung*
nexus 5	Adolf Wölfli: *Porträt eines produktiven Unfalls. Dokumente und Recherchen*
nexus 6	Elisabeth Rohr (Hrsg.), *Geschlechterbegegnung: viele Orte – wenig Raum*
nexus 7	Wolfram Groddeck, *Reden über Rhetorik. Zu einer Stilistik des Lesens*
nexus 8	Eva Meyer, *Trieb und Feder*
nexus 9	Klaus Neubeck, *Atem-Ich. Körperliche Erfahrung, gesellschaftliches Leid und die Heilkraft des inneren Dialogs*
nexus 10	*Fremdenangst und Fremdenfeindlichkeit*, hrsg. v. Mechtild Jansen
nexus 11	*CUT, Unabhängiges Film- & Videoschaffen von Schweizer Regisseurinnen. Eine Bestandsaufnahme*
nexus 12	Ulrike Schmauch, *Kindheit und Geschlecht. Anatomie und Schicksal – Zur Psychoanalyse der frühen Geschlechtersozialisation*
nexus 13	Nathalie Amstutz / Martina Kuoni (Hrsg.), *Theorie – Geschlecht – Fiktion*
nexus 14	Margarethe Nimsch (Hrsg.), *Heroin auf Krankenschein?*
nexus 15	Robert Heim, *Die Rationalität der Psychoanalyse: Eine handlungstheoretische Grundlegung psychoanalytischer Hermeneutik*
nexus 16	Karl Sierek, *Ophüls : Bachtin. Versuch mit Film zu reden*
nexus 17	Harold Bloom, *Kabbala – Poesie und Kritik*
nexus 18	*Anna Freud: Briefe an Eva Rosenfeld*, hrsg. von Peter Heller
nexus 19	Raoul David Findeisen, *Lu Xun (1881-1936). Texte, Bilder, Dokumente, Chronik*
nexus 20	Harold Bloom, *Der Bruch der Gefäße*
nexus 21	Stephan Steiner (Hrsg.), *Jean Améry (1912 - 1978)*
nexus 23	Sibylla Flügge, *Hebammen und heilkundige Frauen. Recht und Rechtswirklichkeit im 15. und 16. Jahrhundert*
nexus 24	Wilhelm Reich, *Menschen im Staat*
nexus 25	Eva Meyer, *Tischgesellschaft*
nexus 26	Marianne Muthesius, *Mythos, Sprache, Erinnerung. Untersuchungen zu Benjamins »Berliner Kindheit um Neunzehnhundert«*

nexus 27	Eva Meyer, *Zählen und Erzählen.*
	Für eine Semiotik des Weiblichen
nexus 29	Marianne Schuller, *Moderne. Verluste. Zwischen Literatur und Wissenschaft*
nexus 30	Dagmar Barnouw, *Ansichten von Deutschland (1945).*
	Krieg und Gewalt in der zeitgenössischen Photographie
nexus 31	Siegfried Kaltenecker, *Spiegelformen.*
	Männlichkeit und Differenz im Kino
nexus 34	Kôjin Karatani, *Ursprünge der modernen japanischen Literatur*
nexus 35	Jörg Döring, *Ovids Orpheus*
nexus 36	Jean-Martin Büttner, *Sänger, Songs und triebhafte Rede. Rock als Erzählweise*
nexus 37	Eva Meyer, *Faltsache*
nexus 38	Heide Schlüpmann, *Ein Detektiv des Kinos.*
	Studien zu Siegfried Kracauers Filmtheorie
nexus 39	Heike Klippel, *Gedächtnis und Kino*
nexus 40	Toshiaki Kobayashi, *Melancholie und Zeit*
nexus 41	*HyperKult. Geschichte, Theorie und Kontext digitaler Medien*
nexus 42	Patrick Primavesi, *Kommentar, Übersetzung, Theater in Walter Benjamins frühen Schriften*
nexus 43	Karl Sierek, Barbara Eppensteiner (Hrsg.), *Siegfried Bernfeld.*
	Psychoanalyse, Filmtheorie, der Analytiker im Kino
nexus 45	Jessica Benjamin, *Der Schatten des Anderen.*
	Intersubjektivität – Gender – Psychoanalyse
nexus 46	Eva Meyer, *Glückliche Hochzeiten*
nexus 47	Monika Gsell, *Die Bedeutung der Baubo.*
	Kulturgeschichtliche Studien zur Repräsentation des weiblichen Genitales
nexus 48	Sabine Baumann, *Vladimir Nabokov: Haus der Erinnerung.*
	Gnosis und Memoria in kommentierenden und autobiographischen Texten
nexus 49	Günther Heeg, *Das Phantasma der natürlichen Gestalt.*
	Körper, Sprache und Bild im Theater des 18. Jahrhunderts
nexus 50	Beat Suter/Michael Böhler (Hrsg.), *Hyperfiction.*
	Hyperliterarisches Lesebuch: Internet und Literatur
nexus 51	Yvonne Yiu, *Jan van Eyck: Das Arnolfini-Doppelbildnis*
nexus 52	Eva Huber (Hrsg.), *Technologien des Selbst.*
	Zur Konstruktion des Subjekts
nexus 53	Caroline S. Hornstein, *Grenzgänger.*
	Probleme interkultureller Verständigung.
nexus 54	Michael Werz, *Grenzen der Säkularisierung.*
	Zur Entstehung der Ideologiekritik
nexus 56	Gerhard Bauer, ›*Lichtstrahl aus Scherben*‹. *Čechov*

nexus 57	Christoph Geissmar-Brandi, Irmela Hijiya-Kirchnereit, Satô Naoki (Hrsg.), *Gesichter der Haut*
nexus 58	Bärbel Tischleder, *Body Trouble* *Entkörperlichung, Whiteness und das amerikanische Gegenwartskino*
nexus 59	Nikolaus Müller-Schöll, *Das Theater des »konstruktiven Defaitismus«. Lektüren zur Theorie eines Theaters der A-Identität bei Walter Benjamin, Bertolt Brecht und Heiner Müller*
nexus 60	Reimut Reiche, *Mutterseelenallein. Kunst, Form und Psychoanalyse*
nexus 61	Jörg Döring, *»… ich stellte mich unter, ich machte mich klein …«. Wolfgang Koeppen 1933–1948*
nexus 62	Renate Lippert, *Vom Winde verweht – Film und Psychoanalyse*
nexus 63	Miriam Stančić, *Manès Sperber – Leben und Werk*
nexus 64	Toshiaki Kobayashi, *Denken des Fremden – Am Beispiel von Kitaro Nishida*
nexus 65	Jacques Hassoun, *Schmuggelpfade der Erinnerung.* *Muttersprache, Vaterwort und die Frage nach der kulturellen Überlieferung*
nexus 66	Eva Meyer, *Von jetzt an werde ich mehrere sein*
nexus 67	Marie-Hélène Gutberlet, *Auf Reisen. Afrikanisches Kino*
nexus 68	Jessica Benjamin, *Die Fesseln der Liebe.* *Psychoanalyse, Feminismus und das Problem der Macht*
nexus 69	Gerhard Bauer, *Frage-Kunst. Szymborskas Gedichte*
nexus 70	Annette Brauerhoch, *Fräuleins und GIs*
nexus 71	Davide Giuriato / Stephan Kammer (Hrsg.), *Bilder der Handschrift*
nexus 72	Konstanze Fliedl (Hrsg.), *Kunst im Text*
nexus 73	Karl-Heinz Kohl / Editha Platte, *Gestalter und Gestalten*
nexus 74	Harold Bloom, *Kafka – Freud – Scholem*
nexus 75	Olaf Müller, *Der unmögliche Roman.* *Antikriegsliteratur in Frankreich zwischen den Weltkriegen*
nexus 76	Jan Süselbeck, *Das Gelächter der Atheisten.* *Zeitkritik bei Arno Schmidt & Thomas Bernhard*
nexus 77	Helga Gallas, *Kleist. Gesetz, Begehren, Sexualität.* *Zwischen symbolischer und imaginärer Identifizierung*
nexus 78	Tim Trzaskalik, *Gegensprachen. Das Gedächtnis der Texte.* *Georges-Arthur Goldschmidt*
nexus 79	Inuhiko Yomota, *Im Reich der Sinne. 100 Jahre japanischer Film* aus dem Japanischen von Uwe Hohmann
nexus 80	Guido Massino, *Kafka, Löwy und das Jiddische Theater*
nexus 81	Martin Kölbel, *Die Erzählrede in Franz Kafkas ›Das Schloss‹*
nexus 82	Sudhir Kakar, *Kindheit und Gesellschaft in Indien.* *Eine psychoanalytische Studie*

nexus 83   Stephan Gregory, *Wissen und Geheimnis.*
             Das Experiment des Illuminatenordens
nexus 84   Heike Klippel, *Zeit ohne Ende.*
             Essays über Zeit, Frauen und Kino
nexus 85   Boris Previsic, *Hölderlins Rhythmus*
nexus 86   Eva Meyer, *Frei und indirekt*
nexus 87   Martin Roussel, *Matrikel.*
             Zur Haltung des Schreibens in Robert Walsers Mikrographie
nexus 88   Sabine Nessel/Heide Schlüpmann (Hrsg.), *Zoo und Kino.*
             Mit Beiträgen zu Bernhard und Michael Grzimeks Film- und Fernseharbeit
nexus 89   Joseph Garncarz, *Maßlose Unterhaltung.*
             Zur Etablierung des Films in Deutschland 1896–1914
nexus 90   Björn Eckerl, *Elvis im Kino*
nexus 91   Reimut Reiche, *Mutterseelenallein 2.*
             Das Tabu der Schönheit in Kunst und Psychoanalyse
nexus 94   Joseph Garncarz, *Hollywood in Deutschland.*
             Zur Internationalisierung der Kinokultur 1925-1990